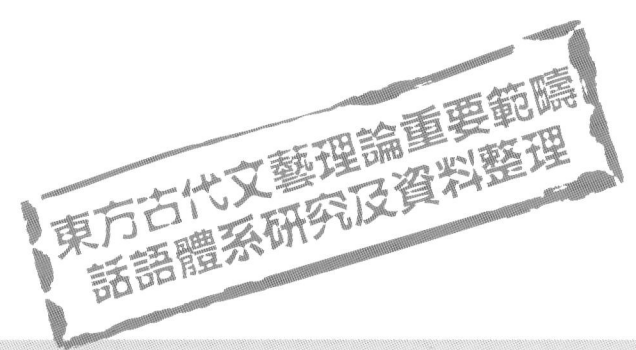

中外文化与文论
Cultural Studies and Literary Theory

第 **48** 辑

中国中外文艺理论学会

四川大学国家级重点学科
比较文学研究基地

主办

项目策划：黄蕴婷
责任编辑：黄蕴婷
责任校对：毛张琳　罗永平
封面设计：墨创文化
责任印制：王　炜

图书在版编目（CIP）数据

中外文化与文论．48 / 曹顺庆主编．— 成都：四川大学出版社，2021.6
ISBN 978-7-5690-4781-3

Ⅰ．①中… Ⅱ．①曹… Ⅲ．①文化－研究－世界－文集②文学理论－文集　Ⅳ．① G112-53 ② I0-53

中国版本图书馆CIP数据核字（2021）第125527号

书名	中外文化与文论（48）
	Zhongwai Wenhua Yu Wenlun (48)
主　编	曹顺庆
出　版	四川大学出版社
地　址	成都市一环路南一段24号（610065）
发　行	四川大学出版社
书　号	ISBN 978-7-5690-4781-3
印前制作	四川胜翔数码印务设计有限公司
印　刷	郫县犀浦印刷厂
成品尺寸	165mm×240mm
插　页	2
印　张	27.5
字　数	524千字
版　次	2021年7月第1版
印　次	2021年7月第1次印刷
定　价	128.00元

版权所有　◆　侵权必究

◆ 读者邮购本书，请与本社发行科联系。
　电话：(028)85408408/(028)85401670/
　(028)86408023　邮政编码：610065
◆ 本社图书如有印装质量问题，请寄回出版社调换。
◆ 网址：http://press.scu.edu.cn

四川大学出版社
微信公众号

目　录

代　序

1	东方文论的重要价值与话语体系的构建	曹顺庆

中国古代文论

12	中国文论"以天合天"之审美诉求	李天道
25	中国古代文论的体验性知识	刘朝谦　彭　瑾
40	意象论	蔡镇楚
58	略论中国传统文论话语的当代价值	杨玉华
70	运思·言说·意义生成·阐释方式	
	——中国古代文艺理论话语体系	李天鹏
84	被偷换概念的"兴"	
	——论陈世骧"抒情传统"的立论缺失	曾小月
97	明人"文章祖《春秋》"说的理论构建	周翔宇

印度古典诗学

107	黄宝生及其印度诗学研究	郁龙余
123	印度古代文艺理论重要范畴及其话语生成机制	尹锡南

136	婆罗多《舞论》第 28 章音乐术语解析及其显现的音乐美学思维	夏 凡 张黎黎
152	庄严论在印度古典艺术理论中的渗透和运用	曹怡凡
161	印度古典文艺理论的"韵"范畴与话语衍生	马金桃
172	印度古典文艺理论的"原人"范畴与话语衍生	黄 潇

东方诗学与话语体系

183	论波斯"以诗邀赏"诗学观之重构	穆宏燕
194	试论朝鲜古代文艺理论的"朝鲜诗"范畴	禹尚烈 邹昊轩
212	佛教与东方文论话语	侯传文 高 妤
224	近代诗话的文论范畴和话语特色	秦秋咀
239	多维度时空中的异乡孤独旋涡——胡黛·巴拉卡特《死信》故事世界的建构	吴 昊

东西诗学比较与跨文化传播

248	旅行·变异·反哺：论"理论"的跨文化传播/反馈机制	郭旭东 蒋晓丽
261	文学的认识功能：中西诗学发轫期的比较阐释	王汝良
271	从技术异化看"灵肉双美"的现代价值——论《老子》与《摩诃婆罗多》中生命哲学思想的缘域交集	田克萍
281	中国古代文论在德语世界的研究与变异初探	唐 雪
291	东西诗学的回返影响：朱熹、叔本华与王国维	杨 清
302	刘守华比较故事学思想探微	梅进文
310	佛禅、诗歌与历史：论华兹生的白居易诗歌译介及影响	杜 萍 林嘉新

理论与批评

323 信仰骑士
——克尔凯郭尔论悲剧　　　　　　　　　　　丁尔苏
333 马识途《夜谭十记》的超叙述结构分析
——以《亲仇记》为核心　　　　　　刘力萍　周　毅
340 消费主义意识形态对女性的建构策略　　　　　曹峻冰
350 变异学：百年山水画的突围之径　　　　　　　李嘉璐
360 视觉艺术异时同图问题研究　　　　　　　　　佘国秀
375 作为虚构叙述的"人设"：对明星文化现象的一个
　　观察　　　　　　　　　　　　　　　　　　程　娟
387 西方汉学界的中国传媒文化研究：现状、价值与反思
——基于报刊和广告文化的考察视角　　　　　李金正
398 中国神话的价值综述　　　　　　　　　　　　刘怡净
413 非自然叙事视域下的赘叙与跨层　　　　赵莉华　李晓云
426 皮尔斯符号学视域下视觉艺术的再现与传播　　王延晖

代 序

东方文论的重要价值与话语体系的构建*

曹顺庆

东方文论长期被西方忽略、歧视和贬低,甚至东方人自身对东方文论的核心范畴及其价值也不甚了解,更谈不上东方文论总体研究以及东西方文论的系统比较研究。长期以来,人们基本上以为"一切艺术均来自古希腊,古希腊本身是像智慧女神一样,从奥林匹亚的宙斯的头脑里突然产生的"②。国内学术界不少论述也在重复这种欧洲中心主义式的虚构话语,产生了一批"言必称希腊"的学者和"西方文明优越论"的信徒③。当然,这完全是偏见,甚至是无知!

历史告诉我们,人类智慧之花的蜜汁来自东方,甚至西方文明本身也有东方渊源。英国学者约翰·霍布森(John Hobson)曾著《西方文明的东方起源》(*The Eastern Origins of Western Civilization*,2004)一书,挖掘西方文明的东方起源,正视东方在世界历史发展进程中的作用,驳斥欧洲中心论,从而将被边缘化的东方推向世界舞台中心。④ 这并非是要以"东风"压倒"西风",如同赛义德提出"东方主义"并非是以一种类似于"西方主义"的偏见来对抗"东方主义",而是正本清源,重新认识东方文论与文学的价值,消除

---

* 本文为国家社科基金重大项目"东方古代文艺理论重要范畴、话语体系研究与资料整理"(项目编号:19ZDA289)阶段性成果。

② C. W. 西拉姆:《神祇、坟墓、学者》,刘乃元译,生活·读书·新知三联书店,1991年,第338页。

③ 参见张维为:《中国超越》,上海人民出版社,2014年。

④ John M. Hobson, *The Eastern Origins of Western Civilization*. Cambridge:Cambridge University Press,2004.

西方甚至东方自身对东方文论的偏见，构建起东方文论话语体系。

过去，人们常常认为人类最早的文明来自古希腊、古巴比伦和古埃及。然而，这已经是过时的讹误。"一部世界文学史以古希腊为起点，在19世纪以前曾经被认为是天经地义的；以埃及和巴比伦为起点，在19世纪知识背景下算是较为新潮的，而到了20世纪则显得完全过时了。"① 人类文明真正的源头还要古老得多。人类文明最早的曙光，实际上来自苏美尔。从事美索不达米亚城遗址发掘的伍莱（C. L. Wooley）就认为：

> 如果单纯从成就的大小评判人类的劳绩，那么在考虑到年代和环境的因素以后，应该认为苏美尔文化值得推崇，尽管它的成就并不十分卓越。但在对人类历史的影响方面，苏美尔文化的地位是很高的。它属于人类最早的文化，它的出现照亮了当时还处于原始的、野蛮的世界。②

一个例证便是，目前已知的世界最古老的英雄史诗乃《吉尔伽美什》（The Epic of Gilgamesh）。《吉尔伽美什》早在四千多年前就已在苏美尔人（Sumerian）中流传，最后在古巴比伦王国时期（公元前19世纪—前16世纪）以文字的形式流传下来。史诗所述的历史时期大约在公元前2700年至公元前2500年之间，比古希腊史诗要早得多。而古希腊史诗、希伯来文化中的部分内容均可溯源至史诗《吉尔伽美什》。当今新版的《大英百科全书》中的"西方文学"条目也已不再从古希腊文学讲起，而从美索不达米亚文学讲起。这充分表明这种渊源性的辐射作用已经为西方文学史家所珍视。昔日人文教育的两大重心所在——古希腊与古希伯来，用今天的眼光看，便都只是"流"而非"源"。1956年，美索不达米亚考古专家克雷默（S. N. Kramer）更是出版了富有挑战性的著作《历史始于苏美尔》（History Begins at Sumer），通过列举苏美尔人创造的39个"人类之最"，直接更正了中西方学界有关人类文明起源于古希腊的过时论断。

尽管如此，东方文学与文论仍然长期被忽略、被歧视、被贬低！这引起了学者们的不满和批判，其中最具代表性的便是赛义德。赛义德提出"东方主义"（Orientalism）概念，"批判的锋芒直指西方的文化霸权主义和强权政治"③。为了不失偏颇地认识、审视东方以及东方主义，赛义德在《东方主义》（Orientalism，2003）一书中，用了大段篇幅对"东方主义"这一关键词下

---

① 叶舒宪：《苏美尔神话的原型意义》，《中文自学指导》，1999年第6期。
② C. W. 西拉姆：《神祇、坟墓、学者》，刘乃元译，生活·读书·新知三联书店，1991年，第338页。
③ 王宁：《全球化时代的后殖民理论批评》，《文艺研究》，2003年第5期。

定义：

> 东方主义不仅仅是由文化、学术或制度被动反映的政治主题或领域，也不是关于东方的大量文本的集合，也不代表或表达一些邪恶的"西方"帝国主义压制"东方"世界的阴谋，而是将地缘政治意识分布在美学、学术、经济、社会学、历史与语言学文本中。东方主义不仅关于基本的地理意义上的区分（世界由东方和西方两个不相等的两半组成）的阐述，也是一系列"利益"的阐述……东方主义是（而非表达）某种意愿或意图——以了解在某些情况下控制、操纵甚至融合明显不同（或另类和新颖）的世界……我真正的论点是，东方主义是——而不是简单地代表——现代政治知识分子文化的一个相当大的层面。因此，东方主义与东方的关系要比它与"我们的"世界的关系小得多。[①]

在赛义德看来，与其说东方主义关乎真正的"东方"，不如说东方主义是西方对"我们的"世界的阐述，是西方对东方的定义。于是，东方成为被西方表述和言说的东方。然而，"我们的"东方又在多大程度上是真实东方的客观呈现呢？赛义德这种富有挑战意味的论述，"将研究的触角指向历来被西方主流学术界所忽视并且故意边缘化了的一个领地：东方或第三世界，这个'东方'并非仅指涉其地理位置，同时还具有着深刻的政治和文化内涵"[②]，使西方主流学术界重新把目光转向东方。

西方的傲慢与偏见并非始于今日，而是西方人自近现代以来逐渐形成的一种基本看法。在西方人眼中，东方人不仅有着"野蛮""懒惰""愚昧"的习性，而且在文化上也十分落后。持此类说法的代表性学者，就是大名鼎鼎的黑格尔。大哲学家黑格尔对东方哲学，特别是中国和印度哲学不屑一顾，认为东方异常落后。黑格尔甚至认为，中国根本没有哲学。他在《哲学讲演录》中说：

> 我们看到孔子和他的弟子们的谈话（按即"论语"——译者），里面所讲的是一种常识道德，这种常识道德我们在哪里都找得到，在哪一个民族里都找得到，可能还要好些，这是毫无出色之点的东西。孔子只是一个实际的世间智者，在他那里思辨的哲学是一点也没有的……我们根据他的原著可以断言：为了保持孔子的名声，假使他的书从来不曾有过

---

① Edward W. Said, *Orientalism*. London: Penguin Books, 2003, p. 12.
② 王宁：《全球化时代的后殖民理论批评》，《文艺研究》，2003 年第 5 期。

翻译，那倒是更好的事。[①]

在《哲学史讲演录》中，黑格尔大谈西方哲学史，然而谈及东方哲学时，却认为"东方哲学本不属于我们现在所讲的题材和范围之内；我们只是附带先提到它一下。我们所以要提到它，只是为了表明何以我们不多讲它，以及它对于思想，对于真正的哲学有何种关系"[②]。在黑格尔看来，东方所谓的哲学还不是真正的哲学，真正的哲学始自西方。

黑格尔为何如此傲慢，为何对东方文明如此蔑视和贬低？黑格尔曾在《哲学史讲演录》中讲："在有教养的欧洲人心中，提到古希腊，就会涌起一种家园之感。"[③] 这个"家园"就是西方文明优越论的源头。追根溯源，实则因为黑格尔不仅认为真正的哲学是自西方开始的，而且坚信自古希腊以来的西方文明就是最优越的。如此论断的背后，仍然是西方中心论在作祟。在黑格尔看来，东方文化因为缺乏理性而没有历史；真正的历史是从古希腊开始的，因为理性开始走向自我实现。针对黑格尔的观点，有学者剖析，"西方文化是历史的中心，这是黑格尔的表面命题；西方文化体现的理性特征，是历史的动力与目标，这才是黑格尔的实质命题"[④]。基于有无理性的判断，黑格尔毫不犹豫地认为东方缺乏历史，中国缺乏哲学。然而，事实真是如此吗？东方文化中难道没有理性？东方没有历史？

既然黑格尔以有无理性作为判断东方有无哲学与历史之标准，那么我们就来看看西方的理性从何而来。西方启蒙运动提倡的是理性主义，而启蒙思想家心中的理性主义偶像就是孔子，他们向往的理性精神就是东方世界。[⑤] 然而，黑格尔却断定东方哲学与文化缺乏理性，将之置于西方哲学的对立面，岂非自相矛盾？可见，黑格尔以理性来否定东方哲学与文化的论断根本站不住脚。

钱锺书先生就曾对黑格尔的看法提出严厉批评，认为，"黑格尔尝鄙薄吾国语文，以为不宜思辨；又自夸德语能冥契道妙，举'奥伏赫变'（Aufheben）为例，以相反两意融会于一字（einund dasselbe Wort für zwei entgegengesetzte bestimmungen），拉丁文中亦无义蕴深富尔许者。其不知汉语，不必责也；无知而掉以轻心，发为高论，又老师巨子之常态惯技，无足

---

① 黑格尔：《哲学史讲演录》（第一卷），贺麟、王太庆译，商务印书馆，1983年，第119-120页。
② 黑格尔：《哲学史讲演录》（第一卷），贺麟、王太庆译，商务印书馆，1983年，第115页。
③ 黑格尔：《哲学史讲演录》（第一卷），贺麟、王太庆译，商务印书馆，1983年，第157页
④ 胡传胜：《李约瑟难题与东方主义》，《学海》，1999年第5期。
⑤ 参见张维为：《中国超越》，上海人民出版社，2014年。

怪也；然而遂使东西海之名理同者如南北海之马牛风，则不得不为承学之士惜之"①。

西方哲学家亦不同意黑格尔的看法。罗素认为"关于中国，黑格尔除知道有它而外毫无所知"。针对某些批评中国的西方论断，法国哲学家伏尔泰为中国辩护说："我们诽谤中国，唯一的原因，便是中国的哲学和我们的不同。"他还指出：当中国的文明已经相当发达昌盛的时候，欧洲人"还是一群在阿登森林里流浪的野人呢"。②

除黑格尔有关中国无哲学的偏见性论断外，西方一些学者甚至基于西方文明优越感，对中国文化与文字恣意抹黑。叶维廉在《比较诗学》中列举了威廉·沃布通（William Warbuton）与鼎鼎大名的文学批评家撒姆尔·约翰生（Samuel Johnson）的观念，以批判西方文明优越感。威廉·沃布通就曾发表了其对中文的意见，略谓中国人缺乏创造性，竟未曾将象形字简化为字母，言下之意，中国几近野蛮；约翰生居然也说，"他们竟然没有字母，他们没有铸造别的国家已经铸造的"③，好像字母才是最高境界似的。

西方这种类似的偏见和无知需要我们时刻进行批判，并认识到这种论断背后根深蒂固的"欧洲中心论"与"西方文明优越论"，这是构建东方文论话语体系的首要举措。然而，仅仅批判是远远不够的，我们必须用文明发展的基本史实来正本清源，如此才能够真正重塑东方文明自信，进而印证"文明的繁盛、人类的进步，离不开求同存异、开放包容，离不开文明交流、互学互鉴"④。只有依靠史实说话，才能够从根本上摒除西方文明的傲慢与偏见，从而实现文明的互鉴共生。

现在，我们就从这个西方文明"家园"的源头剖析开始，以文明发展的基本事实来驳斥西方文明优越论这个错误观念。唯有如此，才能够釜底抽薪，正本清源，消除西方文明的傲慢与偏见的基础。

当今人类所拥有的包括哲学、科学、文字、文学、艺术等领域的知识均可追溯至东方，而古希腊文明是在东方文明影响下的次生文明。人类四大文明古国即指古苏美尔/巴比伦（美索不达米亚）、古埃及、古代中国、古印度，这四个人类文明最早诞生的地区，都具有非常古老而辉煌的文明：四大文明古国均产生了历法、文字；印度河、黄河、两河流域文明史上均使用陶轮制陶；埃及和两河流域都较早计算出圆周率；巴比伦和中国都较早发现了勾股

---

① 钱锺书：《管锥编》（第一册），中华书局，1979年，第1—2页。
② 罗素：《西方哲学史》（下卷），何兆武、李约瑟译，商务印书馆，1982年，第282页。
③ 叶维廉：《比较诗学》，东大图书公司，1983年，第4页。
④ 《文明交流互鉴为加强合作提供强大支撑》，《人民网》，2019年4月24日。

定理或其实际应用；印度则发明了阿拉伯数字；四大文明古国都有自己的神话传说与伟大的文学作品，比如苏美尔史诗《吉尔伽美什》，古埃及的《亡灵书》，中国的《诗经》。总体而言，四大文明古国均为文明独立生发地，均有一条清晰的文明产生、文字发现与自生文化延续的脉络。值得注意的是，四大文明中没有古希腊文明。这并不是学者们的疏漏，更不是学术界的偏见，而是事实。实际上，古希腊文明是在古埃及与古两河流域两大古原生文明影响下的一个次生文明，后来古希腊文明西移到古罗马，成就古罗马文明，最后成为整个西方文明的源头。从这些事实来看，西方文明本身就是向东方文明学习而形成的，古希腊文明本来就是受东方文明影响的产物，何来傲慢之理。①

溯源而知流，历史并非如黑格尔说的那般。人类的文明史并非起源于西方，古希腊文明只是东方文明的流。面对这个事实，黑格尔这个"无知而掉以轻心，发为高论"（钱锺书语），极其蔑视东方文明的大哲学家，也应无地自容。这个史实也充分昭示，文明常常是相互借鉴、学习、融合与促进的结果。从这个意义上说，西方文明根本没有任何蔑视东方文明与傲慢自大的理由。

即便是现当代西方文化，依然是文明互鉴、东西方文明交流的结果。例如，当代西方哲学与文论，尤其是现象学、阐释学、解构主义领域，海德格尔、伽达默尔、德里达等西方哲学与文论大家在当下中国学术界走红，不少人认为，当代西方哲学与文论就是西方文明的独创，但实际上这依然是文明互鉴、文明交流的结果。②甚至当代西方文学与文论构成中具有东方文化与文论因素，西方文化实际上具有多样渊源。比如，我们常常探讨的西方现代性（由欧洲启蒙运动开启的"现代性"），其重要起点便是中国。启蒙运动前期"东学西渐"所带去的中国艺术理念与器物造型对欧洲神学世界造成冲击，将欧洲从神学世界引向人间世界，促使欧洲开始走向现代③；德国著名哲学家、自然科学家莱布尼茨基于朱子学说，提出了著名的"唯理论"学说，并发表了关于"道"的《单子论》，从而开创德国古典思辨哲学，同时为现代数理逻辑和计算机科学的形成与发展奠定了理论基础；康德深受朱子学说影响，而叔本华学说与朱子学说极为相似；笛卡尔的"二元论"明显带有中国宋明理学"理""气"二元论的逻辑推演痕迹；海德格尔翻译过《老子》，并深受其影响；伏尔泰直接为中国辩护；瓦雷里对中国文化做了广泛深刻的思考；意

---

① 参见曹顺庆：《世界多元文明史实与西方中心文明观的破除》，《人民论坛》，2019 年 9 月。
② 参见曹顺庆：《世界多元文明史实与西方中心文明观的破除》，《人民论坛》，2019 年 9 月。
③ 参见张维为：《中国超越》，上海人民出版社，2014 年。

象派代表庞德以拆字法解读汉字,翻译中国文学经典,创立了意象派;新批评派瑞恰兹提倡的中和诗颇具中国古典审美色彩;德里达解构思维与中国古代哲学思想有诸多相似之处;荣格广泛涉猎中国典籍,将中国文化融入其分析心理学理论,形成荣格的方法论与哲学观。[①] 其实,西方文论一直在向东方文论、东方文化学习。西方文论与东方文论,都是有价值的理论,完全可以互相补充。

除西方对东方存在偏见之外,东方对东方文论甚至都不甚了解。季羡林先生指出,世界文论自成体系的就只有印度、中国、西方。世界文论的三大高峰包括古希腊亚里士多德的《诗学》、印度婆罗多牟尼的《舞论》与中国刘勰的《文心雕龙》。然而,谈及东方文论,人们通常想到的是中国古代文论,又有多少人熟悉印度、阿拉伯、日本、朝鲜、泰国、越南的文论呢?

东方文论内涵丰富,重要范畴众多,单就东方内部的比较研究就十分必要。美国斯坦福大学刘若愚教授曾在《中国的文学理论》(*Chinese Theories of Literature*,1975)一书中指出,西方文学理论家应注意到中国文学理论,而非仅仅以西方文学经验去建构总体文学理论。[②] 事实上,无论是西方学者还是东方学者,都不仅应该充分认识中国文学理论的价值,还要注意到印度、阿拉伯、波斯、日本、朝鲜、越南、泰国等东方各国文学理论,并在此基础上,按季羡林先生的话来说,"融会东西,以东为主,创建新的文艺理论体系,把中国文艺理论的研究水平,东方的文艺理论的研究水平和世界的文艺理论的研究水平,大大地提高一步,提高到一个崭新的高度和水平上"[③]。

构建文论话语体系的首要之举,便是系统梳理与阐释各文化圈文艺理论的重要范畴。所谓文论之重要范畴,主要基于三个方面进行筛选:其一,发生学上具有重要意义的范畴,即文论发生阶段产生的主要范畴;其二,在历朝历代持续地、高频次出现的文论范畴;其三,最能代表文论之民族文化性格、区域文化性格的文论范畴。

有鉴于此,作为印度古典文论基石的核心话语,如"味""情""庄严""韵论""风格""原人""曲语论"等,理应被纳入研究视域,并基于核心范畴的研究,构建印度古典诗学话语体系。

与中世纪印度文论交相辉映的是阿拉伯文论。阿拉伯古代文艺理论大抵

---

① 曹顺庆,刘衍群:《比较诗学新路径:西方文论的中国元素》,《浙江社会科学》,2019年第1期。
② James J. Y. Liu, *Chinese Theories of literature*. Chicago:The University of Chicago Press,1976,p. 3.
③ 季羡林名誉主编,曹顺庆主编:《东方文论选》,四川人民出版社,1996年,第3页。

围绕诗歌展开，产生了一系列重要范畴，如贾希兹提出"技"（原意为"制作""技艺"）范畴，认为"技"是文学创作的灵魂，是文学的永恒秘密之所在，是文学的第一要素；伊本·萨拉姆与伊本·穆阿泰兹分别在《名诗人的品级》《诗人的品级》中提出"品级"范畴；等等。

与阿拉伯文论相呼应的，还有波斯文论。波斯文论实际上也是围绕诗歌展开，秉承"诗歌神授"的传统，内容涵盖诗歌的格律、韵律与修辞，形成了丰富的美学范畴，比如"精致""水灵""轻盈""雄辩""动人""味道"等重要文论范畴。

日本文学批评的产生和发展，与中国文学与文学理论的影响密切相关。日本具有代表性的文论著作包括日本僧人遍照金刚所著的《文镜秘府论》《古今和歌集序》，而后者的问世标志着日本自己的文学理论的产生。尽管日本文论深受中国古代文论的影响，但在借用中国文论术语的同时，赋予其新的内容，形成了诸如"幽玄""物哀""有心""花实"等重要文论范畴，奠定了日本文论的基础。

与日本文论相似，朝鲜文论的产生也是深受中国文论的影响。最早的朝鲜文论出自李仁老《破闲集》中的诗评诗话，开朝鲜论诗谈艺之先河。当然，朝鲜文学与文论在学习与模仿中国文论的同时，创立了具有自己民族特色的诗风与文论思想。

越南传统文论大多存在于诗论、赋文、题词、跋文、序文等传统形式之中，混合在具体作品的开始或结尾部分。越南传统文论的文学观念常提到并论述文与道、文与质、诗与话、诗与音乐、文与人、诗歌和正事、诗歌和禅宗、诗歌与大自然、文学作品与作家的志气品格等文学艺术问题。

泰国文论的重要范畴涉及四个方面：诗歌、佛学、戏剧与小说。比如诗歌格律中的"律体""禅体""莱体"，佛学中的"色界""无色界"，戏剧中的戏剧体裁分类问题，小说中的"三国体"。目前国内研究泰国文学与文论的学者十分稀少，更是缺乏古代文论方面的研究成果。这主要是因为研究泰国古代文论首先需要熟悉南传佛教、高棉文化和梵语、巴利语，难度可想而知。当前，有关泰国古代文论的研究，国内几乎没有相关文献资料。这也是需要我们进一步拓展的研究领域。

基于上述有关东方文论的简单梳理，可见东方文论并非铁板一块，而是呈现出多样性与交融性，其内部亦可进行比较研究。这就奠定了构建东方文论话语体系的基石。比如，印度文论中的"韵论"、波斯文论中的"味道"可与中国古代文论中的"神韵论"相比较；贾希兹在《修辞与阐释》一书中，提出了一种类似中国的"言意之辨"的观点——"词"与"义"的关系问题，两者可进行比较；波斯、阿拉伯文论中的"品级"范畴可与钟嵘的《诗品》进行比较；泰国文论中的"三国体"更是直接取材于中国文论；朝鲜诗话又可与中国诗话进行比较。而多元化的东方文论又在某些方面达成共识，构成了东方诗学。王向远教授就指出，"以'味'这个共用诗学范畴为纽带，南亚、东亚、西亚三个区域诗学又形成了三元一体的'东方共同诗学'"[①]。

除东方文论内部的比较研究之外，又可以进行东方文论与西方文论的比较研究，探讨人类共同的"诗心"。尽管世界各民族文论寻求艺术审美本质的途径不尽相同，但寻求文学艺术的审美本质规律这一出发点与落脚点却是相同的。比如，东西方文论家们均在艺术美的奥秘在于从个别中见一般这一点上达成共识。中国古代文论讲"韵外之致""象外之象"，讲究的是以有限传达无限，以少总多；亚里士多德主张"模仿论"，其本质在于以模仿个别表现普遍性，如他在《诗学》中所言，诗比历史更哲学、更严肃，因为诗所说的多半带有普遍性，而历史所说的则是个人的事[②]；印度文论中的"味论"认为，味尽管不可言说，却让人获得"大梵"的欢乐，即无限艺术美；阿拉伯文论中的"技"之要旨在于用极度精练的语言去表述隐藏的深意，从而获得艺术美；而日本文论那种"憨物宗情"的审美价值，揭示的原本就是"言外之意"的无限韵味。

东方古代文艺理论的内容异常丰富，且由于语种复杂，研究难度比西方文论更大。从另外一个角度看，因为以印度为主的南亚文化圈，以阿拉伯、波斯为主的西亚北非文化圈，以中国为主并包括日本、朝鲜、越南在内的东亚文化圈的历史存在，东方古代文艺理论的重要范畴、话语体系、思维路径等，与西方古代文艺理论存在类同性，同时也存在着很大的差异。这种差异在21世纪的外国文学或比较文学、比较诗学研究中，自然凸显出特别重要的研究价值。

习近平总书记指出："文明因多样而交流，因交流而互鉴，因互鉴而发展。我们要加强世界上不同国家、不同民族、不同文化的交流互鉴，夯实共建亚洲命运共同体、人类命运共同体的人文基础。"[③] 作为亚洲文明重要组成部分，东方古代文艺理论丰富多彩，为世界文明书写了精彩篇章；东方古代文艺理论无论在理论范畴还是话语体系方面，均具有不同于西方文论的东方特色与理论价值。只有深刻认识到自身文明的独特价值及其具备的世界性意

---

① 王向远：《"味"论与东方共同诗学》，《社会科学研究》，2020年第2期。
② 亚里士多德：《诗学》，罗念生译，人民文学出版社，1997年，第28页。
③ 《深化文明交流互鉴　共建亚洲命运共同体——在亚洲文明对话大会开幕式上的主旨演讲》，新华网，2019年5月。

义,才能构建成自身的话语体系,掌握国际话语权,从而发出中国甚至东方的声音;才能在不同文明间实现平等对话、文明互鉴,从而构建起人类文明共同体。而问题的关键就正如习近平总书记所言:"发挥我国哲学社会科学作用,要注意加强话语体系建设。"①

通过简单的史料梳理,我们不难看到东方文论的价值与意义,东西方文论比较的可能性,以及构建东方话语体系的重要性与可能性。东方文艺理论是一个"庞大而深邃"(季羡林语)的系统,国内外关于此领域的总体研究却比较少见。长期以来,国内外学者有关东方古代文艺理论的研究要么停留在零散式、片段化的研究层面,要么沦为西方定义东方的注脚,在国际交流中处于"失语"困境,始终缺乏东方人自己对东方古代文艺理论特点、话语体系的系统梳理与研究。迄今为止,国内仅出现一部《东方文论选》(季羡林任名誉主编,曹顺庆任主编)以反映东方文论概貌,但尚未深入、系统研究东方古代文论重要范畴和话语特征,更未从东方文化视域出发来构建东方文论话语体系。

近年来,哈佛大学达姆若什(David Damrosch)、鲁汶大学西奥·德汉(Theo D'haen)等国际学者重新发出"世界文学"的呼声,提出重构世界文学史,拥抱不同文学文化传统,引进更多包括东方文学在内的世界文学经典。在这样的多元文化浪潮中,作为东方文学的主体之一,我们更应该站在东方的视角,重新审视包括东方文论在内的文学经典,梳理东方各民族文论的重要范畴和话语,力图展现东方文论的全貌,为"世界文学"提供东方视角,重构东方,并建构起东方文论话语体系。

在此背景下,笔者作为首席专家领衔的国家社科基金重大招标项目"东方古代文艺理论重要范畴、话语体系研究与资料整理"(项目编号:19ZDA289)应运而生。此重大项目正是对古代东方文艺理论资源进行系统发掘、整理和研究,在扎实的文献基础上纵向厘清其发展脉络,横向认知其互动关系,在纵横交织的立体网络中,系统而深入地梳理与探索东方古代文艺理论的诞生背景、发展轨迹、重要范畴和话语体系,并从东方各国各地区之间文艺理论的互动关系,全面深入地把握东方文艺理论的本质特征和发展规律,构建起东方文论话语体系。这也是在充分认识到东方文论之价值的基础之上,立足国内外研究现状,构建东方文论话语体系的重要举措。

为初步呈现东方古代文艺理论的多样性与互融性,较为全面地展示课题组的阶段性研究成果,特编辑此"东方古代文艺理论重要范畴、话语体系研

---

① 《在哲学社会科学工作座谈会上的讲话》,新华网,2016年5月。

究与资料整理"重大项目专辑。本专辑的作者大多为"东方古代文艺理论重要范畴、话语体系研究与资料整理"课题组成员，围绕东方古代文艺理论重要范畴研究与东方文论话语体系构建这一课题核心议题进行研究，分别就"中国古代文论""印度古典诗学""东方诗学与话语体系""东西诗学比较与跨文化传播""理论与批评"五个专题开展了富有创见的讨论。

专题一"中国古代文论"，深入分析了包括"以天合天"之审美诉求、文论的体验性知识、中国传统文论话语的当代价值、中国古代文艺理论话语体系、意象论在内的重要命题，试图分析中国古代文论核心范畴与话语的生成机制，探讨中国古代文论对当代文论研究与话语体系构建的开拓性意义。

专题二"印度古典诗学"，聚焦世界诗学三大体系之一的印度诗学，考察了"庄严论""韵论""原人"等印度古典诗学核心范畴及话语，并追溯了婆罗多《舞论》音乐术语与音乐美学思维，探讨印度古典诗学范畴话语生成机制及其对艺术领域的渗透式影响。

专题三"东方诗学与话语体系"，立足于东方总体诗学，审视波斯"以诗邀赏"诗学观、"朝鲜诗"范畴、佛教对东方文论话语的深远影响、近代诗话的文论范畴与话语特色，探讨东方文论话语与美学理论体系构建的方法与途径。

专题四"东西诗学比较与跨文化传播"，立足于诗学的交流互动现象，审视中西诗学发轫期有关文学的认识功能之比较、《老子》与《摩诃婆罗多》生命哲学思想的缘域交集，比较跨语言、跨文化交流与传播过程中的东西诗学，探讨东西诗学传播互动模式及其对构建东方文论话语体系的重要启发性意义。

专题五"理论与批评"，收录了香港岭南大学教授丁尔苏的《信仰骑士——克尔凯郭尔论悲剧》、四川大学教授曹峻冰的《消费主义意识形态对女性的建构策略》、重庆大学副教授李金正的《西方汉学界的中国传媒文化研究不应在本土失落》，以及李嘉璐的《变异学：百年山水的突围之径》、佘国秀的《视觉艺术异时同图问题研究》等论文，主要进行文学与艺术理论研究。

作者简介：
曹顺庆，四川大学文科杰出教授、欧洲科学与艺术院院士、国家级教学名师。主要从事东方文论、比较诗学、比较文学变异学研究。

中国古代文论

中国文论"以天合天"之审美诉求

李天道

摘　要：中国文论以"天人一体""天人不二""一阴一阳之为道""道法自然"等为核心思想，在文学创作审美理想上追求"人"与生活的和谐，在审美诉求上则推崇"以天合天""致虚守静""无为无不为""亲亲""仁民""爱物""致中和"等，对当代文学的学科开拓、文论发展，以及话语体系建构与理论形态确立，都至关重要。这里所谓的"审美诉求"，即人的一种诗意化、审美化文学创作活动的状态与诉求，为人的一种审美化、诗意化的生存状态。在"天人"生命共同体中，文学创作活动应该是多样的。

关键词：中国文论　天人一体　以天合天　审美诉求

这里所说的中国文论，应该是植根于中国传统文化的，与西方文论平等对话，既受西方现代生存论美学、文论等的影响，又浸润传承着中华古老文明精髓的，极具中国元素、民族特色的一门学科。这样一门学科的建构，其旨意在于回归中国文化传统，吸取其中的文学审美智慧，接续其思想脉络。这一经由传统文化滋育出的、极具本土特色的中国文论具有一种不同于西方的传统。正是基于这种传统，中国文论突出地呈现出一种极具中国气派与中国精神的风貌。这种风貌在"天人地有机互动""人与自然是生命共同体""天人一

---

* 本文为作者主持的四川省美学与美育研究中心项目"中国古代人生美学研究"（项目编号：17Z001）阶段性成果。

体""生生之为美""仁者天地之心""与天地合其德""天人感应""为仁求仁"等命题中有充分体现。由此,中国文论是从"天人"相与合一、交感构成,"天人"为生命共同体的关系来探讨基本的文学问题的。在中国文论看来,作为生命共同体,"天人"即人与自然是合一的,体现于文论中,则是文学美与人性美的和熙一致。所谓"明天人之际",就是要求懂得"天道""人道"及"天人"相与合一、交感构成的关系与审美诉求问题。对于当今中国文论话语体系建构来说,反过来思考、研究、阐释中国文学审美智慧、生活美学思想,寻找中国古代文论的思想资源,结合中西方文论,以建构今天的具有中国特色的"人"与"文"和谐圆融的文论话语体系,是极为重要与有益的。

中国当代文论话语体系的建构必须考虑到民族的文化传统。文化传统是"人"言说和行动的产物,提供了今天理解审美实践的视角和建构当代文论的文化资源与工具。因此,在建构当代文论话语体系的过程中,必须考虑到中国传统文化的特点,尤其必须考虑到中国古代的文论思想,如此建构起的中国当代文论才是具有民族文化性格与特色的文论。越具有中国特色,则越具有全球化色彩,因此,为重新建构当代文论,必须挖掘与深入阐释传统文论思想,以丰富当代美学智慧,实现中西方文论交流。中国文论以"天人一体""天人不二""一阴一阳之为道""道法自然"等为核心思想,在审美理想上追求人与生活的和谐,在审美诉求上则推崇"以天合天""致虚守静""无为无不为""亲亲""仁民""爱物""致中和"等,对当代文学的学科开拓、文论发展,以及话语体系建构与理论形态确立,都至关重要。这里所谓的"审美诉求",即人的一种诗意化、审美化创作活动的状态与发展变化诉求,为人的一种审美化、诗意化的生存状态。在"天人"生命共同体中,人的审美诉求应该是多样的,审美的存在状态乃是人的一种最佳生存状态。中国文论主张人应该保持一种自然而然的审美化、诗意化审美诉求,"以天合天""顺其自然",以更好地与自然万物相亲相和,相依相成,诗意栖居。人的审美存在状态是为了更好地适应文学生活。人的生成与发育与天地自然密切相关。人来自自然,源于自然,为道所生成,与天地自然为一生命共同体,因此,人的存在状态应该顺应天地,相互依存,即人应该与道合一,遵从自然,与之相适应,"如其所生""顺其自然""以天合天""同于大道"。这里仅就"以天合天"所规定的审美诉求问题进行阐释。

一

　　中国文论洋溢着一种盎然生意,就创作者而言,应该以仁者情怀,与物同体,诗意地创新。天地之用皆我之用,自然万物皆备于我。二物有对,以己合彼,始终不可能契合无间,也不可能圆融无碍。如是,能不能达成"浑然与物同体"的境域则成为文学创作隽永与否的重要衡量标准,也是文学创作所应创构的极高审美境域。

　　从文学创作审美追求看,所谓"浑然与物同体"的境域突出地呈现为"与物无对"。"无对",即物我无间,物我一如。在文学创作审美活动中,"天地之用皆我之用",天人一体,圆融和熙。必须指出,"浑然与物同体",不是一种以己合彼、以人合物的态势,而是两者浑融为一、动静一如、内外合一、相互依存的生存流,进而在这种浑融一体的态势中,达成"天地之用皆我之用",也就是"自然万物皆备于我"的态势。这种态势下,"我"就成为一个与天地自然万物浑融一体的"大我",当真正达至这种"与物无对"的"大我"境域时,再来反观自己,便会感到一种至大之乐,这就是"浑然与物同体"的至大之乐。生生之仁,盎然生意。"以天合天"的命题是庄子在《达生》篇中提出的。庄子以"梓庆削木为鐻"的故事,来说明以天合天、顺其自然的态势对于制作"鐻"这种"见者惊犹鬼神"的乐器的重要意义。在庄子看来,只有"齐以静心","不敢怀庆赏爵禄"[1],排除外界的干扰和杂念,超越"非誉巧拙",不再心存非议、夸誉、技巧或笨拙的杂念,淡却利、名、我,"辄然忘吾有四枝形体",忘物忘我,"巧专而外滑消",致使心灵进入"无待"的境域,澄明本真纯然之心性,才能以人之本真自然之天性和木的自然本然天性相应相合,以天性观天性,以天观天,以天合天。进入这种审美状态,才能创作出鬼斧神工的、与自然相合、与天工同化的出神入化、"见者惊犹鬼神"的"鐻"。显然,以此类推,天人之间,人在维护与自然、社会的生命共同体关系中,要使其生存活动诗意化、审美化,也应该营构出如此之审美状态,顺其自然,以天合天。"以天合天"中的"天",其意旨为自然、本然,即人之自然心性,或谓本然属性。亦如冯友兰所指出的,这里的"天",意指天地万物的自然属性,而与此相对的"人",指人为[2]。也就是说,"以天合天"之"天",为天性、本性、真性;万有大千,一切任运,无为而

---

[1] 郭庆藩:《庄子集释》,王孝鱼点校,中华书局,1961年,第659页。
[2] 冯友兰:《冯友兰选集》,陈来主编,吉林人民出版社,2005年,第302页。

无不为,尽皆真性自然呈现,自然而然,无为无造,天然如此。

正如徐复观在《中国人性论史》中所强调指出的:

> 《庄子》中的很多"天"字,郭象《注》皆以"自然"释之。在"自然"一词的本身意义上,郭象与老庄有出入,但在以天为自然的这一点上,大体上是对的。而此处之所谓自然,即老子之所谓"道法自然"的自然,亦即是道。所以他在《齐物论》中之所谓"天钧"、"天倪",与他所说的"道枢"实际上是一个意义。因为他常常好以"天"字代替"道"字。庄子所以用天字代替道字,可能是因为以天表明自然的观念,较之以道表明自然的观念,更易为一般人所把握。①

也就是说,庄子所谓的"自然",就是老子所提出的"道法自然"之"自然",也就是"道"。由此看来,以天合天,就是顺天、循天,也就是一种诗意化、审美化诉求。"顺天""循天",不把人的意志强加于天去改变规律,而是掌握自然规律,并利用它为自身服务,即"知天"。这里的"顺"也就是顺其自然,通过掌握技术和规律,以天合天,使生命更加顺遂。从"顺天""循天"到"知天",以知道人体的生命密码,了解人体的生命信息,认清自己,才能更好地顺应自然,调整生活方式、心理状态,以效法天地,才能"合天"并更好地为自身服务。万物滋生,乃顺承天。万物赖天地以诞生,遵循天道四时以顺利生长。提倡"以天合天""顺天""循天",符合今天的美学精神"人与自然是生命共同体"。人与自然共生并存,人善待自然,崇拜自然,敬畏自然,顺应天意,人性与天性相融相合。"以天合天",其实质就是顺天、敬天、尊天。

在中国文论中,"天"的符指意之一就是自然。从这样的意义出发,应该说,所谓"天人"即天地自然与人,而"天人"关系,即人与天地自然间的生命共同体关系,则一直是关乎人自身生存和发展的永恒命题。中国文论把"天地人"看成一个充满生命活力的有机整体,每一个物种都是这个有机生命体的构成部分。天地万物同源于"道"。道本性自然,这种本性决定了其对事物的作用不在事物之外,而在事物之中。"天人"关系的和谐有序,必然是以人与天,即人与自然万物之间合理的规范与节度,亦即"以天合天"的审美诉求为前提的。如此,则人与天、人与自然万物才能各遂所欲,各得其情,和谐共存。因此,老子指出,人应该"法地""法天""法道","法自然"(第

---

① 徐复观:《中国人性论史·先秦篇》,见李维武编《徐复观文集》第三卷,湖北人民出版社,2002年,第329—330页。

二十五章)①。"法天"之"天",就是自然。在中国文论中,"天""地""万物"皆符指人之外的自然,而所谓的"天道"则指"天""地""万物"生成与化育的规律,或谓自然规律。道的自然本性使自然界的万事万物能够不受外力的干扰而呈现其自然状态,天地万物皆顺自然本性而存在和运动。顺应自然便是顺应天道,而顺应天道就需要"无为"。但是,"无为"绝不是一味地排斥人为,它所排斥的只是违反自然而随意地强加妄为。因此,"无为"实质上是要求人们遵循事物内在的法则,按规律办事。在这种意义上,"无为"仍是顺应自然。天道自然无为,人道应遵从天道,顺应自然,才能"无为而无不为"。"无为"的意思就是不做违反自然的事,即不要固执地违反事物的本性,而要尊重天地自然,尊重一切生命,与自然和谐相处,所谓"天地与我并生,万物与我为一"(《齐物论》)②,"以道观之,物无贵贱"(《秋水》)③。人只是生命共同体中的一员,因此,必须尊重自然,尊重生命,维护自然的完整、稳定与和谐,协同并进,美美与共。庄子指出,人生的最高意义就在于把握好人在宇宙中的位置,洞悉人与天地万物的关系,"知天之所为,知人之所为",自觉地追求"人与天一"的审美域。只有达到"天人合一"的审美域,才会自觉地放弃征服自然的活动,并且以审美的鉴赏态度去体味人与自然融为一体的和谐之美。"道法自然"之"自然",即本然,也就是万有大千本身圆融自足,如如来去之自然真性。所谓的"天",就是自然,即自然而然、本来如此的意思,是与"人为"相对而言的自然、天然、天生的意思。也就是说,所谓"以天合天"的"天",就是天性、生性。一般说来,前一个"天",其意指"人"的天性,即人之本然、自然、天然的属性;后一个"天",意指"木"的天性,也就是物的自然、纯然的本性;所谓"合",则意指"人"的自然天性与"木"的自然天性的相合。需要指出,这里的"合",并不是简单的、一般的相加与结合,而是天性相通的内在联系,是一体相依的一致性,有同一种生命元素、同一种生命因子。就文论意义看,"以天合天"就是在"天人"生命共同体中维护人与自然圆融和熙、相依相成的关系,即如郭象所解释的:"必取其材中者,不离其自然也。尽因物之妙,故疑是鬼神所作耳。"(《达生》)④ 所谓"不离其自然""因物之妙",也就是说"以天合天"是顺其自然的,人顺应木材的自然天性,依凭物本身的"妙"来砍斫、雕刻。对此,林希逸也解释云:"观木之天性形躯,若现成者,然后取而用

---

① 朱谦之:《老子校释》,中华书局,1963年,第66页。
② 郭庆藩:《庄子集释》,王孝鱼点校,中华书局,1961年,第79页。
③ 郭庆藩:《庄子集释》,王孝鱼点校,中华书局,1961年,第694页。
④ 郭庆藩:《庄子集释》,王孝鱼点校,中华书局,1961年,第660页。

之,以我之自然,合物之自然而已。……观夫木材天性合镬形者,然后加手,则用力少而见功多,此器之所以疑神也。"① 王先谦解释云:"以吾之天,遇木之天。"② 显然,他们的解释与郭象的看法相同。第一个"天",即所谓"我之自然""吾之天",也就是人之自然天性;第二个"天"是"木之天性""物之自然""木之天",即木材的自然天性。换言之,"以天合天"之"天"就是"自然"。所谓"以天合天",即以人之自然天性合于万物之自然天性。万物自然和人一样,都是依照自己的本性而生存的,因此,在"天人"生命共同体中,人必须依乎天理,因其固然,尊重万有大千的自然本性,而不能以人的价值观念去衡量一切,剪裁一切。所谓"以我之自然,合其物之自然",按照自然万物的本性去顺应自然、遵循自然,就是"以天合天"。

"以天合天"是中国文论所推崇的一种诗意化、审美化诉求。这里的"天"就是"天性",天性自然、本然、纯然、旷然、渺然、悠然。具体而言,"以天合天",即通过天性的还原,实现原初本真心性的敞亮,彻底忘掉物我、是非的差别和道德功利的念头,进而去蔽存真,达到与天同一的审美心态,从而在生存活动中如其所生,以人之天性合于事物之本然,从有限的人生中把握宇宙的无限生机,与审美对象在精神意念上沟通契合,把握对象的内在神态和意蕴。排除一切人为意念,在忘我、入神之中,使质性形态合一,即排除一切人为,恢复本然天性,并以这样的天性合于物的天性,从而达到审美极境。"天"是自然,自然就是美。万物化生化合,本乎自然,宇宙间万有大千,尽皆自然而生,本性自然,人也只有归复自然天性,才能更好地感受生命,认识自己,才能与万有大千之自然天性相合,以察天机,深契生命之真趣,感悟生命的真谛,进而维护人与自然、人与社会、人与人的圆融关系。同时,这种对生命真谛的感悟源于人对天,即对万有大千之本真自然状态的遵循。也就是说,审美生存活动中的最高审美域应当是人与天的合一互动,一体交通,即人的审美生存之极致体验与本源性世界的本真敞亮,亦即天人同一化、一体化。依照"以天合天"的审美诉求论,"天"乃美的本源,人之天性合于万有大千之自然属性,始能达成"合天"之审美域,获得生命的真谛。"合天"审美域的达成,生命共同体的还原,必得"返璞归淳""致虚""守静",敞亮原初本真心性,任心随意,顺应自然,自由自在,自适自得,悠然陶然,即境缘发,触目成道,以获得直观感悟,通过"返身""归朴",复归到"深心的自我",使得真力弥满,气势恢宏,含而不露,万千滋味尽在

---
① 林希逸:《南华真经口义》,陈红映点校,云南人民出版社,2002年,第276页。
② 王先谦:《庄子集解》,上海古籍出版社,2009年,第188页。

其中，兴到神会，超脱自在，从而在"天人"生命共同体中体验自我，实现自我，顿悟天地生命奥妙的审美境域。也就是说，"以天合天"是人之本心、本性的还原，是去蔽存真，使心性归复原初纯然之态，从而在审美创作活动中以天然纯粹之态观照自然万物。如其所是，"以天合天"，对生命本真的审美体验活动才能深入，"天人"才能有机结合起来，实现天人合一，进而实现天人一如、天人一体，实现人与自然、人与社会、人与人的互动合一。

  在中国文论中，"天""道""自然""太极"等应该是并列的，都是美之本源。"道"与"天""地""人"乃宇宙间的"四大"。庄子所谓的"大美"，就是生成宇宙万有大千的"道"所呈现出来的美，"道"之美即为"大美"。如刘勰在《文心雕龙·原道》中指出的，隽永不朽经典之作的"莫不原道心以敷章，研神理而设教，取象乎河洛，问数乎蓍龟，观天文以极变，察人文以成化；然后能经纬区宇，弥纶彝宪，发辉事业，彪炳辞义"[①]。这里所谓的"道心""神理"，就是蕴藉于天地间的生命奥秘，为"道"与"天"之生命活力所在，亦为美之本源所在。因此，审美创作活动中，就应该"原道心""研神理"，"人"与"天"合，"人"同"道"俱。故而中国文论主张"含道应物"，强调在澄净空明的审美心态中去体味蕴藉于自然万物中的道，主张"体道""悟道""与道合一""外师造化，中得心源"。所谓"外师造化"，即以人之生存的自然生活为师，互动互学，穷尽宇宙大化的神变幽微，陶冶人的内心，使"天人"交相构成，进入极高审美域。又如王夫之所指出的："天地之际，新故之迹，荣落之观，流止之机，欣厌之色，形于吾身以外者，化也，生于吾身以内者，心也；相值而相取，一俯一仰之际，几与为通，而悖然兴矣。"[②] 人之外，万有大千，化生化合；人之内，求道乃至悟道的心坚固，念念不息。心与物、人与天、意与象、情与景"相值而相取""几与为通"。人通过去蔽，澄明自身纯真之心性，以心灵映射万象，用心灵节奏去契合宇宙间的生命韵律，实现天人交感，此乃审美创作活动所追求的极致。自然天性为美之所在，审美域的构成在于"人之天"与"物之天"的交相感应，相互融合。具体分析起来，其融合构成既由天至人，又由人达天，"天人"生命共同体有机互动，交相往返，互融合一。所谓由人达天，即如《中庸》说的"赞天地之化育，则可以与天地参矣"[③]。人澄明自身至真至纯之本性，就能辉映万有，照彻宇宙万有的生命原初域，以深契宇宙万物的生命底蕴，"以天合天""与天地参"，达成人与生存互动合一的最高审美域。

[①] 范文澜：《文心雕龙注》，人民文学出版社，1962年，第2—3页
[②] 王夫之：《诗广传》卷五，中华书局，1964年，第68页。
[③] 孔颖达：《礼记正义·中庸》，十三经注疏本，中华书局，1980年，第1632页。

人原初本真之仁心仁性得以澄明，尽心知性，则能够参赞天地之化育，以达成天人合一之审美域。人之天性与自然之天性是相通相似的，所谓"天地变化，圣人效之""与天地相似，故不违""知周乎万物，而道济天下，故不过"。人以仁爱之心对待自然，将仁心仁性扩展到自然，既"尽人之性"，又"尽物之性"，顺应自然，则能够达成"天地与我并生，而万物与我为一"的审美域。庄子曾经强调指出，人与天地是并生的，即"万物与我为一"（《齐物论》）①。因此，"以天合天"所达成之"天人一体"审美域给人带来的审美愉悦乃为一种"天乐""至乐"。这种审美愉悦是与天相合、一体共生所带来的至真至纯的快乐感，能够给人一种"物我两忘"的感受，此即所谓"与天和者，谓之天乐"（《天道》）②。"天乐"是人与生存互动合一所带来的审美愉悦，是"以天合天"的审美结晶，即人与自然合一的情感体验结晶。中国文论所谓的"曾点之乐""孔颜之乐""圣人之乐""贤人之乐"，其实质就是通过"以天合天"以获得的"天乐""至乐"，亦即人的心灵世界与人之生存间圆融和熙所带来的审美化、诗意化体验。

"闲来无事不从容，睡觉东窗日已红。万物静观皆自得，四时佳兴与人同。"这首诗传达出来的审美意蕴就是人在"以天合天"的静观中所到达成的自在、自由的审美境域，以及于此审美域中获得的审美体验或感受，即人之感性生存向审美生存的转化与仁心仁性的澄明和敞亮。"达天""合天"乃中国文论所追求的至高审美域，由此，人才能体合宇宙内部的生命节奏并实现同宇宙的一体互动。在中国文论看来，要达至"达天""合天"之审美域，必须让人的意识审美化，即人应该进入"以天合天"的审美境界，进而于"天人一体"中体道、合道、悟道，感悟天地生命意旨，并使其升华到审美体验层面，以审美化、诗意化的生存方式来融汇"天人"，来维护人与自然、人与社会、人与人的交相依存。这种人之意识的审美化突出体现了生命体验活动中澄明心性、回归原初本真的意义。如老子所指出的，人要体认到无形无象的作为宇宙间生命生成原初域的"道"，就必须"致虚极""守静笃"，通过"抱一""守中""涤除玄鉴"，保持虚静的审美心胸，达成人与自然、人与社会、人与人的交相依存的状态，进而使人的生存审美化、诗意化。《庄子·大宗师》云："隳支体，黜聪明，离形去智，同于大通。"这里所谓的"大通"即"道"，"同于大通"也就是人与物相融相合，还原为生命共生体，没有了与外物的对立，进而身与物化，"同自然之妙有"，达到"天人合一"的生气

---

① 郭庆藩：《庄子集释》，王孝鱼点校，中华书局，1961年，第79页。
② 郭庆藩：《庄子集释》，王孝鱼点校，中华书局，1961年，第735页。

流畅之域。这是人摆脱尘世杂念，实现心灵自由的生命状态。就审美创作活动而言，由此才能于"寂然凝虑"中"思接千载"，于"悄焉动容"中"视通万里"，上天入地，包孕古今，达成"天人合一"之审美态势。这种审美创作活动，也就是"以天合天"。

按照中国文论的意旨，"天人一也"，即"天人"为生命共同体。因此，要进入"以天合天"的审美创作活动，"人"必须保持心灵的自在自由，去蔽存真，归复天性，以人之天性与自然万物之本性相合，"同于大通"。所谓"万趣融其神思"，人必须将自我渗入宇宙大化，心"随物以宛转"，物"与心而徘徊"，在天人合一、心物合一的生命体验中获得对宇宙间万有大千生命奥秘的洞见。人同自然相亲相和，于"天人"生命共同体中实现生活本真自然；将人与自然互动共生的关系拓展到人与社会和熙融洽、互动共处的关系，用"以天合天"的审美化、诗意化生存方式去最大限度地适应自然与社会生活。《中庸》有云："万物并育而不相害。"① 这就是说，自然万物和人一样有其存在的价值和意义，万物平等，并行不悖。因此，人不能凌驾于自然之上，人从自然中来，终归于自然。人在面对自然的时候，必须放下征服者的姿态，秉持"道法自然""以天合天"的理念，心怀谦卑，最大限度地去顺应自然，适应自然，以实现人与自然的共生。人的生存、社会的发展皆以自然生活为依托，头上的天空，脚下的土地，清澈见底的河流，一碧千里的草原……小到一草一木，大到山川河海，如茵绿草、潺潺流水、燕语莺啼，都与人的生存息息相关。人与自然万物皆生成于"道"，"道"乃天地万物之所从出的生命原初域，只能通过"仰观""俯察"来体验、直观、顿悟，"目击道存"。因此，中国文论特别强调透过对审美对象的整体直观把握，于"以天合天""顺其自然"的审美诉求中"神遇""目想"，以体验的方式获得对生命本真的洞见，进而"与天和"，达到"至乐"境界。

二

应该说，"以天合天"的审美诉求乃是人的一种生存态度，一种与天地万物为同一生命体的彻底解放的自由的精神活动，即解脱一切外在束缚，进入纵肆逍遥的审美化、诗意化生存。人来自自然，与自然相依相存、有机互动。人以天地自然为生存基础进行生命活动。人的生存活动离不开天地自然，而天地自然则因为人的生命存有而获得意义与价值。"天人"实为休戚相关的生

---

① 朱熹：《四书章句集注·中庸章句》，中华书局，1983年，第37页。

命共同体。

人与天地自然既然属于同一生命共同体,而人又为万物之灵,那么,人与自然、人与社会、人与人和熙关系的维护就必须通过人自身的努力才能达成。人自由全面发展的实现,是对自然的尊重。只有"以天合天""顺其自然",实现人的自然性和自然的属人性的相融相合,才能"原天地之美而达万物之理"(《知北游》)①,进而于天人交感中相互发现、相互确立。诗意化、审美化创作活动通过"心游""神游",达成人与自然的同一,在与宇宙、自然、天地万物的同一中,获得超越,"应之以自然"(《天运》)②,"欣欣然而乐"(《知北游》)③。人与自然是协调共生的,两者之间原本就是一种平等、和谐的共生关系。复归天然之生命态,自然而然,淡泊无为,去掉一切生命的遮蔽,摆脱一切关系的束缚,完成生命由非本真状态向本真状态的复归,以"我"之自然合物之自然,于以虚静、本然之心与"道"合一;由保全人的生命扩展到保全自然的本性,"游乎万物之所终始""通乎物之所造"(《达生》)④,"静而与阴同德,动而与阳同波"(《天道》)⑤,在"以天合天"中,真切感受到生命的存在,并在与万物自然的交流中,"乘物游心",以获得自然生生不息的活力,进而感受到与宇宙自然同为一体的永恒不朽,"与天地和",回归创造性生命的原初,实现人与自然相互融合,相合补充,共同完善。

所谓"神与物游",就是一种"以天合天"的审美诉求。"以天合天"审美创作活动中的"神与物游"以心物互渗来实现心与物的同形同构、异质同构,彻底消解天与人之间的屏障,归复原初"天人"生命共同体,从而使对象结构与生命结构具有契合点。同时,"神与物游"表征着人之情、意、趣,与物之景、象、物间的相互依赖,因此,"合天""悟道"必须通过人之形而下的感性观照、形而中的"观气"审美活动、形而上的对生命真谛的洞悟来完成。因为"气"的中介,人得以入乎物内、神与物游。因此中国文论推崇气势,标举气韵,崇尚空灵。"以天合天"审美诉求源自"天人",所以人的审美化创作活动注重"以天合天",追求"天人"生命共同体的还原。

因"道"而生成的万事万物本性自然,这种本性使自然界的万事万物能够不受外力的干扰。天地万物皆因其自然本性而存在和运动。顺应自然便是顺应天道,而顺应天道就需要"无为"。但是,"无为"绝不是一味地排斥人

---

① 郭庆藩:《庄子集释》,王孝鱼点校,中华书局,1961年,第735页。
② 郭庆藩:《庄子集释》,王孝鱼点校,中华书局,1961年,第502页。
③ 郭庆藩:《庄子集释》,王孝鱼点校,中华书局,1961年,第765页。
④ 郭庆藩:《庄子集释》,王孝鱼点校,中华书局,1961年,第634页。
⑤ 郭庆藩:《庄子集释》,王孝鱼点校,中华书局,1961年,第462页。

为，它所排斥的只是违反自然而随意妄为。因此，"无为"实质上是要求人们遵循事物内在的法则，按规律办事。在这种意义上，"无为"仍是顺应自然。天道自然无为，人道只有遵从天道，顺应自然，才能"无为而无不为"。"无为"的意思就是不做违反自然的事，亦即不要固执地违反事物的本性。司空图《二十四诗品·形容》谓："俱似大道，妙契同尘。""大道"就是"人"与天地万物生成的原初生命域，又是"天人"相通相融的中介。"俱似大道"，就是以人之道性、天性与万物之道性、天性相合；"以天合天"，也就是以人之自然天性合于万物自然、本然之天性。万物自然和人一样，都是依照自己的本性而生存的，因此，在审美创作活动中，人必须"依乎天理""因其固然"，尊重万有大千的自然本性，而不能以人的价值观去衡量一切、剪裁一切。所谓"以我之自然，合其物之自然"，就是"以天合天""俱似大道"的具体内涵。

按照自然万物的本性去顺应自然、遵循自然，就叫"以天合天""俱似大道"。这不是建立在双方的冲突或一方彻底压倒另一方的基础之上，而是从双方相融相合的关系中生发出新的"俱似大道""同于大通""以天合天""天人合一"的审美诉求。正是由于"以天合天""俱似大道"审美创作论的渗透与浸润，中国文论从本质与形态上看都呈现出一种自然直观性，即以整体性、有机性、共生性来理解宇宙及万物关系，追求人与生存间的互动合一。可以说，"以天合天""俱似大道"的审美诉求论构成了中国文论的基本特征。人依照自然的属性去适应自然，复归自然，复归"道"，即以"人之道"顺应"天之道"，以人合天，实现天人和谐。这是人与自然、人与社会所达到的一种审美域，人与天同归于大道自然。老子说："知其雄，守其雌，为天下溪；为天下溪，恒德不离，复归于婴儿。知其白，守其黑，为天下式；为天下式，恒德不忒，复归于无极。知其荣，守其辱，为天下谷；为天下谷，恒德乃足，复归于朴。"（第二十八章）[①] 知道它的雄，持守它的雌，成为天下的溪流；成为天下的溪流，永恒的德不会离失，复归于婴儿的状态；知道它的白，持守它的黑，成为天下的模式；成为天下的模式，永恒的德不会差失，复归于无极的状态。知道它的荣，持守它的辱，成为天下的川谷，成为天下的川谷，永恒的德才会充足。这说的就是"俱似大道""同于大通"，复归于原初纯朴的"天人"生命共同体的状态。

就诗意化、审美化创作活动而言，要"俱似大道""同于大通"，就必须"知其雄，守其雌""知其白，守其黑""知其荣，守其辱"，且要善于以雌御

---

① 朱谦之：《老子校释》，中华书局，1963年，第73页。

雄，以黑御白，以辱御荣，从而把握万物的全面整体，"与道合一"，这样便宛如天下之溪流，宛如天下之模式，宛如天下之川谷。溪流者，以其柔弱低卑而百川自然归趋，这样永恒之德不会离失。复归到人之生存之初的赤子、婴儿状态，"精之至""和之至"，阴阳太和，"以天合天"，从而深根固柢，长生久视。复归"大道"，还原万物的本初无极，玄德无极，以大顺自然。于是"执大象，天下往；往而不害，安平泰"（第三十五章）①。川谷者，以其谦虚卑下而为涓涓细流所汇聚，这样永恒的德才会充足，复归于"大道"，回到"天人"生命共同体的始初纯朴状态，达成"与道合一"之境界。由于能把握"大道"的整体，复归于本真自然的状态，所以人与天合一，实现"天人一体"的审美化、诗意化创作。即，"浑万象""兀同体"，超乎是非荣辱，"超脱自在"，纯任自然与天地生命共融。这应该是"以天合天"审美诉求的特殊体现。

基于"以天合天"的审美诉求论，以人与生存互动合一为贵的信念，中国文论往往把与世界的"外适"带来的身心"内和"作为人之生存的最大审美愉悦。"外适内和"，便可得到获得身心俱适、恬淡自甘的一种审美感受。"内和"，重在心灵的平和恬静，感受超然物外的情趣和乐趣，其中包含着中国文论所推崇的"知足保和，吟玩情性"的美学意义，也就是"养志忘名""从容于山水间"，终点便是"天人合一"的最高审美域。"以天合天"主张人与生存间互动合一是自然的最佳审美诉求和终极状态。中国文论一贯主张人与自然之间的协调、动静的统一，推崇淡泊、平和、清新、幽远的审美趣味。人与自然相亲相近，相依相成；在审美化创作活动中，人与生存互动合一，通过"以天合天"，"人之天"与"物之天"相通相合，进入"天和"常乐的至境，乃是人之生存的最佳选择。应该说，"以天合天"是人自觉遵循的审美创作诉求与自然审美观，它源远流长，具有典型的中国特色，带有强烈的地域化、民族化色彩。人与天本来就相依一体，人在自然中生活，就要主动把自己融入"天"（即自然）之中，达到"以天合天"，"天人"同体共生的审美化、诗意化生存。"人"从对自然的敬畏到与自然相亲相和，进而达成"以天合天"，经历了一个较为漫长的审美实践过程，是人追求生活空间诗意化、审美化的生动体现。人和生存是不能分离的，人生存在土地上，食用土地上长出的东西，人与自然是生命共同体，人当然应该适应生活，顺乎自然，努力维护人与自然、人与社会、人与人的关系，遵循"以天合天"审美创作诉求论，保持人与生存的圆融无碍关系。只有这样，才能够创作出艺术杰作与

---

① 朱谦之：《老子校释》，中华书局，1963年，第90—91页。

精品。

在现代社会,工业化进程加快,人与自然间的融洽关系被打破,相互间日渐隔膜。在此背景下,依据"人与自然是生命共同体"理念,重新审视中国文论"以天合天"审美创作诉求论,以建构富有中国特色的当代系统性文学话语体系,以之规范人的行为方式,调适人与自然的关系,增强人生的诗意化、审美化色彩,有着极为重要的现实意义。

作者简介:
李天道,四川师范大学文学院教授,博士生导师。

中国古代文论的体验性知识*

刘朝谦　彭　瑾

摘　要：中国古代文论与今天理论学科生产理性的知识不同，它在古代几千年里生产的文学知识主要是体验性知识。体验性知识赋予知识以诗意的在场形态，令知识在诉诸人的理性之前以其诗意的外观迷惑了认知主体。在认知活动中，体验性知识不拒绝人的理性认知，但它总是用其体验性推迟理性认知环节的到来，并且让知识的诗意滋味减损知识的理性和科学的品质。体验性知识是造成中国古代文论所生产的文学知识的主要原因：首先，自先秦起，中国的思想和理论起点就倾向于用体验性的话语来言说抽象的理论，这种知识生产方式随着儒道互补成为后世中国人生产知识的主要结构；其次，文学活动在中国古代是社会中上层人物的日常生活方式，其所造成的中国古代文化泛审美的特质，令中国古代几乎没有专门的文学理论家，古代文论主要是文学创作主体在其创作的余暇说道出来的。文学创作主体将其文学创作的积习带入文论话语，因此中国古代的文论话语必然地是知识在诗意氛围中优雅登场的。

关键词：中国古代文论话语　体验性知识　理性知识
　　　　　知识生产

中国古代文论不管是文章理论，还是文学理论，都是关于中国古代文学知识之生产、再生产机制；而文学知识生产语境在理论话语中的现身，都是其所生产出的文章、文学知识的民族身份、文化特征的显现形式。这意味着中国古代文论话语的特殊之处在于它所具有的知识品格。这种知识品格的具体内涵是中华民族关于文学特殊的认知和与记忆，而其作为话语的形式特征，是古汉语特别的符

---

* 本文为国家社科基金重大项目"东方古代文艺理论重要范畴、话语体系研究与资料整理"（项目编号：19ZDA289）阶段性成果。

号结构。它在本质上是古人构筑自己文学家园的土木砖石，散发着中国古代文化的诗性智慧，激扬着中国古代的文学精神。

那么，中国古代文论究竟具有一种怎样的知识品格？这是本文的主题。

一、中国古代文学知识生产路径的历史通变

对中国古代文论话语的知识品格的讨论，涉及知识的生产和生产出的知识之特性这两大方面，这两大方面对应的主要有文学和文学理论两大活动。这两大活动本身以及相互之间的关系，具体地规定了文学知识的生产方式、路径、内在品格。

文学理论是对文学的本质、规律、特征等方面的思考和言述。文学只管"是"，而文学理论则不断地追问：文学"何以是"？在文学活动里，我们经常看到有两种主要的东西被生产出来：一是人从本体到现象的生命意义在诗学的维度被生产出来，二是文学美感被生产出来。文学审美活动所生产出的生命意义和美感本身对于一般的文学主体而言，是主体感觉到的一团混沌的主观心意，它们带着神秘的气息，只属于那作为个体的文学审美主体，它们在主体的心中翻动为非理性或反理性的意象、情景，让主体在文学审美观照中获得精神生命的快乐。一般文学审美主体在进行文学审美之时，从不会为其所体验到的文学意象、情景的荒诞和悖理而烦恼，也不会就自己在文学文本中所品尝到的美妙滋味进行评说，他们在文学美中的处身情态居于美感之中，存在于语言之外。就此而言，在文学审美活动中，文学为审美主体生产出来的人的生命意义、美感还不是理性的文学知识，而只是文学知识得以生产的原始矿藏，它们为文学知识的生产提供了动机，以及无限可能性和必要性。

文学理论活动乃是对文学活动从整体到局部、从本质到现象给予理论思考和言说的活动，它所生产的是关于文学的思想和知识。其因能准确地揭示出文学的本质规律和形式特征，并让文学从遮蔽的状态走入无蔽的敞亮之中，而被人们视为关于文学的真理。文学知识如此这般地成为科学理性的产物。

文学活动与文学理论的关系，从认知的角度讲，是认知对象与认知主体的关系。实际的情况就是如此，文学活动总是为文学理论生产认知需求和对象，而文学理论则用为文学活动生产文学知识的方式，帮助文学活动主体认知文学，树立对文学的审美自觉意识，让文学活动在自身的历史道路上走向自觉的和独立自主的存在之维。也就是说，文学理论的一大功能就是为文学

活动生产出新的、非自然的文学主体，这种新的文学主体对文学有着强烈的自觉意识，因此，他们不再像理论之前的文学主体那样只是文学的自然主体。正如沈约在谈到他创立"四声八病说"之时所讲的，只是因为他发现了诗歌声律这一奥秘，人类对诗歌声音形式美的创作，才从此不再是诗人在黑暗中的独自苦苦摸索：

> 宫商之声有五，文字之别累万，以累万之繁，配五声之约，高下低昂，非思力所学，又非止若斯而已也。十字之文，颠倒相配；字不过十，巧历已不能尽，而况复过于此者乎？灵均以来，未经用之于怀抱，固无从得其仿佛矣。若斯之妙，而圣人不尚，何耶？此盖曲折声韵之巧，无当于训义，非圣哲立言之所急也。是以子云譬之雕虫篆刻，云壮夫不为。①

沈约总结出的"永明声律"，强调诗歌的声音审美形式是诗言的声母和韵母按一定规则组合而成的结构。该声律说自然属于典型的文学知识，它由沈约对诗的形式美的理论思考生产出来。沈约认为，正是因为他对诗言声律法则的揭示，中国古代诗歌创作才得以步入语言声律自觉的时代。而我们认为，正是因为这一诗学知识的产生，中国古代诗歌才第一次彻底地与它原始的母体，即音乐，分道扬镳。文学诗歌从此不再是音乐中的文学元素，而开始构建起了自己作为独立的文学的本质，有了专属于自己的家园。从沈约的例子中，我们可以清楚地看到文学理论所生产的知识对于文学活动的反哺。按沈约的说法，诗论对诗歌活动反哺的具体内容，就是让在黑暗中摸索诗的形式美创作技艺的旧时代诗人从此有法可依，诗人成为对诗歌文学独有的声音形式美法则具有自觉意识的创作主体。而事实上，诗歌声律法则的出现对文学诗歌更本质的影响还在于，这一新的文学知识的建构是文学真正成为文学的第一块坚实的历史基石，正是因为有了这一基石，中国诗歌才在盛唐主要用格律诗的创作，打造出至今无人能企及的巅峰景致。

对于今天的文艺学而言，有一件事是天经地义的：文学主体在文学活动中的此在主要是情感的体验；主体在文学理论活动中则主要处身于理性的思想和言说之中。人们对此通常的说法是，在文学的创作和接受活动中，人们主要运用体验性的诗意作"情感裁判"②。人们虽然也会运用自己的理性思维

---

① 沈约：《答陆厥书》，见萧子显《南齐书·陆厥传》，中华书局，1972年，第897页。
② 恩格斯在文学批评上主张两个最高标准：一是美学标准，二是历史标准，他在《致斐·拉萨尔》的信中把"莎士比亚化"作为文学创作必须遵循的尺度，认为用美的尺度批评作品，也就是对文学作品给予诗意的情感裁判。

来更好地完成文学的想象与虚构，但相比于体验，理性在文学活动中总是次要的，是作为体验的辅助工具现身的。文学，即审美的体验，正是在这一点上同由理性主宰的文学理论决然不同。

文学理论的运思与言说在今天被划归社会科学，人们早已习惯于按科学活动的本质与特殊运作规律要求它，所以，人们通常不赞成在文学理论中掺杂入非理性，甚至反理性的思维。人们认为文学理论工作者最好不要带有主观情感进行理论工作，以免影响到其理论观点的科学性，而文学理论作为科学工作应该是完全客观的，由人的理性支配，是人的抽象逻辑思维的天下。将文学的体验和对文学的认知二者截然分开，这是今日文艺学的要求。

人类围绕文学而展开的活动，除了由文学创作、文本和文学接受等环节构成的文学活动，以及文学理论活动之外，还有第三种活动，这就是文学的批评。文学批评看上去似乎可以归到文学接受活动里，但是，它同一般读者对文学作品单纯的审美接受是不一样的。一般读者对作品的审美接受不需要用语言把接受的东西形诸文章，不需要上升到理性的层面来剖析作品里的文学意义，不需要把审美体验转化为对文学的理论性认知。而这一切却是文学批评成其所是的本质规定。显然，在文学批评那里，情况变得很不一样，因为，在批评的语境里，通常同时混杂着对文学的审美体验和文学知识的运用与生产。感性兴发了理性，理性反过来支配着感性；理论在文学实践中印证自己的有效性，文学批评则借理论之手让文学存在的意义和价值充分地显现出来。就此而言，文学批评实际上成了文学审美体验和文学理论携手狂欢的活动，成了文学审美和文学理论相互证成的一个特殊的文学话语场域。在此，文学批评检验文学知识的科学品质，同时，促使文学理论返回自身，总结实践中自身的长处和不足，扣住文学活动中未曾被理论关注的地方，以生产新的文学知识。

中国古代文论话语的基本功能就是生产古代文学知识，其所具有的特殊理论品格不是一经形成就始终不变的。在一般情况下，文论的形态总是被历史之手操弄而发生变化。在历史的坐标上，迄今为止，它至少已经显现出两种主要的形态。一种是古代的文论品格，这一品格总体地被"古代"这一时间形式所限定。之所以能够如此，一方面是因为在"古代"，文论得以原初地产生出来的政体，儒家人伦社会生活，以儒、释、道三教为中心形成的文化生态等土壤，虽经朝代的更迭而基本不变。此即古人所谓"天不变，道亦不变"。另一方面，中国文论在"古代"这一时间框架里用以言说自身的基本语言形式一直是文言文。中国古代文论的另一种品格则是在中国近现代被建构起来的。相对于中国"古代"，在中国的近现代，文论之生产与再生产的社会文化土壤，即哲学、伦理学、政治学和人文价值观等各种社会意识形态都发生了巨变，此时共和取代了帝制，民主取代了专制，科学压倒了玄学，西学挤压着中学，文学审美主义取代了文学工具论……天变了，道也变了，"古代"以及由它所规定的中国古代世界至此真正开始整体地沦为历史的陈迹。历史至此用"近现代"的生，营构了"古代"的死，让中国存在的时间形式完成了历史与现在的一次成功交接。近现代的"近现代性"生成了近现代中国，近现代文论则是中国之"近现代性"所生产出来的一种全新文论，"近现代性"在文论中生成了中国文论新的对象与新的理论品格，从而在内容方面走向了同中国古代文论完全不同的世界。五四新文化运动以中国文化的"新"创构起中国文学以及中国文学理论的"新"。有新文化，于是有新文学；有新文学，于是有新的文学理论。此时中国文论的"新"在其言说方式上表现为中国近现代文论话语很快以现代白话文取代了古代文言文。余虹说：

> 值得注意的是，现代汉语语境中"文学理论"这一译语完全是对应于"theory of literature"的，这样的"文学理论"既不同于中国古代的广义"文论"，也不同于中国古代的狭义"文论"。中国古代狭义"文论"要么是基于"文笔之辩"的文韵文藻之论，要么是基于"诗文之分"的散文论，因而也大异于西方"文学理论"。[1]

从余虹对中国古代文论与西方文论的不同如此强调的话里，我们可以看出中国古代文论的知识品格在前现代的世界里的确是别具一格的。但是，当中国进入现代之后，中国古代文论的知识品格再次发生了变化，现代语境既让现代人记住了中国古代文论知识曾经当下地存在，又让现代人忘记了中国古代文论知识在古代原有的鲜活滋味。这种以遗忘的形式给予的记住，直接造成了现代人在理解古代文论话语上产生的诸多困惑。

本文所要讨论的问题，是中国文论话语体系在古代具有什么样的原初品格，因为当下讨论的对象是文论的历史形态，所以，我们选择了用比较的方法来展开讨论，即把中国文论的两种形态放在一起来加以比较，在比较中看清楚中国古代文论话语体系品格的具体内容。苏轼说，"赋诗必此诗，定知非诗人"[2]，其实，不仅诗歌创作如此，文论研究也如此，我们对中国古代文论话语体系之品格的讨论，只在古代内部进行，未必就能真正看清楚讨论的对象，跳出"古代"这个时间框架，把古代和近现代放到一起来比较，就是以

---

[1] 余虹：《中国文论与西方诗学》，生活·读书·新知三联书店，1999年，第2—3页。
[2] 苏轼：《书鄢陵王主簿所画折枝二首》，见王文诰辑注《苏轼诗集》，中华书局，1982年，第1525页。

旁观者的眼光来审视中国古代文论的知识品格,这样的审视反而更有可能得到正确的认知。具体说来,就是从中国文论"古代"形态同"近现代"形态的接合处入手,两相比较,以确定古代的中国文论话语所言说出的知识品格的特殊性。

二、体验性知识:中国古代文论话语的奇特品质

中国古代文论话语作为文学知识,我们认为,其品格的特征在于它属于"体验性知识"。

"体验性知识"的"体验"二字,指主体与客体或对象之间所达成的关系是情感的关系或审美的关系,在这种关系里,一方面,主体的情感始终攀缘在对象直观感性的外观,主体借此把对象变成了自己主观生命的客观对应物,对象成为人化的对象;另一方面,主体的生命情感在对象身上获得了外显的直观形式,从单纯的外在之物变为可供人直观的对象。此时,体验即主体直观对象之时的主观情意活动和对对象的诗意裁判,主体在直观对象的同时直观人自身,在物我为一的情状里领悟世界,洞察人生。因此,体验的生命状态既是情感的,又是形象直观的。

中国古代文论因为是体验性话语,所以所言说出来的文学知识总是带有情感色彩,总是包裹着一层感性而华美的外衣。文学知识本来应是理性的认知对象,但中国古代的文学知识却总是首先在主体面前显现为审美的客体,包裹着文学知识的审美形式是如此鲜明和完美,以至于人们面对这样的文学知识之时,通常会在碰触到知识层次之前就已经在审美的层面流连忘返,迷失于文学知识的美丽外表,无法保持认知活动要求主体保持的对知识的纯粹理性态度。显然,这样的中国古代文学知识从来就不是为纯粹理性的认知主体准备的认知对象,能够一亲其芳泽、领悟到其内在微妙意义的人,必须同时具备两种能力:一是审美的能力,二是认知的能力。而且,主体对文学知识的认知是由他的审美体验主导和推动的。把知识建构为由审美物和理性的知识观念共构的两面体,这在中国古代不仅是文学知识的生产方式,而且也是全部人文知识最为主要的一种生产方式,古代社会意识形态中的诸种知识基本上都是运用这一方式生产出来的。

众所周知,中国先秦王官学和诸子学最主要的言说方式,就是用形象的话语言说抽象的道理。先秦的哲学、神学、伦理学和政治学等,除了名家、墨家两个学派的言说方式较为理性且含有抽象的逻辑思辨的雏形,其余的学派中人、外交使臣、纵横之士等的言说都自觉地用体验性话语来言说社会意

识形态的种种理性知识。在哲学方面，刘勰称老子说道哲学知识的话语方式："老子疾伪，故称'美言不信'；而五千精妙，则非弃美矣。"① 今日研究美学之人，往往会特别关注《庄子·德充符》中所描写的那些生命自由但外形丑陋的畸形存在者形象，从中抵达庄子特别的存在诗学，领悟庄子在其中生产出的美学知识和哲学知识。法家巨子韩非子在他的《十过》《说难》等文章中，则总是把他想要告诉人们的政治智慧、政治经验和政治知识悄悄放在一个个委婉动人的故事里。儒家大师荀子总是把知识刻意用形象的譬喻言说出来，把"比"这一修辞方式实践为他广受称赞的教学语言。对诸子生产知识和让知识在场的体验性言说方式，孔子更早地有所自觉，并给予提倡。孔子说，三千弟子于德行、政事、言语和文学四科的学习，其中一个重要的学习方式，是"游于艺"②。"艺"者，有手艺、艺术的多重含义，如果取"艺术"之义，则"游于艺"无非是把孔门四科的知识确立为弟子可畅游于其中，"玩物适情"③的审美的艺术场域，要求弟子游乐于其中。"游于艺"的"游"，则是人处身于"艺"这一儒家知识场域中的情态，是主体在理性知识海洋中的诗意栖居。孔子如此把认知活动定义为主体"游于艺"，既是对他之前认知活动基本特点的总结，也是对后来的认知之路的开启。先秦之后，儒家取得独尊的地位，无论中国的王朝是否更迭，这种孔子式的把认知转化为体验的思想文化言说方式一直未曾发生大的改变。这种思想文化言说方式的一大特点，就是把一切人文知识都视为主体的个体生命体验，知识在本质上显现为主体化、个体化和内在化的知识。一部中国古代史，可以说就是中国人在体验中认知世界和人自身的历史，就是古人在生活体验中生产和再生产知识的历史。华夏民族自上古以来的这条体验性知识之路是整个民族知识生产的一条主路，古代社会意识形态之每一种具体知识的形态，如哲学、法学、神学等知识，它们各自的路径作为支路，汇聚成这条主路，中国古代文论话语的体验性知识路径乃这些支路中最美的一条道路。

中国古代文论运用体验方式所生产出来的文学知识具有理性知识所不具备的特性。

第一，文论中的体验性知识因文学知识的解蔽要求而起，其在文论语境中的在场，以文学知识的生产、运用为目的。也就是说，在文论语境中，体验是主体通往知识的起点和行走方式。这样的体验虽然是审美性质的，但与

---

① 刘勰：《文心雕龙·情采》，见周振甫《文心雕龙注释》，人民文学出版社，1981年，第346页。
② 孔子：《论语·述而》，见朱熹《四书章句集注》，中华书局，1983年，第94页。
③ 朱熹语，见《四书章句集注》，中华书局，1983年。

一般审美大众在审美活动中所经历的审美体验并不相同：后者起始于体验，止步于体验；前者起步于体验，却自觉走向文学知识的生产和去蔽。

第二，体验性文学知识因为体验的在场而不属于科学的纯粹知识。中国古代文论话语让文学创作论、文本理论、文学批评论、文学接受论和文学史论所涉及的种种文学知识都隐匿于体验之中，导致了知识纯粹性的消减。由于体验在本质上不是知识，且常常具有反理性和非理性的特征，所以中国古代文论话语言说的文学知识甚至有着反理性的味道。

第三，文学知识作为体验性知识，是生活知识、经验知识的混杂体，在其存在场域里，知识一般不直接展开为观念范畴以及命题之间的逻辑层构，而更经常的是切换为现实的生活画面，引入生活的经验，与文学知识完成实证主义的对接，用生活经验来证实文学知识的有效性。也就是说，中国古代文化之体验性知识的生产和运用，是通过文学文本中直观感性的画面同现实生活中直观感性的画面的对接和切换来实现的，知识从生产到产出，再到传播，是不同时空中一连串直观感性的场景围绕对文学的认知而展开的交往。在其中，知识总是把自己内置于一具丰满的肉身之中。

第四，文学的体验性知识把认知与审美两种本质不同的人类活动混构为一种人类活动，令古代文学的认知活动不像纯粹科学领域中的认知活动那样是枯燥的学究式人生，不像社会科学之认知活动那样是人在直接的理性思维和抽象的逻辑世界里行走，而是孔子意义上的让主体热爱和喜乐的诗意栖居[①]。体验性知识不是人的科学的思性花果，而是人经由文学中的生命感悟和审美延宕曲径揭晓的一个个人生谜底。体验性知识作为知识，其本质虽然就在那里，但是其存在边界却因之变得模糊不清。

三、作家文论话语：文学体验性知识的成因

人类文论史上言说文论的主体，大致可分为文学活动主体和专门的文论家两种。前一种主体，尤其是文学作家，他们把人生主要的精力放到文学创作方面，但在创作之余，对文学是什么等问题还有追问的兴趣，也有一定针对文学问题思与言的能力，他们因此把人生的一部分时间投入关于文学诸问题的运思和言说，结果让自己同时成为文论话语的言说主体。这种文论言说主体主要把自己认同为文学的在家者。不过，这类文论言说主体的生命总是

[①] 《论语·雍也》记载孔子在讲到人的认知活动时，曾经强调"知之者不如好之者，好之者不如乐之者"。

有一小部分游移在文学家园之外，他反思文学，视文学为他思想的对象。也就是说，这类主体与文学活动保持着一种若即若离的关系，文学于他既是自我的，又是他者的。

中国古代文论的专门家，其一生较少参与文学文本的具体创作活动，他们当然会不断地处身于文学接受语境之中，但由于他们一生的兴趣主要在于对文学诸问题进行理性的思考和言说，因此，他们对文学的阅读更主要的是为自己的理论工作收集对象或材料。他们同文学活动的关系颇为疏离，或者可以这样说，他们主要作为文学活动的他者，站在文学之外，视文学为自己科学解剖刀下的探究对象。这类文论言说主体的审美想象力、言以抒情的能力、叙事的能力均远不如作家，但他们运思的力量却远比文学作家强大，他们在观念范畴之间、理论命题之间搭建逻辑结构的能力，是文学作家无法望其项背的。在中国古代文论史上，两种文论主体都曾出现，但从人数上看，文论专门家向来极少，像刘勰、钟嵘这样的人就显得极为另类，在历史上他们的身影总是格外地孤零。中国古代文论的言说主体主要是由文学活动中的创作主体来兼任的：中国古代的诗人、赋家、骈文作者、词曲作者、剧作家和小说家，他们所撰写的关于文学的理论文字，除了偶尔写成了专门的文论文章、文论著作以外，更多的要么散见于书信之中，要么成了各种"话体"。这些文字有些成了精深的文论话语，显示出其作者在创作和理论运思两方面都远超常人：扬雄、班固虽是汉代文论家的主要代表，但他们更是汉大赋的文学创作主体；曹丕《典论·论文》，郭绍虞先生说它是中国历史上第一篇专论文学的论文，但是，众所周知，曹丕一生的文学成就在于他所创作的诗篇，在于他同父亲和弟弟一起，以"三曹"的称名领一代诗坛风骚；陆机的《文赋》用赋文学体裁写文章创作论，而陆机本人的成就其实主要在文学创作方面。古代中国文学家言说文论的文字多被结集成观点颇为零乱的诗话、赋话、曲话等。像韩愈的《答刘正夫书》、欧阳修的《六一诗话》、李贽的《童心说》、李调元的《雨村赋话》、袁枚的《随园诗话》等。这类由文学活动主体书写成的文学理论著作，在数量上远远超过了专门的古代文论家的文论著作，它们在数量上构成了古代中国文论存世文献的主体。据此，我们可以说，中国古代文学作家言说文论的方式构成了中国古代文论话语主要的风格和特征。

中国古代文学创作主体的文论话语呈现出以下几方面的特殊之处：

首先，作家总是情不自禁地把文论文本作为具有审美品质的文学文本来对待、织构，他们在意识层面往往并不把文论文本和文学文本从本质上断然区分开来，这导致了他们言说文论的文章、著作往往既具有理论性质，又具有散文性质。就像刘勰的《文心雕龙》，既是文论著作，又是优美的骈文。

其次，中国古代的作家们甚至用文学体裁来说道文论。陆机的《文赋》、杜甫的《戏为六绝句》的文体是赋与诗，内容则属于文论的言说和文学批评的实践。这类现象的存在说明古人对文体的认知一直就不像今天的人这样严谨，他们不在乎诗和赋作为文学体裁的纯粹性，不在乎文体在书写功能上的边界问题；抑或古人认为即使文学理论和文学批评，也可以被文学作家视为文学书写的对象。

最后，古代文学作家或像李白一样，在自己的诗中间杂地说出"清水出芙蓉，天然去雕饰"[①]"蓬莱文章建安骨，中间小谢又清发"[②]这样言涉文学知识的诗句。这类文论话语的特点就在于作家所写的那个文本在整体层面其实并不是文论话语，但文本中却有部分内容言涉非常有新意的文论内容。

中国古代又有由文学的审美接受主体言说出来的文学理论话语，这种文论的主体与大多数的文学审美接受主体其实是不一样的。大多数的文学接受者读完文学作品，得到了审美感受之后，通常满足于"三月不知肉味"[③]的沉醉状态而不说一语。但有一些文学读者在读完作品之后，则还要继续把所读的作品放到文学理论的维度去打量，并把自己的所思所想说出来，成为一种特别的文论话语。他们关于文学问题的产生以及对文学知识的思与说，都主要由阅读所产生的审美亢奋所推动，都由阅读中对文学之秘的瞬间感悟所激发。因此，同样是主体栖居于文学审美体验语境中结出的理论之花与果，这类中国古代文学知识有一个明显特征：它是审美感性同文论理性杂糅在一起的奇妙之物。当它现身之时，它身体的一面是审美的文学意象或情景，在这一面，它不仅不是理性的，甚至到处翻涌着无理性、反理性和超理性之物；另一面则是文学知识的命题和范畴，我们可以看到主体运思的理性痕迹，可以看到知识应有的观念形态。文学读者兼任文论主体来言说文论话语的具体情形，我们可以在《红楼梦》中的香菱说唐诗叙事里窥见一斑：

> "大漠孤烟直，长河落日圆。"香菱说：想来烟如何直，日自然是圆的。这"直"字似无理，"圆"字似太俗，合上书一想，倒象是见了这景

[①] 李白：《经乱离后赠江夏韦太守良宰》，见王琦注《李太白全集》，中华书局，1977年，第567页。

[②] 李白：《宣州谢朓楼饯别校书叔云》，见王琦注《李太白全集》，中华书局，1977年，第861页。

[③] 《论语·述而》，见朱熹《四书章句集注》，中华书局，1983年，第96页。

的，要说再找两个字来换这两个，竟再找不出两个来。①

香菱所念的是唐代"诗佛"王维写的五律《使至塞上》一诗。诗写唐时内地将士征战边塞的生活："单车欲问边，属国过居延。征蓬出汉塞，归雁入胡天。大漠孤烟直，长河落日圆。萧关逢侯骑，都护在燕然。"②诗中所写是塞外之风光。香菱在这首诗中所品味的意象，令从未到过塞外的中原读者感到陌生，感到震撼。香菱关于诗的问题意识就产生于诗中意象与读者生活经验相互冲突所产生的极大陌生感：烟在诗中是"直"的，读者香菱却马上意识到这与自己的生活经验不相吻合，香菱生活经验中的烟是中原天地之间的烟，这烟总是从大地上的村落向着天空弯曲地向上袅袅散漫开去。香菱原本只是对王维诗中意象进行审美阅读，但当她因为诗中意象同自己生活中的经验之象无法吻合而苦恼的时候，她就被牵引进了追问的状态。此时，她从文学的审美主体变成了一个追问文学问题之人。追问的目的在于她要为王维诗中的意象寻找到存在的合法性，以此为基础，维护王维诗在文学上的审美价值。追问的意义则在于香菱就此产生了诗与生活的关系的问题意识，这一问题意识实际地变动了她的阅读路向，使她不再只是沉湎于诗歌意象感性的美，而是转入了文论运思的状态。在运思的状态里，她的思维即便是实证主义或经验主义的，也是以理性为主的。

总之，《红楼梦》这一段文字叙述了香菱读王维诗从审美体验走向理性认知的心路历程，从最开始的审美震惊，到后来产生问题意识，再到运思以解决问题，得到对诗和生活关系的理性认知。香菱的主体性在这一过程中不断在诗的审美主体和认知主体二重身份之间切换，她所言说的文学知识同专门的文论家的文论话语当然是很不一样的。她对诗歌问题的入思之路并不是纯粹的理论之路，应该说，她在整个谈论的过程里一直处于抽象和具象、感性和理性的混杂状态中。香菱的这种以文学审美主体身份说道文学知识的入诗方法，其实也应该看作小说家曹雪芹自己的入诗方式，而曹雪芹的入诗方式亦可看作中国古人关于文论话语的一种常见言说方式。为了证明这一点，我们不妨再以宋代人周紫芝的言诗话语为例。周紫芝说：

> 余顷年游蒋山，夜上宝公塔，时天已昏黑，而月犹未出，前临大江，下视佛屋峥嵘，时闻风铃，铿然有声。忽记杜少陵诗："夜深殿突兀，风动金银铛。"恍然如己语也。又尝独行山谷间，古木夹道交阴，惟闻子规

---

① 曹雪芹：《红楼梦》第四十八回，见《脂砚斋重评石头记庚申本》，国家图书馆出版社，2017年，第185—186页。
② 彭定求等编：《全唐诗》（上），上海古籍出版社，1986年，第294页。

相应木间，乃知"两边山木合，终日子规啼"之为佳句也。又暑中濒溪，与客纳凉，时夕阳在山，蝉声满树，观二人洗马于溪中，曰：此少陵所谓"晚凉看洗马，森木乱鸣蝉"者也。此诗平日诵之，不见其工，惟当所见处，乃始知其为妙。作诗正要写所见耳，不必过为奇险矣。①

周紫芝这段话前面都是用生活之景来印证诗歌作品所写之景，用实证主义的方式来证明诗歌作品之美的真实性，强调诗的美感来自生活之景中的韵味。在此基础之上，周紫芝再讲出诗歌创作的真谛就是对生活的再现这一文学知识，她认为这是诗人创作必得掌握的特定知识。周紫芝的话语言说方式完全是体验性的，但知识本身则已经是一种理性之物，它既可以被诗人品味到，也可以被诗人运用理性思维获得。周紫芝的话语方式同香菱用以捕捉诗歌知识的方法在总体上可看作同一种方法。这种方法一方面确实谈出了诗歌创作在修辞学和创作方法上的一些"知识"，但让文学知识得以如河水般涌流出来的力量，却主要是由文学审美体验提供的。因此，这种文学知识，我们可以将之命名为"体验性知识"。

我们在这里所说的"体验"，是文学主体依托个人的审美理想创造文学的美，或对文学之美进行审美观照之时，其在场的融客观于主观的生命情态，是主体迷醉于文学语言的美以及文学语言书写的人之美的时候，对种种美自觉进行的反思和品味。主体在体验中实现的是对文学文本的审美期待和审美价值判断。因此，主体如果身处文学的审美体验之中，并根据自己对文学的审美体验来提炼出文学知识，则自然会使其言说的文学知识总是个人的意见，而且是感性十足的意见。即使这样的文论说出的是文学知识，该知识也是被主体体验的味道和气性包裹着的知识，它们同专门的文学理论家所言说出的理性的文学知识在外观和内在质地上都明显不同。在专门家言说的文论话语中，主体自觉为着文学的理论认知而说道出来的文论所提供的文学知识，是讲究逻辑理性的理论思维的结果——它坚硬，冰冷而客观，总是自觉把人的主观情感和态度拒之千里；它总是固执地在文学价值观上居于绝对中立的一方，以保持自己作为知识的客观理性。

古代中国文论作为体验性知识，与文论家所道说的文学知识的另一个不同之处，在于文论专门家说道的文论是理性之物，因而可以通过语言来认知。体验性知识先天地拒绝语言的理性传播。中国古人喜欢把体验性知识的这一传播特性表述为"妙不可言""只可意会，不可言传"。欧阳修《六一诗话》记他同梅尧臣之间的对话，说到了古人对体验性知识不是从理性的认知之路

---

① 周紫芝：《竹坡诗话》，见何文焕辑《历代诗话》（上），中华书局，1980年，第343页。

去获取,而是通过体验的方式来实现人际交流:

> 圣俞尝语余曰:"诗家虽率意,而造语亦难,若意新意工,得前人所未道者,斯为善也。必能状难写之景,如在目前;含不尽之意,见于言外,然后为至矣。贾岛云'竹笼拾山果,瓦瓶担石泉',姚合云'马随山鹿放,鸡逐野禽栖'等,是山邑荒僻,官况萧条,不如'县古槐根出,官清马骨高'为工也。"余曰:"语之工者固如是。状难写之景,含不尽之意,何诗为然?"圣俞曰:"作者得于心,临高者会以意,殆难指陈以言也。虽然,亦可略道其仿佛。若严维'池塘春水漫,花坞夕阳迟',则天容时态,融和骀荡,岂不如在目前乎?又若温庭筠'鸡声茅店月,人迹板桥霜',贾岛'怪禽啼旷野,落日恐行人',则道路辛苦,羁愁旅思,岂不见于言外乎?"①

梅尧臣认为,进行诗词创作时创作主体感到特别困难的地方有两个:一是要写出难写之景,二是要写出含不尽之意的文学文本意境。写出来,就是最好的诗词。也就是说,是否能克服这两大困难,最终成了判断文学创作主体在创作上是否优秀的一个标准。欧阳修的对答提出的问题则是,我们怎么能知道文学所写的是难写之景?怎么知道文学语言中所含的是不尽之意呢?这一追问关系到梅尧臣所说的标准是否具有可操作性这一问题。而其所说的"知道",直接指向对文学之某一局部知识的认知。梅尧臣认为,这样的文学知识"殆难指陈以言也",明确说这种文学知识只可意会,不可言传。

总之,古人用文论的体验性知识告诉人们,文学创作的要义即在于创作主体把他心中主客交融的生活世界转化为生于文学语言的主观的生活感、世界感。因为其体验是用想象和虚构之手托起的形象和情感活动,所以文学知识的外表往往充满文学形象,带着强烈的情感,洋溢着非理性的或反理性的气息。司空图《二十四诗品》用"荒荒油云,寥寥长风"说诗歌的"雄浑"风格,用"饮之太和,独鹤与飞"说诗歌的"冲淡"风格。其所说道的诗歌风格这一文学知识因此是十足的体验性知识。这种体验性知识所总结的是这样一种特别的文学创作:主体在创作过程中既把体验作为建构文学文本中世界的技艺,又把体验作为他诗意地栖居在文学中的方式。体验因此对于文学创作主体而言总是他的文学知识的生产方式和文学知识的施用策略,总是文学主体在创作过程中技道合一、知情合一的生命情态。

---

① 《六一诗话》,见何文焕辑《历代诗话》,中华书局,1981年,第267页。

与公共理性知识相比较，中国古代文论所言说的文学体验性知识的一个特点，就在于它首先属于文论言说主体的个体知识，因此，它在很多地方并不具有普遍性，这导致它在理论接受主体面前显现出来时会被认为是不可言传的知识。当人们用这样的知识进行文学的对话时，与其说是在进行针对文学知识的认知性交流，不如说是对话双方在借此交换各自对文学的领悟与同情。古人常讲对文艺创作技巧的学习路径无非是"操千曲而后晓声，观千剑而后识器"①，所谓"常读唐诗三百首，不会作诗也会吟"②，强调的就是文学不可言传之妙，所以，文学主体获得文学知识的路径，主要不应该是由他人传授，因为文学知识是不可由他者传给自己的。就像曹丕所说的："譬诸音乐，曲度虽均，节奏同检，至于引气不齐，巧拙有素，虽在父兄，不能以移子弟。"③古人这类话语，都是在强调：真正深刻的、触及本质的文学知识，是语言的力量不能抵达之物。也就是说，在通常情况下，中国古代文论话语所言说的文学知识不是单独作为人理性的认知对象现身，而是作为知性与感性合一之物出场。

不过，中国古代文论话语所说道的知识不管其沉浸在多么浓厚的体验性之中，它归根结底是"知识"。在世界万物中，知识是人类独有之物，它遍布人类生活的每一个领域。在人多姿多彩的生活里，知识有着极为丰富的形态。每一种形态的知识都是人类对自己生活中的对象从整体到细部、从本质到现象、从内容到形式的理论总结，都是以积累和传承的方式永远存在于人类历史中的思想结晶。

总之，在人的生活中，文学属于人的精神生活之语言审美形式，这决定了文学知识属于人的精神生活。在现代，我们把研究文学知识的专门学科称为"文艺学"。众所周知，现代文艺学属于社会科学，准此，则文学知识明显地属于社会科学领域。作为社会科学知识，文学知识的某些基本特性就必然地要参照社会科学的方式来自我规定。或者说，文艺学语境中的中国古代文论所言说的文学知识作为科学知识，它是理性的、客观的和中立的。因此，它注定会拒绝与体验性相互混融在一起，注定会拒绝同主观性和感性一起共构自己的基本框架。显然，现代文艺学所理解的文学知识同中国古代文论所理解的文学知识并不具有同一知识品格，这种不同既是古代同现代的时间性差异，也是文论的中国话语与西式言说之间的差异。中国文论要在世界文论之林占有一席之地，具有同西方主流文论话语进行平等对话的资格，需坚守

---

① 刘勰：《文心雕龙·知音》，周振甫注，1986年，中华书局，第518页。
② 蘅塘退士编选：《唐诗三百首》，中华书局，1984年，第3页。
③ 曹丕：《典论·论文》，见李善注《文选》，中华书局，1977年，第720页。

古代体验性文学知识，而不是根据现代文艺学的文学知识理念去对之加以抹除，这是中国今天的文论工作者必须持有的态度。

作者简介：

刘朝谦，文学博士，教授，四川师范大学文学院博士生导师，中国赋学会副会长，四川省文学理论学会常务理事，四川师范大学国学研究所所长。

彭瑾，四川师范大学文学院博士研究生。

意象论

蔡镇楚

摘　要：东方文艺理论体系中的"意象论"源于《周易》。由哲学而用之于文艺理论者，则始于《文心雕龙·神思篇》。"意象"(image)与"情趣"(feeling)乃是构成诗歌艺术境界的两大要素之一。本文以中国诗话为研究对象，历数意象批评的种种表现及其审美特征，剖析中国意象论产生的文化基因与深远影响，资料翔实，分析中肯，乃是构建东方文艺理论范畴、话语体系与方法论体系的重要参照系。

关键词：意象　意象论　诗话　范畴　理论体系

东方文学艺术理论体系中的"意象论"源于《周易》。"意象"作为一个哲学范畴，出于东汉王充《论衡·乱龙篇》提出的"形象"与"意象"之辨。[①]三国时代的王弼《周易略例·明象章》乃中国第一篇发挥意象之论的专论，以《庄子·外物》"得鱼而忘筌""得意而忘言"为依据，替《周易》"立象以尽意"辩护，阐明"意""象""言"三者的辩证关系，为意象之说进入文学艺术及其批评领域奠定了理论基础。

由哲学而用之于文学艺术理论，则始于《文心雕龙·神思篇》。"意象"(image)与"情趣"(feeling)，两者相对，是构成诗歌艺术境界的两大要素。谢榛《四溟诗话》卷三云："景乃诗之媒，情乃诗之胚，合而为诗，以数言而统万形，元气浑成，其浩无涯矣。"[②]日本田能村竹田《竹田庄诗话》说："悲欢，情之质；笑啼，情之容；声音，情之形；诗词，情之迹。"[③]朱光潜《诗论》云："每个诗的境

[①]　王充：《论衡·乱龙篇》，参见蔡镇楚《新译论衡读本》，台湾三民书局，1997年。
[②]　丁福保：《历代诗话续编》（下册），中华书局，1983年，第1180页。
[③]　转引自蔡镇楚：《域外诗话珍本丛书》第六册，影印本，北京图书出版社，2006年，第493页。

界都必有'情趣'和'意象'两个要素。'情趣'简称为'情','意象'简称为'景'。"意象与情趣的结合,即情景交融,才能构成诗歌的艺术境界。

一般而言,这种"意象"包括两大类型:一是都市意象,富有一种台阁之气;二是自然意象,具有一种山林之气。无论是何种意象,都离不开比喻,尤其是博喻。这种博喻,佛教称之为"象喻"。中国诗话论诗衡文,往往采用大量的比喻,构成一个个意象群,即所谓"象喻"。这种文学批评方法的意象化,我们称之为"意象批评"。

意象批评,是一种以意象为喻的文学理论批评方法。[①] 它以"象喻"为中心,以都市意象与自然意象为主体,以诗化的语言艺术,来构筑色彩斑斓的诗歌理论批评体系,给读者留下无尽的审美享受和无限广阔的想象空间。这种批评,与结构严谨、逻辑严密的论辩式理论思维迥然有别,是诗化的文学理论批评,或者说是文学理论批评的诗化,也可以说是审美语言学的具体化、形象化。正因为如此,中国诗话论诗特别注重意象批评,中国诗话作者特别向往和追求意象批评所构建的天地人浑然合一的艺术境界。

一般来说,意象批评肇始于《诗经》及其赋、比、兴传统手法[②],成于六朝崛起的文学理论批评著作,特别是钟嵘《诗品》,而后兴起的唐、宋、元、明、清等历代诗话,是意象批评的集大成者。中国诗话的意象批评论诗的主要内容,大致有以下六个方面。

其一,以意象论诗体者。

诗体,是诗歌的体制形态。同一诗体的字句、体式、韵律基本是确定的,但不同的诗体则具有不同的风格特征。这种审美特征是什么,诗话不作理性分析,不作正面论述,而是用各种不同的比喻,以意象出之。明人黄生以五言古诗为"诗之根本",而以其余诸体为"诗之枝叶"。在《诗麈》里他又说:

> 近体如马之驾车,必六辔在手,而后能不失其驰;古体如风之使帆,朝发白帝,暮到江陵矣。盖近体主格,古体主气故也。然善御者,二十四蹄,投之所向,无不如意;舟凭风力,而水道之曲折,不致差错,亦恃有舵。则主格而气未尝不存,主气而格未尝可废也。

[①] 参见蔡镇楚:《中国文学批评史》,中华书局,2005年,第175页。
[②] 《管子·地员》以意象为比喻,指出音高与家畜鸣叫声有类似之处:"凡听徵,如负猪豕,觉而骇;凡听羽,如马鸣在野;凡听宫,如牛鸣窌(jiào 地窖)中;凡听商,如离群羊;凡听角,如雉登木以鸣,音疾以清。"他说,徵音如猪叫声,羽音如原野上的马叫声,宫音如地窖中的牛叫声,商音如离群的羊叫声,角音如树上的野鸡叫声。这是最早以各种意象比喻音乐声调者,是音乐意象论的先驱。(参见蔡镇楚:《中国音乐诗话·管仲音律学》,湖南师范大学出版社,2006年,第22页。)

黄生以驾车使帆为比喻，论述近体与古体之别，强调其"格"与"气"在各体诗歌创作中的作用。清人管世铭《读雪山房唐诗序列》亦以意象论诗体，云：

> 五言古诗，琴声也，醇至淡泊，如空山之独往；七言歌行，鼓声也，屈蟠顿挫，若渔阳之怒挝；五言律诗，笙声也，云霞缥缈，疑鹤背之初传；七言律诗，钟声也，震越浑锽，似蒲牢之乍吼；五言绝句，磬声也，清深促数，想羁馆之朝击；七言绝句，笛声也，曲折缭亮，类羌城之暮吹。

管氏论诗体，以器乐之声为喻，这种语言之美，如诗，如乐，如云霞缥缈，如美文佳构，新颖别致，生动优美，别开生面，使人赏心悦目。以"琴声"比喻五言古诗，指其诗体风格之醇厚朴实无华，所谓"发秾纤于简古，寄至味于淡泊"；以"鼓声"比喻七言歌行，是谓其诗体风格之盘曲顿挫，纵横开阖，如渔阳怒挝，铿锵有力，富有震撼力；以"笙声"比喻五言律诗，说明其诗体风格之流动飘逸，含蓄蕴藉，骑鹤若仙；以"钟声"比喻七言律诗，说明其诗体风格之庄重沉着，浑厚豪宕，具有摇荡山岳、激越人心的力量；以"磬声"比喻五言绝句，是谓其诗体风格之清丽明快，韵律急促，催人奋起；以"笛声"比喻七言绝句，说明其诗体风格宛曲流丽，音律嘹亮悠扬，声调神韵富有艺术表现力。

此外，明人胡应麟《诗薮·内编》亦以意象论七言律诗云：

> 五十六字之中，意若贯珠，言如合璧。其贯珠也，如夜光走盘，而不失回旋曲折之妙；其合璧也，如玉匣有盖，而绝无参差扭捏之痕。綦组锦绣，相鲜以为色；宫商角徵，互为以成声。思欲深厚有余，而不可失之晦；情欲缠绵不迫，而不可失之流。肉不可使胜骨，而骨又不可太露；词不可使胜气，而气又不可太扬。庄严，则清庙明堂；沈著，则万钧九鼎；高华，则朗月繁星；雄大，则泰山乔岳；圆畅，则流水行云；变幻，则凄风急雨。

以如此丰富、如此优美的词语来比喻七言律诗，其夸饰形容，其铺张扬厉，其骈俪至美，其排比序列，其议论精微，其意象组合，其语言之美，如诗如画，如水如云，读之令人叹为观止。这就是"全美"的七言律诗，是审美境界中的七言律诗，是胡应麟诗学观念中最为理想的七言律诗。

清人王士祯《渔洋诗话》又以古代经典著作比喻诗体，云："七言歌行：杜子美似《史记》，李太白、苏子瞻似《庄子》，黄鲁直似《维摩诘经》。"

其二，以意象论诗法者。

古往今来，诗歌创作方法，《诗大序》概括为赋、比、兴三种。元人杨载《诗法》云："夫诗之为法也，有其说焉。赋比兴者，皆诗之制作之法也。"中国诗话以意象论诗法，亦无出其右者，只是发挥得更加淋漓酣畅而已。清人邬以谦《立德堂诗话》云："韩信点兵，多多益善，可为读诗之法；王猛扪虱，旁若无人，可为作诗之法。"王猛，字景略，前秦人。家贫而博学，好读兵书，气度弘远。隐居华山，桓温入关，他被褐相见，扪虱而言，畅谈当世之务，旁若无人。后事符坚为丞相，国势日强。封清河郡侯。临终嘱咐符坚，不要图晋，符坚未听，以致败于淝水之战。邬以谦以此典故比喻作诗之法，乃为强调诗歌创作必须要富有个性，要眼空四海，如王猛扪虱，旁若无人。

律诗之分联，依次为首联、颔联、颈联、尾联，凡四联八句，有如"虎头—猪肚—豹尾"，特别讲究起承转合式的结构形态之美。以意象论律诗四对联语者，元人杨载《诗法家数》云，首联"要突兀高远，如狂风卷浪，势欲滔天"；颔联"要如骊龙之珠，抱而不脱"；颈联"要变化如疾雷破山，观者惊愕"；尾联"必放一句作散场，如剡溪之棹，自去自回，言有尽而意无穷"。

诗，由诗句构成，诗句好而后诗好。故诗家强调"练句"。诗有诗法，句有句法。句法何在？在于"练"。练句者，则成于天然，忌于雕琢。故以意象论句法者，如明人黄子肃《诗法》云：

> 第一等句得于天然，不待雕琢，律吕自谐，神色兼备。奇绝者，如孤崖断峰；高古者，如黄钟大吕；飘逸者，如清风白云；森严者，如旌旗甲兵；雄壮者，如千军万马；华丽者，如奇花美女。是为妙句。

一个妙句，或奇绝，或高古，或飘逸，或森严，或雄壮，或华丽，六种语言形态，皆以意象比喻出之，使之形象化，既具体，又生动。其如"孤崖断峰""清风白云"者，其如"黄钟大吕"者，其如"旌旗甲兵""千军万马"者，其如"奇花美女"者，各种意象，曲尽形容，语言之诗化，给人以无穷的审美享受，使读者易于接受。

欧阳修《六一诗话》在诗歌摘句鉴赏时，往往不说其妙在何处，只是频繁地使用"妙句也""佳句也"几个字。后世诗话，多以意象论诗，明确指出"佳句""妙句"的基本要求。以意象论佳句者，如明人谢榛《四溟诗话》卷一云：

> 凡作近体，诵要好，听要好，观要好，讲要好。诵之行云流水，听之金声玉振，观之明霞散绮，讲之独茧抽丝。此诗家四关，使一关未过，

则非佳句矣。①

近体诗之"佳句",总之要好。"好"在何处?谢榛以各种奇妙的意象为喻,分别描写其构成"佳句"的"诗家四关",即句、音、色、味。妙语连珠,出神入化,最能益人心智,新人耳目,美感迭出。

其三,以意象论诗味者。

诗味者,诗歌之审美滋味也。论味,辨诗味者,已如前之《味论》所述。而以意象论诗味者,如《清诗话》所收《师友诗传录》云:

> 问:"昔人云:辨乎味,始可以言诗。敢问诗之味,从何以辨?"
> 阮亭答:"诗有正味焉。太羹元酒,陶匏蚕果,《诗》三百篇也;加笾折俎,汉、魏是也;庖丁鼓刀,易牙烹教,燀薪扬芳,朵颐尽美,六朝诸人是也;再进而肴蒸盐虎,前有横吹,后有侑币,宾主道厌,大礼以成,初、盛唐人是也;更进则施舌瑶柱,龙鲊牛鱼,熊掌豹胎,猩唇驼峰,杂然并进,胶牙螫(shì)吻,毒口鳘(lì)肠,如中、晚(唐)玉川、昌谷、玉溪诸君是也;又进而正献既彻,杂肴错进,芭椮藜羹,薇蕨蓬荞(fú),矜鲜斗异,则宋、元是也;又其终而社酒野筵,妄拟堂庑,粗戴(zì)大肉,自名禁脔,则明人是也。凡此皆非正味也。总之,欲知诗味,当观世运,夫亦于此辨之而已矣。"②

王士祯以意象论诗味,即以各种食品之味为喻,说明各个不同时期的诗歌有不同的滋味,认为诗味如不同的食品菜肴,是随着时代之变而改变的,指出辨别诗味"当观世运"。其论诗语言远不如前此所述之美,甚至略显佶屈聱牙,但其以筵席上的酒食菜肴为意象而比诗味,却是别开生面的。

其四,以意象论诗歌艺术生命者。

诗歌的艺术生命在哪里?在自然界,在人世间,在社会人生,在诗人的心灵深处,在丰富多彩的意象之中。故明人钟惺《诗论》云:"诗为活物。"这是一个相当精辟的论点,其意是说,诗是诗人情感的流露,是诗人心灵的展示,是"天地之心",是天人之合,是具有生命力的,是充满活力的。所以,中国诗话论诗,特别关注诗歌的艺术生命;以意象论诗,就有今人吴承学所谓之的"生命之喻"。

生命之喻,乃意象批评的最高境界。人之可贵者,在于生命的活力;人之伟大者,在于无穷无尽的创造力。中国诗话论诗的"生命之喻",不同于其

---

① 丁福保:《历代诗话续编》(下册),中华书局,1983年,第1138页。
② 《清诗话》(上册),上海古籍出版社,1963年,第143页。

他的自然意象之喻与都市意象之喻,而是以活生生的人为比喻,重在表现诗歌的艺术生命力与艺术创造力。如宋人姜夔《白石道人诗说》开篇云:

> 大凡诗自有气象、体面、血脉、韵度:气象欲其浑厚,其失也俗;体面欲其宏大,其失也狂;血脉欲其贯穿,其失也露;韵度欲其飘逸,其失也轻。

以人之气象、体面、血脉、韵度比喻诗之气象、体面、血脉、韵度,以人的生命力之旺盛比喻诗歌艺术生命之源,指出诗歌与人一样,其气象要浑厚而不要失之庸俗,体面要宏大而不要失之狂傲,血脉要贯通而不要失之显露,韵度要飘逸而不要失之轻浮。这样的诗歌,才富有蓬勃的艺术生命力。

明人胡应麟《诗薮·外编》卷五以树干、枝叶、花蕊为喻而论诗之筋骨、肌肉与色泽神韵,十分生动形象。云:

> 诗之筋骨,犹木之根干也;肌肉,犹枝叶也;色泽神韵,犹花蕊也。筋骨立于中,肌肉荣于外,色泽神韵充溢其间,而后诗之美善备,犹木之根干苍然,枝叶蔚然,花蕊灿然,而后木之生意完。斯义也,盛唐诸子庶几近之;宋人专用意而废词,若枯卉槁梧,虽根干屈盘,而绝无畅茂之象;元人专务华而离实,若落花坠蕊,虽红子嫣熳,而大都衰谢之风。

明人归庄《玉山诗集序》又以人比喻诗之气、格、声、华,云:

> 余尝论诗,气、格、声、华,四者缺一不可。譬之于人,气犹人之气,人所赖以生者也,一肢不贯,则成死肌,全体不贯,形神离矣;格如人五官四体,有定位,不可易,易位则非人矣;声如人之音吐及珩璜琚瑀之节;华如人之威仪及衣裳冠履之饰。

以人之气比喻诗之气脉要求贯通,以人的五官四体比喻诗之格律要求严谨,以人之话语与美玉之声比喻诗之音色节奏之美,以人之仪表服饰比喻诗之形式华美。这也是一种生命之喻,只是所注重的还包括人的声色谈吐与人的服饰之美。

其五,以意象论艺术风格者。

诗歌风格,就是诗人的化身,是诗人的人品与诗品的妙合为一,是诗人的气质、个性、才情与时势、文学思潮、审美情趣的结晶。以意象为喻而论诗歌艺术风格者,如宋人蔡绦的《蔡百衲诗评》。是书评议唐宋十四名家诗风,长短并举,瑕瑜互见,颇有见地。作者指出:

柳子厚诗，雄深简淡，迥拔流俗，至味自高，直揖陶、谢；然似入武库，但觉森严。王摩诘诗，浑厚一段，覆盖古今；但如久隐山林之人，徒成旷淡。杜少陵诗，自与造化同流，孰可拟议；至若君子高处廊庙，动成法言，恨终欠风韵。黄太史诗，妙脱蹊径，言谋鬼神，唯胸中无一点尘，故能吐出世间语；所恨务高，一似参曹洞下禅，尚堕在玄妙窟里。东坡公诗，天才宏放，宜与日月争光，凡古人所不到处，发明殆尽，万斛泉源，未为过也；然颇恨似方塑极谏，时杂滑稽，故罕逢蕴藉。韦苏州诗，如浑金璞玉，不假雕琢成妍，唐人有不能到；至其过处，大似村寺高僧，奈时有野态。刘梦得诗，典则既高，滋味亦厚；但正若巧匠矜能，不能少拙。白乐天诗，自擅天然，贵在近俗；恨如苏小虽美，终带风尘。李太白诗，逸态凌云，照映千载；然时作齐梁间人体段，略不近浑厚。韩退之诗，山立霆碎，自成一法；然譬之樊侯冠佩，微露粗疏与。柳柳州诗，若捕龙蛇、搏虎豹，急与之角而力不敢暇，非轻荡也。薛许昌诗，天分有限，不逮诸公远矣；至合人意处，正若乌萘悦口，咀嚼自佳。王介甫诗，虽乏风骨，一番清新，方似学语小儿，酷令人爱。欧阳公诗，温丽深稳，自是学者所宗；然似三馆画手，未免多与古人传神。杜牧之诗，风调高华，片言不俗；有类新及第少年，略无少退藏处，固难求一唱而三叹也。右此十四公，皆吾生平宗师追仰所不能及者，留心既久，故闲得而议之。至若古今诗人，自是珠联玉映，则又有不得知也已。①

蔡氏不仅以意象为喻论诗，纵论唐宋诗人诗歌风格，而且与一般或褒或贬者不同，始终坚持一分为二的态度，既论其长处，也论其短处，实在难能可贵，在宋人诗话中可谓凤毛麟角。而后的诗话，以意象为喻而评论历代诗歌风格者，数不胜数，如《清诗话续编》收录的牟愿相《小澥草堂杂论诗》"诗小评"一则就以各种意象评论《古诗十九首》和乐府诗以及汉魏六朝与唐代的七十位诗人的诗歌风格。

其六，以意象论诗人者。

清人吴乔《围炉诗话·自序》云："诗非天降，非地生，人为之也。"人为万物之灵，"无有屈原，岂有《离骚》？"诗人是诗歌创作的抒情主体，是诗歌王国星空中一颗颗亮丽的星星，是诗化的"天地之心"。诗人们以自己的喜怒哀乐，以自身的人生遭遇，以自己的生命之笔，书写出世界上最美丽、最

---

① 宋胡仔：《苕溪渔隐丛话》后集卷三十三《张云叟》，廖德明点校，人民文学出版社，1984年，第257—258页。

动人心弦的诗歌。诗话作家们无论用怎样优美的语言，怎样诗化的语言，来评论历代优秀的诗人，都是不过分的。在中国诗话的艺术长廊里，以诸多意象为喻而评论诗人者，宋代诗话有敖陶孙的《敖器之诗话》，评论曹操、曹植等二十九名诗人，云：

> 因暇日与弟侄辈评古今诸名人诗：魏武帝如幽燕老将，气韵沉雄；曹子建如三河少年，风流自赏；鲍明远如饥鹰独出，奇矫无前；谢康乐如东海扬帆，风日流丽；陶彭泽如绛云在霄，舒卷自如；王右丞如秋水芙蕖，倚风自笑；韦苏州如园客独茧，暗合音徽；孟浩然如洞庭始波，木叶微脱；杜牧之如铜丸走坂，骏马注坡；白乐天如山东父老课农桑，言言皆实；元微之如李龟年说《天宝遗事》，貌悴而神不伤；刘梦得如镂冰雕琼，流光自照；李太白如刘安鸡犬，遗响白云，核其归存，恍无定处；韩退之如囊沙背水，惟韩信独能；李长吉如武帝食露盘，无补多欲；孟东野如埋泉断剑，卧壑寒松；张籍如优工行乡饮，酬献秩如，时有诙气；柳子厚如高秋独眺，霁晚孤吹；李义山如百宝流苏，千丝铁网，绮密瑰妍，要非适用。本朝苏东坡如屈注天潢，倒连沧海，变眩百怪，终归雄浑；欧公如四瑚八琏，止可施之宗庙；荆公如邓艾缒兵入蜀，要以险绝为功；山谷如陶弘景祗诏入宫，析理谈玄，而松风之梦故在；梅圣俞如关河放溜，瞬息无声；秦少游如时女步春，终伤婉弱；后山如九皋独唳，深林孤芳，冲寂自妍，不求赏识；韩子苍如梨园按乐，排比得伦；吕居仁如散圣安禅，自能奇逸。其他作者，未易殚陈。独杜工部如周公制作，后世莫能拟议。

如此多的意象组合，如此新颖奇特的比喻，用以评述魏晋六朝与唐、宋时期最优秀的二十九位著名诗人，或以景喻，或以物喻，或以人事喻，或以典故喻，或以军旅喻，或以梨园喻，或以美女喻，或以气象喻，或以道教喻，或以禅宗喻，要言不烦，褒贬适度，切中肯綮，富有鲜明的个性与生动的形象性，可谓宋代诗话以意象论诗的集大成者。

明代后七子领袖王世贞《艺苑卮言》卷五，不仅全文引录了敖陶孙《敖器之诗话》以意象论诗人的以上文字，认为其论述"语觉爽俊，而评似稳妥"，而且仿效这种论诗方法，广而生发，以评论明代诗坛一百多位诗人，云：

> 高季迪如射雕胡儿，伉健急利，往往命中；又如燕姬靓妆，巧笑便辟。刘伯温如河朔少年作侠妆束，百艺便匀，唯见大雅，不免低眉。袁可潜如师手鸣琴，流利有情，高山尚远。刘子高如雨中素馨，虽复嫣然，

不作寒梅老树风骨。杨孟载如西湖柳枝,绰约近人,情至之语,风雅扫地。汪朝宗如胡琴羌管,虽非太常乐,琅琅有致。徐幼文、张来仪如乡士女,有质有情,而乏体度。孙伯融如新就衔马,步骤未熟,时见轻快。孙仲衍如豪富儿入少年场,轻脱自好。浦长源、林子羽如小乘法中作论师,生天则可,成佛甚遥。解大绅如河朔大侠,须髯戟张,与之周旋,酒肉伧父。杨乐里如流水平桥,精成小致。曾子启如封节度募兵东征,鲜华杂沓,精骑殊少。汤公让、刘原济如淮阴少年,斗健作嗷人状。刘钦谟如村女簪花,浓艳羞涩,澁正得各半。夏正夫如乡啬夫衣绣见达官,虽复整饬,时露本态。李西涯如陂塘秋潦,汪洋澹沲,而易见底里。谢方石如乡里社塾师,日作小儿号嗄。吴鲍庵如学究出身人,虽复闲雅,不脱酸习。沈启南如老农老圃,无非实际,但多俚辞。陈公甫如学禅家,偶得一自然语,谓为游戏三昧。庄孔阳佳处不必言,恶处如村巫降神,里老骂坐。陆鼎仪如乞人作雅语,多在咽喉间。张亨父如作劳人唱歌,滔滔中俗子耳。张静之如小椑急流,一瞬而过,无复雅观。杨文襄如老弋阳伎,发喉甚便而多鼻音,不复见调。桑民怿如洛阳博徒,家无担石,一掷百万。林待用如太湖中顽石,非不具微致,无乃痴重何?乔希大如汉官出临远郡,亦自粗具威仪。祝希哲如盲贾人张肆,颇有珍玩,位置总杂不堪。蔡九逵如灌莽中蔷薇,汀际小鸟,时复娟然,一览而已。王敬夫如汉武求仙,欲根正染,时复遇之,终非实境。石少保如披沙拣金,时时见宝。文征仲如仕女淡妆,维摩坐语;又如小阁疏窗,位置都雅,而眼境易穷。康德涵如靖康中宰相,非不处贵,怚扰粗率,无大处分。蒋子云如白蜡糖,看似甘美,不堪咀嚼。王钦佩如小女儿带花,学作软丽。唐虞佐如苦行头陀,终少玄解。王子衡如外国人投唐,武将坐禅,威仪解悟中,不免露抗浪本色。熊士选如寒蝉乍鸣,疏林早秋,非不清楚,恨乏他致。张琦如夜蛙鸣露,自极声致,然不脱淤泥中。唐伯虎如乞儿唱《莲花乐》,其少时亦复玉楼金埒。边庭实如洛阳名园,处处绮卉,不必尽称姚魏;又如五陵裘马,千金少年。顾华玉如春原尽花,苞蘼不少。刘元瑞如闽人强作齐语,多不辨。朱升之如桓宣武,似刘司空,无所不恨。殷近夫如越兵纵横江淮间,终不成霸。王新建如长爪梵志,彼法中铮铮动人。陆子渊如入赘官作文语雅步,虽自有余,未脱本来面目。郑继之如冰凌石骨,质劲不华;又如天宝父老谈丧乱,事皆实际,时时感慨。孟望之如贫措大置酒,寒酸淡泊,然不至腥膻。黄勉之如假山池,虽尔华整,大费人力。高子业如高山鼓琴,沉思忽往,木叶尽脱,石气自青;又如卫洗马言愁,惟悴婉笃,令人心折。薛君采如宋人叶玉,几夺天巧；又如倩女临池，疏花独笑。胡孝思如骄儿郎爱吴音，兴到即讴，不必合板。马仲房如程卫尉屯西官，斥堠精严，甲仗雄整，而士乏乐用之气。丰道生如沙苑马，驽骏相半，姿情驰骋，中多败蹶。王舜夫如败铁网取珊瑚，用力坚深，得宝自少。孙太初如雪夜偏师，间道入蔡；又如鸣蜩伏蚓，声振月露，体滞泥壤。施子羽如寒鸦数点，流水孤村，惜其景物萧条，迫晚意尽。王履吉如乡少年久游都会，风流详雅，而不尽脱本来面目；又如扬州大宴，虽鲑珍水陆，而时有宿味。常明卿如沙苑儿驹，骄嘶自赏，未谐步骤。张文隐如药铸鼎，灿烂惊人，终乏古雅。王稚钦如良马走坂，美女舞竿，五言尤自长城。陈约之如青楼小女，月下莝篌，初取闲适，终成凄楚；又如过雨残荷，虽尔衰落，嫣然有态。杨用修如暴富儿郎，铜山金埒，不晓吃饭着衣。李子中刁家奴，煇赫车马，施散金帛，原非己物。廖鸣吾如新决渠，浮楚浊泥，一瞬皆下。皇甫子安如玉盘露屑，清雅绝人，惜轻缣短幅，不堪裁剪。袁永之如王、谢门中贵子弟，动止可观。黄才伯如紫瑛石，大似靺鞨，晚年不无可恨。周以言如中智苾刍，虽乏根具，不至出小乘语。施平叔如小邑民筑室，器物俱完。张以言如甘州石斗，色泽似玉，肤理粗漫。胡承之如病措大习白猿公术，操舞如度，击刺未堪。华子潜如盘石疏林，清溪短棹，虽在秋冬之际，不废枫橘。张孟独如骂阵兵，嗔目揎袖，果势壮往。张愈光如拙匠琢山骨，斧凿宛然；又如束铜锢腹，满中外道。汤子重如乡三老入城，威仪举举，终少华冶态。傅汝舟如言《法华》作风话，凡多圣少。乔景叔如清泉放溜，新月挂树，然此景殊少，不耐纵观。蔡子木如骄女织流黄，不知丝理，强自斐然。王道思如惊弋宿鸟，扑刺道迅，殊愧幽闲之状。许伯诚如贾胡子作狎游，随事挥散，无论中节。陈羽伯如东市倡，慕青楼价，微傅粉泽，强工颦笑。王允宁如马服子陈师，自作奇正，不得兵法；又如项王呕呕未了，忽发喑呜。徐昌谷如白云自流，山泉泠然，残雪在地，掩映新月；又如飞天仙人，偶游下界，不梁尘俗。何仲默如朝霞点水，芙蕖试风；又如西施、毛嫱，毋论才艺，却扇一顾，粉黛无色，罕见其比；又如大商舶，明珠异宝，贵堪敌国，下者亦是木难、火齐。宗子相如渥洼神驹，日可千里，未免啮决之累；又如华山道士，语语烟霞，非人间事。梁公实如绿野山池，繁雅匀适；又如汉司隶衣冠，令人惊美，但非全盛仪物。吴峻伯如子阳在蜀，亦具威仪；又如初地人见声闻则入，大乘则远。冯汝行如幽州马行客，虽见伉俍，殊乏都雅。冯汝言如晋人评会稽王，有远体而无远神。张茂参如荒伧度江，揖让简略，故是中原门第。卢少楩如翩翩浊世佳公子，轻俊自肆。朱子价如高坐道人,衩衣蹑屐,忽发胡语。陈鸣野如子玉兵,过三百乘则败。彭孔嘉如光禄宴使臣,饾饤详整,而中多宿物。徐汝思如初调鹰见击鸷,故难获鲜。黄淳父如北里名姬作酒纠,才色既自可观,时出俊语,为客所赏。谢茂秦如太官旧庖,为小邑设宴,虽事馔非奇,而饾饤不苟。魏顺甫如黄梅坐人谈上乘,纵未透汗,不失门宗。①

如此博大精深、美妙绝伦的意象之喻,集古今人事故实之大成,酣畅淋漓,曲尽其妙,是中国诗话史上以意象论诗之最。中国诗话如此惊人的智慧与博学的知识水平,如此丰富的语言表现能力,确实令人瞠目结舌,惊叹不已!是掉书袋吗?非也。是卖弄知识吗?非也。这是诗,是创作,是审美,是妙笔生花,是意象的渊薮,是审美语言学的精华,是知识、语言与智慧的艺术结晶。一个王世贞,就足以让古今中外的语言学家们感到自愧不如!

明代中期公安派的理论家江盈科《雪涛斋诗话》"评唐"一则,也用意象批评的方法来评论唐代著名诗人,云:

李太白诗,清虚缥缈,如飞天真仙,了无形迹,下八洞仙人,欲逐其后尘,已无可得,况凡人乎?若七言律诗,彼自逃束缚,不肯从事,非才不杜也。杜子美诗,古骨古色,如万金彝鼎,偶遇买手,逢识者自然善价而沽;若百室之邑,千人之聚,不必开口问价,谁能赏得此老,至其七言律,固云宏肆,然细读细思,何一句一字,不是真景,在盛唐中,真号独步。孟浩然遣思命语,都在目前,然有影无色,有色无像,如海中蜃市楼台人物,是真非真,是幻非幻;若要作诗,且须放下此老,勿与争衡。王摩诘诗,和平澹泊,发于自然,全是未雕未琢意思,譬如春园花鸟,羽毛声韵,色泽香味,都属天机,纵有边鸾好手描写出来,便隔一层,不相仿佛。李长吉,赋才奇绝,构思刻苦,观其用字用句,真是呕出心肝。卢玉川任才任性,任笔任意,兼太白之逸,并长吉之怪,为一人者也;诗家如李长吉,不可有二,如卢玉川不能有二。若王昌龄、刘随州、柳柳州、元刘、钱郎诸君子,都作得稳当,各自成家,所以不朽。至于李义山之刻画,杜樊川之匠心,贾浪仙之幽思,均螫殚精神,穷极精巧,方之诸人,更为刮目。白香山诗,不求工,只是好做,然香山有香山之工,前不照古人样,后不照来者议,意到笔随,景到意随,世间一切都着并包囊括入我诗内;诗之境界,到白公不知开扩多少,较

---

① 周维德集校:《全明诗话》第三册,齐鲁书社,2005年,第1987—1992页。

诸秦皇汉武，开边起境，异事同功，名曰广大教化主所自来矣。①

江盈科评述唐诗，较之其他以意象为喻而从事诗学批评者，有所不同。别人仅以意象为喻，不作解说，显得异常朦胧隐晦，而江盈科既用比喻，又予以解说，评述比较到位，语言平易、通俗、好懂。这是他以意象为喻论诗的特色，也是他的长处。

还有以各种意象作比喻以评论古文作家者，如唐人皇甫湜的《谕业》以意象为喻评论张说等唐代古文作家，宋人刘克庄已引录于《后村诗话》之中。明人王世贞《艺苑卮言》卷五又采用意象之喻评论宋濂等六十四位明代文人，云：

> 宋景濂如酒池肉林，直是丰饶，而寡芍药之和。王子充、胡仲申二公如官厨内酝，差有风法，而不堪清绝。刘伯温如丛台少年入说社，便辟流利，小见口才。高季迪如拍张檐幢，急迅眩眼。苏伯衡如十室之邑，粗有街市，而乏委曲。方希直如奔流滔滔，一泻千里，而潆洄泓漾之状颇少。解大绅如递夹快马，急速而少步骤。杨士奇如措大作官人，雅步徐言，详和中时露寒俭；又如新廷尉牍，有法而简。丘仲深如太仓粟，陈陈相因，不甚可食。李宾之如开讲法师上堂，敷腴可听，而实寡精义。陆鼎仪如何敬容好整洁，夏月熨衣焦背。程克勤如假面吊丧，缓步严服，动止举举，而乏至情。吴原博如茅舍竹篱，粗堪坐起，别无伟丽之观。王济之如长武城五千兵，闲整堪战，而伤于寡。罗景鸣如药铸鼎，虽古色惊人，原非三代之器。桑民怿如社剧夷歌，亦自满眼充耳。杨君谦如夜郎王小具君臣，不知汉大。罗彝正如姜斌道士升讲坛，语不离法，而玄趣自少。陈公甫如坐禅僧记圣谛一语，东涂西抹，亦自动人。祝希哲如吃人气迫，期期艾艾；又如拙工制锦，文理黯然，雅色可爱，惜窘边幅。湛源明如乞食道人，记经呗数语，沿门唱诵。李献吉如樽彝锦绮，天下瑰宝，而不无追蚀丝理之病。何仲默如雄翚五彩，飞不百步，而能铄人目睛。徐昌谷如风流少年，顾景自爱。郑继之如孔北海言事，志大才短。王子衡如线笮旄牛，珍贵能负，而不晓步骤。康德涵如嘶声人唱《霓裳》散序，格高音卑。王敬夫如孤禅鹿仙，亦自纵横。高子业如玉盘露屑，故是清贵，如寒淡何。夏文愍如登小丘，展足见平野，然是疏议耳。王稚钦书牍如丽人诉情，他文则改鼠为璞，呼驴作卫。江景昭如入

---

① 江盈科：《雪涛诗评》一卷，见蔡镇楚《中国诗话珍本丛书》第12册，影民国钱颖本，北京图书馆出版社，2004年，第742页。

鸿胪馆，鸟语侏儺，一字不晓。廖鸣吾如屠沽小肆，强作富人纷纭，殊增厌贱。郭价夫如乡老叙事，粗见亹亹（wěi）。丰道生如骨董肆，真赝杂陈，时亦见宝，而不堪儓诈。李舜臣如盆池中金鱼，政使足玩，江湖空阔，便自渺然。陈约之如小径落花，衰悴之中，微有委艳。黄勉之如新安大商，钱帛米谷金银俱足，独法书名画不真。陆浚明如捉麈人，从容对谈，名理不乏。江于顺如试风雏鹰，矫健自肆。袁永之如王武子择有才兵家儿，命相不厚。吕仲木如梦中呓语不休，偶然而止。马伯循如河朔餐羊酪汉，膻肥逆鼻。颜惟乔如暴显措大，不堪造作。杨用修如增彩作花无种种生气。屠文升如小家子充乌衣诸郎，终不甚似。王允宁如下邑工，琢玉器非不奇贵，痕迹宛然；又如王子师学华相国在形迹间，所以愈远。罗达夫如讲师参禅，两处着脚，俱不堪高坐。王道思如金市中甲第，堂构华焕，巷空宛转，第匠师手不读木经，中多可憾。许伯诚如通津邮，资用本少，供亿不虚。薛君采如嚼白蜡，杖青芦，不胜淡弱。朱子价如小儿吹芦笙，得一二声似，欲隶太常。乔景叔如江东秀才，文弱都雅，而气不壮。吴俊伯如佛门中讲师，虽多而不识本面目。归熙甫如秋潦在地，有时汪洋，不则一泻而已。卢少楩如春水横流，滔荡纵逸，而少归宿。梁公实如贫士好古器，非不得一二醒眼者，政苦难继耳。宗子相如骏马多蹶，又如妙音声人，止解唱《渭城》一曲，日日在耳。李于鳞如商彝周鼎，海外瑰宝，身非三代人与波斯胡，可重不可议。①

这一段评论，较之唐人皇甫湜《谕业》之以意象为喻论文，其意象之丰富、比喻之贴切，是有过之而无不及的。

受诗话以意象为喻评论历代诗人之影响，清人张潮《幽梦影》以各种名花比喻唐代诗人之诗，曰：

> 唐人之诗多类名花：少陵似春兰幽芳独秀，摩诘似秋菊冷艳独高，青莲似绿萼梅仙风骀荡，玉溪似红萼梅绮思便娟，韦柳似海红古媚在骨，沈宋似紫薇矜贵有情，昌黎似丹桂天葩洒落，香山似芙蕖慧相清奇，冬郎似铁梗垂丝，阆仙似檀心磬口，长吉似优昙钵彩云拥护，飞卿似曼陀罗疏月玲珑。②

以意象论诗，流传至朝鲜，朝韩诗话论诗亦曾广泛地运用意象批评方法。朝韩诗话以意象为喻而评论朝鲜历代诗人者，其语言风格与中国诗话以意象

---

① 周维德集校：《全明诗话》第三册，齐鲁书社，2006年，第1943—1944页。
② 清人张潮《幽梦影》，蔡镇楚复印清光绪本。

为喻而评论中国历代诗人者,是一脉相承的。南龙翼《壶谷诗话》以极简洁的语言,高度概括出近八十名朝鲜历代诗人的艺术风格和审美特征。而任璟《玄湖琐谈》则记载李朝诗人金锡胄论诗之语云:

> 息庵金相公锡胄尝取东方诗人,自罗、丽至我朝,各有品题。其评曰:"文昌侯崔致远,千仞绝壁,万里洪涛;乐浪侯金富轼,虎啸阴谷,龙藏暗壑;知制诰郑知常,百宝流苏,千丝铁网;双明斋李仁老,云屏洗雨,水镜涵天;白云居士李奎报,金鹫劈天,神龙舞海;知公州陈澕,花开瑞雪,彩绚祥云;益斋李齐贤,烟雨吐吞,虹霓变幻;牧隐李穑,居注天潢,倒连沧海;圃隐郑梦周,跃鳞清流,飞翼天衢;陶隐李崇仁,千乘雷动,万骑云屯。"又曰:"四佳徐居正,峨嵋积雪,阆风蒸霞;真逸斋成伣,鹤飞青田,凤巢丹穴;佔毕斋金宗直,明月拔云,芙蓉出水;梅月堂金时习,银树霜披,珠台月泻;忘轩李胄,瑞芝祥兰,和风甘雨;挹翠轩朴誾,金汤古险,山海雄关;容斋李荇,夜游金谷,春宴玉楼;讷斋朴祥,炉峰转雾,石濑鸣湍;湖阴郑士龙,飞湍走壁,晴雷喷阁;企斋申光汉,鱼游明镜,花妆层崖。"又曰:"思庵朴淳,画拱栖烟,文轩架壑;石川林亿龄,山城骤雨,凤枝鸣蝉;锦湖林亨秀,幽壑清湍,断崖层台;苏斋卢守慎,悬崖峭壁,老木苍藤;霁峰高敬命,吟风吹露,跻汉腾霞;芝川黄廷彧,快鹘搏风,健儿射雕;简易崔岦,快阁跨汉,老木向春;孤竹崔庆昌,金阙晓钟,玉阶仙仗;玉峰白光勋,寒蝉乍鸣,疏林早秋;苏谷李达,秋水芙蓉,倚风自笑。"又曰:"月沙李廷龟,云卷苍梧,月挂扶桑;芝峰李晬光,积李缟夜,崇桃绚昼;体素斋李春英,林梢霜月,峡口秋云;石洲权韠,奇峰云兴,断壑霞蔚;东岳李安讷,露阁横波,虹桥卧壑;五山车天辂,快鹏横海,众马腾空;九畹李春元,青鬃白马,玉勒珠珮;竹阴赵希逸,络云笼月,疏星浥露;泽堂李植,百尺峭崖,十围枯松;东溟郑斗卿,长风扇海,洪涛接天。"象村文章,与芝峰伯仲间,而独漏于此,岂息庵以其外先祖,故不敢评品而然与欤?就其诗家大小体格,各有引譬,而无不的当,故用录于编尾。①

这样的作家之论,言简意赅,披沙拣金,语言爽隽,清新流丽,与宋人敖陶孙《敖器之诗话》之论二十八名魏晋六朝、唐宋诗人和明代王世贞《艺苑卮言》之论一百多名明代诗人的艺术风格,如出一辙。这种语言风格,形

---

① 韩国学文献研究所:《诗话丛林》卷四《玄湖琐谈》,影印本,汉城亚细亚文化社,1983年,第466—468页;又曹顺庆主编:《东方文论选》第五编《朝鲜文论》,四川人民出版社,1996年,第901—902页。

象鲜明,含蓄自然,给人以丰富的审美享受与无限的想象空间。域外诗话家使用这种语言艺术,是相当有难度的,而李氏朝鲜诗人金锡胄却运用得如此纯熟利落,既说明他使用汉语的能力很强,也说明汉语独特的美感对域外诗人所具有的无穷魅力。

从总体而论,中国古代文学批评以意象为喻评论作家作品及其艺术风格流派者,大多具有以下四个显著的审美特点:

一是形象性。形象性是文学的语言特征,是诗歌的语言特征。诗话论诗评诗,似乎应该像西方诗学那样,采取冷漠的、旁观的、严正的评判态度,应该有如板着面孔、执法如山的法官,冷酷、严峻、不可侵犯。然而,中国诗话既有严肃、冷峻、不讲情面的评判,也有清新自然、含蓄蕴藉、优游不迫的审美鉴赏。以各种意象为喻而评论诗人、诗歌、诗风者,就是这种审美鉴赏,如诗如画,妙语连珠,富有形象性。这种形象化的论诗语言,就文学批评而言,似乎并不确切,并不落实,但就审美鉴赏与艺术批评而言,却最富有诗味,最富有审美情趣,最符合中国人的诗化的民族文化性格。

二是多样性。世间事物,林林总总,千姿百态,决定了批评家以意象为喻评论诗、词、文、戏曲、小说、书法等文学艺术作家作品的多样性。在中国文学批评史上,以景喻之,以物喻之,以文喻之,以人喻之,以事喻之者,应有尽有,举不胜举。如六朝袁昂《古今书评》以意象为喻评论三十多位古今书法家之作;宋代敖陶孙《敖器之诗话》以意象为喻评论二十九人之诗;明代朱奠培《松石轩诗评》以意象为喻评论历代一百五十多位诗人诗作;涵虚子《元词评》以意象为喻评论元代七十余名词人之作;王世贞《国朝诗评》与《国朝文评》以意象为喻评论明代一百二十多名诗人与六十多名文人之作,等等,可谓以意象为喻评论历代作家作品之集大成者。

三是排比性。古代文学批评家以比喻评诗论文,多以排比句式出之,整齐美观,排列有序,富有诗的结构形态,具有诗歌的语言形式之美,可谓之诗化的文学批评,是文学批评的诗化倾向。如涵虚子《元词评》以意象为喻评论元词作家,云:

> 马东篱如朝阳鸣凤,张小山如笙鹤瑶天,白仁甫如鹏搏九霄,李寿卿如洞天春晓,乔梦得如神鳌鼓浪,费唐臣如三峡波涛,宫大用如西风雕鹗,王实甫如花间美人,张鸣善如彩凤刷羽,关汉卿如琼筵醉客,郑德辉如九天珠玉,白无咎如太华孤峰。以上十二人为首等。

一人一喻,字字珠玑,文字优美,句式整齐。中国文学批评以比喻评论文学作家作品的这种排比有序性,使评论文章本身具有诗一般的行列美、形式美，读者可以透过这一系列由线条、色彩、构图唤起的深层视觉形象和一连串的自然意象群，更进一步地把握视觉意象深层之中的富有生气的文化意蕴和美学精神。文学批评应该是生动的、优美的。中国古代的文学批评论著没有西方文学批评那种单调、枯燥、乏味之感，中国文学批评诗化的结构形态与语言形态之美，是西方文学批评望尘莫及的。

四是比较性。中国古代文学批评，大量运用比较方法，且多寓比较于比喻之中，即于比较之中引喻，比喻与比较之法交叉使用。以人而论，例如杨慎《升庵诗话》评李杜云：

> 杨诚斋云："李太白之诗，列子之御风也；杜少陵之诗，灵均之乘桂舟、驾玉车也。无待者，神于诗者与？有待而未尝有待者，圣于诗者与？宋则东坡似太白，山谷似少陵。"徐仲车云："太白之诗，神鹰瞥汉；少陵之诗，骏马绝尘。"二公之评，意同而语亦相近。余谓太白诗，仙翁剑客之语；少陵诗，雅士骚人之词。比之文，太白则《史记》，少陵则《汉书》也。①

以诗而论，刘绩《霏雪录》评论唐宋诗人诗歌之别时说：

> 或问余唐宋诗人之别，余答之曰：唐人诗纯，宋人诗驳；唐人诗活，宋人诗滞；唐诗自在，宋诗费力；唐诗浑成，宋诗饾饤；唐诗缜密，宋诗漏逗；唐诗温润，宋诗燥；唐诗铿锵，宋诗散缓；唐人诗如贵介公子，举止风流；宋人诗如三家村乍富人，盛服揖宾，辞容鄙俗。

刘绩之论，扬唐抑宋，但排比有序，寓比较于比喻之中，形态不同，风格各异，皆以比喻出之，妙语古今，生动具体，形象感人，富有审美趣味，给读者留下深刻的审美享受。像这样于比较中引喻，运用比喻之法进行比较研究，在比较对象中寻求"同中之异"或"异中之同"者，有时候虽然局限于简单的比附，比较范围并不广阔，但在中国文学批评史上，对一朝一代、一人一派之诗与文的比较研究，则早已初具规模，而且能以排比句式出之，如芙蓉出水，如弹丸脱手，意新语工，妙趣盎然，十分难得。

意象论，是中国文学艺术理论批评的基本方法之一。注重意象批评，是中国文学批评一个独特的文化传统，一种审美价值取向。之所以形成这种独具特色的文学批评传统，原因固然相当复杂，但我认为主要是受汉字文化与中国诗文化的影响。具体而言，初步归纳为以下几点：

---

① 王仲镛：《升庵诗话笺证》卷七，上海古籍出版社，年，第227页。

第一，方块汉字本身就是一门艺术，一门书法艺术，为中国诗歌艺术之美与意象批评奠定了美学基础。从甲骨文、金文到篆书、隶书、行书、草书、楷书、宋体，等等，汉字形体之美、对称之美、整肃之美与韵律之美日臻完善，使运用汉字创作的汉诗，其形态之美与韵律之美，完全不同于西方诗歌。在意象批评兴盛之前，中国文学批评著作大多采用韵文体式，如陆机《文赋》之用赋体，刘勰《文心雕龙》之用骈俪文体，如诗如赋，其结构形态之美与声调韵律之美，是西方诗学著作无法媲美的。正是汉字艺术的优势，使得中国文学艺术界采用意象批评者，首先出现在书法领域。六朝齐国袁昂《古今书评》一卷称"王右军书，如谢家子弟，纵复不端正者，奕奕有一种风气；王子敬书，如河洛间少年，虽有充悦，而举体沓拖，殊不可耐"，等等，或以人物比，或以花木、山林、鸟兽、器皿为喻，"引喻参差错落，奇幻不测"（明刘士璘编《文致》），开意象批评之先河。没有汉字艺术，就没有美丽无比而别具一格的汉诗，就没有意象批评。古代朝鲜与日本使用汉字，创作汉诗，故朝韩诗话与日本诗话一样运用意象批评。从这个意义上说，汉字文化是意象批评的摇篮，意象批评也是汉字艺术的重要载体与传播媒介之一。

第二，中国是诗歌的国度，作为中国文学主体的诗，成就了长盛不衰的中国诗文化。闻一多先生在《文学的历史动向》一文中指出："《三百篇》的时代，确乎是一个伟大的时代，我们的文化，大体上是从这刚一开端的时期就定型了。文化定型了，文学也定型了。从此以后二千年间，诗——抒情诗，始终是我国文学的正统的类型，甚至除散文外，它是唯一的类型。"[①] 闻一多认为中国文化定型于诗，定型于《三百篇》，这就是中国诗文化；而诗的唯一，抒情诗的唯一，正是中国诗文化的主要载体。唯一的诗，特别是唯一的抒情诗，所期盼的是诗的审美鉴赏；诗的艺术批评，所希望的是文学批评的诗化，包括批评内容的诗化与批评形式的诗化。以其内容的诗化，于是乎钟嵘《诗品》、唐人诗格、宋人诗话等诗歌批评著作形式应运而生，彻底改变了《文心雕龙》"体大虑周"的大一统式批评格局，从此，文学批评走上了一条诗化之路。以其批评形式的诗化，于是乎出现了两种形式：一是以诗论诗，以杜甫《戏为六绝句》肇其端，继之有旧题司空图《二十四诗品》、宋人论诗诗、元好问《论诗三十首》、谢启昆《读全宋诗仿元遗山论诗绝句二百首》之类以诗论诗者；二是意象批评，则在文学批评的散文体式中适当运用各种意象组合成文，使文学批评更加富有一种形象美、对称美、语言美、韵律美，具有生动性、趣味性、可读性，提高了文学批评的审美价值。这种诗化的文

---

① 闻一多：《闻一多全集·神话与诗》，生活·读书·新知三联书店，1982年，第201页。

学批评样式，既是顺应中国诗歌创作的繁荣发展之势而出现的，是中国诗文化的宁馨儿，又是中国文学批评专门化的必然结果。

第三，是中国人固有的审美情趣所致。本来审美情趣因人因时因地而异，但从总体而言，中国人的审美情趣，大多趋向弘丽、隐秀与雅致。汉唐之尚"丽"，六朝之尚"秀"与两宋之尚"雅"，气势恢宏的"汉唐气象"与融天地人三才于一体的园林艺术，都是中国人独具特色的审美情趣的再现。受其影响，中国人的诗学观念，往往以"天人合一"为其哲学基础；中国文学理论批评特别崇尚自然，注重人与自然的融合，认为"诗者，天地之心"，故张戒《岁寒堂诗话》说"世间一切皆诗"。而诗歌批评又特别注重诗歌的含蓄蕴藉之美，以至歌德《谈话录》云："最直露的中国诗歌，与西方的诗歌相比，也是含蓄的。"含蓄，是一种美德，一种人格魅力；含蓄，也是一种艺术，一种美学风格。总之，含蓄是中华民族的一种民族文化性格。诗，是中国人的生命符号；"诗贵含蓄"，是中国诗人的共识，是审美情趣之所至，也是诗学批评的重要标准之一。意象批评，以意象为喻，不直露，不张扬，不宣泄，不剑拔弩张，心平气和，娓娓道来，侃侃而谈，妙语连珠，曲尽形容，惟妙惟肖，含蓄蕴藉，却富有诗意，富有情趣，富有语言活力，富有生命的张力。所以，我们认为，中国文学艺术理论批评之贵含蓄，意象批评之兴旺发达，既是由中国诗歌抒情言志的本质特征决定的，也是中华民族注重含蓄蕴藉的审美情趣与民族文化性格的一种艺术表露。

作者简介：

蔡镇楚，湖南师范大学文学院古典文学与文艺学教授，国际东方诗话学会主要创始人之一，代表作有《中国诗话史》《诗话学》《比较诗话学》《中国文学批评史》《茶美学》等。

略论中国传统文论话语的当代价值

杨玉华

摘　要：中国传统文论历史悠久、内容丰富、体大虑周，具有鲜明的民族特色，蕴含中西方文学共同具有的普遍规律。然而近代以来，特别是五四运动之后，西方文论在中国被奉为圭臬，以致中国传统文论个性丧失，患上了严重的"失语症"。本文通过大量例证，从人文精神和文学理论自身体系（作者、作品、世界、读者）两个维度，深入论析中国传统文论的当代价值，呼吁恢复民族文化自信，重视传统文论，实现其现代转换，为建设新时代中国文论话语和世界文论共同体而努力。

关键词：中国传统文论　人文精神　文学理论体系　当代价值
话语

从《尚书·尧典》"诗言志"开始一直到清末民初黄遵宪的"诗界革命"、梁启超的"小说界革命"等历史悠久、内容丰富、自成体系的文论，我们称之为中国"传统文论"。它既是对历代文人作家创作经验、方法、技巧的提炼总结，又是对文学发展规律的探索，还是对文学四要素，即作者、作品、世界、读者的系统阐述与论析，是一个能够阐释说明中国历史上所有文学事件与现象的完满自足的系统。传统文论具有《诗·大序》《典论·论文》《文赋》《文心雕龙》《诗品》《二十四诗品》《沧浪诗话》《瓯北诗话》《原诗》《人间词话》等一系列在世界文论史上独放异彩的著作，是中华文明和优秀传统文化的重要组成部分，是我们坚定文化自信的坚实理据和实现中华文化伟大复兴不可或缺的思想资源，值得认真研究传承，实现其创造性转化和创新性发展。

中国传统文论具有鲜明的民族特色，蕴含中西方文学共同具有的普遍规律。然而近代以来，特别是五四运动之后，西方文论在中国被奉为圭臬，以致中国传统文论个性丧失，患上了严重的"失语症"：缺少了西方文论的理论范畴、名词术语和言说方式，我们的文学理论与批评家就写不了文章、说不了话，也无法解读论析文学作品。于是乎，什么现实主义、浪漫主义、新历史主义、解构主义、新批评、读者接受理论等各种"主义"及"理论"纷至沓来，整个文论界目迷五色，应接不暇，而中国的传统文论则变成了博物馆中的"文物"和学者们"辨章学术，考镜源流"的学术史研究资料，曾经生气弥满的中国传统文论成了无生命的"僵尸"，不能切实介入当下的文学理论建构和批评实践。有识之士带着对民族传统文化的热爱、自信和坚守，纷纷立论撰文，呼吁重视传统文论，恢复民族文化自信，对中国传统文论进行话语重建，实现其现代转换；激活传统文论中能够直接进入当下文学理论和批评实践的因子，辅之以已经"中国化"的西方文论，从而构建起具有民族特色的新文论。许多知名学者参与了讨论，如曹顺庆、季羡林、周宪、钱中文、张玉能、段吉方、张卫东、赖大仁、王本朝等。这其中，曹顺庆及其学术团队的工作特别引人注目。以1995年发表《文论失语症与文化病态》(《文艺争鸣》，1996年第2期)为标志，曹顺庆及其学术团队在中国传统文论的现代转换、重建中国文论话语的路径与方法以及西方文论发展过程中对中国传统文论的变异吸纳等方面做了大量创新性、引领性、探索性的工作，重振了中国传统文论在当代中国和西方的理论价值。

前贤们虽然对传统文论的现代转化和当代价值等进行了深入研究，做出了重要贡献，但宏观宽泛之论较多，散点创新不少，系统、全面探讨研究传统文论当代价值的创新成果却不足。正如孟繁华2019年所指出的那样：在这20年里，文论现代转化的成果并不多见。[①] 有鉴于此，笔者结合对所承担的2020年国家社科基金重大项目子课题"中国古代文艺理论重要范畴、话语体系研究"的一些思考，就中国古代文论的当代价值问题谈一点自己的看法。

一、中国传统文论的当代人文价值

如前所述，要估量中国传统文论的当代价值，不能仅仅着眼于文学层面，还需要站位高远，从传统文论人文精神、价值追求是否与当下社会相适应、相融合的高度来看其古今通约性和当下时效性。

[①] 蒋寅、孟繁华：《中国古代文论的当代价值与意义》，《中国当代文学研究》，2019年第1期，第34页。

(一)"中和"思想与和谐社会建构

《礼记·中庸》云:"喜、怒、哀、乐之未发,谓之中。发而皆中节,谓之和。中也者,天下之大本也。和也者,天下之达道也。致中和,天地位焉,万物育焉。"① 自此,"中和"不但在哲学上表现为"中庸"思想,而且在文学与美学中表现为"中和之美"。朱熹《四书章句集注》解释"中"说:"喜、怒、哀、乐,情也;其未发,则性也。"② 这些论述准确指出了感情抒发是人的本性的自然流露,但又必须"中节",即受到一定的节制,符合理性规范。这就是说在艺术表现中的情感不能放纵激烈,不能愤激狂放,而要心平气和,无过与不及,掌握一种恰到好处的适度原则。而"和"原指不同要素之间的相辅相成、融合互济,构成一个和谐有机的统一体。《左传·昭公二十年》:"如和羹焉。水、火、醯、醢、盐、梅以烹鱼肉,燀之以薪。宰夫和之,齐之以味,济其不及,以泄其过……声亦如味。一气,二体,三类,四物,五声,六律,七音,八风,九歌,以相成也;清浊,大小,短长,疾徐,哀乐,刚柔,迟速,高下,出入,周疏,以相济也。"③ 可见,"和"的概念最早是从不同食材佐料通过最适当的组合配方共成一美味适口佳肴的烹饪过程中总结出来的,后来又用于音乐,演化成"和声"一词。"中和"作为文论术语,其要点有三:一是恰到好处的适度原则,二是抒情言志的含蓄蕴藉原则,三是不同因素的相融共济以形成和谐有机统一体的原则。这样的"中和"原则,对于我们今天的和谐社会建设仍具古今一贯、精神相通的历史继承性和当下时效性。凝聚各方力量,构建和谐社会,共同助力中华民族的伟大复兴,是当代中国人的责任与使命。而要构建和谐社会,则第一要构建人与自然的和谐,要保护生态,坚持绿色发展,顺应自然规律,使人与自然和谐共存,实现人类社会的长远进步和永续发展。第二要构建人与社会的和谐,充分考虑不同社会群体的利益诉求,讲求公平公正,在做重大决策、制定重大政策和处理重大问题时,找到兼顾全社会不同群体利益的"最大公约数",使复杂多样的社会和谐和美。第三要建构人与人之间的和谐。倡导谦抑礼让,明大势、顾大局,遇事沟通协商,"好好说话",建立良好的家庭亲戚关系、邻里关系、上下级关系、同事朋友关系,实现古代思想家所追求的"大同"盛世。第四是构建公民个体精神与物质、灵与肉、内部世界与外部世界等的和谐关系,实现人的全面发展。在构建和谐社会的四个层面,"中和"思想都贯穿其中,

---

① 李慧玲、吕友仁译注:《礼记》,中州古籍出版社,2011年,第246页。
② 朱熹:《四书章句集注》,中华书局,2012年,第18页。
③ 杨柏峻:《春秋左传注》,中华书局,1981年,第1419—1420页。

发生作用，取得成效。

（二）"诗教"理论与当代人文精神建构

中国传统文论中的诗教理论指的是以孔子为代表的先秦儒家及其后世汉儒在解读中国第一部诗歌总集《诗经》时所提出的关于诗歌（文学）与政治及其他艺术形式（如音乐）的关系的一系列见解以及对诗歌（文学）社会功能的认识，其内容丰富，见解深刻，对后世文论有极其重要的影响。它大致包括三个方面。(1) 对文学本质的认识。从《尚书·尧典》的"诗言志"到《诗·大序》的"言志、抒情、嗟叹"歌咏"手舞足蹈"之说，深刻揭示了文学言志抒情的本质。(2) 对文学社会功能的认识。以"美刺""兴观群怨"说为代表，特别是汉儒在《诗·大序》中更是对文学的社会政教伦理作用推崇到无以复加的地步："故正得失，动天地，感鬼神，莫近于诗。先王以是经夫妇，成孝敬，厚人伦，美教化，移风俗。"① 这已经把文学感发意志（兴）、观风俗盛衰（观）、使人团结乐群（群）、发泄对社会和个人的愤懑不平（怨）的功能阐述得非常深刻，把汉儒政教伦理文学观发挥得淋漓尽致。一句话，文学作品可以使政治清明，国家长治久安，社会和谐，家庭和睦，夫妇幸福；可以淳风化俗，教化众生，移风易俗；甚至可以感动人伦之外的天地鬼神。文学在这方面的作用完全可用刘勰《文心雕龙·原道》"文之为德也大矣！"加以称颂。(3)《诗·大序》还揭示了文学（音乐）与时代的关系："治世之音安以乐，其政和；乱世之音怨以怒，其政乖；亡国之音哀以思，其民困。"② 如再用刘勰《文心雕龙·时序》的话来解释，那就是"文变染乎世情，兴废系乎时序"③，亦即列宁对托尔斯泰作品评论时的譬喻——"镜子"说。作品是时代的记录，从中可以考察丰富的历史信息。当然，诗教理论的内容还不止于此。但即便以上三点，已足以对当今的人文精神建构提供深刻而有益的启迪。

第一，所谓文学、文论，其主体都是人，都是供人所需，为人服务的，因此文学乃是人学，文学研究、文学理论，归根到底是人的研究，是关于人的理论。明乎此，才能做到"立乎其大者，则其小者不能夺也"④，也才能彻底扭转长期以来文学研究中忽视人的主体性这一偏失。

第二，传统文论诗教理论中最著名的"美刺"说则告诉我们：文学作品

---

① 毛亨传，郑玄笺，孔颖达疏：《毛诗注疏》，上海古籍出版社，2014年，第11—12页。
② 毛亨传，郑玄笺，孔颖达疏：《毛诗注疏》，上海古籍出版社，2014年，第9页。
③ 王运熙、周锋：《文心雕龙译注》，上海古籍出版社，2014年，第218页。
④ 杨伯峻：《孟子译注》，中华书局，2014年，第208页。

对于提倡什么、赞赏什么、反对什么、批评什么,要有明确的倾向,作家要传导正能量,高扬主旋律,为美好的事物大唱赞歌。作家、艺术家要做社会的良心、精神的领袖和时代的导师,要勇于承担社会责任,"铁肩担道义,妙手著文章",对丑陋落后的事物大加挞伐,要传承经典、赞颂崇高、塑造英雄,彻底改变一段时期以来理论批评界假"后现代""解构主义"之名来揶揄经典、解构崇高、丑化英雄等乱象乱局,重拾传统知识分子"为天地立心,为生民立命,为往圣继绝学,为万世开太平"的经世致用精神和道义担当,做新时代的圣贤。

第三,要从诗教理论对文学社会政治功能的认识中汲取智慧和营养,充分发挥、提炼、传承其中文章之道与政通、与民通、与平常日用通的人文精神,用文学艺术引领人们向上、向善、向美,补足精神之"钙",做气足神完、精神充盈的时代新人。要发挥文学艺术及其理论的独特魅力和吸引力,引导人们浸润文化艺术,养成高雅情趣,秉承家国情怀,重建当代人文生态和人文精神。

(三)"天人合一"与当代生态文明建设

"天人合一"是最能彰显中华文化特色的哲学观念,并且是高位阶的哲学观念。所谓"天"指的是自然,所谓"合一"指的是"天"与"人"的相通相融。"天人合一"的实质指的是人类的生产生活等活动要遵循自然规律,要按"天意"行事。若人的行为违背了"天意",人就会遭到"天"的惩罚,遭受地震、旱涝等自然灾害,皇帝也照例会采取发布罪己诏、减膳、外放宫女下嫁民间等措施来请求"天"的原谅和宽恕。在这种意义上,"天"指的是具有人格意义的天神,"天人感应"也具有神道立教、君权神授的迷信色彩。"天人合一"虽然是一个哲学范畴,但历代文论家们在论及艺术作品创作中人工之巧与自然之力时,也常说到"天人"关系,也常以"天人合一"来形容人工之巧与自然之力结合而形成的优秀作品,或喻指人工之巧如鬼斧神工,完全能与"天"(自然)相媲美的情形,所谓的"笔参造化""外师造化,中得心源"即指此而言,这种由哲学进入文论的"天人合一"论对我们今天生态文明建设具有重要作用。地球是人类共同的家园,有些自然资源是不可再生的,人类如果对大自然索取过多、破坏过甚,就会遭到大自然的报复,近代以来的气候变暖、生态恶化、自然灾害频发、各种顽瘴痼疾层出不穷,便是最好的证明。因此,考虑到人类的永续发展,我们就要树立绿色发展理念,强化"绿水青山就是金山银山"的意识,整治环境、保护生态,使山更绿、天更蓝、水更清。一句话,遵从自然规律,胸怀"民胞物与",把人看作自然万物的一分子，与万物和平相处，互助互济，如此，方能达致"天人合一"的高境，实现全面、健康、可持续发展。

（四）"游于艺"与人生艺术化构建

现代社会人的"异化"，既是一个老生常谈的问题，又是一个确实存在而不容回避的问题。在现代社会中，人越来越背离人生的目的意义，而成为追名逐利的工具。工具理性压制了人文理性，科层制下的社会使得每个人都变成庞大社会机器上的一个零件，只能被动旋转发挥作用，而完全不能自主。人在对物质的追逐中逐渐迷失自我，精神世界变得干枯、逼仄，在人生之旅中忘记了初心，中途变辙改向，永远到不了美好的彼岸。而传统文论中对言志抒情的提倡、对"游于艺"及"孔颜乐处"的赞赏、对本真童心的重视、对自然风光的礼赞、对"文质彬彬"的追求、对"气象近道"的标举，等等，都是在提倡人生的诗意化、生活的艺术化。因此，利用传统文论中的思想资源，以文学艺术消解人生苦难、心中块垒，释放生活工作压力，为生活寻找美好目标，为人生增添温度亮色，可以削弱异化感，增加存在感、获得感和幸福感，达致一种"诗意栖居"的人生高境。《论语·述而》曰："子曰：'志于道，据于德，依于仁，游于艺。'"①朱熹《四书章句集注》云："游者，玩物适情之谓"②，说明人生除了道、德、仁、义等大节大端外，在从容之境中涵泳性情亦必不可少。钱穆先生说："游，游泳。艺，人生所需。孔子时，礼、乐、射、御、书、数谓之六艺。人之习于艺，如鱼在水，忘其为水，斯更游泳自如之乐。"③"游于艺"，既是成才之路，又是道德修养及精神追求之路。如再联系《论语》中"兴于《诗》，立于礼，成于乐"以及"吾与点也"等论述，可以看出，以孔子为代表的儒家是把接受艺术熏陶（所谓"游于艺""成于乐"），化平常日用为审美境界，从而达致人生的诗意化、艺术化，作为人生的完美境界来追求的。这也就是宋人一再称赏周敦颐"光风霁月"④，一再探讨"孔颜乐处"之奥妙，一再标举"气象近道"的道学人格的原因所在。孔门虽有自己的政治理想，但同时认为追求这一理想的过程应当是"游"，是"乐"，一句话，应当是审美的、诗意的、艺术化的。传统文论中这样一种观念，对于物质主义、拜金主义盛行的当今世界，颇具涤污荡垢、指出向上一

---

① 杨伯峻：《论语译注》，中华书局，2007年，第95页。
② 朱熹：《四书章句集注》，中华书局，2012年，第18页。
③ 钱穆：《论语新解》，生活·读书·新知三联书店，2002年，第242页。
④ "光风霁月"一词亦喻指人有开阔的胸襟和心地以及圣贤气象。黄庭坚：《濂溪诗序》，见曾枣庄、刘琳主编《全宋文》（第104册），安徽教育出版社，2006年，第249页。

路的作用。对于人格不张、精神猥琐、人性异化的人类困境,尤具凿辟鸿蒙、指点迷津、振聋发聩的作用。宋尼有悟道诗云:"尽日寻春不见春,铁鞋踏遍陇头云。归来笑拈梅花嗅,春到枝头已十分。"道不远人,真理寓于平常日用之中。生活中本不缺少美,缺少的是发现美的眼睛。只要我们以审美的、艺术的眼光来处世观物,我们的精神就会充满活泼泼的生气,我们的人格就会更加完美,我们的生活就会更加丰盈,我们的人生也就更加绚丽多彩。

二、中国传统文论的当代理论价值

中国传统文论作为中华优秀传统文化的有机组成部分,在当代具有重要的人文价值、精神价值。但文论毕竟是关于文学的观念、范畴和理论,它要解决的也主要是关于文学创作、理论和批评的问题,因此,除了认识到传统文论与其他文化艺术理论一样具有重要的当代价值外,更重要的是要挖掘、提炼、标举传统文论对文学创作、理论及批评所具有的独特价值,并且充分发挥、利用这些价值,为新时期具有民族特色的文论话语建设服务。我们认为,中国传统文论在当代的自身理论价值略有以下数端。

(一)对于建构具有民族特色的当代文论体系具有重要价值

如前所言,五四运动以降文论家们由于价值取向的转向(由以中为主偏向以西为主)和语言的转向(由文言为主转向白话为主),与传统文论渐行渐远,最后导致"失语症"。因此,我们才提出了中国传统文论的现代转换问题,才提出了接续中国传统文论的血脉,慢慢找回"母语",在文艺理论批评实践中"接着说"的问题。从提出这些问题到现在,过去了二十多年,虽然有关方面的论文论著所在多有,但切实的解决问题之方、行之有效的经验范式仍然付之阙如,建构具有民族特色的当代文论体系仍遥遥无期、任重道远。在此,仅对如何建构当代文论体系提几点自己的思考。第一,当代新文论体系应当是具有鲜明中国民族特色的、以我为主、以传统文论为底色和源头的文论体系;第二,当代文论体系应当吸纳五四运动以来已被"中国化"了的、已融入现当代文论中的西方文论(包括马列文论);第三,当代文论体系应当成为一个具有当下时效性的自足的系统,亦即能基本解决当下文学理论及实际文学批评中的所有问题而不必乞灵于西方文论;第四,此一文论体系应当充分吸纳中国传统文论中已被"西方化"了的元素,使其返本归祖,并且优先成为世界文论共同体的组成部分;第五,此一当代文论体系要以建构世界文论共同体为旨归,为世界文论共同体贡献中国智慧、制定中国方案、建构中国话语，抢占世界文论话语权。可见，我们所要建构的当代文论体系，其源头、根基都在传统文论，都与传统文论的传承利用、扬弃更新密不可分。

(二) 对建构当代文论体系中的作家论具有重要价值

我们可以从构成文学作品完整体系的作家、作品、读者、世界四要素来考察中国传统文论的当代价值。首先来看传统文论的作家论。传统文论中的作家论内容丰富，始终把人作为创造"人文"的主体，高扬作家的主体性、创造性、引领性特征。(1) 强调作家的修养，包括心性道德修养、文化艺术修养、技能技巧修养等，如"养气"说、"有德者必有言"说、"操千曲而后晓声，观千剑而后识器"说等。在这一方面，刘勰《文心雕龙·神思》说得比较全面："积学以储宝，酌理以富才，研阅以穷照，驯致以绎辞"①，读书穷理、阅世观物等都说到了。(2) 作家个性说。曹丕《典论·论文》认为作家由于禀受了不同的"气"而形成不同的性格特征，这些各异的性格特征形诸诗文，就形成了不同的风格特色，亦如法国作家布封所说的"风格即人"。(3) "得江山之助"说。古代文论家常倡言"读万卷书，行万里路"，倡导在学习书本知识的同时积累人生阅历，特别强调游历名山大川可以激荡情思、升华境界、提高写作的水平，这就叫得江山之助。例如"古今诗人例入蜀"的论断就是因为蜀中山水奇秀、创作环境优良，文人作家或为官，或游历，入蜀之后，诗风文风大变，开创作新境界，杜甫、陆游皆为其中显例。(4) "诗穷而后工"说。这指的是对作家来说，怀才不遇、郁塞不平、困顿无聊、悲伤寥落等皆可成为产生名作佳篇的养料，即所谓"蚌病成珠"，而仕途顺达、志得意满时则写不出好的作品。司马迁"发愤著书"，韩愈"欢愉之词难工，而穷苦之言易好""不平则鸣"，乃至赵翼"国家不幸诗家幸，赋到沧桑句便工"，都是"诗穷而后工"内涵的不同层面、不同角度的表达。这些都能经转化更新而融入当代新文论体系且不失其信度和效度。虽然"穷""不平"已经发生了时代性变化，但作为一种人类及人生的普遍境况、遭际、情感体验，却又有古今相通之处。强调作家读书、积识、阅世、观物，主张作家提高审美的感受力，为人民写作，为时代放歌，为人民提供文学艺术精品，在当今社会尤为重要。而要成为具有"卡桑德拉质"——预言未来的能力②的作家、艺术家，对历史、社会的深刻洞察、高度的道德品质修养和人文艺术修养皆不可或缺。

---

① 王运熙、周锋：《文心雕龙译注》，上海古籍出版社，2014年，第132页。
② 鲍列夫：《美学》，乔修业、常谢枫译，上海译文出版社，1988年，第207页。

(三) 对建构当代文论体系中的作品论体系有重要价值

关于文学作品，中国传统文论的论述也比较丰富，大致有三个方面的内容。(1) 文学作品的本质论，这在前面论述诗教理论时已作简述，此不多论。其中阐述得最清楚深刻的是《文心雕龙·原道》中的有关文字，如文章"与天地并生"，如大自然之有日月山川，人文之有文章，乃"自然之道"等。(2) 文学作品的功能论。前引《诗·大序》中对孔门及汉儒的文学功能论作了论述，但直到陆机《文赋》提出"诗缘情而绮靡"之说，对文学的认识、教化、审美三大功能的理论才臻于系统完备。特别是"缘情"说，由于准确地总结并指出了文学作品以情动人，情感因素贯穿从构思、写作到形成作品、读者阅读的全过程，揭示了文学的独特性，在传统文论中具有重要作用。此外，对如何选择题材、提炼主题、谋篇布局、遣词造句等，传统文论都有丰富、深刻的论述，如《文心雕龙》提出的"六观"说，既是我们在分析鉴赏文学作品时所必须注意的六个方面，其实也是对作家的要求。(3) 文学作品的整体有机论。传统文论常常把文学作品看作一个生气弥满的有机整体，其哲学上的源头可以追溯到《庄子》中"七窍凿而混沌死"的寓言。传统文论认为作家与作品、作品与世界、构成作品的各要素都是不可分割的有机整体，它们之间都有着或直接或间接的密切联系。因此，我们品鉴判断一个作品的优劣，要先看其主要的、大的方面，但具体的细节也不可忽视。比如评论诗人的优劣，要看其是否有名篇名句，仅有名句而无名篇者（如谢灵运）还算不得名家、大家，当然也有"一片神行，不可句摘"者（如陶渊明）。总之，在古代文论家的心目中，好的作品是形神兼备的，局部与整体是有机统一、不可分割的，牵一发而动全身。有时"著一'闹'字而境界全出"[①]，有时则"失之毫厘，谬以千里"，因此，文学作品是一个有生命的有机统一体。这样的作品有机构成论，对于建构当代具有民族特色的新文论很有价值，仍具当下的时效性和深刻的启迪意义。相较于西方文论或仅着眼于语言分析，或把文本看成一个封闭自足的系统而完全割断作品与作家联系，或标举文学以描写谵妄、呓语、下意识（潜意识）甚至偏执、疯狂为职志的各种"主义""理论"，中国传统文论中的作品有机构成论也算是一种补偏救弊的正途大道吧！

(四) 对于建构当代文论体系中的鉴赏论具有重要价值

中国传统文论中有非常丰富的文学接受论（即鉴赏论）相关内容，主要

[①] 陈鸿祥：《〈人间词话〉〈人间词〉注评》，江苏古籍出版社，2002年，第20页。

涉及作者在濡笔挥翰时如何考虑读者的阅读以及鉴赏文学作品该如何"沿波讨源",从而准确了解作者创作意图、深刻理解文本意义等问题。(1)知人论世说。这是孟子提出来的,主张通过了解作家的生平事迹和所处时代的社会历史条件来更好地理解作品,对后世的文学理论及批评产生了巨大而深远的影响。如在分析作品时一般都要有作者简介、时代背景等内容,就是此论在文学批评中的具体体现。在此前提下,孟子还提出了"以意逆志"说,即通过作品的语句文词所表达出来的"意",去探索、挖掘、追寻作者临文之时的创作意图,也就是后来刘勰所说的"沿波讨源,虽幽必显"。这种理论对我们分析探讨作品的原意与引申意、本意与衍生意、表象意与深层意、字面意与象征意等,都产生了重要影响。(2)六观说。此说是刘勰在《文心雕龙·知音》中提出来的:"是以将阅文情,先标六观:一观位体,二观置辞,三观通变,四观奇正,五观事义,六观宫商。斯术既形,则优劣见矣。"[1] 就是说鉴赏评骘一篇作品的优劣,应当从体裁的选择、谋篇布局及遣词造句、对前人的继承和创新、作品结构与风格的多样统一、题材选择的准确性与典型性、语言合律符节的音乐美六个方面来考察,而这六个方面又构成了品鉴文学作品的标准体系,在传统文论中占有重要地位。"六观"说不但全面、系统,而且极富可操作性。正如黄维樑先生所言:"六观说……诚然面面俱到,既审视作品的字辞章句,也通览整篇作品的主题、结构、风格,更比较该作品与其他众多作品(刘勰强调'操千曲而后晓声,观千剑而后识器')的异同,这真是有宏观又有微观,见树又见林,显微镜与望远镜并用的批评体系,这在中国少有甚或没有,自亚里士多德的《诗学》到19世纪的诸批评名著,似乎也是少有甚或没有的。"[2] (3)"作者之用心未必然,而读者之用心何必不然"。这是清人谭献在《复堂词录序》中提出来的,其意与汉儒董仲舒提出的"诗无达诂"相类,指的是同一作品,因时因人因境等不同,会产生不同的解释,亦即"一千个读者有一千个哈姆雷特"之意。这一文论观点深刻揭示出文学作品"形象大于思想"的特点,虽作者创作时只关注某一方面的意蕴表达,但作品一旦形成,以完整的形象展示在读者面前,不同的读者就可根据自己的阅历修养及艺术趣旨看到作品形象中自己感兴趣的"一面",于是就有了读者对作品的品鉴理解溢出了作者创作意图的情况。传统文论中的读者接受理论当然远不止以上三点,但仅从以上三点,我们即可发现其与现当代文学理论批评的相契相通,故其至今仍然是我们批评、品鉴文学作品的主要方法和

---

[1] 王运熙、周锋:《文心雕龙译注》,上海古籍出版社,2014年,第238页。
[2] 黄维樑:《〈文心雕龙〉"六观"说和文学作品的评析——兼谈龙学未来的两个方向》,《北京大学学报(哲学社会科学版)》,1996年第3期。

不贰法门，仍有极强的实用性、有效性与可通约性。特别是《文心雕龙》的"六观说"，内容丰富全面、系统周密，基本上考虑到了文学作品内部关系与外部关系的所有方面，为我们提供了有益的参考与借鉴，如略加调整与改造，完全可作为当今文论家们进行具体文学批评的标准。

至于特别重视文学与外部世界的关系，乃中国传统文论最为显著之特色，前言文学与政治、人伦、教化以及文学与音乐、舞蹈等关系时已多有涉及，此不赘言。

（五）对建构世界文学理论共同体具有重要价值

如前所述，中国传统文论不但在文化精神层面上，而且在具体文学理论批评层面上，都能接续精神、打通血脉、古为今用、推陈出新，具有极强的实践性、有效性和可通约性，一句话，具有巨大的当代价值，值得传承并进行创新性转化和创造性发展。我们所要建构的具有鲜明民族特色的当代文论体系，不仅要用传统文论来进行理论建构，指导创作实践，评论作家作品，而且要彰显文化自信，为世界性文学理论共同体建设贡献中国智慧，提供中国方案，这就要求我们做好三方面的工作。

一是整个文学理论界和文学批评界要自觉承担起在中华民族伟大复兴大业中复兴中国传统文论的光荣使命，坚定文化自信，在文学理论与批评实践中传承、转化、深化传统文论，以运用中国传统文论来进行理论与批评工作为职志，由点到面，由少到多，形成风气和习惯。从王国维、宗白华、刘若愚、夏志清、黄维樑、曹顺庆诸先生的传统文论现代转化实践中总结经验、汲取营养。如尝试用传统文论中的意象批评来解读品鉴李金发象征主义诗歌中的意象美，用"意境"说来研究阐释海子朦胧诗中的意境美，用"美刺"说来论析现当代现实主义文学等。总之，只要大家认识统一，步调一致，唯传统文论复兴为念，可以想见，在不久的将来，西方文论一统天下的局面必将打破，具有中华民族特色的文学理论批评必将巍然屹立于世界文论之林，在世界文论百花园争奇斗艳，牢牢掌握了文论话语权的中国文论家及其理论将逐渐从世界文论舞台边缘走向中央。

二是在建构新时期具有鲜明民族特色的文论体系过程中，要充分吸纳已被"中国化"了的西方文论元素。五四运动以后大量引入西方文论来解读论析中国作品，至今已逾百年。在这漫长过程中，许多西方文论因反复运用而逐渐"中国化"，成为中国文论的一部分。比如饱受诟病的"现实主义""浪漫主义""文艺复兴"等理论与范畴，哪怕今天我们所用这些范畴术语的意思确实与它们在西方语境中的原意相去甚远，哪怕我们的"断章取义"背离了其在西方典籍的原意，但既已相沿成习，既然中国人觉得视李白为"浪漫主义"，称杜甫为"现实主义"与其作品实际风格还大致匹配，不至于张冠李戴，那我们就应该承认其合理性而继续使用。这种情形所在多有，其中也包括马列文论。五四运动以后究竟有多少西方文论的理论、范畴、概念被引入中国？其已"中国化"且沿用至今者又有多少？如果以使用频率来看，哪些又是最常见的？对这些问题，似乎无人进行过认真梳理。就如即便在现代汉语中，如果我们剔除了受佛教影响而形成的词汇，就可能既不能写文章又不能说话一样，已经"中国化"了的西方文论理应成为建构新时代中国新文论的重要部分，这也是不言而喻的。

三是在新文论的建构中还需特别注意"化西方"的问题。所谓"化西方"，是近几年才在学界出现的一个概念，主要是指世界（主要是西方）文明、文化由于借鉴吸收了中国文明、文化元素而创生新的理论，即西方文化（包括文论）被中国所"化"的现象。比如庞德的诗歌之于汉字的表意特征，海德格尔存在主义之于道家思想，德里达解构主义之于汉字的"书写"，等等，都是其中显著的例子。在这一方面，曹顺庆先生的研究颇为引人注目。事实上，这方面的例证还有不少，需要做系统深入的梳理研究。这种被学者们称为"化西方"的理论，由于经过了东西双方文化的验证，而具有世界普适性，应当优先成为世界文论共同体的组成部分。季羡林先生在为曹顺庆先生《东方文论选》所作的序中说：中国古语说"三十年河东，四十年河西"，21世纪必定是东方的世纪。西方世界发展中碰到的诸多难题，只能用东方智慧解决。同样，在西方文化引领下，许多越来越背离文学本质的所谓"文论"与"文学"研究，也只有借助中国传统文论智慧，才能走出困境而通达光明之前景。可以想见，随着中国国力的增强，国际地位的提升，文化实力及感召力、辐射力的提高，中华文化将要惠及更多的国家与人民，中国传统文论将得到更多西方文论家的认同并被运用于实践，当年歌德所企盼的"世界文学"时代将真正来临，中华传统文论将为世界文论共同体注入新的内容和巨大的生机与活力。

作者简介：

杨玉华，现任成都大学党委常委、副校长，成都大学文学与新闻传播学院教授、硕士生导师，四川大学文学与新闻传播学院客座教授、博士生导师。

运思·言说·意义生成·阐释方式
——中国古代文艺理论话语体系[*]

李天鹏

摘　要：中国古代文艺理论话语体系是古代文艺理论重要范畴的内在生成机制或话语规则。其民族特色鲜明，以感性诗化话语为主要特征，迥异于西方理性科学话语。其内容之丰富，主要表现为：以对立调和的辩证法和以象运思的妙悟两者和融而成的诗性辩证致思方式，以无中生有和依经立意为核心的意义生成方式，以立象尽意和以少总多为核心的言说方式，以以意逆志和诗无达诂为核心的阐释模式。提炼与构建中国古代文艺理论话语体系具有重要的理论意义，是呈现中国古代文艺理论特色话语规则，拒绝西方文论话语全球化，拒绝中国文艺理论西方化，丰富世界文艺理论话语体系，加强异质文论的交流与对话，建设当代中国特色文艺理论体系的重要话语资源。

关键词：话语体系　运思方式　言说方式　意义生成方式　阐释方式

一、中国古代文艺理论话语体系构建的背景与定义

任何文化都有自己的规则。中西方文艺理论在发展过程中形成迥异的文化生成规则。如果说西方文艺理论可概括为理性科学话语规则，那么中国古代文艺理论则可概括为感性诗化话语规则。每一种话语规则及其特征都具有合法性、合理性，也具有时代效用。然而，"由于20世纪初知识界科学主义的兴起和愈演愈烈的反传统运动，源于中国本土文化经验的文学元话语及中国传统文论不断受到

---

[*] 本文为国家社科基金重大项目"东方古代文艺理论重要范畴、话语体系研究与资料整理"（项目编号：19ZDA289）子课题"中国古代文艺理论重要范畴、话语体系研究"阶段性成果。

西方科学主义的挑战、排斥"①,因而在百余年西方理性科学话语规则的检视下,中国古代文艺理论感性诗化的话语规则被遗弃殆尽,古代文艺理论遭到严重的谩骂与诋毁,被斥为不科学,判了死刑,认为不适合当下文学研究的现实状况。中国学人也患上了文化自卑症。当代中西文艺理论话语呈现"西强中弱"的现状:中国传统文论所说的"感兴""妙悟""目击道存"等都是感悟式、印象式思维,不如西方文论那样具有严谨性、精确性和思辨性②,进而中国古代文艺理论患上失语症。失语症背后更严重的问题是西方文艺理论话语成为放诸四海而皆准的普遍模式,中国古代文艺理论被西方化,即中国古代文艺理论致思方式、言说方式、意义生成方式与阐释方式皆操着一套西方理性科学话语规则,离开了西方文艺理论话语,中国文艺理论则无法言说,中国古代文艺理论沦为西方理论体系摄下的材料。中西"话语失衡"的现状构成建设中国古代文艺理论话语体系的背景。

"话语"理论由法国后结构主义者福柯提出。福柯的"话语"理论旨在揭示言说、陈述、表达的权力运作机制及其社会建构功能。因此,话语就不仅仅是一般的言说、陈述、言谈,而是言说与权力有机统一的支配性系统。因此,当代话语分析理论在言及"话语"时,更强调话语作为一个系统法则的支配力与建构能力。本书所用"话语"一词,与此类似,淡化了其背后的权力色彩,强调其文化意义建构的法则及功能。正如曹顺庆所言:"话语是指在一定文化传统和社会历史中形成的思维、言说的基本范畴和基本规则,是一种文化对自身的意义建构方式的基本设定。"③话语体系则是由思维、表达、沟通与理解等方面的基本规则组成的一个有机统一的系统。它是一个自足的文化体系内部的意义建构方式、言说方式、致思方式、理解方式的系统性规则,是涵盖了一个文化内部各个层面的生成机制的元语言系统。因此,中国古代文艺理论话语体系则包括支配中国古代文艺理论致思方式、言说方式、意义生成方式、阐释方式四个方面在内的基本生成法则。这个体系与西方文艺理论话语体系迥异,是独具一格的文化生成法则,主要表现为:以对立调和的辩证法和以象运思的妙悟两者和融而成的诗性辩证致思方式,以无中生有和依经立意为核心的意义生成方式,以立象尽意和以少总多的言说方式,以以意逆志和诗无达诂为核心的阐释模式。

中国古代文艺理论话语体系是古代文艺理论重要范畴的话语规则、元语言、内在生成机制,是从高处支配中国古代文艺理论文化精神、运思、言说、

---

① 曹顺庆:《南橘北枳》,中央编译出版社,2014年,第331页。
② 曹顺庆:《南橘北枳》,中央编译出版社,2014年,第323页。
③ 曹顺庆等:《中国古代文论话语》,巴蜀书社,2001年,第26页。

意义生成与阐释的组构规则。建构与提炼中国古代文艺理论话语体系是当代文艺理论研究者的当务之急；是呈现中国古代文艺理论特色话语规则，拒绝西方文论话语全球化，拒绝中国文艺理论西方化，建设中国当代特色文艺理论体系的重要话语资源。建构中国古代文艺理论话语体系具有重要意义。

二、中国古代文艺理论话语诗性辩证的致思方式

笔者把中国古代文艺理论话语命名为感性诗化话语，与西方理性科学话语迥异。而致思方式的不同是中西古代文艺理论话语差异的首要特征。关于中国古代文艺理论的致思方式，中国学者已经进行了广泛而深刻的研究。其中主要观点认为中国古代文艺理论注重"象"思维，注重对立统一的辩证法。如牛月明《中国文论话语体系初探》将中国古代文论致思方式总结为"整体圆融思维偏向"，分为对待矛盾追求圆转流动和崇尚直观意会两个部分。遗憾的是，作者并未对这二者进行进一步的有机融合，言简意赅地概括出中国古代文艺理论话语的致思方式。"整体圆融"一词实质是同义重复，"整体"即对立统一的"合"，"圆融"即对立统一的"和"，忽略了中国古代文艺理论的致思方式的直觉性或形象性，终欠火候。笔者认为中国古代文艺理论话语的致思方式，既非纯粹的直觉思维、形象思维或诗性思维，也不是纯粹的对立调和、注重整体的辩证思维。中国古代文艺理论话语的致思方式是二者的有机统一，我把它命名为诗性辩证的致思方式。"诗性"即直觉的形象性（妙悟、比兴），辩证即对立统一、整体性（中和、合一）。这种思维方式是中华民族特有的，是形象性与整体性、诗性感悟与辩证法、妙悟与中和的有机统一。前者以"立象以尽意"为思想源泉，后者以"和实生物，同则不继"为思想源泉，二者统筹于中国传统最高的文化理念"天人合一"，呈现《易经》"观物取象"、老庄"玄览""坐忘"与孔孟"中和"三种思维方式的合流。

诗性辩证致思方式的"诗性"维度主要来源于《易经》"观物取象"的两个认识过程：从"观物"感性视觉直观（开始）到"取象"的运思（视象信息加工），再到抽象的提炼结果（具象的抽象，如卦象）。这个过程是从感性到理性的升华，经历了物象、视象、"具象的抽象"这三个"象"度。"观物取象"的形象性给中国古代文艺理论话语致思带来了生动性、感悟性、直观性，因此发展到后来形成"神思"说与"妙悟"说，目击道存，构成诗性直觉思维。中国古代文学艺术并不局限在"言"或"形"层面，而是通过创造形、景、境来传达意、神、味。所以中国古代文艺理论重意轻言，重神轻形，重感悟轻逻辑，强调写意，最终形成中国传统艺术理论核心，即意境理论，

其与"观物取象"的诗性思维或形象直觉思维紧密相连。

但中国古代文艺理论话语致思方式还有另一个重要维度,即"和(合)"的维度。借牛月明的话来说,即对待矛盾追求圆转流动,"善于把反命题统一成一个合命题的整体;以由元素组成的整体为思维对象,重视要素之间的联系与发展","强调普遍联系,不想把事物绝对化"①。这个维度用古代文艺话语来表达即"尽善尽美""文质彬彬""情景交融""虚实相生""天人合一""天地与我并生,我与万物为一""形神兼备""物我两忘""审乐以知政""乐与政通"。这一重要的致思维度用现代辩证法来看即对立统一的辩证思维。这一致思维度构成中国古代文艺理论话语致思方式追求统一性与整体性,注重和谐,强调二元对待的融合,最终达到情与景、意与象、形与神、心与物、刚与柔、阴与阳、动与景的交融,天道与人道、政道与艺道的合一。

对立统一的辩证致思维度源自先秦思想家对"和"与"同"的论述。《国语·郑语》记载了西周末年史伯的言论:"夫和实生物,同则不继。以他平他谓之和,故能丰长而物归之;若以同裨同,尽乃弃矣。"②史伯"以他平他"开启了中国古代对立调和的辩证思维方式。"以他平他"即多种异质性元素的有机调和,强调差异的和谐共处,这是史伯对宇宙万物运化发展规律的哲学概括。这一思想到了孔子被进一步概括为"中庸":"中庸之为德也,其至矣乎!"孔子的"中庸"即"过犹不及"。孔子在回答子贡如何看待师与商这两个人的问题时说:这两个人,一个太过,一个不及。子贡又问,"过"比"不及"要好吧,孔子回答"过犹不及"。孔子认为过度与不及都是两个极端,只有保持"适度""执其两端,用其中""中立而不倚",才是"中庸之道",其核心是"和为贵",宋代理学释义为"不偏之谓中"。这一对立统一的辩证思想在文艺理论话语上表现为"尽善尽美""文质彬彬""乐而不淫,哀而不伤""情景交融"等话语。

对立统一的辩证思维方式并非儒家"中和"思想的特色。老庄道家哲学同样具有对立统一的辩证思维。老子说:"天下万物生于无有,有生于无""反者,道之动""故有无相生,难易相成,长短相形,高下相倾,音声相和,前后相随""大巧若笨""大音希声""一生二,二生三,三生万物,万物冲气以为和"。庄子说:"天地与我并生,而万物与我为一""方生方死,方死方生,方可方不可,方不可方可"。道家辩证法追求二元对立转化的"合",在文艺理论话语上表现为"物我两忘""形神兼备""虚实相生"(象外之象、味

---

① 牛月明:《中国文论话语体系试探》,中国书籍出版社,2017年,第26页。
② 于民:《中国美学史料选编》,复旦大学出版社,2007年,第9页。

外之旨、言外之意）等。不管是儒家"中和"思想，还是道家的"虚实相生"思想，都既看到了事物矛盾的多面性，也看到了矛盾各方面的相互对立、依存、转化的交融合一，所谓"刚柔相推，变在其中"。在致思方面则表现为运思过程由对立走向统一，注重全局观、整体观、辩证观，构成中国古代文艺理论话语致思的另一重要维度"和/合"。

总而言之，中国古代文艺理论话语的致思方式是形象、直觉的诗性思维与对立统一的辩证思维的有机融合。二者的结合形成中国特色的致思方式，如古代文论话语"情景交融"一词，其中既有景的形象性以及由形象引起的妙悟、比兴、目击道存，又有情景结合的整体性。妙悟之中有整体的形象，整体的形象之中有妙悟。因此，我们又可说诗性辩证的致思是"直觉的整体"或"整体的直觉"。这一诗性辩证致思与西方文艺理论话语的理性思辨、抽象的归纳演绎风格迥异，极具民族话语特色。

三、中国古代文艺理论话语言说方式

中国古代文艺理论话语的致思方式"象"与"和/合"的两个维度决定了中国古代文艺理论的言说方式，使得其言说方式既具有形象性，也具有整体性。概言之，中国古代文艺理论话语言说方式表现为两个方面："立象尽意"与"以少总多"。

（一）立象尽意

根据艾布拉姆斯的文学四要素，任何文学和艺术都离不开四个层面：作者（创作）、作品（语言）、世界（缘因与意义）、读者（接受）。四者是一个因缘关系整体，一言以蔽之，作者通过语言创作形成蕴含丰富世界意义的作品以待读者阅读。在这个因缘关系整体中，有一个重要的过程关联起作者、作品与读者，这个过程即媒介，或曰运用艺术语言进行意义的传达，涉及文学艺术语言的组织方式或言说方式，即作者如何言说，艺术语言怎么传达形而上的意义。这个问题直接触及中国古代文艺理论话语中言与意、形与神的关系。作品的言说方式决定了艺术风格与审美风格，是非常重要的。

中西文艺理论与作品都有各自独特的言说方式。中国古代思想家很早就注意到了语言与形式的局限性，即有限性。有限的语言无法传达无限、抽象的精神意义，如"书不尽言，言不尽意"。那么中国古人是否就放弃了言说呢？当然不是。智慧的中国古人选择了迂回、间接、形象生动的言说方式，所谓"圣人立象以尽意，设卦以尽情伪"。根据古人的论述，我们把中国古代文艺理论话语的言说方式概括为立象尽意。"象"即生动活泼的形象。这个形象绝非纯粹的形式、线条，而是"观物"之后的"取象"，是对现实社会、自然万物之物象进行提炼的结果，是具体的抽象。在文艺作品中表现为通过语言建构生动的艺术形象（"诗中有画""无端崖之辞""荒唐之言"），在主体思维中表现为大脑之中的想象之象（"胸中之竹""心游万仞""神思""澄怀味象"）。立象尽意是以"取象"的方式"类万物之情"，"通神明之德"，能够以有限的形式反映无限的意义，以具体的形象反映抽象的意义，以个别反映一般，是中国古代文艺理论话语独具特色的诗性言说方式。

（二）以少总多

"以少总多"借自刘勰《文心雕龙·物色》中的表达，它承前启后，滥觞于远古，遵循中国古代文艺理论独有的致思方式，尤其是对立统一的"和/合"思维特征。在历史发展的过程中，"以少总多"逐渐成为中国古代文艺理论话语另一重要的言说方式。这一言说方式在中国古代文艺理论话语中比比皆是，如"一言穷理""文约事丰""辞约而旨丰""乘一总万""简言达旨""辞达而已""称名也小，取类要大""万取一收""一画之法立而万物著矣"等。在"以少总多"中，"少"与"多"的关系是一言与穷理、整体与部分，共相与殊相的对立统一的关系，注重"在'总'的过程中融为一体"。"'以少总多'之'少'或'一'或'三'，'俱是'道'的表征。"① 因此以少总多，可以做到在片言、简言之中言尽万物之理。一言则当万言，以一当十。石涛的"一画论"是这一言说方式的最好体现："一画者，众有之本，万象之根"②，用"一画"之形式表现万物生气。以少总多的言说方式是中国古代文艺理论独具特色的整体性言说方式，集中体现了中国古代文艺理论对整体性思维的重视以及对"和/合"的追求。当然，以西方理性科学话语规则审视之，中国古代文艺理论也落得个无逻辑、缺严谨论证的话柄。显然，这一言说方式和中国哲学"天人合一"宇宙观息息相关。受这一言说方式的影响，中国古代文学艺术具有鲜明的去累崇简的审美风格。

---

① 曹顺庆等：《中国古代文论话语》，巴蜀书社，2001年，第201页。
② 于民：《中国美学史资料选编》，复旦大学出版社，2008年，第498页。

四、中国古代文艺理论话语意义生成方式

中国古代文艺理论话语的意义生成方式独具特色,建基于两大原初性传统思想:道家与儒家。依道家哲学"道"的不可言说性,发展出"无中生有""有生于无"或"虚实相生"的意义生成方式。依据儒家"征圣""宗经"传统,发展出"依经立意"的意义生成方式。

(一) 无中生有

老庄之道是天地万物运化发展的规律。万物得道而成。万物的生成方式是道的规律的直接体现。而道是怎样的呢?"道可道,非常道;名可名,非常名。无,名天地之始,有,名万物之母。故常无,以观其妙。常有,以观其徼。此二者同出而异名,同谓之玄,玄之又玄,众妙之门。"① 这里涉及道、无、有、众妙之门四者的关系。道即众妙之门,是最高的生成法则,是体;有与无是道的一体两面(妙与徼),是用。所以老子说"二者同出而异名"。老子又说"道生一,一生二,二生三,三生万物","天下万物生于有,有生于无",可知道作为万物生成的最高法则,其运行规律乃有与无二者的相互对立、相互转化,也即老子的"反者道之动",庄子的"方生方死,方死方生。方可方不可,方不可方可"。老庄之道是宇宙的生成法则,是有无相生、对立统一的辩证法。老庄哲学关于万物生成法则即为道的揭示直接影响了中国古代文艺理论话语的意义生成方式,即"无中生有"或曰"有无相生""虚实相生"。在文艺作品中,"虚"或"无"表现为神、意、韵、味、趣、妙、逸、情,"实"或"有"表现为景、形、言、象、骨、笔、状。这一意义生成方式用古代文艺理论原话来说即"有无相生"(老子),"境生于象外"(刘禹锡),"象外之象,景外之景""味外之旨"(司空图),"盛唐诸公唯在兴趣,羚羊挂角,无迹可求。故其妙处,透彻玲珑,不可凑泊,如空中之音,相中之色,水中之影,言有尽而意无穷"(严羽),"言征实则寡余味也,情直致而难动物也,故示之以意象"(王廷相),"情景名为二,实不可离""巧者,则情中景,景中情"(王夫子)。这些话语的共同之处即强调艺术作品的意义来自形与神、意与象、情与景的相互依存、对立统一,来自虚实相生、相辅相成,离开其中任何一个要素皆无法传达作品意义。中国古代文艺理论话语的这一意义生成方式直接源自老庄之道。由于这个根源,中国古代文艺作品最高内涵就是

---

① 陈鼓应:《老子注译及评介》,中华书局,2016年,第51页。

道,即宇宙运化的盎然生气。

(二) 依经立义

儒家"征圣""宗经"的文化传统,发展出中国古代文艺理论话语"依经立意"的意义生成方式。孔子是这一意义生成方式的奠基者。以"仁礼"为核心的儒家学说就是通过"征圣""宗经"而创立的,所谓"周监于二代","吾从周"。在这一思想的指导下,晚年孔子整理了《诗》《书》《礼》《乐》《易》《春秋》,对其中不符合儒家思想的部分进行删减,建立了中国古代学者"依经立义"的意义生成模式。孔子之后,自两汉时期的经学(独尊儒术)、魏晋南北朝的玄学(以《易》《老子》《庄子》三玄为经)、宋代理学(以"四书"为经)、明朝心学(六艺之学)到考据经典的清代朴学,两千多年的文化传统一直遵循着"宗经"的意义生成法则。正如曹顺庆所言:"综观中国历代学术的发展,尽管条流纷糅、学派林立,但无论经学、玄学、理学、心学、朴学,其最根本的意义生成方式都是依经立义,就是宗经。"① 当然这个"经"以儒家经典为主,使中国古代文艺理论烙印上浓厚的"为生民立命,为往圣继绝学,为万世开太平"的文艺政治工具论色彩,强调文章为事、为时而作的社会实用功能。而文艺作品的意义也局限在仁、义、礼、智、信等道德内涵中。中国古代"诗言志""温柔敦厚,诗教也""文以载道"等话语是这一意义生成模式的集中表现。这一意义生成法则以古代文化典籍为正统,以经典为本,以回溯为视野,反对新变,缺乏创新意识,具有复古主义倾向,如在文艺史上出现多次"文必秦汉,诗必盛唐"的复古主义运动。上述两点使中国古代文艺理论话语意义生成方式呈现消极的一面,即保守主义和工具主义倾向,但瑕不掩瑜,"依经立义"依旧是中国古代具有民族特色的文艺理论话语规则之一。

五、中国古代文艺理论话语接受阐释方式

从文艺四要素来看,从世界(源泉)到作者,到文本,到读者接受阐释,再到世界(意义),形成一个循环自足的艺术系统。在这个系统中,读者的接受阐释处于末端。阐释方式受到文本语言的言说组织方式的影响,言说组织方式又受到主体致思方式的影响,因而在一个文明系统内,其艺术的接受阐释模式受到致思方式与言说方式的影响。从前文论述可知,中国古代文艺理

---

① 曹顺庆:《中国文论话语以及中西文论对话》,《浙江大学学报》,2008年第1期。

论话语有三大核心特征：直觉感悟性（比兴、妙悟、神思、意会），形象性（观物取象、立象以尽意、诗中有画），整体性（尽善尽美、物我两忘、象外之象、景外之景、虚实相生、情景交融）。三大特征直接影响了中国古代文艺理论话语的接受阐释模式。如中国古代文艺理论接受话语既强调读者、作者、文本、世界的整体关系，反对割裂的形而上学接受方式，亦强调接受的感悟、意会、妙悟的感性直觉。中国古代文艺理论产生了很多原创性接受话语，如韵味说、知音说、出入说、知人论世、诗无达诂、涵泳等，但这些理论专其所长，各有偏废，无法概括出中国古代文艺接受理论的话语规则。从古代文艺理论出发，结合现代性语境，通过中西古今熔铸，可以归纳出中国古代文艺理论两大接受阐释方式："以意逆志"与"诗无达诂"。前者追求作者、文本、读者、时代的一致性与意义的确定性，以知音为代表；后者注重读者的感兴与妙悟，自由阐发，凝神观照，澄怀味象，涤除玄览，澡雪精神，凝虑静思，强调审美接受阐释方式的诗性直觉，不涉理路，排斥逻辑演绎，追求意义的不确定性。

（一）以意逆志

"以意逆志"一词源自《孟子》："故说诗者，不以文害辞，不以辞害志；以意逆志，是为得之。"① 本文"以意逆志"之意甚广，对孟子之意亦有吸收。对"以意逆志"的理解的核心在"意"。自古到今，对"意"的理解分成两个流派：文本之意和读者之意。② 笔者根据孟子原文的文、辞、志的递进关系把"意"理解为文本之意。根据上下文关系，孟子强调不要让文本局部的词、句妨碍理解整首诗的核心思想；要以意逆志，根据文本的内涵追溯作者所表达的意思。可见孟子坚持作者原意的理解观和文本意义的确定观。如何得到作者之志，孟子认为不仅要注意文本的文、辞，还要知人论世，了解作者的生平与时代。因而要正确理解文本中作者的情志思想，就要从文、辞、生平、时代等多种因素出发，强调接受阐释的整体性，强调文本意义与作者意图的确定性。这种阐释与文艺接受思想发展史是相符合的。在先秦时期的理论水平还未发展到重视读者主观接受层面，文本意义的多义性和不确定性还未成为阐释接受理论的中心。到了汉代，这一维度才逐渐萌芽。从西方文艺接受思想史来看亦是如此，西方以读者为中心的接受美学到了20世纪中叶才产生。以孟子提出"以意逆志"为开端，结合文本、作者、时代三要素的接受

---

① 于民：《中国美学史资料选编》，复旦大学出版社，2008年，第30页。
② 邓新华：《中国古代接受诗学》，武汉出版社，2000年，第305页。

阐释模式在中国古代文艺理论话语中逐渐形成了一个以文本与作者的原意解读为中心的传统，追求意义与阐释的确定性。在中国古代文艺理论话语中，刘勰的"知音"论也最为系统，是这一接受阐释模式的代表。刘勰说"知音其难哉！音实难知"。但刘勰并未走向玄妙神秘的文本不可知论或相对主义，而是提出了各种"知音"的方法。刘勰从读者的"博观"、经验的积累、文学创作的知识、文本层面的知识等多个维度展开，认为"斯术既形，则优劣见矣"①，主张文本与作者之意的确定性，强调阐释的整体性和文本意义的社会功能，构成中国古代文艺理论话语特色的接受阐释模式之一。

（二）诗无达诂

从先秦"仁者见仁，智者见智"到西汉董仲舒的"《诗》无达诂"，再到明清之际的"诗无达诂"，中国古代文艺理论话语接受阐释模式一直都存在一个强调读者能动性、文本意义的不确定性、阐释的历史性的接受传统。这一接受传统与发端于儒家文化传统的"以意逆志"不同，受道家文化规则"道可道，非常道"影响至深，强调接受的不确定性、相对性与感性直觉的特征，因此是中国古代文艺理论话语诗化感悟的意义接受阐释模式，笔者取"诗无达诂"为之命名。该词最早见于董仲舒《春秋繁露》："《诗》无达诂，《易》无达占，《春秋》无达辞。"② 董仲舒是说《诗经》并没有确切的解释与训诂，后来逐渐引申到文学艺术领域，强调文学艺术接受阐释中读者的能动建构性以及文本意义的不确定性或复义性。以此词命名中国古代文艺理论话语接受阐释模式，并未拘泥于传统文论话语语境，而是超越传统，赋予其新的内涵。古代文艺理论强调接受阐释的不确定性、相对性与能动性，有其内在的文化规则制约，即中国古代文艺理论话语的致思方式与言说方式，受到"虚实相生"、诗性辩证的影响。中国古代文艺作品自然也以立象、写意为主，注重留白、一画等虚实结合的创作方式。这些因素决定了我们对古代文艺作品的接受阐释方式：神思、妙悟、涵泳、澄怀味象、凝神观照。作品形式的形象性、情景交融的整体性、读者的诗性辩证等综合因素导致诗无达诂，注重阐释的不确定性与接受的直觉体验性，强调对文本意义不可言说的神韵、旨趣的接受和文本意义的审美功能。

总之，上述两种接受阐释方式分别受不同思想影响，构成了中国古代文艺理论特色的审美接受阐释规则。如果要找个源头，"以意逆志"受到孔子

---

① 于民：《中国美学史资料选编》，复旦大学出版社，2008年，第166页。
② 苏舆：《春秋繁露义证》，钟哲点校，中华书局，2015年，第91页。

"述而不作"文化接受模式的影响:"'作'是原创,'述'是对原创文本的叙述,'述'者应当怀着一种'信古'的态度,应站在'信古'的立场上来对古代典籍和历史进行叙述"①,这造就了文艺接受的"信古"传统,即文本意义来自古人之意,因而追求文本与作者思想意义的可解读;"诗无达诂"受老子"道可道,非常道"的影响,怀疑语言表达的精确性,主张言不尽意,对意义的解读坚持"涤除玄览"的凝神妙悟,使得"中国古代文学批评多以印象、感悟方式来进行和完成,赏评和判断多依赖批评者个人即兴的感念,瞬间的觉悟,偶然的联想"②。

六、中国古代文艺理论话语体系建构的当代意义

我们为什么建构中国古代文艺理论话语体系?这涉及中国古代文艺理论话语体系的目的论,或者说当代意义。中国古代文艺理论话语非明晰,但未必无价值;非逻辑,但未必不逻辑;非系统,但未必不科学。建构中国古代文艺理论话语体系是中国当代文艺理论学者的当务之急,其具体目的及相应的意义有三点。

(一) 呈现中国古代文艺理论话语异质性,重建民族文化自信

中国古代文艺理论与西方文艺理论诞生于两个完全异质的文明体系。中国是农业文明,西方是海洋文明。中国人注重形象直觉与二元调和统一,西方人注重抽象的逻辑演绎与二元对立。这种思维的异质又跟中西方文字密切相关。中国文字是生动形象的象形文字,西方文字是抽象的拼音文字。"拼音文字,每一个字母必须置于句子结构中才能显示意义。所以要注意仔细分辨语法和词性,注意时态准确、概念清晰,这也造成了西方文论长于细致的分析、演绎和推论的特点。中国文字没有精确的时态、单数与复数、词性的区分,这种现象在诗歌中尤为突出"③,造成中国文艺理论注重直觉感悟、形象表达与整体模糊的特征。这些根源上的差异直接导致中西文艺理论产生不同的话语规则。当然这并不代表中西文化以及文艺理论没有同一性,如中国古代文艺理论强调情感对创作的本源作用,西方浪漫主义也强调情感的本源性作用。中国古代缘情说建基于道家"道法自然",强调文学对个人自然天性的抒发,追求洒脱放浪,要摆脱名教束缚,以自然天道的合一为归宿;西方浪

---

① 邬国平:《中国古代接受文学与理论》,黑龙江人民出版社,2005年,第24页。
② 邬国平:《中国古代接受文学与理论》,黑龙江人民出版社,2005年,第130页。
③ 曹顺庆:《中西思维、语言特征与中西文论特色》,《齐鲁学刊》,1987年第5期。

漫主义的情感表现，建立在西方理性启蒙、思想解放的背景下，强调个人主义的自由，含有反抗理性桎梏的含义，以自我的自由为归宿，缺乏中国深厚雄阔的"天人合一"的宇宙生命观。可以说，西方文化蔽于人而知天，视野难免有些狭隘。中国文化有其重要的特色与价值。我们应该对中国文化的这一特质感到自豪、自信。上述举例分析已然说明，中西文化的异质性大于同一性。但我们建构中国古代文艺理论话语体系的目的，不仅是呈现中西文艺理论话语的文化异质性，还要呈现这种异质性背后的话语规则。中西文化话语规则的根本差异导致了中西文艺理论精神内涵的差异，因此，呈现话语规则的异质性具有重要的意义。只有呈现中西文艺理论的异质性话语规则，才能让中国人自己发现中国古代文艺理论的特质、特色及优势，重建中华民族的文化自信。

（二）文艺理论话语去西方中心主义，摆脱西方话语同一性霸权

自近代西方科学主义话语规则输入中国以来，从王国维、胡适、鲁迅、陈钟凡到朱立元、郭绍虞、罗根泽，再到新时期的童庆炳、陈良运等学人，都以西方科学主义话语规则为准的，对中国文艺理论进行科学主义话语生产。中国古代文艺理论从此患上了失语症，中华民族原初性的文艺理论话语规则，包括致思方式、意义生成方式、言说方式、接受阐释方式都淹没在西方文艺理论理性科学的话语规则之中。具体表现为：中国文艺理论唯西方文艺理论马首是瞻，用西方理性与科学的研究方法对中国古代文艺理论进行学科化、体系化、范畴化的建构，中国古代文艺理论由此走上了一条"西方化"之路。"西方化"道路在中国几代人学人间大行其道，其中潜藏着一个未加反思的错误判断，即"把西方文论指认为一种先验性的理论标准，或者说视之为放之四海而皆准的普遍性理论话语"[1]。前文以缘情说与西方浪漫主义为例呈现了中西文艺理论的异质性，且总结出两套异质的文艺理论话语规则：理性科学话语与感性诗化话语。正如曹顺庆所说："任何一种话语，都有它存在和言说的语境，它的逻辑基础和理论依据都是建立在这个文化框架之中的，只有在这种文化框架之内，这种话语才是有效的、可行的。一旦脱离这个文化框架，进入到另一个完全异质性的文明体系，它就涉及一个文化与文化之间的普适性和通约性问题。不同文明体系仍然可能存在可以对话和通约的地方，但是，更多的是异质性和不可通约性。"[2] 因此，当西方理性科学话语规则进入中国

---

[1] 曹顺庆：《南橘北枳》，中央编译出版社，2014年，第364页。
[2] 曹顺庆：《南橘北枳》，中央编译出版社，2014年，第367页。

古代文艺理论时，就会出现不完全适用的现象。这种不适用的部分恰恰证明西方文艺理论话语并非一个放之四海而皆准的普遍标准，换言之，西方理性科学的话语规则并不是世界文艺理论的唯一规则和唯一标准，我们应该去西方中心主义。而当今中国文艺理论界未能注意这一异质性现象，忽视了中国古代文艺理论话语规则，其中的一个重要原因，正是至今还没有一个由中国学者提炼、建构的真正完整的中国古代文艺理论话语体系。而建构中国古代文艺理论话语体系，可以为去西方中心主义科学话语模式，摆脱西方话语同一性霸权提供话语基础，具有极其重要的意义，也是当务之急。

（三）为中国文艺理论中国化建设提供话语规则

从以上论述可知，中国古代文艺理论话语体系的建构对摆脱西方理性科学话语规则的同一性霸权具有重要意义。以此深入下去，则面临这样一个问题：摆脱西方理性科学话语规则的同一性霸权之后，我们应当怎么做？我们不能仅仅停留在摆脱西方话语霸权，而是要在摆脱之后进行自我的再建，这就是中国古代文艺理论中国化道路的问题。中国古代文艺理论话语体系的建构将提供中国古代文艺理论的中国化道路。中国古代文艺理论话语中国化以中国古代文艺理论话语体系的挖掘、提炼为基础，没有中国古代文艺理论话语体系及其异质性的呈现，中国化就无从谈起。何谓中国化？当今中国处在一个中西文化杂语共存、共融交汇的全球化时代，这时的中国化就必然不可能是"原初中国化"。曹顺庆认为："'中国化'既不是用古代文论家的那种阐释方式介入中国古代文论思想，也不是用西方的一整套理论来阐释它们；而是在'全盘中化'、'全盘西化'的基础上进行超越，达到'中西化合互补'的境界。"[①] 可见中国化是在中西两方异质性话语规则的对立统一之下的话语生产。中国文艺理论的中国化道路既离不开西方文艺理论话语规则，也离不开中国古代文艺理论话语规则，二者缺一不可。因此，中国古代文艺理论话语体系的建构为中国古代文艺理论中国化道路提供了必要的话语基础。我们还相信，在此基础上，中国古代文艺理论话语将发出自己的声音，逐渐在当代中国文艺理论体系的建设中发挥重要作用，为世界文艺理论共同体的建设敞开话语空间。到那时，中国文艺理论话语的失语症将得到彻底治愈。

总之，中国古代文艺理论有一套自己独特的话语体系，其内容之丰富，主要表现为：以对立调和的辩证法和以象运思的妙悟两者和融而成的诗性辩证致思方式，以无中生有和依经立意为核心的意义生成方式，以立象尽意和

[①] 曹顺庆、王超：《论中国古代文论的中国化道路》，《中州学刊》，2008年第2期。

以少总多为核心的言说方式,以以意逆志和诗无达诂为核心的阐释模式。提炼与构建中国古代文艺理论话语体系具有重要的理论意义。它不仅为当代中国特色文艺理论的再建提供话语资源,还为中国文论走出西方科学主义话语霸权、治愈失语症等文化病症提供了可行路径。同时它还能丰富世界文艺理论话语体系,实现异质文明的交流与对话,有利于世界文艺理论的多元发展。

作者简介:
李天鹏,文艺学博士,成都大学文新与新闻传播学院讲师。

被偷换概念的"兴"

——论陈世骧"抒情传统"的立论缺失*

曾小月

摘 要：陈世骧作为抒情传统的首倡者，从音乐立论，以"兴"为视角来阐释《诗经》的抒情特质。早期中国文学确实与音乐有着深刻的联系，可以说陈世骧选择了极佳的研究视角。但他援引西方浪漫主义文学思潮为根本，偷换了"兴"的固有内涵，将之解读为原始歌舞，并据此赋予《诗经》音乐性，进而得出结论，认为中国文学具有抒情的传统。陈世骧抒情传统的立论逻辑是以西律中，而不是从中国文学的实际出发，这就决定了他必然要篡改"兴"的内涵。因此，"抒情传统"的本质不过是由西方理论伪装而成的中国传统。

关键词：兴 乐教 抒情传统 陈世骧

"抒情传统"自陈世骧首倡，后经高友工等人不断补缀发明，俨然已在华人学术界蔚为大观。与此同时，"抒情传统"也不免引来诸多质疑。质疑者多从大处入手，于宏阔之中见真知。如龚鹏程《不存在的传统：论陈世骧的抒情传统》，从方法、视界、思想三方面提出商榷；冯庆《有情的启蒙——抒情传统论的意图》在中西方文艺思潮相比较的大背景下，对"抒情传统"进行梳理与评判；李翰《陈世骧"抒情传统说""反传统"的启蒙底色及其现代性》，从现代文学的分野中揭示"抒情传统"的来龙去脉及本质；李春青《论"中国的抒情传统"说之得失——兼谈考量中国文学传统的标准与方法问题》，在方法论上指出了"抒情传统"的偏颇与缺失。与上述论者不同的是，笔者将从微观入手，以"兴"为切入点，分析陈世骧

---

* 本文为2018年度国家社科基金重大项目"华人学者中国文艺理论及思想的文献整理与研究"（项目编号：18ZDA265）阶段性成果。

"抒情传统"在立论上的先天缺陷,并就教于方家。

一、对"兴"的有意误读

研究陈世骧"抒情传统"者,多从《论中国抒情传统》一文论起。就"抒情传统"的内在理路看,《中国"诗"字之原始观念试论》《原兴:兼论中国文学特质》《论中国抒情传统》三篇文章,既在写作时间上前后相承,更有着明显的学理演进次第。陈世骧以《诗经》为起点来阐述其"抒情传统",这在《中国"诗"字之原始观念试论》中已初露端倪。他说:"我国古来的诗,即就《诗经》而论,是多于抒情的短章,而稀见叙事的长篇。"① 当然,该文讨论的重点为"诗"字的本义。陈世骧指出,"诗"字的音义皆从屮(之)。《说文解字·言部》释"诗"为"志也",段玉裁注:"《毛诗序》曰:'诗者,志之所之也。在心为志,发言为诗。'按,许不云'志之所之',径云'志也'者,《序》析言之,许浑言之也。"② 从"志之所之"的层面看,陈世骧的解读是准确的。进而,他认为屮作为字根,"素来有两个意义而恰恰相反:一是'止',停也;一是'之',去也"。陈世骧用"止"解释"在心为志",用"之"解释"志之所之""发言为诗"。③《说文解字·之部》释"之"为"出也",又曰"一者地也"。④"之"的本义是草木由地而生,故有"出""地"二义。陈世骧将屮的双重义项释为"之"与"止",并以此诠释由"志"向"诗"的质变,也未尝不可。

之后,陈世骧又对屮做进一步引申:"足之动又停,停又动,正是原始构成节奏之最自然的行为。所以先秦人存留的远古传说,'昔葛天氏之乐,三人操牛尾投足以歌八阕。'犹特言'投足',自明是'蹈之'以击节。节奏为一切艺术的,尤其明显的为原始舞蹈、歌唱、诗章的基本元素。我们曾推原到诗的独立以前那一长期的舞蹈、歌唱、诗章的综合艺术的极古阶段。屮为足之动又停,在此为这一综合艺术基本因素的节奏之原始意象,当可无疑。"⑤《诗经》确实经历过歌、乐、舞一体的阶段,即所谓"诵诗三百,弦诗三百,

---

① 陈世骧:《中国"诗"字之原始观念试论》,见《中国文学的抒情传统》,生活·读书·新知三联书店,2015年,第99页。
② 段玉裁:《说文解字注》,上海古籍出版社,1988年,第90页。
③ 陈世骧:《中国"诗"字之原始观念试论》,见《中国文学的抒情传统》,生活·读书·新知三联书店,2015年,第94页。
④ 段玉裁:《说文解字注》,上海古籍出版社,1988年,第272页。
⑤ 陈世骧:《中国"诗"字之原始观念试论》,见《中国文学的抒情传统》,生活·读书·新知三联书店,2015年,第98页。

歌诗三百，舞诗三百"（《墨子·公孟》）。陈世骧将 𣥠 上升为象征综合艺术节奏的原始意象，却并未对此做过多铺述，文章戛然而止。但强调诗的音乐性的思路，在《原兴：兼论中国文学特质》一文中得到继承。

《原兴：兼论中国文学特质》明确指出，在文学系统中，抒情诗是有别于史诗、戏剧的第三大类型，"而且就是《诗经》所代表的文学类型"[①]。在陈世骧看来，抒情诗和音乐存在天然的联系，而诗的音乐性直接决定了其自身的抒情特质："所谓'抒情诗'亦即我们今天文学评论所使用的专门术语，特指起源于配乐歌唱，发展为音乐性的语言，直抒情绪，或宜译称为'乐诗'。"[②]那么，《诗经》的音乐性又从何而来呢？陈世骧试图通过"兴"来寻求答案。他根据商承祚和郭沫若的研究得出结论："'兴'乃是初民合群举物旋游时所发出的声音，带着神采飞逸的气氛，共同举起一件物体而旋转。"[③] 这种"兴"的呼喊因为"发乎欢情"，以"快活的劳动或节庆的游戏"为原动力，而构成了"初民合群歌乐的基础"。[④] 进而：

> 总会有一人脱颖而出，成为群众的领唱者，把握当下的情绪，贯注他特具的才分，在群众游戏的高超里，向前更进一步，发出更明白可感的话语。如此，这个人回溯歌曲的题旨，流露出有节奏感有表情的章句，这些章句构成主题，如此以发起一首歌诗，同时决定此一歌诗音乐方面乃至于情调方面的特殊形态。此即古代诗歌里的"兴"，见于《诗经》作品的各部分。这时"兴"的呼喊可以想见已逐渐发展为灵感的章节，配合了群众集体的音乐和舞蹈，"领唱者"顺着原有的主题，不断扩大，发出更多恰当有关的言语，此即原始名歌的根本。[⑤]

舞踊的节奏感进而又赋予《诗经》的韵律，"注意诗中频仍的叠字和拟声句，我们似乎听得见一首带有'兴'在诗中散布的主调，而且我们似乎被整个包容了进去。注意诗里头韵和脚韵的大量使用，这些音韵的展现好像要使

[①] 陈世骧：《原兴：兼论中国文学特质》，见《中国文学的抒情传统》，生活·读书·新知三联书店，2015年，第108页。
[②] 陈世骧：《原兴：兼论中国文学特质》，见《中国文学的抒情传统》，生活·读书·新知三联书店，2015年，第114页。
[③] 陈世骧：《原兴：兼论中国文学特质》，见《中国文学的抒情传统》，生活·读书·新知三联书店，2015年，第115页。
[④] 陈世骧：《原兴：兼论中国文学特质》，见《中国文学的抒情传统》，生活·读书·新知三联书店，2015年，第117页。
[⑤] 陈世骧：《原兴：兼论中国文学特质》，见《中国文学的抒情传统》，生活·读书·新知三联书店，2015年，第117-118页。

整首诗为之震荡,我们看得出'兴'是这种诗歌之所以特别形成一种抒情文类的灵魂"①。同时,"《诗经》里复沓、叠覆和反覆回增等句法的现象,这些其实正是脱胎于'兴'的诗法,而且散见于《诗经》各处"②。

据上可知,陈世骧认为,以初民歌舞为内涵的"兴",促成了《诗经》的音乐性。然而,"兴"本来就是极为庞杂的范畴,不同的内涵决定了不同的外延。商承祚和郭沫若的研究,主要聚焦于"兴"的原始义,指向原始祭祀和巫术,在时间上远远早于《诗经》,二者之间不存在本质性的联系。陈世骧上述结论,本质上是援前例后,不可信从。很显然,若要以"兴"为视角来研究《诗经》,《周礼》才是最值得倚重的文献。陈世骧对此也心知肚明,于是有了下面的论说:

> 《周礼》先曾经持著"兴"为"六诗"之一。谨慎的学者们相信,尽管《大序》成篇可能甚迟,它背后的传统可能是《毛传》诗学的基础,而且《大序》的所谓六义显然脱胎于《周礼》的"六诗"(风、赋、比、兴、雅、颂)。《大序》在文字上做了些工夫,把"兴"摆在"六义"里,如此取消了"兴"与原始歌诗的特殊关联。但《周礼》的"兴"却时常单独出现,自成一义,而且和音乐有极不可忽视的血缘。最可注意的是《周礼·大司乐》("司乐"地位高过"大师")单独言兴,称为"乐语",以"兴"为兴道讽诵言语六种乐语之首。《舞师》提到"兴舞"一词,则曰"凡小祭祀则不兴舞"。我们不能望文生义地以为"兴舞"只是"起而舞"的意思,我们应该从这里看出一种特别的古礼。因为《地官》篇特别以"兴舞"为专词,与"和容"(颂)同列入"五物"中,而郑《注》实为"礼乐"术语。③

上述结论多可辩驳:首先,陈世骧所谓"《周礼》的'兴'却时常单独出现,自成一义",并不符合历史的实际。无论"六诗"还是"乐语","兴"都

---

① 陈世骧:《原兴:兼论中国文学特质》,见《中国文学的抒情传统》,生活·读书·新知三联书店,2015年,第124页。
② 陈世骧:《原兴:兼论中国文学特质》,见《中国文学的抒情传统》,生活·读书·新知三联书店,2015年,第130页。
③ 陈世骧:《原兴:兼论中国文学特质》,见《中国文学的抒情传统》,生活·读书·新知三联书店,2015年,第112页。

是其中的组成部分，具体运用往往受制于整体语境，并未"时常单独出现"。①

其次，陈世骧所举"兴舞"的例子，根本就不是"兴"单独出现的证明。孙诒让《周礼正义》引王引之："《大司乐》：'大射，王出入，令奏《王夏》。及射，令奏《驺虞》。诏诸侯以弓矢舞。'《乐师》：'燕射，帅射夫以弓矢舞。'则射时有以弓矢舞之礼。以《大司乐》考之，舞当在歌乐之时，歌咏其声，舞动其容也。乡射歌《驺虞》以射，与大王射同，则射夫亦当以弓矢舞，故曰兴舞。兴者，作也，起也。《舞师》'凡小祭祀则不兴舞'。郑彼注曰：'兴犹作也。'"②《周礼·地官·乡大夫》中"兴舞"之舞，确实是一种特别的古礼，指射礼中挥动弓矢为舞；《周礼·春官·舞师》中"兴舞"之舞，为六代乐舞。无论《乡大夫》之"兴舞"，还是《舞师》之"兴舞"，其中的"兴"皆为"起"之义，所以"兴舞"即起舞。此间，陈世骧对于"兴"的解读，或许没有望文生义，却不免过度阐释。

最后，也是最关键之处，陈世骧将《周礼》之"兴"与原始歌舞相联系，他说："《周礼》里的'兴'指的是有音乐伴奏的朗读技巧，有时带着祭祀情调，意味着舞踊的起步。这两点反映的是周初习俗，可以帮助我们追探'兴'的原始意义。"③这明显不符合实际，《周礼》之"兴"固然和音乐有关，但在本质上归属乐教体系，与原始歌舞不可同日而语。孙诒让《周礼正义》："注云'兴者，以善物喻善事'者，《大师》注云：'兴，见今之美，嫌于媚谀，取善事以喻劝之。'《释名·释典艺》云：'兴物而作谓之兴。'《论语·阳货篇》孔安国注：'兴，引譬连类也。'案：此言语之兴，与六诗之兴义略同。"④可知，六诗和乐语中的"兴"，皆以"喻"的方式传达劝谏之旨。然而，"兴"的乐教属性被陈世骧一概抹杀：

> "兴"乃是诗三百之所以为一特定文类的证明。我们已经尝试通过"兴"在《诗经》里表现的特殊功能——即其熔韵律、意义和意象于一炉的强力——来读诗，我们的目的是避免参加古来冗烦的"美刺"寓意的解析，并且避免卷入现代修辞学家动辄以"隐喻"、"明喻"为基准所从

---

① 王小盾认为"六诗"是诗的传述方式之分，其中"比"和"兴"分别有重唱与和唱的含义。王小盾：《诗六义原始》，见《扬州大学中国文化研究生集刊》（第一辑），江苏古籍出版社，1998年，第6、12页。杨隽指出，"乐语"中的"兴"与"道"共同运用于歌诗环节，是典乐诗教的组成部分。杨隽：《周代乐官与典乐诗教体系》，《文学评论》，2008年第6期，第43—48页。

② 孙诒让：《周礼正义》第三册，中华书局，1978年，第853页。

③ 陈世骧：《原兴：兼论中国文学特质》，见《中国文学的抒情传统》，生活·读书·新知三联书店，2015年，第113页。

④ 孙诒让：《周礼正义》第三册，中华书局，1978年，第1724页。

事的辩论,因为这种辩论既成老调,又容易重落传统寓言褒贬的圈套。①

陈世骧认为对"兴"的政教化解读,《大序》实为始作俑者,"取消了'兴'与原始歌诗的特殊关联"。经过这般阐释,《周礼》之"兴"原有的乐教内涵被抽离弃置,取而代之的则为原始初民的歌乐舞踊。陈世骧如此偷换概念,是为了得出如下结论:"所谓'抒情诗'亦即我们今天文学评论所使用的专门术语,特指起源于配乐歌唱,发展为音乐性的语言,直抒情绪,或宜译称为'乐诗'。……以'兴'为基础的《诗经》作品无疑正是现代人之所谓'抒情诗'(the lyric)。"②

通过精心铺垫,"抒情传统"得以正式登场:"与欧洲文学传统——我称之为史诗的及戏剧的传统——并列时,中国的抒情传统卓然显现。……中国文学的荣耀别有所在,在其抒情诗。长久以来备受称颂的《诗经》标志着它的源头;当中'诗'的定义是'歌之言',和音乐密不可分,兼且个人化语调充盈其间,再加上内里普世的人情关怀和直接的感染力,以上种种,完全契合抒情诗的所有义界。"③ 综上可知,陈世骧的"抒情传统"建立在《诗经》音乐性的基础上,而所谓《诗经》音乐性又是由"兴"赋予的。只是在对"兴"的内涵进行偷梁换柱的时候,"兴"原有的乐教属性被抹杀,这也造成"抒情传统"论先天不足。

二、乐教视野下的"抒情传统"

陈世骧从音乐的角度解析《诗经》,并选择"兴"为切入点,本属正途。众所周知,《诗经》是雅乐的产物,那么,雅乐就是研究《诗经》的最佳背景。在《礼记·乐记》中,宏观的音乐可以细分为"声""音""乐"三个微观层次:

> 凡音之起,由人心生也。人心之动,物使之然也。感于物而动,故形于声。声相应,故生变;变成方,谓之音;比音而乐之,及干戚羽旄,谓之乐。乐者,音之所由生也;其本在人心之感于物也。……凡音者,

---

① 陈世骧:《原兴:兼论中国文学特质》,见《中国文学的抒情传统》,生活·读书·新知三联书店,2015年,第130页。
② 陈世骧:《原兴:兼论中国文学特质》,见《中国文学的抒情传统》,生活·读书·新知三联书店,2015年,第104、133页。
③ 陈世骧:《论中国抒情传统》,见《中国文学的抒情传统》,生活·读书·新知三联书店,2015年,第4页。

生于人心者也。乐者，通伦理者也。是故知声而不知音者，禽兽是也；知音而不知乐者，众庶是也。唯君子为能知乐。①

陈世骧对"兴"的音乐性有如下定义："'兴'的呼喊于是在初民的群舞里产生，起初这呼喊可能都发乎欢情，合群的劳作渐化为联系的游乐，也可能都因为古老节庆场合里人们因肢体结合感受到一种愉悦才发出'兴'的呼喊。无论如何，快活的劳动或节庆的游戏是产生这种呼喊的原动力，这种呼喊带有节奏的因素，而且变化无穷，可以说是初民合群歌乐的基础。……此即古代诗歌里的'兴'，见于《诗经》作品的各部分。"② 就《乐记》的标准看，陈世骧所谓"'兴'的呼喊"，尚停留在"感于物而动，故形于声"的阶段，"是故知声而不知音者，禽兽是也"。正因为"声"弥漫着太多自然情欲，所以才需要用"通伦理"的"乐"加以节制，并由礼来引导：

> 故人不耐无乐，乐不耐无形。形而不为道，不耐无乱。先王耻其乱，故制雅、颂之声以道之，使其声足乐而不流，使其文足论而不息，使其曲直繁瘠、廉肉节奏足以感动人之善心而已矣。不使放心邪气得接焉，是先王立乐之方也。……故听其雅、颂之声，志意得广焉；执其干戚，习其俯仰诎伸，容貌得庄焉；行其缀兆，要其节奏，行列得正焉，进退得齐焉。故乐者天地之命，中和之纪，人情之所不能免也。③

《诗经》作为雅颂的文字部分，与雅乐共同承担"不使放心邪气得接"的职责，怎能与"发乎欢情的呼喊"混为一谈呢？

陈世骧还认为："我们读《诗经》（尤其《国风》部分）时，常常会感觉到诗里'个人'情绪的飞扬，虽然歌者不报姓名，不指定自己的存在，他的作品依然是个人情感的流露，此即所谓'抒情诗'之真义矣。"④《国风》中表达男女相思的诗篇，固然可以视作"个人情感的流露"，但就宏观而言，《诗经》是乐的产物，二者共同承担着教化的职责，同属于意识形态。《礼记·乐记》：

---

① 孔颖达：《礼记正义》卷三十七《十三经注疏》第三册，中华书局，2009年，第3310—3311、3313页。
② 陈世骧：《原兴：兼论中国文学特质》，见《中国文学的抒情传统》，生活·读书·新知三联书店，2015年，第117—118页。
③ 孔颖达：《礼记正义》卷三十七《十三经注疏》第三册，中华书局，2009年，第3348、3349页。
④ 陈世骧：《原兴：兼论中国文学特质》，《中国文学的抒情传统》，生活·读书·新知三联书店，2015年，第116页。

  故曰：乐者乐也。君子乐得其道，小人乐得其欲。以道制欲，则乐而不乱；以欲忘道，则惑而不乐。是故君子反情以和其志，广乐以成其教，乐行而民乡方，可以观德矣。德者性之端也。乐者德之华也。金石丝竹，乐之器也。诗言其志也，歌咏其声也，舞动其容也。三者本于心，然后乐气从之。是故情深而文明，气盛而化神。和顺积中而英华发外，唯乐不可以为伪。①

  就微观而言，《周颂》用于祭祀等重大典礼，《雅》和《风》无论正变，或歌咏先王遗烈，或记录重大历史事件，或讽刺君王不道，皆为周人集体意识的呈现。同时，正雅可用于朝会等仪式，二南中的篇什则为大射礼所用。其他风诗也常作为公众文化资源，用于赋诗引诗，以专对四方或明辨事理，而非"个人弦音""个人化语调"。陈世骧将《诗经》诠释为"个人情绪的飞扬"，旨在使之成为其抒情传统的注脚，顺便阉割了《诗经》既有的乐教及仪式属性。

  另外，从陈世骧的论述看，抒情指向内心世界。而"抒情传统"的提出，又以叙事为参照，后者则指向外部世界。如此一来，抒情与叙事就处于二元对立的状态，同时也在心与物之间划出森严的边界。但传统乐论中的心物关系，并非如陈世骧所说的那般泾渭分明。《乐记》云："凡音者，生人心者也。情动于中，故形于声。声成文，谓之音。是故治世之音安以乐，其政和；乱世之音怨以怒，其政乖；亡国之音哀以思，其民困。声音之道，与政通矣。"②可知，"音"与外在的政治存在互动关系。至于"乐"，虽"自中出"，但也向外延伸。《乐记》载："故钟鼓管磬，羽龠干戚，乐之器也。屈伸俯仰，缀兆舒疾，乐之文也。簠簋俎豆，制度文章，礼之器也。升降上下，周还裼袭，礼之文也。故知礼乐之情者能作，识礼乐之文者能述。作者之谓圣，述者之谓明；明圣者，述作之谓也。"③如果说"乐"的内核是伦理道德，那么"器"和"文"则为外在表现。

  无独有偶，儒家诗论也认为诗乃感物而起、缘事而发。《诗大序》先转述《乐记》："治世之音安以乐，其政和；乱世之音怨以怒，其政乖；亡国之音哀以思，其民困。"进而引申道："至于王道衰，礼义废，政教失，国异政，家殊俗，而'变风''变雅'作矣。国史明乎得失之迹，伤人伦之废，哀刑政之苛，吟咏情性，以风其上，达于事变而怀其旧俗者也。故变风发乎情，止乎

---

① 孔颖达：《礼记正义》卷三十七《十三经注疏》第三册，中华书局，2009 年，第 3330 页。
② 孔颖达：《礼记正义》卷三十七《十三经注疏》第三册，中华书局，2009 年，第 3311 页。
③ 孔颖达：《礼记正义》卷三十七《十三经注疏》第三册，中华书局，2009 年，第 3317 页。

礼义。发乎情，民之性也；止乎礼义，先王之泽也。是以一国之事，系一人之本，谓之风；言天下之事，形四方之风，谓之雅。雅者，正也，言王政之所由废兴也。"① 尽管诗在心为志，但并非无由而发，和音乐一样都深受世道变迁的影响。所以，在传统诗论中，诗实为内外交感的产物，绝非局限于内心世界。类似的观点又见刘勰《文心雕龙·明诗》："人禀七情，应物斯感，感物吟志，莫非自然。"② 又如《诗品序》："气之动物，物之感人，故摇荡性情，形诸舞咏。……凡斯种种，感荡心灵，非陈诗何以展其义？非长歌何以骋其情？"③ 既然"物"是触发诗创作的根源，那么就必然要"叙之"。《诗经·大雅》中《文王》《绵》《公刘》《大明》《生民》等诗，陈述先王遗烈，岂非叙事？《大雅·瞻卬》历数周幽王与褒姒的罪状，《卫风·氓》对追忆往昔相恋，怎能以抒情一概论之？"情"绝非凭空而生，实感于物而发。中国文学一向讲究主客一体、情景交融，因此很难将抒情和叙事截然分开。

也正是由于上述原因，六诗和乐语中都有"兴"的设置，因为"兴"本身就是"感发志意""以善物喻善事""连类引譬"。六诗和乐语均为承接音乐与诗歌的仪式技能，体现出心物相感对诗乐创作及应用的重要性。传统诗论因为认为情系感物而发，所以才特别注重追求"兴象""兴寄"。用西方个性化、内向化的抒情来阐释中国古典诗歌，并美其名曰"传统"，实属圆凿方枘。有批评者指出："西方抒情诗无此气类感应的哲学内涵，所以只是抒情，不是缘情，其情之内涵也全然异趣。抒情，是把自己内在的情思表达出来。感物而动之情，缘情而绮靡，却是重在说这个情乃是与物相感而生的，不是自我内在之自白与倾诉。陈先生显然没注意也不晓得这个中西思想内涵上的差异，所以在诗之'兴'的问题上卖弄手段，考来考去，非常迂曲地想证明'兴'即是舞者高举双臂发出呼喊。"④ 其实，陈世骧对"兴"的内涵并非"没注意也不晓得"，只是以西律中的逻辑起点决定了其必须对乐教传统视而不见，这就是陈世骧偷换"兴"之概念的内在理路。

三、以西律中的"抒情传统"

为中国文学贴上"抒情"的标签，并非陈世骧首创。王国维最先采用西

---

① 孔颖达：《毛诗正义》卷一《十三经注疏》第一册，中华书局，2009年，第564—567页。
② 范文澜：《文心雕龙注》卷二，中华书局，1958年，第65页。
③ 陈延杰：《诗品注》，人民文学出版社，1961年，第1、3页。
④ 龚鹏程：《不存在的传统：论陈世骧的抒情传统》，《文艺理论研究》，2013年第3期，第39页。

方理念来审视中国文学，认为中国文学长于抒情而短于叙事，后者恰是西方文学的专长。此观点一经提出，就迅速成为中西文学比较视域中的通行准则。胡适、林庚、朱光潜、闻一多等人，皆承其余绪。就陈世骧而言，他在北大求学期间与朱光潜往来甚密，这对抒情传统的提出是有直接影响的。之后，陈赴美并任教于加州伯克利大学，协助该校筹建比较文学系。此间，比较文学的研究方法，也必然对"抒情传统"的提出起到推波助澜的作用。"所以说，陈世骧提出抒情传统学说，在他自身而言，既有因于中国现代文学思潮的对古代中国的主动想象，又有受学院比较文学学科建制推动的被动因素。"①

陈世骧采用平行研究的方法，将《诗经》与《荷马史诗》、希腊悲剧一同纳入考察视野，意在借此凸显《诗经》的抒情特质。但平行研究中的两条平行线极难处于均等状态，特别在西方文学进入研究范围后。由于西方文化处于强势地位，西方文学不由自主地充胀为主线，成为潜在的价值尺度和标杆，并最终左右了比较研究的倾向与结论。所以，平行研究很难做到平行与平等。在陈世骧奉《荷马史诗》、希腊悲剧为叙事圭臬的同时，中国文学就必然要被削足适履地塞入抒情的框架中。这种情况或许可以借用老子的话做类比："天下皆知美之为美，斯恶已；皆知善之为善，斯不善已。故有无相生，难易相成，长短相较，高下相倾，音声相和，前后相随。"② 在平行比较中，西方文学与中国文学近乎"有无相生"的关系，以二元对立的形态出现。有所不同的是，老子哲学中的二元是彼此成就而相互依存的。所谓中国文学的抒情特质，却并非源出于自身的文化土壤，反倒是西方文学思想的产物。陈国球《抒情中国论》指出："可见，体现时间运动的音乐性对诗歌抒情言志所起的作用始终是陈世骧的学术焦点，而这一学术视角与陈世骧从西方诗论家那里继承来的抒情诗观——如布克拉摩认为抒情诗是'以声律的适当，构架起诗意的文字……声律成章，其诗亦即音乐'，佛莱认为是'声韵和意象二者结合的潜在模仿'——密切相联。"③ 陈世骧自己也明确指出："以'兴'为基础的《诗经》作品无疑正是现代人之所谓'抒情诗'（the lyric），证之于布拉克摩（R. P. Blackmur）和佛莱（Northrop Fry）的定义都是不错的；布拉克摩说抒情诗也者，是'以声律的适当，构架起诗意的文字……声律成章，其诗亦

---

① 龚鹏程：《不存在的传统：论陈世骧的抒情传统》，《文艺理论研究》，2013年第3期，第12页。
② 楼宇烈：《老子道德经注校释》，中华书局，2008年，第6页。
③ 转引自陈世骧：《陈世骧文存》，辽宁教育出版社，1998年，第175页。

即音乐.'佛莱的定义是'声韵和意象二者结合的潜在模仿'。"[①] 由此可见，陈世骧选择音乐作为立论点，其理论背景是西方浪漫主义的抒情诗理想，这必然和真实存在的乐教传统多有龃龉。[②] 对此，他采取的解决方案是将"兴"的内涵偷梁换柱，置换掉原有的乐教属性。毕竟，只有彻底扫除"异己"，才便于"抒情传统"的发明。

综上所述，"抒情传统"的本质是用西方浪漫主义文学理想来阐释中国文学，即把西方的理念解读为中国的传统。对此，王德威自己也承认："多少年后，当陈以'抒情传统'为中国文学特征作批注，他心目中'传统'不应仅来自华夏文学精神的赓续，也应是他融会西学影响后的心得。这传统的定义必须包括了艾略特为独具才华的诗人所安置的'传统'（如 Tradition and Individual Talent）；利瓦伊斯为英国小说所描述的历久弥新的'大传统'（Great Tradition）。"[③] 这种以西律中的传统一旦形成，就会被无限拔高和恣意推广。陈世骧曾言："如果说中国文学传统从整体而言就是一个抒情传统，大抵不算夸张。我认为这个简括的说法对我们研究世界文学，可能是有用的参照。"[④] 在本质主义的驱使下，陈选择音乐为立论点，必然会绕开先秦乐教这一真正的传统。最终，这不过是"僭用'传统'的名相以抹去传统"，"实质当然就是西方舶来的'浪漫主义'对真正古典精神的概念偷换"[⑤]。

实际上，在本质主义的背后是汉学主义，这自近代渐成风气。当初，王国维、闻一多等学人面对西方发达的叙事文学，皆视抒情为中国文学的最大缺陷。陈世骧则在《中国的抒情传统》中高呼："中国文学的荣耀并不在史诗，它的光荣在别处，在抒情的传统里。"[⑥] 他旅居海外，"无时无刻不在洋人面前赞扬我国的文化、文学"[⑦]，他以抒情传统标示中国文学的独特价值，旨在为中国文学寻求与西方文学平等对话的平台，为中国文学在强势的西方文化面前赢得一席之地。这既煞费苦心，又难能可贵。然而，借用西方文论来凸显中国文学的价值，不免使中国文学沦为西方文化的注脚和附庸。"抒情传

---

① 陈世骧：《原兴：兼论中国文学特质》，《中国文学的抒情传统》，生活·读书·新知三联书店，2015年，第144页。
② 关于浪漫主义抒情诗与音乐的关系，详见徐承：《陈世骧中国抒情传统论的方法偏限》，《文艺理论研究》，2014年第4期，第119-120页。
③ 王德威：《抒情传统与中国现代性：在北大的八堂课》，生活·读书·新知三联书店，2018年，第20-21页。
④ 陈世骧：《论中国抒情传统》，《中国文学的抒情传统》，生活·读书·新知三联书店，2015年，第6页。
⑤ 冯庆：《有情的启蒙——抒情传统论的意图》，《文艺研究》，2014年第8期，第44、49页。
⑥ 陈世骧：《陈世骧文存》，辽宁教育出版社，1998年，第2页。
⑦ 夏志清：《感时忧国》，广东人民出版社，2015年，第175页。

统"为中国文学发声的初衷,最终也因之扭曲变形。对此,有研究者一针见血地道破:"他在为原本'边缘'的中国文学的价值伸张、辩护的同时,仍以西方文学的价值立场为基准,其结果可能会更加强化西方文学的'中心'地位和中国文学的相对'边缘'地位。"①

余 论

朱自清曾指出外来理论对抒情内涵的篡改:

> 到了现在,更有人以"言志"和"载道"两派论中国文学史的发展,说这两种潮流是互为起伏的。所谓"言志"是"人人都得自有讲自己愿意讲的话";所谓"载道"是"以文学为工具,再借这工具将另外的更重要的东西——道——表现出来"。这又将"言志"的意义扩展了一步,不限于诗而包罗了整个儿中国文学。这种局面不能不说是袁枚的影响,加上外来的"抒情"意念——"抒情"这词组是我们固有的,但现在的涵义却是外来的——而造成的。现时"言志"的这个新义似乎已到了约定俗成的地位。……但我们得知道,直到这个新义的扩展,"'文以载道','诗以言志',其原实一"。②

陈世骧一贯看重的"言志",如朱自清所言,实与"载道"别无二致。对朱自清推崇有加的陈世骧,居然对此论视而不见,着实值得玩味。看来,被偷换概念的又岂止是"兴"?

"兴"本是中国古典文论中颇具代表性的理论范畴,有着复杂的产生和演变过程。就思想内涵而言,"兴"作为"六诗"和"乐语"的组成部分,是西周乐教的体现;就思维方式而言,"兴"具有情景交融、主客一体的思维特点,并逐渐演变为托物言志、触景生情的言说方式。然而,"抒情传统"说的问世,不但篡改了"兴"等概念的内涵,还粗暴地割裂了圆融的中国古典文学。究其原因,就在于西方中心主义的作祟。

自近代以至今日,西方文化始终在国内学术界保持着强大的影响力和吸引力。由于陈世骧等人海外华人的身份,他们的"抒情传统"较之单纯的西方理论更容易为国内学人接受。一方面,他们来自美国,这满足了国内学界对海外汉学家盲目崇信的欲求;同时,华裔的出身,又使他们更容易在国内

---

① 关于浪漫主义抒情诗与音乐的关系,详见徐承:《陈世骧中国抒情传统论的方法偏限》,《文艺理论研究》,2014年第4期,第121页。

② 朱自清:《诗言志辨》,凤凰出版社,2008年,第49页。

获得认同和接纳。左右逢源的身份，内容又涉及中国文学在世界文学中的定位，"抒情传统"焉能不万宠加身？然而，若对"抒情传统"不加辨析而照单全收，必然要付出巨大代价，即对本土真正传统的种种"不见"及其扩大化。徐承指出："文学史研究在有所见的同时必将产生更多'不见'。海外华人中国抒情传统学派后来的发展，便陷身于这种'见'与'不见'的往复轮回之中。"[①] 那么，如何在全球化语境下，既对外来文化有所借鉴吸收，又保持本土立场，确立文化自信，则是一个困扰国人已久又必须直面的课题。

作者简介：
曾小月，文学博士，汕头大学文学院副教授。

---

① 徐承：《陈世骧中国抒情传统论的方法偏限》，《文艺理论研究》，2014年第4期，第123页。

明人"文章祖《春秋》"说的理论构建*

周翔宇

摘 要：六朝、唐宋文人视五经为文章宗主，提出"文本乎经"。明人绍继前贤成说，又于群经中独拈《春秋》，称其兼诸经之体、具文之众法，在宏观上构建起一个以《春秋》为宗主的文学衍生体系。同时，他们还从微观层面辨析《春秋》文辞技法，赞其辞简意深、变化丰富，以强化"文章祖《春秋》"说。此外，明人还借助经传关系，将《春秋》经置于《左传》《公羊》《穀梁》《国语》之上，构筑起了一个由《春秋》到"四传"再到万世文章的文学统绪。深入考察相关理论构建过程，不仅有助于深化对"文统"的认识，还能在文学视野下重识《春秋》经传，把握经学与文学的互动。

关键词：经学 文学 《春秋》 《左传》

《春秋》为经亦为史，衍为《左传》，又尽显文章之美。杜预"文缓""旨远"之评，贺循"文采若云月"之赞，① 范宁"艳而富"之议，② 刘知几"言简而要"之论，③ 皆是对《左传》文辞的称述。下及宋元，吕祖谦《东莱博议》综论《左传》叙事，真德秀《文章正宗》选录《左传》篇章，使文学化解读更进一程。流风所扇，明人不仅认定《左传》"为秦汉文人之祖"④，甚至还超《左传》而上，将历代文章直接《春秋》，在"经"与"文"的辩证关系中构筑起一套"文统"理论。对这一现象，当代学者已有所关注，但似乎还未

---

* 本文为四川省社科规划项目"晚明党争语境中的经学诠释研究"（项目编号：SC18C004）阶段性成果。
① 虞世南：《北堂书钞》卷九五《春秋五》，中国书店，1989年，第364页。
② 范宁注，杨士勋疏：《春秋穀梁传注疏》卷首《春秋穀梁传序》，中华书局，1980年，第2361页。
③ 浦起龙：《史通通释》卷一《六家》，上海古籍出版社，2009年，第10页。
④ 陈继儒：《晚香堂集》卷一《左氏春秋序》，见《四库禁毁书丛刊》集部第66册，北京出版社，2017年，第533页。

展开专门研究,① 有必要再略为梳论。

一、文本乎经：六朝唐宋文统论

宗经以作文，前人早发此议。刘勰曰："论文必征于圣，窥圣必宗于经"（《征圣》第二），"唯文章之用，实经典枝条"（《序志》第五十）。又曰："论说辞序，则《易》统其首；诏策章奏，则《书》发其源；赋颂歌赞，则《诗》立其本；铭诔箴祝，则《礼》总其端；纪传铭檄，则《春秋》为根。"（《宗经》第三）② 颜之推亦曰："夫文章者，原出五经；诏、命、策、檄，生于《书》者也；序、述、论、议，生于《易》者也；歌、咏、赋、颂，生于《诗》者也；祭、祀、哀、诔，生于《礼》者也；书、奏、箴、铭，生于《春秋》者也。"③ 两说均从总体上将文辞视为经典支脉，认为经义可以旁衍各种文体。其后，唐人李华云："文章本乎作者"，"本乎作者，六经之志也"④；权德舆称："文章运衰，风流不还"，"遐蹈古始，六经为师"⑤；独孤及称："为学在勤，为文在经，勤则能深，经则可行。"⑥ 三家之言各有偏重，但文章师法六经之意则基本相同。至韩愈高张古文赤帜，亦欲"约六经之旨而成文"⑦。其"作为文章"之时，对上古三代经典各有采撷："上规姚、姒，浑浑无涯；周《诰》、殷《盘》，佶屈聱牙；《春秋》谨严，《左氏》浮夸；《易》奇而法，

---

① 明人对《左传》文学价值的揭示，已引起专经研究者的重视。如张建德指出"《左传》在文学统绪中早就占有重要地位"，其文学化研究引发明代"文辞论兴盛"；李卫军注意到"明人大量细致分析《左传》文法"；林颖政专门探讨了明代"古文选本中所透露的《左传》文统观"；周翔宇在分析明代《春秋》学以史经经的特色元素、涵盖四部的学术格局、文评化的学术趋势时，提及明人对《左传》的文学解读；王子初在论述"明中晚期的《左传》多元化研究"时涉及"左氏的文学影响"。不过，以上论述的关注焦点皆在《左传》，对明人"文章祖《春秋》"理论尚无系统梳理。相关评述见张建德：《春秋学与明代学术的历史变迁》，《武汉大学学报（人文科学版）》，2008年第3期，第308页；李卫军：《明代左传学概述》，《古籍整理研究学刊》，2010年第3期，第39页；林颖政：《明代春秋学研究》，台北：致知学术出版社，2014年，第519—533页；周翔宇：《明代春秋诠释史论》，电子科技大学出版社，2017年，第158、267、346页；王子初：《明代左传学研究》，吉林大学博士学位论文，2017年，第362—381页。
② 刘勰：《文心雕龙》，上海古籍出版社，2015年，第9、286、14页。
③ 颜之推：《颜氏家训》卷四《文章》，天津古籍出版社，2016年，第103页。
④ 李华：《赠礼部尚书清河孝公崔沔集序》，见董诰等《全唐文》卷三一五，中华书局，1983年，第3196页。
⑤ 权德舆：《权载之文集》卷四八《祭梁补阙文》，见《续修四库全书》第1309册，上海古籍出版社，2002年，第325页。
⑥ 梁肃：《祭独孤常州文》，见董诰等编《全唐文》卷五三三，中华书局，1983年，第5306页。
⑦ 韩愈：《韩昌黎全集》卷十六《上宰相书》，中国书店，1935年，第239页。

《诗》正而葩。"①《典》《谟》语言于宏深中见浩大，《盘》《诰》文辞在艰涩中显质朴，《春秋》用字精严，《左传》文采飞扬，《周易》虽新奇而有统摄，《诗经》因雅正以见华美。凡经典制作，皆是文章轨范，故韩愈得以"兼收并蓄，集众家之所成"。②

柳宗元同倡古文，论经、文之旨亦与韩愈桴鼓相应。他提出著述出于"《书》之谟训，《易》之象系，《春秋》之笔削"。所以作文之时：

> 本之《书》以求其质，本之《诗》以求其恒，本之《礼》以求其宜，本之《春秋》以求其断，本之《易》以求其动。此吾所以取道之原也。参之《穀梁氏》以厉其气，参之《孟》《荀》以畅其支，参之《庄》《老》以肆其端，参之《国语》以博其趣，参之《离骚》以致其幽，参之太史公以著其洁。③

与韩愈相比，柳宗元对经、文关系的界定更加清楚：文章以经为"本"而以传注、诸子、《骚》《史》为"参"。《谟》《训》《象》《系》《春秋》，是著述体裁之本；其质、恒、宜、断、动，是技法取道之原。本原既立，再求增美加饰以厉气、畅支、肆端、博趣、致幽、著洁，则可参考经典之外的先秦文章。按照这种认识，五经就超越了一般典籍，成为文章宗主、文统正嫡。

文章宗经之说经韩、柳鼓倡，又被宋人膺服。李涂言："《易》、《诗》、《书》、《仪礼》、《春秋》、《论语》、《大学》、《中庸》、《孟子》，皆圣贤明道经世之书；虽非为作文设，而千万世文章从是出焉。"④ 其说对"经"的界定与韩、柳小异，但视明道经世之书为文章本原之意则同。据此纵览六朝唐宋诸家之说：其或统论经学对文学的启导意义，或分述诸经对文体、技法的影响，已然形成"文本乎经"的共识。不过在各家论断中，五经、六经、九经各得其用，不分轩轾，尚未见用某一经统摄文章源流的观点。

二、兼该众体：万世文章祖《春秋》

明初，文人学士对经、文关系又发新论。平生宗法唐宋，首集"八大家

---

① 韩愈：《韩昌黎全集》卷十二《进学解》，中国书店，1935年，第187页。
② 罗宗强：《隋唐五代文学思想史》，中华书局，2003年，第162页。
③ 柳宗元：《柳河东集》卷二一《杨评事文集后序》，卷三四《答韦中立论师道书》，中华书局，1960年，第372、543页。
④ 李涂：《文章精义》，中华书局香港分局，1977年，第59页。

文"的朱右提出了"学文不本诸经,其犹玩培塿者忽嵩华之高"① 这样的"文莫古于六经"的观点,又详解其说曰:"羲、轩之文见诸图画,唐、虞之文见诸《典》《谟》,三代具诸《书》《诗》《礼》《春秋》。……《易》以阐象,其文奥;《书》道政事,其文雅;《诗》发性情,其文婉;《礼》辨等威,其文理;《春秋》断以义,其文严。"② 这一说法以六经为最古之文,从奥、雅、婉、理、严五个方面分别赏析五经文字,正是对韩、柳之见的延续。几乎在同一时间,宋濂为朱右《白云稿》作序,更明确提出以刘勰为代表的"文本乎经"理论"有未尽焉",未尽之义在于:

> 《易》之《彖》《象》有韵者,即《诗》之属;《周颂》敷陈而不协音者,非近于《书》欤?《书》之《禹贡》《顾命》,即序、纪之宗;《礼》之《檀弓》《乐记》,非论、说之极精者欤?况《春秋》谨严,诸经之体又无所不兼之欤?错综而推,则五经各备文之众法,非可以一事而指名也。③

与前人相比,宋濂的认识有三点创新。其一,他深入经典,指明《禹贡》《顾命》《檀弓》《乐记》等具体篇章与文学体裁的对应关系,确证"文本乎经"。其二,他提出经、文关系应该"错综而推",而非"一事指名",超越了某一经典与某种文体的孤立对应,建立起一个"诸经之体"与"文之众法"错综关联的经、文体系。其三,也是最重要的,在宋濂的经、文体系中,《春秋》"无所不兼",全面涵盖诸经之体,因而兼备文之众法,可以在综合推衍中生成各种文体。按这一逻辑,《春秋》显然就超越了一般经典,超越了具体篇章,成为文统大宗。朱右与宋濂都是明初声望显著的文人,又是知名《春秋》学者,④ 他们对《春秋》文学价值的揭示在明初产生了深远影响。如谢肃即称:"唐虞三代之道载于六经,六经之作者皆圣贤也,虽不专意文辞,其不关于此乎?"又引时人之言称:"夫六经而下,左丘明传《春秋》,而千万世文

---

① 朱彝尊:《曝书亭集》卷六二《朱右传》,世界书局,1937年,第728页。
② 朱右:《白云稿 外三种》卷五《秦汉文衡序》、卷三《文统》,上海古籍出版社,1991年,第69、35页。
③ 宋濂:《宋学士全集》卷七《白云稿序》,中华书局,1985年,第226页。
④ 朱右为宋儒朱光庭九世孙,《春秋》家学上接元复;本人又向元末《春秋》经师李孝光问学,著有《春秋传类编》《邾世家》。宋濂曾向闻人梦吉问《春秋》,又师从《春秋》名家吴莱,以经义辅佐朱元璋、朱标父子,著有《春秋本末序》《春秋属辞序》等。详见脱脱:《宋史》卷三三三《朱光庭传》,中华书局,1977年,第10710页;陈德永:《李五峰行状》,见蒋振喜《乐清谱牒文献选编》,线装书局,2009年,第179页;张廷玉等:《明史》卷一二八《宋濂传》,中华书局,1974年,第3784—3785页。

章实祖于此。"① 这就在朱右、宋濂的基础上，更直接地将《春秋》与万世文章贯通，② 从宏观上构建了一个摆落群经，明确以《春秋》为宗主的文学衍生体系。

至明代中后期，文人学士开始更细致地探讨《春秋》文法。如一代通儒郝敬曰："六经之文，惟《春秋》最明显""《春秋》无深刻隐语"。③ 郝敬之言虽然是针对"书法义例"而发，但仍旧在群经体系中凸显了《春秋》辞简义明的文风。黄洪宪亦曰："孔子因鲁史而修《春秋》，以存王迹，惟提纲挈领，寓褒贬于片言只字，其辞约，其旨微。"④ 所谓"辞约旨微"，也是从语言表达的角度盛赞《春秋》言辞精审而旨义明畅。同时，戴良称："《春秋》辞尚简严。"⑤ 徐献忠称："《春秋》之义，辞简而意深，其有穷尽耶？"⑥ 徐学谟自序《春秋亿》一书称："夫经之为言，常也，简易明达之谓也。圣人作之，将以垂宪于无穷。"⑦ 以上皆是强调《春秋》文辞简明、蕴意深远。

以精简的语言文字对应繁复的思想内容，《春秋》文辞就呈现出一种富于变化的文学美感。故邵弁自序《春秋通义略》曰："《春秋》之教不越二端而已，故或同辞而同事，或异辞而同事，或异事而同辞。同辞同事者，正例也；异事异辞者，变例也。例以通其凡，辞以体其变，而经教立矣。"⑧ 作为经解著作的总纲，邵弁此序主要是从"属辞比事"的解经需求出发，解释《春秋》内容与文字的灵活对应关系。但从文学角度看，该序言同样揭示了《春秋》文意、文体、文法的多变。与邵弁之论相似，沈尧中亦曰："孔子之作《春

---

① 谢肃：《密庵集》卷五《送车义初归京师序》，卷六《长林先生文集序》，见《景印文渊阁四库全书》第1228册，台湾商务印书馆，1986年，第139、149页。

② 此处"左丘明传《春秋》"的表述较为笼统，并未确指文章之祖是《春秋》抑或《左传》。但综观明代学者的相关阐述，"《春秋》—《左传》—万世文章"其实是一个完整的文学衍生体系，不可割裂。所以在明人的认识中，即便左氏之传对万世文章有启迪之功，也是以"传《春秋》"为前提，上承《春秋》而来的。因而真正的文章之祖仍是《春秋》，其说详见本文第三节。

③ 郝敬：《春秋直解》卷首《读春秋》，见《四库全书存目丛书》经部第121册，齐鲁书社，1996年，第2页。

④ 黄洪宪：《碧山学士集》卷二《春秋左传释附序》，见《四库禁毁书丛刊》集部第30册，北京出版社，2017年，第134页。

⑤ 戴良：《春秋三传纂玄序》，见朱彝尊《经义考新校》，林庆彰等点校，上海古籍出版社，2010年，第3626页。

⑥ 徐献忠：《长谷集》卷五《春秋稽传录序》，见《四库全书存目丛书》集部第86册，齐鲁书社，1996年，第246页。

⑦ 徐学谟：《春秋亿》序，见《景印文渊阁四库全书》第169册，台湾商务印书馆，1986年，第3页。

⑧ 邵弁：《春秋通义略序》，见朱彝尊《经义考新校》，林庆彰等点校，上海古籍出版社，2010年，第3711页。

秋》也,据事采文,裁以大义。……其诸不及书者笔之,过书者削之,凡以存王迹而已。史有文质,词有详略,不强同也。"① 《春秋》文辞"不强同",随人、随事、随义而发。自经师看来,这固然是圣人微言大义所关;但自文人看来,则又是文章妙笔生花之处。以邵弁、沈尧中为代表的中晚明士人如此剖析经文,不仅深化了对《春秋》文法的认识,更与明初宋濂所倡"《春秋》兼该诸经之体、兼备文之众法"理论遥相呼应。至此,明代学者就又从微观上强化了"文章祖《春秋》"之说。

三、羽翼圣经:《左传》得《春秋》遗风

前文所及,无论是从宏观上突出《春秋》在群经体系中的文学地位,还是从微观上剖析《春秋》的文学手法,都是明人在"经文"层面的理论建设。而全面构建"文章祖《春秋》"说,还需要在《春秋》经传体系中以经统传,从文学上树立起《春秋》"经"对《左氏》"传"的宗主地位。

对《左传》的文学价值,明人早有充分认识,以文视《左》、以文解《左》、以文评《左》之作纷然杂出,蔚为大观。贺燦然自称:"幼好读《左氏传》,直艳其事与词为千古文人嚆矢。"② 将《左传》叙事推为启迪千古文人的第一要义。同样,项乔推崇《左传》叙事之美,称其"犹有先王之遗风",遂辑录《左传》文字精华为《左传拔尤》,列"叙事"为第一卷,且称:"《左氏》之文,虽或一字一句,一句一意,然上下接续,脉络贯通。譬之高山大川然。人徒见其间怪石奇岩,绝潢断港者,若散漫不可纪极;而其一碧万顷、壁立千仞之势,所向自如也。"即认为《左传》行文极为简练,有时甚至一字为一句、一句表一意。简明的字句看似孤立断绝,实则有着内在联系,前后承接,连绵不绝,大有山岩壁立千仞、江海一碧万顷之势。同时他又赞《左传》:"间如大兵压境,听一言而解甲;义有所激,虽丐人亦知勇于取焉。"③ 也就是说,《左传》之文又有转折变化,其所记之事有大兵压境,而又翻然退却者;有微如丐,而反能舍生取义者。这种跌宕起伏、一波三折的美感,让千载之下的读者感到新奇惊喜。项乔将这种特点归结为"先王遗风",可谓一

---

① 沈尧中:《沈氏学弢》卷一一《春秋》,见《四库全书存目丛书》子部第131册,齐鲁书社,1996年,第591页。

② 黄正宪:《春秋翼附》卷首贺燦然《春秋翼附序》,见《续修四库全书》第135册,上海古籍出版社,2002年,第57页。

③ 项乔:《左传拔尤序》,见张宝琳等《永嘉县志》卷三五《艺文志》,成文出版社,1983年,第2496—2497页。

语双关,既指传中人物身受前代风尚影响,也喻示了《左传》对先王经典行文的绍继。具体而言,当然就是对《春秋》辞简意深之风的承续。

此外,王鏊在编辑《春秋词命》时亦称:"予读《左传》,爱其文而尤爱其词命。……其词命往来亦皆婉而切,简而庄,巽而直。虽或发于感愤,然犹壮而不激,屈而不挠。词穷矣,然且文焉,遁而饰,伪而恭,诬而近正。……其犹有先王之遗风乎?"① 王鏊与项乔两段序文主旨相近,都是对《左传》事词的文学赏析。王鏊首重人物事件中的对答之词,以"婉而切,简而庄,巽而直""遁而饰,伪而恭,诬而近正""壮而不激,屈而不挠"称之。传中言词义旨丰富、变化多端,既粲然可观,又与人物身份、品德、行事密切相关,可以体现朝聘宴飨、会盟征伐的进程,因而也是历史的一部分,是一种事件。王鏊借词命赏析《左传》,品鉴叙事之美,称其有"先王遗风",同样是从对答词命中认识春秋人物与其所处的时代,在事词中将《左传》与《春秋》相联系。受这种集体认识影响,孙应鳌又称:"左氏内外二传,世未有不称美者,岂非以羽翼圣经耶?故论世则事核,综变则术该,辩理则意密,程艺则旨深,信枢管文字莫能相为竞高矣。"② 他从事核、术该、意密、旨深四个方面点评《左传》,"事核"首当其冲,说明他与项乔、王鏊一样注重文学叙事;在肯定《左传》叙事准确的前提下,又认为其变化丰富、析理严谨、表达深刻,都足为后世文章法式。这些成就,最终被孙应鳌统系在"羽翼圣经"的名义下,明确了《春秋》对《左传》的文学指导意义。对此,文坛"后七子"领袖王世贞在为傅逊《春秋左传属事》作序时论述得更加清晰:"左氏尝及事夫子,其好恶与之同,而又身掌国史典故,其事最详而辞甚丽。"左丘明亲炙孔子,心同好恶,故著书立说亦与圣人同调,《左传》文辞虽经国史典故附益升华,但基本内核还当与《春秋》一致。有鉴于此,王世贞即极力反对"称《左氏》者,舍经而言史"③,尝试从《春秋》经出发,深刻体会《左传》之"事详辞丽"。

同理,范凤翼论《春秋》《左传》关系也称:"仲尼笔削旧史,左氏亦笔削旧史""仲尼作《春秋》,游、夏之徒不能赞一辞。……左氏作传,即游、夏之徒亦未得赞一辞也""仲尼每重质而愿从野,乃概以文归史氏焉""六经

---

① 王鏊:《春秋词命》引,见《四库全书存目丛书》集部第292册,齐鲁书社,1996年,第607页。
② 孙应鳌:《孙山甫督学文集·补辑杂文》卷一《左粹题评序》,见《丛书集成续编》集部第117册,上海书店出版社,1994年,第514页。
③ 傅逊:《傅逊集·春秋左传属事》卷首王世贞序,复旦大学出版社,2015年,第10页。

而后，经纬天地之文，《左氏》庶几焉"。① 循范凤翼之意而推之：孔子本人文质并重，但著经须从质，故不得不将作文之事归之左丘明。左氏奉命著传，取材来源与《春秋》同，创作方式与《春秋》同，"游夏不能赞"的学术水平亦与《春秋》同。是故《左传》之文实则具备与《春秋》相通的文学价值，可以上继六经，经纬天地，为千古文人必读。这样的褒美，虽然将《左传》文学地位提到了无以复加的高度，但它终归是踵迹《春秋》而作，是《春秋》文学功能的延伸。如此一来，明人就在文学视野下也建立起了《春秋》对《左传》的经、传的衍生关系，使《春秋》得以高居《左传》之上。当人们在称颂《左传》为千古文人嚆矢时，《春秋》的文学宗主地位自然也得到巩固。

四、后进礼乐：《春秋》"四传"文学统绪

明人在经传体系中建立文统，除考虑《左传》对《春秋》的文学化继承外，还要兼顾《公羊》《穀梁》乃至《国语》。他们试图构建一个从《春秋》至诸传的"《春秋》学"文学统绪，由此更全面地呈现《春秋》的文学影响。所以，在充分肯定《左传》之余，认识、发掘《公》《穀》的文学价值便是明代学者着力完成的又一项理论工作。

黄洪宪著《春秋左传释附》，曾考订《左传》全文，"略采诸家笺释，而择《公》《穀》之有文者附之"②。由此可见，《公羊》《穀梁》二传亦有文采可取之处，足以与《左传》颉颃，后人乃得以采录而附益之。罗喻义与师友子弟论学，又称《春秋》三传为"后进之礼乐也，其辞文"③。在他看来，包括《公》《穀》在内的三传皆是圣人制礼作乐、删削典籍之后的文章，在经典影响下，它们亦有文辞可观。与黄、罗之说相似，孙鑛循作文之法著《左芟》，主张"祖章法于三传、《国语》间"，又称"《周礼》《礼记》《春秋》三传，此乃五典"。④ 在《周礼》《礼记》《左传》之外，孙鑛将《公羊》《穀梁》《国语》一并视作文章宗主典范，就进一步拓展、丰富了文学化的《春秋》经传体系。同样，朱右又称："愚读《春秋》三传、《国语》，爱其文焕然有伦，理该而事

---

① 范凤翼：《范勋卿文集》卷二《左抄序》，见《四库全书存目丛书》集部第112册，齐鲁书社，1996年，第315页。
② 黄洪宪：《碧山学士集》卷二《春秋左传释附序》，见《四库禁毁书丛刊》集部第30册，北京出版社，2017年，第133—134页。
③ 罗喻义：《春秋野篇序》，见朱彝尊《经义考新校》，林庆彰等点校，上海古籍出版社，2010年，第3744—3745页。
④ 李维桢：《大泌山房集》卷七《左芟序》，见《四库全书存目丛书》集部第150册，齐鲁书社，1996年，第445页。

核，秦汉以下无加焉，因采摭其尤粹者，得若干卷，题曰《春秋类编》。"① 朱右既已主张文本乎经，于此又提出"三传"、《国语》是秦汉以下文章冠冕，进而编辑"四传"文辞为《春秋类编》，与其类纂《六先生文集》（唐宋八大家散文集）的动机、行为极其相似。这就意味着，在以朱右为代表的明代文人眼中，《公》《穀》《国语》等《春秋》传注同样是文章渊薮，可以被纳入文学品鉴的视野。对此，郑鄤又称：

> 吾夫子志在《春秋》，丘明志夫子之所志，故依经而作传。但经义严于笔削，传则相杂之文斐然矣。……其文一出一入，深得谨严之意。
> 《公》《穀》……文笔之高，直有足发千古者。愚尝谓《左传》，《史记》之祖也；《公》《穀》，韩、柳之祖也。《公》之毅而舒，韩得之；《穀》之峭而幽，柳得之。自谓斯言百世不易。②

在郑鄤口中，《春秋》之文谨严；《左传》依经而作，深得经意，固文采斐然，为古今奇绝；《公》《穀》传自孔门高弟，其文笔高妙，亦足发千古。在此认识上，郑鄤甚至提出《公》《穀》为韩、柳古文之祖，《公羊》发韩愈之舒毅，《穀梁》启柳宗元之幽峭。自唐以下，宋、元、明古文创作无不宗法韩、柳，即无不宗法《公》《穀》。郑鄤自信其言"百世不易"，充分彰显了明人对《春秋》传注文学地位的肯定。由《春秋》经到"四传"再到万世文章的文学统绪又一次得到强化。

五、结论

明代文人学士以《春秋》为文章宗主，做了大量的理论建设工作。他们以前人"文本乎经"之论为基础，从群经中拈出《春秋》，称其兼诸经之体、具文之众法，赞其辞简意深、变化丰富，正式提出"文章祖《春秋》"之说。这一理论体系的构建具有多重意义。

一方面，"文章祖《春秋》"是明代文学复古思潮的直接结果。在全社会的复古思潮中，明代文坛前后七子高扬拟古之风，"掀起复古运动高潮"。他们在诗文创作上主张模拟古人，"在复古中力倡变革"。③ 受其影响，溯古求古，为文章创作寻求根柢，成为一大批文人的集体诉求。他们既已师法两汉，

---

① 朱右：《白云稿 外三种》卷四《春秋传类编序》，上海古籍出版社，191年，第57页。
② 郑鄤：《峚阳草堂文集》卷三《左传钞序》《公穀合钞序》，见《四库禁毁书丛刊》集部第126册，北京出版社，2017年，第333页。
③ 李修生：《中国文学史纲·明清文学》，北京大学出版社，2003年，第97-101页。

复又上追嬴秦；既已远绍战国，复又寻根春秋。因而宗《左传》而祖《春秋》，势在必为。

另一方面，"文章祖《春秋》"还体现了明代文学与经学的深切互动。在明代，主张将万世文章上接《春秋》的文人，往往也是《春秋》学者。朱右、宋濂、郝敬、戴良、黄洪宪、徐献忠、徐学谟、邵弁、沈尧中、贺燦然、项乔、王鏊、孙应鳌、王世贞、范凤翼、罗喻义、孙鑛、郑郊等人皆有《春秋》学著作问世。[①] 他们兼擅经义文章，依托经、传衍生关系，将《春秋》经置于《左传》《公羊》《穀梁》《国语》之上，使之成为千古文人嚆矢，由此构建"《春秋》—四传—万世文章"的文学衍生体系，利用经典支撑、影响文学创作。比如《春秋》是记事之书，言简而事备。由《春秋》演为《左传》，更称事词可观。明人以《春秋》为文宗，就可以继承其叙事之法以指导文学创作。从实践结果看，明代长篇章回小说、短篇白话小说、戏剧、散曲繁荣兴盛，其中均有"重叙事"的因素，经学对文学的影响于斯可见。

综上所述，"文章祖《春秋》"是明人在文学理论与实践方面的创新成果。深入考察这一理论体系的构建过程，不仅有助于深化对"文统"的认识，还能在文学视野下重识《春秋》经传，把握经学与文学的互动。

作者简介：

周翔宇，历史学博士，成都大学文学与新闻传播学院讲师，主要研究方向为中国经学史、历史文献学。

---

① 诸人之作详见《明代春秋学著作简表》，见周翔宇《明代春秋诠释史论》，电子科技大学出版社，2017年，第369—401页。

印度古典诗学

黄宝生及其印度诗学研究*

郁龙余

  摘　要：黄宝生是中国当代继季羡林、金克木之后又一位印度学研究大家。在《摩诃婆罗多》翻译研究、佛经研译及梵汉对勘、梵语诗学翻译研究，以及培养梵学新人方面，付出了巨大努力，取得了里程碑式的成就。
  关键词：《摩诃婆罗多》汉译　佛经翻译及对勘　梵语诗学研译　梵学新人培养

  世界诗学主要由中国诗学、印度诗学、欧洲诗学三大板块组成。中国诗学和印度诗学同属东方诗学，在世界诗学中三分天下有其二。印度诗学是印度学的核心部分，在东方学中举足轻重。所以，近代以来中国最有标志意义的学者，如梁启超、王国维、陈寅恪等，都对印度诗学投以关注的目光。
  新中国成立以来，随着学术研究的广度和深度不断拓展，中国学者对印度诗学的研究获得了里程碑式的飞跃发展，主要体现为研究水平的实质性提升。以前中国对印度诗学的研究带有很大外围性、观赏性，是少数博学者的兴趣所在，谈不上专业和深入；现在中国的印度诗学研究，不但从外围性、观赏性进入专业性领域，而且研究水平无论广度还是深度，都属于世界印度诗学研究的最前列。再加上三千年中印文化交流给中国学者研究印度诗学带来一份独一无

---

* 本文为国家社会科学基金重点项目"中国印度学研究"（项目编号：16AZD045）、深圳市人文社会科学重点研究基地深圳大学印度研究中心成果。

二的回肠荡气和悠然自得，让中国现代的印度诗学研究不但水平高，还拥有一份诗意。这在其他学科群里是难得一见的。

中国印度诗学研究有着一幅美妙的学术生态图景：中国印度学犹如一片环境优美的学术园地，在园地的重要地段生长着一棵印度诗学生机勃勃的大树。大树的树根是金克木，大树的树干是黄宝生，大树枝丫横生，挂满了各种印度诗学研究的果实。而在大树树梢，结着一个连体硕果——《印度古典诗学》和《梵语诗学论著汇编》。诗学大树周围，草木葱茏，生机盎然。因为在这片学术园地的地下，流淌着中印文化三千年交流的不竭源泉。

一、黄宝生最重要的学术贡献

黄宝生，上海人，1942年生，1960年考入北京大学东方语言文学系，投在季羡林、金克木门下，学习梵文、巴利文及印度文化。毕业后进入中国社会科学院外国语言文学研究所（简称外文所），从助理研究员、副研究员、副所长、所长到学部委员，兼任中国外国文学学会长及中国印度文学研究会会长；因为学术成果丰硕卓著，不但在中国声誉高起，而且饮誉海外。

读罢学术名家自述《黄宝生》，我的深刻印象是：黄宝生，这位"生在旧社会，长在红旗下"的上海人，成长道路和他的师尊季羡林、金克木比起来，简直是平淡无奇。1960年高中毕业考入北京大学中文系，第二天报到时说调到东方语言文学系了。于是他的作家梦破灭，在东语系学习梵文、巴利文，1965年毕业分配到外文所，一直工作到现在。虽然曾下放到"五七"干校，借调到《世界文学》编辑部工作，但时间都不长。他大部分时间一直在外文所。

在艰难曲折中获得成功固然困难，在平淡无奇中获得成功也并不容易。因畏惧艰难曲折而退缩不前者当然有，但在平淡无奇中默默无闻甚至自甘平庸者更是普遍。那么，这位自认为在北大1960级梵文巴利文班上并不最聪明、成绩并不最优秀的黄宝生，为何最后取得的学术成果最卓著、最丰硕呢？

除了遇上好老师、好时代的客观因素之外，还有两条至关重要的主观原因。一是坚持学者本色，淡泊名利；二是自强不息，弘毅不止。

清代名儒张之洞说："世运之明晦，人才之盛衰，其表在政，其里在学。"这是万古不灭的警世名言。学者是一个国家和民族的良知，是最后防线和底线。黄宝生深知学者的责任，所以始终坚持学者本色，淡泊名利，一心向学，从不追求各种名号和大奖。他获得的"印度总统奖""莲花奖""国民杰出成就奖"实至名归，也是意外收获。

2011年春，我访问印度，认识了国宝级梵文大师夏斯特利先生。他一直有一个心愿——访问中国，因为中国是梵文的第二故乡。同年5月，他应邀出席泰戈尔150周年诞辰庆祝会，并访问北京大学、中国社会科学院和深圳大学。在社科院，他和黄宝生相见恨晚，看到黄宝生送给他的那么多梵学著作，他喜不自胜。"他（夏斯特利）私底下说，印度设有梵文大奖，每年由总统颁给一位年纪65岁以上、有卓越贡献的外国梵文学家。他是这个委员会的主席，将会郑重地把黄宝生推荐给全体委员，因为他觉得黄宝生是当今世界上一流的梵文学家之一。"[1] 于是，2012年8月15日，在印度第64个独立节上，印度政府决定授予黄宝生"印度总统奖"。三年后的2015年，印度政府又向他颁授了"莲花奖"，他成为我国继季羡林之后第二位获此殊荣者。2019年，他又获印度南印教育学会授予的"国民杰出成就奖"。为了将一切时间用于学术研究，这三次获奖，都由印度驻华大使送奖上门。这反而让他赢得了印度学界更大的敬意。

向内向外要时间，将一切时间用来搞研究，几乎成了他的职业病。他三次婉拒赴印领奖，是为了争取研究的时间。他不愿意搬去新盖的"院士楼"，而是坚守在干面胡同20世纪70年代建的旧楼里，将自己的生活简约到不能再简约的地步，也是为了不浪费时间，搞好自己的学术研究。这种生活作风，持之以恒，终老不渝，体现出的是中国当代知识分子的思想本色和责任担当。

《周易》："天行健，君子以自强不息。"《论语》："士不可以不弘毅，任重而道远。"君子、士，是中国知识分子的古代称谓。为了完成国家、民族赋予的责任，君子必须攻坚克难、自强不息、弘毅不止。黄宝生是现代知识分子的楷模，是攻难克坚、自强不息、弘毅不止的榜样。他心中对学术、对国家的责任，是他攻难克坚、自强不息、弘毅不止的力量源泉。

几十年来，黄宝生花时间最多的事就是翻译、注释、校对、研究、写作，日复一日，年复一年，三十年过去了，四十年过去了，五十年过去，他不感到乏味吗？不感到枯燥吗？不，丝毫不！他说：

> 回顾我这一生，
> 跋涉在梵学路上，
> 乐在其中。
> 我一步一步行走着，
> 我的生命也就这样在不知不觉中步入了桑榆之年。
> 但是，

---

[1] 孟昭毅、郁龙余、朱璇：《天竺纪行：郁龙余孟昭毅之旅》，北京大学出版社，2013年，第139页。

> 梵学研究对我的吸引力依然丝毫未减。
> 我想做的研究工作还很多,
> 只要我还有精力,
> 我会继续工作下去。
> 这应该是每位有幸能成为学者而必然享有的高尚美好的命运。

这段写在《黄宝生》书套上的诗一般的话语告诉我们:在垂暮之年,梵学对他的吸引力丝毫未减,他认为这应该是有幸成为学者而必然享有的"高尚美好的命运"。这种思想,他在北大读书时就牢牢树立了。在《记池宪堂大爷》一文中,他表示:"将来不能当'精神贵族',而要做一名'人民的勤务员'。"[①]有了这种做"人民的勤务员"的思想,黄宝生脚下的路一马平川,但心中有高山,有令他"高山仰之"的季羡林、金克木、钱钟书等学术泰斗,有印度梵语诗学、大史诗《摩诃婆罗多》、梵汉佛经对勘等学术高峰。中国文明发展史一再证明,凡是一个人心中有景仰的高山,有发愿攀登的高峰,他一定不甘平庸,不会自满,更不怕寂寞。黄宝生就是新中国培养的杰出学者的代表。

黄宝生学术成果数量庞大,最重要的学术贡献主要有四个方面。

(一)《摩诃婆罗多》汉译的善成者

《摩诃婆罗多》和《罗摩衍那》并称印度两大史诗,在世界文学史上有着至高无上的地位。各国学者对两大史诗的翻译研究的情况及水平,是衡量其学术情怀和文化底蕴的重要标志。在历史上,中国是最早翻译《罗摩衍那》的国家,引起各国学界的称羡。"印度史诗传入中国与佛教有关。在公元427年译出的《杂宝藏经》第1卷第1个故事《十奢王缘》,讲十奢王(即十车王)之太子罗摩失国流放,期满回国,弟婆罗陀(多)还政于兄。于是全国出现政通人和、百业兴旺的喜人景象。公元251年译出的《六度集经》第5卷第46个故事《国王本生》,讲国王如何失妻,在猴王相助之下又重新得妻。这两个故事合起来,就是史诗《罗摩衍那》的内容提要。"[②] 除了汉族,中国的藏族、傣族等少数民族,也先后以不同形式翻译、介绍过这部史诗,但一直没有全译本。到1980年至1984年,季羡林以诗体全译本出版了《罗摩衍那》,引起了学术界、翻译界的巨大轰动。

《摩诃婆罗多》规模庞大,卷帙浩繁,校对、出版绝非易事,从1919年

---

① 黄宝生:《黄宝生》,社会科学文献出版社,2017年,第40页。
② 郁龙余、孟昭毅:《东方文学史》,北京大学出版社,2001年,第120页。

校订至1966年精校本出齐，其间主持者亡故，数易其人。翻译更是难上加难。《摩诃婆罗多》中文版的翻译出版，就充分说明了它的艰巨。后秦时鸠摩罗什所译《大庄严论经》中即有记述："时聚落中多诸婆罗门，有亲近者为聚落主说《罗摩延书》，又《婆罗他书》，说征战死者，命终生天。"《罗摩延书》即《罗摩衍那》，《婆罗他书》即《摩诃婆罗多》。进入20世纪，鲁迅、苏曼殊都对两大史诗有所研究，发表高见。1950年，糜文开编译的《古印度两大史诗》出版；1958年，唐季雍译、金克木校《摩诃婆罗多的故事》由中国青年出版社出版；1962年，孙用翻译出版《腊玛延那·玛哈帕腊达》。

正式用诗体翻译《摩诃婆罗多》始于金克木，他于1954年翻译了著名插话《莎维德丽》，1982年他的学生赵国华翻译并出版另一著名插话《那罗和达摩衍蒂》。1987年，金克木率弟子赵国华、席必庄、郭良鋆等翻译《摩诃婆罗多插话选》上下两册，由人民文学出版社出版。与此同时，《摩诃婆罗多》全译工作启动，其间充满艰难。黄宝生在《〈摩诃婆罗多〉译后记》中说："从第一篇《初篇》出版的1993年算起，迄今已有十年时间，而加上1993年以前做的工作，总共有十多年时间。当然，我们集中全力投入这项翻译工程是在它1996年列入中国社会科学院重点项目之后。无论如何，用'十年磨一剑'形容我们的这部译作，还是十分恰当的。"①

今天，我们能看到六巨册五百万字的《摩诃婆罗多》汉语全译本，要感念集体的力量和体制的优势。虽说前后经历了十多年，但是比起印度精校本的诞生，还是顺利和快速的。翻译大史诗《摩诃婆罗多》，是人类翻译史上最艰难的工程之一，因为：

> 对于一个梵文学者来说，必须有了充分的学养积累之后，才能着手翻译《摩诃婆罗多》，这样一部百科全书式的史诗。也就是说，一个梵文学者决定翻译《摩诃婆罗多》，就意味着要为它奉献自己一生中的学术成熟期。幸运的是，我们这个中文全译本依靠集体的力量，最终得以完成，没有夭折。然而，这项翻译工程的发起人，我的同学赵国华已于1991年英年早逝（享年四十八岁）；我们的老师金克木先生亲自翻译了《初篇》前四章，为我们确立了翻译体例，此后经常关心我们的翻译进程。他也未能见到这项翻译工程完工，而于2000年去世（享年八十八岁）。现在，全诗译稿已经完成，即将付梓出版，也可告慰他俩的在天之灵了。②

---

① 黄宝生：《梵学论集》，中国社会科学出版社，2013年，第212页。
② 黄宝生：《梵学论集》，中国社会科学出版社，2013年，第213页。

值得高兴的是，在黄宝生的主持下，这个在当今世界仅有的三种《摩诃婆罗多》文本之一于2005年在中国诞生了。这是一份用艰苦努力换来的荣誉。同年，黄宝生将《摩诃婆罗多》汉译本前言、各篇导言以及后记汇编出版单行本《摩诃婆罗多导读》，受到读者欢迎。

当代著名哲学家汤一介说："只有'无待'（无所待），即排除（或者超越）一切外在的条件，才有可能达到真正的自由。庄子对'无待'的解释是：如果人能靠自己的精神力量，顺应自然，把握各种变化，超越外在条件的限制，这样就可以是'无所待'的。能够做到'无所待'的只有'至人'、'神人'和'圣人'，因为'至人无己''神人无功''圣人无名'。"[①]所以古人说，善始者不必善成，又说"功成不必在我"。这是鼓励开创精神。《摩诃婆罗多》汉译，黄宝生不是最早的开创者，但是他协调、组织力量，并且身体力行，终于圆满完成《摩诃婆罗多》的汉译出版。这在《摩诃婆罗多》的世界翻译史上功不可没。善始善终是人们的向往，我们既需要开创之功，也需要善成之功。黄宝生是世界学术难题《摩诃婆罗多》翻译史上的一位善成者，功莫大焉！

（二）研译汉译佛经发新声

中华文明三千年不衰，重要原因之一是擅长文化交流，先后两次引进、消化、吸收了印度文化和欧美文化。第一次，引进印度文化，以佛教东渐为主要渠道，始于汉末终于明初。第二次，引进欧美文化，始于明末耶稣会士东来，至今仍在进展之中。而引进印度文化，以佛经汉译为主轴，一切文学、语言、艺术、民俗、医学、科技的交流，都由佛经汉译带动而起。研究佛经汉译史，是国内外研究中外文化关系史的重要内容。著名学者侯传文在《中印佛教文学比较研究》中说："在中国佛经翻译史上留下姓名的翻译家有数百人，贡献较大的著名翻译家有安世高、支娄迦谶、支谦、竺法护、昙无谶、鸠摩罗什、觉贤、菩提流支、真谛、玄奘、义净、实叉难陀、不空等数十位，其中鸠摩罗什和玄奘是两位划时代的译经大师。"[②] 看到这长串令人目眩的译经大师的名字，就可知道历时一两千年的佛教东传，是一部多么波澜壮阔、绚丽多彩的历史大剧。

除了研究佛教东渐史，近代以来，西方学者和日本学者对佛经校刊也做出了令人瞩目的成果。但由于汉语难懂，西方学者遇到了巨大困难。看到这

---

① 汤一介：《汤一介哲学精华编》，北京联合出版公司，2015年，第500页。
② 侯传文：《中印佛教文学比较研究》，中华书局，2018年，第60页。

种情形，黄宝生调整了自己的研究进程，在梵语诗学研究取得阶段性成果之后，抽出时间从事梵汉佛经对勘研究，取得了非凡成绩，先后译注出版了《入楞伽经》《入菩提行论》《维摩诘所说经》三部佛经的梵汉对勘本，国内外佛教学术界反应热烈。

黄宝生是一位自强不息、埋头苦干的学者，同时，又是一位富有哲思的学者。2007年至2009年，他开设了一个梵文研读班，效果极好。

而就在2009年，中国社会科学院接受了国家社科基金重大委托项目《梵文研究及人才队伍建设》。为此，中国社会科学院成立了梵文研究中心执行这个项目。在培养人才方面，开设了一个学期为三年的梵文班。在研究方面，制定了有关梵学各领域的研究计划。我一方面分担梵文班教学任务，另一方面主持编辑出版《梵汉佛经对勘丛书》。梵汉佛经对勘研究不仅有助于读解梵语佛经原典和古代汉译佛经，也对佛教思想史、佛教翻译史和佛教汉语研究具有重要的学术意义。[1]

既出成果，又出人才，这个梵文班是成功的范例。在学员们的要求和协助下，黄宝生又将讲课的"梵文原文、汉语译文和语法解析三部分"，编成《梵语文学读本》出版。读本逾百万字，入选佛经有《心经》《金刚经》《阿弥陀经》《药师琉璃光王经》《大事》《神通游戏》《维摩诘经》《妙法莲华经》《十地经》《金光明经》《美难陀传》《撰集百缘经》《本生鬘》凡十三部，受到业内人士的好评与欢迎。

黄宝生开设梵文班的目的，主要是为佛经梵汉对勘培养人才。20世纪50—70年代，中国台湾地区编辑出版了迄今为止经文数目最多的汉文《中华大藏经》。20世纪80—90年代，中国大陆着手编辑汉文版《中华大藏经》，以著名的《赵城金藏》为基础，又以另外八种汉文大藏经为校本，且每卷经文后列出校勘记。至今"正编"已出版，"续编"正等待出版。黄宝生认为"这种收集经文完备又附有'校勘记'的新编汉文大藏经是为汉传佛教文献的整理和研究奠定坚实的基础。在此基础上，可以进一步开展标点和注释工作。"[2]黄宝生接着又进一步指出："与汉文大藏经的总量相比，出自现代中国学者之手的汉文佛经的标点本和注释本数量十分有限。为何这两种《中华大藏经》都采取影印本，而不同时进行标点工作？就是因为标点工作的前期积累太少，目前还没有条件全面进行。"[3]

---

[1] 黄宝生：《梵学论集》，中国社会科学出版社，2013年，第5页。
[2] 黄宝生：《梵学论集》，中国社会科学出版社，2013年，第319页。
[3] 黄宝生：《梵学论集》，中国社会科学出版社，2013年，第319页。

黄宝生如此孜孜不倦地专心于佛经梵汉对勘，是基于他对这项工作的学术价值的理解。他认为至少体现在"有助于解读汉译佛经""有助于解读梵文佛经""有助于佛教汉语研究""有助于中国佛经翻译史研究"。"鉴于上述学术理念，我们决定编辑出版《梵汉佛经对勘丛书》，由国内有志于从事梵汉佛经对勘的学者分工协作完成。这是一个长期计划，完成一部，出版一部，不追求一时的速度和数量。"①

作为一名学者，有了正确的方向，又有了正确的方法，就能气定神闲、从容不迫地从事佛经梵汉对勘。他首先完成《梵汉对勘入楞伽经》，然后又完成《梵汉对勘入菩提行论》《梵汉对勘维摩诘所说经》《梵汉对勘神通游戏》《梵汉对勘佛所行赞》《巴汉对勘法句经》《梵汉对勘阿弥陀经·无量寿经》等。为什么选择《入楞伽经》作为梵汉对勘的第一部佛经？首要原因是它具有代表性。黄宝生在导言中认为："《入楞伽经》传入中国后，不仅成为唯识宗的重要经典，而且催生了禅宗。禅宗可以说是印度佛教在中国获得创造性转化的典范。"他还进一步认为："佛教传入中国。自然也包括禅法。因而，早期的汉译佛经中，也有专论禅法的佛经，或属于小乘，或属于大乘。但无论小乘或大乘，坐禅观想的形式是一脉相承的，只是观想的义理有所区别。而印度的佛教禅法向中国禅宗的转化，缘起于《入楞伽经》的传入。"②

在佛经中，《入楞伽经》一直号称"难啃"。啃硬骨头一直是中国学者的学术本色。《入楞伽经》的难啃，是黄宝生选它作为梵汉对勘第一经的又一个重要原因。当然，还有规模足够大（全书近七百页，六十万字），具有说服力，也是重要原因。黄宝生对《梵汉佛经对勘丛书》的基本学术设想是："一、订正梵文佛经校刊本和汉译佛经中的文字讹误或提供可能的合理读法。二、指出梵文佛经与汉译佛经的文字差异之处。三、指出汉译佛经中的误译之处。四、疏通汉译佛经中的文字晦涩之处。五、诠释梵文佛经和汉译佛经中的一些特殊词语。由于我们已经提供了现代汉语今译，也就不需要逐句作出对勘说明，而可以依据实际需要，有重点和有选择地进行对勘注释。"③

披览《梵汉对勘入楞伽经》《梵汉对勘入菩提行论》和《梵汉对勘维摩诘所说经》等书，特别是细读每部佛经的导言和"梵汉佛经对勘丛书"总序，可知黄宝生对梵汉佛经对勘有着缜密的总体思考，至少解决了三个问题：第一，解决了历代校订者、对勘者遗留下来的问题；第二，解决了现代人阅读佛经困难的问题；第三，为进一步研究、开发梵汉佛经这一宝藏打开了一扇

---

① 黄宝生：《梵学论集》，中国社会科学出版社，2013年，第323页
② 黄宝生译注：《梵汉对勘入楞伽经》，中国社会科学出版社，2011年，第14页。
③ 黄宝生译注：《梵汉对勘入楞伽经》，中国社会科学出版社，2011年，第9页。

方便之门。

这扇方便之门通向一个伟大的精神世界,他深知路途遥远,所以在"梵汉佛经对勘丛书"总序结束时写道:"千里之行,始于足下。不管前面的道路怎样艰难曲折,让我们现在就起步,登上征程吧!"我们有理由相信,在黄宝生的带领、指导下,他的后继者一定会在梵汉佛教对勘及整个佛经研究的道路上,开出一片新天地!

(三) 中国现代梵学的一代宗师

黄宝生在《摩诃婆罗多》翻译研究、梵汉对勘佛经和印度诗学研译等方面所取得的卓越成就,奠定了他在中国当代学术界的地位。学而优则仕,在中国是一种正常的社会现象,而不是一种个人追求。这一点,在黄宝生身上体现得十分突出。

他1985年任中国社会科学院外国文学研究所(简称外文所)副所长,1987年任中国外国文学学会秘书长,1988年晋升研究员,1998年任外文所长兼《世界文学》主编,1999年任中国外国文学学会会长,2006年当选中国社会科学院学部委员会。职位的进步都是他脚踏实地走出来的,而不是他谋来的,一旦在位,他决不尸位素餐,一定将分内之事做好。

他担任外文所所长和中国外国文学学会会长期间,工作有条不紊,稳步推进。他不但让外文所工作出现了新气象,还积极向院部建议。2004年,他在纪念外文所成立四十周年的发言中指出:"'优秀的人才,优良的学问,优质的成果'一直是我们外文所追求的学术目标。"[①]他是这么说的,也是按照"三优"的标准要求自己的。同时,他还按"三优"标准衡量、评价他人。在学术名家自述《黄宝生》中,有一篇《我的同学蒋忠新》,告诉读者:蒋忠新"在我们班上梵文成绩名列前茅",由他翻译出版的《摩奴法轮》是"研究印度古代社会的必读文献",他"受季羡林先生委托,在北京大学东语系开设梵文课,直至1985年底,因病授课中断",他还忍受病魔折磨"完成了收藏在西藏布达拉宫和罗布林卡的三部《妙法莲花经》写本的转写工作",在他2002逝世之后出版。"上述这些著作是他长期忍受病痛折磨下完成的,可谓是呕心沥血之作。"文章最后写道:"我们应该永远铭记中国现代梵学史上这位可敬的梵文学者。"[②] 这是怀人文章中让人最为感怀的一篇。蒋忠新60岁病逝,给中国梵学界带来莫大的悲痛,大家约好不告诉在病中的季羡林先生。可是,

---

[①] 黄宝生:《黄宝生》,社会科学文献出版社,2017年,第184页。
[②] 黄宝生:《黄宝生》,社会科学文献出版社,2017年,第176页。

有一次蒋忠新的夫人去301医院，经不住老人询问，顿时泪如泉涌，以实相告，季先生悲从心来，竟老泪滂沱。这就是中国的师生情、同学情。

黄宝生除了用"三优"标准论人，还花更加巨大精力培养"三优"人才。在2001年中国社科院暑期工作会议上，他作了题为"人才问题，迫在眉睫"的发言，获得积极反应。2002年，他又在院暑期工作会议上作题为"以研究为主，以提高为主"的发言。他说："总之，以研究为主，以提高为主，出优秀成果，出优秀人才，是我们所作为中国社科院的研究所的学术定位，也是我们所的学术命脉所在，是我们所的价值所在，也是我们所对国内学术界的贡献所在。"①

出优秀成果，培养优秀人才，是黄宝生持之以恒的两条生命线。他一辈子从来没有松懈过，更没有放弃过。2007年至2009年开设梵文研读班，2009年开始主持国家社科基金重大项目"梵文研究及人才队伍建设"，黄宝生秉持的就是出优秀成果，培养优秀人才的思想路线。据不完全统计，黄宝生先后出版了七十多部各类著作，除了前面介绍的印度诗学研究、梵汉佛经对勘以及翻译类和文学史类的著作外，还包括《梵英词典》《巴利语英语词典》《混合梵语语法与词典》等工具书。据不完全统计，黄宝生迄今已有各类著作总字数在两千万字以上。

黄宝生除了开课讲学之外，还像师傅授徒一样，手把手教授学生，请学生和他一起搞研究，直接参与他的课题研究，并在书中写明学生的工作。例如：在《梵汉对勘入楞伽经》导言的结尾，他写道："本书全部文稿主要由常蕾帮助我输入电脑。她也有志于从事梵汉佛经对勘研究，故而工作充满热情，又细致认真。在此，对她深表感谢。"② 在《梵汉对勘入菩提行论》导言中，他这样结尾道："本书全部文稿主要由郑国栋帮助我输入电脑。这些年来，他经常为我做一些学术辅助工作，积极热情，认真负责，在此，我向他表示衷心感谢。"③

除此二者，其他各种梵汉对勘佛经，黄宝生都照此对参与工作的学生具名致谢。虽然寥寥数行字，但对学生辈来讲已是无上荣光：由老师之笔将自己的名字和《入楞严经》《入菩提行论》等不朽经文联系在一起，世界上还有比这更荣耀的学艺生涯吗？

黄宝生培养人才，身教胜于言教，不仅是青年学子的经师，更是他们的人师。从出优秀成果和培养优秀人才两个维度看，2009国家社科基金重大项

---

① 黄宝生：《黄宝生》，社会科学文献出版社，2017年，第180页。
② 黄宝生译注：《梵汉对勘入楞伽经》，中国社会科学出版社，2011年，第22页。
③ 黄宝生译注：《梵汉对勘入菩提行论》，中国社会科学出版社，2011年，第7页。

目"梵文研究及人才队伍建设"是一个极为成功的富有生命力的项目。项目的首席专家黄宝生不愧为中国现代梵学一代宗师,是青年学子学习、效法的榜样。

二、印度诗学研译的里程碑

黄宝生的学术贡献是多方面的,最主要的除了大史诗《摩诃婆罗多》研译、梵汉佛经对勘和青年梵文人才培养之外,更重要、影响更巨大的是对印度诗学的创造性研译。他的研译具有不可替代性,不但是中国印度诗学研译的高峰,也是世界印度诗学研究的一大高峰,获得了中外学者的好评与肯定。他的印度诗学研译主要由两部分组成,一是专著《印度古典诗学》,二是《梵语诗学论著汇编》,两者的关系犹如花店和花园或水果店与果园。一般的读者是通过《印度古典诗学》来认识和了解印度诗学的,如果要进一步更深入地、更广泛地认识和了解印度诗学,则可以阅读《梵语诗学论著汇编》。这样,就像逛完花店、水果店,再来到花园、果园,有货真价实、美不胜收的感觉。

(一)《印度古典诗学》的价值与影响

黄宝生的《印度古典诗学》1993年甫一问世,就受到学术界的欢迎。一是因为当时中国正流行文化热、美学热,《印度古典诗学》的出版,正当其时,受到欢迎是情理中的事情。二是印度文化包括诗学、美学的神秘性,既引起社会一般读者的兴趣外,也受专业学者需要。

《印度古典诗学》从1993年出版开始,就一直引起专业学者的重视。各种相关论著对其进行追踪研究和评述。

> 21世纪的第一个十年里,在中国的印度文学研究领域,出现了一个令人喜悦的学术小气候,相继出版了四种中印文学比较的专著:郁龙余的《中国印度文学比较》(中国社会科学出版社,2001年)、薛克翘的《中印文学比较研究》(昆仑出版社,2003年)、刘安武的《印度文学和中国文学比较研究》(中国国际广播出版社,2005年)和唐仁虎的《中印文学专题比较研究》(北岳文艺出版社,2007年)。这四本书的研究领域相同,但内容互不雷同,各有所长。[①]

上述四种著作都不同程度地从黄宝生的《印度古典诗学》中获取了营养。

---

① 郁龙余、刘朝华:《中外文学交流史·中国-印度卷》,山东教育出版社,2015年,第360页。

《中国印度文学比较》是中印文学比较的四本著作中的第一本,受到不少学者好评。季羡林先生为此书亲笔题写了书名。著名比较文学家乐黛云在《小序》中说:"'中印审美主体构成'、'中印文化与味觉思维'、'中印味论诗学比较'、'中印修辞论比较'各章则相当系统地总结了东方美学的一些特点,为美学研究提供了很多非常重要的侧面。应该说这本书不仅是当下比较文学研究的重要成果,而且也是美学研究、印度文学研究和文化研究的重大成果。"① 她还说:"十余年来,龙余一直坚持在这方面积累资料,深入钻研,经过长期酝酿,写成了这部新作。本书的绝大部分都是新的论述,特别是关于中印文学的作者身份、喜剧情结、女性意识、宗教关系等研究大都是发前人所未发。"②

此书之所以受到季羡林、乐黛云的如此肯定,其中的一个重要的内在原因是我认真阅读了季羡林、金克木、黄宝生的一系列有关印度文化和诗学的论述,对印度诗学有了比以往更为真切而深入的认知,撰写时心中比较有底气。这种底气,很重要的一个来源是《印度古典诗学》这本中国学者研究印度诗学的标志性著作。

《梵典与华章》一书中专设一节《盛名无虚 发愿之作——黄宝生及其〈印度古典诗学〉》,认为黄宝生怀着"师承的学术责任"和"时代的学术责任",对印度古典诗学进行了深入、全面的研究,产生了许多创新论断。例如:"黄宝生得出结论,在古代文学论著中,西方倾向哲学化批评,印度倾向形式化批评,中国倾向诗化批评。言简意赅,一语中的,是对中、西、印诗学的不刊之论。"③

《印度古典诗学》是"发愿之作",黄宝生不图名,不图利,只求对学术负责,对读者负责,十年磨一剑,所以该作一问世便深得好评。"在黄宝生众多研究成果中,以《印度古典诗学》最为重要,在学术界赢得很高声誉。此书自1993年出版至今才11年,已成为当代学术名著。"④"黄宝生数十年埋头笔耕,终成印度古典诗学大家。中国人学习印度古典诗学,最好的途径就是从研读他的《印度古典诗学》做起。"⑤ 这是我的心得体会,如实地告诉读者。

2006年出版的《中国印度诗学比较》,同样受到季羡林、乐黛云的肯定与好评。乐黛云在《〈中国印度诗学比较〉序》中说:"龙余对于中印文学的研

---

① 郁龙余:《中国印度文学比较》,中国社会科学出版社,2001年,第1页。
② 郁龙余:《中国印度文学比较》,中国社会科学出版社,2001年,第1页。
③ 郁龙余等:《梵典与华章:印度作家与中国文化》,宁夏人民出版社,2004年,第261页。
④ 郁龙余等:《梵典与华章:印度作家与中国文化》,宁夏人民出版社,2004年,第259页。
⑤ 郁龙余等:《梵典与华章:印度作家与中国文化》,宁夏人民出版社,2004年,第266页。

究称得上是'十年积累，十年思考'，虽然由于种种原因不免断断续续，但始终是连成一线而结出了硕果！目前这部《中国印度诗学比较》不愧是在坚实的学术资料基础上长期铸造出来的集大成之作。"[1] 曹顺庆、尹锡南认为："《中国印度诗学比较》一书锐意创新，提出了许多新的学术见解，发人深思，启迪心智。……不仅开拓了中印文学比较研究的新领域，深化了中印文化关系研究，还可以视为东方诗学比较研究领域的第一块里程碑。"[2]

《中国印度诗学比较》的问世，引起了印度学者，特别是印度的中国学家的重视。著名印度学家谭中认为，"像这样的学术工作，中外学术界都每每望而却步，郁龙余带领的研究集体不畏困难，取得成就，十分难得，已经变成中印研究基本工具书之一"[3]。尼赫鲁大学狄伯杰教授称《中国印度诗学比较》是一部杰出而深刻的著作，"是一本关于中国印度诗学的原创性理论著作，不仅照亮了中国诗学的新征程，也照亮了印度诗学的新征程"[4]。尼赫鲁大学的墨普德教授认为，"《中国印度诗学比较》在中印文艺比较与艺术关系史上是一个重要的里程碑。该书蕴含着中印审美观的精髓，对研究中印诗艺美学的学者而言，具有极大的学术价值"[5]。

此外，《中国印度诗学比较》还受到了业师刘安武先生的好评，说此书有创造性。中国印度文学研究资深学者苏永旭教授在同我的来信中说："《中国印度诗学比较》，实际上指的也就是《中印比较诗学》，是中印比较诗学领域的开山之作。在中国诗学史或中国文艺理论发展史上具有重要地位。"[6]

《中国印度诗学比较》受到好评与肯定，我作为作者，认为还是要归功于黄宝生和他的《印度古典诗学》。如果没有《印度古典诗学》，《中国印度诗学比较》一定不能这么成功。例如，我在书中对印度诗学著作的版本传播情况列表介绍，一目了然。此表材料正来自《印度古典诗学》一书，所以我特别注明："详见黄宝生《印度古典诗学》，北京大学出版社，1993年，第230—255页。"[7]

作为一代印度梵学大家，黄宝生先生对我们的研究的关心支持是多方位的。在后记中，我们写道："特别感谢黄宝生先生，他一直对深大的印度研究

---

[1] 郁龙余等：《中国印度诗学比较》，昆仑出版社，2006年，第36页。
[2] 曹顺庆、尹锡南：《突破"中西主义"学术研究范式的新尝试——简评郁龙余等著〈中国印度诗学比较〉》，《外国文学研究》，2007年第5期。
[3] 《谭中致深圳大学校长章必功信》，2007年10月23日。
[4] 《狄伯杰致深圳大学的推荐信》，2007年10月23日。
[5] 墨普德（Priyadarsi Mukherji）对《中国印度诗学比较》一书的评论，2009年1月16日。
[6] 苏永旭2020年3月25日短信。
[7] 郁龙余等：《中国印度诗学比较》，昆仑出版社，2006年，第192页。

给予特别的支持。我们的学生因撰写论文的需要，请他提供《诗探》的译文，他译出打印后寄来。大家十分感动，因为他与这位学生素昧平生，因为他特别忙。"①

一部学术著作的地位，主要取决于其学术价值和影响意义，二者互为表里，相辅相成。2016 年，《中国外国文学研究的学术历程·印度文学研究的学术历程》出版，再次对黄宝生的《印度古典诗学》做出高度评价，认为"《印度古典诗学》之后的 1990 年代，中印诗学比较研究迎来春风缕缕，一系列相关的研究成果相继面世，对学科的发展起到关键的助推作用"②。书中引述、分析了乐黛云主编的《世界诗学大辞典》、曹顺庆主编的《东方文论选》和倪培耕的《印度味论诗学》。"据统计，《世界诗学大辞典》中的印度诗学部分有将近二十万字（倪培耕执笔），汇集了印度诗学概念、形式技巧、文体风格、文论流派、重要文论家和文论著作等条目，是印度诗学研究案头常备的参考书目之一。"③"《东方文论选》首次较为全面地介绍了东方各国文论，其中印度诗学部分约占三十万字，除收录了金克木的五篇译文和黄宝生翻译婆摩诃《诗庄严论》、胜财《十色》、新护《舞论注》等片段外，还增加了赵康依据司徒·旦贝宁杰《诗镜梵藏两体合璧》译出的《诗镜》第二章全部和第三章前半部分。《东方文论选》的主编曹顺庆在书中序有四万字的长文《东方文论的历史地位和理论价值》，在世界文论史的背景下，将东西方的文论'同台并论'，为中印诗学比较开拓了新的研究视野。"④ "值得一提的还有倪培耕的《印度味论诗》（漓江出版社，1997 年），这是中国第二部研究印度古代文论的专著，也是目前唯一的一部印度诗学专题论著。"⑤

从上述引文中已经可以看出《印度古典诗学》的学术价值和影响意义。决定其影响大小的是时间。《印度古典诗学》学术价值的体现及影响，随着时光的流逝而不断显现。上述著作都是黄宝生《印度古典诗学》一书的得益者。如果说《印度古典诗学》是印度诗学研究的一棵大树，那么上述著作则是这棵树上的枝丫和果实。如果没有黄宝生的《印度古典诗学》这棵大树，那么

---

① 郁龙余等：《中国印度诗学比较》，昆仑出版社，2006 年，第 598 页。
② 郁龙余、黄蓉等：《中国外国文学研究的学术史历程·印度文学研究的学术历程》，重庆出版社，2016 年，第 255 页。
③ 郁龙余、黄蓉等：《中国外国文学研究的学术史历程·印度文学研究的学术历程》，重庆出版社，2016 年，第 255 页。
④ 郁龙余、黄蓉等：《中国外国文学研究的学术史历程·印度文学研究的学术历程》，重庆出版社，2016 年，第 255 页。
⑤ 郁龙余、黄蓉等：《中国外国文学研究的学术史历程·印度文学研究的学术历程》，重庆出版社，2016 年，第 255 页。

这些枝丫、果实就无从谈起。

(二)《梵语诗学论著汇编》与梵典新译风

黄宝生对印度诗学的研究、翻译的贡献,其一是撰写、出版《印度古典诗学》,其二就是编译、出版《梵语诗学论著汇编》。前者为广大读者了解印度诗学提供了可靠的门径,后者为进一步深入研究印度诗学的学者提供了方便。

梵语是世界上最难学的古老语言,一般来说不太可能为了研究印度古典诗学而去专门学习梵语。所以,最好的办法,就是由金克木、黄宝生这样的梵文、中文都好的专家,将印度古典诗学论著译成汉语,供大家学习研究。

然而,梵语诗学的汉译是难的,金克木、黄宝生一直在努力,但短时间内不能满足大家的需求。2008年,黄宝生在老师的鼓励和自己的努力下,终于出版了上下两册《梵语诗学论著汇编》,给中国比较文学界和诗学研究者带来了莫大惊喜。尹锡南著文说:"(《汇编》)使我们得以一窥梵语诗学名著的全貌,了解梵语诗学基本原理和发展脉络,从而为更好地研究梵语诗学乃至印度文学创造了基本条件……将极大地促进中国比较诗学的发展。"[1]

学术影响以学术质量为基础。黄宝生翻译梵语诗学,首先是为自己撰写《印度古典诗学》所用,所以他非常重视译文质量和实用价值,正如他自己所说:"我研究梵语诗学是与翻译梵语诗学著作同步进行的,研究梵语诗学首先要阅读和理解梵语诗学原著,翻译也是阅读,而且是'精读'。'精读'有助于加深理解。而理解的过程也就是研究的过程。同时,以研究和理解为基础,才能保证翻译的质量。因而,对于我来说,梵语诗学的研究和翻译,两者相辅相成,不可或缺。"[2]

我是《梵语诗学论著汇编》的受用受益者,将自己的真实感受写在《中国外国文学研究的学术历程·印度文学评论研究的学术历程》之中:

> 全书汇编了《舞论》、《诗镜》、《韵光》、《诗探》、《曲语生命论》、《文镜》、《舞论注》、《诗庄严论》、《十色》、《诗光》(其中前六部是全译,后四部是选译)等十部最具代表性的梵语诗学作品,为中国读者提供了更多的梵语诗学原始资料,将中国印度诗学的原典译介事业推向了全新的高度。《汇编》译风严谨、注释明晰,有不少印度诗学流派的重要理论均为中国首次翻译,这在梵语学者屈指可数、梵语汉译作品凤毛麟角的

---

[1] 尹锡南:《〈梵语诗学论著汇编〉的学术意义》,《外国文学评论》,2008年第3期,第148页。
[2] 黄宝生编译:《梵语诗学论著汇编》,昆仑出版社,2008年,第3页

当代中国，有十分重要的意义。①

在 2008 年出版《梵语诗学论著汇编》上下册之后，黄宝生的研究重心转到了梵汉佛经对勘和对青年梵学人才的培养之上。让学术界惊喜和钦佩的是，他没有停止梵语诗学的翻译。2019 年，两册《梵语诗学论著汇编》的增订本由中国社会科学出版社出版。虽然没有完全按照他心中的目标完成《舞论》有关音乐的内容，因为他"不懂印度音乐乐理，力所不逮，只能留下遗憾"，黄宝生还是对《梵语诗学论著汇编》（增订本）出版后的效果充满信心。他在后记末尾写道："我相信它基本上能满足国内学界了解和研究梵语诗学的需要，尤其希望国内的比较诗学研究，不局限于中西诗学比较，也能将印度诗学纳入其中，成为具有更开阔的世界视野的比较诗学研究，为中国文艺理论建设和创造性发展作出贡献。"② 全书 1600 多页，129 万字，在让人惊喜、钦佩的同时，也足以让人震撼。梵语诗学汉译是世界上最难的翻译之一，他竟译得如此完美，不但信、达、雅，而且顺。这个顺，就是顺古，是对梵语经典汉译的特殊要求，必须和古代佛经翻译在译风及核心概念、神名、人名的对译上保持一致与和顺。当然，这种一致与和顺也需与时俱进，所以译经史上曾有旧译、新译之说。黄宝生的梵语诗学汉译包括合译的《本生经故事选》《摩诃婆罗多》《故事海选》，独译的《惊梦记》《梵语文学读本》《梵语佛经读本》《奥义书》《薄伽梵歌》《瑜伽经》，以及诸多梵汉对勘佛经的今译，全部都有信、达、雅、顺的风格特征。

黄宝生的信、达、雅、顺译风，是继承季羡林、金克木的译风发展而来的，而季羡林、金克木的译风，则是继承中国古代四大译经家等开创的中国佛经译风发展而来。可以说，黄宝生及其师长季羡林、金克木开创了中国梵典新译风。中国梵典新译风，是时代的产物，其特征就是信、达、雅、顺。黄宝生半个多世纪的耕耘，为中国学术带来的不仅有两千多万字的论著、译作，学术楷模的榜样作用，还有中国梵典新译风。

作者简介：
郁龙余，深圳市人文社会科学重点研究基地深圳大学印度研究中心教授、主任，主要从事印度学、中印文化关系研究。

---

① 郁龙余、黄蓉等：《中国外国文学研究的学术史历程·印度文学研究的学术历程》，重庆出版社，2016 年，第 256 页。

② 黄宝生编译：《梵语诗学论著汇编》（增订本），中国社会科学出版社，2019 年，第 1612 页。

印度古代文艺理论重要范畴及其话语生成机制*

尹锡南

摘　要：印度古代文艺理论的重要范畴和话语体系在世界上独树一帜。本文从文艺理论范畴的刚性（稳定性、恒常性）和思想话语的弹性（衍生性、变异性）的双重视角出发，在扼要介绍印度古代文艺理论发展轨迹的基础上，归纳印度古代文艺理论经典范畴，并思考这些范畴的话语生成机制，涉及其理论化、体系化的历史文化因子。本文还简略论及其世界意义，涉及其历史影响和跨文化传播。

关键词：印度　古代文艺理论　梵语诗学《舞论》　婆罗多

当代中国学者研究中外文艺理论，常常绕不开"文论范畴""文论话语""话语体系"等词汇。在西方，"范畴"是一个历史悠久的概念，可以追溯至古希腊亚里士多德时期。"话语"似乎是一个晚近的概念，大多数人倾向于将其与法国哲学家福柯相联系。与相对稳定的范畴相比，当下中国学术语境中的话语似乎多了一层意识形态化的色彩和动态的、弹性的特征。本文探讨的对象是广义的、古代印度意义上的文艺理论范畴，涉及文学理论（包括现代意义的戏剧论、诗论）和艺术理论（包括乐舞论、绘画造像论等）两大主要领域的重要范畴或曰经典范畴。依据国内外当下的学术语境或惯例，本文一般不对文学理论和诗学、诗学理论做严格的概念区分，也不对古典文论和古代文论、古典诗学等做严格区分，而是等而视之。

---

* 本文为国家社科基金重大招标项目"东方古代文艺理论重要范畴、话语体系研究及资料整理"（项目编号：19ZDA289）阶段性成果，并受四川大学"从 0 到 1 创新研究项目"（项目编号：2021CXC18）资助。

一、印度古代文艺理论的发展轨迹

在进入印度古代文艺理论重要范畴的梳理前，先对其发展轨迹做一大致介绍。这里所谓的文艺理论，主要包括古典梵语文学理论与艺术理论两方面的内容。

印度古代文学理论经历了萌芽期（公元前16世纪到公元初）、古典诗学（公元初至12世纪）、中世纪诗学（12世纪至19世纪中叶）等几个发展阶段。① 印度学者将梵语诗学发展分为四个阶段，即从《舞论》的出现到婆摩诃的形成阶段，从婆摩诃到欢增的创造阶段，从欢增到曼摩吒的阐释阶段以及从曼摩吒到世主的保守阶段。② 印度学者承认，限于古代史料缺乏等复杂因素，要确定某些梵语诗学家的生卒年很难。历史证据的不足，给确认梵语诗学发展演变的历史轨迹带来不小的挑战。有时，只能通过梵语诗学著作的某些年代记载或引文信息，来确认文本与文本间的先后顺序或某位诗学家的大致生活年代。③

先看梵语诗学的形成阶段。在这一阶段，最重要的著作是公元前后出现的婆罗多的《舞论》，它的很多基本原理启蒙了后来"独立成家"的梵语诗学。《舞论》中的情、味、庄严、诗德、诗病等理论范畴，成为后来梵语诗学著述的几大基石。《舞论》可谓名副其实的梵语诗学之源，这与亚里士多德的《诗学》之于西方诗学的深远影响有些类似。现代学者很难在婆罗多到婆摩诃的几百年中寻觅到现存的梵语诗学著作。20世纪以来，虽有不少学者致力于揭开这一时期有无诗学著述的历史之谜，但它依然是至今无法破解的学术难题。原因无它，相应历史文献严重缺乏或记载不详。

接下来是从婆摩诃到欢增，即从7世纪到10世纪左右共300多年的梵语诗学创造性阶段。生活于7世纪的婆摩诃的《诗庄严论》是印度现存最早的独立的诗学著作，它的出现标志着有别于梵语戏剧学的梵语诗学正式产生。《诗庄严论》和稍晚出现的檀丁的《诗境》都引述了前人的诗学观点，这说明，梵语诗学论著的实际存在或许早于7世纪，但大约不会早于公元五六

---

① 关于梵语诗学的发展轨迹，参阅黄宝生《梵语诗学论著汇编》（上册，昆仑出版社，2008年）的导言。

② R. C. Dwivedi, ed., *Principles of Literary Criticism in Sanskrit*. Delhi: Motilal Baranarsidass, 1969, p. 190.

③ Sujit Mukherjee, ed., *The Idea of an Indian Literature: A Book of Readings*. Mysore: Central Institute of Indian Languages, 1981, p. 2.

世纪。

公元 10 世纪至 13 世纪的几百年里，梵语诗学进入阐释阶段。这一时期出现了一些以前辈学者著作或某个原理为基础进行文论建构的诗学家。这包括取得味论诗学最高成就的新护，其《舞论注》阐释《舞论》中的味论，其《韵光注》中阐释欢增的韵论，创立了许多非常有价值的新理论；曼摩吒则以教科书性质的《诗光》，对以往的梵语诗学成果进行全面总结。这一时期出现的梵语戏剧学著作包括沙揭罗南丁的《剧相宝库》等。

梵语诗学在 12 世纪左右衰落，开始进入创造力明显疲软的几百年保守期，这与当时印度社会文化的急剧变化有关。梵语诗学发展出现衰落，存在很多原因。当然，考虑到中世纪时期梵语虔诚味论的流行，也不能简单地认为这一时期的梵语诗学发展已经完全停滞。

现代学者一般都将 17 世纪世主的《味海》视为梵语诗学终结的标志。因为，尽管在世主之后还出现了很多梵语诗学著作，但它们在学术深度方面均无法与《味海》相比拟。当然，追溯梵语诗学发展史，不能放弃对那些二流、三流著作的打量，甚至必须将梵语诗学的近现代变异发展纳入研究视野。①

接下来，再对印度古典音乐论、舞蹈论的发展做一简介，并对绘画、造像与建筑艺术论的发展进行简要说明。

就印度古典文艺理论整体而言，除了文学理论外，最丰富的当属音乐理论，造像艺术与建筑艺术论也极为丰富多彩。可以说，印度古典音乐理论的历史发展，是与印度古典诗学相伴而行、交相辉映的。

印度古典音乐理论的发展大致可以分为三个发展阶段：公元初至 7 世纪为古典音乐理论的萌芽与成形期，公元 7 世纪至 13 世纪为发展过渡期，公元 13 世纪至 18 世纪为繁荣成熟期。19 世纪以来，印度音乐进入接受西方音乐理论影响的现代发展时期。

有学者指出："作为一种高雅的艺术，印度音乐至少已有三千年历史。"② 但是，作为一种理性思考，印度古典音乐论的发端要大大晚于音乐实践。附属于《娑摩吠陀》的《乾达婆吠陀》探讨古典音乐和舞蹈原理。六吠陀支之一的式差论论述语音学，也涉及对《娑摩吠陀》音乐要素的探讨。这类著作中唯一流传至今的是那罗陀所著《那罗陀示教》，它大约出现于基督纪元之初，比内容更为丰富的婆罗多《舞论》和多提罗《多提罗乐论》或许出现得更早，也可能出现于同一时期。

---

① 尹锡南：《印度文论史》（上），巴蜀书社，2015 年，第 22—35 页。
② Ananda Coomaraswamy, *The Dance of Shiva: Fourteen Indian Essays*, Bombay: Asia Publishing House, 1948, p.102.

上述三部著作是印度古典音乐论最早的代表性著述，其中又以婆罗多的《舞论》最为知名。《舞论》和《多提罗乐论》之后，印度古典音乐进入发展过渡期，这一时期最为知名的当属公元 7 世纪出现的摩腾迦的《俗乐广论》，稍后出现的那罗陀的《乐舞蜜》也值得关注。

摩腾迦和那罗陀对各种"拉格"（raga，旋律框架或曲调体系）的论述，完成了印度古典音乐理论的过渡，其内涵是音乐理论从婆罗多时期的偏于抽象论述演变为理论思考与表演实践并重。印度中世纪音乐理论以一部名著为开端和标志，这就是 13 世纪的《乐舞渊海》。

13 至 18 世纪，印度出现了很多音乐论著，其中很多兼论舞蹈甚至戏剧表演，这是对《舞论》传统的自然延续，这标志印度古典音乐理论迎来了繁荣的时代。

这一时期，印度古典音乐论有四个特点。第一，开始出现极具创新色彩的总结性著作，以神弓天的《乐舞渊海》等最为典型。这体现了文艺理论从初创、发展至总结的基本历史规律。第二，开始出现专门性著作，如月主所著专论拉格的《拉格觉》和波罗蜜希婆罗所著专论维纳琴的《维纳琴相》等。第三，与梵语诗学中后期发展相似，古典音乐论在印度出现了"遍地开花"的繁荣景象。印度古典音乐出现了南北分支，音乐理论自然受到一定的影响。第四，出现了梵语乐舞论著的非印度本土语言翻译，这是印度乐舞文化的魅力所致，它促进了印度乐舞与阿拉伯乐舞的交流。

印度古典舞蹈论与音乐论联系紧密，也与戏剧论密不可分。这是《舞论》之所以被译为《乐舞论》的缘故，也是本文多处以乐舞论指称音乐论、舞蹈论的根本原因。

如果对印度古典舞蹈论进行分期，可以将《舞论》视为第一个发展阶段，《表演镜》至《乐舞渊海》为第二阶段，《乐舞渊海》之后为古典舞蹈论的第三阶段。加拿大学者则将印度古典舞蹈艺术的发展分为三个不同的时期：婆罗多时期至公元 10 世纪为第一时期，这时的舞蹈理论附属于戏剧论；第二个时期为公元 10 世纪至 15 世纪，《乐舞渊海》将舞蹈理论从戏剧理论中剥离开来是一大时代标志；第三个时期是公元 15 世纪至现代时期，波斯人和莫卧儿帝国开始了印度文艺新时代，印度古典舞蹈和舞蹈理论开始接受外来因素的影响，后来又过渡到接受西方文艺的影响。[①]

与古典音乐论、舞蹈论和戏剧论往往你中有我、我中有你的情形类似，

[①] Mandakranta Bose, *Speaking of Dance: The Indian Critique*. New Delhi: D. K. Printworld, 2019, pp. 2—4.

印度古典绘画论、雕像论和建筑艺术论也联系紧密、难分彼此。单就古典绘画理论而言，其萌芽至少可追溯到《舞论》及其以前的相关著述。《舞论》第23章关于各种原色搭配而产生其他色彩的描述，包含着绘画论的因子。

就现今可见的历史文献而言，学者们广泛认可并最为关注的是大约定形于公元7世纪的《毗湿奴法上往世书》中的绘画论九章，它也称为《画经》。金克木认为，《画经》论述画与舞的一致关系："若无舞论，画论难明。"这部分内容是印度"论述画理的最早的现存文献"。[1]《画经》中的某些基本原理可与中国古代绘画理论如谢赫的"绘画六法"说进行比较。[2] 印度学者如A. 泰戈尔（Abanindranath Tagore）等人已经注意到这一点。[3] 据介绍，部分往世书不同程度地涉及对建筑、雕像、绘画、舞蹈和音乐等主题的探讨，如《鱼往世书》《梵转往世书》等十多部往世书便是如此，但只有其中的八部比较系统而详细地论述过艺术方面的问题。"然而，所有这些往世书都没有像《毗湿奴法上往世书》那样探讨艺术主题。它的第三篇专论艺术，论述全面而系统，人们可称之为古代印度的一部艺术专著。"[4] 它是印度古典文艺美学代表作之一，也可视为具有"百科全书"因素的著作。

中国学者所熟悉的印度古典绘画论著，还包括已由藏语译本转译为汉语的埃哲布《画像量度经》（又译《梵天尺度》《梵天定书》或《绘画的特点》）。[5]《画像量度经》是对以往资料的总结，其主要理论很有可能是数百年内逐渐形成的，在公元1至2世纪得到最后整理。由此可见，它的出现或许早于《画经》。

印度古典绘画论大多散见于各种以造像或神庙建筑为探讨对象的艺术论著中，某些宗教仪轨书也有相关记载。由于印度古典寺庙建筑往往需要雕刻神像，古代建筑论与雕像（雕刻或塑像）论往往联系紧密。涉及建筑与造像的艺术论著，除了《毗湿奴法上往世书》第三篇、《战争指挥者》的相关内容外，还包括以下这些经典文献：《量度精华》《建筑经奥义》《鱼往世书》《广集》等。从时间上说，《量度精华》或许是最早的系统论述建筑艺术的著作之一，它代表南印度建筑艺术的辉煌与遗存。

值得注意的是，在印度古典艺术论中后期的发展过程中，现今奥利萨邦

---

[1] 金克木：《金克木集》（第三卷），生活·读书·新知三联书店，2011年，第435页。
[2] 张彦远：《历代名画记》，中州古籍出版社，2018年，第33—34页。
[3] Balram Srivastava, *Nature of Indian Aesthetics* (*With Special Reference to Silpa*). Delhi: Chaukhambha Orientalia, 1985, pp. 128–129.
[4] Priyabala Shah, ed., *Visnudharmottarapurana*, Third Khanda (Vol. 1), "Introduction". Vadodara: Oriental Institute, 1994, pp. XVIII–XIX.
[5] 李翎：《佛教造像量度与仪轨》，上海书店出版社，2019年，第19页。

一带的古代学者颇多建树，成书于 17 世纪的《工艺宝库》和早于它问世的《工艺光》均是其中的杰出代表，它们代表了东印度建筑艺术的特色。

15 世纪成书的《建筑庄严》与《王亲建筑论》《神庙庄严》是同一人所著，这三本书已先后出版，它们代表了西印度建筑艺术的风格和特征。

上述著作分别代表了古代印度南方、东部和西部的梵语建筑艺术理论的成就和建树。这些梵语论著为印度建筑艺术论的承前启后、发扬光大做出了贡献。它们与《画经》等一道，构成了古典梵语艺术理论或文艺理论大厦的坚实基础。

以上为印度古典文艺理论发展轨迹的管中窥豹。

二、印度古代文艺理论重要范畴的内涵

如果说范畴是抽象度最高的结构性概念，那么经典范畴或曰原型范畴便是判断重要范畴或基本范畴的一个标准。从这个意义上说，文艺理论的重要范畴便是指那些兼具历史稳定性和逻辑发展性、话语衍生性的经典范畴或原型范畴。对于中国、印度、日本等东方国家而言，其古代文艺理论中最具有民族性格的范畴便是这一类经典范畴。

就印度古代文艺理论而言，从逻辑的外延上说，它可以涵盖印度古人关于诗歌、戏剧、音乐、舞蹈、绘画、造像与建筑艺术等领域的理论思考。这和中国的情况表面似乎有些相似，却有着本质的差异，这与现存的印度古代最早、最系的古典梵语文艺理论名著《舞论》的包罗万象有关，也与下文将要谈到的其他一些因素密切相关。古典梵语是印度古代文艺理论的重要语言载体，而吠陀语、古泰米尔语与现代梵语或没有多少正规而系统的文艺理论思考，或不属于古代的理论思考，因此不拟将其纳入研究范畴。

先说说古代文学理论。此处所谓的印度古代文学理论自然首先指梵语诗学。黄宝生认为，广义的印度古典诗学（或古代文学理论）包括古典梵语戏剧学和梵语诗学。梵语戏剧学产生在前，它主要探讨戏剧表演艺术，其中也包括语言表演艺术，因此含有诗学成分。梵语诗学中诗的概念一般指广义的诗，即纯文学或美文学，有别于宗教经典等。诗可分为韵文体（叙事诗等）、散文体（小说等）和韵散混合体（戏剧等）。尽管如此，梵语诗学研究的主要对象是诗歌（包括戏剧中的诗歌），因此，一般的诗学著作不涉及梵语戏剧学，只有毗首那特的《文镜》例外。"梵语戏剧学和梵语诗学是印度古代文学

理论在发展过程中自然形成的学术分工。"① 由此可见，以梵语文学理论统摄梵语戏剧理论和梵语诗论，是符合历史事实的。

经过漫长的历史发展，古代印度形成了世界上独树一帜的梵语诗学体系。它有自己的一套文论范畴或诗学概念，其中具有代表性的包括味、韵、庄严等。印度古代文论至今还闪耀着夺目的理论光辉和潜藏着宝贵的批评运用价值。

同样的道理，印度古代艺术理论在漫长的历史发展过程中，也先后涌现了一些非常具有代表性的理论范畴，如拉格和节奏（节奏体系）、微分音、音阶、变化音阶、调式、手势、刚舞、柔舞等。它们与上述文论范畴一道，丰富了古代文艺理论的宝库。虽然国内学界对于梵语诗学、戏剧学理论范畴的关注更多，但是这不能遮蔽印度古代艺术理论的重要价值。印度古代艺术理论与梵语诗学、戏剧学理论的互动和共生关系，是世界古代文艺理论史上的一大奇观。当然，这样的现象，我们似乎也不难在中国、日本、西方古代文艺理论史上见到，但它在印度古代文明史上的表现尤为突出。

这里有一个问题不可回避：印度古代文艺理论的主要代表梵语诗学为何不可垄断本文讨论的全部焦点？换句话说，它为何不能代替印度古代文艺理论重要范畴的全部选项？

在回答这个问题前，我们必须先把眼光投向印度文艺理论的源头文献《舞论》。众所周知，《舞论》既是印度最丰富和最宝贵的民族文化遗产之一，也是东西方世界可以同尊、共享的文化瑰宝。但是，许多人不清楚的是，早期印度古典音乐论著中，婆罗多的《舞论》最为知名。印度学者指出："婆罗多被视为印度古典音乐最早的权威论者。"② 还有人说："《舞论》是研究古代音乐、戏剧、舞蹈和其他艺术门类的最重要作品和主要文献……《舞论》是研究印度音乐不可或缺的原典。"③《舞论》论及的音调、微分音、基本音阶、变化音阶、调式、四种乐器等，几乎涵盖古典音乐理论和实践的所有领域。

《舞论》创造了一系列彪炳世界古代文艺理论史的重要范畴与核心话语。例如，戏剧论中的味、情、戏剧法、世间法等，诗论中的诗律、庄严、诗德、诗病和诗相等，舞蹈论中的刚舞、柔舞、纯舞、表演、手势、基本动作等，音乐论中的微分音、基本音阶等，均为印度特色的文艺理论范畴与核心话语。

---

① 黄宝生：《梵学论集》，中国社会科学出版社，2013年，第283页。

② Anupam Mahajan, *Ragas in Hindustani Music: Conceptual Aspects*. New Delhi: Gyan Publishing House, 2001, p.16.

③ Arati Chakravarty, *An Introduction to Hindustani Music*. New Delhi: Har-Anand Publications, 1999, pp.73–74.

《舞论》的上述重要范畴与话语概念自然不是空穴来风，而是吠陀时期以降的传统文化积淀的理论升华。这些概念与范畴自成形后，就对印度梵语诗学、戏剧学、舞蹈学和音乐学理论的继续发展或独立发展发挥了无法替代的核心作用。尽管历史上印度与中国、以古希腊为代表的西方世界、阿拉伯世界均有规模不一的文化交流，但印度文艺理论的建构和发展，主流始终是以《舞论》为代表的印度教古典文艺思想。外来文化对印度古代文艺理论施加的历史影响，在很长一段时间内可以忽略不计。这也说明了《舞论》所代表的古典梵语文艺理论是印度影响千年的民族遗产，这也是由其民族特性决定的。

由此可见，《舞论》的戏剧学理论和乐舞论诞生在前，梵语诗学的萌芽也在该书中出现，但其独立发展却是以几百年后即公元7世纪时的婆摩诃《诗庄严论》为标志，这就是说，印度古代文艺理论发展区别于中国古代文艺理论的最明显标志是，前者的戏剧理论、音乐理论、舞蹈理论诞生在前，严格意义上的系统的诗论却落在了时代的后边。由于婆罗多的戏剧论对于后来独立发展的梵语诗学影响巨大，婆罗多乐舞论对于后来的艺术理论和艺术表演实践影响深远，所以为了体现印度古代文艺理论发展的历史轨迹和思想原生态，为了体现印度文明生长发育、发展壮大的文化独特性，反映印度文艺理论区别于中国、日本和阿拉伯文艺理论的又一种"东方性"，当代学者、特别是中国学者所理解的狭义的梵语诗学，绝对不可取代印度古代文艺理论重要范畴或经典范畴的全部内容。

综上所述，通观梵语文艺理论的诸多代表性文献，印度古代最具有民族品格的经典范畴或原型范畴包括：戏剧学和诗学概念上的味（rasa）、风格（marga）等，戏剧学意义上的表演（abhinaya）等，诗学意义上的诗律（chandas）、庄严（alankara）、韵（dhvani）、合适（aucitya）、曲语（vakrokti）、诗德（guna）、诗病（douṣa）等，音乐论中的旋律（raga）、节奏（tala，循环节奏或节奏体系）等，舞蹈论中的刚舞、柔舞、基本动作等，贯穿和统摄文学理论和艺术理论的艺术哲学亦即美学意义上的原人（purusa），等等。换句话说，印度古代文艺理论的经典范畴涵盖了古典梵语诗学、戏剧学、音乐学、舞蹈学、美术学（绘画学、雕塑学和建筑艺术学）等领域的千年思想结晶。对印度古代史上一些代表性梵语文献所记录、沉淀的重要范畴、命题的解读，对其核心的话语理论体系展开系统深入的研究，必须以这种清晰的逻辑思维为前提和基础。

上述重要的文论范畴可以视为最能代表印度民族品格和文化特质的经典范畴，它们构成了本文探讨的核心内容。

三、印度文论重要范畴的话语生成机制

印度古代文艺理论经典范畴的产生，自然离不开印度古代文化的时代土壤。这些经典范畴在诞生前后，必然要经过话语生产的特殊"工序"，这便是通过宗教文化（特别是宗教祭祀仪式等）、语言学（语法学）、数学、医学、情爱艺术论（古代性学）和天文星象等各种知识门类的"思想过滤"与"理论包装"。这种过滤与包装，就是古代文艺理论经典范畴的话语生产流程或生成机制，也是印度古代文艺理论从范畴论走向话语体系论、最终渗入文学批评、艺术理论和艺术表演等各个领域的基本保证。这里以宗教、数学、医学为支点，对印度古代文艺理论经典范畴的话语生成机制做一些简介。

仍以《舞论》为例。《舞论》诞生和成形于印度这方宗教热土，它不可避免地打上了印度宗教文化的历史烙印。单从《舞论》第2、3、5章关于剧场建造时遵循的宗教仪轨、剧场建成后敬拜各方神灵的祭祀仪式和戏剧的序幕仪式表演的描述来看，婆罗多的戏剧论包裹着一层层厚厚的"宗教外衣"。这种宗教是区别于佛教的传统印度教。从《舞论》的内容看，创造"第五吠陀"即"戏剧吠陀"的梵天的重要性有所下降，湿婆的重要性明显上升，这似乎说明婆罗多受到历史上盛行于克什米尔地区的湿婆教（印度教的一个重要分支）影响较为明显。婆罗多不仅以印度教的思想教义建构其戏剧学理论大厦，也以它言说其舞蹈论中的刚舞、柔舞等重要范畴和音乐论中的一些重要概念。这是《舞论》亦即印度古代文艺理论诸多名著共同的民族特性的第一层含义。印度教文化在其中扮演了非常重要的角色，印度教神灵成为婆罗多"呼风唤雨"、召之即来的理论助手或思维桥梁。

例如，婆罗多所论的刚舞和柔舞便是浓厚的宗教文化的结晶。关于刚舞的起源，婆罗多在《舞论》中写道："摧毁了达刹的祭祀后，黄昏时刻，大自在天（湿婆）合着音乐的节奏与速度，跳起各种组合动作（组合舞）。以南迪和贤首为首的随从们，目睹了湿婆所跳的各种象征舞及其特征后，为其每一式进行命名。"（Ⅳ.256—257）① 他进而写道："创造了（4种）部位舞、组合舞和象征舞（敬神舞）后，尊神（湿婆）将之赠予仙人荡督。借助它们，荡督创造了包含契合歌曲与鼓乐的舞蹈表演，它遂被称为刚舞。"（Ⅳ.264—

---

① Bharatamuni, *Natyasastra*, Vol.1. Varanasi: Chaukhamba Sanskrit Series Office, Reprint, 2017, p.53.

265)① "*tandava*"即所谓的刚舞或曰荡督舞,原意为荡督所创,实为荡督的主人即湿婆大神所赐,自然也可视为湿婆所创。柔舞的起源与刚舞不同,因为后者为男神湿婆所创,前者为其配偶雪山女神所创。关于柔舞的起源,《舞论》第4章是如此叙述的:"目睹湿婆手舞足蹈、摇颈扭臀,看到他跳起各种组合舞(*angahara*),波哩婆提(*parvati*)也跳起了柔舞。"(Ⅳ. 254)② 关于刚舞与柔舞表演的情境差异,婆罗多指出:"如果戏中某一幕赞美大神(湿婆),应表演具有阳刚气质的、大自在天(湿婆)创造的组合舞。(戏中演唱)有关男女爱情的歌曲,应表演女神(波哩婆提)创造的优美柔舞。"(Ⅳ. 320—321)③ 从这些规定来看,刚舞实与男性刚健有力的豪放风格相关,而柔舞则与女性温柔甜美的婉约风格相关。不过,透过婆罗多的话语表述可以明白,刚舞和柔舞是神灵的恩赐。

数学思维或曰数理思维高度发达,是印度古代智者(包括印度古代梵语佛经作者们)的共同优势,也是印度古代文艺理论民族特性的第二层含义。

婆罗多的文艺理论存在非常明显的形式分析亦即数理思维色彩。这与古代印度数学发达有关。印度教文化经典、佛教经典等都有程度不同的形式分析色彩,这自然说明婆罗多的《舞论》是印度民族文化心理的集体无意识结晶。婆罗多对戏剧类型和戏剧情节的一再分类,对味的细致分类,对眼神和身体各个部位的分类描述,对微分音的二十二分法,对鼓乐演奏的分类叙述,均体现了传统的形式分析法对印度古代文艺理论话语体系建构"无孔不入"的深刻影响。对于中国学者而言,这种论述方式或叙述风格,似乎是烦琐啰嗦,甚至可能"毫无意义"的模式化思维或"流水线作业",但它恰恰是婆罗多戏剧理论大厦得以千年矗立、历久弥新的核心支柱。

再看梵语诗学的经典范畴之一:"阐陀"(诗律、音律、韵律)。翻译和研究《诗律经》的印度学者指出:"宾伽罗的著作与更为知名的波你尼著作可谓同样重要……宾伽罗的《诗律经》之于组合数学、数列与数理论、诗律的意义,恰如波你尼《八章书》之于语法学家、语言学家和形式系统论的价值。"④ 换句话说,对于诗律学和数学研究者而言,《诗律经》同样重要。换个角度

---

① Bharatamuni, *Natyasastra*, Vol. 1. Varanasi: Chaukhamba Sanskrit Series Office, Reprint, 2017, pp. 53—54.

② Bharatamuni, *Natyasastra*, Vol. 1. Varanasi: Chaukhamba Sanskrit Series Office, Reprint, 2017, p. 53.

③ Bharatamuni, *Natyasastra*, Vol. 1. Varanasi: Chaukhamba Sanskrit Series Office, Reprint, 2017, p. 58.

④ Kapil Deva Dwivedi, Shyam Lal Singh, *The Prosody of Pingala with Appreciation of Veidc Mathematics*. Varanasi: Vishwavidyalaya Prakashan, 2008, Foreword, p. Ⅱ.

看，这又恰恰是宾伽罗诗律论的一个显著特色，即以某种程度的自觉意识，以组合数学原理，建构印度原初的诗律学大厦，深化"阐陀"的话语体系。"诗律是吠陀诗歌的重要元素。宾伽罗大师在《诗律经》中对吠陀诗律和古典梵语诗律的论述，是认知史上无与伦比的著作。在介绍诗律时，他运用了一些大大领先于时代的数学原理。"① 这种"领先于时代"的原理便是数学的排列与组合法，其使印度古代诗律学建构路径明显区别于中国古代诗律学。换句话说，中国古代诗律论罕见引入数学方法论述诗律问题者。

印度古代文艺理论范畴的话语生成机制的另一个特色是与医学知识密切相关，如味等经典范畴的形成。这一现象在中国古代文论话语的产生和演变中似乎罕见，它自然可以视为印度古代文艺理论民族特性的又一层含义。

一般而言，医学与文学艺术似乎是一对陌生而又熟悉的朋友，这是因为前者与解除痛苦、恢复健康快乐相关，后者与超越平淡、直抵快乐相连。也许正因如此，印度古代医学思想和文艺理论居然在以《舞论》为代表的梵语论著中，以匪夷所思的方式结合在一起。

婆罗多戏剧味论不仅可以追溯到吠陀文献中，也可联系当时流行的梵语医学经典原理进行理解。这一点在国内的婆罗多味论研究中，似乎不太多见。不过，印度学术界早已有人关注这一点。有印度学者在 1966 年指出："婆罗多显然已经知晓所有这八个（医学）分支。《舞论》文本存在大量证据支撑这一观点。《阿育吠陀》的八个分支是：眼科、外科、强身法、养生学、毒物学、精神疗法、内科和儿科。其中的强身法、养生学、毒物学、精神疗法、内科学在婆罗多那儿得到了详细的论述……《阿育吠陀》的这五个分支和婆罗多的味论联系更为紧密。"②

一位学者深有体会地指出："所以如果想要了解印度传统医学的基本内容，就必须跳出'佛经'的范围，直接进入'阿输吠陀'原始文献的领地。"③ 套用他的话似乎可以说，想要深入而真切地了解印度古典文艺理论的味论话语体系，就必须跳出文艺理论著作的领域，直接进入吠陀文献和《阿育吠陀》主要经典的话语体系。R. K. 森在其他印度学者之外，开辟了一条新的味论研究路径，这便是从古典医学知识体系中寻觅钥匙，打开婆罗多味论的丰富宝藏，从而达到秘响旁通的奇异效果。

---

① Kapil Deva Dwivedi, Shyam Lal Singh, *The Prosody of Pingala with Appreciation of Veidc Mathematics*. Varanasi: Vishwavidyalaya Prakashan, 2008, Foreword.

② R. K. Sen, *Aesthetic Enjoyment: Its Background in Philosophy and Medicine*. Calcutta: University of Calcutta, 1966, p. 239.

③ 廖育群:《阿输吠陀：印度的传统医学》，辽宁教育出版社，2002 年，第 21 页。

四、印度文论重要范畴的世界意义

《舞论》与亚里士多德的《诗学》、刘勰的《文心雕龙》等世界古代文艺理论名著一样，既是民族的，也属于世界。同理，印度古代文艺理论的重要范畴（经典范畴）与话语体系也是民族性与世界性合一的丰富的人类文化遗产。它们的历史影响和跨文化传播体现了真正的世界意义和人类学意义上的普遍价值。

印度文艺理论经典范畴与话语体系的世界意义首先在于，它在很大程度上向世人昭示了原生态的民族传统如何古为今用。它们的全方位历史影响延续至今，涉及学术思想层面，也涉及艺术实践领域。例如，当代印度学者的文艺批评始终绕不开《舞论》，印度学者出版的英语论著、发表的英语论文以味论系统地分析、鉴赏东西方文学作品。南印度舞蹈家和艺术研究者帕德玛·苏布拉玛尼娅对婆罗多论述的108式刚舞基本动作和32式组合动作进行了革命性的艺术改造，别开生面地让这些"活化石"规则以优美的舞姿重见天日。这些均激活了婆罗多巨著中沉睡千年的诸多艺术细胞，"引爆"了印度古典文艺理论经典范畴与话语体系中潜藏的绵延至今的巨大文化威力。凡是关注印度古典文艺理论的学者都明白，类似例子在印度不胜枚举。这些颇具民族特色的古为今用之举，难道不是印度向中国和世界的文艺理论家、艺术家们免费提供的"婆罗多启示录"或"印度方案"吗？

印度古代文艺理论经典范畴和话语体系的世界意义还在于，它给当代世界的文明对话提供了一个极好的范例。如果说历史上佛教向世界的传播是古代印度文化软实力的"和平的征服"，承载许多印度文论经典范畴和话语体系的梵语名著《舞论》和《诗镜》等向印度的南亚邻国、东亚和东南亚国家的历史传播，又何尝不是一种"和平的征服"？味论在泰国文学理论批评史上的变异性接受，《诗镜》基本原理在中国西藏地区的变异性存在，当代西方梵学界对以《舞论》为代表的印度古典文艺理论名著的翻译和研究，这一切均值得我们认真思考，总结规律，为当代东西方文明对话整理出一些话语交流新思维、新规则。通过国内外学者们的比较诗学研究可知，婆罗多等梵语文艺理论家开创的味、风格、诗律、庄严（修辞）以及拉格、手势等重要范畴，均在不同程度上具有古今比较、东西比较的理论价值和实践价值。

印度古典文艺理论经典范畴和话语体系的世界意义还在于，它为21世纪中印两大文明古国的直面对话和当代中印人文交流提供了艺术和理论的桥梁，也为中国文艺理论界的话语建构和批评范式、操作路径等提供了极佳的东方范例。《舞论》为代表的印度传统文艺理论属于超越政治意识形态和刚性政治的范畴,对于促进中印两国学者和艺术家的心灵沟通,对于优化印度的文化形象和促进两国民众的相互认知,具有不可替代的重要功能。同时,中国当代戏剧、音乐和舞蹈艺术领域似乎也不同程度地存在民族传统的有机利用或古为今用方面无法可取的情况。如果我们的文艺理论家、文学批评家和表演艺术家将眼光投向印度同行或日本同行、阿拉伯同行,他们必将获得非同寻常的正面启示。这也是我们当今亟待系统研究东方古代文艺理论的精髓所在。

作者简介:
尹锡南,四川大学南亚研究所教授。

婆罗多《舞论》第 28 章音乐术语解析及其显现的音乐美学思维[*]

夏　凡　张黎黎

摘　要：古代印度最早具有代表性的文艺理论著作《舞论》第 28 章音乐术语的解读存在一定的困难，例如微分音（śruti）。本文在参考其注疏英译本等文献的基础上，梳理出解析路径：从音阶的产生、微分音的演示，到组合为旋律的样式——调式（jāti）。在此解析过程中，显现出音乐术语背后的古印度音乐美学思维，即听觉对音高微妙差异的敏锐感知和辨别。如此细腻的听感捕捉，源于其宗教色彩浓厚的背景和经验，并于具有宗教仪式内涵的维纳琴上首要呈现。同时，音高微妙差异的不同类别（微分音）所构成的丰富多样的乐音组合样式（调式），成为的梵语诗学核心"味"的音乐媒介，共同叙事于《舞论》百科式多种艺术门类融合的语境之中。

关键词：婆罗多　舞论　音乐术语　音乐美学

一、研究背景与现状

产生于公元前 6 世纪至公元 6 世纪之间，大致成形于基督纪元之初婆罗多的《舞论》，是古代印度最早的系统的文艺理论著作，其以戏剧表演为核心，涉及诗律、情味、音乐、舞蹈、绘画、建筑、语言、语法、宗教哲学、神话、星相、心理、仪式、地理等不同领域的主题，堪称一部百科全书式的著作。[①] 梵学开拓者金克木先生翻译了《舞论》的 1、6、7 章，《梵语文学史》使得中国学术界得以初步认识印度古代文艺理论的风貌。[②]《梵语诗学论著汇编》选译了

---

* 本文为 2019 年国家社科基金重大项目"东方古代文艺理论重要范畴、话语体系研究及资料整理"（项目编号：19ZDA289）的阶段性成果。
① 宾伽罗等：《印度古典文艺理论选译》（上卷），尹锡南译，巴蜀书社，2017 年，第 60—61 页。
② 金克木：《梵语文学史》，江西教育出版社，1999 年。

《舞论》11个章节的内容，在梵语原本的基础上，同时参考了两种英译本。①现今出版不久的《印度古代文艺理论选译》完整翻译了《舞论》，让学界终于见到《舞论》全貌。《印度古典诗学》指出，《舞论》标志了梵语戏剧学已作为一门独立的学科发展，后来从梵语戏剧学中分离出以诗歌为主要研究对象的梵语诗学，也作为一门独立的学科存在和发展，由此《舞论》可以在"诗学"（兼容诗歌理论和戏剧理论）的视野下得到解读。②

公元10—11世纪克什米尔诗人、评论家、音乐家、圣人、哲学家新护大师（Acārya Anhinavagupta）注疏《舞论》，影响深远，其中的《味经》（也称为《味经注》），即对《舞论》中味（rasa）的定义所作的长篇注疏，是梵语诗学最高理论成就的代表之一。③潘德博士（Anupa Pande）英译了《舞论》第28章以及新护的注疏，并做出历史学的解释，其在前言提道：新护大师收集和挖掘了克什米尔的湿婆文学的传统，给它们一个系统的哲学形式，并重新阐明了《舞论》中记载的传统表演艺术——舞蹈、戏剧和音乐。在韵（dhvani）和味哲学形式的原则上进一步发展了克什米尔的湿婆文学，奠定了印度美学的基础。④

金先生指出，新护的注疏使得古代印度的美学思想具备了哲学基础，而印度的哲学具有浓厚的宗教色彩。《舞论注》中说：艺术感知要求依据直观的感知或形象的感觉。正如《正理经疏》中所说：一切知识依靠感觉。⑤而这正是新护《味经》宗教美学实践的思维特征："味被展示后，以一种不同于经验、回忆等等的方式被品尝。这种品尝与人性中的喜、忧和暗接触，含有流动、展开和扩大的形态。而由于喜占优势，充满光明和欢喜，表现为知觉憩息，类似品尝至高的梵。"⑥此种审美特征，与梵我一如的宗教体验相融，源于宗教哲学的思维模式。这与《舞论》借大梵天的名义，即大自在天湿婆既是苦行者又是舞神⑦的缘起一致。

《舞论》虽是古代印度戏剧工作者的实用手册，但其叙事性的诗文特征，

---

① 第一种是戈什（M. Ghosh）的译本，第二种是由一批学者（A Board of Scholars）集体翻译的译本。参见黄宝生：《梵语诗学论著汇编》（上册），昆仑出版社，2008年，第34页。
② 黄宝生：《印度古典诗学》，北京大学出版社，1999年，第5页。
③ 黄宝生：《梵语诗学论著汇编》（上册），昆仑出版社，2008年，第22—23页。
④ Bharatamuni, Nātyaśātra (Chapter 28), Abhinavabhāratī, commentary of Anhinavagupta, tran. Anupa Pande. Indian: Raka Prakashan, 1997.
⑤ 黄宝生：《梵语诗学论著汇编》（上册），昆仑出版社，2008年，第488页。
⑥ 黄宝生：《梵语诗学论著汇编》（上册），昆仑出版社，2008年，第482页。
⑦ 曹顺庆主编：《东方文论选》，四川人民出版社，1996年，第60页。

热衷于形式主义的分析和归类①，使得第 28 章部分古代音乐术语晦涩难解，而这部分又是古代印度音乐理论的核心。什鲁蒂（śruti）也译为"微分音"，是让学者们费解的古老术语，给后人留下很大的解释空间：一个八度内包含有 22 个微分音，这 22 个微分音并非是相等的音程。自 18 世纪开始，针对婆罗多微分音的概念，印度和西方学者们展开了激烈的讨论。② 在此需说明"微分音"的概念，根据格罗夫音乐辞典"微分音"（microtone）③的释义，其狭义是指小于十二平均律半音的音程，广义是指非十二平均律的八度内不止十二律的音程。印度什鲁蒂接近微分音广义所指，既有小于半音的类型，又有接近半音的类型，因此，将什鲁蒂意译为微分音。需要说明的是，婆罗多讲述的微分音并非仅仅指音高差别微小的音程，其更重要的内涵是对音程测量的尺度，或者说对音级规定的单位。此内涵相当于中国古代音乐文献、传统音乐术语中的"律"④，即乐音的音高⑤（可理解为音高的规定）。微分音作为音高的规定，其内涵是解读《舞论》第 28 章的钥匙，是古代印度音乐理论的基础。

国内学界对《舞论》第 28 章的音乐术语的解释主要依据戈什（Ghosh）的英译本⑥，相关研究见于《律学》⑦、《东方音乐文化》⑧、《东西方乐律学研究及其发展历程》⑨部分章节。以上研究提及了《舞论》第 28 章两种基本音阶（grāma）及其七个音级（svara），每个音级的大小由微分音的个数决定。根据微分音个数的比较，能够推导出两种音阶的具体结构，然而微分音的具体大小没有定论。针对第 28 章的音乐术语，比较有代表性的研究成果还有 Tarlekar 博士的《舞论研究》⑩，其音乐与舞蹈章节阐述了乐器分类法，音阶

---

① 黄宝生：《印度古典诗学》，北京大学出版社，1999 年，第 37 页。
② Richard Widdess, "śruti". Grove Music Online. Oxford Music Online. Oxford University Press, 2001, https://doi.org/10.1093/gmo/9781561592630.article.48149.
③ Paul Griffiths, Mark Lindley, Ioannis Zannos, "Microtone". Grove Music Online. Oxford Music Online. Oxford University Press, 2001, https://doi.org/10.1093/gmo/9781561592630.article.18616.
④ 缪天瑞：《律学》，人民音乐出版社，1996 年，第 248 页。
⑤ 缪天瑞主编：《音乐百科词典》，北京大学出版社，1998 年，第 387 页。
⑥ Bharatamuni, Nāṭyaśātra, Vol. 2, Ch. 28−33, M. Ghosh, trans. Calcutta: Bibliotheca India, 1961.
⑦ 缪天瑞：《律学》，人民音乐出版社，1996 年，第 247−251 页。
⑧ 陈自明、俞人豪：《东方音乐文化》，中央音乐学院出版社，2013 年，第 167−170 页。
⑨ 李玫：《东西方乐律学研究及其发展历程》，中央音乐学院出版社，2007 年，第 120−123 页。
⑩ G. H. Taṛekar, Studies in the Nāṭyaśātra. New Delhi: Motilal Banrsidass, 1975, pp. 139−157.

的构成及其变体，如何用音分值来表示微分音等。《舞论历史与文化研究》①有专门章节对音乐的各个构成元素（术语）进行了探讨。

在《印度古代文艺理论选译》的帮助下②，笔者以古普特③翻译的毗诃波提④注疏梵英对译本为主⑤，同时参考其他梵英对译本以及英译本，解释第28章音乐术语。本文以音乐核心术语——微分音（śruti）为切入点，论述古印度如何规定音高，如何产生音阶。音阶作为组织乐音的重要形式，其进一步延展以调式（jāti）为核心，在不同类型的调式基础上展开器乐与声乐表演，成为戏剧表演的有机组成部分。第28章音乐术语的翻译，本文选择与当代音乐术语相对应的译法，并非用当代乐理解释印度古代乐理，而是要采取相对折中的解释态度。若整套术语体系采用音译，虽尊重印度古代乐理体系独一无二的特征，但无法融入当代音乐理论的语境。因此，对"微分音""调式"术语的释义，本文立足于当代乐理术语更为广义的所指，也旨在扩充音乐理论术语的内涵。

二、音阶的产生与微分音的演示

婆罗多时代的音乐通过弓形维纳琴，或者称为弓形竖琴（bow-harp），产生音阶（grāma）并完成微分音的演示。

图1为婆罗多时代的9弦维纳琴（vaipañci），是当时维纳琴的一种，除此种类型外，受到新护大师特别推崇的，还有21弦维纳琴，称为"醉布谷"（mattakoilā），形容维纳琴的声音犹如美妙的布谷鸟声令人迷醉。醉布谷琴有3个八度，每个八度7根弦，分为低音区（mandra）、中音区（madhya）、高音区（tāra），此音域能够满足婆罗多时期声乐和器乐的音域需求。

---

① Anupa Pande, *A Historical and Cultural Study of the Natyasastra of Bharata*. Indian: Kusumanjali Book World, Jodhpur, 1996, pp. 182-227.

② 本文有关《舞论》的英文资料，来自四川大学南亚研究所尹锡南教授的无偿提供，尹教授为梵语音乐术语翻译给予了极大的帮助和指导。此外，四川音乐学院乐器工程系2018级研究生彭惟薇、章雪儿做了大量的资料整理工作。

③ 巴拉特·古普特（Bharat Gupt, 1946— ），印度德里大学教授，印度古典学者，戏剧学家，西塔尔琴、苏巴哈琴演奏家，音乐学家，文化学者。古普特教授完整翻译了《舞论》第28章毗诃波提注疏，并对文本做出了一定诠释。

④ 毗诃波提大师（Ācāya Bṛhaspati, 1918—1979），印度戏剧和音乐大师，有大量印地语诗歌、戏剧等著作，是复兴印度古代音乐最有影响力的倡导者。毗诃波提大师的《舞论》注疏也大量引用了新护注疏，是《舞论》传统至今活态延续的主要代表。

⑤ Bharatamuni, *Nātyaśātra* (Chapter 28), *Ancient Scales of Indian Music*, commentary of Ācāya Bhaspati, Bharat Gupt, trans. New Delhi: Brahaspati Publications, 1996.

图1 婆罗多时代9弦维纳琴①

第28章提到通过两把将维纳琴，将琴弦调紧或调松，能够找到微分音。具体操作方式为：用两把完全一致且调音完全相同的维纳琴，一把维纳琴保持不动，另一把维纳琴根据规定步骤依次调松琴弦，由此不仅能实现音阶、音级转换，还能找到微分音。毗诃波提使用一把张有5根琴弦的带有品的维纳琴进行演示。此种维纳琴区别于图1竖琴类维纳琴，属于齐特类维纳琴，类似中国的古琴。不同于古琴的是，齐特类维纳的琴弦下装有品，类似中国琵琶的品（即一个品兼管多根弦）。根据毗诃波提的调音方式和步骤，此齐特类维纳琴能够找到三种类型的全部微分音，这样找微分音的方式称为"什鲁蒂之镜"（śruti-darpaṇa），或译为"微分音的演示"。在阐释此演示过程的之前，需说明婆罗多《舞论》第28章讲述的音阶结构。

微分音是音级的度量，音级的产生基于协和音程（samvāda）。"协和"的观念，贯穿了整章。婆罗多对乐器分类的概念、音阶的构成，都离不开对协和的追求。婆罗多指出，相距13个、9个、7个微分音的音程为协和音程，即纯五度（702音分）、纯四度（498音分）和纯律大三度（386音分）。以上三个协和音程构成了具六音阶（ṣaḍjagrāma），并通过21弦维纳琴的调弦得以实现。具体步骤如下：

以第7弦为具六音（ṣaḍja），将第10弦调为上方纯四度，将第11弦调为上方纯五度，即中令音（madhyamā）和第五音（pañcamī），见图2中的①。使用中令音，在第12弦上找到上方大三度，即明意音（dhaivata），见图2中的②。再使用明意音，在第8弦上找到下方纯五度，即神仙音（ṛṣabha），见图2中的③。由此确定了具六（第7弦）、中令（第10弦）、第五（第11弦）、明意（第12弦）、神仙（第8弦）。接下来，再以中令音（第10弦）为

---

① G. H. Talekar, *Studies in the Nāṭyaśāstra*. New Delhi: Motilal Banrsidass, 1975, Plate V.

准，在第 13 弦找到上方纯四度，即近闻音（niṣāda），见图 2 中的④。最后，以近闻音（第 13 弦）为准，在第 9 弦找到下方纯五度，即持地音（gandhāra），见图 2 中的⑤。

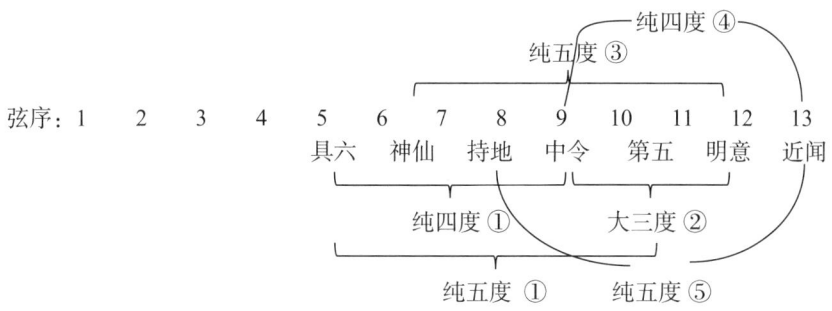

图 2　21 弦醉布谷维纳调弦顺序①

7—13 弦调完之后，再使用纯八度依次调音，能够找到 14—21 以及 1—6 弦的所有音高。由此调弦而来的具六音阶，以频率比、音分值的方式呈现，并与十二平均律进行比较，见表 1：

表 1　具六音阶数据及与十二平均律比较

音级名称	具六	神仙	持地	中令	第五	明意	近闻	具六
相邻频率比	—	10/9	16/15	9/8	9/8	10/9	16/15	9/8
相邻音分值	0	182	112	204	204	182	112	204
与主音的频率比	—	10/9	32/27	4/3	3/2	5/3	16/9	2/1
音分值	0	182	294	498	702	884	996	1200
相当于现代音名以及十二平均律校正值	D	E−18	F−6	G−2	A+2	B−16	C−4	D

表 1 与李玫教授"萨音阶"（即具六音阶）的结构完全一致。尽管古代印度没有精确的琴弦长度划分的记载，但从中令音级能够得知，此处于八度正中间的音级证明印度人是以掐段率的多少来区别音高的。②

毗诃波提的微分音演示，基于以上协和音程产生音级的方法，安置维纳琴上具六音阶每一音级品位的具体位置（共 6 个品位），并将 5 根弦的音高调为完全一致。然后，将第 1 弦保持不动，将其他 4 根弦依次调松进行比较，

---

① Bharatamuni, *Natyasatra* (Chapter 28), *Ancient Scales of Indian Music*, commentary of Ācāya Brhaspati, Bharat Gupt, trans. New Delhi: Brahaspati Publications, 1996, pp. 44—45.

② 李玫：《东西方乐律学研究及其发展历程》，中央音乐学院出版社，2007 年，第 121—122 页。

就能够非常清楚地呈现三种类型的微分音：小微分音（kaiśikī śruti）、大微分音（mahaī śruti）、中微分音（upamahatī śruti）。以下具体论述操作方法。①

第一步：第 2 弦上产生小微分音。

同样是基于协和音程的原则，根据协和音程构成的具六音阶，神仙和第五音并非协和音程纯四度（498 音分），而是一个偏宽的纯四度（520 音分），存在一个普通音差（22 音分）。这是最为微小的音程，好比发丝的宽度（keśa），因此命名为"微妙"（kaiśikī），即小微分音。为了使得偏宽的纯四度音程协和，将第 2 弦略微调松一点，使第 1 弦的神仙音与第二弦的第五音构成协和的纯四度，与第 1 弦偏宽的纯四度形成比较，见图 3。

图 3　第 1 弦和第 2 弦第五音音分值比较

第二步：第 3 弦上产生大微分音。

调松第 3 根琴弦，使得第 3 弦的近闻与第 1 弦的明意一致。由具六音阶结构得知，近闻与明意相差 112 音分，差距为 2 个微分音，即 22 音分和 90 音分，因此大微分音（mahaī śruti）为 90 音分。

第三步：第 4 弦上产生中微分音。

调松第 4 根琴弦，使得第 4 弦的明意与第 1 弦的第五一致。明意与第五相差 182 音分，差距为 3 个微分音，即 22 音分、90 音分和 70 音分，因此中微分音（upamahatī śruti）为 70 音分。

第四步：第 5 弦上产生小微分音。

调松第 5 根琴弦，使得第 5 弦的第五与第 1 弦的中令一致。第五与中令相差 204 音分，差距为 4 个微分音，即 22 音分、90 音分、70 音分、22 音分，因此第四步调弦所得微分音与第一步小微分音一致。

原 5 根音高完全一致的琴弦，依次调松之后，音高关系如表 2 所示：

---

① Bharatamuni, *Nāṭyaśātra* (Chapter 28), *Ancient Scales of Indian Music*, commentary of Ācāya Bṛhaspatian, Bharat Gupt, trans. New Delhi: Brahaspati Publications, 1996, pp. 57-60.

表 2　5 弦维纳琴微分音演示

弦	1 弦	2 弦	3 弦	4 弦	5 弦
音分值	0	22	112	182	204
相邻音分值	0	22	90	70	22
类型	—	小微分音	大微分音	中微分音	小微分音

由此，不仅仅是空弦音，此 5 弦维纳琴每一品位上的具六、神仙、持地、中令、第五、明意以及近闻，都能够依次听到小微分音、大微分音、中微分音、小微分音。此三种类型的微分音，规定了音程大小，也给予音高升降变化丰富多样的可能性。具六音阶的第五音降低一个微分音（22 音分）为微分音演示的第一步，即由具六音阶转为中令音阶（*madhyamagrāma*），见图 4。

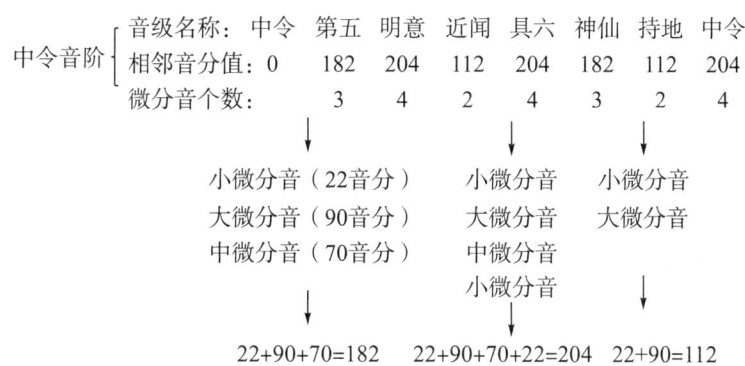

图 4　具六音阶转换为中令音阶及其微分音类型

维纳琴是实践微分音的工具，而竖琴类维纳琴虽能通过调弦得到微分音，但较难记录和呈现每一个微分音。毗诃波提为了清楚阐述维纳琴的微分音实践，使用了一张 5 根琴弦带有品的齐特类维纳琴进行实践，解决了记录微分音的困难。毗诃波提的微分音演示将不平均的微分音通过维纳琴的调弦实现，并使得 5 根弦能够呈现三种类型微分音的具体差异。将其产生的三种类型的微分音还原到婆罗多所规定的音阶中每一个音级的具体微分音个数，两者完全吻合。毗诃波提注疏给印度古老音阶微分音的解释找到了实践基础，同时也完全还原了微分音构成的音阶结构。

三、旋律的样式——调式

古印度音阶源于协和音程，微分音是音程的度量单位。具六音阶的 7 个音级轮流作为开始音级，构成 7 个变化音阶（mūrcchanās）。在具六和中令两大音阶的基础上，能构成 18 种调式（jāti），分为 7 种自然调式（śuddha）和 11 种变化调式（vikṛta）。7 种自然调式可以延伸出 146 种样式，11 种变化调式可以延伸出接近 200 种样式。① 古代音乐家们将微分音规定的音级组合成旋律的样式，并不断探索旋律样式的可能性。可以说《舞论》第 28 章探讨的调式赋予了音乐创作一定的灵活发挥空间。调式是构成拉格之光（rāgabhāṣās）的元素，是拉格（rāga）的前身。新护大师指出，音级的原意为"音的范围"，不管是多复杂的调式，音级都是其最重要和基础的元素，而音级是否优美动听，取决于演奏者对微分音的演奏和调控。

将"贾蒂"（jāti）译为调式，参考了缪天瑞先生的翻译②以及《格罗夫词典》对"mode"（调式）的解释③，其中"调式"词条在亚洲调式这一部分探讨了该词针对亚洲音乐的更广阔的音乐学内涵。"调式"作为西方音乐术语，主要指的是大小调式，而在亚洲语境中"调式"有了多个延伸含义，例如拉格（rāga）、木卡姆（makam），兼有"表达情感的旋律片段或类型""音程结构"等含义。

具六音阶的自然调式是具六式、神仙式、明意式和近闻式，而中令音阶的自然调式是持地式、中令式和第五式，一共 7 种，都属于七声音阶（pūrṇa），或称为完全音阶。④ 变化调式有 11 种，在 7 个自然音级的基础上，通过弱化（alpatva）和强调（bahutva），即省略某音级或重复某音级，变化为五声音阶（auḍava）、六声音阶（ṣāḍava）。自然调式需具备首音（graha）、基音（aṃśa）、高音（tāra）、低音（mandra）、尾音（nyāsa）、次尾音（apanyāsa）。（见表 3）

---

① Bharatamuni, *Nātyaśātra* (Chapter 28), *Ancient Scales of Indian Music*, commentary of Ācāya Bṛhaspati, Bharat Gupt, trans. New Delhi: Brahaspati Publications, 1996, p. XXⅢ.
② 缪天瑞：《律学》，人民音乐出版社，1996 年，第 248 页。
③ S. Harold, Powers, revised by Richard Widdess, "Mode". "Ⅴ. Middle East and Asia." *Grove Music Online*. Oxford Music Online. Oxford University Press, 2001, https://doi.org/10.1093/gmo/9781561592630.article.43718.
④ 宾伽罗等：《印度古典文艺理论选译》（上卷），尹锡南译，巴蜀书社，2017 年，第 325 页。

表3 《舞论》第28章列举的18种调式

调式 jāti	基音 amśa	尾音 nyāsa	次尾音 apanyāsa	五声音阶 省略音级	六声音阶 省略音级	特　征
具六式 ṣaḍji	具六　持地 中令　第五 明意	具六	持地 第五		近闻	①协和音程：具六—持地，具六—明意 ②持地使用较多
神仙式 ṛṣabhī	神仙　近闻 明意	神仙	神仙　近闻 明意	具六 第五	具六	协和音程：具六—明意、神仙—明意，重复出现
明意式 dhaivatī	神仙　明意	明意	明意 神仙 中令	具六 第五	第五	近闻、神仙、持地使用较多
近闻式 naiṣadī	近闻　持地 神仙	近闻	持地 神仙 近闻	具六 第五	第五	①五声音阶和六声音阶调式的处理与明意式相同 ②省略音（弱化）和强化音（强化）的方法与明意式相同
微妙具六式 sadjkaisikī	具六　持地 第五	持地	具六 第五 近闻			①较少使用明意、神仙 ②常用微妙具六式的具六转化（ajasādhāraṇa）
北方具六式 sadjo- dcīyavatī	具六　中令 近闻　明意	中令	具六 明意	第五 神仙	神仙	①具六、神仙、持地使用较多 ②持地在低音区使用较多
具六中令式 sadja- madhyamā	具六　持地 中令　第五 明意　神仙 近闻	具六　持地 中令　第五 明意　神仙 近闻	持地 中令	持地 近闻	近闻	近闻和持地不是基音而被弱化时，其他的音就变成了基音；在此情况下，持地之间和微妙、近闻可以自由使用
持地式 gāndhārī	具六　持地 中令　第五 近闻	持地	具六　第五	明意 神仙	神仙	①神仙和明意少用（弱化） ②基音和尾音结合
赤色持地式 raktā- gandhārī	具六　持地 中令　第五 近闻	持地	中令	神仙 明意	神仙	①常用音级是明意，此音也可能弱化或者省略 ②在具六和持地的结合过程中，省略了中间的神仙
北方持地式 Gāndhār- odcīyavā	具六　中令	中令	具六　明意		神仙	①使用协和音程具六和中令 ②低音区持地使用较多 ③六声音阶省略神仙，第五不能省略

续表6

调式 jāti	基音 amśa	尾音 nyāsa	次尾音 apanyāsa	五声音阶省略音级	六声音阶省略音级	特　征
中令式 madhyamā	具六　神仙 中令　第五 明意	中令	具六　神仙 中令　第五 明意	持地 近闻	持地	①具六和中令使用较多 ②持地是省略音级
北方中令式 madhyam-odcīyavā	第五	中令	具六　明意			①与北方持地式相同 ②只有七声音阶
第五式 pañcamī	神仙　第五	第五	近闻　神仙 第五	持地 近闻	持地	①具六、持地中令被弱化 ②第五和神仙互为协和音级
第五持地式 gāndhāra-pañcamī	第五	持地	神仙　第五			①协和音程：神仙—明意、第五—神仙、近闻—持地 ②结合了持地式和第五式，但不属于混合音阶
安陀利式 āndhrī	第五　持地 近闻　神仙	持地	第五　持地 近闻　神仙		具六	①具六是需要省略的音级 ②没有五声音阶
喜奴式 nandayantī	持地 中令　第五	持地 中令　第五	持地　中令 第五		具六	①需要避免安陀利式 ②持地是首音和尾音
日行式 karmāravī	神仙 第五　明意 近闻	第五	神仙　第五 明意　近闻			开始于任何一个音级，结束于持地
微妙式 kaiśikī	具六　持地 中令　第五 明意　近闻	持地 近闻	具六　持地 中令　第五 明意　近闻	神仙 明意	神仙	①近闻和第五使用较多 ②神仙是弱化和省略的音级 ③结合了具六音阶调式

　　首音是指调式的开始音级。基音原意为分隔，即基音能将其他音级分隔开，基音也称为"吟诵者"。7个音级根据功能的不同，分为主要音级（vādī）、协和音级（samvādī）、不协和音级（vivādī）、辅助音级（anuvādī）。[①] 7个音级都可作为基音，调式的具体类型通过基音的确立得到明确。基音是调式或者拉格的基础，决定了调式和拉格的主导情绪（sthāyī bhāvas），因此基音也称为主导音级（sthāyī svara）；拉格的扩展依赖于基音。基音还决定了调式当中的协和音级、辅助音级、首音、次尾音等的重要

---

① 根据具体情况，主要音级和辅助音级指一个音级或者多个音级，都为协和音级。协和音级音程为纯四、纯五、三度，其他音程为不协和音级。

性和优先顺序，以及与其他各音构成协和音级或辅助音级的关系，同时也决定了包括不协和音级在内的其他音级的微分音的数量。

尾音处于调式结构的结尾部分，总共有 21 个；次尾音处于调式的中间部分，总共有 56 个。尾音和次尾音在调式里的功用主要是在基音所引导出的主导情绪下展开更丰富的情感，称为"次一级的情绪"（sañcārī bhāvas）。因此，调式和拉格相同，并非仅仅是音级变换组合为某一旋律样式，而是对应和表达不同的"味"（rasa）。在演奏调式的过程中，需要全神贯注，理解和唤醒主导情绪以及次一级的情绪。

以上 18 种调式中没有提到自然音级的音高变化。在第 28 章的术语当中，通过微分音的增加或减少找到自然音级之间的音，称为"svara sādhāraṇa"。从听觉上来讲，"svara sādhāraṇa"离开了原自然音级的位置，到达另一个新的音级的位置，并且是非常协和的音级；并非任何两个音之间的音级都是"svara sādhāraṇa"，其必须具备协和的特征。根据《舞论》的定义，"svara sādhāraṇa"需同时具备之前以及之后音级的特征。"sādhāraṇa"的内涵体现古代印度对协和音程产生的自然音级音高变化特征的理解。当代乐理中的"变化音级"这一术语虽然不能概括"svara sādhāraṇa"的所有含义，但从自然音级音高变化的倾向来看，大致意思是吻合的，因此将"svara sādhāraṇa"译为"变化音级"。

维纳琴的调弦实践找到了微妙近闻（kākalī niṣāda）和持地之间（antara gandhāra），二者是变化音级的代表。微妙音（kākalī）这个术语，只用于近闻，不用于任何其他音级，指的是近闻和具六之间的音。同样，间音（antara）这个术语也只用于持地，指的是持地和中令之间的音。微妙音和间音比之前的近闻和持地音高了 92 音分，即增加了 2 个微分音——1 个中微分音（70 音分）和 1 个小微分音（22 音分），因此微妙音和间音为 4 个微分音。由于微妙音和间音不属于 7 个自然音级的范畴，所以它们不能作为基音或主要音级，在调式中使用较少。

此外，"sādhāraṇa"（转化）也用于音阶和调式，其含义与变化音级相同也有相异。"sādhāraṇa"用于具六音阶、中令音阶，称为"具六转化"（ṣadjasādhāraṇa）和"中令转化"（madhyamasādhāraṇa）。此"sādhāraṇa"的使用主要是针对具六音阶的具六和中令音阶的中令而言，通过小微分音调整具六、中令以及相邻音级的微分音个数，找到新的具六或中令音的位置，达到转调的目的。"sādhāraṇa"用于调式，称为"调式转化"（jātis sādhāraṇa），指调式的内部特征，例如主要音级等，相同音程结构可在不同的调式中使用。具体而言，音程结构相同或类似的调式内部结构可用于其他不同调式。

"sādhāraṇa"给音级、音阶、调式产生变化的条件。婆罗多通过维纳琴的实践，找到了印度古代乐理的体系和规则，也找到了此乐理体系在音乐实践中灵活变化的可能性。

四、音乐术语显现的美学思维

《舞论》第28章关于音阶与微分音的阐释思路是：使用维纳琴调弦的协和音程，解读具六音阶的结构；以维纳琴的调弦为基础，解读微分音的产生和类型，再一一对应音级微分音个数。由协和音程产生的各音级，基于不同的组合方式和组合规则，构成了18种基本调式。此18种调式作为旋律样式的基础，变化衍生层出不穷的样式。微分音、音级的变化，音阶、调式的转化，最为重要的途径是"sādhāraṇa"。同样出于音程协和的目的，变化音级由7个基本音级变化得来。具六音阶、中令音阶通过具六转化、中令转化达到转调的目的。同样，通过调式转化，调式得到了一定的自由变换空间。

然而，第28章的音乐理论与现今的音乐实践有一定的差距。有学者提出：斯如梯（即什鲁蒂）在印度音乐实践中是否还真实地存在已成为人们争论的问题。[①] 欧美学者对北印度什鲁蒂的测音结果说明，其与古代北印度22什鲁蒂理论并不相符，并且与当代理论家的研究数据也不相符。其音准呈现一种多变的十二律体系，但并不是十二平均律，而是未调节的十二个非平均律半音。[②] 即使是古普特对毗诃波提大师注疏完整准确的解释，也难回答第28章音乐术语理论与现今印度音乐实践之间的裂痕。那么，古代音乐理论仅仅只是纯理论的研究吗？有学者针对什鲁蒂理论的问题提出："古代印度人的艺术理论建构加入了梳理逻辑的抽象思维，他们很多时候是以数学方法或曰形式分析探讨现代意义上的人文景观或艺术主题。那些不厌其烦的分类处理，那些令人惊诧的数字游戏，恰恰是印度古代文艺理论建构的一大特色。倘若明了这一层，我们就不会再去纠结婆罗多的什鲁蒂体系为何无法正确地付诸运用，为何只具有理论价值而非实践意义。"[③]

什鲁蒂源于印度吠陀圣典，原意为"听到的"，指先知和圣人倾听到的真理，即婆罗门祭祀从神那里听到同时以诗歌赞颂的形式流传下来的"真经"。由于神的旨意不可违背，这些"真经"同时又是僧侣们的戒律、仪轨以及古印度的法规。什鲁蒂贯穿于四吠陀之中，属于吠陀圣典中最为神圣的部分。

---

① 张伯瑜：《印度音乐的基本理论》，《黄钟》，2002年第1期。
② 夏凡：《印度什鲁蒂的音乐研究》，《世界宗教文化》，2013年第4期。
③ 宾伽罗等：《印度古典文艺理论选译》（下卷），尹锡南译，巴蜀书社，2017年，第959页。

新护大师的注疏指出，吠陀唱诵中的三个最基本音调分别为：重音（udāttaa）、无重音的音（anudāttaa）、次重音（svarita），依次对应"四个什鲁蒂""两个什鲁蒂""三个什鲁蒂"。① 大多数印度学者认为这是音级的来源。可见，古印度文艺理论建构的特色不仅仅是数理游戏思维，也有浓厚的宗教色彩。

新护大师针对"神乐"（Gāndharva）的目的指出：相较于吟诵史诗或者练习瑜伽，湿婆神更喜欢"神乐"，"神乐"也译为"正统乐""雅乐""古典乐"，是婆罗多时代所认为的永恒的音乐，歌唱神乐喜取式调（Nandayantī），能够赎回杀死一个婆罗门的罪孽。神乐不仅能让观众获得精神上的慰藉，同时也愉悦观众，具有娱神娱人的两重功能，而仅能娱人的音乐，只能认为是"声乐"（gāna）。可见，"神乐"被赋予了宗教的内涵和意义。乐器也是同样，21弦维纳琴是由用于宗教仪式的优昙婆罗木维纳琴（audumbarī vīṇā）演变而来的，优昙婆罗花有着圣洁神秘的宗教含义。圣人摩登伽（Mataṅga）和牟尼仙人们（Munis）为了表达对湿婆神的崇拜发明了笛子，笛子代表着音乐理论的传统以及圣人那罗陀（Nārada）的实践。优昙婆罗木维纳琴、笛子都是神乐的演奏乐器。②

具有宗教背景的什鲁蒂术语，于具有宗教内涵的维纳琴上进行音高实践，体现了古印度人对音高微妙差异的捕捉和感知。有关人耳对最小音高差异识别能力的研究，始于20世纪30年代欧美科学家"音差分辨域"或"最小可辨音差"的实验。"音差分辨域"受到多重因素的影响。③ 将一个音程分为多个非常小的音程，即微分音，体现了印度人非常细致的感受和度量乐音高度差异，即识别最小音高差异的能力。此种能力，自婆罗多时代微分音理论的提出，延续到现今印度人不遗余力地重新建构、诠释婆罗多的音乐理论，可算是印度音乐听觉审美的典型特征。自新护大师的注解开始，就不断有解释《舞论》的文献，现当代学者也在试图找寻和论证《舞论》在当下的传承和延续，古普特阐述毗诃波提大师注疏的微分音演示可算是代表之一。

现今印度音乐实践中仍有西塔尔演奏者使用什鲁蒂来描述音高的微妙升降变化。西方学者对不同拉格的测音，确实未体现什鲁蒂所规定的理论数据，而是呈现多变与灵活的音律，因此西方学者认为什鲁蒂仅仅是纯理论的，或

---

① Bharatamuni, *Nāṭyaśātra* (Chapter 28), *Ancient Scales of Indian Music*, commentary of Ācāya Bṛhaspati, Bharat Gupt, trans. New Delhi: Brahaspati Publications, 1996, p.17.

② Bharatamuni, *Nāṭyaśātra* (Chapter 28), *Ancient Scales of Indian Music*, commentary of Ācāya Bṛhaspati, Bharat Gupt, trans. New Delhi: Brahaspati Publications, 1996, pp.12-15.

③ 韩宝强：《音的历程——现代音乐声学导论》，人民音乐出版社，2016年，第28-29页。

者说只存在于主观臆想中，而不存在于具体音乐实践。大多数学者认为，此"听到的"微分音仅仅是对音高的一种描述，或者说主观臆想，并非音高的精确规定。然而，根据古普特阐述，微分音完全能够通过维纳琴演示出来，也能够具体对应音程的微分音个数。婆罗多《舞论》讲述的微分音，确实给后人留下一定的解释空间，而解释的重要路径就是在弦乐器上的音高实践，即不断找到各种能够分辨的最小的音程类型。这与《舞论》作为戏剧、艺术工作者实用手册的实践特质完全吻合。同时，在维纳琴上不断模拟、辨别音高的微妙差异，也是对音乐工作者听觉的训练，即让音乐工作者在实际演奏中能够更好地捕捉和把控音高的微妙变化，呈现不同的"味"，以及"主导情绪"和"次一级情绪"。

"声音是人类听觉系统对一定频率范围内振波的感受"[1]，综合了生理、心理、审美等多重因素。《舞论》第 28 章的音乐术语"微分音"呈现了古印度音乐对听觉感受非常细微的辨别和分类，看似繁复细碎，与实践存在断裂，实则隐含了听觉捕捉微妙差异的审美倾向。正如前面提到新护强调艺术需要直观感知，第 28 章的音乐理论显现了古印度音乐将听觉感受发展到异常丰富的程度。此种审美体验与宗教体验也是一致的，正如味的品尝"类似品尝至高的梵"。从什鲁蒂词源的宗教背景到音乐领域的衍生和使用，以及在用于宗教仪式的维纳琴上实践，将宗教体验延伸到艺术体验之中，二者融为一体，显现了独特的音乐美学思维。

旋律的样式——调式（$jāti$）在梵语诗律的语境下可解释为"音节瞬间有规则的组合"[2]，这说明"旋律的样式"本身与梵语诗律密不可分，或者说诗律和音乐本是一体。新护大师指出，不同的类型调式能引起听者不同的感受，不同的调式关联不同的味。音乐结构中的核心——调式，被赋予"味"的内涵。调式是诗律中的音节，也是与梵语诗学中的"味"相对应的音乐术语，即味以调式为梵语诗学在古印度音乐中的表达媒介。从音高的规定（微分音）到旋律的样式（调式），此音乐理论的建构显现了独特的印度美学思维，即浓厚的宗教色彩，同样也注入了梵语诗学的内涵。另外，从音乐与舞蹈的关系来看，二者既属不同的艺术门类，又归于一个整体——戏剧。第 28 章第 7 句提道：声乐（$gāna$）、器乐（$vādana$）和舞蹈（$nāṭya$）虽然属不同部分，有各自不同的艺术功能，但三者是统一的整体，能够带来不同感官的愉悦；戏剧导演将声乐、器乐和舞蹈编排成环环相扣的连续不断的表演，由此构成全

---

[1] 韩宝强：《音的历程——现代音乐声学导论》，人民音乐出版社，2016 年，第 5 页。
[2] "$jāti$"一词黄宝生先生译为"阇底"，参见黄宝生：《印度古典诗学》，北京大学出版社，1999 年，第 119 页。

方位、精美绝伦的舞台艺术。在《舞论》的语境中，音乐并非独立的艺术，而是整体戏剧的有机组成部分。同样，其音乐术语显现的音乐美学思维也贯穿《舞论》多种艺术门类融合的宏观语境之中。

作者简介：
夏凡，中央音乐学院博士，四川大学博士后，四川音乐学院教授，硕士生导师。
张黎黎，四川音乐学院乐器工程系研究生。

庄严论在印度古典艺术理论中的渗透和运用[*]

曹怡凡

摘 要：梵语"庄严"（alankara）本为装饰、美化之义。继《舞论》提出戏剧庄严论后，"庄严"范畴脱离戏剧学独立发展成为诗学庄严论，同时逐渐渗透到各艺术门类之中，形成了以装饰音体系为代表的音乐庄严论，以妆饰表演为代表的舞蹈庄严论，以极具装饰性的线条、色彩、构图等为特征的工巧庄严论。各艺术理论中庄严话语体系的形成既有共通之处，又各具特色。

关键词：庄严论　印度古典艺术理论　梵语诗学

与一般意义上的汉语"庄严"词义不同，梵文"庄严"（alankara）本为装饰、美化之义，现沿用旧时汉译佛经的译法，译作"庄严"。"庄严"在佛经中兼"交饰"与"具德"二义，诗学"庄严"也在其本义的基础上发展出广义与狭义两个层面的内容。广义的"庄严"指一切可以修饰诗、令诗美的因素，狭义则特指修辞方式。婆罗多的《舞论》（Natyasastra）作为现存最早的梵语文艺理论著作，为梵语诗学和艺术学的发展培育了土壤，也为印度古典庄严论文艺体系的形成奠定了基础。自《舞论》提出了戏剧庄严论后，庄严论形成了两条发展路径：一是脱离戏剧学独立发展为诗学庄严论，形成了以婆摩诃、楼陀罗吒等为代表的庄严论派与庄严论诗学话语体系，后又历经了衰落与转化；二是由于印度艺术倡导诗、乐、舞一体，各艺术之间触类旁通、相互影响，庄严论也逐渐渗透各个艺术门类之中，最终呈现出在印度古典艺术理论中全面展开的盛况。黄宝生先生认为，诗学庄严论在"自觉探索文学的特性和语言艺术的奥秘方面起了先驱作用"[①]，它作为早期梵语诗学的重要理

---

[*] 本文为国家社科基金重大项目"东方古代文艺理论重要范畴、话语体系研究及资料整理"（项目编号：19ZDA289）阶段性成果。

[①] 黄宝生编译：《梵语诗学论著汇编》（上册），昆仑出版社，2008年，第17页。

论话语，备受学界关注。然而，学界对于庄严论在印度古典艺术理论中的渗透和运用极少关注。基于此现状，本文将重点探究庄严论在音乐、舞蹈、美术、建筑等艺术中的发展与运用情况，以期勾勒出印度古典庄严论文艺体系的全貌。

一、庄严论在古典音乐理论中的运用

国外学者指出："印度音乐形式上不同寻常的多样化，或许是世界上任何其他同等大小的区域音乐文化所无法比拟的。"① 形式上的复杂多变与极具装饰性是印度音乐的典型特征，故有学者认为印度音乐"音与音的进行中往往不是直线性的，而是曲线形、波浪形甚至是螺旋式的"②。换句话说，印度音乐充满了装饰音。印度音乐的装饰音体系是经历了漫长的岁月而逐渐形成的。印度音乐诞生于寺庙的宗教仪式之中，用于歌颂祖先、神灵或祈福，并不具有很强的装饰性，反而相对庄重、严肃。当音乐被传播至宫廷后，其娱乐性也逐渐增强。后来进入民间的音乐加速了世俗化过程，曲调风格愈加丰富，极具装饰性的旋律深得人心。由此，装饰音便发展了起来，成为印度音乐的一大特色。后来，随着庄严论在戏剧学与诗学中的不断发展，印度古典音乐理论也形成了自己的庄严论体系，即装饰音理论体系。

在梵语乐论中，"装饰音"的梵文为"alankara"，与诗学"庄严"（alankara）实为一词，只不过在乐论中根据不同的语境多被译为"装饰音""装饰乐句"等。印度音乐强调即兴表演，音乐家在演唱或演奏音乐作品时，会在"拉格"（raga）和"塔拉"（tala）范围内使用各种即兴的旋律和有节奏的乐句来进行装饰。也就是说，除了预先设定的乐曲外，音乐家演唱的所有可以装饰或增强旋律美感的音乐都可以被称为装饰音（alankara）。在梵语乐论中，装饰音被赋予两层含义：一是对个别或几个音进行修饰的装饰音，二是用于装饰的特定系列的短旋律乐曲。③ 在后来的发展中，"阿兰卡拉"（alankara）用作指代一组装饰乐句，而"伽马卡"（gamaka）则指个别的装饰音。现在一般认为，它们二者共同构成了印度装饰音体系的主要内容。④

婆罗多的《舞论》就已认可了装饰音的重要价值。"一首歌曲如缺少装饰

---

① A. L. 巴沙姆主编：《印度文化史》，闵光沛等译，商务印书馆，1997年，第338页。
② 陈自明：《印度音乐文化》，中央音乐学院出版社，2018年，第9页。
③ Bimalakanta Roychaudhuri, *The Dictionary of Hindustani Classical Music*. Delhi: Motilal Banarsidass Publishers, 2000, p. 3.
④ 陈自明：《印度音乐文化》，中央音乐学院出版社，2018年，第100页。

音，就像夜晚缺少月亮，河中不见水流，藤蔓没有鲜花，女子未戴饰物。"①在印度人眼中，装饰音与曲调融为一体，是从音乐内部自然生成而非从外部故意添加的。"如果没有装饰音，音符就失去了活性和生命，成为僵死、生硬的东西。"②《舞论》认为，装饰音是以升调（aroha）、降调（avaroha）、平调（sthayin）和混合调（sancarin）这4种声调为基础的，并指出装饰音的作用是"强化调式的声调"③。接着，婆罗多介绍了升高（prasannadi）、降低（prasannanta）等7种平调装饰音，渐高（mandrataraprasanna）、露滴（bindu）等13种混合调装饰音，跃升（niskujita）、象鸣（humakara）等13种升调装饰音以及摇曳（vidhuna）、体音（gatravarna）等5种降调装饰音。最后，婆罗多强调，"歌曲应以装饰音加以美化，但却不能与声调的规则相抵牾"④。

后来的《多提罗乐论》与《广域乐论》继承了《舞论》中有关装饰音的主要观点。《多提罗乐论》简要介绍了13种装饰音，指出"升高（prasannadi）是升调，而降低（prasannanta）是降调。其余装饰音可选用所有升调。"⑤《广域乐论》则在《舞论》的基础上把13种混合调装饰音调整为11种，删去了原来的头音（recita）、胸音（kampita）和平缓（sama），增加了升降（prenkholita）。此外，它还指出升高、降低、露滴、胸音等12种装饰音是基于所有声调的，强调声乐演唱者也同样应该懂得以声调为基础的各种装饰音及其规则。⑥随着印度古典音乐理论的不断发展，装饰音的种类也日益增多。13世纪的《乐舞渊海》被后世誉为印度古典音乐理论的里程碑之作。作者神弓天认为装饰音的数量是无限的，并在著作中介绍了63种有名的装饰音，包括7种平调装饰音，12种升调装饰音，12种降调装饰音，25种混合调装饰音以及7种其他装饰音。⑦然后，他还首次对"装饰音"与"颤音"进行了区分，认为"颤音是声音的震颤，能令听众心灵愉悦"⑧，并阐述了鼓音（tiripa）、闪音（sphurita）、振音（kampita）等15种颤音。⑨

正如一位外国学者所说："艺术的目的是通过思想的表达和交流来传达情

---

① 尹锡南编译：《印度古典文艺理论选译》（上册），巴蜀书社，2017年，第337页。
② 陈自明：《印度音乐文化》，中央音乐学院出版社，2018年，第9页。
③ 尹锡南编译：《印度古典文艺理论选译》（上册），巴蜀书社，2017年，第334页。
④ 尹锡南编译：《印度古典文艺理论选译》（上册），巴蜀书社，2017年，336页。
⑤ 尹锡南编译：《印度古典文艺理论选译》（上册），巴蜀书社，2017年，第450页。
⑥ 尹锡南编译：《印度古典文艺理论选译》（上册），巴蜀书社，2017年，第473-474页。
⑦ 尹锡南编译：《印度古典文艺理论选译》（下册），巴蜀书社，2017年，第613-618页。
⑧ 尹锡南编译：《印度古典文艺理论选译》（下册），巴蜀书社，2017年，第659页。
⑨ 尹锡南编译：《印度古典文艺理论选译》（下册），巴蜀书社，2017年，第659页。

感，印度古典音乐中的'颤音'和'装饰音'对于实现这一目标至关重要。"[1] 装饰音体系反映了印度古典音乐对于丰富的情、味的追求与瞬时性、临场性的即兴表演风格。装饰音能够对乐曲加以修饰，使其呈现出音乐的曲调之美，从而激发"味"的产生。从现代美学的视角来看，装饰音脱离了歌词等语言符号，回到了音乐艺术的本质，即纯形式的听觉符号，让声音媒介本身的特质得以凸显。此外，印度文艺理论一直保持着对艺术表演与舞台经验的密切关注。在戏剧艺术中，"味"指的是观众在观看戏剧时所能体验到的审美快感。同样，在音乐艺术中，"味"也与听众联系紧密。装饰音与装饰乐句强调即兴表演，是音乐家或歌唱家与观众/听众互动的重要方式。它能让每一次音乐表演都成为独一无二的审美体验。只不过，音乐家们也需要遵循严格的表演规则。他们通常要经过长时间的训练和积累，才能够达到现场即兴表演的专业水平。

二、庄严论在古典舞蹈理论中的运用

印度舞蹈以其浓郁的风情、华丽的形式、复杂的表演技巧屹立于东方艺术之林几千年已久，即便是受到多种外来文化的冲击，它仍保存了传统样貌。印度舞蹈不仅因其悠久的历史与独特的魅力成为举世瞩目的瑰宝，还传至他国，促进了东方各国艺术的交流与繁荣。据吠陀经记载，印度舞蹈源于宗教祭祀仪式，寺庙为印度古典舞蹈的诞生和发展提供了平台。在宗教活动中，身体充当了语言之外的另一种和宇宙沟通的媒介，于是，印度舞蹈成为与宗教联系最为紧密的艺术之一，神话、传说、民俗等都成为其常见的主题。与印度音乐相同，印度舞蹈后来也经历了世俗化的过程，其装饰性和审美性得到提高，融入了日常生活，成为兼具娱乐功能和教育功能的艺术载体。有学者认为，印度古典舞的两大特征分别是"注重感情的交流"与"以大量的古代著名的文献为直接或间接的基础"。[2] 印度艺术素有诗、乐、舞不分家的说法，印度古人们也善于将舞蹈与音乐、戏剧等结合起来研究，创造了《舞论》《表演镜》《乐舞渊海》《乐舞奥义精粹》等佳作。《舞论》作为首部综合性文艺理论著作不但从理论上奠定了印度古典舞蹈以味论为中心，用身体叙事和表意的传统，还制定了一套包含了手势、表情、脚步等内容的严密周全的舞蹈理论体系。

---

[1] Solveing Mary McIntosh, Gamaka and Alankara. *Concepts of Vocal Ornamentation with Reference to Bara Khayal*. London: City University, 1993, p. 42.

[2] 欧建平：《外国舞蹈史及作品鉴赏》，高等教育出版社，2008年，第47—48页。

虽然目前尚未在梵语文献中找到直接论述舞蹈庄严的范畴的，但印度舞蹈也在潜移默化中汲取了其他艺术的养分，形成了与戏剧庄严和音乐庄严类似的范式，主要体现为舞蹈者精致的妆饰与极具装饰性的纯舞。

印度舞者的妆饰往往复杂、华丽，故常有人发出疑问："她从头到脚都被用精美而多彩的服装和首饰装饰着……那么复杂的饰物堆在她身上，她还怎么舞得动？"① 如此纷繁复杂的妆饰，再结合技艺卓群的舞姿，让人不禁感叹其精妙绝伦。除了在视觉上能给人以华丽、美艳之感外，印度古典舞蹈中的化妆、服装、道具也为舞蹈情味的产生、主题的表达、风格的形成等推波助澜。表演婆罗多舞（Bharatanatyam）的演员们常以鲜花、饰品点缀，佩戴大量金色首饰，镶嵌珠宝，身着华丽纱裙，窈窕多姿。奥迪西舞（Odissi）的演员们以其独特的发式而闻名，将发结为圆盘并缀满白色鲜花，发上佩有上尖下圆的头饰以喻神庙之塔。卡塔卡利舞（Kathakali）表演者的"勾脸"与中国戏曲的脸谱异曲同工。梵语"Kathakali"本有讲述故事之义，舞者要根据角色定位来化妆，例如绿色表示好人，黑色象征女妖，等等。也就是说，勾脸能辅助卡塔卡利舞塑造人物，为舞蹈的叙事功能而服务。而受到穆斯林文化影响的卡塔克舞（Kathak）在其服饰上则呈现出差异：男舞者的服饰多为长衫，女舞者多为长裙，衣裙宽大，发饰也较为简洁。

印度古典舞也有纯装饰性的脱离叙事表意等功能的纯舞段落。纯舞在印度舞蹈中扮演的角色类似于音乐理论系统中的装饰音，能凸显艺术媒介自身的审美特性。印度古典舞由叙事（描述）舞段和纯舞段为主要构成形式。印度舞蹈的叙事或描述功能一方面受益于宗教传统——印度舞蹈最早为宗教服务，因而形成了一套程式化的肢体语言，用于传播宗教思想；另一方面，它与戏剧学的发展也密切相关——众所周知，《舞论》对身体各部位的表演规则进行了细致的分类、规定与讲解，已达到了程式化的程度，这对叙事性舞蹈意义重大，形成了以舞者肢体为能指的复杂的符号系统。后来，舞蹈艺术不断发展，不断向审美与娱乐功能迈进，各舞种发展出了看家本领以自立门户，纯舞由此产生。《乐舞渊海》将纯舞定义为"各种基本动作和动作组合的表演"，且"暗示表演和含蓄表演不用于纯舞"②，也就是说，纯舞暂时摆脱了舞蹈叙事与表意的宿命，回归到舞蹈的媒介——身体本身，用形体的运动和变化为观众带来审美享受。《舞论》与《乐舞渊海》都论述了 30 种纯舞势（nrttahasta），《乐舞奥义精粹》和《吉祥手势珠串》（Srihastamuktavali）则

---

① 江东：《印度舞蹈通论》，上海音乐出版社，2004 年，第 63—64 页。
② 尹锡南编译：《印度古典文艺理论选译》（上册），巴蜀书社，2017 年，第 697 页。

将其精简为27种。几乎每一种印度古典舞蹈都含有纯舞段落。例如：卡塔克舞（Kathak）中的纯舞段落被称为"波尔"，由甘尼沙·万达那、阿曼达等11种结构组成，并以踢踏舞和旋转舞为特色，引人入胜。① 此外，婆罗多舞的"贾提斯瓦拉姆"、卡塔卡利舞的"普拉帕杜"、库契普迪舞（Kuchipudi）的"思尔塔"、奥迪西舞的结束段落等都为纯舞。事实上，纯舞的演绎对舞者的技艺要求甚高，须历经长年累月的训练，非一日之功所能造就。正因如此，纯舞也成为评判一位印度舞者水平的标尺。

三、庄严论在古典工巧艺术论中的运用

据《毗湿奴最上法往世书》记载，印度人将绘画、手工艺、建筑、雕塑等空间造型艺术统称为工巧或工巧艺术。有学者将印度工巧艺术的特征归纳为象征性、装饰性和程式化。② 其中，装饰性（庄严）主要表现为利用色彩、线条、图像、纹路等媒介来进行装饰和美化。精美细致、色彩丰富的绘画（或壁画），富丽堂皇的宫殿，高贵典雅的神庙，栩栩如生的雕刻，精雕细琢的手工艺品等共同构成了装饰性极强的印度造型艺术。工巧美术庄严不但为印度艺术独特风格的形成添砖加瓦，往往还具有比喻或象征意义，带有浓厚的印度宗教、哲学思想意味。王镛先生认为，"印度艺术装饰的繁缛象征着宇宙生命的繁盛"③，这在印度早期的造型艺术中表现得尤为明显。

在理论著作诞生以前，工巧庄严话语论经历了漫长的萌芽期。萌芽期虽未形成理论话语，却在丰富的艺术实践中发展了工巧庄严的象征系统，形成了众多的装饰艺术风格。按照萌芽期的发展规律及其特点，工巧庄严论可细分为三个主要阶段。在第一阶段中工巧美术庄严象征意味浓厚，饱含了早期人类对于自然、生存和繁衍的美好期许。印度河文明古城遗迹出土的母神、牛、羊等形态的陶偶，绘有蛙纹、鱼纹、鸟纹、花卉纹等装饰纹路的彩陶，吠陀时代出现的野生动物模样的岩画等都体现了人类祖先对生殖的崇拜。阿育王石柱上雕刻的四种圣兽图纹，以狮代北，以象表东，以牛示西，以马喻南，象征着人们对于自然的敬畏。第二阶段，宗教的兴盛丰富了印度工巧美术的题材与内容，进而发展了庄严的叙事功能。神话传说、民间风俗、佛教故事等受到了浮雕装饰艺术的青睐。其中，萨塔瓦哈纳王朝的佛陀故事浮雕尤为出众，它擅长以一图数景的连续性与填充式构图展现连续的故事情节。

---

① 江东：《印度舞蹈通论》，上海音乐出版社，2004年，第74—76页。
② 王镛：《印度美术》，人民大学出版社，2010年，第5—8页。
③ 王镛：《印度美术》，人民大学出版社，2010年，第7页。

第三阶段，在外来文化的冲击下，印度工巧美术的华丽装饰风格日益凸显。此阶段以犍陀罗艺术作为东西文化碰撞结晶的典型。希腊石雕艺术以构图简洁、平衡、和谐的古典主义风格为特征，印度本土的石雕则倾向于复杂构图与夸张手法、强调装饰性和美观性。受希腊艺术影响的犍陀罗佛教石雕将佛陀从抽象符号变成了身穿袈裟的人体，并塑造了具有印度特色的身着华丽服饰、佩戴诸多饰品的菩萨形象。

公元4世纪，笈多王朝建立了统一帝国，为印度哲学、科学与艺术的发展提供了良好的环境，印度古典艺术也迈进了第一个黄金时期。现存的首部梵语诗学著作《舞论》于此阶段产生。"若无舞论，画论难明"[1]，《舞论》极大地刺激了《画经》（Critrasutra）等工巧美术专论的出现。《画经》主要讲述了绘画的起源、画中人体的量度与比例、绘画技巧、画病、画德、画味等内容，并从理论上肯定了工巧美术庄严的价值，总结和阐述了其创作规律。《画经》曰："线条、明暗、装饰、色彩，这些被视为绘画中运用的庄严。大师称赞线条，智者推崇明暗，女子欣赏装饰，而凡人喜欢色彩丰富。"[2] 首先，《画经》给予绘画庄严清晰的定义，并认为庄严在绘画中具有重要的价值。其次，《画经》继承了梵语诗学中"分门别类，不惮繁琐"[3]的分析方法与缜密的数理思维，对绘画内容（包括人、神、物、景等）的量度比例，绘画的视角等进行了详细的分析和阐述。《画经》认为"应该全力避免画像的比例失调。遵循画像量度的作品，总是受人称颂"[4]。因此，线条、明暗、色彩、装饰等也应按照这套详细的规则来组织。再次，《画经》还提出了画病（citradosa）与画德（citraguna）两个范畴，将线条、色彩、量度、比例等都视为绘画的语言，由此可以看出画论深受诗学庄严论的影响。最后，《画经》提出了艳情、滑稽、悲悯、英勇、暴戾、恐惧、厌恶、奇异和平静等"绘画九味"，阐述了如何运用绘画媒介和技巧以呈现不同的味。《画经》作为现存最早的印度绘画理论文献，对后世的影响颇为深远。它所提出的所有绘画规则，同样适用于雕塑、建筑等其他造型艺术。

步入中世纪后，印度教神秘主义之风兴盛，印度艺术也受其影响。诗学著作《韵光》主张诗的灵魂是"韵"，将暗示义（比喻义）视为诗的精髓，奠定了印度诗学言外之意、象外之象、韵外之致的美学理论基础。韵论为诗人和读者的想象力保留了空间，也将这种不可言状的韵味引向了神秘的境界。

---

[1] 金克木：《金克木全集》（第三卷），生活·读书·新知三联书店，2011年，第435页。
[2] 尹锡南编译：《印度古典文艺理论选译》（下册），巴蜀书社，2017年，第828页。
[3] 黄宝生：《梵学论集》，中国社会科学出版社，2013年，第158页。
[4] 尹锡南编译：《印度古典文艺理论选译》（下册），巴蜀书社，2017年，第817页。

工巧艺术在诸多因素的影响下,愈发倾向于表达神秘的超越精神。与早期相比,此阶段工巧庄严的所指更为抽象,为只可意会不可言传的神秘高深境界,换句话说,它们的"象征或暗示的超验哲学宇宙论色彩更为浓厚"①。印度教神庙往往被建造成为宇宙的缩影,神庙上每一个细小的装饰、图形或纹路都有着丰富的象征义。如《工艺宝库》所言:"我将借助美丽的艺术语言,说明神庙每一个部位,地方、段落、穹窿、凹处的形状及其含义。"② 所有的媒介语言共同形成了一个庞大、复杂且封闭的符号象征系统。

在后来的发展中,工巧艺术又将对"庄严"的追求推向了极致。帕拉瓦王朝的艺术逐渐向精雕细琢、装饰华丽的方向发展;金娜凯萨瓦神庙以装饰雕刻的繁缛豪奢著称,纤巧靡丽的花边装饰几乎遮蔽了雕像的人体;莫卧儿时代的细密画与中国的工笔重彩相似,做工精细、色彩艳丽,并追求平面的装饰效果。"恰如诗中依据诗人的奇思妙想运用优美的庄严(修辞),建筑物的墙体也应雕刻漂亮的图像。"③ 工巧艺术庄严将线条、色彩、平面等媒介视为艺术的语言,通过对艺术媒介的探索与雕琢来呈现绘画、雕塑、建筑等的形式之美。与其他艺术装饰论不同,工巧庄严论重视"庄严"的象征意义,与印度宗教、文化思想联系紧密。

金克木先生认为,印度美学的一个显著特征是"重复用的术语中加入并不重复的内容"④。"庄严"作为梵语文艺理论的基本范畴,从"装饰"或"妆饰"的本义出发,不断丰富自身内涵,最终在各艺术门类中形成了触类旁通又各具特色的庄严理论话语,其共通之处在于它们关心的都是艺术的形式问题。诗歌的媒介是语言,所以诗学庄严论研究的是如何使诗歌的语言之美得以显现。音乐庄严论研究的对象是声音(包含旋律、曲调、节拍等),舞蹈庄严论研究的对象是人的身体,绘画庄严论研究的对象则是色彩、线条等。总而言之,印度古典文艺庄严论凸显了印度形式主义的美学特征,成为印度古典文艺理论的重要一环。此外,通过考察庄严论在各艺术理论中的渗透与运用,可以发现,它们在艺术媒介的探究程度不同。以婆摩诃、檀丁、优婆吒、楼陀罗吒等为代表的诗学庄严论已经触及诗的本质问题;在舞蹈、音乐、绘画、雕塑等其他艺术中,庄严论并未达到对艺术本质的探讨,它们虽然都对艺术的媒介及其性质进行了探究,但仅把庄严作为一种表达情感韵味或叙事的手段。换句话说,被美化的艺术媒介并未被看作艺术的安身立命之本,而

---

① 王镛:《印度美术》,中国人民大学出版社,2010年,第249页。
② 尹锡南编译:《印度古典文艺理论选译》(下册),巴蜀书社,2017年,第851页。
③ 尹锡南编译:《印度古典文艺理论选译》(下册),巴蜀书社,2017年,第865页。
④ 曹顺庆主编:《东方文论选》,四川人民出版社,1996年,第71页。

是附庸于文学、宗教等存在的他者。例如，印度古典音乐、绘画、雕塑等都具有叙事和表意功能，装饰音、纯舞以及美化的线条、色彩、图案等只作为一种为艺术增添光彩的装饰品或艺人炫耀高超技艺的手段。诚然，印度古典文艺理论的庄严话语在关于艺术媒介的思考中尚未具备现代艺术媒介自律等前卫观念，但作为历经千年发展而成的艺术理论话语，印度古典文艺庄严论具有强烈的民族魅力，在印度艺术理论和民族艺术的传承史上写下了浓墨重彩的一笔。

作者简介：
曹怡凡，四川大学文学与新闻学院艺术学理论专业博士研究生。

印度古典文艺理论的"韵"范畴与话语衍生[*]

马金桃

摘　要：韵论是梵语诗学中的重要话语体系，它不同于此前庄严论、风格论等注重外在形式的审美理念，转而开始探索注重意境、情味的内在审美。"韵"由一般语词延伸至诗学概念，历经萌芽期、形成及成熟期、后韵论时期以及现当代阐发期，形成了以韵、味为审美中心、以庄严、风格等为辅的韵论话语体系。本文拟追溯韵论诗学产生的语言学及哲学背景，厘清韵论话语体系的形成及发展轨迹，探讨韵在印度古典文艺理论中的话语衍生。

关键词：梵语诗学　韵论　味论　印度古典文艺理论

根据印度学者主编的《梵英词典》，"韵"（$dhvani$）的含义包括声音、回声、嘈杂声、音调、音乐声、雷声、暗示义和暗含义共8种。[①] 中国台湾学者依据日本学者的词典编译的《梵汉大词典》对"韵"的解释是：声音，叫声，噪音，雷鸣，回声，音调，暗示，指示等等。[②] 从词源看，"韵"泛指一切声音。"韵"一词最早出现于《阿闼婆吠陀》（Atharaveda）。梵语剧作家和诗人中，迦梨陀娑（Kalidasa）、婆罗维（Bharavi）和摩迦（Magha）等以"韵"表示各种声音，如迦梨陀娑将森林中的沙沙声、鼓声、大海的声音或音乐声等都称为"韵"。波颠阇利（Patanjali）、伐致诃利（Bhartrhari）等语法学家将展示词本身的声音也称作韵。尽管已出现大量"韵"范畴的使用，含义十分丰富，但其仍不具美学内涵。受语法学家启发，韵论派诗学家发现了词语的暗示功能和暗示义，并将这种能显示暗含义的词音

---

[*] 本文为国家社科基金重大项目"东方古代文艺理论重要范畴、话语体系研究及资料整理"（项目编号：19ZDA289）阶段性成果。

① Vaman Shivram Apte, *The Practical Sanskrit-English Dictionary*. Dheli: Motilal Banarsisdass Publishers, 2014, p. 532.

② 林光明、林怡馨编译：《梵汉大词典》，嘉丰出版社，2005年，第386页。

和词义也称作"韵"。他们还确定了"诗的灵魂是韵"之说,"韵"也由此成为梵语诗学的重要范畴。韵论诞生之前,庄严论、风格论在梵语诗学中占据主导地位,它们多注重对诗的外在形式的审美。韵论则开始注重对文学作品意境、情味的内在审美,由此它也成为印度古典文论新旧两派的分水岭。① 本文拟从韵论诞生的背景出发,探讨韵论的演变过程,考察其在艺术理论中的呈现,从而对韵论话语体系进行较为全面的分析。

一、韵论的语言学及哲学基础

韵论派诗学家欢增(Anandavardhana)认为:"语法家是先驱,因为语法是一切学问的根基。"② 韵论的提出即受梵语语法学家的启发。公元前2世纪,语法学家波颠阇利提出"常声说"(sphota)。"sphota"一词源于词根"sphut",意为爆裂、爆发等。该词被波颠阇利纳入语法学范畴,意为当语言被说出来时,它的意义随即迸发,并传达给听者。在他看来,词语的意义和词语的发音完全不同。词语的真正意义也即词本身,被称为"常声",是言语中恒定不变的存在,而词本身的发音被称为"韵"。常声和韵的学说即词义和词音的学说。波颠阇利以"gauh"(牛)为例。该词由"g""au"和"h"三个音素组成,每个音素都是词本身的暗示者,但它们单独却无法展示"gauh"的词义。直到最后一个"h"音发出,三个音素才将词义"牛"清晰、完整地呈现出来。③ 在此,"牛"的真正意义为常声,而"gauh"的发音被称为韵。波颠阇利又以鼓声为例类比韵和常声的关系。敲鼓的声高由于听者与其距离不同而有差别,但鼓声实则稳定不变。与此相似,韵或长或短,或响亮或柔和,会因说话者不同而变化不定,但这并不影响常声的稳定性。

约公元7世纪的伐致诃利进一步阐释了"常声说"。他认为:"各种感官的融合与分离产生了常声,而韵就是展现常声的词音。不管词音是短是长,常声不随时间而变化。源自常声的词音则有长短之分。"④ 也即,常声具有恒定性,而韵则千变万化。他进一步将语言分为微妙、中介和粗糙三种形式。微妙形式是语言的绝对真实,恒定不变。中介形式是微妙形式的展示,只能通过思想把握,又称"原韵"(或常声)。粗糙形式是微妙形式的进一步展示,

---

① 黄宝生:《印度古典诗学》,北京大学出版社,1999年,第331—370页。
② 黄宝生编译:《梵语诗学论著汇编》(上册),昆仑出版社,2008年,第242页。
③ 黄宝生:《印度古典诗学》,北京大学出版社,1999年,第331页。
④ 尹锡南:《印度文论史》(上册),巴蜀书社,2015年,第203页。

可通过听觉器官把握,又称"变韵"。① 对说者而言,语言的微妙形式经原韵再转化至变韵。对听者而言,可通过变韵感知原韵,甚至把握语言的微妙形式,即"透过表层声音可探知语义,透过语义可以揭示深层的暗含义"②。

传统梵语语法学家和哲学家认为词语有表示和转示两种功能,也由此产生了表示义和转示义。表示义即字面义,转示义为延伸义。但受波颠阇利、伐致诃利等语法学家启发,韵论派发现了词语的第三种功能,即暗示,进而也发现了暗示义,这"是对梵语诗学的创造性贡献"③。韵论派诗学家将这种展示暗含义的词音或词义称作韵。关于韵,韵论派常用"恒河上的茅屋"为例阐释。"恒河"不能按其表示义理解,因为恒河上不可能有茅屋。其转示义为"恒河岸",但此仍非说者的意图。因为恒河是圣河,所以此处应理解为恒河的更深层含义:神圣。因而恒河岸上的茅屋也有神圣之感。在韵论派看来,对"恒河上的茅屋"的理解,正是基于词语的暗示功能。这种暗示功能和暗示义成为韵论话语体系的基石。

除语法学外,因明学、数学等对包括韵论在内的梵语诗学也产生了重要影响。韵论派思想家对词语功能、意义等的条分缕析,与因明学的逻辑思辨传统不无关系。这种条分缕析还受印度古代发达的数学影响,有学者称这种思维为"集体无意识",他指出:"正是因为'集体无意识'的历史存在,印度古代智者不约而同地以近乎数理思维的方式言说文艺理论的诸多范畴、命题,这才有了庄严、味、韵的条分缕析。"④ 这种数理思维或者集体无意识在欢增、曼摩吒等韵论诗学家的著作中得到大量体现。民族文化的深厚土壤滋养了诗学的产生与发展,而诗学话语则承载了抹不去的民族文化烙印。

二、韵论的发展演变

作为梵语诗学中的重要理论范畴,韵由表示听觉感受的语词延伸至诗学领域,历经萌芽期、形成及成熟期、后韵论时期以及现当代阐发期。其中,萌芽期已粗见韵的端倪;欢增和新护对韵论的阐发则标志着韵论的形成及成熟;后韵论时期,主要以曼摩吒为代表,多以韵论为基础进行综合阐发;现当代的韵论阐发则更具多元性。值得一提的是,对韵论的质疑及由此产生的

---

① 黄宝生:《印度古典诗学》,北京大学出版社,1999年,第331—332页。
② 邱紫华:《印度古典美学》,华中师范大学出版社,2006年,第279页。
③ 黄宝生:《梵学论集》,中国社会科学出版社,2013年,第90页。
④ 尹锡南:《印度古典文艺理论话语建构的基本特征》,《东方丛刊》,2018年第1期,第88—89页。

论辩从某种程度上也促进了韵论的发展,因而也可纳入后韵论时期的讨论范围。

先看看韵论的萌芽期。《韵光》开篇指出:"根据智者们的说法:'诗的灵魂是韵。'"① 可见早在欢增之前,关于韵的学说即已存在,且并非只是某一位学者的观点,而是众多智者的一致看法。新护为《韵光》疏证时也认为:"韵论已通过口传的方式在智者们中讨论许久,但并未形成文字记录。"② 但也有学者认为,为避免传统诗学家、语言学家对新学说的质疑,欢增或有意托古。无论欢增是否首提韵论说,但在婆摩诃和檀丁等梵语诗学家的著作中,韵的概念确已逐渐萌芽,只是他们并未将其作为词语的新功能或意义而单独论述。

约生活于公元7世纪的婆摩诃被认为是"梵语诗学庄严论派最早的捍卫者"③。他的《诗庄严论》中已有关于暗含义的间接论述,如隐喻、明喻和等同等庄严,它们本身即暗示着所比较的几者之间具有相似性。欢增也认为,"通过暗示展现的相似性具有很大魅力"④。此外,迂回、佯赞、曲语等庄严中也含暗示义。

大约与婆摩诃同一时期的檀丁所著的《诗镜》中的某些庄严也涉及暗含义,如明显与暗示相关的"略去庄严",檀丁对此类庄严列举的示例中的一些可被认为是欢增所论述的韵。如"允诺略去"所举示例:"你出门离去后,我不会长期陷入痛苦。如果你要去,就走吧,对此不必怀疑。"⑤ 此处的表示义为允诺爱人可离去,而实则暗示自己会长期陷入痛苦或死亡,从而阻止爱人离开。词语或句子的表面义为此,但暗示义却为彼。按照欢增对韵的分类,"允诺略去"可被认为是本事韵。此外,檀丁论述的明喻、暗喻等庄严也含暗示之意。优婆吒的《摄庄严论》及楼陀罗吒的《诗庄严论》等诗学著作中也都涉及暗含义。可见,韵的概念并非突然出现,早期的庄严论等诗学范畴为韵论诗学的形成奠定了基础。

接下来是韵论的形成及成熟期。公元9世纪,欢增的诗学著作《韵光》问世。韵的概念或虽先于《韵光》而存在,但韵成为梵语诗学的重要范畴则以《韵光》的出现为标志。《韵光》的作者是否仅为欢增一人,学术界仍存分歧,但这并不影响欢增在梵语诗学史上的重要地位。《韵光》首次对韵进行了

---

① 黄宝生编译:《梵语诗学论著汇编》(上册),昆仑出版社,2008年,第232页。
② Daniel H. H. Ingalls, Jeffrey Moussaieff Masson and M. V. Patwardhan, eds. & trans., *The Dhvanyaloka of Anandavardhana with the Locana of Abhinavagupta*. Cambridge: Harvard University Press, 1990, p.48.
③ 尹锡南:《印度文论史》(上册),巴蜀书社,2015年,第139页。
④ 黄宝生编译:《梵语诗学论著汇编》(上册),昆仑出版社,2008年,第325页。
⑤ 黄宝生编译:《梵语诗学论著汇编》(上册),昆仑出版社,2008年,第177页。

详细论述，并将旧有的味、庄严等诗学范畴纳入韵论话语体系，一个新的理论派别也由此形成。金克木先生认为："它（指《韵光》）汲取了前人的语言学和哲学论点，进一步发展了《舞论》味的理论，打破了它以前注重修辞手法的形式主义传统，创立了一个系统完整的关于'诗的灵魂'的理论，从而影响了几乎所有的后世文论家，成为印度古代文学理论发展中分别前后期的里程碑。"①

在印度诗学史上，《韵光》的诞生意义重大。作者欢增将韵定义为："若诗中的词义或词音将自己的意义作为附属而暗示那种暗含义，智者称这一类诗为韵。"② 也就是说，诗篇中词语的表示义为辅、暗示义为主时，这类诗被称为韵。显然，欢增在此是从诗篇的角度给韵下定义的。但实际上，欢增所论述的韵也指诗中起暗示作用的因素和暗示的意义。③ 韵既指词音、词义、句、篇等暗示者及其暗示功能，也指由此所产生的暗示义。在欢增看来，韵是诗的灵魂，也即，韵是诗的品鉴和创作的核心审美原则。至于词语的转示义，欢增指出它与暗示义的区别在于：转示义的理解脱离表示义，而暗示义的理解则依靠表示义。

依据理解暗示义所需依靠表示义的程度，欢增对韵进行了详细的分类，分别是非旨在表示义和旨在依靠表示义暗示另一义两大类。非旨在表示义指不重视表示义。旨在依靠表示义暗示另一义又分为暗示过程明显和暗示过程不明显两类。其中，暗示过程不明显的韵指味、情、类味、类情、情的升起及情的平息等 8 类，也即味韵。④ 味在此被视为韵的表现形式之一，也是韵论派极为重视的一类韵。味韵的本质特征在于文学语言的非直接表述，读者需从其表示义中领会暗示义，从而感知诗的魅力，也即味。

此前的梵语诗学家将庄严与风格等视为诗的灵魂，而至于味的审美，他们仅将其作为语言的点缀。但在欢增看来，诗的灵魂是韵，而韵的灵魂则在暗示不明显的味，味由此也与韵一起被置于韵论话语体系的核心地位。他在《韵光》中写道："味通过诗中具体描述的情由、情态和不定情暗示，而不由艳情、悲悯等等这些名称直接传达给读者或听众。"⑤ 换句话说，味通过词语的暗示义被感知，而非通过直接、明显的词音或词义被展示。由此，韵论与味论有机地联系在一起。欢增还以味为原则指导诗人的创作实践。他说："诗

---

① 曹顺庆主编：《东方文论选》，四川人民出版社，1996 年，第 26 页。
② 黄宝生：《梵语诗学论著汇编》（上册），昆仑出版社，2008 年，第 238 页。
③ 黄宝生：《印度古典诗学》，北京大学出版社，1999 年，第 336 页。
④ 黄宝生：《梵语诗学论著汇编》（上册），昆仑出版社，2008 年，第 246－247 页。
⑤ 黄宝生：《印度古典诗学》，北京大学出版社，1999 年，第 343 页。

人创作作品时，应该全神贯注，致力于味。"① 可见，味在诗的审美和创作中都至关重要。金克木先生认为："欢增进一步发展了从《舞论》以来的'味'的理论，将这一方面的理论探讨大大向前推进，从而影响了几乎所有后来的文学理论家。"② 新护、波阇、毗首那特等后世诗学家对味论更为深入的探讨，都得益于欢增对梵语戏剧学中味论的引进及阐发，以及他对韵与味的辩证分析。

对于婆摩诃、檀丁等诗学家所重视的庄严、风格等，欢增也从暗示的角度进行了分析。通过本事或庄严暗示，它们的暗含义居主要地位时，可被称为"庄严韵"。但它对味仅起辅助作用，属于文学审美的外在因素。如果庄严的表示义在诗中居于主要地位，则这样的诗被排除在一流诗作之外。诗人在创作中也无需刻意追求庄严，而是要专心于味。"只要他专心于味，各种庄严（不包括繁难的音庄严）会竞相涌出。因为味必须通过特殊的表示义暗示，而隐喻等等庄严正是凭借有关词语而具有暗示能力的特殊表示义。"③ 至于风格，欢增转而论述其基础即诗德，并将它确立为味韵的属性。

至此，味、庄严及风格等诗学范畴都被吸收至欢增的诗学话语，一个以韵和味为核心话语，以庄严、诗德等诗学范畴为辅的韵论话语体系得以正式形成。④

与中国学术传统依经立义相似的是，梵语诗学也遵循依经立论的话语衍生规律。⑤ 作为梵语诗学史上的里程碑之作的《韵光》也有不少注解本，其中最重要的是新护的《韵光注》。新护首先明确了韵的所指：能暗示的词义，能暗示的词音，暗示的作用，所暗示的意义，整篇的诗即具有暗含义的诗篇。⑥ 其次，他细致地解读了《韵光》中的示例，明确指出其中的韵以及它对提升诗篇魅力所起的作用，读者因而能更准确体会由韵而产生的诗的魅力。最后，新护进一步阐释了韵与味的关系，但他更强调味的重要性，还将味的品尝的过程与对梵的认识相联系，因而为韵论诗学赋予了浓厚的神秘主义色彩。有印度学者认为："如果没有新护的注解，《韵光》并不完整。"⑦ 新护的《韵光注》巩固了韵论在梵语诗学史上的重要地位。

---

① 黄宝生：《梵语诗学论著汇编》（上册），昆仑出版社，2008年，第299页。
② 金克木：《古代印度文艺理论文选》，人民文学出版社，1980年，第10页。
③ 黄宝生：《印度古典诗学》，北京大学出版社，1999年，第361页。
④ 黄宝生：《印度古典诗学》，北京大学出版社，1999年，第224页。
⑤ 尹锡南，雷昌秀：《印度古代诗学的民族特色》，《南亚研究季刊》，2017年第1期，第89页。
⑥ 黄宝生：《印度古典诗学》，北京大学出版社，1999年，第336页。
⑦ Sundareswaran N. K, "Reviews of *DhvanyalokaLocana*", *Adyar Library Bulletin*, Vol. 76-77, 2012, p. 297.

与欢增相较，新护更强调味的重要性。在他看来，味是诗的灵魂，但韵在传达味的过程中同样重要。新护接受了那耶迦的情味普遍化原理，但同时又声称这种普遍化来自韵。① 情味的普遍化也就是情的普遍存在，即观众在观看戏剧或阅读之前已有知觉或心理活动的潜印象。戏剧表演或文学作品采用种种艺术表现手段展现情由、情态或不定情，唤醒观众心中业已存在的常情，进而激起他们心中的味。或者说，经过情由、情态和不定情的暗示，观众或读者的心理潜印象即常情被激发，观众得以感知味。在此，韵是手段或方式，而味才是目的。正如有学者所言："韵论和味论之间毫无冲突可言；因为前者强调获得味的途径，而后者探讨味的最终效果。"② 韵和味既相互区别又联系密切，成为文学作品审美密不可分的两面。

　　金克木先生认为："《韵光》和这一理论的以后的发展还有一个重要区别，它里面没有浓厚的神秘主义色彩，而新护的注和其他著作则表明他是崇拜大自在天（即湿婆）的神秘主义哲学家。"③ 除诗学或美学成就外，新护也是湿婆派克什米尔支的集大成者，因而他的宗教观对韵论诗学也产生了重要影响。"湿婆崇拜的仪式和冥思，都在使灵魂脱离束缚而获得解脱。"④ 解脱意为个体真正认识梵，并最终达到梵我同一，此过程依赖个体的意识或精神。新护认为，观众（听众）欣赏戏剧（诗）而品尝味的过程与此类似，也需依靠主体的思想或意识。而当达到梵我合一时，个体体验于极乐，而"品尝味的欣喜就如同获得解脱时的极乐状态"⑤。新护将诗歌品鉴与宗教精神追求相联系，赋予韵论以神秘主义色彩，同时也为味韵的审美提出了终极目标。

　　再看后期的韵论发展。欢增之前，词语具有暗示功能的观点遭到责难。《韵光》诞生后，它同样受到诗学家的质疑。约与欢增同时期的跋吒·那耶迦在其著作《心镜》中就反对韵的存在，但该著作已亡佚，其观点主要见于新护的《舞论注》及《韵光注》。论者穆古罗跋吒将暗示义归为转示义，他认为："转示义出现时，表示义并非简单地被推翻或拒绝。"⑥ 欢增认为词语的表

---

① 尹锡南：《印度诗学导论》，上海古籍出版社，2017年，第39页。

② Arya Madhavan, *Kudiyattam Theatre and Actor's Consciousness*. New York: Rodopi B. V., 2012, p. 72.

③ 金克木：《古代印度文艺理论文选》，人民文学出版社，1980年，第11页。

④ 邱永辉：《印度教概论》，社会科学文献出版社，2012年，第329页。

⑤ Daniel H. H. Ingalls, Jeffrey Moussaieff Masson and M. V. Patwardhan, eds. & trans., *The Dhvanyaloka of Anandavardhana with the Locana of Abhinavagupta*. Cambridge: Harvard University Press, 1990, p. 222.

⑥ Arindam Charkrabarti, ed., *The Bloomsbury Research Handbook of Indian Aesthetics and the Philosophy of Art*. New York: Bloomsbury Academic, 2016, p. 32.

示义受阻时，转示义才会出现，而暗示义与表示义可同时存在。穆古罗跋吒则认为，表示义和转示义也可同时存在，因而否定了暗示义的存在。稍晚于新护时期，另一部质疑韵论的著作《韵辨》问世，作者摩希摩跋吒认为词语只有一种表示义，而暗示义只能通过推理得出。这从根本上否定了欢增所认为的词音、词义或者短语等具有暗示义的观点。

韵论之争的实质在于：词语是否具有暗示功能，是否应将诗的语言视作普通语言？其他学科知识是否可直接用于诗的解读？词语暗示功能的发现，颠覆了传统的词语功能学说，必然引起旧有学派或传统的抵制，从而引起质疑或论辩，也即广义的古今之争。穆古罗跋吒等韵论派反对者否定文学语言的特殊性，仅将其视为普通语言，从而否定词语的暗示义。摩希摩跋吒的论辩旨在直接用推理论解读文学作品，而此实际涉及的是文学思维的特殊性。文学创作和欣赏多依靠形象思维，而非完全的逻辑思维，因而推理论很难直接套用在文学创作和欣赏上。① 韵论之争丰富了对韵论诗学的探讨，也验证了韵论诗学对文学作品意境、情味审美的合理性。

韵论诗学家的观点并未因质疑和否定而被忽视，相反，它得到了后世多数诗学家的采纳。有印度学者认为："韵论的历史约跨越 300 年，始自公元 8 世纪上半叶，而结束于 11 世纪中叶的曼摩吒。"② 实质上，曼摩吒之后，鲁耶迦、维底亚达罗等诗学家仍继续对韵论进行阐发。后期对韵论的阐释大多以综合性阐发为主，有的诗学家也并非以韵论为核心主张，但他们对欢增和新护的韵论观持认同态度，并将其与味、庄严等诗学范畴放在一起，进行综合阐释。

约生活在 11 至 12 世纪的曼摩吒是此时期最重要的韵论派诗学家，他的诗学著作《诗光》以韵论为核心，兼论庄严论、风格论和味论等，是一部综合性的梵语诗学著作。曼摩吒继承了欢增等早期韵论派的诗学主张，但与早期主张在某些方面也有区别。例如，在欢增看来，缺乏味和情、缺乏特殊暗示义的画诗并不能称作诗。曼摩吒却认为："即使诗歌因无韵而导致味的缺乏，但由于音庄严、义庄严等装饰的存在，这样的诗歌仍具美感。"③ 此外，曼摩吒的诗歌品第论等观点也与欢增有所不同。他对韵论诗学做了总结性的

---

① 黄宝生：《印度古典诗学》，北京大学出版社，1999 年，第 383 页。
② Kanti Chandra Pandey, *Comparative Aesthetics*, Vol. 1. Varanasi：The Tara Printing Works, 1959, p. 265.
③ 黄宝生：《梵语诗学论著汇编》（下册），昆仑出版社，2008 年，第 663-664 页。

阐发，因而有学者认为"曼摩吒对韵论做出了更具决定性和令人信服的阐释"①。

曼摩吒之后，韵论诗学的观点被更多诗学家接受。12世纪的鲁耶迦在《韵辩注》中回应了摩希摩跋吒对韵论的质疑，并坚定维护韵论派观点。14世纪的维底亚达罗被认为是鲁耶迦之后唯一一位捍卫韵论的人。他的诗学著作《项链》模仿曼摩吒的论述方式，以韵为论述基础，也是一部综合性的诗学著作。② 14世纪，毗首那特的《文镜》对韵论也做了充分的阐发。后韵论时期，绝大多数梵语诗学家都遵循欢增的词语功能观以及诗歌分类法，但对韵论的单独论述则较为鲜见。

20世纪以来，现当代印度诗学家对韵论诗学进行了全新阐释和批评实践，尝试使韵论诗学焕发新活力。对韵论诗学的现当代阐发具体包括：与西方诗学的比较诗学研究、韵论的方言及外语翻译及研究、文学批评实践、文献学研究及与其他学科的跨学科研究等。

三、乐舞论和画论中的"韵"

邱紫华先生指出："印度传统思维认为，神实存而不显，认识神的方式只能通过象征、暗示等方式借此而言彼，间接去领悟神的存在。这种思维是印度古典美学家通过象征、暗示等手段去追求含蓄之美、情韵之美的内在原因。"③ 不仅韵论、味论或曲语论追求含蓄之美，印度古典音乐、舞蹈和绘画也注重由暗示（韵）而产生的情味美。韵论派诗学家虽并未专门论及音乐、舞蹈或绘画中的韵，但不难发现他们对非语言的暗示的论述。欢增认为："暗示性存在于表义的词语中，非表义的歌曲音调中，无词语的姿态动作中，人人都能感受到，有谁会加以否认？或长或短的艺术活动暗示某种非词语的可爱意义，在智者的集会上受到赞赏。"④ 新护在《韵光注》中也指出："歌曲中的声音并不可转示但它也具暗示义，低头、胸部起伏和流泪不止同样如此。"⑤ 也就是说，意义或味不仅能通过文字得到暗示，也能通过非语言因素得到暗

---

① Edwin Gerow, *A History of Indian Literature: Indian Poetics*. Wiesbaden: Otto Harrassowitz, 1977, p. 271.
② 尹锡南：《印度文论史》（上册），巴蜀书社，2015年，第389页。
③ 邱紫华：《东方美学史》（下册），商务印书馆，2003年，第914页。
④ 黄宝生：《梵语诗学论著汇编》（上册），昆仑出版社，2008年，第320页。
⑤ Daniel H. H. Ingalls, Jeffrey Moussaieff Masson and M. V. Patwardhan, eds. & trans., *The Dhvanyaloka of Anandavardhana with the Locana of Abhinavagupta*. Cambridge: Harvard University Press, 1990, p. 556.

示。音乐、舞蹈和绘画等艺术形式的理论著作中也有文艺理论家对非语言因素的含蓄之美的重视，这是韵论话语衍生的具体表现。

关于音乐与舞蹈的理论被称为"乐舞论"，二者通常被一道论述，但此处为阐述方便，笔者将分开叙述音乐与舞蹈中的韵。此外，音乐包含歌词，印度舞蹈也包含语言表演，但此处主要论述其中非语言因素的暗示性。受宗教信仰、外来文化等多方面影响，印度音乐"体现印度人民追求'情'和'味'的审美情趣"①。在韵论派诗学家看来，有味之诗必有韵。② 味与韵紧密相连、不可分割，对有味的音乐、舞蹈和绘画等艺术形式而言，同样如此。印度最早关于音乐的理论著作或为《多提罗乐论》，作者多提罗认为不同的音调可用于表达不同的味，"中令音和第五音用于滑稽味和艳情味，具六音和神仙音用于英勇味、暴戾味和奇异味。持地音和近闻音用于悲悯味，明意音用于厌恶味和恐惧味"③。大约同时期的《舞论》中也有类似论述。早期的诗学家已意识到音乐中调式和节奏等与情味关系密切。

13世纪的《乐舞渊海》继承了前人的乐舞论观点，认为音乐是无上欢喜、一切众生的精神意识、现实世界的灵魂。④ 从宗教意义而言，音乐可帮助个体获得解脱，实现梵我合一；从世俗意义看，音乐可令人获得正法、利益和爱欲。因此，兼具宗教和世俗意义的音乐必然向听众传达意义，而这种意义需从旋律、音调等之中获得。此后的乐舞论专著中也有不少音乐与意义、情味相关联的论述。这些乐舞论者虽未明确指出节奏、调式等的暗示性，但不难推断，音乐中的这些非语言因素确为意义或情味的暗示者。

印度舞蹈与音乐相伴而生。对舞蹈表演的最早论述见于《舞论》，该书的表演论以味为核心，舞蹈表演也不例外。形体表演是《舞论》的重点，婆罗多叙述了人体各部位如何表达情味，包括头部、面部、眼睛及手等部位的情味表演，甚至详细到眼神的常情表演和不定情表演、运用眼珠与眼睑表演产生情味的方式等，不一而足。婆罗多的舞蹈论几乎启发了后世所有乐舞论者。约成于5至13世纪的《表演镜》中也有关于动作暗示情味的论述，如"眼随手势，心随眼神，情由心起，味由情生"⑤。14世纪的乐舞论者更直接指出："每一种基本动作的情味是由什么激发的呢？手、脚和其它肢体的表演姿态被

---

① 陈自明：《印度音乐文化》，中央音乐学院出版社，2018年，第2页。
② 于怀瑾：《中印诗学"味""韵"理论刍议》，《西藏大学学报》，2015年第1期，第199页。
③ 尹锡南：《印度古典文艺理论选译》（上册），巴蜀书社，2017年，第470页。
④ 尹锡南：《印度古典文艺理论选译》（下册），巴蜀书社，2017年，第593页。
⑤ 尹锡南：《印度古典文艺理论选译》（下册），巴蜀书社，2017年，第565页。

视为情味的激发者。"① 可见，手、眼、脚等肢体动作确具暗示性，能辅助演员在舞蹈表演中传情达义。

"如无舞论，画论难明"②，可见绘画与舞蹈的密切关系。欢增将不含情和味的诗称为画诗，也就是说，他认为绘画不含暗示义，也无法展现情味。但实际上，印度画论也强调绘画的象征性、暗示性，充满情味之作同样被认为是上等之作。约作于公元5世纪至9世纪的《画经》论述了艳情味、滑稽味、平静味等9种画味。而不同的场景、线条、妆饰和姿态等可描摹人物的不同常情，从而表现不同的画味。《画经》中，仙人摩罗根德耶说："在表现英勇味时，应该描摹发誓、自豪、勇敢等庄严的表情，描摹主人公皱眉和高傲的神态。"③ 与诗的语言相似的是，线条、妆饰等可用来暗示不同的情态、情由和不定情，从而激起观众的常情，他们进而得以品尝味。与《画经》观点相似，被印度传统美术奉为金科玉律的"绘画六支法"也强调绘画需含情味。金克木先生将其翻译为："形别与诸量，情与美相应，似与笔墨分，是谓艺六支。""形"指形象，"量"指大小、远近等各种比例，"情"指心情、情调等，"美"可以解为有味。④ 也即，绘画需有情味，而物体或人的比例、色彩等则可通过暗示传达意义、展现情味。

黄宝生先生认为："暗示是一种带有普遍性的文学表现法则。"⑤ 除梵语诗学外，中国和西方的文论话语都重视暗示义，这一点值得深入探索。

作者简介：

马金桃，四川大学文学与新闻学院比较文学与世界文学专业博士研究生。

---

① 尹锡南：《印度古典文艺理论选译》（下册），巴蜀书社，2017年，第775页。
② 金克木：《金克木集》（第三卷），生活·读书·新知三联书店，2011年，第435页。
③ 尹锡南：《印度古典文艺理论选译》（下册），巴蜀书社，2017年，第828页。
④ 金克木：《印度文化余论》，学苑出版社，2002年，第91页。
⑤ 黄宝生：《梵学论集》，中国社会科学出版社，2013年，第92页。

印度古典文艺理论的"原人"范畴与话语衍生[*]

黄 潇

摘 要：出自《梨俱吠陀》的"原人"意象对印度民族的思维方式和文化性格产生了深刻的影响。它被古代印度宗教哲学家和古典梵语文艺理论家反复阐释和不断化用。本文重点关注"原人"范畴的生成发展与传播变异，既对印度古典文艺理论中的"原人"范畴的科际衍生进行考察，也尝试探索"原人"论所体现的印度古典文艺理论话语特征及民族特色。

关键词："原人" 印度古典文艺理论 "原人" 话语体系

梵语诗学源远流长，"味""韵""庄严""曲语"等文艺理论范畴不仅指导了世人的诗歌、戏剧创作，在其他艺术领域也产生了广泛而深刻的影响，促进了印度民族的思维方式和文化性格的生成。近年来，中国学界对上述诗学范畴颇为关注，相关论述层出不穷，但对同样源远流长、影响广泛的"原人"范畴却极少论及。"原人"（*purusa*）的原义是"人"，既可以指涉一个具体的人，也可以代表人类这个群体。[①] 它的词根"*pr*"有"充满、完全"义。[②] 有学者指出，"原人可以代表男性或者整个人类群体、最初的人、原初宇宙人或者内在灵魂"[③]。也有学者将它解释为"至高无上的阳性法则"[④]

---

* 本文为2019年国家社会科学基金重大项目"东方古代文艺理论重要范畴、话语体系研究及资料整理"（项目编号：19ZDA289）阶段性成果。

① Vaman Shivaram Apte, *The Practical Sanskrit-English Dictionary*, Revised & Enlarged Edition. Maharashtra: Prasad Prakashan, 1957—1959, p. 1034.

② Vaman Shivaram Apte, *The Practical Sanskrit-English Dictionary*, Revised & Enlarged Edition. Maharashtra: Prasad Prakashan, 1957—1959, p. 1033.

③ Bettina Baumer, *Kalatattvakosa: A Lexion of Fundamental Concepts of the Indian Arts*, Vol. 1. New Delhi: Indira Gandhi National Centre for the Arts, 2001, p. 29.

④ Emile Louis Burnouf, *Essai sur le Veda ou Etudes sur les religions, la litterature et la constitution sociale de l'Inde*. Paris: L'Hachette, 1863, p. 282.

"个体生命力的原理""普遍的灵魂，最高精神"[1]。因此，形而上意义的"原人"也被翻译为"神我""灵魂""意识法则"。总之，这个名词包蕴宇宙大我和个体小我，具有整体性、内在性、原初性，它的多元特征在吠陀神话、奥义书及吠檀多哲学、数论及密宗哲学中都有所体现。此外，作为神话原型的"原人"意象被广泛运用在文学、艺术创作中；文艺理论家也创造出"诗原人""曲原人""建筑原人"等概念，并以此为模型建构文艺理论体系。因此，作为文艺理论范畴的"原人"是重要的文化符号，具有聚合力和衍生性，参与了"印度古典文艺理论话语的建构"[2]。

一、"原人"意象的神话起源及哲学流变

大约公元前1200年，雅利安族来到南亚次大陆，征服并同化了本土的达罗毗荼族，在恒河流域建立新的文化体系。雅利安人尊奉以四部吠陀本集为核心的天启圣典。吠陀文献主要收录祭祀时念诵的敬神诗篇，孕育了印度最初的宗教形式。《梨俱吠陀》是四部本集中"最原始、最古雅、最完整的"[3]。它的前七卷涉及泛神、多神信仰，后三卷"逐渐向少数神和一神论过渡"（第244页）。这三卷中对"原人""有无"的探讨，标志着"吠陀哲学家开始对宇宙本原、人的本质进行哲学探讨"（第244页）。"原人"出现在第十卷的《原人歌》（Purusasukta）中，指处于万物之上的最高存在。

《原人歌》开篇塑造了身形巨大的"原人之神"——千头千眼千足的怪异形象，并描述了这位神超越过去、现在、未来，任意驰行三界的特征，还说："从彼诞生，大毗罗阇；从毗罗阇，生补卢莎。"（第254页）这说明了"原人之神"的谱系渊源。"彼"是不显现的终极实在，是万事万物的不贰本原；"彼"通过遍照者毗罗阇（Viraj）生出原人。该颂想要表达的正是："原人是超验性的绝对原人神体的经验型相对原人神相。"（第258页）

因此，原人兼具有形和无形、形而下和形而上的特征。当原人作为祭品被众神肢解时，他的物质性表现得最为明显："原人化身，变作祭品，诸天用以，举行祭祀。"（第254页）他的肢体各部分化生吠陀经典、诸类动物、四种姓、日月星辰、雷神风神、宇宙三界等。这种"尸化万物"的观念也清晰体现了古代印度人对身体的认知。此外，已死原人的肢体各部分通过与宇宙

---

[1] 林光明、林怡馨编译：《梵汉大辞典》，嘉丰出版社，2005年，第992页。
[2] 尹锡南：《印度古典文艺理论话语建构的基本特征》，《东方丛刊》，2018年第1期，第82页。
[3] 巫白慧译解：《〈梨俱吠陀〉神曲选》，商务印书馆，2010年，第5页。下面引用该书，在文中标明页码，不再一一加注。

万物的对应关系再生，在象征意义上被重新组合起来。原人的神性在它所创生的万物中得以延续，作为超验实在的原人精神遍在于宇宙间。这是原人形而上特征的体现。

《原人歌》第十二颂"原人之口，是婆罗门；彼之双臂，是刹帝利；彼之双腿，产生吠舍；彼之双足，出首陀罗"，出现了对种姓的划分。作者通过将社会制度编入神话故事的方式，确认了种姓制度的合法性。他还将婆罗门说成是从原人的嘴中生出，更表明了婆罗门作为祭祀阶层掌握天启经典的无上权力。印度最早的法典《摩奴法论》开篇提及原人创世的传说：自在天在宇宙混沌中显现，他创造出水，水中生出金卵，"那个不显现、无始终、既实在又不实在的那个人（Purusa）"① 从金卵中生出；原人自我献祭，将自己分成男女两半，这一男一女生出维拉杰（Viraj，即遍照者毗罗阇）。维拉杰通过苦行创造众神之父摩奴。我们看到，原人的法则以人作为初始点，将宇宙的法、社会的法和人的法整合起来，因此，统摄宇宙、社会、人的秩序性是原人精神的基本特征。

《奥义书》是吠陀后期出现的系列哲学著作，它以"探讨世界的终极原因和人的本质"② 为目的，提出了"梵-我"概念。笔者认为，这里的"梵-我"概念正是由《原人歌》中的"原人"意象抽象而成的。《大森林奥义书》提到自我的形状似人③，而梵和原人一样通过自我献祭创造万物④。《爱多雷耶奥义书》中也有类似的"梵-我创世说"，黄宝生称之为"自我创世说"，他认为："《爱多雷耶奥义书》中的'自我创世说'便是对《梨俱吠陀》中的'原人创世说'的改造。"⑤ 奥义书时期，人类的认知模式从具象感知转向抽象提炼，"梵-我"关系从某种程度上来说就是"原人"概念中宇宙大我与个体小我辩证统一关系的重构和复现。如此看来，奥义书哲学中"宇宙即梵、梵即自我"⑥的精神理想早已在《原人歌》中有所预示。

代表婆罗门正统的六派哲学中，吠檀多派（Vedanta）和数论派（Samkhya）对"原人"思想的继承和发扬最为显著。吠檀多哲学被认为是吠陀经典和奥义书的直接继承者。乔荼波陀对该流派哲学体系的建立影响较大，他的哲学著作《圣教论》的核心是确立和阐述"原人"或"梵-我"所代表

---

① 蒋忠新译：《摩奴法论》，中国社会科学出版社，2007年，第3页。
② 黄宝生译：《奥义书》，商务印书馆，2010年，第5页。
③ 黄宝生译：《奥义书》，商务印书馆，2010年，第26页。
④ 黄宝生译：《奥义书》，商务印书馆，2010年，第32页。
⑤ 黄宝生译：《奥义书》，商务印书馆，2010年，第6页。
⑥ 黄宝生译：《奥义书》，商务印书馆，2010年，第8页。

的永恒精神实体。吠檀多学者认为,"原人"或"梵－我"是宇宙万物的唯一本原,"经验世界的一切,包括梦境和非梦境,俱是'摩耶',子虚乌有,是非实存在"①。只有认知到"原人－梵－我"同一的核心奥义,才能最终挣脱轮回、获得解脱。

与吠檀多派不同,数论派认为"原人"是复数的②,阳性、精神性的原人和阴性、物质性的原质（prakrti）组合,成为主宰宇宙创造的二元循环。笔者认为,"原质"由神话原人的形而下部分衍化而成,是人类进一步划分精神和物质界限的结果。原人与原质既二元对立又相互补充:原人无性质,能觉知原质;原质具有喜（sattva）、忧（rajas）、暗（tamas）三种性质（guna）。原人与原质结合,三种性质失去平衡,产生觉、自我意识、十一根、五唯、五大。③ 它们包含了世界上一切的精神事物和物质事物,加上原人、原质,统称"二十五谛",即二十五种真实。④ 世界毁灭时,原人脱离原质,回归到原初的未显状态,觉知原质。数论派的二元论对密宗的影响较大。密宗（Tantrayana,又称坦特罗）哲学中宇宙创造、维持、毁灭的法则也以原人、原质的二元对立为模型:宇宙本原是一种阳性精神,相对应的阴性力量负责具体部署,二者结合主宰世间万物的生灭。有学者将《龟往世书》《湿婆往世书》归入密宗圣典⑤,其中出现了不少以"原人－原质"为原型的双性同体神;湿婆－迦梨的半男半女式（Ardhanarisvara）也是密宗艺术的典型造像之一。

《薄伽梵歌》（Bhagavadgita）是印度两大史诗之一《摩诃婆罗多》中的哲学教训诗。俱卢之野战争前,黑天劝说阿周那勇敢参战,这篇著名的对话诗由此产生。黑天的观点结合了《奥义书》的"梵我同一"思想和数论哲学的"原人"思想。他要求阿周那分清原人与原质:原人是不变的、永恒的自我,是最高的真实;原质的喜、忧、暗三性的流动导致世间万物的生成和毁灭,可视的世界只是"幻",是原人神秘创造力的体现。个体的人和其他物质一样,有三性的差别,但内在灵魂是不具性质的中立见证者。因此,人要以超然的态度履行个人职责,这种职责主要由种姓制度和正法观规定。履行职责的行动被称为"业瑜伽"（karmayoga）,人们通过瑜伽修行获得解脱。黑

---

① 乔荼波陀:《圣教论》,巫白慧译,商务印书馆,1999 年,第 5 页。
② Bettina Baumer, *Kalatattvakosa*: *A Lexion of Fundamental Concepts of the Indian Arts*, Vol. 1. New Delhi: Indira Gandhi National Centre for the Arts, 2001, p. 34.
③ 姚卫群:《印度宗教哲学概论》,北京大学出版社,2006 年,第 53—54 页。
④ 波颠阇利:《瑜伽经》,黄宝生译,商务印书馆,2016 年。
⑤ 薛克翘:《印度密教》,中国大百科全书出版社,2017 年,第 32 页。

天认为"行动是人类的本质"①，如果不行动，世界将会走向毁灭。因此，从事战争、保卫国家是作为刹帝利种姓的阿周那的职责，在道德上具有合法性，他不必因为惧怕同族自相残杀而踟蹰不前。在《薄伽梵歌》中，原人思想从对哲学意义的思索延伸到了俗世伦常领域。

综上所述，《原人歌》中的原人是原初的创世巨人神，同时作为祭品和献祭对象，尸化万物，因而具有"创造""牺牲""终极本原""内在灵魂"等象征义。后世哲学家主要通过两条路径对"原人"意象进行加工和阐释。其一是以吠檀多哲学为代表的不贰论，吠檀多派学者将"原人"或"梵－我"作为宇宙本原："这个神我或灵魂是唯一真实，至于经验的多样性都是虚幻不实的，是愚昧无知或无明的产物。"② 其二是数论哲学创造的"原人－原质"二元理想模型，该流派从这原人与原质对立统一的关系出发，分析宇宙与人体的因素，从而认知大千世界与内心灵魂。

二、"原人"意象的话语衍生

作为神话意象的"原人"在文学艺术理论中被一再阐释，最终达成话语体系科际衍生的奇幻景观。论者指出："'原人'观念成为不同艺术的形式和内容。"③ 文艺理论家将"原人"作为一种理想艺术模型，在诗学、音乐、建筑理论中都有所体现。笔者简要介绍三个由"原人"衍生的文论意象与话语："诗原人""曲原人""建筑原人"（或称"庙原人"）。

王顶（Rajasekhara）是公元9—10世纪的戏剧家、诗人，他所著的诗人学著作《诗探》（Kavyamimamsa）"提供有关诗人和文学写作的实用知识"④。王顶认为诗人应该具备某种天赋之才（sakti），这种才能来自语言女神的恩赐，想象力和学问都由此产生。⑤《诗探》第一章《经论要旨》点明了诗艺的传承谱系：梵天将诗学传授给诗原人，诗原人则将诗艺的十八门具体学问分别传授给十八位诗学生。"诗艺神授"的观念是王顶诗人学的出发点和核心要义。

《诗探》第三章《诗原人的诞生》续写了前章简要提及的诗原人神话。语

---

① 毗耶娑：《薄伽梵歌》，黄宝生译，商务印书馆，第3页。
② 恰托巴底亚耶：《顺世论：古印度唯物主义研究》，王世安译，商务印书馆，1992年，第463页。
③ Bettina Baumer, *Kalatattvakosa: A Lexion of Fundamental Concepts of the Indian Arts*, Vol. 1. New Delhi: Indira Gandhi National Centre for the Arts, 2001, p. 37.
④ 黄宝生编译：《梵语诗学论著汇编》（上册），昆仑出版社，2008年，第355页。
⑤ 黄宝生编译：《梵语诗学论著汇编》（上册），昆仑出版社，2008年，第369页。

言女神婆罗私婆蒂渴望儿子，梵天深受感动为她创造了诗原人。刚出生的诗原人出口成章，向母亲致敬。语言女神有所触动，说："音和义是你的身体，梵语是你的嘴，俗语是你的双臂，阿波布朗舍语是你的双股，毕舍遮语是你的双脚，混合语是你的胸脯。你有同一、清晰、甜蜜、崇高和壮丽的品质（'诗德'）。你的语言富有表现力，以味为灵魂，以韵律为汗毛，以问答、隐语等等为游戏，以谐音、比喻等等为装饰（'庄严'）。"[1] 王顶以原人的躯体为模型来建构诗学的有机整体。诗原人的身体各部分代表了诗学的各子要素，有机整体和各子要素在某种同一性原则领导下各司其职地运作。

后来，语言女神婆罗私婆蒂因为种种原因遗弃了诗原人，湿婆的妻子高丽女神为了安抚诗原人，为他创造出文论新娘。文论新娘与诗原人一起环游印度，在各地表演符合地方特色的舞蹈和器乐。最后，他们在维达巴地区有爱神的游乐园采取健达缚的方式结婚。有学者总结道，语言女神婆罗私婆蒂是音梵（$sabda$-$brahman$）的体现，诗原人是诗歌宇宙的象征，文论新娘是文论的拟人化表达。[2] 这些神话形象以一种可视化的方式展现了语法（$vyakarna$）和终极实在的关系，反映了深刻的"文道"观。

"曲原人"（$pradhana$-$purusa$）的概念来自13世纪神弓天（Sarngadeva）所著的音乐理论著作《乐舞渊海》（$Sangitaratnakara$）。神弓天认为，音乐作品的六个组成部分如同原人肢体的六个部分："作品由两个、三个或四个乐段构成，它包括音调、颂辞（$biruda$）、歌词（$pada$）、吉称（$tenaka$）、鼓语（$pata$）和节奏六种要素。如同人的肢体，这些要素是曲原人的组成部分。"[3] 其中，吉称和歌词是曲原人的双眼，鼓语和颂词是他的双手，节奏和音调是他的双脚。《乐舞渊海》中的"曲原人"概念影响了稍晚的《乐舞奥义精髓》（$Sangitopanisat$-$saroddhara$）。后者由14世纪耆那教学者甘露瓶（Subhankara）所作，他将人的肢体与音乐的组成部分进行类比："音调与节奏之于歌曲的演唱，恰如双脚之于人的行走。"[4] 他还指出梵天"塑造了完美的人体（$nrdeha$）"，因此，"人（$martya$）至高无上"，"他是音乐的创造者，他也可以说是音乐的保护者"[5]。由此，我们可以窥见以"原人"为中心的印度古典音乐理论体系：不显现的超验实在生成具有形体的完美原人，原人是

---

[1] 黄宝生译：《梵语诗学论著汇编》（上册），昆仑出版社，2008年，第363页。
[2] Vladimir Braginsky, *The Comparative Study of Traditional Asian Literatures*. New York: Routledge, 2013, p.93.
[3] 尹锡南：《印度古典文艺理论选译》（下册），巴蜀书社，2017年，第668—669页。
[4] 尹锡南：《印度古典文艺理论选译》（下册），巴蜀书社，2017年，第717—718页。
[5] 尹锡南：《印度古典文艺理论选译》（下册），巴蜀书社，2017年，第741页。

音乐艺术的创造者和维持者,而他的肢体又代表音乐艺术的各子要素。音乐艺术的神圣性也由此显现。

除了"诗原人"和"曲原人",还有17世纪摩诃钵多罗(Sthapaka Niranjana Mahapatra)的《工艺宝库》(Silparatnakosa)中出现的"建筑原人"或"庙原人"(vastu-purusa)概念。《工艺宝库》对以"原人"为模型建造的奥里萨神庙及原人肢体所代表的各个组成部分进行了全面介绍,作者特别指出"从底座到旗杆,神庙形似原人"①。王镛先生也曾说过:"北方式神庙的亚种之一奥里萨式神庙的玉米状悉卡罗的塔座、塔身、塔顶等各部分结构,按照人体各部位被分别命名为'足'、'小腿'、'躯干'、'颈'、'头'、'颅'等等,说明印度教神庙的宇宙图式已经被人格化了,变成了宇宙生命的象征。"②

"建筑原人"的说法可以在神话中找到源头。在《阿笈摩经》中,原人是一个邪恶的神,惧怕他的众天神决定联合起来战胜他。他们一齐将原人脸朝下扔在地上,面朝下、头朝东的"建筑原人"便诞生了。③ 以此原人为模型的建筑图式被称为"原人居曼荼罗"(Vastu Purusa Mandala,或意译为"原人安镇图")④;曼荼罗原义为"圆的",引申为"道场"。⑤ 原人居曼荼罗由64个或81个方格组成,象征整个宇宙空间,共有45个神灵居住其间;正中间4个或9个方格,即原人的肚脐部分,是梵天居住的地方(brahmasthana),胎室(garbhagriha)修建在其上,供奉象征宇宙生命的林伽和优尼。一方面,"构成原人居曼荼罗几何图式的线条,与原人生命气息(prana)的运行相一致"⑥,因此,建筑师以原人居曼荼罗为模型建造神庙,还使用"肘尺""毗耶玛"等以人的躯体为尺度的度量衡,也就赋予一砖一瓦以生命的律动。因此,具有"完美人类的形式和精神"⑦的神庙体现出印度文化中的生命崇拜意识。另一方面,神庙建造复现了神创宇宙的过程,在这一过程中,人类之创造被赋予宇宙的最高精神,特定空间的神圣性得以彰显。一位学者总结道:"建筑

---

① 尹锡南:《印度古典文艺理论选译》(下册),巴蜀书社,2017年,第841页。
② 王镛:《印度美术》,中国人民大学出版社,2010年,第250页。
③ Titus Burckhardt, *Foundations of Oriental Art and Symbolism*. Bloomington, Indiana: World Wisdom, 2009, p.30.
④ 池明宙:《天宫中的"胎室":印度教神庙空间序列之解读》,《世界宗教文化》,2018年第6期,第62页。
⑤ 林光明、林怡馨编译:《梵汉大辞典》,嘉丰出版社,2005年,第701页。
⑥ Titus Burckhardt, *Foundations of Oriental Art and Symbolism*. Bloomington, Indiana: World Wisdom, 2009, p.32.
⑦ Titus Burckhardt, *Foundations of Oriental Art and Symbolism*. Bloomington, Indiana: World Wisdom, 2009, p.25.

原人是'原人'意象由时间艺术（诗歌、音乐）向空间艺术延伸的最佳例证，自然也是印度教哲学理念艺术化、符号化的形象说明。"①

综上所述，"文艺原人"论主要包含了三重意涵。第一，原人神话中的宇宙起源论，即原人牺牲献祭、尸化万物的观念与艺术创造在原理上具有同一性。第二，印度艺术中的最高美学目标是对神性的表达②，人们以"原人"意象为媒介，无限趋近精神原人，即宇宙本原与超验实在，这也正是印度诗学"依神演绎"③的民族特色、"神谕天启"④的阐释方式、"超越精神和神秘主义"⑤民族话语所强调的。第三，"原人"之所以能成为具有统摄性的文艺理论范畴，是因为正如"原人"意象复现了宇宙构型一样，艺术理论中的"原人"模型代表了该艺术门类的有机整体，并将该门类的各个分支领域根据某种普适性规律整合起来。

三、"原人"体现的印度文化特征

出自吠陀神话的"原人"意象包含了古老的神话思维。人类学家卡西尔认为，神话包含了概念和感性两种结构。⑥若将卡西尔的观点落实到"原人"之概念上来，我们可以看到以下两方面内涵。其一，"原人"意象传达了古代人民对自然的敬畏、对祭祀的虔诚以及对创造的渴望。其二，吠陀哲学家思考宇宙的形成与人的生死、灵魂等问题时，创造出"原人""生主""太一""金胎""遍照者""梵天"等概念。在这些纷繁复杂的词汇中，原人的独特性在于，它脱胎于人的身体，又在象征意义上复现了宇宙的结构，它是"世界大宇宙"与"人体小宇宙"关系的拟人化表达。⑦而后，作为文化符号的"原人"被赋予了层次更为丰富的意涵。笔者看来，"原人"范畴的话语有两大特征：隐喻性和秩序性。

吠陀时期的"原人"概念已显露出一定的隐喻性。随着文明程度的提高，具象思维向象征性思维进一步推进，该概念中感性的、不确定的成分逐渐消

---

① 尹锡南：《〈工艺宝库〉：一部重要的梵语建筑艺术论著》，《东南亚南亚研究》，2017年第4期，第73页。
② 帕德玛·苏蒂：《印度美学理论》，欧建平译，中国人民大学出版社，1982年，第32页。
③ 尹锡南、雷昌秀：《印度古代诗学的民族特色》，《南亚研究季刊》，2017年第1期，第87页。
④ 郁龙余：《印度诗学阐释方法》，《深圳大学学报》，2003年第5期，第46页。
⑤ 侯传文：《印度传统诗学民族话语初探》，《南亚研究》，2010年第3期，第5页。
⑥ 恩斯特·卡西尔：《人论》，甘阳译，上海译文出版社，2004年，第97页。
⑦ Bettina Baumer, *Kalatattvakosa: A Lexion of Fundamental Concepts of the Indian Arts*, Vol. 1. New Delhi: Indira Gandhi National Centre for the Arts, 2001, p. 26.

失。它在哲学家、文艺理论家的阐释下,被赋予了某种固定的内涵。赵毅衡教授曾说:"符号化的过程,即赋予感知以意义的过程。"① 因此,在意义不断丰富的过程中,"原人"逐步演变为一个文化符号。"原人"之所以能成为一种符号,还因为它将一种复杂的感觉和思想转化与之具有某种关联性的有形物体,是"内在状态的外在符号"②。表象的有形原人与超验的精神原人是"原人"概念的一体两面,它们共同构成了这个符号的复杂意涵,正如一位学者所说:"'原人'包含了抽象化和具象化的可能、形而上和形而下的可能,从而成为了两者间的桥梁。"③

以暗示和隐喻表达意义是印度文学和艺术的基本特征之一。古典梵语诗学的中重要范畴"韵"(dhvani)原本是语言学用语,它的原义是"声音"。公元前2世纪的语法学家波颠阇利提出"常声说",认为词本身是"常声",词的发音是"韵",声音通过暗示表达词语的意义。韵论派的文艺理论家受到了"常声说"的启示④,认为词语除了表示义、转示义,还具有暗示义,文论家需重视文学作品中微妙意义的隐喻性表达。在印度造像艺术中,"对神性的呈现高度形式化"⑤。来自吠陀神话和往世书故事的诸多神灵形成了一套完整的象征符号,对宗教观念进行暗示性表达。例如梵天、湿婆、毗湿奴组成的三相神,象征着世界所经历的创造、维持、毁灭三个阶段。虔诚的信徒对三相神的朝拜,事实上是对印度教世界观的承认和接受。

笔者认为,这种表达意义的方式与印度文化的宗教观密切相关。有学者指出:"印度的象征主义通常带有神秘的宇宙意识,是宇宙结构、宇宙力量、宇宙本原或宇宙生命的象征。"⑥ 宇宙的本原是什么?生命是如何被创造的?印度人从吠陀时代起就在探讨这些问题。他们假定有某种遍及世界的超验实在,那是宇宙的最高精神,类似于中国的"天道"。论者指出:"在印度人的心灵深处,都承认世界有一个唯一的本原存在,万物皆由它而生发,万物的存在和发展皆受其掌控。"⑦

对于"宇宙本原到底是什么"这个问题,各民族最早的宗教哲学文献都有所涉及。中国古代思想家老子将其概括为"道":"有物混成,先天地生,

---

① 赵毅衡:《符号学:原理与推演》,南京大学出版社,2011年,第36页。
② V. K. Chari, *Sanscrit Criticism*. Delhi: Motilal Banarsidas Publ., 1993, p. 90.
③ Bettina Baumer, *Kalatattvakosa*: *A Lexion of Fundamental Concepts of the Indian Arts*, Vol. 1, New Delhi: Indira Gandhi National Centre for the Arts, 2001, p. 25.
④ 黄宝生:《印度古典诗学》,北京大学出版社,1999年,第332页。
⑤ 施勒伯格:《印度诸神的世界——印度教图像学手册》,范晶晶译,中西书局,第19页。
⑥ 王镛:《印度美术》,中国人民大学出版社,2010年,第5页。
⑦ 郁龙余:《印度文化论》,重庆出版社,2008年,第50页。

寂兮寥兮，独立而不改，周行而不殆，可以为天下母，吾不知其名，强字之曰'道'。"① 天地的奥秘是无法言说的，"玄览""致虚静，守静笃""心斋坐忘"的体悟之法是中国传统文化中趋近宇宙本原的方式。而印度文化采用了"延异"的方法，试图在动态过程中把握本质，"原人""生主""太一""遍照者""梵"都是由此创造出来的词汇。在祭祀中，人们反复念诵这些指涉超验实在的词汇。在此过程中，对宇宙本原的哲学追问变得不再那么重要，换句话说，真言本身就成了虔信者索求的最高真理。因此，语言或声音在印度文化中占有重要地位。有学者曾指出："印度教崇拜声音的作用，崇拜声音在宇宙空间的穿透与回响，认为念诵神的名字的声音、念诵吠陀的声音、尤其是念诵真言的声音，具有神圣的力量，是人与无形无象的'梵'之间沟通的桥梁，进而达到人内心密宇宙中那个无形无象的'我'与无形无象的宇宙本体'梵'的合一。"② 笔者认为，对声音的崇拜也是印度祭祀传统、口耳相传的文化传承方式的必然结果。

学者们普遍认为，吠陀原人是奥义书时期的"梵"的原型，例如黄心川先生曾指出，"原人"思想被奥义书时期的唯心主义者发展成"梵我同一"的学说。③ 诚然，"原人"与"梵"在对宇宙最高精神的表达上是一致的。然而，"原人"是一个结构性的概念，暗含了对时空秩序的规定，有别于强调整体性、无差别性的"梵"。《原人歌》勾勒了宇宙空间的基本构型，即由过去、现在、未来构成的时间之维，和由空界、天界、地界构成的空间之维。有学者认为，"这种时空论，为后世多数的哲学流派所接受和发展"④。"原人"概念以对人体的认知为出发点，象征性地呈现了宇宙整体及其组成部分，体现了人与宇宙同构的思想。这种对人与宇宙关系的想象，来源于印度特有的冥想文化与森林文化。印度宗教提倡林居修行，虔信者遁入森林，苦思冥想，从而实现对内在自我的发掘和对无限宇宙的体认。因此有学者认为"极度冥想导致建构宇宙空间"："人的思维在空间中遨游，在极度冥想中构建宇宙空间，由此产生十分玄奥而精深的印度宗教哲学。"⑤

事实上，"原人"思想不仅涉及神、人、宇宙的秩序，也包含了对社会秩序的规定。在《原人歌》所展现的宇宙生成论中，已有对种姓划分的初步意识。在《摩奴法论》中，人们进一步深化了对等级秩序的认识。原人之神与

---

① 陈鼓应：《老子今注今译》，商务印书馆，2003年，第169页。
② 穆宏燕：《印度文化特征成因探析》，《东方丛刊》，2018年第3期，第47页。
③ 黄心川：《印度哲学通史》，大象出版社，2014年，第45页。
④ 郁龙余：《印度文化论》，重庆出版社，2008年，第28页。
⑤ 穆宏燕：《印度文化特征成因探析》，《东方丛刊》，2018年第3期，第44页。

宇宙空间的对应关系，被应用到了实际的世俗生活中，正如穆宏燕教授所说，"印度教对宇宙空间的营造还作用于印度的社会结构"①。说到底，印度古代文化是婆罗门本位文化。婆罗门种姓垄断了古代印度的文化和教育，自然也是原人思想的创造者。他们希望对"原人"或"梵－我"的信仰成为人们精神追求的最高目标。他们创作的宗教圣典还使人们相信，在社会生活中履行种姓制度赋予的职责，遵守以"正法"为核心的一系列规定，是达成这一目标的手段之一。

人、神、宇宙和社会秩序构成的"四维共同体"②是美国历史学家埃里克·沃格林在专著《秩序与历史》中提出的概念。有学者从该概念出发诠释印度教文化，认为："秩序位于存在共同体的中心，是人、神、宇宙、社会四者的交点。总体来说，它可被认为是一种能对事物或现象的发生、存在与消亡进行规律性约束的力量，它的存在使得有关'神'及'神圣'的概念在古人心中诞生。"③ 这种神圣的约束力导致社会长期维持某种稳态。因此，以种姓制度和正法观为中心的印度教文化牢牢禁锢人们的思想，也使印度社会在没有外来冲击的情况下停留于"半奴隶、半封建的'种姓制'社会"④。

综上所述，"原人"意象在宗教哲学家和文艺理论家的阐释中获得新的生长点，呈现出愈发丰富的内涵。这些含义围绕隐喻性、秩序性两大基本特征展开，根植于印度的冥想文化、森林文化、祭祀文化，也与印度口耳相传的文化传承方式、宇宙生命崇拜息息相关。因此，"原人"是一个意涵丰富的文化符号，也是一个具有聚合力和衍生性的文艺理论范畴。"原人"范畴所展现的某些文化内涵并非印度文化所独有。比如，吠陀神话中的原人神是世界神话中普遍存在的创世巨人神之一；作为阳性原则的"原人"与作为阴性活力的"原质"相结合，使人联想到存在于各个民族神话中的众多双性同体形象。这些都可以成为探索"原人"范畴内涵的全新角度。此外，作为超验实在的"原人"与中国的"道"、古希腊的"逻各斯"之间的共通性和差异性也值得深入探讨。

作者简介：

黄潇，四川大学文学与新闻学院比较文学与世界文学专业博士研究生。

---

① 穆宏燕：《印度文化特征成因探析》，《东方丛刊》，2018年第3期，第45页。
② 埃里克·沃格林：《秩序与历史》卷一《以色列与启示》，叶颖译，译林出版社，2009年，第40页。
③ 李颖：《"翻搅乳海"：吴哥寺中的神与王》，中国社会科学出版社，2016年，第8页。
④ 巫白慧：《印度古代社会和文化》，《东疆学刊》，1986年第1期，第2页。

东方诗学与话语体系

论波斯"以诗邀赏"诗学观之重构[*]

穆宏燕

摘　要：波斯伊斯兰化之后，在较长时期内，左右着波斯诗人们思想的是"以诗邀赏"的诗歌价值观，诗人们仰赖君主的赏赐而生存。12世纪，内扎米·阿鲁兹依的《四类英才》将传统的"以诗邀赏"颠覆为君主仰仗诗人的赞颂而获得好的名声，因此君主应当用转眼即逝的钱财换取万古流芳的名声。13世纪，欧菲的《诗苑精华》又对之做了进一步补充和提升，把苏非思想的"诗歌神授"观念与"以诗邀赏"的传统糅合，进一步提升诗人的社会地位和诗歌的神圣性，更加强化了诗人凭借诗歌获得财富的合法性，让地方君主们更加"仰望"和"仰仗"诗人。因此，这两位波斯理论家把传统的"以诗邀赏"观念重塑为具有指点江山的重大意义，将一种无奈的生存之道上升到让统治者万古流芳的理论高度。在这种诗学理论的引导下，君主们将赏赐诗人自觉地视为宗教法定义务，而非对诗人的"施恩"。

关键词：以诗邀赏　诗学话语　重构　《四类英才》《诗苑精华》

一、以诗邀赏：波斯—伊斯兰早期诗学观

波斯在伊斯兰化之前，以琐罗亚斯德教为国教，文明高度发达，

---

[*] 本文为2019年国家社科基金重大项目"东方古代文艺理论重要范畴、话语体系研究与资料整理"（项目编号：19ZDA289）阶段性成果。

文化繁荣，拥有十分丰富的文学作品，理应拥有相应的诗学体系。然而，由于遭遇阿拉伯人入侵之浩劫，大批书籍被焚毁，残存著作十分有限。因此，波斯在伊斯兰化前的诗学话语体系不能清晰梳理，我们只能从波斯伊斯兰化之后谈起。

波斯萨珊王朝于公元651年覆灭于阿拉伯大军之后，波斯成为阿拉伯帝国的一个行省。在阿拉伯人的统治下，在大约两百年的时间内，阿拉伯语成为波斯的官方语言和文学书面语言。这时期，波斯人以阿拉伯语创作的文学作品和文学理论著作被划归于阿拉伯文学与诗学的范畴。9世纪初叶，波斯自己的民族语言达里波斯语兴起，替代了阿拉伯语，波斯人用自己新的民族语言创造了灿烂辉煌的中古波斯语文学。梳理波斯在9世纪之后的诗学话语体系，我们发现，在相当长的时间内，波斯文人认为诗歌的主要功用就是为自己挣得一份不菲的收入，能够维持自己比较优裕的物质生活，因此他们崇尚"以诗邀赏"的诗歌价值观。这种诗歌观念在"波斯语诗歌之父"鲁达基的诗歌中就已经有所反映，比如：

> 当我的舌头一旦将意义抛洒，随时随地都传来人们的称赞；以声音旋律和有意义的传闻，赐予我灵魂愉悦和精神振奋；别人将智慧用作生存的资本，而我的矿山诞生出珠宝缤纷。①

这里，诗人首先把"人们的称赞"视为自己吟作诗歌之价值所在，也就是说，诗歌乃为了博得他人的赞赏而作；然后，诗人才提及诗歌对人的精神的愉悦作用。诗人还谈到别人（指在行政机构中的官僚们）将智慧用作谋生的资本，而诗人自己却是从自己诗歌之矿山采得无数珠宝，指诗人通过诗歌获得丰厚的赏赐。这种"诗歌乃为他人而作"的价值观念，作诗的终极意义是获得赏赐的诗学观念，在相当长的时间内左右着波斯诗坛，这与波斯文人的文化身份在伊斯兰化前后的转变密不可分。

波斯在伊斯兰化之前实行种姓制度，整个社会分为四个种姓：祭司种姓、武士种姓（主要由王室、各地诸侯、世族大家、拥有田产的小贵族构成）、文士种姓和平民种姓。这其中，文士种姓是在萨珊王朝（224—651）时期通过国王的权力新划分出来的种姓，它由祭司种姓和武士种姓中的下层，以及平民种姓中的上层人员构成。② 文士种姓主要负责除宗教和司法（这两项由祭司种姓掌控）之外的各种文化事务，比如文学创作、文书事务、音乐舞蹈、治

---

① 萨伊德·纳非西：《鲁达基的生平和诗歌》（波斯文），阿米尔卡比尔出版社，2003年，第505页。

② 穆宏燕：《权力结构与权力制衡：反思伊朗伊斯兰革命》，《西亚非洲》，2019年第1期。

病救人、星相占卜等。前三种种姓皆具有贵族身份，或靠地产生活，或食国家俸禄，不纳赋税。平民种姓主要由农牧民、商人、手工业者构成，他们虽然不属于贵族，但属于自由民，是国家的纳税阶层。波斯伊斯兰化之后，因伊斯兰教倡导信众一律平等，种姓制度由此消亡。祭司种姓和武士种姓因阿拉伯人的入侵而遭遇重创，文士种姓则随着阿拉伯帝国的建立而成为帝国各级行政机构中的文化精英。

萨珊王朝时期，文士种姓属于贵族，完全依靠国王的俸禄生活，没有生计之忧。伊斯兰化之后，文士种姓中的世族大家效力于阿拉伯帝国的行政机构，从各个方面把阿拉伯人从游牧文化带向繁荣灿烂的帝国文化。然而，大多数的文人只能充当各个地方统治者的幕僚，除领有微薄的俸禄之外，更多地寄希望于自己所效力的"雇主"的赏赐。实际上，大多数的文人除了作诗之外，一无所能。因此，他们一方面兢兢业业锤炼自己的诗歌技艺，另一方面也挖空心思写出歌功颂德的诗歌，让自己所效力的地方统治者在意得志满中给予大把赏赐。诗人们往往一诗博千金，获得赏赐的多少成为衡量诗歌高下的重要标准。诗人们以诗获赏的故事，通过诗人们自己的渲染，在波斯大地上广为流传，让稍稍有点学识的普通百姓艳羡不已。由此，"做诗人"成为稍有点经济能力的普通百姓教育子女的良方，"做好诗"成为诗人们发家致富的捷径。

诗人们成为各地方统治者争相招募的对象，诗人们也待价而沽，谁出的价钱高就为谁效力。各个地方统治者想方设法网罗有才华的诗人为自己服务，而诗人们也为自己所效力的君主大唱赞歌。于是，宫廷诗歌繁荣昌盛。地方王朝时期是宫廷诗歌的极盛时期，诗人们备受宠幸，动辄一诗博千金，其中"有三位诗人在三个政权中受到的青睐和宠幸是别人没有经历过的，一个是鲁达基在萨曼王朝，一个是昂萨里在玛赫姆德苏丹政权中，一个是莫诶兹在马立克沙政权中"①。宫廷诗歌在语言方面的特点是辞藻华丽精致，极尽铺陈与夸张，讲究修辞用典。宫廷诗的内容主要有四个方面：一是为自己所效力的君主歌功颂德或劝诫；二是抒发郊游宴饮时的欢愉、享乐、闲情、爱慕等令人轻松愉悦的情感；三是讽刺挖苦，或针对自己所效力的君主的对立面，或针对诗人自己的对立面；四是挽歌，究其实质也是歌功颂德，只不过对象是死者（一般是王公大臣）而已。

这种"以诗邀赏"的诗学价值观，不大可能产生自诗人曾经具有衣食无忧的贵族身份的波斯文化传统。究其源头，可能来源于阿拉伯。阿拉伯在伊

---

① 欧菲：《诗苑精华》（波斯文），法赫尔拉兹书局，1981 年，第 556 页。

斯兰之前蒙昧时期的文学（主要是诗歌，因为诗歌易于口口相传）是经过口传方式传下来的，到了蒙昧时期的末期和伊斯兰初期，人们开始注意收集这些口口相传的诗歌，并整理成册。收集者"有时为了求得这种文学的真实可靠，就到牧人中去，听牧人讲述，他们为了收集这些古代文学，便用钱收买。于是，贝督因人就陆续来到城市，向需要者出示他们的'货物'。他们为了获得金钱，真的也传，假的也传，因而真假难辨，增加了混乱"①。这大约是"以诗邀赏"的最早源头。阿拉伯人属于游牧部落，部落中的诗人虽然受到族人的尊崇，但主要靠"以诗邀赏"的方式生活，部落首领或君主赏赐诗歌也成为一种惯例。伊斯兰时期圣门弟子对赏赐诗歌持积极肯定的态度："圣门弟子认为财富具有这样的作用：就如同太阳把无色的石头变成红宝石或红玉一样。施宠主人的眼光使默默无闻者其禀赋之石头变成完美者接受的红宝石。"②就是说，阿拉伯人认为，赏赐诗歌这种方式可以提升诗人的禀赋和诗歌技艺，促使诗歌变得更加完美。

波斯语诗歌从 9 世纪后半叶兴起。经过长期的"以诗邀赏"观念的浸淫，诗歌完全被当作一种谋生工具，诗歌乃为他人而作的观念长期左右诗人们的思维。直到 11 世纪，这样的诗歌价值观依然大行其道。《卡布斯教诲录》是波斯中古时期一部重要的散文著作，创作于 1082 年，其中很多内容涉及当时的诗歌观念。该书作者翁苏尔·玛阿里出生于波斯一个没落望族家庭，《卡布斯教诲录》是他为教育儿子而写的，他在书中谆谆教诲儿子要努力学习诗歌技艺，要牢记："诗歌是为大众创作的，不是为自己。"③ 这里的"大众"一词，指的是贵胄公卿家庭聚会中的济济宾客。在波斯，家庭聚会是一种十分重要且普及的娱乐活动，也是联结大家庭成员和朋友之间亲密关系的纽带。在古代，世家子们的家庭聚会是诗人即兴赋诗、施展才华的重要场所。翁苏尔·玛阿里在书中教育儿子不论作诗还是吟曲都应当善于察言观色，迎合人心，"对于诗人来说，务必要熟悉被赞颂者的禀性，应当了解他喜欢什么。这时，要如他所希望的那样赞颂他。当他不愿赏赐你想要的东西时，你就不要作诗。"这完全是在将诗歌当作商品出售，尽管他同时也说："不要志向卑微，不要在每首赞颂诗中都自称鄙人或奴仆，除非在赞颂诗中被赞颂者配得上如此。"④ 但这样的话实质也是一种谋生策略，而所谓高远的志向无非就是"要了解每个人当之无愧的东西。当你做赞颂诗时，应当了解被赞颂者的身

---

① 汉纳·法胡里：《阿拉伯文学史》，郅溥浩译，宁夏人民出版社，2008 年，第 22 页。
② 欧菲：《诗苑精华》（波斯文），法赫尔拉兹书店出版，1982 年，第 516 页。
③ 翁苏尔·玛阿里：《卡布斯教诲录》（波斯文），伊朗科学文化出版社，2004 年，第 189 页。
④ 翁苏尔·玛阿里：《卡布斯教诲录》（波斯文），伊朗科学文化出版社，2004 年，第 191 页。

价。……要懂得对什么人说什么话。"①《卡布斯教诲录》是波斯现存最早的涉及诗歌观念的散文著作,它可以说是波斯语诗歌兴起以来两百年间以诗歌为谋生之道的诗学观念的集中体现。该书在"论作诗的规范"这一章的最后如此结尾:"如果你对被赞颂者有所求,如果你想做生意,就不要衣衫不整,一副不幸者的模样。而应当保持容光焕发,笑意盎然,还要学会很多故事、令人信服的趣闻轶事、笑话,以便在大众面前,在被赞颂者面前,对这些东西,别的诗人都束手无策。"② 一切作诗的学识与涵养都只为谋生,从中我们也体会到一个没落的波斯望族的无奈。

二、《四类英才》重构波斯"以诗邀赏"诗学观

出于生存的需要,上述"以诗邀赏"的诗歌观念,长期被波斯诗人无奈地沿袭着。然而,波斯的诗人阶层曾经在萨珊王朝时期毕竟属于贵族种姓,过着衣食无忧的生活,从未仰人鼻息。伊斯兰化之后,诗人们虽然没有了贵族身份,但"以诗邀赏"观念左右下仰人鼻息的生活体验毕竟还是在潜意识中折磨着曾经身为贵族的波斯诗人们。12世纪,曾经的波斯帝国贵族的精神气首先在一位名叫内扎米·阿鲁兹依的波斯诗人身上苏醒。

内扎米·阿鲁兹依曾长期在中亚呼罗珊一带游历,后来效力于巴克特里亚地区(约为今阿富汗一带)地方政权古尔王朝(1145—1215),为古尔王朝君主法赫罗丁·马斯乌德做幕僚,兼任君主的儿子阿布哈桑·阿里的老师。公元1156—1157年之间,他为教育君主的儿子写了一本书,名叫《四类英才》(Chahārmaqāla),该书篇幅不长,内容却十分珍贵,讲述的是为君王服务的四类人才,即文秘、诗人、天文学家、医生所应具备的品质和才学,以及一些相关的实例。该书除具有重要的史料价值之外,在建构波斯-伊斯兰诗学话语体系方面也具有重要意义。该书开篇就开宗明义地阐述宗旨:"通过哲理之法则、装饰,以不容置疑的证据和透彻的论证,阐释为王之道是什么、国王的角色是什么、其荣耀源自何处、这慈善之举应针对何人、这感恩之心应基于什么样的方式,以及这样的福祉应以什么方式来接受。"③ 这里,内扎米·阿鲁兹依说话的角度和口气,完全是把自己摆在话语建构者的位置上,居高临下地去谆谆教导君主们该怎样做。

---

① 翁苏尔·玛阿里:《卡布斯教诲录》(波斯文),伊朗科学文化出版社,2004年,第190-191页。
② 翁苏尔·玛阿里:《卡布斯教诲录》(波斯文),伊朗科学文化出版社,2004年,第192页。
③ 内扎米·阿鲁兹依:《四类英才》(波斯文),贾米出版社,2004年,第5页。

尽管文明或文化程度较低的统治者凭武力建立起了自己的统治，王公宗族之类的统治阶层也附庸风雅地作诗，与诗人们酬唱作和，但他们并不是话语体系的建构者。话语体系的核心是价值观，话语权力掌握在谁手中，价值观的建立就掌握在谁手中。在中古时期，统治波斯的异族统治者们的价值观是受波斯文化熏陶的，是被波斯文人灌输的，他们因此被深厚的波斯文明所同化。因此，各地君主既是诗人们的服务对象，其实也是诗人们话语权力操控的对象。然而，在内扎米·阿鲁兹依之前，诗人们对自己手中的话语权力并没有自觉的认识。内扎米·阿鲁兹依则清楚地意识到，既要用诗歌换饭吃，又不能让曾经是贵族的诗人感到自尊受到伤害。这时，诗人手中的话语建构权力发挥了其所应当发挥的作用。诗人在身份上是君主的侍从、幕僚、清客，但在话语建构中却把自己摆在了一个高高在上的位置。

内扎米·阿鲁兹依在《四类英才》中建立起这样一套观念：人有类别之分，各司其职。一类是农牧民、商人和手工业者，他们都是埋头于尘世俗务之中为生计而奔波的人；另一类人则探索事物的真理，追问人从哪里来、到哪里去。而这后一类人又分两种：一种是通过向老师学习而探究真理的哲学家；另一种是无师自通、获得觉悟的先知。先知是真主的代理人，先知之后有伊玛目（宗教精神领袖）代表先知阐释教法和教义。而伊玛目的代理人即是国王，国王代表伊玛目治理国家，管理百姓。"在先知使命之下，任何运作工具都不及王道更重要，任何行动都不及王道更强大。"① 这里，内扎米·阿鲁兹依层层递进地将君主摆在了一个十分崇高的位置，然而这一切不过是在为诗人的地位做铺垫。先知是真主的代理人，伊玛目是先知的代理人，国王是伊玛目的代理人。那么，国王的声名掌握在谁手中呢？在内扎米·阿鲁兹依的话语体系中，掌握国王名声的是诗人！"当代国王们和时代的赛义德们的名字以动人的诗行和在群众中广为流传的诗歌而流传下来，就如同萨曼君们的名字因鲁达基……而流传下来，而纳赛尔丁家族君王们的名字得以流传是因昂萨里、法罗西……哈冈家族的名字得以流传是因洛洛依……布益王朝的名字得以流传是因曼特格依……塞尔柱诸王的名字得以流传是因法罗西……塔巴里诸王的名字得以流传是因伽玛里·古尔冈尼……沙内斯布诸王的名字得以流传是因拉非依……"② 这段引文中省略号省去的是一大串诗人的名字，从中我们可以看到每位地方君主都有一批诗人为之效力。内扎米·阿鲁兹依接着讲，君王们的军队、财富和宝藏都是过眼云烟，高耸入云的华丽

---

① 内扎米·阿鲁兹依：《四类英才》（波斯文），贾米出版社，2004年，第17—18页。
② 内扎米·阿鲁兹依：《四类英才》（波斯文），贾米出版社，2004年，第44—45页。

宫殿也会在身后夷为平地,而君王们的文治武功却经由诗人们的诗歌而万古流芳。作者为此感叹而作赞诗一首云:

> 玛赫姆德营造的宫殿
> 曾雄伟壮丽与月并肩
> 你不见它留下一砖块
> 昂萨里的赞颂却永在

玛赫姆德是波斯加兹尼王朝(975—1187)的著名国王,而昂萨里是则玛赫姆德最宠幸的一位宫廷诗人。昂萨里曾因作一首小诗而让玛赫姆德国王开心,国王便下令让侍从用珠宝把昂萨里的嘴巴填满了三次。这个故事在波斯广为流传,原本是弘扬"以诗邀赏"的诗学观念的。然而,在内扎米·阿鲁兹依的话语体系中,玛赫姆德国王的声名是靠昂萨里这样的杰出诗人才流传下来的,而不是昂萨里靠玛赫姆德的恩宠与赏赐生活。一边是过眼云烟的钱财,一边是永恒的名声,君王们应当用过眼云烟的钱财来换取永恒的名声,对让自己千古流芳的诗人应当慷慨赏赐。在内扎米·阿鲁兹依看来,这才是正确的为王之道。接着,内扎米·阿鲁兹依在书中讲述了十个有关君王们如何大赏特赏作出好诗的诗人们的故事,其中就有"波斯语文学之父"鲁达基以诗获赏的故事。

鲁达基是萨曼王朝(874—999)君主最宠幸的诗人。萨曼王朝的都城在中亚阿姆河(即姆里扬河)畔的布哈拉,萨曼君主纳赛尔国王是一个喜欢四处出游的人,每年的春夏之交都会出去巡幸某个地方。有一年出巡去了赫拉特,纳赛尔国王在那里乐不思蜀,一待就是四年。这下可苦了那些把家眷留在布哈拉而陪同国王出巡的军政大臣们,他们多方劝谏国王起驾回銮,但国王都置之不理,大臣们便求救于鲁达基。一日清晨,国王摆酒小饮,鲁达基登场,一边弹奏鲁德琴,一边吟出了《姆里扬河水的芳香》这首堪称千古绝唱的诗歌:

> 姆里扬河水的芳香飘然而至　　随之带来多情友人的香息
> 阿姆河底的沙砾和路途险阻　　在我的脚下化作丝绸软细
> 杰洪河水因迎接友人而开心　　仅淹没至我们马儿的腰际
> 布哈拉啊愿你舒畅经久不衰　　君王正兴高采烈地奔向你
> 君王是明月啊布哈拉是天空　　明月正回归天空紧密相依
> 君王是翠柏啊布哈拉是园林　　翠柏正回归园林不弃不离[①]

---

① 内扎米·阿鲁兹依:《四类英才》(波斯文),贾米出版社,2004年,第52—53页。

纳赛尔国王被诗歌深深打动，当即飞身上马，直奔布哈拉。据说，鲁达基在回自己的故乡撒玛尔罕时用了四百峰骆驼来运载自己因这首诗歌而获得的各种赏赐，他所获得的财富与宠幸成为诗人中的极致。这个故事也在波斯广为流传，为"以诗邀赏"的诗学观念推波助澜。内扎米·阿鲁兹依也把这个故事记录在了自己的《四类英才》中，然而，他在记述中有意删去了鲁达基原诗的最后一联：颂扬与赞颂会带来利益无穷/尽管它会让宝库遭受损失。[①]显然，鲁达基的原诗最后是在主动向国王请求赏赐。这显然不符合内扎米·阿鲁兹依的思想，因此他删除此联，旨在要把诗人主动邀赏变为君主主动赏赐。

诗人们以诗邀赏的众多故事早已在民众中广为流传，内扎米·阿鲁兹依将它们收集整理，记录在自己的《四类英才》一书中。然而，对这些故事，一般人是艳羡诗人们得了多少多少赏赐，而内扎米·阿鲁兹依讲这些故事的宗旨却是在教导君主们要慷慨大方，用钱财换美名，因为"文秘、诗人、天文学家、医生是国王的显贵，（国王）拿他们毫无办法。王国的稳固靠文秘，声名的万古流芳靠诗人，政务的秩序靠天文学家，身体的健康靠医生"[②]。医生和天文学家属于广义的文人阶层，虽不以诗歌为主业，但在古代的学科分类中与诗人同属一类。可以说，内扎米·阿鲁兹依把一种无奈的生存之道上升到让统治者万古流芳的理论高度。如此的理论建构是由有着悠久文化积淀和贵族意识的波斯文人完成的，它将阿拉伯人以诗歌当商品的朴素交换意识包装得具有指点江山的重大意义。

三、《诗苑精华》再建构波斯"以诗邀赏"诗学观

到了13世纪，内扎米·阿鲁兹依的诗学理论又由努尔丁·穆罕默德·欧菲的《诗苑精华》（创作于1221年）进一步补充和提升。欧菲出生于布哈拉，并在那里完成学业。为追求进一步的深造，也为能够拜谒各地的苏非长老，他离开布哈拉，游历河外地区、呼罗珊地区和北印度地区，并在印度生活了相当长一段时期。在云游生活中，欧菲遍访各地的学者和宗教学家，从他们那里收集了大量的趣闻佚事，为后来写作《诗苑精华》一书积累了宝贵的素材。

欧菲生活的时代，苏非神秘主义已经在波斯兴盛，波斯的苏非诗人们也

---

① 萨伊德·纳非西：《鲁达基的生平和诗歌》（波斯文），阿米尔卡比尔出版社，2003年，第512页。

② 内扎米·阿鲁兹依：《四类英才》（波斯文），贾米出版社，2004年，第18页。

开始从另一个维度重构波斯诗学话语体系。他们不再强调"以诗邀赏"的价值观，因为，波斯的苏非诗人们大都具有宗教学者身份，而宗教学者阶层在波斯具有比较严密的组织结构，经济上主要依靠信徒们的捐赠，而不依赖统治者的赏赐，因而他们具有独立的经济体系。所以，当苏非思想在波斯兴盛时，苏非诗人们面临的迫切问题也不再是如何把歌功颂德的句子写得更优美，而是如何深入浅出地向广大苏非信众讲解深奥的苏非神秘主义玄理，以赢得更加广泛的信徒们的支持。由此，诗歌价值观在苏非诗人们手中从注重歌功颂德转向注重诗歌的教化功能，并进而提升至"诗歌神授"的高度，即一方面从上至下地对信徒实施教化，另一方面又让信徒从下至上地仰望他们这些掌握诗歌技艺的人，因为他们是受真主眷顾的人。

然而，对于广大世俗诗人来说，以诗歌获取生存资料仍是第一要义，而教化民众并不是他们肩负的使命。因此，在宗教意识形态主导的社会中，如何宣扬世俗诗人们自己的诗歌价值观，如何使苏非诗人们所定义的"诗歌神授"观为世俗诗人们所用，这的确是需要卓越的世俗理论家们解决的问题。欧菲正是在这样的社会环境和社会需求中脱颖而出的。

尽管欧菲本人不是苏非修士，也不是宗教人士，但他在游历生涯中曾拜访过很多苏非长老，对苏非思想有比较透彻的了解，因此他的《诗苑精华》充分吸收了苏非神秘主义的诗学观。该书著者前言的第一句话便是："独一之珍珠通过他神智之蚌将雄辩之学之珍珠造就成财富。"① 这句话中，"神智"是指真主在先天就赐给人的智慧，而非经过后天学习得来的智慧；"雄辩之学"指使语言清晰、流畅、有力的学问，在古代专指作诗的学问。这里，欧菲采用了苏非神秘主义中"诗歌神授"的观念，首先肯定诗歌是一门先在的、由神赐予的学问，其语言是至上的真主教授的话语，其所应获得的财富是先天在独一的真主那里就已被规定好。欧菲还引用《圣训》说："至上的主的宝座下面藏有宝藏，其钥匙是诗人的舌头。"这一下把诗歌与诗人推到了一个更加崇高的地位，诗人通过诗歌获得财富，乃理所应当，因为诗歌是一门神圣的学问。

在肯定了诗歌的先在性和由此获取财富的合法性的前提下，欧菲宣称诗歌这门学问所获得的收益是其他任何学问都不能相比的："我们尽管从每一艺术都获得份额，在每一门学问都拥有法定数额，在陈列馆的每个地方，从每一层，从句法、词汇、《古兰经》注释、《圣训》释疑、典故详解等处，我们都能获益。然而，这所有的优越性并不能成为使我们的有所收获的方式，使

---

① 欧菲：《诗苑精华》（波斯文），法赫尔拉兹书局出版，1981年，第51页。

我们拥有王公大臣们的宠幸和贵胄公卿们的青睐的是水灵的诗句和迷人的诗歌。"① 其实，欧菲是故意混淆了宗教学科与世俗学科之间的分野。在古代，语法学、《古兰经》注释、《圣训》释疑、典故（一般指圣门弟子、迁士、辅士等的言行事迹）详解等学问的从业者都是宗教阶层（诗人只是以在诗歌中能运用《古兰经》《圣训》和各种典故作为显示才华的标志）。在伊斯兰教国家中，宗教阶层拥有清真寺的地产和信徒们的捐赠，他们在经济上是独立的，不依附于君主。在波斯，宗教阶层更是一直对君权起着制衡作用，并且，在宗教观念中君主只是宗教领袖的代理人而已。因此，宗教阶层所做的学问根本就不需要君主的什么赏赐。欧菲实际上是在巧妙地借宗教阶层的学问来抬高诗歌的世俗地位，提升世俗诗人凭借诗歌获得赏赐的位格，更加强化了诗人凭借诗歌获得财富的合法性。

在古代，世俗诗人作为君主的内阁幕僚掌管内阁事务，帮助君主治理国家。欧菲还巧妙利用修辞法中的字母顺序颠倒法提升诗人的地位。在波斯语中"天平"一词的字母顺序逆读即是"内阁"一词，欧菲据此认为诗人地位之高乃是神意："因为你若将天平颠倒过来即是内阁，内阁所具有的神的恩赐即是编排世人的秩序（vazn），公正和正义之重担在这里得到掂量。"② 这里，欧菲将诗人掌管内阁、安排社会秩序阐释为是神恩赐的责任，社会的公平和正义都由掌管"天平"的诗人来主持。原文中"秩序"一词也指诗歌的律动，这里是一语双关，用诗人所擅长的诗歌格律来比喻社会秩序，其中暗含这样的意思：诗人懂得如何安排诗歌的格律，也就懂得如何安排社会的秩序。欧菲还将君主与诗人比作天平的两个秤盘："在隐秘中，二者都是阿而实（指真主的宝座）品级的苍穹上光辉太阳的兄弟，并将才干平均馈赠给他们彼此，以便世人兑现期望，从这天平的两只秤盘上获取恩惠。借助于关怀和教化，他们实现所有的目的和安全。"③ 也就是说，君主关怀百姓，以实现自己统治的目的；诗人教化百姓，从君主处获取生活物资之安全庇护。这里，欧菲又从社会角色的角度提升诗人，使诗人成为上树君主威名、下安百姓生业的支撑乾坤的栋梁。

因此，欧菲《诗苑精华》的话语建构把苏非思想中有关"诗歌神授"的学说糅合进内扎米·阿鲁兹依的"诗人让统治者万古流芳"的理论，进一步提升诗人的社会地位和诗歌的神圣性，让地方君主们更加"仰望"和"仰仗"诗人，似乎他们的功业与声名真的要靠诗人们的诗歌吟诵来流传。由此，赏

---

① 欧菲：《诗苑精华》（波斯文），法赫尔拉兹书局出版，1981年，第62页。
② 欧菲：《诗苑精华》（波斯文），法赫尔拉兹书局出版，1981年，第55页。
③ 欧菲：《诗苑精华》（波斯文），法赫尔拉兹书局出版，1981年，第56页。

赐诗歌与赏赐诗人不再是君主居高临下的恩宠，反而表现了君主对诗人的仰赖。于是，两相情愿：

> 才情优雅的赞颂者一族为了获得王公大人们的赏赐，从格律之海洋中打捞出令人骄傲的珍珠，使得这时代的脖子耳朵都能享用那崇高的珍珠。而被赞颂者一族把黄金像火一样为水灵的诗歌的价值而慷慨赏赐，以转眼即逝的钱财购买永恒的记载。他们为获取赞美和荣耀而尽力出手阔绰地大量赏赐。他们意图之珍珠被诗歌实质之手串联得整整齐齐。两个阵营的收获意图都跟这优越性相关联。因此，所有的才情健全者和智力畅通者都对这种方式显示出全部的向往和全部的热忱。①

因此，欧菲再度重构波斯"以诗邀赏"的诗学观，把君主慷慨赏赐与诗人获得赏赐上升到宗教意识形态的高度，它促使"所有的才情健全者和智力畅通者"都走上诗歌之途，形成波斯浓郁的崇尚诗歌的社会风尚。

在这种诗学理论的引导下，到了15世纪，都拉特沙赫在自己的著作《诗人传记》中说："在古代，人们推崇和尊敬诗人，国王们、富人们、显贵们将奖赏诗歌视为自己的义务，而且是法定义务。"② 这里的"法定义务"，是指宗教法定义务。既然是宗教法定义务，就根本谈不上"施恩"一说，而乃必须，乃理所应当。从中我们可以看到，《四类英才》和《诗苑精华》重构出来的"以诗邀赏"的诗歌价值观对后世起着怎样重大的影响作用。这两部诗学著作在波斯古典诗学史上的地位怎么评价都不为过，其作者因之垂名青史，乃实至名归。

作者简介：
穆宏燕，北京外国语大学亚洲学院教授。

---

① 欧菲：《诗苑精华》（波斯文），法赫尔拉兹书局出版，1981年，第58页。
② 都拉特沙赫：《诗人传记》（波斯文），阿萨提尔出版社，2003年，第7页。

试论朝鲜古代文艺理论的"朝鲜诗"范畴

禹尚烈 邹昊轩

摘 要：朝鲜毗邻中国，自古受中国文化圈影响，中古时期的朝鲜更是受汉文化强烈辐射，出现了留学中国的崔致远等文学家。朝鲜古代文艺理论在继承本民族文学传统的基础上，吸收了大量汉唐文化的精华，主要分化为接受型和自创型。因此，朝鲜文学出现了"甘作朝鲜诗"的口号，一方面采用朝鲜文字创作文学作品；另一方面，在文学作品中表现朝鲜的人、事、景、物。朝鲜在李朝时期出现了一批热衷于表达朝鲜的文学家，如李滉、李洱、金万重等。本文采用溯源分析的方法，阐明"朝鲜诗"作为朝鲜古代文艺理论重要范畴的性质和特点，以朝鲜古代文艺理论的发展脉络为研究对象，梳理朝鲜古代文艺理论在不同时期的发展和繁荣，期望以对朝鲜文艺理论的研究促进朝鲜文学在世界文学中的发展和进步。

关键词：东亚文化 中国情结 朝鲜诗 范畴

综观朝鲜古代文艺理论研究，围绕范畴问题已多有展开。总体上来看，朝鲜古代文艺理论范畴分接受型和自创性两部分。所谓接受型，指从中国古代文艺理论接受的范畴，即文道观、文气说、滋味说等；所谓自创型，指朝鲜古代文艺理论自己创造的范畴，即兴味、平淡、风流等。张振亭的博士学位论文《韩国古典诗学范畴及其批评体系——兼论韩国古典诗学范畴对中国的接受》（2013年）是这方面的集大成者。但学术界至今尚无人问津或提出"朝鲜诗"范畴，只是从朝鲜古代文艺理论的民族性或主体性角度加以论述。鉴于此，本文旨在阐明"朝鲜诗"作为朝鲜古代文艺理论重要范畴的性质和特点。

一、中国情结

朝鲜毗邻中国，传统上直接受中国的影响。中国地大物博，历史悠久，文化昌盛，强有力地影响到朝鲜。朝鲜人传统上称中国为"大国"，在国家的外交政策上对中国奉行"事大主义"。从古朝鲜至李朝，朝鲜的各朝代多为中国的藩属国，其主君不能称皇帝，只能称王。不仅律令典章，还有衣食住行等生活细节方面都受中国影响。统一新罗时期和李朝建国伊始各采取唐朝律令制和明朝大明律，新罗、高丽时期派留学生和留学僧，李朝时期派朝天使和燕行使就是明证。统一新罗时期，朝鲜固有的人名地名都改成汉式，这是生活细节上的一个明证。从精神文化来看，中国传统的儒、释、道作为强势文化传播到朝鲜，形成他们传统文化的精髓。朝鲜长时间没有自己的文字，借用中国汉字，称"汉文"。他们不仅借用汉字，还借中国的文学体裁进行文学创作活动。他们的古代文学史，在某种意义上可以说唯中国文学是从，亦步亦趋。中国的传统格律诗从古至近代之前一直是他们的主要诗歌形式之一，汉文学成为朝鲜古代文学的主流。于是朝鲜人就像后殖民主义所诟病的那样，"仰视"中国，形成一种情结，即"中国情结"。当然，在这一过程中，朝鲜那些有民族自尊心和追求民族主体性的文人士大夫也出现了"平视"中国、要与中国平起平坐的倾向。高丽朝代表文人李奎报在《白云小说》里就提到，崔致远留学唐朝，诗名远扬，成为朝鲜汉文学的鼻祖，其诗作堪比中国诗歌，但没能收录到《唐书·文艺列传》中，甚感遗憾。许筠的《惺叟诗话》则涉及自新罗至同时代诗人132名。他在评论朝鲜诗人时，并没有排除女性、平民诗人。他在评李朝女性诗歌时曰："东方妇人，能诗者鲜。所谓惟酒食是议，不当外求词华者邪？然唐人诗，以闺秀称者二十余家，文献足可征也已。近来颇有之，景樊天仙之才，玉峰亦大家……如此等作不可屡指，文风之盛，不愧唐人，亦国家之一盛事也。"[①] 他对朝鲜女性文学的兴起颇感欣慰，不无民族自豪感地宣称其"不愧唐人，亦国家之一盛事也"。18世纪末，李德懋（1741—1793）在《清脾录》里自豪地宣称，李济贤的诗与中国著名文人的诗相比也毫不逊色。他认为朝鲜诗人虽创作汉诗，但其中有些诗人诗作同中国的诗人诗作不相上下，如"金佐郎……诗甚新雅淡警……当世若有朱竹坨，皆可编入《诗综》中。倘不在崔（颢）、白（居易）之下也"[②]；有些诗人诗作

[①] 许筠：《许筠全集·鹤山樵谈》，成均馆大学，韩国大东文化研究院1981年影印，第38页。
[②] 李德懋：《国译青庄馆全书（7）》卷之三十五《清脾录四·筱川诗》，民族文化促进会，第204—205页。

取中国诗人诗作的长处,如"姜山……其为诗也……古淡幽洁,高亮闲远。余尝叹其典裁如王渔洋,渊雅如朱竹坨"①。李德懋不仅"平视"中国,还认为有些朝鲜诗人诗作甚至优于中国的诗人诗作,如"余尝读《益斋集》,断然以益斋诗为二千年来东方名家。其诗华艳韶雅,快脱东方僻滞之习,虽在中原,优入虞(集)、杨(载)、范(椁)、揭(傒斯)之室,成慵斋",所谓"益斋能老健,而不能藻者,非铁论也""以益斋而不能藻,何者果能藻乎"。②因此,朝鲜文学没有任何理由妄自菲薄,失去信心。由此,不难看出李德懋对自己民族的文学成就相当自信,评价很高。而平民文学集大成者申在孝更是开始"傲视"中国了。他在以时调形式写出的说唱脚本《广大歌》里就认为,"广大的作为"与当时社会上受崇的"中国名文章家""中国文人的诗文"相比较,更具有不朽的价值。在这里,他不仅把平民百姓的艺术提到文人学士作品之上,而且视朝鲜平民文学的价值高于中国文学的价值。

朝鲜最具豪放性格的诗人林悌临死前制止孩儿们哭泣时说:"莫哭!我生在这小国死不足憾。连自己的主君也不能称皇帝,不能喊'万岁'成何体统?"林悌之言可谓说出了当时朝鲜人被本民族根深蒂固的集体无意识——"中国情结"困扰的情形。传统朝鲜的很多问题就出在这"中国情结"上,这样的情结有待升华。

二、"甘作朝鲜诗"

因"中国情结",朝鲜人甘作"中国诗",以中国文学为准绳。15世纪中期朝鲜创制自己的文字——"训民正音"。相对于汉文,朝鲜文字简单易懂,但一般的文人士大夫视其为"雌文""谚文",不屑一顾,认为这些文字是妇道人家和一般无知的平民百姓所用的。当然这里面有个"语言霸权"问题。他们使用一般人难懂的汉文,要继续保持话语权,也不排斥有他们的语言惰性或惯性问题。他们搞文学创作,专门作"中国文学",铺设中国背景,用中国典,从中国文学脱胎,视"中国文学"为高。但朝鲜的有志之士,富于民族主体意识的人很早就开始努力摆脱"中国诗""中国情结",集中表现为"甘作朝鲜诗"。"甘作朝鲜诗"是茶山丁若镛(1762—1836)的朝鲜民族文学

---

① 李德懋:《国译青庄馆全书(7)》卷之三十五《清脾录四·姜山》,民族文化促进会,第189页。

② 李德懋:《国译青庄馆全书(7)》卷之三十四《清脾录三·李益斋》,民族文化促进会,第122页。

宣言，即"我是朝鲜人，甘作朝鲜诗"①。这种宣言在李朝后期得到广泛的共鸣。"甘作朝鲜诗"，首先表现在语言上，即用朝鲜文字创作；其次，表现在内容上，即表现朝鲜的东西。

(一)"甘作朝鲜语诗"

"甘作朝鲜语诗"，在古代朝鲜主要表现为积极肯定朝鲜语言文字及其文学创作。

早在统一新罗时期，朝鲜人苦于没有本民族的文字，有言难抒写，于是，官方就组织人员致力于创制本民族的文字。他们把文字创制的资源定位为汉字，即利用汉字的音读和训读来表现朝鲜语，创制出乡札——吏读文字。他们用这种文字进行的文学创作就叫"乡歌"。但吏读难学难懂，用于进行文学创作更难，于是随着时间的流逝自然而然被淘汰了。这与邻国日本形成鲜明的对比。② 其实朝鲜文字创制出来后，在一些很有眼光而开明的文人士大夫那里不是没有反响，而是引起积极的呼应。这种呼应之声随着时代的发展越来越高。李朝末期崔永年就写过一首《颂谚文》诗，即"人文神闶发天心，十五行俱子母音。用永为民国宝，功深万古与千今"，在这里抒发了他对本民族文字的热爱和自豪感。

李滉和李珥在朝鲜被称为李朝中期著名的性理学"双璧"。他们认为诗歌的本领乃在于可歌，但当时朝鲜诗人趋之若鹜的汉诗，因语言文字障碍，即使可咏也不可歌，起不了兴致。基于这一点，李滉和李珥对本国的国文诗歌刮目相看。在当时一般文人士大夫对时调并不看好的情形下，他们积极肯定时调。李滉在《陶山十二曲》序中说："老人素不解音律，而犹知厌闻世俗之乐，闲居养疾之余，凡有感于情性者，每发于诗，然今之诗异于古之诗，可咏而不可歌也。如欲歌之，必缀以俚俗之语，盖国俗音节所不得不然也。故常略仿李歌，而作为《陶山六曲》者二焉。其一言志，其二言学。俗使儿辈朝夕学而歌之，冯几而听之。亦令儿辈自歌而自舞蹈之，庶几可以荡涤鄙吝，感发融通，而歌者与听者不能无交有益焉。"李滉作为道学家是反"世俗之乐"的，但他叹"今之诗""可咏而不可歌"；"今之诗"即汉诗有碍于歌，所以"必缀以俚俗之语"，改为"国俗音节"，因为像时调之类的"国俗音节"可让小孩唱和跳，引起情绪上的共鸣。李滉创作《陶山十二曲》和《清凉山

---

① 这类似于中国清末黄遵宪的"我用我手写我口"的宣言。
② 几乎同一时间，日本奈良朝也着手创制本民族文字。他们取汉字的字形及偏旁造假名，沿用至今。这些假名比吏读简便，所以很容易普及，不论在日常生活里，还是文学创作上，使用假名都蔚然成风，成了日本文学的主流。

歌》等一系列时调作品，李珥也做时调《高山九曲歌》应和。李滉和李珥认为时调可以歌，能够突破汉诗可咏而不可歌的局限。内容雅正的时调可以将温柔敦厚的思想情感，用可歌可舞等适合民族性情的艺术形式传播到百姓当中，从而产生寓教于乐的效应。可见，李滉和李珥是从弥补汉诗的欠陷角度主张做朝鲜文学——"时调"的。他们的主张也反映了"训民正音"得到一定的普及后人们"歌用国言"的共识。

在古代，朝鲜"甘作朝鲜语诗"论由许筠和金万重正式展开，他们是朝鲜国文文学论的先驱。

16世纪，许筠在《文说》中提倡创作运用"当时之常语"抒发"真性情"，以"独立于古人之上"，摒弃"载道"说的封建伦理内容。许筠在《文说》中认为左氏、庄子、司马迁、班固、韩愈、柳宗元、欧阳修、苏东坡等人的创作之所以能够成为一代诗与文的典范，最关键的原因就在于他们都以"当时之常语"和自己的"真性情"来进行独创。世上没有绝对的权威，只要不模仿、不依从，以时代与民族最生动的"常语"、最真实的"情感"来投入创作，朝鲜当代人也能够"独立于古人之上"。于是，许筠高度评价国文诗人郑澈的诗歌艺术成就。他又认为这些"常语"必须经过提炼，于是提出"用铁如金、化腐为鲜"的原则。① 考虑到这些"常语"与当时趋于"言文一致"的国文相关，许筠的看法是很有见地的。于是，许筠身体力行，创作了朝鲜第一部国文小说《洪吉童传》。

17世纪，金万重乃是朝鲜古代国文文学论的旗手，是最典型的代表。一个作家对自己民族语言的自觉运用，往往与近代意识的萌生联结在一起。② 在朝鲜，最初显现这种近代意识的是金万重。金万重在自己所著《西浦漫笔》中对当时的俗语——"谚文"加以首肯和赞赏。当时朝鲜的正统文人士大夫轻视朝鲜文字，认为其"语词鄙俚"，而以汉文为"真文"，金万重针对主流文化的这一风气，在《西浦漫笔》中写道："……今我国诗文，舍其言而学他国之言，设令十分相似，只是鹦鹉之人言，而闾巷间，樵童汲妇，咿哑而相和者，虽曰'鄙俚'，若论真赝，则固不可与学士大夫所谓诗赋同日而论。"他肯定每个民族的语言及其文学具有同等价值，痛感朝鲜的诗文"舍其言而学他国之言"，"只是鹦鹉之人言"。对此，他认为"闾巷间，樵童汲妇，咿哑而相和者，虽曰'鄙俚'"，也远远超出"学士大夫"的汉文"诗赋"。他认为

---

① 许筠：《惺所覆瓿稿》卷之十二《诗辨》。该原则的提出不无中国江西诗派"点铁成金、化腐朽为神奇"主张的影响。

② 譬如在西方，但丁积极肯定拉丁语和赞赏意大利民间俗语，也是同他的近代意识联结在一起的。

文学的价值在于"感人",而民谣、通俗小说能感人,那么朝鲜文学则更能感人。金万重认为大众创作的民谣是真实的、感人的,这些民谣来自群众,在群众之中歌唱,是老百姓喜闻乐见的文学形式,可以说是文学的基础。他主张要以国文写民谣,并以此为基础,进一步写出通俗小说。① 金万重的这些观点打破了朝鲜以汉文学为正统的观点和"华夷论"文学观,可谓针砭时弊。金万重在《西浦漫笔》中以"中国人不识外国语势,无怪朱子言如此"来否定朱子以《传灯录》的译文有无韵脚来判断"华人赝作"的主张,认为译文保持原意就可以,有无韵脚对不同语系的外国语来说不能成为决定性的标准。西天人、羌人、高丽人都有自己的民族语,他们的作品译后有无韵脚,不能作为判断是否为"华人赝作"的根据。"人心之发于口者为言,言之有节奏者为歌诗文之赋,四方之言虽不同,苟有能言者,各因其语而节奏之,则皆足以动天地通鬼神,不独中华地。"② 可见,他进一步认为,语言为表现人心,语言有节奏就成为文学,各民族文学都是如此。"四方之言虽不同",但都能言,语有节奏,成为文学,"可以动天地通鬼神"。这里,他从文学的普遍性出发,充分肯定了各民族文学的存在价值及其发展的必然性和重要性。金万重从这种文学观出发,主张朝鲜文学要用朝鲜文字写,并在《西浦漫笔》中把朝鲜文写成的松江歌辞《关东别曲》和前后《思美人曲》(合称"三别曲")誉为"朝鲜的《离骚》",认为这种文学才是真实的、真正的朝鲜文学,不可与文人士大夫的"汉文学"同日而语。"三别曲"正因用国文写或由乐人口耳相传,才表现出其独特的美。"写此三别曲者,有天机之自发,而无夷俗之鄙俚,自古左海真文章,只此三篇,又就三篇而论之,则《后美人》尤高,关东前美人,犹借文字语,以饰其色耳。"金万重认为自古以来只有"三别曲"为"有天机之自发""无夷俗之鄙俚"的朝鲜"真文章",因而予以很高的评价。而这"三别曲"当中属《后美人曲》尤高,而《关东别曲》与《前美人曲》稍逊,因为前者纯用朝鲜国文,而后者多借用汉诗文腔。假如将"三别曲"以及梵语的赞佛歌用汉文译出来,便"只得其意,不得其辞理",结果是"不佳"的、不美;朝鲜国文诗歌有独特的韵味,不好用别的语言翻译。③

  金万重是言行一致者,他用国文创作了《谢氏南征记》《九云梦》等长篇小说。他相信这些国文作品的感化力。这些作品对朝鲜古代国文文学的发展做出了极大的贡献。金万重作为掌管文坛的大臣、大提学,如此重视国文文学,极力主张用国文创作并以身作则,这对当时陷于崇唐崇明等文学事大主

---

① 这与中国明代冯梦龙的民谣观相似。
② 这种诗文观与朱熹《诗集传序》里表露出的观点不无相通。
③ 这与现代"诗不可译"的翻译观接轨。

义泥淖的朝鲜文人可谓当头一棒，并对后来的诗论及文学创作都产生了广泛而深刻的影响。

许筠、金万重均为士大夫文人，都能写出很高水平的汉诗文，但他们认识到朝鲜国文文学的价值，并极力提倡，还自己带头创作，这是难能可贵的。对此，北轩、晚瓦翁、潘溪、五洲皆极力肯定。北轩金春泽（1670—1717）在《北轩集》卷十六《散稿》中认为金万重创作《南征记》并非偶然，而是"先生作之以谚，盖欲使闾巷妇女，皆得以讽诵观感，固亦非偶然者"，即一般小说不值得一提，但唯独《南征记》可称。在这里《南征记》作为典型的初期国文小说之一得到肯定。金春泽对国文小说产生的必要性已有明确的认识，认为可以用国文创作优秀的作品。"曾谪居无事，以文字翻出一通，又不自揆，颇增删而整饬之，然先生特以其性情，思致之妙，而有是书，故于谚之中，犹见词采，今愚所翻，反有不及焉者。"此外，晚瓦翁称《南征记》《感义录》等朝鲜国文小说使人心悦诚服，令人大彻大悟。

随着实学派①的兴起，国文及其文学创作意识开始全面觉醒。在当时的朝鲜，国文作为非官方的、非正统的平民百姓语言，与官方的、正统的统治阶层语言——汉文是相对立的，所以，在某种意义上，提倡国文与反对汉文相连接，朝鲜国文与汉文相反相成。实学派对国文有了新的认识，并付诸实践。

实学派对自己本民族的语言文字很有研究，并弘扬其优秀性。实学先驱李瀷认为朝鲜文字"凡有音者，莫不有字"，具有可表现森罗万象之功，在文学创作方面具有充分的表现功能。他说他自己曾住在农渔村，懂很多日常俚言，他认为这些俚言也可以入诗。而李德懋则说："训民正音，子母翻切，初、中、终声齿话清浊，字体加减，非偶然也。虽妇人亦当明尤其相生相爱之妙。不知此，辞令书尺皆疏对，为国为民。"② 也就是说，"训民正音"的音韵组合、声象、音节、形态、韵致等，都很切合本民族言语的特点，具有极其广泛的大众性，所以"辞令书尺"应该改以正音文字来写，这才是"为国为民"的正道。洪大容则进一步认为正音谚文"子母相切，万音备焉。妇人及庶民不识字者，并用谚字，直以土话为文。凡简、札、薄、书、契、券，明畅或胜真文。虽欠典雅，其易晓而适用，未必不为人文之助"③。也就是说，谚文字母相切，万音具备，能够准确地表达朝鲜语音，且容易掌握，即使是平民百姓也可以"并用谚字，直以土话为文"，写出鲜明畅快的内容，比用汉文写的"真文"更好。这就是说，谚文的最大特点就是能够准确、鲜明、生

---

① 也叫北学派，受中国清代实学派的影响而形成。
② 李德懋：《青庄馆全书（6）》卷之三十《士小节下卷·妇议》，民族文化促进会，第118页。
③ 洪大容：《湛轩书 湛轩书外集》卷之一《与汶轩书》，《韩国文集丛刊（248）》，第49页。

动地表达一切，书写方便、易懂，具有广泛深厚的群众基础。李德懋还通过充分肯定郑澈"谚歌"的价值来主张自己的国文文学观点。李德懋在《松江墓》中赞扬郑澈说："松江寓哀时忧国之诚于谚歌，有离骚之忠愤，故长歌短谣，至今藉甚。"① 即郑澈的国文诗歌把"哀时忧国"之情用本民族的谚语和歌辞形式表现出来，所以其忠愤爱憎之情表现得异常鲜明、生动、有力，最能打动人心，深受当时和后人的称颂。实学派集大成者丁若镛则在《寄渊儿》诗中谈道："须取……及他东方文字……然后方可名世而传后。"② 即朝鲜文学作品"可名世而传后"的一个前提条件就是要用"东方文字"（在此指朝鲜文字，笔者注）。

当时在朝鲜，汉文作为官方语言渗透到社会生活的方方面面。对此，朴齐家痛心疾首，主张"自家语论"：一个民族和国家不使用自己的语言文字，成何体统？朝鲜文字"训民正音"的创制和颁布，是一件值得庆贺的大事，无论是官方的用语，还是民间的书写，都应该用谚语谚文。对此朴趾源感同身受，主张作家在进行创作时不要模仿中国文学，应排除引经据典、雅词正语，在现实生活中就地采掘平民百姓的日常用语。他说："语不必大道，分毫厘所可道也。瓦砾可弃？"（《孔雀馆文稿·自序》）进一步说："家人常谈犹列于学官，而童讴里谚亦属尔雅矣。故文之不工，非字之罪也。"（《骚坛赤帜行》）他认为老百姓的"家人常谈"可以当作学官的教材，民间的童谣、谚语也可归属《尔雅》，与文人的正统文学相媲美，毫不逊色。他又说："其语在指，其听在拱。"③"字其方言，韵其民谣，自然成章，真机发现。"（《婴处稿序》）④ 在他看来，民族的文学作品，只有用平民百姓的日常用语和民间方言口语来创作，才能"自然成章"，符合本民族的审美心理、习惯和欣赏要求。朴趾源不仅在理论上主张吸收民族口语，而且在自己的创作中加以实践。他在《课农小抄》等散文和小说中恰到好处地引用谚语、俚语、方言、民间笑话及故事，对深化主题，增强形象的丰富性、生动性，增强作品通俗性、民族化特色，都起了极大的推动作用。他对自己没能掌握"谚字"而感到"遗恨"。他在《孔雀馆文稿·答族孙弘寿书》中痛心地写道："吾之平生，不识一个谚字，五十年偕老竟无一字堪寄，至今为遗恨耳。"

实学派文人在文学实践中看到，那些用"谚文"创作的作品，拥有最广大的读者，于是实学派努力收集"谚文"。例如，李瀷肯定农渔村平民百姓语

---

① 李德懋：《青庄馆全书（7）》卷之三十二《清脾录一·松江墓》，民族文化促进会，第49页。
② 金相洪：《韩国汉诗论与实学派文学》，启明文化社，1989年，第249页。
③ 朴趾源：《燕岩集》卷之七《钟北小撰自序》，景仁文化社，1982年，第103页。
④ 朴趾源：《燕岩集》卷之七《婴处稿序》，景仁文化社，1982年，第107页。

言，对朝鲜谚语的功能和价值推崇备至。他自己创作《海东乐府》（119 首），收集和整理朝鲜谚语并译成汉语《百谚解》（389 首）。他在《百谚解跋》里称谚语能体察人情，证明事理，可以警醒人，所以对家事和国政都大有补益。他认为朝鲜的这些俚言和谚语不仅可与中国经史子集里的谚语相媲美，还可入诗用于诗歌创作。李瀷又利用朝鲜式汉字词进行创作，例如"寒意漫山万木鸣，孤齐倚枕帽斜头"，以音借形式自造新词，即用"寒意"表"하늬바람"；又如他在别的地方，采取同样的形式，用"愁牢"表"수레"。丁若镛以《百谚解》为底本，在《耳谈续纂》里收入朝鲜谚语。他继承李瀷农渔村平民百姓语言可以入诗的观点，利用流配地康津和长鬐地方的大量方言土语，创作《耽津乐府》（3 首）、《耽津农家》和《长鬐农歌》等富于民谣色彩的乐府诗，在这些乐府诗里以"音借"和"训借"形式造"麦岭""儿哥""马儿风""络蹄"等新汉字词，标朝鲜语"보릿고개""아기:새색시""마파람""낙지"。洪大容花很大精力专门收集和整理了民间谚语和歌谣，亲自编排序目，名为《大东风谣》①。据有关专家新发现，他在撰写汉文燕行录《燕记》之后，又用"谚文"写了《乙丙燕行录》，此文作为朝鲜初期国语纪行文载入文学史册。李钰诗则大量引用首尔市井的日常用语。而朴齐家与李德懋、柳得恭（1749—?）会晤并创作了那些可谓"自家音"的"真诗"，正应了朴齐家"至友元同斯世降，真诗各出自家音"（《贞蕤阁全集》下《文集》）之意。朴齐家认可朝鲜的巫俗之巫歌、倡优之笑骂、市井间巷之歌谣等民间民俗文学，他肯定朝鲜民谣"俗音极善感"②，起到了美刺作用，可与《诗经》平起平坐。朴趾源称朝鲜"风谣""方言"可为性情之韵，他在赞美小川的《旬稗集》时说："小川奄杂记域内风谣、民葬、方言、俗忮……联读成韵，则性情可论。"③

　　实学派的这种爱"谚文"及国文文学的精神得到社会的广泛反响，首先在一般两班士大夫那里得到共鸣。洪羲福（1794—1859）针对"真书小说"《三国志》，将翻译《镜花缘》称为"第一奇谚"，他强调"谚文"不亚于"真书"汉文的价值。到李朝后期，记载国文小说时，其前面必标"谚稗""谚翻传奇""古谈""谚书古谈""言怪稗书"等，说明当时已经形成朝鲜国文小说与汉文小说相对立的意识。其次，在李朝末期，平民委巷文人积极肯定朝鲜国文诗歌。金天泽认为朝鲜的歌曲具有与中国的乐谱同等的价值。他在《青

---

① 即在《大东风谣·序》中说："谨采古今所传，集成二册，名以《大东风谣》，凡千有余篇，又得到曲数十首，以附其后。"
② 朴趾源：《燕岩集》卷之七《明农初稿·夜坐书怀》，景仁文化社，1982 年，第 95 页。
③ 朴趾源：《燕岩集》卷之七《旬稗序》，景仁文化社，1982 年，第 108 页。

丘永言》序跋里为了说明"时调"的这一价值,引用洪万宗在《旬五志·下》里肯定国文歌辞时用的话。结集出版朝鲜国文诗歌的风潮也在这时兴起。《青丘永言》有名氏做的跋"我东自丽季,至国朝名公硕士,及闾巷闺秀之作,为永言以传于世者"也说明这一点。这些平民委巷文人不仅自己创作国文诗歌,而且编纂三大时调总集《青丘永言》《海东歌谣》《歌曲源流》。

"甘作朝鲜语诗"由许筠和金万重标举"谚文"及其创作实践兴起,经由实学派敲定,然后在平民委巷文人那里告一段落。

(二)"甘作朝鲜内容诗"

"甘做朝鲜诗"不仅是语言问题,其实更重要的还是思想意识问题,是一个找回民族主体和尊严的重要问题。从历史来看,朝鲜对中国有一种"小国心态",采取"事大主义"的外交政策。这从朝鲜古代三国时期①新罗肇其端,到最后一个朝代李朝发展到顶峰。李朝的"小中华"就是明证。"事大主义"的结果在文学上便是模仿主义文学、形式主义文学。"甘作朝鲜诗"要摆脱这种文学,追求主体文学,李朝后期"自做论""朝鲜风"等一系列自主文学论就是其典型表现。其实,民族主体意识是"甘作朝鲜诗"的前提条件,只要确立这种主体意识,不仅"甘作朝鲜语诗"的语言问题得到根本解决,"甘作朝鲜内容诗"的内容问题也迎刃而解。所以朝鲜古代有识之士一直在追求这种民族主体立场。

高丽初文宗二十九年(1075年),崔行归在为赫连挺的《均如传》做的序文里分明否定"外来/事大价值",肯定"自生/自主价值"。

到李朝后期,随着实学派的崛起,民族主体意识开始普遍形成,于是逐渐摆脱中国中心观。李瀷在《星湖僿说》中以"今中国者,不过大地中一片土"②,揭开蒙在朝鲜人心上的关于中国的迷雾,使朝鲜人开始客观认识中国。"今人生乎东邦,东事全不自觉,至日东国通鉴有谁读之,东国自东国,其规制体势,自与中史有别。"③ 他甚感遗憾地指出朝鲜人"东事全不自觉",强调"东国自东国"。洪大容则从辩证的宇宙运动观出发,否定中国作为绝对的"正界"地位。"且中国之于西洋,经度之差至于一百八十。中国之人以中国为正界,以西洋为倒界。西洋之人以西洋为正界,以中国为倒界。其实,戴天覆地,随界皆然,无横无倒,均是正界。"④ 这就是他的"国无内外"说。

---

① 在本文指古代朝鲜高句丽、百济、新罗三国鼎立时期。
② 李佑成:《星湖全书(5)》卷之二《天地门·分野》,丽江出版社,1987年,第4页。
③ 李瀷:《星湖先生全集(上)》卷之二十五《答安百顺》,景仁文化社,1974年,第454页。
④ 洪大容:《湛轩书内集》卷之四《医山问答》,《韩国文集丛刊(247)》,民族文化促进会,第14页。

从这种思想出发，他进一步指出："天之所生，地之所养，凡有血气，均是人也。"① 从自然生成角度主张人人平等。李德懋（1741—1793）则在《雅正遗稿》卷四《奉赠朴憨寮、李庄庵建永之燕十三首》里指出："朝鲜亦自好，中原岂尽善。纵有都鄙别，须俱平等见。"宣称朝鲜和中国各有千秋，所以要平起平坐，平等相见，"不必苟同"。朴趾源则批判和否定了天圆地方说，认为地球是圆的，并且在不停地旋转，因此，不能说中国就是世界的中心，别国是中国的周边国家。他还认为，天地之大，并非一人可以统治；宇宙浩瀚，更非一人所能统治；天下是天下人的天下，绝不是一个人的天下。实学派的这些主张直接否定中国中心论，主张当时的李朝也可以形成一个中心。他们的这些主张富于民族、国家平等的近代理念和"主权在民"的近代民主主义色彩。

这种宇宙观从根本上动摇了朝鲜传统的"大中华"和"小中华"之别、华夷之别的偏见。中国明朝和朝鲜李朝几乎同时建立。李朝统治者一向以明朝为"大中华"，自谦为"小中华"，而在华夷观上则站在"华"的立场上持"攘夷"态度，所以当清朝覆明而起的时候，朝鲜李朝统治者即持"尊明攘夷"排斥清朝的立场。于是，实学派"识时务者为俊杰"，克服"春秋大义名分论"，打破李朝的"小中华"迷梦，揭露"尊明攘夷"的反时代性，实则是要努力找回朝鲜的民族主体性。

洪大容否定和批判了华夷观，认为"华"与"夷"都是同等地位的主体，所以朝鲜要克服"小中华"主义所带来的弊端，应当追求自己的个性。他在《旬五志》中指出："我东虽小，历代之兴，山川之胜，人物之美，与中国仿佛。以大略言之，唐尧之时，檀君并立。"他强调朝鲜人杰地灵，"与中国仿佛"，檀君与唐尧"并立"，同样历史悠久。他继续称："今日升平日久，委靡颓塌，内外军兵多拥虚簿，大小器械皆作方具……设有数方强寇蹂躏而至，则举将望风奔溃，其视于乙支之破隋，万春之拒唐何如耶！"他对今日之"委靡颓塌"恨铁不成钢，希望重振"乙支""万春"的威严。朴趾源对清朝及中国的认识和思考，在很多方面受洪大容的启发，但有所发挥。朴趾源在《热河日记》中写道："毅宗烈皇帝殉社稷，明室亡于今百三十余年，曷至今称之清人入主中国而先王之制度变而为胡，环东土数千里，画江而为国，独守先生之制度，是明室犹存于鸭水以东也。虽力不足以攘除戎狄，肃清中原，以光复先王之旧，然皆能尊崇祯，以存中国也。"朴趾源极其深刻地鞭挞了长期以来封建统治阶级以"小中华"自居，不肯正视现实，一味鼓吹"尊明攘夷"

---

① 洪大容：《湛轩书内集》卷之四《医山问答》，《韩国文集丛刊（247）》，民族文化促进会，第14页。

的事大主义。这促使人们反省两班士大夫事大主义的反时代性，找回失去的自我。朴齐家等人则主张朝鲜不应自封为"华"，尤其不能自封为"小中华"，因为朝鲜文化本来就属于不同于中华文化的所谓"夷"文化，所以向发达的清朝文化学习是顺理成章的，并且要标举朝鲜独有的价值。

随着摆脱"中国中心观"和"华夷观"，朝鲜文人士大夫开始脱离中国价值观。在当时的朝鲜，若有人哲学和政治上对朱子学有"一字之疑"就会被扣上"异端"之"斯文乱贼"的大帽子。可见，事大主义严酷无比。但许筠挺身而出，断然否定朱子学所宣扬的儒家传统礼教的正当性，指出："男女情欲，天也。分别伦纪，圣人之教也。天尊于圣人。则宁违于圣人，而不敢违天禀之本性。"① 朴世堂也敢于与正统思想分庭抗礼。他认定"以朱子是非为是非"的当代朱子学者为"伪学者""假道学者"，主张"诎虚文，崇实效"。②他又认为"世无绝知独识"之权威，朱子也不例外。他痛恨朱子学对朝鲜思想界的专断独行和朝鲜朱子学者对朱子经典注释的墨守盲从，大胆地针对朱熹的《四书集注》，对儒家原典《中庸》《论语》《大学》《孟子》和《尚书》《诗经》《老子》《庄子》进行了富于独创的新注。

确立了主体价值观，也就产生了自主的民族文学意识。从李朝时期起，文艺批评就开始注重朝鲜本民族本国的作家作品，表现出对本民族本国文学的自豪感。朝鲜出现百余部诗话类作品，主要介绍和评介本国的作家作品③，一些诗话名就冠以"东人""东国""海东""青丘"等特指朝鲜之名④，以求与中国诗话区别。李朝中期徐居正《东人诗话》表现出朝鲜文艺批评的觉醒。他在该诗话里以"东人"之名，主要评论朝鲜文人的诗。他曾编《东文选》共130卷，其序曰："……代各有文，而文各有体。读典谟，知唐谟虞之文；读训诰誓命，如三代之文。秦而汉，汉而魏晋，魏晋而隋唐，隋唐而宋元，论其世，考其文……而亦概论后世文运之上下者矣……是则我东方之文，非宋元之文，亦非汉唐之文，而乃我国之文也，宜与历代（中国）之文并行于天地间，胡可泯焉而无传也。"⑤ 他特别强调"我东方之文，非宋元之文，亦非汉唐之文"的独特性，于是欲以"我国之文"与中华之文相媲美，这也

---

① 安鼎福：《顺庵集》卷之十七《天学问答》，《韩国文集丛刊（230）》，民族文化促进会，第141页。
② 《西溪集》卷之五《应求言疏》，《韩国文集丛刊（134）》，民族文化促进会，第89页。
③ 这与日本的情形形成对比。
④ 从徐居正的《东人诗话》始，就有《海东野言》《东滨诗说》《海东杂录》《小华诗评》《东国诗话汇成》《别本东人诗话》《海东诗话》《海东诸家诗话》《东国名贤抄》《西京诗话》《青丘诗话拾遗稿》《东诗丛话》《东诗丛话续》《青丘诗评》《东诗话》《青丘韵钵》《东洋诗学源流》《东国诗话》《东诗奇谈》《朝鲜古今诗话》等。
⑤ 《四佳集·文集》卷之四《东文选序》，韩国文集丛刊1994年本，民族文化促进会，第115页。

是他写作《东人诗话》的动机之一。洪万宗（1643—1752）编纂《诗话丛林》四卷，可以说是最早的朝鲜历代诗话选编。"吾东方诗道，自殷太师始，其后作者代各有人，往往自成一家……余闻无不求，得无不览……于是合诸家所著，而专取诗话，辑成一编，名之曰《诗话丛林》……我东方诗学之盛，斯可见矣。"① 此书的编纂旨趣略同于徐居正的《东人诗话》，观其序言，对朝鲜国文诗歌进行肯定，其夸耀朝鲜诗学之心跃然纸上，故颇受时人的赞扬。②洪万宗还有《小华诗评》，是他多多益善地收集朝鲜古诗，经年欣赏、鉴别、品评之余，有会于心而写出来的。"小华"者，朝鲜；"小华诗评"即对朝鲜历代诗歌的批评。此外还有李晬光的《芝峰类说》、柳梦寅的《於于野谈》等诗话，没有一则论及中国诗歌，全是有关朝鲜诗人诗歌的评说。在当时文学批评主要评中国诗人诗歌的情况下，这些专评朝鲜诗人诗歌的诗话都是很有意义的。这些诗话内容不再像前期鱼叔权《稗官杂记》那样，认为"本国则幅员狭窄，人心碎屑，凡论人物，动以世类，苟非冠冕之谓，则鲜有能自奋于文墨者，况于商工庶人乎？"而是充满着民族自尊和自信，字里行间很少流露出民族自卑感。朝鲜诗话对象的转移及其所论内容的民族性，正标志着朝鲜古代文艺理论民族意识的觉醒，这意味着朝鲜文艺理论开始摆脱附庸中国诗歌及诗话的地位而独立。

其实，朝鲜历来不缺有志之士追求文学的主体性。像高丽朝的李奎报，就在宗宋诗的模仿主义盛行的时代，针锋相对地提出了创"新意"和"新语"的主张。15世纪，金时习强调朝鲜文学传统异于中国的悠久性和独特性。他在《感兴诗》中说："我国自三韩，俗与中国异，薛聪、致远辈，文章从此始。"许筠在《惺所覆瓿稿》卷十二中说："左氏自为左氏，庄子自为庄子，迁、固自为迁、固，愈、宗、元、修自为愈、宗、元、修。不相蹈袭，自成一家，业之所愿，愿学此焉。耻向人屋下架屋、踏窃钩之消也。"中国的诗文向来"自成一家"，朝鲜的诗文要学这种"自成一家"，也当如此。17世纪，金昌协在《农岩杂识》中主张朝鲜诗走出唐诗。"诗固当学唐，亦不必似唐。唐人之诗主于性情兴寄，而不事故实议论，此其可法也。然唐人自唐人，今人自今人，相去千百载之间，而欲其声音气调无一不同，此理势之所必无也。强而欲似之，则亦木偶泥塑之象人而已；其形虽俨然，其天者固不在也，又

---

① 洪万宗：《诗话丛林》，《韩国诗话丛编》第五卷，太学社，第21页。
② 《水村集》卷之九，《韩国文集丛刊本（143）》，民族文化推进会。任昉在《题诗话丛林后》便将它与王世贞的《艺苑卮言》、胡应麟的《诗薮》相提并论，以为"继武并驾，亦足夸示中华，以东国之多诗人"。

何足贵哉？"① 唐诗可学，但"相去千百载之间"，不能等同于唐诗，这是针砭当时以唐诗为高的模仿主义风潮。

从17世纪到19世纪，朝鲜民族文学主体意识空前高涨，引起一系列振聋发聩的呼声。这时"自做论""朝鲜之风"等一系列自主文学论得到最集中而强烈的表现。实学派是这种自主文学论的典型代表。

所谓"自做论"，由李瀷作为对当时普遍模仿、蹈袭唐诗的一种反拨而提出来。李瀷主张朝鲜人要作"朝鲜的文学"，不能蹈袭和模仿中国文学，即使用中国文字，其内容也要表现本民族，由此开创真正的朝鲜文学。"古人之诗，如荒郊野人，冠是自做，带是自做，衣履是自做，器物是自做，真心见而工拙可别也。今人之诗，如京邑之士之冠是借物，带是借物，衣履是借物，器物是借物，虽都雅可观，皆非己有。此物东邻借用，西邻借用，何足称也。余观《靖节集》，即自做出来，所以难学。今之论诗，不过借物而善铺排无罅漏也，又或有借物，而颠倒错乱之者，益可笑。"② 他称赞古人之诗的"自做"，可笑今人之诗的"借物"。朝鲜的诗文创作不能蹈袭中国的作品，应该按朝鲜自己的"冠""带""衣""器"自做。朴趾源在给李德懋的诗集做的序——《婴处稿序》里提及所谓"朝鲜之风"："若使圣人者，作于诸夏，而观风于列国也，考诸婴处之稿，而三韩之鸟兽草木多识其名矣。貊男济妇之性情，可以观矣。虽谓朝鲜之风可也。"③ 朴趾源引用圣人孔子评论《诗经》之"多识于鸟兽草木之名"的表述以加强说服力。假如孔子重新活在这个世上，想知道"三韩之鸟兽草木"，《婴处稿》乃最好的可考版本。除了鸟兽草木，还可以从《婴处稿》中可知江原道男人、济州岛女子之性情，这些就是"朝鲜之风"，这种"朝鲜之风"堪比中国《国风》，而《婴处稿》正集其大成。张扬"朝鲜之风"，是要摆脱"事大"的模仿主义和形式主义文学风潮，真实地再现朝鲜的风土人情，其所持的是自主的文学主体论。朴趾源继续展开道："今，懋官朝鲜人也，山川风气，地异中华，言语谣俗，世非汉唐。若乃效法于中华，袭体于汉唐，则吾徒见其法益高而意实卑，体益似而言益伪耳。"他悉数朝鲜与中国之地异、世非，认为不能盲目地效法和袭体，否则其文体也不真实。这是对当时朝鲜文坛弥漫的"文必秦汉，诗必唐宋"的模仿主义和形式主义风潮的一种反拨。朝鲜的地理和人文不同于中国，所以其文学也具有自己独特的地域和民族特点。"左海虽僻国亦千乘，丽罗虽俭，民多

---

① 赵钟业：《修正增补韩国诗话丛编》第一编，太学社，1996年，第575页。
② 赵钟业：《修正增补韩国诗话丛编》第十七编，太学社，1996年，第270页。
③ 金相洪：《韩国汉诗论与实学派文学》，启明文化社，1989年，第256页。

美俗。……不亨沿袭,无相假贷,从容现在,即事森罗。"① "左海"朝鲜虽地处僻壤,但也是一个堂堂正正的"千乘"之国,新罗和高丽虽俭朴,但多美风良俗,所以进行文学创作应从朝鲜的"现在"和"即事"中着手,不"沿袭""假贷"中国,只有这样,才能创作出富于民族特色的作品来。朴趾源还在《旬稗书》里高度评价小泉岩对朝鲜国内各地歌谣、民俗、方言、技艺、民间故事等的生动记录,认为这些记录体现出文学的地方性。

朴趾源在《婴处稿序》里点明"朝鲜之风",李德懋则在自己的诗论里有意追求"朝鲜之风"。李德懋在《贞蕤阁集序》里称"代各有诗,人各有诗,诗不可相袭,相袭赝诗也"。在《雅正遗稿》卷三《论诗绝句》"有怀条饮·雨顿·兰坨·盖山·冷斋·楚亭"条里又称"各梦无干共一状,人非甫白代非唐。吾诗自信如吾面,依样衣冠笑郭郎",强调各个时代有各个时代的诗歌创作,人各有各的诗歌创作,所以诗歌也要像其时代,像其人,即使唐朝的杜甫和李白,也不能陈陈相因。"吾诗自信如吾面","吾诗"就像"吾面",是唯一和独特的。

朝鲜有志文人追求"自做诗""朝鲜之风",表现为主张以"朝鲜之事"入诗。在古代朝鲜,事大主义的苦果之一就是民族文化虚无主义。那些持"自做诗""朝鲜之风"的自主文学论者看好"朝鲜之事",并据之进行创作。许筠痛批那些"非为语学之可尊"的事大主义文人,认为他们"不识本国事迹,甚非务本之道"(《鹤山樵谈》)。他在当时一些文人只以中国地名入诗,否定朝鲜地名可入诗的情况下,明确肯定朝鲜地名也可以入诗,并以卢相的诗歌为例,指出其"平丘驿""判事亭"等地名用得到位。金宗植和沈光世较早歌咏新罗时期、高丽时期的历史事件。李瀷指出"自做"途径的时候,强调不仅要多读朝鲜古籍,而且要多用朝鲜古事,并歌咏从三国时期到李朝初期的历史事件。丁若镛反对在诗文里只以中国"用事"的事大陋俗,持"朝鲜之事用事论",即朝鲜人应从《三国史记》等朝鲜人写的东西里考究出"用事"来。丁若镛本人则在创作里以朝鲜的习俗和制度及其先代逸话等"朝鲜之事"来用事用典。他还认为柳得恭的《十六国怀古诗》(21首)之所以被中国人刊行,正是因为其从《三国史记》等朝鲜历史书和先人的著作里引用"朝鲜之事"。丁若镛在《寄渊儿》诗中谈道:"虽然我邦之人,动用中国之事,亦是陋品。须取《三国史》《高丽史》《国朝宝鉴》《舆地胜览》《惩毖录》《燃藜述》及他东方文字,采其事实,考其地方,入于诗用,然后方可名世而

---

① 朴趾源:《燕岩集》卷之七《婴处稿序》,景仁文化社,1982年,第107页。

传后。"① 与此同时,他还谆谆教导两个儿子说:除上述的民族古典之外,还须阅览"为中国人所刻"之"柳惠风(柳得恭)《十六国怀古诗》《东事栀本》"② 和本民族前人之"疏、墓志文、书牍之属,须广其眼目。又如《鹅州杂录》《馨地漫录》《青野谩辑》等书,不可不广搜博采"③。可见,他坚决批判朝鲜文人进行文学创作时专以中国古事为典的陈腐倾向,强调一个真正的民族作家必须从本民族悠久的历史文化传统宝库中吸取营养。宋载邵则对丁若镛的"朝鲜诗宣言"备加赞同。他认为朝鲜人做汉诗讲声律极难,所以肯定丁若镛走出中华思想、主张民族主体性的立场。于是宋载邵积极肯定以朝鲜方言入诗,并主张用典要用朝鲜的,进而提倡诗歌创作反映朝鲜现实生活。朴齐家在《祭李士敬文》里称:"诗存乎心,是心之灵,无古无今,唐宋元明,过去之簿,山川草木,不字之句。"认为唐宋元明是无用的过去之事,而朝鲜的山川草木虽不是字,却自然而然地是诗句的有用之材。

以朝鲜之事入诗又表现为追求"即事"名篇。朴趾源追求反映朝鲜现实之"真"的文学,以排斥与现实脱节的复古文学。"文见拟两汉,诗则盛唐也,曰似已非真",模仿汉唐的诗文不是"真"的,而是虚假的;模仿汉唐、一味求似的诗文如同邯郸学步、东施效颦。这种反模仿主义、反形式主义的文学观就是朝鲜人写朝鲜诗的自主文学论。朝鲜自有朝鲜的味道,朝鲜人要写有朝鲜味道的诗,其途径就是重视朝鲜的眼前"即事",这种"即事"之文才是富于"朝鲜之风"的真文学,因此才能"字所同而文所独"④,即使用汉文创作,也能表现出朝鲜的东西。朴趾源在《燕岩集》卷四的五言古诗《赠左苏山人》中写道:"即事有真趣,何必远古扭,汉唐非今世,风谣异诸夏。新字虽难创,我臆宜尽写,奈何拘古法。"⑤ "即事有真趣",何必向"远古"看齐呢?中国的汉唐已是过去,所以不要跟随汉唐,而要做朝鲜的"风谣",即"无相假贷,从容现在"。朴趾源在小说里写当时朝鲜市井小民之生活,很显然是旨在从取材到创作,扫除复古、模仿之风,以"我"为主,弘扬"朝鲜之风",这与李德懋在《题香祖评批诗卷"柳弹素入燕,抄〈巾衍集〉,赠潘香祖。香祖喜而评骘,故寄此诗"》里所称"专门汉魏损真心,我是今人亦嗜今"同趣。一味沉溺于"汉魏"之类中国古代的内容会损朝鲜的"真心",所以"今人"作诗必须"嗜今",即脚踏实地书写朝鲜的现实,抒发朝鲜的真

---

① 金相洪:《韩国汉诗论与实学派文学》,启明文化社,1989年,第249页。
② 丁若镛:《与犹堂全书(3)》卷之二十一《寄渊儿》,丽江出版社,1985年,第371页。
③ 丁若镛:《与犹堂全书(3)》卷之二十一《寄渊儿》,丽江出版社,1985年,第355页。
④ 朴趾源:《燕岩集》卷之五《答苍涯》,景仁文化社,1982年,第87页。
⑤ 朴趾源:《燕岩集》卷之四《赠左苏山人》,景仁文化社,1982年,第93页。

情实感。在李德懋看来，不描写眼前自己国家美好的自然景色和社会现实，却依样模仿外国，是可耻。他在《论诗绝句》里称"三崔一朴贡科宾，罗代词林只四人。无可奈何夷界夏，零星诗句没精神"①，批判没有主见地模仿汉唐的朝鲜文人的陋习。丁若镛继承李瀷的"自做论"，加以体系化。他也主张朝鲜文人必须把目光转向现实，关心朝鲜当代的现实问题，为振兴民族的政治、经济、文化做出贡献。他认为要解决李朝当代的现实矛盾，振兴民族，不仅要继承朝鲜传统上那些进步的、有用的精华，而且还必须深入研究朝鲜民族的文化传统，必须深入分析现实矛盾的种种根源。所以，他强调，研究民族文化传统比崇慕"儒学古道"更有意义，"未若檀君世，质朴有古风"比随中国"圣人古范"更有意义，"合时宜"地研究现实矛盾才是"真学"。丁若镛主张文艺应反映本民族的思想感情，作家应"宣扬其乐意，或导达其怨慕"②。这是对民族主体性及其文学创作的正确认识。这种现实主义的民族文学观乃当时"匡济一世""关怀民生""经世致用"的实学派思潮的一种反映，在当时引起很大的共鸣。很多文人在反复古、反模仿主义、反形式主义，提倡作反映"即事"的"时文"和"实用"的民族文学方面，与他们走到一起。

"自做论""朝鲜之风"作为朝鲜自主文学论的典型表现，趋于下里巴人的"民谣趣向"，因为这种"民谣趣向"最能体现"自做论"和"朝鲜之风"。李德懋创作了反映"朝鲜之风"的"民谣诗"，丁若镛也致力于创作民谣风汉诗。当时许多朝鲜文人还创作出乐府诗，崔永年的乐府诗集《海东之珠》可谓典型。他不仅自豪地歌咏了从古朝鲜开始到李朝初期的富于民族意义的历史文化事件，还生动细致地反映了朝鲜的民俗和岁时风俗。《立为君》《称朝鲜》《龟头船》《强强曲》等16首乐府诗可称此方面的代表作。申纬在朝鲜现实和风俗里找素材，创作"海东乐府"。李瀷创作大量乐府诗，一改当时卑俗的两班士大夫崇唐宋诗风之弊，认为乐府诗因以广泛的大众为对象，所以在语言表现上要用朴素的词汇做尽量通俗的表达。朝鲜后期所谓委巷人即中人、胥吏、市井人也积极参加"风谣"创作。郑内校、张混、赵守三位平民委巷诗人组织诗社，把他们自己创作的汉诗叫作"风谣"，并编了《昭代风谣》《风谣续选》《风谣三选》等汉诗集。③

总之，朝鲜逐渐摆脱了以中国为中心的宇宙观和"华夷论"，摈弃事大主义，确立起自主价值观，在文学上表现为主要由实学派引领的"自做论""朝

---

① 李德懋：《青庄馆全书（3）》卷之十一《雅亭遗稿》卷三《论诗绝句》，民族文化促进会，第26页。
② 丁若镛：《与犹堂全书（3）》卷之二十一《示雨儿》，丽江出版社，1985年，第390页。
③ 这与明代冯梦龙等收集民谣，创民谣体诗歌相仿。

鲜之风"等一系列自主创作主张。"自做论""朝鲜之风"具体表现为以"朝鲜之事"入诗、"即事"名篇、"民谣趣向"等方面。自主文学论从李瀷主张"自做论"始，经李德懋、朴趾源的"朝鲜之风"，到丁若镛"作朝鲜诗论"宣言发表达到高潮。以"自做论"和"朝鲜之风"为代表的自主文学论反对"事大"的模仿主义和形式主义文学，提倡朝鲜人要做朝鲜的文学，开启"作朝鲜内容诗"，这是朝鲜李朝后期文艺理论的主要特色。

三、"朝鲜诗"范畴定位

众所周知，在朝鲜古代，汉文学占主流，但是相反相成，这些汉文创作刺激"甘作朝鲜诗"创作。"甘作朝鲜诗"的潜台词是"不作中国文学"。"甘作朝鲜诗"破天荒地第一次追求真正的朝鲜文学。随着民族意识和主体意识的觉醒和加强，在朝鲜后期这一趋势越演越烈。"甘作朝鲜诗"引生"朝鲜诗"范畴。朝鲜古代文艺理论分接受型和自创型两个大范畴，其中接受型范畴适用于分析汉文创作，自创型范畴则是作为接受型范畴的副产品而产生的，也就是说，接受型范畴不怎么适用的时候，便产生了自创型范畴加以弥补。"朝鲜诗"范畴当然属于自创型范畴，它基于"甘作朝鲜诗"的创作实践而出现，也就是说"甘作朝鲜诗"是形成自创型"朝鲜诗"范畴的基础。"朝鲜诗"作为自创型范畴，其概念与创作实践是相吻合的，所以，它才是真正的富于民族特色的朝鲜文学范畴。

"甘作朝鲜诗"范畴包括两个主张，即首先追求"甘作朝鲜语诗"，其次追求"甘作朝鲜内容诗"。不论是从"语言是文学的第一要素"经典命题角度，还是从当今的形式主义角度来看，"甘作朝鲜语诗"都是很重要的。朝鲜文学务需用朝鲜语言，这是天经地义的。但从内容决定形式的哲学命题来看，"甘作朝鲜内容诗"也许更重要。内容决定形式。有什么样的内容就有什么样的形式吗？其实，内容和形式谁也离不开谁，两者相辅相成，相得益彰。"甘作朝鲜内容诗"和"甘作朝鲜语诗"当然也不例外。

总之，"甘作朝鲜诗"将"甘作朝鲜语诗"和"甘作朝鲜内容诗"有机地结合起来，成了朝鲜后期重要的文艺理论范畴，它开启了朝鲜近代"言文一致"运动，直到现代依旧是真正的朝鲜文学创作的先行理念。

作者简介：
禹尚烈，延边大学朝鲜－韩国学院教授，博士生导师。
邹昊轩，延边大学亚非语言文学（朝鲜文学）博士研究生。

佛教与东方文论话语*

侯传文　高　妤

摘　要：作为东方重要文化体系的佛教，对东方文论话语产生了广泛而深远的影响。印度文论寂静味的"寂静为乐"，中国文论意境论的"作意取境""思与境偕"，妙悟说和神韵论的"以禅喻诗""诗禅一致"等，是佛教影响东方文论话语的典型案例。日本第一部系统的文学理论著作《文镜秘府论》出自佛教高僧空海之手，其中有引自中国文论家的"诗家中道"等源于佛教的文论话语。日本最有代表性的文论范畴"幽玄""寂"都来源于佛教用语，其"物哀"论也与佛教有着深刻的内在联系。紫式部将小说创作与佛陀教诲相提并论，川端康成演讲以"进魔界难"形容艺术家的境界追求，都显示出佛教对文论话语的影响。

关键词：佛教　东方文论　文论话语

不同的文化体系形成不同的文艺理论体系，故而文论话语因文化体系不同而具有鲜明深刻的差异。佛教是在东方产生并广泛传播的重要文化体系之一，既是南亚文化圈形成的主导因素，也是东亚文化圈形成的重要因素，在东方文化史上发挥了重要作用，因而是东方文论话语的重要渊源和基础之一。佛教的因缘论、无我论、无常论、慈悲论、寂静论、圆通论、中道论、唯识学、相好庄严论以及禅悟的思维方式等，本身都具有文艺美学意义，经过文论家的引用和阐释，在东方文艺理论话语的形成过程中产生了深远影响。所谓话语主要体现为言说方式，本文以印度、中国和日本的几则文论言说为例，就佛教与东方文论话语问题略做探讨。

---

* 本文为国家社科基金重大项目"东方文艺理论范畴、话语体系研究与资料整理"（项目编号：19ZDA289）、国家社科基金冷门绝学专项项目"印度佛传文学资料整理与研究"（项目编号：2018VJX033）阶段性成果。

一

　　佛教的故乡是印度,但佛教在印度并非主流话语,既没有印度教根深蒂固,也没有印度教源远流长。在印度文学理论蓬勃发展的 7 至 14 世纪,佛教却在印度走向衰落以至消亡,所以佛教对印度文论的发展影响不大,没有形成一个以佛教为思想基础的文论体系。然而,佛教在印度毕竟是一个可以与印度教相抗衡,且实际抗衡了千余年的哲学流派和思想体系,其思想活跃期虽然不是印度文艺理论发展的黄金时期,但在公元前后若干世纪印度文艺理论的滥觞期和发展初期,佛教占据了印度哲学的制高点,一度成为主流意识形态。因此,佛教对印度文论话语不可能没有影响。这里仅以印度味论诗学中的平静味为例,管窥佛教对印度文论话语的影响。

　　"平静为乐""平静为美",是典型的印度文论话语,其根源和基础就是佛教的涅槃寂静思想。平静(sānta,又译寂静)是佛教的核心理念。虽然印度教也讲寂静,也追求心灵平静,但一方面没有像佛教那样将其上升到哲学本体的高度,另一方面其经典表述晚于佛典,可能是受到佛教哲学的影响。佛教将"寂静"作为解脱的最高境界,作为"涅槃"的同义语,由此"涅槃寂静"成为佛教的三法印,即三条基本原理或三项基本原则之一。佛教学者常以寂静与涅槃互释,如熊十力在《佛家名相通释》中解释"涅槃"时指出:"涅槃者,寂静义,即斥指本心而名之也。即此寂静的本心是真如,即此寂静的本心是实体显现。"① 佛教经典关于平静或寂静的论述非常多,如《法句经》是从早期佛典中辑录的一部佛教格言诗集,其由于表现佛学基本原理简明扼要又浅显易懂,成为学佛者的必读书和入门书,其《无常品》第一开宗明义:"所行非常,谓兴衰法。夫生辄死,此灭为乐。"② 主要说明佛教的诸行无常之理,同时也表现了寂灭为乐之意,因为佛教追求的"涅槃寂静"的本质不是苦,而是乐。佛教认为现实世界是苦海,乐与苦相对,如果说"苦"是现实世界的本质,那么"乐"就是佛教所追求的彼岸世界的本质,因而也成为涅槃"四德"(常、乐、我、净)之一。因此,《法句经》之《沙门品》要求出家人"常内乐定意,守一行寂然",进而指出"无禅不智,无智不禅。道从禅智,得至泥洹"③。这种尚静求寂、以静为乐思想与参禅修定的宗教实践相结合,对文学创作和文学理论都产生了深刻的影响,这在佛教文学家的创作和

---

① 熊十力:《佛家名相通释》,东方出版中心,1985 年,第 51 页。
② 尊者法救:《法句经》,维祇难等译,见《大正新修大藏经》第 4 册,第 559 页。
③ 尊者法救:《法句经》,维祇难等译,见《大正新修大藏经》第 4 册,第 572 页。

文学思想中得到鲜明的体现。

佛教文学家马鸣,也是著名的佛教论师,在文学和佛学领域都卓有建树,影响深远。他取材佛陀生平事迹创作的《佛所行赞》是印度大诗即长篇叙事诗的典范之作,也是印度梵语古典文学时代开始的重要标志。他在取材佛弟子生平事迹创作的大诗《美难陀传》的结尾,声言他写作的目的主要不是为读者提供娱乐,而是引导读者达到心灵的平静;他之所以采用"大诗"形式,是为了打动人,好比苦涩的药水拌上糖,便于喝下。① 马鸣的表述包含了三个方面的文论思想,一是寓教于乐,二是以心灵平静为目的,三是以平静为乐。

佛教以静为乐、以静为美的思想和表述在印度文论界产生了普遍影响,其重要标志就是"平静味"(sāntarāsa,又译寂静味)的确立。公元前后出现的戏剧学论著《舞论》是印度古代文艺理论的奠基之作,作者婆罗多是一位印度教徒,这从其敬神献诗和关于戏剧诞生的神话内容可以看出。他在论著中提出了戏剧审美的八种味,包括艳情、滑稽、悲悯、暴戾、英勇、恐怖、厌恶和奇异,其中并没有平静味。后来的文学理论家在《舞论》提出的八味基础上进一步探索,提出新的味相,其中就包括了"平静味"。到9世纪,文论家开始对平静味进行阐释,如欢增在其文论专著《韵光》中指出:"平静味确实被理解为一种味。它的特征是充满展现灭寂欲望的快乐。例如,前人的这种说法:'人间的爱欲快乐和天国的至高幸福,比不上灭寂欲望之乐的十六分之一。'"② 其核心思想一是对平静味表示认可,二是说明其特征是"充满展现灭寂欲望的快乐"。前者表示"平静为美",因为所谓"味",从审美的角度看,就是美的体验。后者表示"平静为乐",因为所谓"灭寂欲望",其正面表述就是心灵平静,实现了心灵平静,就能体验到终极的大乐,即欢增所说的超越人间的爱欲快乐和天国的至高幸福的极乐。这与佛教经典的"寂灭为乐"从内容到表述方式完全一致,可以看出佛教对印度文论话语的影响。从宗教的角度看,寂灭之乐是一种获得解脱的极乐。所谓解脱就是摆脱各种羁绊,获得身心自由,这样的自由状态只有在心灵平静中才能获得。从文学的角度看,平静之乐是一种审美愉悦,是审美主体对外在寂静和内在平静的体验,由此获得审美的愉悦。这样的伴随着平静体验的"快乐"就是解脱之欢喜与审美之愉悦的结合,也是印度文论家所阐述的"平静味"的本质特征。

欢增之后,"平静味"在印度文论界得到普遍认可。如10世纪著名文学理论家新护,是印度文论史上对文学理论进行哲学阐释的第一人。他不仅对

---

① 见季羡林主编:《印度古代文学史》,北京大学出版社,1991年,第203页。
② 欢增:《韵光》第三章,黄宝生译,见《梵语诗学论著汇编》,昆仑出版社,2008年,第306页。

"平静味"表示认可,而且进行了哲学的阐释。他认为平静味的常情是认识真谛,认识真谛也就是认识自我。① 印度文论的味论体系由婆罗多《舞论》奠基,其基本原理是"味出于情",即每一种文艺审美的"味"都必须基于一种现实生活的"常情","平静味"也不例外,其作为一种"味"能够成立,必须有与之对应的"常情"。新护本人是印度教徒,但他将"认识真谛"作为"平静味"的"常情",与佛教哲学却非常吻合。

14世纪印度文论家毗首那特是对印度古典梵语文论进行总结的人物,他的《文镜》就是一部综合前人理论成果而加以系统完善的文论著作。关于"平静味",他也在总结前人的基础上进行了比较系统的论述,指出:"平静味以上等人为本源,常情是静,颜色是优美的茉莉色或月色,天神是吉祥的那罗延。所缘情由是因无常等等而离弃一切事物,以至高的自我为本相,引发情由是圣洁的净修林、圣地、可爱的园林等等以及与圣人接触等等。情态是汗毛竖起等等。不定情是忧郁、喜悦、回忆、自信和怜悯众生等等。"② 毗首那特生活的14世纪,佛教在印度已经消亡,作者对"平静味"的阐述更多的是基于印度教思想,比如其对应的天神不是佛菩萨而是印度教的大神,其引发情由不是佛教的寺庙而是印度教仙人的净修林,但其中的佛教印记依然存在。首先,其"所缘情由是因无常等等而离弃一切事物"。所谓"无常"指的是世间没有常住不灭的事物,包括人的身体、生命以及富贵荣华等人生奋斗目标,都转瞬即逝,这是典型的佛教世界观和人生观。佛教的三法印即三项基本原则第一条就是"诸行无常"。虽然婆罗门教、印度教也有看破红尘而出世离欲的人和现象,但在理论上婆罗门教主张世界和人生都有常,这个常可以阐释为种姓、天国、正法,都归结为神,其世界观和人生观与佛教是对立的。因此,毗首那特说"平静味"的"所缘情由是因无常等等而离弃一切事物",显然是佛教话语对文论话语影响的结果。其次,"平静味"的不定情中有"怜悯众生",而"怜悯众生"也是典型的佛教话语。佛菩萨的典型特征是慈悲为怀,怜悯众生。佛教基于众生平等思想,提倡非暴力不杀生。虽然婆罗门教、印度教仙人也有怜悯众生的个案,但婆罗门教有杀生献祭的传统,其思想基础和宗教本质都不在于怜悯众生。后来的《薄伽梵歌》等印度教经典有个别不杀生的词句,但总体主旨也不在此,相反,大神是激励阿周那恪守自己的武士职责,上阵杀敌。所以,这里以"怜悯众生"作为"平静味"的不定情,也应该是受佛教话语影响的结果。

---

① 见黄宝生:《印度古典诗学》,北京大学出版社,1999年,第60—63页。
② 毗首那特:《文镜》第三章,黄宝生译,见《梵语诗学论著汇编》,昆仑出版社,2008年,第896页。

二

佛教自公元前后东汉时期传入中国，经过魏晋南北朝的迅猛发展，到隋唐时期达到高峰，具有中国特色的佛教宗派形成，完成了佛教的中国化。经过宋元明清时期与本土文化的融合发展，佛教成为中国文化的重要组成部分。与印度的情况不同，中国文艺理论蓬勃发展时期，正值佛教在中国成为显学之际，这样的风云际会使佛教对中国文论话语的影响更为显著。中国文论史上许多大师巨擘，如刘勰、皎然、王昌龄、白居易、司空图、苏东坡、严羽、李贽、袁宏道等，都与佛有缘；许多中国文论范畴，如境界、妙悟、圆通、寂静、神韵、空灵等，都有佛教思想基础。中国文论中体现佛教思维方式和言说方式的文论话语自然也不罕见。

中国文论博大精深，丰富多彩，其中最令国人自豪的莫过于意境论，从作意取境到思与境偕、意与境会、意与境浑，形成一套与意境相关的文论话语，而这些话语与佛教颇有渊源，因为在佛教哲学，特别是佛教唯识学中，识（心）与境的关系是核心论题，常常思与境相连，意与境并举。如《成唯识论》卷三解释"想"与"思"，说道："想：谓于境取像为性，施设种种名言为业。谓要安立境分齐相，方能随起种种名言。思：谓令心造作为性，于善品等役心为业。为能取境正因等相，驱役自心令造善等。"在佛家唯识学看来，识如何能够对境进行摄取，也即人的感觉意识如何对外界事物进行了别，主要由于"作意"。所谓"作意"即起意，《成唯识论》解释说："作意，谓能警心为性，于所缘境引心为业。谓此警觉应起心种，引令趣境，故名作意。"①这里说的意缘境且引心为业，明确揭示了意与境的关系。《瑜伽师地论》对作意取境的意境关系有进一步的解释："云何能生作意正起？由四因故：一由欲力，二由念力，三由境界力，四由数习力。云何由欲力？谓若于是处，心有爱著，心则于彼多作意生。云何由念力？谓若于彼已善取其相，已极作想，心则于彼多作意生。云何由境界力？谓若彼境界或极广大，或极可意，正现在前，心则于彼多作意生。云何由数习力？若于彼境界，已极串习，已极谙悉，心则于彼多作意生。"②

佛家关于思与境、意与境的言说，首先对与佛有缘的文论家产生影响。中唐诗僧皎然是著名的文论家，有《诗式》《诗议》等文论著作传世。作为佛

---

① 《成唯识论》卷三，玄奘译，见《大正新修大藏经》第31册，第11页。
② 《瑜伽师地论》卷三，玄奘译，见《大正新修大藏经》第30册，第291页。

教高僧，他熟悉佛教话语，借以谈诗论文，成为中国文论意境论的奠基人之一。其《诗式》云："夫诗人之思初发，取境偏高，则一首举体便高；取境偏逸，则一首举体便逸。"① 其中思与境并举的话语方式与上述《成唯识论》关于"思"的解释并无二致。《诗式》专列《取境》一章，说明"取境"是皎然诗学的核心思想，而其"取境"论正是基于作意取境的佛理。所谓"取"即摄取，佛家将感官对感觉对象的捕捉和把握称为"摄取"，根据《成唯识论》的解释："思"的本质是"令心造作"，其作用则是"能取境"，而皎然的"取境"则是指诗人主体感官对外部境象的捕捉和把握，其思维过程和言说方式是一致的。

唐代文论家中将思与境并举的还有王昌龄和司空图等，他们虽非佛门中人，但有向佛之心，在佛教哲学成为显学的大背景下，对佛教话语也不陌生。王昌龄《诗格》提出："诗有三格：一曰生思。久用精思，未契意象，力疲智竭，放安神思，心偶照境，率然而生。二曰感思。寻味前言，吟讽古制，感而生思。三曰取思。搜求于象，心入于境，神会于物，因心而得。"② 显然，其中的"生思""感思"和"取思"都是相对于"境"而言的，是对思与境关系的进一步思考。关于署名王昌龄的《诗格》，《四库全书总目》编纂者已经将其视为伪托之作，卷一九五司空图《诗品》提要云："唐人诗格传于世者，王昌龄、杜甫、贾岛诸书，率皆依托。"认同《诗格》为伪托者多疑其为中唐时人的托名之作。亦有学者考证王昌龄的确著有《诗格》。或有学者将王昌龄《诗格》一分为二，第一部分为日僧空海《文镜秘府论》征引部分，确属王昌龄所作；第二部分为《吟窗杂录》所收王昌龄《诗格》，真伪混杂。关于"诗有三格"的内容属于第二部分，产生时间应该在中晚唐。③ 晚唐司空图《与王驾评诗书》提出"长于思与境偕，乃诗家之所尚者"④，其中的"思与境偕"是对思与境相关话语的高度概括。

在中国文学理论界，意与境并举较早的是王昌龄。日僧空海编撰的《文镜秘府论》南卷《论文意》中收录了王昌龄的有关论述，其中有言："用意于古人之上，则天地之境，洞然可观。……夫置意作诗，即须凝心，目击其物，便以心击之，深穿其境。……意须出万人之境，望古人于格下，攒天海于方

---

① 皎然：《诗式》，见郭绍虞主编《中国历代文论选》第二册，上海古籍出版社，1979年，第77页。
② 郭绍虞主编：《中国历代文论选》第二册，上海古籍出版社，1979年，第88—89页。
③ 详见张伯伟：《全唐五代诗格汇考》，凤凰出版社，2002年，第146—148页。另见孙昌武：《佛教与中国文学》，上海人民出版社，1988年，第353页；李华珍、傅璇琮：《谈王昌龄〈诗格〉》，《文学遗产》，1988年第6期。
④ 郭绍虞主编：《中国历代文论选》第二册，上海古籍出版社，1979年，第217页。

寸。诗人用心,当于此也。"① 托名王昌龄的《诗格》又提出了物境、情境、意境"三境说",指出:"诗有三境。一曰物境。欲为山水诗,则张泉石云峰之境,极丽绝秀者,神之于心,处身于境,视境于心,莹然掌中,然后用思,了然境象,故得形似。二曰情境。娱乐愁怨,皆张于意而处于身,然后驰思,深得其情。三曰意境。亦张之于意而思之于心,则得其真矣。"② 王昌龄关于意与境的论述,在中国文论领域开辟了一个新方向。托名王昌龄的《诗格》对"思""境""意"有了进一步的认识,其"三境说"的提出,为中国文论意境论打开了理论空间,其文论思想和话语表述都有明显的佛教印记。佛教唯识学的核心论题是识与境的关系,如《瑜伽师地论》卷一:"识谓现前了别所缘境界。"③ 识乃心与意的别称,如安慧《大乘广五蕴论》解释"识蕴":"云何识蕴?谓于所缘,了别为性。亦名心,能采集故。亦名意,意所摄故。"④ 早期佛教言六识,后增加第七识"末那识"即"心识"和第八识"阿赖耶识"即根本识,由此对治将"心"理解为实有之物的俗见。⑤ 这样的意、境关系也在禅定止观中得以显现,《显扬圣教论》卷二指出:"止者,由缘三摩地影像境作意故,得安三摩地故,住心于内。观者,由缘三摩地影像境作意故,得安三摩地故,简择诸法。"这里的"三摩地"是"定"的音译。由此可见,所谓"止观"即入定的两种心理状态和心理作用,其中作意的主体是参禅入定的修道者,其作用的对象是"影像境",其作意的结果是对真如的认识,即所谓由定发慧。熊十力解释说:"影像境者,第六意识起时必有影像生,如定中之心,内敛寂静,此时心上必现寂静之相,是名影像境。"⑥ "影像境"是主体内在的境,其特征是意与境会、思与境偕,正是所谓"张之于意而思之于心"的意境。虽然中国文论意境论及其话语体系不能完全归功于佛教,但不可否认,意境论话语是从佛教境界哲学引发而来的。如果没有佛教境界理论的传入和中国佛学界的大规模讨论,很难想象"境""境界""意境"这样的文论范畴,"取境""缘境""造境"以及"思与境偕""意与境会"的话语方式,能够在中国文论中形成。

佛教对中国文论话语影响最直接的莫过于"以禅喻诗"现象和"诗禅一致"之说。虽然"诗禅一致"在中国文论界早有认识,"以禅喻诗"者历代不

---

① 弘法大师原撰,王利器校注:《文镜秘府论校注》,中国社会科学出版社,1983年,第282、285、286页。
② 郭绍虞主编:《中国历代文论选》第二册,上海古籍出版社,1979年,第88—89页。
③ 《瑜伽师地论》卷三,玄奘译,见《大正新修大藏经》第30册,第280页。
④ 安慧:《大乘广五蕴论》,地婆诃罗译,见《大正新修大藏经》第31册,第854页。
⑤ 熊十力:《佛家名相通释》,东方出版中心,1985年,第17页。
⑥ 熊十力:《佛家名相通释》,东方出版中心,1985年,第67页。

乏其人，但表述最直接、最充分的莫过于"妙悟说"的倡导者严羽。他在《沧浪诗话》中说道：

> 禅家者流，乘有大小，宗有南北，道有邪正；学者须从最上乘，具正法眼，悟第一义。若小乘禅，声闻辟支果，皆非正也。论诗如论禅，汉魏晋与盛唐之诗，则第一义也。大历已还之诗，则小乘禅也，已落第二义矣。晚唐之诗，则声闻辟支果也。学汉魏晋与盛唐诗者，临济下也；学大历已还之诗者，曹洞下也。大抵禅道惟在妙悟，诗道亦在妙悟。且孟襄阳学力下韩退之远甚，而其诗独出退之之上者，一味妙悟而已。惟悟乃为当行，乃为本色。然悟有浅深，有分限，有透彻之悟，有但得一知半解之悟。汉魏尚矣，不假悟也。谢灵运至盛唐诸公，透彻之悟也；他虽有悟者，皆非第一义也。①

这一段谈诗论文的文字，用的全是佛禅话语，是典型的"以禅喻诗"。这是严羽的自觉之举，也是他的得意之笔，他曾经自豪地说："以禅喻诗，莫此亲切。是自家实证实悟者，是自家闭门凿破此片田地，即非傍人篱壁，拾人涕唾得来者。李杜复生，不易吾言矣。"②

继严羽之后大谈"以禅喻诗"的是提倡"神韵说"的王士禛，他在《带经堂诗话》中指出："严沧浪以禅喻诗，余深契其说，而五言尤为近之。如王、裴辋川绝句，字字入禅。……妙谛微言，与世尊拈花，迦叶微笑，等无差别。通其解者，可语上乘。"又说："舍筏登岸，禅家以为悟境，诗家以为化境，诗禅一致，等无差别。"③ 关于中国文论中的"以禅喻诗"现象和"诗禅一致"之说，其思想内涵、文论影响以及中印文化交流的意义和价值，学界多有论述，此不赘述，只以此作为佛教影响中国文论话语之一例。

三

佛教于6世纪传入日本，先是在上层贵族社会传播，后逐步深入广大民众。佛教传播正值日本从原始氏族社会向文明社会迈进的关键时期，对日本人的世界观、人生观、价值观、审美观都产生了深远的影响。日本的文学创作和文学理论也深受佛教影响。日本最早的系统的文学理论著作《文镜秘府

---

① 严羽著，郭绍虞校释：《沧浪诗话校释》，人民文学出版社，1983年，第11—12页。
② 严羽：《答出继叔临安吴景仙书》（《沧浪诗话附录》），见严羽著，郭绍虞校释《沧浪诗话校释》，人民文学出版社，1983年，第251页。
③ 郭绍虞主编：《中国历代文论选》第三册，上海古籍出版社，1980年，第371页。

论》，是由曾经在中国留学的沙门空海编撰的，目的是向日本人介绍汉文、汉诗的作法，主要依据中国魏晋南北朝至隋唐诸文论家的著作。空海是著名的佛教大师，在华留学多年，得真言、天台二宗之真传，法名遍照金刚。回国后开宗立派，弘扬佛法，死后追封弘法大师。他编撰《文镜秘府论》，广收博采，但作为佛门高僧，对浸润佛教思想的论述格外关注，因而《文境秘府论》中有许多深受佛教影响的文论话语。如南卷《论文意》中有这样一段："且文章关其本性，识高才劣者，理周而文室；才多识微者，句佳而味少。是知溺情废语，则语朴情暗；重语轻情，则情阙语淡。巧拙清浊，有以见贤人之志矣。大抵而论，属于至解，其犹空门证性有中道乎！何者？或虽有态而语嫩，虽有力而意薄，虽正而质，虽直而鄙，可以神会，不可言得，此所谓诗家之中道也。"[①] 这段文字出自中国唐代诗僧皎然的《诗议》，其中提出"诗家中道"思想，依据的是佛教哲学的中道论。佛家修行实践和哲学理论都秉持中道。修行实践的中道指的是既不放逸，也不苦行。哲学理论的中道则指不落边见，不走极端。用于文学理论，所谓"诗家中道"指的是在文学的文与质、丽与朴、古与今、虚与实等各种对立思想和对立因素中不偏执一端，而是融会贯通，圆活包容，消除隔阂，实现对立统一。这样的"诗家中道"话语虽然来自中国文论，但已经被日本文论家采集收录，纳入其文论著作，也就成为日本文论话语的重要成分。

日本文论既受中国文论影响，又有其独特的民族风格，这在其对佛教话语的借用中也有突出的表现。日本最有代表性的文论范畴"幽玄""寂"都来源于佛教用语，"物哀"也与佛教有着深刻的内在联系。"物哀"的奠基者是《源氏物语》的作者紫式部，"哀"及其同义词"哀怜"等在《源氏物语》中出现达一千余次，也广泛用于和歌、物语、日记文学中。后人从《源氏物语》中概括出"物哀"精神，并总结出"物哀"这一文艺理论范畴，由此，"哀れ"这个表示悲哀、同情、怜悯的感叹词具有了审美意义。

"物哀"论的代表人物是日本江户时期国学家本居宣长，他在《紫文要领》《石上私淑言》《源氏物语玉小栉》等评论《源氏物语》的著述中提出了"物哀"和"知物哀"等文学理论概念，并进行了系统论述。如其《石上私淑言》中对"知物哀"有这样的解释："之所以将这些话解释为'知物哀'之意，是因为世间一切众生都有'情'……《源氏物语》五十四卷的宗旨，一言以蔽之，就是'知物哀'。……世上万事万物，形形色色，不论是目之所

[①] 弘法大师原撰，王利器校注：《文镜秘府论校注》，中国社会科学出版社，1983年，第327页。

及，抑或耳之所闻，抑或身之所触，皆收纳于心，加以体味，加以理解，这就是感知事之心，感知物之心，也就是'知物哀'。"① 作为国学家的本居宣长，排斥外来的儒佛，提倡本土的以神道为核心的国学，反对前人以佛教思想解释《源氏物语》，极力消解日本文化文学以及文论中的佛教影响，但其文论话语中仍然不免流露出佛教印记，如"众生有情"等。日本当代文艺理论家大西克里，在其《物哀论》中从语义学和文艺美学的角度对"哀"原本所具有的悲哀或忧愁的含义与美的本质相联系，总结出"哀"的五个发展阶段，其中的第四阶段表述为："这种业已转化的意味再次与原本的'哀愁''怜悯'等特定情感体验的主题相结合，同时，其'静观'或'谛观'的'视野'也超出了特定对象的限制，扩大到对人生与世界的'存在'的一般意义上去，多少具有了形而上的神秘的宇宙感，变成了一种'世界苦'的审美体验。这样，'哀'的特殊审美内涵才得以形成。"② "世界苦"无疑是佛教世界观的概括，看来，对文论范畴"物哀"审美内涵的阐释还是离不开佛教话语。

紫式部不仅在小说创作方面成就卓著，而且在小说理论方面也有所创建。她在《源氏物语》中借主人公源氏之口表达自己对物语的看法：

> 原来故事小说，虽然并非如实记载某一人的事迹，但不论善恶，都是世间真人真事。观之不足，听之不足，但觉此种情节不能笼闭在一人心中，必须传告后世之人，于是执笔写作。因此欲写一善人时，则专选其人之善事，而突出善的一方；在写恶的一方时，则又专选稀世少见的恶事，使两者互相对比。这些都是真情实事，并非世外之谈。中国小说与日本小说各异。同是日本小说，古代与现代亦不同。内容之深浅各有差别。若一概指斥为空言，则亦不符事实。佛怀慈悲之心而说的教义之中，也有所谓方便之道。愚昧之人看见两处说法不同，心中便生疑惑。须知《方等经》中，此种方便说教之例甚多。归根结底，同一旨趣。菩提与烦恼的差别，犹如小说中善人与恶人的差别。所以无论何事，从善的方面说来，都不是空洞无益的吧。③

这里紫式部关于小说的论述不仅涉及虚构和写实的问题、真与善的问题，还涉及典型化、小说的民族性和时代性，等等，其小说理论代表了当时世界文论的最高水平。值得注意的还有其中的佛教话语。紫式部和同时代的日本

---

① 本居宣长：《石上私淑言》，见大西克里《幽玄·物哀·寂》，王向远译，上海译文出版社，2017年，第70—72页。
② 大西克里：《幽玄·物哀·寂》，王向远译，上海译文出版社，2017年，第123页。
③ 紫氏部：《源氏物语》，丰子恺译，人民文学出版社，1982年，第526—527页。

贵族一样，无疑是佛教的信仰者，她为作品中人物安排的最好归宿就是出家，在日记中她自己也多次表示想皈依佛门。在小说理论中，她又将小说创作与佛陀教诲相提并论，其中的佛教话语表述了多重意味。一是慈悲之心。所谓慈悲之心就是以同情的态度看待苦海中的芸芸众生、万事万物，这既是佛心，也是作者紫式部对作品中充满烦恼和痛苦的男男女女的同情之心，也是由《源氏物语》奠基的日本文论范畴"物哀"的本质。二是"方便之道"。佛教所谓"方便"，是指佛陀化度众生的善巧智慧，是根据接受者不同的根基，随时设教、应机说法。小说作为面向大众的读物，更是需要"方便之道"，要根据人物性格和人物关系以及不同的接受者随机应变。三是菩提与烦恼不贰。所谓菩提即佛性智慧，是度脱苦海的觉悟；所谓烦恼是芸芸众生的状况，二者是相对而言的，在佛家看来，其差别也是相对的，正如紫式部所说，菩提与烦恼的差别，犹如小说中善人与恶人的差别，"无论何事，从善的方面说来，都不是空洞无益的"。也就是说，只要是出于佛心即慈悲之心，作品中无论写善人善事还是恶人恶事，都是有益的，都可以通达佛道，实现文学艺术家对善的追求。

川端康成是紫式部的现代传人，不仅表现在创作方面，也表现在思想理论方面。在题为《美的存在与发现》的演讲中，他用了很大的篇幅叙述《源氏物语》"宇治十回"中浮舟的故事。浮舟因为纠结于两个男子之间痛苦不堪而投河自尽，被路过的僧人救起。在演讲中，川端康成反复引用《源氏物语》中僧都救人时的一段话："她就是被鬼魂附体、神灵驱使、人世赶撵，或是受骗上当，最后也无不招致丧于非命。尽管如此，佛必拯救。"[①] 这个故事和这段话，不仅体现了紫式部所强调的佛怀慈悲之心，体现了紫式部本人的佛心，也体现了川端康成对这样的佛心的认同和神往。

与紫式部一样，川端康成文论中不乏源于佛教的话语，比如他在诺贝尔文学奖受奖演说《我在美丽的日本》中说道：

  我也珍藏了两幅一休的手迹。一幅题了一行"入佛界易，进魔界难"。我颇为这句话所感动，自己也常挥笔题写这句话。它的意思可作各种解释，如要进一步往深处探讨，那恐怕就无止境了。继"入佛界易"之后又添上一句"进魔界难"，这位属于禅宗的一休打动了我的心。归根到底追求真、善、美的艺术家，对"进魔界难"的心情是：既想进入而又害怕，只好求助于神灵的保佑，这种心境有时表露出来，用时深藏在

[①] 川端康成：《美的存在与发现》，叶渭渠译，见《川端康成散文选》，百花文艺出版社，1988年，第251—258页。

心底里，这兴许是命运的必然吧。没有"魔界"，就没有"佛界"。然而要进入"魔界"就更加困难。意志薄弱的人是进不去的。①

日本的一休和尚是一位禅师，他的"入佛界易，进魔界难"来自中国的禅宗。禅宗讲究顿悟，所谓：一念迷，佛即众生；一念悟，众生即佛。大乘佛教宣扬入世施救的菩萨道。菩萨已经具备了成佛即入佛界的条件，却为了救度众生而不成佛，并宣称"我不入地狱谁入地狱"，因为地域即魔界的众生也需要救度。这其实就是通过魔界进入佛界，对菩萨来说，的确比直接进佛界难，需要巨大的勇气和坚强的意志。在佛教经典中，魔是人的欲望特别是情欲的象征，魔王就是欲界之主。因此所谓魔界就是欲界，是沉溺欲海的芸芸众生。佛道或菩萨道就是对那些沉溺欲海不能自拔的芸芸众生的拯救。川端康成和紫式部一样，以同情的态度看待和表现欲界中的男男女女，他们沉溺爱欲，特别是那种不见容于世俗道德的爱情，难以自拔，忍受着痛苦和煎熬。佛魔是一组二元对立，没有魔界就没有佛界，关键是，在禅师一休看来，或者说在川端康成看来，进入魔界比进入佛界更加困难，因为"意志薄弱的人是进不去的"。的确，只有具备佛菩萨的慈悲之心、方便智慧和坚定意志，才能深入魔界，救度众生。川端康成是以"进魔界难"形容艺术家的境界追求，对于艺术家来说，进魔界也的确比进佛界困难，进佛界意味着按照世俗道德劝善惩恶，这是大多数人都能做到的，而进入魔界，探索人性的深度，表现更深层次的佛魔关系，则需要承担更多的道德风险。只有紫式部和川端康成这样的作家，带着同情和悲悯审视欲界众生，通过表现欲海中芸芸众生的烦恼、痛苦和焦虑等悲剧体验，即表现人性的深度，达到拯救的目的，也就是说，由魔界进入了佛界，即达到至高的艺术境界。正如紫式部以佛慈悲之心和方便智慧，通过烦恼表现菩提，川端康成通过难进的魔界而入佛境，二者一脉相承，都是借用佛教话语表现文学思想。他们一个古代，一个现代，都是深受佛教思想影响的日本作家，他们的文论话语有着鲜明的佛教印记和深刻的佛教文化底蕴，体现了佛教对日本文论话语的影响。

作者简介：
侯传文，青岛大学文学院教授，主要从事东方文学与比较文学研究。
高妤，青岛大学文学院研究生，主要从事东方文学与比较文学研究。

---

① 川端康成：《我在美丽的日本》，唐月梅译，见《川端康成小说选》，人民文学出版社，1985年，第702—703页。

近代诗话的文论范畴和话语特色[*]

秦秋咀

摘 要：近代诗话产生于特定的时代环境中，先后提出了一些重要的文论范畴，如"新理想""新意境""旧风格"，"真诗""真性情""真意"，"学人之言""诗人之言"，等等，这些范畴指向不同的文化追求，都带有时代的痕迹。近代诗话的字里行间都浸染着沉重的现实感，同时，部分作品的用语又明显趋向欧化、西化。话语的多元化也反映了转型时期诗学观念的多元化，以及近代人在观念世界中的激烈碰撞。

关键词：近代诗话　文论范畴　话语特色

近代诗话①的发展历程大体可以中日甲午战争为界，分为前后两期。前期，传统文化仍具强大的控摄力，诗话创作主要进行理论上的总结，呈现出回归传统的倾向，《艺概》和《筱园诗话》具有代表性。后期，政治风云的鼓荡更加频繁激烈，诗话与现实的关系加强，此期新派诗话②不断涌现，《饮冰室诗话》等代表了新的诗学趋向，提出了新的诗学范畴，而旧派诗话如《藻川堂谈艺》《湘绮楼说诗》《越缦堂诗话》《石遗室诗话》等，则是前期诗话的延续，其理论性在减弱。

近代诗话文本的主体已涵括在《石竹山房诗话论稿》《新订清人

---

* 本文为国家社科基金重大项目"东方古代文艺理论重要范畴、话语体系研究与资料整理"（项目编号：19ZDA289）阶段性成果。

① "近代"一词，在中国史学界习惯上指从第一次鸦片战争（1840年）到五四运动（1919年）这一时段。在本文中我们仍沿用"近代"这一概念，以起于1840年，迄于1919年这一时段中出现的诗话为研究对象，将其统称为"近代诗话"。某些诗话作者的生活年代跨越近代，但其诗话的产生年代并不在这一时段内，则只好搁置不论，如方东树的《昭昧詹言》、陈衍的《石遗室诗话续编》等。

② "新派诗话""旧派诗话"的分类，参见蔡镇楚：《中国诗话史》，湖南文艺出版社，2001年，第333—378页。

诗学书目》《清诗话考》①三书所提供的诗话书目中。综合三书的诗话目录，近代诗话总量应在三百种左右，其中有些已经单独整理出版，有些则收入21世纪以来出版的诗话丛书②。本文选取《艺概》《筱园诗话》《藻川堂谈艺》《湘绮楼说诗》《越缦堂诗话》《石遗室诗话》《饮冰室诗话》《平等阁诗话》《民权素》系列诗话等文本为代表，分析社会文化转型背景下近代诗话的文论范畴和话语特质。

一、近代诗话中的文论范畴

与此际其他文学领域的革新力度相比，近代诗话创作呈一定的滞后态势。旧派诗话对现实社会采取被动观照的态度，作者有意无意间筛滤了现实生活中冲荡血腥的场景。而新派诗话大多积极介入现实生活，以朝气蓬勃的进取姿态将诗话与现实紧密相连，唱响"新理想""新境界"的时代新声。

（一）"新理想""新意境""旧风格"

梁启超并非近代著名诗人，其《饮冰室诗话》却备受赞誉，因为《饮冰室诗话》是近代最具革新色彩的诗话作品之一，成为新派诗话的扛鼎之作。《饮冰室诗话》高出同期新派诗话之处在于提出了新的诗学主张，即："镕铸新理想以入旧风格"③，"以旧风格含新意境"④。"旧风格"指传统诗歌形式，"新意境""新理想"指全新诗歌内容、精神风貌和气象。合而言之，梁启超主张在古典诗歌形式内蕴涵、镕铸具有时代特性的诗歌内容、风貌和气象，这是"诗界革命"的核心主张。

以梁启超为代表的新派诗话作者提出了"新理想""新意境"的重要范畴，其具体内涵可从几个方面探析。其一是进化论和其他西方自然科学、社会科学知识。"《人境庐集》中有一诗，题为《以莲菊桃杂供一瓶作歌》，半取佛理，又参以西人植物学、化学、生理学诸说，实足为诗界开一新壁垒。"⑤在梁启超看来，佛理与西方自然科学知识相结合，在诗歌内容上有新的开拓。"谨读其所寄有《灭种吟》十二章，以乐府体，镕铸进化学家言，而每章皆有

---

① 蔡镇楚：《石竹山房诗话论稿》，湖南文艺出版社，1995年；张寅彭：《新订清人诗学书目》，上海古籍出版社，2003年；蒋寅：《清诗话考》，中华书局，2005年。
② 如张寅彭主编：《民国诗话丛编》，上海书店出版社，2002年；张寅彭选辑：《清诗话三编》，上海古籍出版社，2014年；蔡镇楚编选：《中国诗话珍本丛书》，北京图书馆出版社，2004年。
③ 梁启超：《饮冰室诗话》，人民文学出版社，1959年，第2页。
④ 梁启超：《饮冰室诗话》，人民文学出版社，1959年，第51页。
⑤ 梁启超：《饮冰室诗话》，人民文学出版社，1959年，第30-31页。

寄托，真诗界革命之雄也。"① "乐府体"是典型的古诗体式，"进化学家言"是西方科学理论，二者结合，正是梁启超心目中最佳的新诗，因而被呼为"诗界革命之雄"。其二是尚武精神和雄杰气象。梁启超等人从强国兴邦理念出发，强调诗歌内在的雄豪气象："……此实可见我祖国意态之雄杰。黄河下流，演为黄海，不待论矣；即扬子江入海之力，不亦已气象万千耶？"② 梁启超对长篇诗歌特别关注，"生平论诗，最倾倒黄公度，恨未能写其全集。顷南洋某报录其旧作一章，乃煌煌二千余言，真可谓空前之奇构矣"③。"旧作"，指黄公度长诗《锡兰岛卧佛》，第九则录明代刘基诗一千三百余言，有以古今中国之长诗与西人相较的意思。梁启超也关注尚武精神。他对日人武士道精神的景仰，既源于他在日本的流亡生活，也着眼于日本人战胜之名誉："……诗虽平平，然能写出日本武士道之气概，读此而知日人所以享战胜之名誉者，非偶然也。"④ 梁启超对尚武精神的提倡和关注，与中国系列战败屈辱是分不开的。《饮冰室诗话》还将尚武精神与军歌联系起来："中国人无尚武精神，其原因甚多，而音乐靡曼亦其一端，此近世之识者所同道也。……吾中国向无军歌，其有一二，若杜工部之前后《出塞》，盖不多见，然于发扬蹈厉之气尤缺。此非徒祖国文学之缺点，抑亦国运升沉所关也。往见黄公度《出军歌》四章……其精神之雄壮活泼沉浑深远不必论，即文藻亦二千年所未有也，诗界革命之能事至斯而极矣。"⑤ 新派诗话往往由文学上升至国运，慷慨自任，梁启超谈论军歌就体现了这一特点。梁启超论及前后《出塞》，意在导出黄公度《出军歌》四章；评议《出军歌》，着眼于其雄壮活泼、沉浑深远之"精神"。其三是新的诗歌理念和女权思想。新派诗话作者置身于观念日新月异的近代时空，向往西方民主政治，对传统观念有自己的新诠释。如：

> 小叙曰："发乎情，止乎礼义。"记曰："温柔敦厚，诗教也。"盖诗之为道，不特自矜风雅而已。然所谓发乎情者，非如昔时之个人私情而已；所谓止乎礼义者，亦指其大者、远者而言。如有人作为歌诗，鼓吹人权，排斥专制，唤起人民独立思想，增进人民种族观念，其所谓止乎礼义而未尝过也。若此者，正合温柔敦厚之旨。或曰：如子之论，叫嚣极矣，岂有合于孔圣之诗旨耶？不知《巷伯》之诗，讥刺奸佞，恶之至甚，乃欲"投畀有北"。《墙有茨》、《相鼠》诸诗，其措词亦不尚含蓄。

---

① 梁启超：《饮冰室诗话》，人民文学出版社，1959年，第92页。
② 梁启超：《饮冰室诗话》，人民文学出版社，1959年，第82页。
③ 梁启超：《饮冰室诗话》，人民文学出版社，1959年，第4页。
④ 梁启超：《饮冰室诗话》，人民文学出版社，1959年，第102页。
⑤ 梁启超：《饮冰室诗话》，人民文学出版社，1959年，第42页。

可知孔子所以不删者，正以为有合诗教耳。夫"温柔敦厚"四字，岂可专于其词而决之乎？决之于诗人之心而已。苟其人以温柔敦厚之心出之者，词虽激，又奚伤于大雅乎！不然，无其心而专以和平柔顺之言以取悦于世，又曷贵哉！①

作者钝剑赋予传统诗教"发乎情，止乎礼义"的经典观念以时代内容，且对正反诘难加以辩驳，展现了新派诗话作者新的观念。由这种观念导引，诗歌成为人权、独立、民族等思想的承载物。《饮冰室诗话》存录大量革新派诗作，与这种观念暗合。《饮冰室诗话》重视女权，亦是"新理想"的重要一页："狄平子以所著《平等阁笔记》见寄，记述两年来都中近事，字字令人刿心怵目。中一条，其事甚韵而其人甚奇者，读之亦可见中国女权消息之一斑也。"② 无论"新理想""新意境"指向哪一方面的内涵，其背景都是革新的社会思潮。新派诗话作者普遍将诗歌视为改造社会的有力手段："词章一道，感人深且捷有不自知者。今夫美利坚新造邦，其政治经济，皆炳然与欧洲诸国同风，独其人之高志琦行，犹逊于西欧。比亦推本穷源，力以文词美术诱导国民，故非无谓也。"③

与"新理想""新意境"相对应的，是"旧风格"这一文论范畴。梁启超主张"以旧风格含新意境"，颇有旧瓶装新酒的意味，显然深为传统诗歌审美趣味所拘限，因而陷入改良主义的思维定式。不过，"诗界革命"的旗手们大踏步迈向新理想、新意境，其诗歌表现形式与往昔存在距离，发生渐变。《饮冰室诗话》强调诗与音乐的关系，有九则涉及这一话题，包括王紫诠译德、法国歌（第五〇则），黄公度《出军歌》（第五四则），音乐与国民品质的改造（第七七则），黄公度《小学校学生相和歌十九章》（第七八则），曾志忞《教育唱歌集》（第九七则），康南海《演孔歌》，梁启超《爱国歌》（第一一九则），梁启超《黄帝》《终业式》（第一二〇则），《易水饯荆卿》（戏剧，第一三七则），《从军乐十二章》（《饮冰室诗话拾遗》第十则）。有趣的是，后四则中梁启超把曲谱也照录下来，保存了很有价值的音乐史料。梁启超重视音乐，是因为"欲改造国民之品质，则诗歌音乐为精神教育之一要件，此稍有识者所能知也"，"读泰西文明史，无论何代，无论何国，无不食文学家之赐；其国民于诸文豪，亦顶礼而尸祝之。若中国之词章家，则于国民岂有丝毫之影

---

① 《愿无尽庐诗话》，见张寅彭主编《民国诗话丛编》（五），上海书店出版社，2002年，第198-199页。
② 梁启超：《饮冰室诗话》，人民文学出版社，1959年，第3页。
③ 狄葆贤：《平等阁诗话》，见张寅彭选辑《清诗话三编》（拾），上海古籍出版社，2014年，第7008页。

响耶？推原其故，不得不谓诗与乐分之所致也"。① 其着眼处在于音乐诗歌相配有益于改造国民品质。《饮冰室诗话》涉及音乐的诗话条目要么关涉军歌、爱国歌曲，要么关涉教育歌曲，都指向"强国化民"。

《饮冰室诗话》等新派诗话倡导诗歌的"新理想""新意境"，意欲以此来改造传统诗歌，跨出诗歌变革的第一步。他们将革新的着力点置于诗歌内容的风貌，但文学作品的内容与形式原本就是一个整体，诗歌革新迈出第一步后，他们就不由自主地迈出了第二步（如《饮冰室诗话》关注诗歌与音乐的关系）。由此看来，"旧风格"之革新，只是迟早的问题。胡适等人倡导"文学革命"，就彻底废除了诗歌的"脚镣"。

（二）"真诗""真性情""真色""真意"

近代诗话作品中，有多人曾提倡"真诗""真性情"。

狄葆贤《平等阁诗话》认为，"真性情"比"诗律"更加重要，其卷一坦承："余诗话之作，不无博采之嫌，未能悉中诗律；而名流佳句，又往往致憾遗珠。友人尝执此相规，此则余咎无可辞者也。然款款私衷，窃附史家之末，颇欲因人而见道，即不得不有时以人而废言。果其人心存邦国，具真性情，感物哀时，声若金石，自能当于人心，又未可以诗律相概；若非然者，虽言之成理，毋宁割爱焉。"② 在狄葆贤看来，"真性情"的核心内涵就是爱国情怀，是"心存邦国""感物哀时"，它比诗律更为重要，更能感动人心。在国势衰微的时节，诗话承担了以诗存史、以诗存人的功能，已顾不上斤斤于研磨诗律的细节了。

王闿运《湘绮楼说诗》及《湘绮老人论诗册子》系其门人集编而成，王闿运宗尚魏晋，秉持"诗缘情而绮靡"的观念，重视诗歌抒情功能，提出"必有真性情而后有真诗"③的诗学命题。何谓"真性情""真诗"？王闿运认为"自周以降，分为五七言，皆贤人君子不得意之所作。晋浮靡，用为谈资，故入以玄理。宋、齐、梁游宴，藻绘山川；梁、陈巧思，寓言闺闼，皆言情之作"④。也就是说，只要是发自心性，不得意之情，闺闼、山川、游宴之情，皆可谓真性、真情。真性、真情抒发为诗，即为"真诗"。这一观点明显有别于儒家诗教观。王闿运深嗤腐迂儒者："靡靡之音，自能开发心思，为学者所

---

① 梁启超：《饮冰室诗话》，人民文学出版社，1959年，第58—59页。
② 见张寅彭选辑：《清诗话三编》（拾），上海古籍出版社，2014年，第7027页。
③ 王闿运：《湘绮老人论诗册子》，见《湘绮楼诗文集·说诗》，岳麓书社，1996年，第2379页。
④ 王闿运：《湘绮楼诗文集·说诗》，岳麓书社，1996年，第2219页。

不废也。《周官》教礼，不屏野舞缦乐。人心既正，要必有闲情逸致，游思别趣。如徒端坐正襟，茅塞其心以为诚，正此迂儒枯禅之所为，岂知道哉？"① 肯定"靡靡之音"，多少有放浪形骸之意味，正符合王闿运特具的"曼倩滑稽之风"②。

李慈铭的"本色论"也追求诗之真。《越缦堂诗话》用心于瓣香众长，驰骤于诸体百家，主张陶冶古人，模拟诸家所长，但薄视淫靡丽制，追求清真自然之自家面目："吾辈近来好为高论。五古必称《十九首》，称陶，次则称三谢。七古必称杜。余始亦不免此，颇描摹萧《选》盛唐，今颇自悟。盖凡事必陶冶古人，自成面目。尝言'唐之白，宋之苏，到底是诗家本色'，而诸君颇不然之。"③ 白居易和苏轼代表着陶写性灵、明快通俗的方向，有别于汉魏盛唐崇尚风骨、高蹈雅练的诗歌。李慈铭赞赏白、苏，在师古框架下追求本色，主张拟古而不复古，并不拘守一隅。以宋、元、明三代诗歌而论，他认为："元诗优于南宋，元文则远过于南宋。而明诗又胜于元，明文则远不及元。"④"明诗实过于宋。季迪惜不永年，倘遒其所至，岂仅及东坡哉？中叶之空同、大复，末季之大樽、松圆，皆宋人所未有。宋人自苏黄陆三家外，绝无能自立者。明人若青田、西涯、子业、君采、昌毂、子安、子循、沧溟、弇州、梦山、茂秦、子相、石仓、牧斋，皆卓然成家。即孟载之风华，亦高于昆体；中郎之隽趣，尚永于江湖。"⑤ 对三朝诗歌高下之判进一步印证其本色论，显出他对明人的偏好。

刘熙载《艺概》对诗歌真实性原则也十分重视。"诗可数年不作，不可一作不真"⑥的审美理想，是浊乱纷扰的近代社会里传出的生命气息。刘熙载认为诗歌创作应当追求"真"的境界：一是性情要真；二是要有"真色"，即从内容到形式的真切自然，否则，诗歌"有借色而无真色，虽藻缋实死灰耳"⑦。因为诗歌展露诗人情性，所以情性高下就决定了诗歌的高下。刘熙载由此推出"诗品出于人品"这一重要命题："诗品出于人品。人品悃款朴忠者最上，

---

① 王闿运：《湘绮楼诗文集·说诗》，岳麓书社，1996年，第2110页。
② 王森然：《近代二十家评传》，书目文献出版社，1987年，第11页。
③ 李慈铭：《越缦堂诗话》，见《清诗话访佚初编》第8册，新文丰出版公司，1987年，第176-177页。
④ 李慈铭：《越缦堂诗话》，见《清诗话访佚初编》第8册，新文丰出版公司，1987年，第62页。
⑤ 李慈铭：《越缦堂诗话》，见《清诗话访佚初编》第8册，新文丰出版公司，1987年，第16页。
⑥ 刘熙载：《艺概》，上海古籍出版社，1978年，第55页。
⑦ 刘熙载：《艺概》，上海古籍出版社，1978年，第65页。

超然高举、诛茅力耕者次之,送往劳来、从俗富贵者无讥焉。"① 这一命题继承了传统文艺观对作家人格本体的重视。刘熙载常从文学作品中抉出作家品性:"颂其诗贵知其人。先儒谓杜子美情多,得志必能济物,可为看诗之法"②;"读屈、贾词,不问而知其为志士仁人之作。太史公之合传,陶渊明之合赞,非徒以其遇,殆以其心"③。

晚清滇籍诗人朱庭珍的《筱园诗话》立足于道德原则而追求真我展现,追求传统诗教观与诗人个性的统一。《筱园诗话》卷三指出:"温柔敦厚,诗教之本也。有温柔敦厚之性情,乃能有温柔敦厚之诗。本原既立,其言始可以传后世。轻薄之词,岂能传哉!"④朱庭珍从《礼记·经解》出发阐释诗人创作的本原,规定诗歌的内容和形式,其基本原则就是"温柔敦厚"。同时,他又认为诗歌是言志道情之具,情生意立,然后托声见词,"是以诗贵真意。真意者,本于志以树骨,本于情以生文,乃诗家之源,即诗家之先天。至修词工夫,如选声配色之类,皆后起粉饰之事,特其末焉耳"⑤。这是从诗歌的创作过程来讲真意对诗歌的重要性。在这一过程中,"真意"是诗人创作的源泉所在,因而可贵,而修词工夫,只是末技而已。朱庭珍与袁枚都强调"真意""性情""真诗",但其具体内涵相去甚远。朱庭珍从维护诗歌的教化传统出发,极力抵制性灵派无节制、无过滤的情感抒发及其趋时入俗的倾向,认为袁枚等人的"廓肤语,小有风致语,及诗话中聪明语,尖媚谐谑语"⑥都应洗涤净尽,而袁枚"以鄙俚浅滑为自然,尖酸佻巧为聪明,谐谑游戏为风趣,粗恶颓放为雄豪,轻薄卑靡为天真,淫秽浪荡为艳情","不讲格律,不贵学问","眼前琐事,口角戏言,拈来即是诗句"⑦,完全是"邪魔左道""风雅之蠹,六义之罪魁"⑧。

由此可知,第二次鸦片战争后,虽然传统文化面临巨大挑战,但部分文人依然忠诚于传统思想,一心守护其精神家园,反映出传统文化思想深刻的影响力和惯性。邓绎《藻川堂谈艺》中的"初气说"也与之相类。《藻川堂谈艺》论诗时宗尚《三百篇》和《离骚》,尤以《国风》为诗歌源头:"有《三百篇》、《离骚》之气脉,然后可以为真汉魏诗。有真汉魏诗之气脉,然后可

---

① 刘熙载:《艺概》,上海古籍出版社,1978年,第82页。
② 刘熙载:《艺概》,上海古籍出版社,1978年,第59页。
③ 刘熙载:《艺概》,上海古籍出版社,1978年,第91页。
④ 朱庭珍:《筱园诗话》,见《清诗话续编》,上海古籍出版社,1983年,第2391页。
⑤ 朱庭珍:《筱园诗话》,见《清诗话续编》,上海古籍出版社,1983年,第2404页。
⑥ 朱庭珍:《筱园诗话》,见《清诗话续编》,上海古籍出版社,1983年,第2335页。
⑦ 朱庭珍:《筱园诗话》,见《清诗话续编》,上海古籍出版社,1983年,第2366页。
⑧ 朱庭珍:《筱园诗话》,见《清诗话续编》,上海古籍出版社,1983年,第2367页。

以为六朝、初盛唐人之诗"①;"乐之发于人声者为诗,乐之宣于人心者亦为诗。唐虞三代以来,千有余岁,而诗教之渊源,仅存于《三百篇》"②;"夫汉人之诗尚澹远,其原自《国风》出;其绮丽而纡徐也,原亦出于正风、变风。魏晋六朝之似汉诗也,其皆出于风人之支流者乎?唐人之诗尚卓荦,其原自雅诗出。其铺张而扬厉也,原亦出于小雅、大雅。宋、元、明、清之似唐诗也,其皆出于雅人之坠绪者乎?"③邓绎亦以"温柔敦厚"为诗歌旨归,极重《三百篇》,这源于其"初气说":"物之生也,初气恒胜于末气。羲必胜尧,黄必胜禹,舜胜文,孔胜孟,初终之异也。"④他认为初生事物必然胜过后出事物,并以此解释羲、黄、舜、孔分别胜尧、禹、文、孟的原因。"初气恒胜于末气"的观点是其复古思想的渊薮。《藻川堂谈艺》共四篇,其命名方式有意效仿《三百篇》《论语》《孟子》等儒家经典,取各篇前两字为名,分别为《比兴篇》《唐虞篇》《日月篇》《三代篇》。

(三)"学人之言""诗人之言"

陈衍是近代诗话史上的名家之一,其代表作《石遗室诗话》的理论贡献包括对诗歌史和诗歌创作原则的认识。标举"同光体"和"三元说"是其重要的诗歌史理论,是其宗宋诗论的重要组成部分。在此基础上,陈衍提出"学人之言与诗人之言合"⑤的诗学主张。"诗人之言"和"学人之言"合一,是陈衍诗歌创作论的核心,其实质是要将学问和性情融贯于诗歌创作,在写景言情时渗透学识修养。

"诗人之言",即"诗中带着写景言情"⑥。陈衍尤其赞赏情景相合的诗句,提出"诗中有人"的批评标准:

> 宋人写景句脍炙人口者,如晏元献之"梨花院落溶溶月,柳絮池塘淡淡风",林和靖之"疏影横斜水清浅,暗香浮动月黄昏"、"雪后园林才

---

① 邓绎:《藻川堂谈艺·日月篇》,见蔡镇楚编选《中国诗话珍本丛书》第十九册,北京图书馆出版社,2004年,第799页。
② 邓绎:《藻川堂谈艺·日月篇》,见蔡镇楚编选《中国诗话珍本丛书》第十九册,北京图书馆出版社,2004年,第781页。
③ 邓绎:《藻川堂谈艺·日月篇》,见蔡镇楚编选《中国诗话珍本丛书》第十九册,北京图书馆出版社,2004年,第758—759页。
④ 邓绎:《藻川堂谈艺·日月篇》,见蔡镇楚编选《中国诗话珍本丛书》第十九册,北京图书馆出版社,2004年,第709页。
⑤ 陈衍:《近代诗钞·叙》,商务印书馆,中华民国二十四年(1935年)。
⑥ 陈衍:《石遗室诗话》,见张寅彭主编《民国诗话丛编》(一),上海书店出版社,2002年,第381页。

半树,水边篱落忽横枝",梅圣俞之"春洲生荻芽,春岸飞杨花"、"野凫眠岸有闲意,老树着花无丑枝",东坡之"竹外桃花三两枝,春江水暖鸭先知",荆公之"坐看青苔色,欲上人衣来"、"细数落花因坐久,缓寻芳草得归迟",山谷之"近人积水无鸥鹭,时有归牛浮鼻过"。亦不过代数人,人数语,视唐人传作之多,不及远甚。此外惟放翁之"小楼一夜听春雨,深巷明朝卖杏花"、"山重水复疑无路,柳暗花明又一村"、"云归时带雨数点,木落又添山一峰"、"白菡萏香初过雨,红蜻蜓弱不禁风",较多数联耳。其东坡之"帘前柳絮惊春晚,头上花枝奈老何"、"酒阑倦客惟思睡,蜜熟黄峰亦懒飞",陈简斋之"客子光阴诗卷里,杏花消息雨声中",诗中皆有人在,则景而带情者矣。①

前列诸人诗句,纯以写景胜,不过数人数语而已,正所谓"情与景分"者;最后引苏、陈三联,诗中皆有人在,是所谓"情与景合"者。在陈衍看来,能工笔写景,自然见出性情,也属"诗人之诗",如能情景相合,景中含情,诗中有人,则属"诗人之诗"中难能可贵者。所谓的"情"有特定指向:"贤者之有所为,必有其自得之趣,于世人之所共趣者,不必刻意避之。而苟非其所自得,惟于人所共趣从而趣之,以蕲合于时好,苟以分毫末之名,必其所不为者矣。"② 其志在"自得"之趣,这与"作诗当求真是自己语"③是一致的。陈衍宗宋却不拘一家,力求融贯众美,自求高妙。但是,陈衍无法逸出传统文人的志趣畛域,其情,其趣,不出江湖夜雨、高处怀人之类。

所谓"学人之言",即"证据精确,比例切当"④。"证据精确"就是"一字不苟,字字有来历"⑤。受江西诗派黄、陈等人影响,陈衍论诗强调文字精微,文字层面尽求讲究,不免陷入雕琢字句。"比例切当"则强调篇章结构,陈衍认为:"诗要处处有意,处处有结构,固矣。然有刻意之意,有随意之意,有结构之结构,有不结构之结构。譬如造一大园亭然。亭台楼阁全要人工结构矣,而疏密相间中,其空处不尽有结构也,然此处何以要疏,何以要

---

① 陈衍:《石遗室诗话》,见张寅彭主编《民国诗话丛编》(一),上海书店出版社,2002年,第198—199页。
② 陈衍:《石遗室诗话》,见张寅彭主编《民国诗话丛编》(一),上海书店出版社,2002年,第277页。
③ 黄曾樾:《陈石遗先生谈艺录》,见张寅彭主编《民国诗话丛编》(一),上海书店出版社,2002年,第702页。
④ 陈衍:《石遗室诗话》,见张寅彭主编《民国诗话丛编》(一),上海书店出版社,2002年,第381页。
⑤ 陈衍:《石遗室诗话》,见张寅彭主编《民国诗话丛编》(一),上海书店出版社,2002年,第92页。

空，即是不结构之结构。作诗亦然。一篇中某处某处要刻意经营，其余有只要随手抒写者，有不妨随意所向者。"① 从篇章层面来说，大处结构、比例必须刻意经营，务求切当，而小处结构和比例则不妨随意所趋，不拘一格。对诗歌结构文字的惨淡经营，必然要求诗人学识渊深。陈衍主张诗人"当深于经、史、百家，以厚其基"②。植根于经史百家以求诗文根柢深厚，既是陈衍的诗学主张，也是清末民初诗话的主流倾向，亦可见近代文人对传统文化的深切眷恋。陈衍"学人之诗"的主张是清代浙派、肌理派诗学理论和桐城派义理、考据、词章并重的文学思想的延续，也是清代朴学在诗学领域的余音。他将唐、宋诗家之长熔于一炉的努力，在当时得到了广泛呼应。

二、近代诗话的话语特色

（一）字里行间浸润着沉重的现实感

近代诗话直面社会人生，关注此一历史转折时期个体生命的生活状况，记载了无数相关的历史碎片。有的人受辱愤而自尽，"我领事馆有随员谭侍卫锦镛者，无端为美警吏辱殴，愤极，归而自裁"③。有的人临难仓皇无依，"近日法夷翻覆，中外疑讧。上海至天津轮船已停，张家湾已分驻神机营兵。而夷艘屯福建虎门者至二十余。闽人惶骇，福州城中迁徙一空"④。有的人忧国以至殉难，"烈士陈天听留学东京法政学堂，毕业回国，舟次怅中国大局阽危，弗可救药，特一跃蹈海"⑤。近代诗话作者多在其作品中流露漂泊无定的心境，渲染一片封建末世的阴冷天地："比岁在都，未营一爨。每至今夕，闻居人爆竹，为之心碎，往往推食而起，此孝泽所亲见也。今幸得归，又成寄食，零丁数口，分析各居。腊祭黄羊，仍离膝下。……较之昔年，所处虽异，然俛仰萧槭穷愁益深"⑥；"今日大局事固茫茫，即前此之与时务学堂反对诸顽

---

① 陈衍：《石遗室诗话》，见张寅彭主编《民国诗话丛编》（一），上海书店出版社，2002年，第236—237页。
② 黄曾樾：《陈石遗先生谈艺录》，见张寅彭主编《民国诗话丛编》（一），上海书店出版社，2002年，第702页。
③ 梁启超：《饮冰室诗话》，人民文学出版社，1959年，第58页。
④ 李慈铭：《越缦堂诗话》，见《清诗话访佚初编》第8册，新文丰出版公司，1987年，第147页。
⑤ 李伯元：《南亭四话》，上海书店，1985年，第101页。
⑥ 李慈铭：《越缦堂诗话》，见《清诗话访佚初编》第8册，新文丰出版公司，1987年，第46页。

物,犹依然张气焰于社会,吾知均一其未瞑矣"①。《石遗室诗话》卷三〇提及:"今之少年往往好作苦语,固缘世乱而早为客,亦一时风气所趋也。"② 这些"苦语",都由社会现实之痛苦、乱离凝结而成。

"鸦片"和"革命"是近代诗话频频出现的字眼。两者都曾深刻影响国家前途命运和民族兴衰荣辱,所以在诗话中的烙印最深。

林昌彝《射鹰楼诗话》"志在射鹰",温训谓"孝廉蒿目时艰,故绘《射鹰图》以见志,其《诗话》前数卷多详时务"③。"鹰"是"英"的谐音,林昌彝生当鸦片战争时期,对英帝国侵略行径切齿痛恨,"目击心伤,思操强弓毒矢以射之"④。此书前数卷不惮再四记海口事,保存了大量鸦片输入及禁烟资料,《射鹰楼诗话》广泛关注鸦片战争前后之社会现实,作者清醒的现实意识远远超过许多尸居其位的官僚大夫,这也是《射鹰楼诗话》流传甚广的主要原因。

以下是两则关于禁烟的诗话条目:

> 英夷不靖以来,洋烟流毒中国,甚于洪水猛兽。海口五处通商,实非久计。即以福州海口言之,洋烟之入,每日三大箱,每箱值洋番八百员;又六十余小箱,每箱值洋番六十员,每日共输洋番六千余员,不足以银代之,又不足以好铜钱代之,每岁计输钱三百万。福州之地,即以金为山,以银为海,亦不足供逆夷所欲,况地瘠而民贫者乎?数年以后,民其涂炭矣!余意欲革洋烟,须先禁内地吸食洋烟之士民,然后驱五海口之英逆。驱之之法,则不主和而主战。⑤

> 一二年后,阿芙蓉云将绝迹于中国,有心人跂而望之,惟恐其流毒或至于无底。回忆鸦片极盛时代,各地烟馆林立,虽一偏僻乡村,必有整洁之烟馆。若通商大埠,则穷极富丽,点缀新奇者,尤望衡皆是。染此癖者,自士大夫以迄舆台,形形色色,莫不沉溺其中。……当时国人之醉心于此,实有视同粟食者矣。近日烟禁大严,虽在外人租借地,亦复不许开设烟馆,而市上戒烟医院及医生之招揽戒烟者,则触目皆是。⑥

---

① 梁启超:《饮冰室诗话》,人民文学出版社,1959年,第104页。
② 陈衍:《石遗室诗话》,见《民国诗话丛编》(一),上海书店出版社,2002年,第427页。
③ 温训:《射鹰楼诗话序》,见《射鹰楼诗话》,上海古籍出版社,1988年。
④ 林昌彝:《射鹰楼诗话》,上海古籍出版社,1988年,第1页。
⑤ 林昌彝:《射鹰楼诗话》,上海古籍出版社,1988年,第2-3页。
⑥ 肝若:《琴心剑气楼诗话》,刊于刘铁冷、蒋著超编《民权素》第七集,见《近代中国史料丛刊续编》第五十六辑,文海出版社影印本,第16页。

两则合起来就是 19 世纪中后期鸦片流毒中国的速写图,作者对吸食鸦片的祸害十分清楚,两人的态度略有差别:前者态度坚决,嫉毒品如仇敌;后者忧心忡忡,同样痛心疾首。

辛亥革命前后,诗话对革命志士的诗事记录较多,如《民权素》系列诗话中的《清芬室诗话》(竺仙)、《摅怀斋诗话》(南村)、《绮霞轩诗话》(秋梦),以及《饮冰室诗话》(梁启超)、《平等阁诗话》(狄葆贤)、《庄谐诗话》(李伯元)等,代表资产阶级的心声。

值得注意的是,近代诗话有篇幅增长的趋势:一是单部诗话的篇幅加大,卷数大增,如《雪桥诗话》初集十二卷,续集八卷,三集十二卷,余集八卷,合计四十卷,《石遗室诗话》三十二卷,均颇为浩繁;二是单则诗话的篇幅也有拉长之势,甚至形同专论,如《饮冰室诗话》五四则载黄公度《出军歌》《军中歌》《旋军歌》各八章,一二〇则载《黄帝》四章、《终业式》四章。

(二) 诗话用语开始趋向欧化、西化

受西方思潮影响,近代诗话出现欧化、西化倾向。近代社会文化转型使诗话创作主体呈现分化态势,其创作动机和心态因人而异,近代诗话迥异于传统诗话的整体风貌亦取决于此。受西学东渐之潮影响,近代诗话一如小说、戏剧等通俗文学,其内容表出现欧化倾向。不过,诗话毕竟属于成熟定型的诗学理论体式,诗歌又属雅文学系列,欧化程度相对浅些。

近代诗话欧化倾向最为明显之处是引入诸多西方诗人、诗作和语词。第一次鸦片战争后,有一些相关语词进入诗话作者的视野,如"鸦片""孟阿拉""加尔吉达""天主教""英咭利""耶稣""弥利坚""佛兰西""浑天仪""自鸣钟"等。戊戌维新后,大批西方书籍传入,西方诗人、诗作和语词频见于诗话中。胡怀琛《海天诗话》[①]论及外国诗人 42 人,引证外国诗作 70 首:

胡怀琛《海天诗话》中外国诗人诗作详数

国籍	英国	日本	德国	希腊	芬兰	挪威	印度	韩国	法国	不明	合计
诗人	4	26	2	1	1	1	1	1	1	4	42
诗作	4	44	10	—	—	—	3	1	5	3	70

此时,中国大量翻译西方著作和日文著作,大批新词进入译著、报刊、学生教材和日常生活,诗话作品中频频出现"政治""革命""共和""民生""国民""种族思想""人权""专制""理想""文学""同志""平等""文明"

---

① 见张寅彭主编:《民国诗话丛编》(五),上海书店出版社,2002 年,第 301—316 页。

"体育"等语词,也就不足为奇了。

西方诗人作品出现在诗话中,常作参照物,以评判中国诗人、诗作,如:"希腊诗人荷马,古代第一文豪也。其诗篇为今日考据希腊史者独一无二之秘本,每篇率万数千言。近世诗家,如莎士比亚、弥儿敦、田尼逊等,其诗动亦数万言。伟哉!勿论文藻,即其气魄固已夺人矣。中国事事落他人后,惟文学似差可颉颃西域。然长篇之诗,最传诵者,惟杜之《北征》,韩之《南山》,宋人至称为日月争光;然其精深盘郁雄伟博丽之气,尚未足也。"① 作者常常更倾心于西人诗歌,无形中抬高了西方诗歌的地位和影响力,究其实,则仍着眼于倡导诗界新气象,隐含挟洋自新的用意。

(三)话语多元化的背后隐含着激烈碰撞的诗学观念

梁启超《饮冰室诗话》追述了从前照搬西方语词以标新异之举:

> 盖当时所谓新诗者,颇撦撏新名词以自表异。丙申、丁酉间,吾党数子皆好作此体,提倡之者为夏穗卿,而复生亦篤嗜之。……喀私德即Caste之译音,盖指印度分人为等级之制也。巴力门即Parliament之译音,英国议院之名也……苟非当时同学者,断无从索解,盖所用者乃《新约全书》中故实也。……当时吾辈方沉醉于宗教,视数教主非与我辈同类者,崇拜迷信之极,乃至相约以作诗非经典语不用。所谓经典者,普指佛、孔、耶三教之经。故《新约》字面,络绎笔端焉。

梁启超认为这种标举域外新词以自求异的做法,只是西学东渐初期的短暂现象而已,"得风气之先"者很快就发现其中的幼稚和肤浅,"诚可发笑。然亦彼时一段因缘也"②。"吾党二三子号称得风气之先,而其思想之程度若此。"③

这种做法在新派诗话作者群内也遭到反对,《愿无尽庐诗话》指出:"世界日新,文界、诗界当造出一新天地,此一定公例也。黄公度诗独辟异境,不愧中国诗界之哥仑布矣。近世洵无第二人。然新意境、新理想、新感情的词,终不若守国粹的,用陈旧语句为愈有味也。"④ 作者极赞黄公度的诗歌造诣,但不满他运用新词,弃守国粹。狄葆贤《平等阁诗话》转载友人信函道:

---

① 梁启超:《饮冰室诗话》,人民文学出版社,1959年,第4页。
② 梁启超:《饮冰室诗话》,人民文学出版社,1959年,第49页。
③ 梁启超:《饮冰室诗话》,人民文学出版社,1959年,第50页。
④ 《愿无尽庐诗话》,见张寅彭主编《民国诗话丛编》(五),上海书店出版社,2002年,第197页。

"邦人摩倣欧诗谓欧洲人之诗，寖成风气，日即于西，而去古愈远。"① 狄葆贤甚至主张"爱古即属爱国"②，也就是说，《庄子》《离骚》《史记》，杜诗、宋词、元曲等古代文词，作为我国传统文化的菁华，正是推本穷源、诱导国民的精神武器。

与此相呼应的是，近代诗话对某些传统文论范畴提出了大胆的、全新的解读。《愿无尽庐诗话》云："所谓发乎情者，非如昔时之个人私情而已；所谓止乎礼义者，亦指其大者、远者而言。如有人作为歌诗，鼓吹人权，排斥专制，唤起人民独立思想，增进人民种族观念，其所谓止乎礼义而未尝过也。若此者，正合温柔敦厚之旨。"③ "发乎情，止乎礼义""温柔敦厚"本是儒家诗教的核心理念，有着特定的含义，作者却将人权、独立思想、种族观念等现代政治思想纳入其中，意图实现儒家传统术语和现代政治理念的巧妙对接。这样的大胆解读和建构，与梁启超辈"以旧风格含新意境"正是同一思路。

近代 80 年里，诗话经历了从旧派诗话到新派诗话，然后新旧诗话共存的嬗变过程。旧派诗话不约而同地追求复古，虽有宏大的篇幅，却缺乏理论上的宏观建构能力，实属清中叶以来各种诗学流派在近代的余绪而已。新派诗话在理论上迈出的小步，虽然踉跄稚拙，但已经有意挣脱传统的羁绊，昭示了诗歌史和诗话史的新时代即将来临。

接下来，现代诗话应当如何继续发展呢？70 年前，便已经有人思考过这一问题："将来的诗话，其体裁似乎不妨保留原来形式，为的是抒写自由些，可以避免作'大书'或编'讲义'的新头巾八股气。但其内容，似乎更要消极地避免太琐碎，积极地讨论些大问题。近代文艺批评的大路很多。大概不外从心理方面出发，或从历史方面出发，或从社会意识方面出发。当然，以前我们的诗论之中，也有许多这样的萌芽。只是不曾有本有末地建立起来而流于细碎。此后应该在根本上，大处立论。新的诗话才会有光辉阔大的境界。"④ 与古典诗话作者相比，现代诗话作者的优势在于他们可以沿着近代新派诗话的方向继续开拓，"激发"式地利用西方文化和文论的成果⑤，从而开

---

① 见张寅彭选辑：《清诗话三编》（拾），上海古籍出版社，2014 年，第 7007 页。
② 见张寅彭选辑：《清诗话三编》（拾），上海古籍出版社，2014 年，第 7008 页。
③ 《愿无尽庐诗话》，见张寅彭主编《民国诗话丛编》（五），上海书店出版社，2002 年，第 198 页。
④ 劳无施：《论〈石遗室诗话〉》，原载《京沪周刊》1947 年第 1 卷第 34 期，转引自《中国近代文学论文集·概论诗文卷》，中国社会科学院出版社，1988 年，第 757 页。
⑤ 有学者认为："激发"是对异质文化的一种比较高明的接受方式，《文心雕龙》《沧浪诗话》《人间词话》《谈艺录》等文论名著都是"激发"式接受外来文化的产物。见李清良：《中国文论思辨思维》，岳麓书社，2001 年，第 271—286 页。

创"光辉阔大的境界"。在这一点上，钱锺书先生的《谈艺录》是现代诗话留给我们的典范之作。

作者简介：
秦秋咀，文学博士，衡阳师范学院文学院副教授，从事中国古代文论研究。

多维度时空中的异乡孤独旋涡
——胡黛·巴拉卡特《死信》故事世界的建构

吴 昊

摘 要：2019年阿拉伯小说国际奖获奖作品《死信》采用了读者参与创作的故事世界建构方式。作家胡黛·巴拉卡特用"偶然拾到信件"和"异乡人的孤独"将《在窗后》的五封信件构成线性链条，再用五篇独白将《在机场》和《在窗后》连为环形链条，最后以上帝视角用《尾声：邮递员之死》诠释《在机场》和《在窗后》。小说以立体叙事的方式将多维度的时空和碎片化的主题巧妙地糅合在异乡孤独的旋涡中，由作家和读者共同完成故事世界的讲述与阐释。

关键词：死信 故事世界 孤独 异乡

《死信》[①]是黎巴嫩女作家胡黛·巴拉卡特于2018年出版的小说，获2019年阿拉伯小说国际奖。作为旅居法国30年的异乡人，作家以"阿拉伯之春"后的阿拉伯世界为背景，在小说中构筑了一个被人遗忘、没有界限、充满怀疑的世界，描述了失去祖国、颠沛流离的阿拉伯移民的心理状态，揭示了战乱带给阿拉伯人的精神创伤。小说主题的普适性、时代性，情节的复杂性、不确定性无疑是其获奖的重要原因，但令其从短名单的六部小说中脱颖而出摘得桂冠的关键因素是小说故事世界的建构方式。

"故事世界"是认知叙事学家戴维·赫尔曼提出的概念，指阐释者依据故事讲述者制出的蓝图，在文本或明或暗的指示转移下，通过对"何事、何时、何地、如何、为何"等维度的协调阐释并建构世界，"故事世界要求叙事阐释者不只是'递增地'，还要'整合地'

[①] "死信"是对小说题名原文"夜信"的意译，即"因地址、姓名不清等原因无法投递的信件"。

或'生态地'重构一系列状态、事件与行动"①,"阐释者可以或轻松或费力地以想象的方式居住在这些世界当中"②。胡黛·巴拉卡特在制作《死信》的故事世界蓝图时,将阐释者的参与作为重要构件,因为她相信"读者是小说创作的有机组成部分,读者可以发挥创造性对碎片化的事件进行重塑"③。虽然小说中人物姓名不详,时间地点模糊,事件分散,情节复杂,叙事难度颇大,但由于作家让读者共同参与故事创作,小说仅以126页的篇幅、三章式的简洁结构就构建出一个具有不确定性和无限延展性的故事世界。

一、《在窗后》:"偶然"和"孤独"的反复

第一章《在窗外》由五位主要人物的五封信组成,约占小说四分之三的篇幅,每封信都是一个独立的世界,均可成为一篇独立的小说。作家对小说故事世界的框架搭建是以五封信为基础的,但需要指出小说"并不属于书信体文学,因为它没有遵循书信体文学的范式,只是采用了书信体的技巧"④。每封信和其他信之间需要深层挖掘的联系,是作家留给读者根据蓝图去实践的部分。

(一)"如何"——偶然拾到信件的重复

第一封信的主人公是生活在法国的非法移民,由于没有居住证只能干"黑活",他此生唯一的信是写给爱人的。信中是他内心的不安、挣扎、纠结,由于童年时被母亲抛弃,主人公缺乏安全感,害怕保持两性亲密的关系。他在信中数次提到有个男人一直在他窗户对面监视他,并在信末写道:"他是情报人员,他的出现和吸毒、贩毒没什么关系,我并没有贩毒,我吸食的那点毒品根本不值得他在对面的旅馆监视我这么些天。他是领事馆派来的,他们先前拒绝更新我的护照。"⑤

第二封信的主人公与年轻时的爱人相约在一家旅馆见面,她在房间床头

---

① David Herman, *Story Logic: Problem and Possibilities of Narrative*. Lincoln: University of Nebraska Press, 2002, p.14.
② 戴维·赫尔曼,詹姆斯·费伦等:《叙事理论:核心概念与批评性辨析》,谭君强译,北京师范大学出版集团,2016年,第15页。
③ 阿德南·侯赛因·艾哈迈德:《〈死信〉:不善读时代精神的人物》(阿拉伯语),《中东报》,2019年3月31日。
④ 穆罕默德·杰比利:《〈死信〉非信》(阿拉伯语),《城市报》,2019年5月17日。
⑤ 胡黛·巴拉卡特:《死信》(阿拉伯语),黎巴嫩文学出版社,2019年,第29页。后文所引该著仅随文标注页码,不再另注。

柜的抽屉里，发现了夹在旅馆指南簿里的一封泛黄的信。

  这封信还没有写完，我猜信的主人可能进了监狱，他一直觉得有情报人员在监视他，他在信中承认自己非法居住、吸食毒品……我读着这封信，仿佛能听到他的声音，我好像看到那个孤独的男人就站在窗后，独自一人透过玻璃看着这空洞的夜，他的爱人却不在他身边……那个男人的孤独与我何其相仿，尽管他和我的故事没有丝毫相似，但我对他感同身受，好像我就是他的一个老朋友，好像我就是他正在对话的那个女人……是那个男人的信促使我写下这些。（第32—34页）

  她在等待中写下了给爱人的信，信中写了自己内心的孤独和对衰老的恐惧。最后主人公没能等来当初的爱人，她决定去找信的主人，她觉得也许会在巴黎某个聚集了彷徨、流浪的阿拉伯青年的咖啡馆里找到他。

  第三封信的主人公受政治暴力迫害，生活的艰难让他不得不和一个老女人同居，成为一只受她怜恤的"流浪狗"，最后他在恐惧的支配下把老女人掐死了。主人公在机场躲避警察追捕时写信给自己的母亲，坦言自己的种种罪行。在这个过程中，主人公留意到一个中老年妇女把自己手中的信撕成两半扔到垃圾袋里，他把信捡起读过后，知道那个妇女是在等待她年轻时的爱人，但她的爱人没有来，她最后打算去巴黎寻找另一个男人。

  第四封信的主人公目睹了一个男人被警察带下飞机，她在飞机上打扫卫生时，在座椅和舱体的夹缝中发现了一封信。"这是儿子写给母亲的自白，一个人无论做了什么，母亲都是他在世上最后的救命稻草，我既害怕，又同情他，他是个罪犯，是个杀人凶手，我会同情他真是太奇怪了，但这世间的每一个人在自己的母亲面前都只是个天真无邪的孩子，只是那个孩子早已被自己抛却和遗忘。母亲是每个人在世间最后的依靠，我失去了我的母亲，这封信的主人也失去了他的母亲。"（第76页）主人公给在狱中的弟弟写信，因为母亲对她的冷酷，导致她婚姻不幸，离婚后沦为妓女。她在母亲生病时不给她请大夫，任由其死去，伪造母亲和弟弟的签名卖掉了家里的房子。她在一户人家打工时，看见女主人晕倒在浴室却见死不救，还偷走了女主人的财物。

  第五封信的主人公在他打工的酒吧橱柜里发现了一封信：

  我鼓起勇气给你写信，是源于一个像我一样孤独的女人写下的一封信……两年多后我重新读它，读了很多遍，仿佛我认识那个女人似的，我好像看见她在请求某人的原谅，但是她永远得不到了。这并不是因为她的信上没有地址、署名而不能寄达，而是没有人愿意倾听我们，宽容我们……她在这个世界上孤独一人,这封不会送达的信就是她自始至终无人倾听的心声,从她出生起,她的声音就无人倾听。我读着信,感到我们的命运如此相似。(第86—87页)

主人公是同性恋,他认为是主把他的性别搞错了,但父亲认为这是病,主用这病来惩罚他。父亲把他赶出家门,主人公在外流浪了一段日子后有一只眼睛快瞎了,他写信请求父亲通过机场邮局给他寄些钱让他回家。

从第二封信开始,每封信的主人公都在偶然间拾得信件,在自己的信中对所拾信的内容有所介绍,并从情感上和信的主人产生共鸣。读者通过作家在每封信中的指示,可以发现主人公们捡到的信正是上一位主人公所写的信。胡黛·巴拉卡特用"下一个人偶然捡到上一个人信的方式连接起五位主人公的命运,就像《一千零一夜》嵌套故事的手法"①。这些信没有到达收信人手中,却到了另一个"我"那里,慰藉了另一个"我"孤独的心,"尽管五位主人公的故事各不相同,但上一个人是推动下一个人写信的精神动力,这就是他们之间的联系"②。读者通过五封信,完成了"何人""何事""何时""何地""如何"等维度的构建,五个独立的故事串联出一个完整的世界。

(二)"为何"——同为异乡人的孤独

为何上一个人可以成为下一个人写信的精神动力?为何下一个人能对上一个人感同身受?为何五个故事能形成一个线性链条?因为五位主人公同属异乡人。从小背井离乡的经历使他们失去了对祖国的归属感,身处异地无法真正融入当地社会,所以他们不仅是地理上的,更是心理上的异乡人。"异乡人"这个身份共同体赋予了五个故事相同的精神内核,那就是笼罩在五位主人公内心世界的孤独。作家在文本层面反复用了多个表达"孤独"意义的词语,引导读者从分散的故事中寻找主人公相似的孤独。正是这份孤独使拾得信件的"偶然"成为推动主人公写信的"必然",让原本没有交集的主人公们像多米诺骨牌一样连在一起。

第一封信主人公的孤独源于被母亲抛弃的童年梦魇。他八九岁时被母亲像垃圾袋一样扔在火车上,母亲给了他一张烤饼和两个煮鸡蛋,告诉他叔叔会在首都等他,叫他不要害怕,不要哭。"火车开动的那一刻,黑暗笼罩着

---

① 谢赫·艾托亚:《〈死信〉:让读者走进内心的信》(阿拉伯语),阿拉伯耶路撒冷网,2019年5月4日。
② 艾米拉·达克鲁利:《〈死信〉——失意者面对残酷世界的最后机会》(阿拉伯语),《金字塔报》,2019年4月25日。

我,就像冬天的黄昏,但我没有害怕,也没有哭,满脑子都是煮鸡蛋散发出的令人讨厌的味道,我想把大饼扔出窗外,但又不敢。虽然还是早上,但火车就像行驶在暮色中,行驶在没有尽头的黑暗的隧道中。"(第10页)母亲本不是一个冷酷的人,她关心生病的母鸡,为了不让母鸡被其他公鸡啄到,她一整天都抱着它;她关心难产的母羊,为她祷告、按摩、唱歌,她对动物那么好,却因为主人公——她的孩子不能给她下蛋、挤奶、提供肉食,只会张口要饭吃,就把他扔到了她自己也一无所知的地方。童年的痛苦记忆和母爱的缺失使主人公无法正常面对痛苦、恐惧,他认为男女亲密关系是大地上的深渊,他从中逃跑是为了保护自己不再受分离的痛苦。同时他潜意识里又想从爱人身上寻找母亲的感觉,"你就像一个小妈妈,我嗅着你的乳房,好像我还是个小男孩,靠近你的乳房让我想起母乳,我担心,如果我吮吸它们的话,那一滴滴白色的液体流淌在我脸上会是一股食物腐坏的味道"(第19页)。

  第三封信主人公的孤独源于父亲的暴力和母亲的懦弱。他年少时经常被父亲拖出家门当众暴揍,但他并没有做什么值得父亲痛打他的事情。父亲这么做就是为了让别人看看他是怎么管教儿子的,彰显出他虽然没钱,却是一个重视家庭、值得尊敬的人。父亲每次打他时,主人公的母亲从来没有挺身而出保护过他,她不是那种会把孩子护在身后,宁可丈夫的拳脚落在自己身上也舍不得孩子挨打的母亲,她只会不停念叨父亲那样做是为了让主人公成为一个真正的男人,一个让他引以为豪的男人。因此,主人公的内心从小就充满孤独、愤怒和久久不能消散的羞辱,以至于他后来每每回想被父亲打骂的画面,身上的皮肉都会不自觉地疼痛起来。主人公在沉沦的路上越走越远时,他认为是父亲把他推到了这一步,让他心甘情愿地在这个世界堕落,"我没有亲人,沉沦的世界像一个巨大的温暖的子宫,紧紧包裹着我"(第56页)。

  第四封信主人公的孤独源于母亲的贪婪冷酷。她不到14岁就被母亲嫁给别人,母亲用卖她的钱来养活家里的男人,她离婚后,母亲又把她赶出家门。女主人公的母亲总说某某的妈妈已经成富婆了,别人家里房子不停地盖,总说主人公的女儿太花钱了,她寄回去的钱根本就不够。女主人公电话里问母亲是否要逼她去做妓女才满意,母亲挂了电话再也不回答她。当女主人公回家乡接女儿时,母亲已经把她的女儿强嫁给一个变性人,想用卖她女儿的钱把主人公的弟弟从监狱里救出来。主人公把女儿救回之后,女儿一言不发,"我看着在我面前的女儿,好像她是独自一人,我也是独自一人,她和我一起生活之后,我感觉自己更加孤独,她用空洞的眼神看着电视,装聋作哑不理我,她只是想折磨我,因为她恨我,恨我把她带到了这个令她厌恶的世界"

（第83页）。主人公记得小时候母亲也是爱她的，可随着日子越来越难，母亲的心也越来越硬。她无法相信这一切都是因为钱，因为母亲，主人公自己的心也渐渐变硬了。

上述几位主人公都遭遇了亲情缺位造成的孤独，原生家庭父爱、母爱的缺失导致主人公"丧父式""丧母式"成长，因此他们内心充满了"没有亲人"的孤独感。亲情的缺失，使主人公们不仅身处异乡，内心也被流放到举目无亲的地方。加剧他们内心孤独的还有"主的缺位"，他们认为自己不仅被亲人抛弃，也被自己的主抛弃了。第三封的主人公认为真主不在这个沉沦的世界，所以无论代价如何，他都要去一个有真主庇佑的国家，那样他就是安全的，就可以开始新的生活。等主清算他时，他会问问主："我能做什么，当你把我扔在火狱里之后，我能做什么？当你放弃了我之后，我能做什么？"（第73页）第四封信的主人公说：

> 我有时觉得真主创造了一些没必要存在的人，他们来到这个世上没有任何意义，没有任何人需要他们，就像可恶的苍蝇只会传播疾病，在尸体上产卵。像上封信的主人，像我，我们就是些苍蝇、蝗虫。真主创造我们就是为其他人服务的，他们用锋利的牙齿咀嚼着、享受着生活的果实。我们不妒忌他们，我们也绝不可能会像他们一样，当果汁从他们嘴角滴下时，我们只能咽咽口水，因为我们生来就要顺从地为他们服务，我们要感恩主，让我们可以为他们服务。（第83页）

作家用"偶然拾到信件"和"异乡人的孤独"，打破时空界限，将五封信连成完整的线性链条，并置于《在窗后》这个巧妙的题目中。"窗"在叙事空间中是审视内心的地方："我站在窗后看着夜色，看着这空气陌生的夜，这没有归属的夜。这不是我的生活，我不知自己怎么会坠落到这一步，没有人帮我摆脱这命运，我关上了身后所有的门。"（第83页）读者根据作家的蓝图构建出阿拉伯异乡人的故事世界，他们同为失去祖国的阿拉伯移民，同是被现实世界残酷抛弃的失败者，他们受动荡的现实所迫逃离了他们的国家，却逃离不了自己心里的炼狱，一切挣扎都是徒劳。

二、《在机场》：怀疑、反转

作家在第二章《在机场》以各自独立的五篇独白让读者以"他者"为镜子，通过双重视角完善叙事阐释，在不同声音间获得更多的思考，使得故事世界充满张力。五篇独白均没有署名，需要读者根据独白的内容推测出其主人。

　　第一篇独白来自第一封信主人公的爱人。她在主人公消失后，在楼下咖啡馆等他无果，去机场找他也无果，于是在机场放声大哭。她知道因为他的童年，因为他没有亲人，没有朋友，所以他也没有能在一起超过一周的女人。爱人想不通，为什么他要选择她，折磨她，曾经那么痴迷于她却又抛弃了她，让她没有办法再美丽动人，再去爱别人，再去吸引别人。难道就是因为她和他妈妈长得像？为了他，她变成了另一个女人，去接受在他的国家不被女人喜欢的那些东西。她觉得自己就像马戏团的动物，跨过一个障碍又要面对另一个更高的障碍。她不明白，他怎么就能这样扔下她。她心里只剩下赤裸裸的恨，想报复他，杀了他。

　　第二篇独白来自第二封信主人公的爱人。飞机因为暴风雪晚点，他托运的行李迟迟没有在传送带上出现，他在座位上等待的时候问自己：我为什么会出现在这个地方？到底是什么驱使我在风雪之夜离开家去见年轻时认识的姑娘？他回忆起自己20多岁就没有上学，去周游世界，认识了女主人公，应该也曾经爱过她，但是现在他已经结了婚，有了女儿。也许是出于对年纪渐长的恐惧，不想承认自己老了，所以才有了如此冲动的决定。男人认为不是他变了，而是整个世界都变了。他年轻时去过的阿拉伯世界如今已经完全变了样子。他曾经可以毫无顾虑地在那片土地上游历，他曾经在那里遇到过给他提供食宿的好心人，可是现在他绝对不会再去了，他甚至不敢相信现在的阿拉伯世界就是他年少时曾经去过的地方。生活在内战中的人，内心充斥着暴力、毁坏、失望、恐惧，是战争改变了他们。他最后决定在机场附近的宾馆睡一宿，第二天一早就乘坐最早班的飞机回去，回到妻子和女儿的身边。

　　第三篇独白来自第三封信主人公的伙伴。他在机场警察局被捕，警察指控他伙同那个阿拉伯人杀死老女人，偷走财物，肢解尸体。他说自己是无辜的，要是当初在超市门口把男主人公赶走，就不会落到如今要死的下场了。他问他的主是不是要考验他，可考验死人有什么用？

　　第四篇独白来自第四封信主人公的弟弟。父亲突然死了，母亲对他说，你姐姐离婚，带着女儿回来了，你现在是女孩的爸爸。因为姐姐，他才去贩毒，被送进了监狱，可姐姐却杀了母亲，拿走了房子。这个女人不再是他的姐姐，他和真主都不认识她。他要拿回房子，找到她，杀了她。他不知道姐姐为什么会变成这样，他记得小时候姐姐特别爱他。小时候的那个姐姐去哪儿了？怎么才能逃离这一切，又能逃离到哪儿去？

　　第五篇独白来自第五封信的主人公。他一直在等父亲的电报、钱和机票，他不停地问机场邮局有没有他的电报，有没有他名字的机票，这些东西有没有可能被错寄到机场的另一个邮局，但每次得到的答案都是"没有"。

和第一章的故事世界构建方式一样，作家将五篇独白和五封信之间的关系留给读者去填补。第一篇独白既与第一封信中主人公被母亲抛弃后不能正常面对男女亲密关系的事实相照应，又与主人公认为爱人不够爱他、要离开他形成对比。第二篇独白照应了第二封信谈到的对衰老的恐惧，同时揭露了战争带给阿拉伯世界的创伤。第三篇独白和第三封信的主人都在问主为什么要如此考验自己，为什么要抛弃自己。第四篇独白是第四封信内容的反转，姐姐认为都是因为要养活家里的男人，母亲才把她和她女儿卖了，没想到弟弟也是因为姐姐才去贩毒而进了监狱。弟弟说小时候姐姐对她很好，信的女主人公也说母亲曾经对她很好，但是那个姐姐和母亲都不在了。第五篇独白表达男主人公的绝望，暗示他的信没有送到父亲的手里，或是父亲不愿意管他。

《在机场》的五篇独白和《在窗外》的五封信构成一个环形链条，在完善对主要人物的刻画的同时，构建起一个充满怀疑的世界。没有什么是可以确信的，内战、暴力、毁坏，恐惧、失望，这些东西交织在一起产生了笼罩着这篇小说的疑云，这疑云又加剧了"夜（死）"的黑暗，这些人不知道自己的命运会去向何方，因为他们都是漫漫长夜的牺牲品。

三、《尾声：邮递员之死》：上帝视角揭示主题

作家用邮递员的独白作为尾声，邮递员过去送信的喜悦被战争破坏殆尽，战争就像是从天上掉下来的，或者说像从火狱爬上来的，没人知道战争是怎么来的，为什么要有战争。邮递员有时会想，只有"伊斯兰国"或者其他的什么被消灭了才能好好生活。在他死之前，真主的愤怒不会结束，他这辈子就这么完了。

他有的时候在想，那些不能寄到收信人手中的信，那些在某个地方堆积着的信，写下并寄出它们的人并不知道这些信会经历些什么，它们可能就像一张张死了的纸，堆积在空荡荡的街角，也许早就被烧了。人们知道信是寄不到的，被毁坏的街区已经没有地址，被破坏的村庄也空无一人，还写信给谁呢？写的信要寄往哪里？当战争结束时，需要花很多时间来查找地址，到时候将由战争的胜利者给这些街道重新命名。邮递员把邮局里的信读完之后越发觉得悲观失望，他把信分类，并根据日期放进文件袋，写上清楚的地址。他给可能会到邮局的下一个人写信，可能他等不到那个人来就已经死了。谁知道呢？

《尾声：邮递员之死》是为前两章做的诠释，作家在这一章以上帝视角来回答为什么信无法送达，为什么五封信的主人会流离失所。读者不知道这些信的命运最后会怎样，不知道这世间的疾苦将去向何处，白昼的光明无法驱散五位主人公悲暗的孤独，无法照亮与他们命运相似的众多阿拉伯移民苦难的生活。

胡黛·巴拉卡特用"下一个人捡到上一个人的信件，并推动其写下自己的信件"作为明线，用"异乡人的孤独"作为暗线，将《在窗后》中五个单独的故事连成线性链条，再用五篇独白将《在机场》和《在窗后》连接为环形链条，使故事世界的内蕴大大增加，最后以上帝视角《尾声：邮递员之死》诠释前两章，以立体叙事的方式将多维度的时空和碎片化的主题巧妙地糅合在异乡人孤独的旋涡中，用向读者提供暗示的情节编织方式，让读者和作家共同完成故事的讲述与阐释。

作者简介：

吴昊，四川外国语大学教授，主要从事阿拉伯语言文学、阿拉伯语词汇学、阿拉伯社会文化研究。

东西诗学比较与跨文化传播

旅行·变异·反哺：论"理论"的跨文化传播/反馈机制

郭旭东　蒋晓丽

摘　要：本文尝试从"传播模式"角度切入，发展萨义德的"理论旅行"概念和阐释框架。以奥斯古德－施拉姆传播模式为参照，从"理论旅行"的原有阐释框架中延伸出一条由理论接受者到理论发起者的反馈回路，即"理论反哺"。"理论反哺"以理论接受中的"变异"现象为前提，在其传播过程中理论发起者与理论接受者的地位对等，成为两个独立的，同时具有发起、发展和接受能力的传播单位，且不断互换行动者身份。在东、西方理论传播语境下，"理论旅行－理论反哺"传播模式体现为两种形式："西方—东方—西方"和"东方—西方—东方"。本文以印度后殖民学者的理论贡献为例，说明"理论旅行－理论反哺"传播模式的具体作用过程及其影响。

关键词：理论旅行　变异　理论反哺　传播模式

一、引言

自爱德华·萨义德 1982 年提出"理论旅行"（traveling theory）范畴以来，"理论"的跨文化传播现象便成为各领域理论研究者的关注焦点。在萨义德看来，"理论旅行"是理论或观念的一种具有普遍性的传播现象，"正像人们和批评学派一样，各种观念和理论也在人与人、境域与境域，以及时代与时代之间旅行。文化和智识生活通常就是由观念的这种流通所滋养，往往也是由此得到维系的"①。他进而提出"理论旅行"的四个要素/步骤，即理论发生的"源点"、理论传播的"横向距离"、理论的"接受条件"以及理论在新的时空条件刺激下产生的"某种程度的改变"。②

时至今日，萨义德的"理论旅行"范畴及其具有高度可操作性的四步骤阐释框架，在国内各个研究领域已经激起了范围广泛的回声。如冯宪光早在2003年便借用"理论旅行"四步骤阐释框架，分析了西方文艺美学范式在中国美学界的传播与发展，认为文艺美学从西方到中国的理论旅行，是近现代中国学术文化传统和文化接受的必然；③赵稀方从"理论旅行"的视角切入，考察了后殖民主义理论在中国大陆、香港、台湾传播与发展的不同境况，由此强调历史语境对于理论旅行的重要影响④；翁时秀借助"理论旅行"的分析框架，回顾了"想象地理"概念被引入人文地理学研究的历程，据此指出"对概念和理论所处的历史和情境始终进行批判性审视是保持批判意识的根本"⑤。

从以上列举的研究成果不难发现，国内学者对"理论旅行"范畴的使用，大多是对萨义德原有理论构想的解释和搬用，而少有学者对萨义德"理论旅行"理论本身提出挑战。但"理论旅行"是否已完备到再无可拓展的空间？对此，吴兴明认为，"理论旅行"需要"接着说"，"需要顺着萨义德的思绪往前延伸……顺着萨义德论述的逻辑让'理论旅行'所蕴涵的思想－知识效力得到持续性的释放"⑥，亦即"理论旅行"仍是一个"未完成"的概念，它仍需要进一步地拓展和补充理论内涵。萨义德本人也认为"理论永远不可能尽善尽美"⑦。而对"理论旅行"范畴的反思与发展，不应局限于文学批评的理

---

① 爱德华·W. 萨义德：《世界·文本·批评家》，李自修译，生活·读书·新知三联书店，2009年，第400页。
② 爱德华·W. 萨义德：《世界·文本·批评家》，李自修译，生活·读书·新知三联书店，2009年，第401页。
③ 冯宪光：《美学从西方到中国的"理论旅行"》，《西南师范大学学报（人文社会科学版）》，2003年第4期。
④ 赵稀方：《一种主义，三种命运——后殖民主义在两岸三地的理论旅行》，《江苏社会科学》，2004年第4期。
⑤ 翁时秀：《基于理论旅行视角的人文地理学中想象地理研究反思》，《地理学报》，2018年第2期。
⑥ 吴兴明：《"理论旅行"与"变异学"——对一个研究领域的立场或视角的考察》，《江汉论坛》，2006年第7期。
⑦ 爱德华·W. 萨义德：《世界·文本·批评家》，李自修译，生活·读书·新知三联书店，2009年，第423页。

论视野，不应满足于在学科范围内自我言说。在"学科分界线的流动性日益增强"①的今天，我们理应从文学研究之外更加多元的学科视角切入，重新审视"理论旅行"的当代解释力，拓展"理论旅行"的概念内涵与阐释框架。

实际上，如果我们从与文学研究相距不远的传播研究角度出发，将萨义德的"理论旅行"理解为一种传播模式，便可发现萨义德构想的"理论旅行"的四个步骤仍然有可延伸之处。在传播学者沃纳·赛佛林和小詹姆斯·坦卡德那里，"模式"的定义是"对真实世界理论化和简约化的一种表达方式"，或者说是"一种符号的结构和操作的规则，它用来将已存在的结构或过程中的相关要点联系起来"。② 基于此，"传播模式"所指的则是对传播现象进行"理论化"和"简约化"的"表达方式"，在其中，各类传播要素以较稳定的规则相互联系、相互作用，由此形成传播模式的一般功能，即"从能量、力量及其方向等角度来描述各系统，描述各部分之间的关系和相互影响"③。强调"联系"是传播模式的重要特征，传播模式中的各要素之间的联系则体现出"循环性、协商性和开放性"的特点。④ 换句话说，传播过程中的信息发送者与信息接受者之间的联系并非单向的信息传递，两者之间的互动和相互影响同样是构成传播过程的关键环节。在这个意义上，如果我们将萨义德"理论旅行"的阐释框架视为一种传播模式，那么这一模式中显然缺少对接受者的"反馈"的关注。传播活动中的接受者的"反馈"也可以用跨文化传播研究中时常使用的"文化反哺"概念指代。"文化反哺"的含义为"文化的回流"⑤，那么将这一概念置于"理论旅行"中"理论反哺"阶段来审视，其含义即指"理论的回流"。但在萨义德那里，理论的传播始终被视为一个稳定的单向传递过程，接受者对理论的选择性挪用或创造性发展，仅在其所处的历史语境中产生意义。而接受者对理论的使用和发展能否反哺理论的发起者，并逐渐形成一个相对开放的循环系统，对此萨义德则并未阐明。

---

① C. 赖特·米尔斯：《社会学的想象力》，陈强、张永强译，生活·读书·新知三联书店，2001年，第150页。

② 沃纳·赛佛林、小詹姆斯·坦卡德：《传播理论》，郭镇之译，华夏出版社，2000年，第44页。

③ 丹尼斯·麦奎尔、斯文·温德尔：《大众传播模式论》，祝建华、武伟译，上海译文出版社，1987年，第3页。

④ 丹尼斯·麦奎尔、斯文·温德尔：《大众传播模式论》，祝建华、武伟译，上海译文出版社，1987年，第4页。

⑤ 张涛甫：《跨文化传播中的"文化反哺"——兼论"韩流"现象》，《当代传播》，2016年第3期。

二、接受中的变异:"理论反哺"的前阶段

萨义德在其探讨"理论旅行"范畴的文章中,反复强调接受者所处的历史情境对于其接受外来理论产生的重要影响。如他在比较卢卡奇和戈德曼的观点差异时便发现了一种"误读"现象,后者基于与前者所处的完全不同的历史情境(第二次世界大战后的巴黎和1919年的匈牙利),将前者的阶级意识诸理论改写为充满悲剧性的版本。据此,萨义德指出:

> 把卢卡奇和戈德曼相互衡量时,我们也在认识理论在何种程度上是对某一特定历史和社会情境的反应,而智识工作则是这情境的一部分。一种情境下的反叛意识,在另一情境下就变成了悲剧性图景,原因就在于认真对比布达佩斯和巴黎时所阐明的那些东西……我的意思的确是说,"布达佩斯"和"巴黎"是不可还原的首要条件。①

萨义德将理论接受者基于其接受条件或所处历史情境对理论本身进行的发展视为其对理论的"抵抗"或"批判",在他看来,没有一个万能的、能够适用于一切历史情境的普遍性理论,理论从一地到另一地的传播、发展一定经历了一个被"误读"或"改写"的过程。在这里,"误读"和"改写"并非对理论接受行为的否定。在萨义德看来,对理论的误读、改写中蕴含着新知,能够重新赋予理论以生命力。在这一点上,萨义德的观点颇似伽达默尔,他们都强烈地体认到"普遍性"的不可靠,并试图用"偏见"消解万能的宏大理论话语。如伽达默尔所言,"意识到一个人自己的偏见,以便文本能在整个的他者性中展现自己,从而坚持它自己的真理,以反对一个人自己的先入之见"②。这种对"偏见",对接受中的误读、改写的重视,实际上亦是萨义德的后殖民思想在"理论旅行"概念中的投射。在萨义德那里,后殖民理论的关键概念"东方主义",即意在以东方的主体性挑战西方话语霸权,否定西方学者对东方的"先入之见",即"东方是非理性的,堕落的,幼稚的,'不正常的';而欧洲则是理性的,贞洁的,成熟的,'正常的'"③。在这个意义上,我们也可以将"理论旅行"概念视为一种在理论领域反殖民主义的努力。在理论旅行过程中,接受者不再被动、僵化地挪用理论来解释多元、差异的历史

---

① 爱德华·W. 萨义德:《世界·文本·批评家》,李自修译,生活·读书·新知三联书店,2009年,第416—417页。
② 转引自让·格朗丹:《哲学解释学导论》,何卫平译,商务印书馆,2009年,第179页。
③ 爱德华·萨义德:《东方学》,王宇根译,生活·读书·新知三联书店,1999年,第49页。

情境，而是立足于所处情境对理论进行本土化改造和发展。我们可以归之于一种比较文学意义上的变异现象，并借用比较文学变异学的知识进行解释。

比较文学变异学是比较文学中国学派的核心理论。所谓"变异"，即"一种事物从一个国土传播到了另一个国土，必然会生成新的事物"[①]的现象。在比较文学的平行研究和影响研究中都存在变异现象，这种现象的成因即异质文明之间的交汇和碰撞。异质文明之间的交汇和碰撞使一国文学在传入他国后，经过他国历史情境中接受者的重新解码、编码，而在根本上融入他国的文学话语、文化常规。我们亦可称之为文学"他国化"过程。理论旅行同样经历了"他国化"的变异阶段，在此阶段中，理论脱离"源点"的限制，通过接受者去地域化、再地域化的解读获得新的意义。变异中较为常见的形式即"话语变异"，理论亦是话语，因此我们可将"话语变异"视同"理论旅行"框架中的第四步骤，即理论在新环境刺激下发生改变，正如变异学理论的提出者曹顺庆所言，"关于'话语变异'，我们可以引进萨义德'理论旅行'的观点来加以说明，也就是说一种文学理论话语从一个国家'旅行'到了另一个国家以后，会产生变异"[②]。换句话说，理论旅行同文学的传播活动一样，理论在被他国接受的过程中亦存在变异现象。吴兴明也将"理论旅行"与变异学相互参照，认为变异学切近"理论旅行"对情境之异引发理论之异的认识，具有萨义德意义上对理论权威的抵抗精神、批判意识："'变异学'所着力关注的不是旅行在地的理论与理论原本的'同'，而是'异'。不是凸显它们之间的在理论观念'同源'基础上的同一性，而是在历史状态中的差异性。"[③]

由此，变异学与"理论旅行"这两大思想创见之间便建立起一座彼此沟通的桥梁，变异作为理论旅行在接受者一端的抵抗或批判的表现形式，进一步凸显了理论接受的历史性和复杂性，即接受者所处的历史情境决定着理论呈现和作用于他国的最终面貌。而若以"理论反哺"的视角审视，这种由接受中的变异生发的、经过他国化的新理论，恰恰是理论旅行过程中最有价值的部分，经过变异的理论由此具备了从接受者向源点-发起者"反哺"的潜力。在此，向源点-发起者"反哺"的理论，已是在旧理论的基础上经过重

[①] 曹顺庆：《变异学：比较文学学科理论的重大突破》，《中山大学学报（社会科学版）》，2008年第4期。

[②] 曹顺庆：《变异学：比较文学学科理论的重大突破》，《中山大学学报（社会科学版）》，2008年第4期。

[③] 吴兴明：《"理论旅行"与"变异学"——对一个研究领域的立场或视角的考察》，《江汉论坛》，2006年第7期。

新编码而再度焕发生机的别种理论，因此它对于旧理论的源点－发起者而言，有着不同以往的面向和解释效力，具备了被再度接受、过滤、转化的条件。换句话说，我们可以将"接受中的变异"视为"理论反哺"的前阶段，经过变异的理论开启了新一轮理论旅行的过程，原有的接受者此时变为理论发生的源点－发起者，原有的源点－发起者此时变为理论的接受者。这一传受主体变更、传播活动再循环的过程，便是传播模式中常见的信息传播的反馈阶段。

本文试以"理论反哺"的概念说明理论旅行中出现的反馈现象。萨义德在围绕"理论旅行"四步骤展开的论述中，并未对"理论反哺"的可能性投入太多关注，但实际上在当代学术界，"理论反哺"已经成为不可忽视的新常态。若以东、西方作为分界，增添了"理论反哺"视角的"理论旅行"传播模式可缩写为两种形式："西方－东方－西方"或"东方－西方－东方"。其中第一个传播阶段可用萨义德"理论旅行"四步骤所设想的理论传播框架理解，第二个传播阶段则是作为"理论旅行"四步骤之延伸的"理论反哺"阶段。下节将对照传播学中经典的奥斯古德－施拉姆模式对"理论旅行－理论反哺"传播模式展开进一步拆解、分析，并以印度后殖民学者的理论贡献为例，说明"理论反哺"在当代学术领域的表现形式。

三、从"理论旅行"到"理论反哺"：以印度后殖民学者的理论贡献为例

（一）"理论旅行－理论反哺"传播模式：以奥斯古德－施拉姆模式为参照

为了更清晰地阐述"理论旅行－理论反哺"传播模式，本文引入传播学学者威尔伯·施拉姆在 C. E. 奥斯古德基础上发展而来的传播循环模式作为参照，以说明一般意义上的信息传播活动，特别是其"反馈"阶段的运作过程。

奥斯古德发现了信息传播活动中存在的"反馈"现象。他在批判香农－韦弗信息论所设定的机械传播模式的基础上，提出"传播是一个循环过程"的观点，其核心在于将信息论模式中的信息发送者、信息接收者"变成他所称的一个既能发射消息又能接收消息的传播单位"[①]。由此奥斯古德便超越了信息论式的单向传播模式，发现了一种信源单位和信宿单位在信息传播不同

[①] 沃纳·赛佛林、小詹姆斯·坦卡德：《传播理论》，郭镇之译，华夏出版社，2000年，第55页。

阶段相互转换立场的可能性。在奥斯古德观点的基础上，施拉姆更进一步提出"循环模式"的构想，该模式可用图 1 表现为：

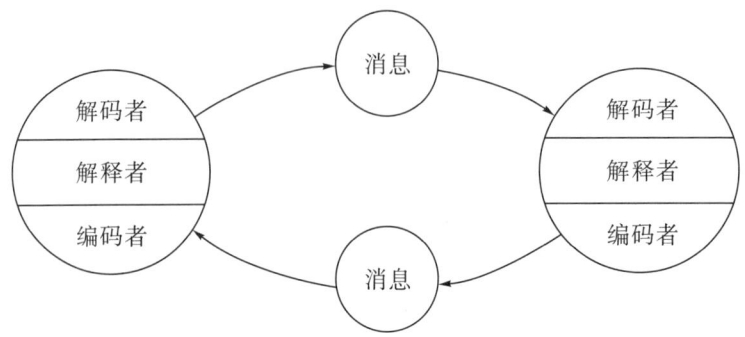

图 1　奥斯古德－施拉姆模式，传播双方（例如在对话中）执行着相同的职能①

在这里，信源和信宿作为两个独立的传播单位，同时具有编码者、解释者和解码者三重行动者身份，前者将经过解码/编码的信息传递给后者，后者在对其进行再解码/再编码后又将信息反馈给前者，由此便形成了一个信息传播的稳定循环系统。丹尼斯·麦奎尔、斯文·温德尔在评价奥斯古德－施拉姆模式时写道："它们把行动的各方描述成对等的，行使着相同的功能，即编码、译码（解码）和释码（解释）……编码功能类似于发射，译码（解码）功能类似于接收。"②也就是说，在奥斯古德－施拉姆模式中，两个独立的传播单位之间的关系被视为相互对等，无先后、等级之分，信息发送者同时扮演着信息接收者的角色，反之亦然。因此，将传播活动视为一个从信源到信宿的有始有终的单向传播过程的观点是应当被摒弃的，传播过程实则永无止境。在此过程中，信息成为一种"漂浮的能指"，它的意义随着编码者、解释者和解码者身份的不断更替，而被持续地赋予新的内涵，信息的所指已经超出信息最初发送者的言语境界，处于无止境的变异当中。

但是我们也应当看到，变异实际上是信息接收者所采取的诸种解码手段之一，变异意味着对原始信息的抵抗和改写，而非对其原本含义的顺从或妥协。如果以斯图亚特·霍尔的编码/解码理论审视，那么变异式的解码实际上就是霍尔所谓的"对抗式解码"，信息接收者"以自己喜爱的代码分解讯息，

---

① 丹尼斯·麦奎尔、斯文·温德尔：《大众传播模式论》，祝建华、武伟译，上海译文出版社，1987 年，第 22 页。
② 丹尼斯·麦奎尔、斯文·温德尔：《大众传播模式论》，祝建华、武伟译，上海译文出版社，1987 年，第 23 页。

将讯息在另一种参照体系中重新组合"①，这里的"另一种参照体系"所指的便是与信息发出源点截然不同的另一种历史情境。以这一历史情境为参照，信息在接受过程中产生了变异，信息本身的内容发生了变化。如前所述，正是经过变异的信息构成了理论反哺的前提，理论反哺作为理论旅行的延伸由此具备了进入传播过程的条件。

变异开启了理论旅行的反馈回路，即"理论反哺"阶段。如果从传播模式的角度理解"理论旅行"及其延伸概念"理论反哺"，那么应当考虑到处于不同历史情境的传播单位之间的互动关系，即信源单位与信宿单位之间身份、功能互换的可能性。参照奥斯古德－施拉姆传播模式，"理论旅行－理论反哺"的传播模式可用图 2 表现为：

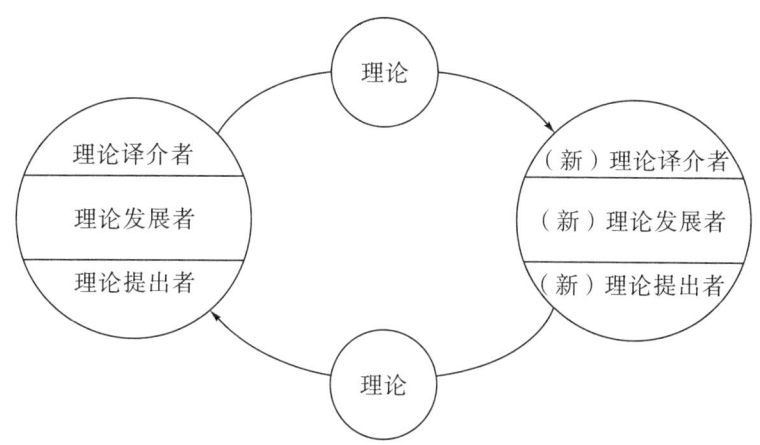

图 2 "理论旅行－理论反哺"的传播模式

该传播模式中的"理论提出者"即开创性地建立某种理论学说的学者或学术群体，"理论发展者"即在提出者基础上对理论学说进行补充完善的学者或学术群体，"理论译介者"即将该理论学说翻译为某种他国语言并对外传播的各领域从业者。在这种传播模式中，信源与信宿的概念被模糊化处理，没有一个绝对的理论源，唯有不断传播、交换并在此过程中持续发展的理论内容。理论在被一国的"理论提出者"提出后，经由"理论发展者"的解释和发展，继而通过"理论译介者"的译介、推广，进入他国学术领域。在进入他国学术领域后，又作为一种（新）理论（此处的"新"只是一个相对的说法，指的是经过变异的理论新面貌）经历"提出—发展—译介"的传播过程，

---

① 斯图亚特·霍尔：《编码/译码》，朱晨译，见张国华主编《20 世纪传播学经典文本》，复旦大学出版社，2003 年，第 436 页。

反馈给之前的理论发出者。由此，便形成了一个相对完好的、能够体现"理论旅行"及其延伸概念"理论反哺"特点的理论传播循环系统。

如前所述，若以学术界常用的东、西方地理区隔的方式来描述这种"理论旅行－理论反哺"传播模式，那么我们可以将之简写为"西方—东方—西方"或"东方—西方—东方"两种形式。萨义德原本的"理论旅行"概念对东、西方理论传播的问题并未投入太多关注，他所列举的案例亦主要聚焦于西方学术史中的理论旅行现象，至于理论旅行中东西双方不同传播单位的相互影响，即东西方理论反哺现象，萨义德则没有进行过系统的阐述和案例分析。基于此，本文将以在西方世界影响甚广的印度后殖民学者的理论贡献为例，阐述"西方—东方—西方"形式的"理论旅行－理论反哺"传播模式在当代学术领域的体现和影响。那些在西方世界接受高等教育的印度后殖民主义学者，如何将其所学知识与印度本土经验相结合，并进而形成具有自身特色的理论学说以反哺西方，将是下文案例部分所要分析的主要问题。

（二）案例：印度后殖民主义学者的理论贡献如何反哺西方

无论在东方还是西方，印度学者的理论贡献都是那些探讨后殖民主义理论的论著绕不开的话题。众所周知的后殖民主义"神圣三剑客"中，除萨义德生于耶路撒冷、成长于开罗，霍米·巴巴和斯皮瓦克均在印度出生并接受基础教育。在萨义德开创后殖民主义研究热潮后，霍米·巴巴、斯皮瓦克等一干印度学者积极介入对后殖民主义问题的讨论，并尝试在印度本土经验中抽象出具有一般意义的后殖民理论，由此逐渐形成了规模可观的印度后殖民主义学术群体。印度长期的被殖民史成为印度学者探索后殖民主义问题的经验土壤。关于印度的历史问题，马克思曾写道，"印度社会根本没有历史，至少是没有大家知道的历史……我们所谓的它的历史，不过是一次又一次的侵略者的历史，他们把帝国建筑在这个毫不抵抗的一点不变的社会的被动的基础上"；他随后对英国殖民者在印度要完成的"双重使命"做出判断，进而明确了英国占领印度的殖民主义实质，"一个是破坏的使命——消灭旧的亚洲社会，另一个是建设的使命——在亚洲奠定西方社会的物质基础"。[①] 换句话说，殖民者的殖民行动遵循着先破坏、后建设的逻辑，无论是殖民主义时期以领土扩张为基本诉求的阶段，还是后殖民主义时期以经济、文化扩张为基本诉求的阶段，殖民者所要实现的目标都是将被殖民一方的土地和人民纳入自身构建的"全球化"——实则是"西方化"世界体系，巩固西方作为世界中心

---

① 卡尔·马克思：《马克思论印度》，季羡林、曹葆华译，人民出版社，1951年，第18—19页。

的地位和权力。

身处于印度的复杂历史情境,印度学者对后殖民问题的思考较他国学者具有更加丰富的面向。霍米·巴巴的后殖民主义思想在质疑萨义德"东方主义"范畴的基础上形成,在他看来,萨义德仅注意到西方单一主体和文化对东方产生的作用,而未能体察东方在文化和心理上对西方殖民行为做出的反应,即"看不到作为一种语言、象征和历史的差异系统的殖民话语构成的复杂性,也看不到由此衍发的反殖民话语的可能性"①。因此,在霍米·巴巴那里,东方作为接受者的主体性得到凸显。此外,较之萨义德,雅克·拉康对霍米·巴巴产生了更加重要的影响,后者在理论论述中经常援引拉康,并从拉康的"镜像"理论出发,进一步强调了被殖民主体与殖民主体之间相互依赖、相互影响的关系。在他看来,"殖民者的主体构成也不可能是单方面的,它是脱离不了作为'他者'的被殖民者;殖民主体的形成徘徊于'自恋'与'侵略'的身份之间,而威胁正来自于作为参照的'他者'的缺失"②。

霍米·巴巴的后殖民思想以三个理论范畴为核心,深刻地影响了东、西方世界的后殖民主义研究。这三个理论范畴是"杂交""模拟"和"第三空间",其中"杂交"意指不同语言或文化的混杂和交互影响,"这种交互影响的状态类似于文本与文本之间的互文性关系,每一个文本都对其他文本开放,因此文本间的交互影响改变文本原来的意义并不断产生新的意义"③;"模拟"是被殖民者对殖民者采取的一种日常抵抗手段,它"通过差异和欲望的重复滑落破坏了自恋的权威,它是一种殖民性的定位过程,是一种在被阻断的话语中跨类别的和差异性的知识"④;"第三空间"是超越了西方传统空间二元论的一种主体间相互渗透的空间状态,"霍米·巴巴把两个有着不同文化传统和文化潜势的社群的相遇看作是发生在第三空间的协商或转化……这种协商不仅可能产生两种文化传统的播撒……而且可能带来一种共同身份"⑤。这三个范畴均在不同程度上从西方学术传统中汲取养分,并结合印度历史情境对西方理论原本具有的内涵进行了改造。如今,这三个理论范畴已经成为东、西方后殖民研究中无法绕开的理论话语,频现于有关后殖民主义的论著和教科书之中。

---

① 赵稀方:《后殖民理论》,北京大学出版社,2009年,第103页。
② 赵稀方:《后殖民理论》,北京大学出版社,2009年,第104页。
③ 查日新:《空间转向、文化协商与身份重构——霍米·巴巴后殖民文化批评思想述评》,《国外理论动态》,2011年第3期。
④ 转引自赵稀方:《后殖民理论》,北京大学出版社,2009年,第109页。
⑤ 转引自查日新:《空间转向、文化协商与身份重构——霍米·巴巴后殖民文化批评思想述评》,《国外理论动态》,2011年第3期。

霍米·巴巴的理论逐步形成并反哺西方学术界的过程，正是"理论旅行－理论反哺"传播模式的典型代表。该过程第一阶段，西方的理论通过"发展"和"译介"传向东方学者；第二阶段则是东方学者对理论的再发展、再译介，将经过变异的理论反馈给西方学界。在此过程中，霍米·巴巴的行动者身份发生了根本性的倒转，从理论的接受者转变为（新）理论（变异的理论）的发起者，成为理论反哺的源头——尽管他作为源头的角色在理论的循环传播模式中同样充满了不确定性。霍米·巴巴基于印度本土经验改写的后殖民理论，使其得以跻身后殖民主义研究"神圣三剑客"之列，在东、西方学术界产生了广泛影响。实际上，所谓后殖民主义"神圣三剑客"的说法本身便是由西方学者罗伯特·杨提出的，他在《白色神话》中明确了霍米·巴巴、萨义德和斯皮瓦克在后殖民理论中的核心地位，促进了东方后殖民主义思想家对西方世界的理论反哺。[①] 因此可以说，以霍米·巴巴为代表的印度后殖民主义研究者对西方学界的理论反哺离不开东、西方学者的相互协作和共同努力，唯其如此，一个稳定循环的"理论旅行－理论反哺"传播模式才得以最终成形，并从根本上指引着整个后殖民主义研究的未来发展之路。

四、结语

萨义德的"理论旅行"概念如今已成为文学、文化理论界公认的经典，但对这一概念本身进行的发展和延伸似乎还比较少见。基于此，本文指出，身处于与萨义德提出"理论旅行"之时全然不同的时空情境，我们理应跨出学科界限，立足实际案例，尽可能丰富"理论旅行"的内涵与外延。这也正是萨义德所呼吁的批判意识的体现，我们对一种理论的接受，如果只是无条件地挪用其阐释框架来应对某个具体问题，那么该理论的活力和生命力将会日益消减。真正有价值的理论接受应是以一种抵抗的姿态，并在抵抗过程中，结合自身所处的语境实现理论的变异式发展。萨义德本人亦曾尖锐批判理论教条化现象，他写道：

（理论）确实可以轻易地变成独断的教条……它们孳生的危害则在于，它们最初的源头——即它们的对抗的、对立的派生理论的历史——就会使批判意识变得麻木迟钝，使这种意识相信，原来是叛逆的理论对于历史依然是叛逆的、生动的、敏感的。理论一旦听任姑且说它的专家

---

① 程朝霞：《中国与后殖民的对话："后殖民经典译丛研讨会"综述》，《文学评论》，2014年第6期。

和助手的处置,就往往会在它自身周围筑起壁垒……①

亦即说,在过去或在他地具有生产性、原创性的理论,一旦进入差异的情境,便可能失去其原有的"叛逆""生动"和"敏感",一旦理论成为一种教条,乃至成为一种规训,那么理论本身便会成为自身发展的限制。因此,对萨义德"理论旅行"概念本身的发展和延伸在当下自然有其价值所在。

本文从传播学中的传播模式角度切入,尝试将"理论旅行"置于其中进行考察。在传播学者围绕传播模式的讨论中,对机械的、单向的传播模式的批判刺激了奥斯古德-施拉姆模式的产生。奥斯古德和施拉姆在信息论传播模式的基础上,在信源与信宿的单向传播过程之外发现了"反馈"回路的存在。作为信宿的信息接收者在这里不再自始至终陷于被动,他们自主地对信息进行再解码、再编码,并将经过改造、发展的信息重新反馈给作为信源的信息发送者。信源与信宿由此成为两个独立的,同时具有发送、发展和接收信息能力的传播单位,它们的行动者身份充满不确定性,且在传播过程中不断转换。

因此,如若将"理论旅行"视为一种传播模式,我们理应关注到理论接受者在根据自身所处情境接受和发展理论的同时,是否有可能将经过其改写或变异的理论重新反馈给理论发起者。这就是跨文化传播中所谓的"反哺"现象,置于"理论旅行"层面,我们可称之为"理论反哺"。本文以印度后殖民主义学者的理论贡献为例,说明了这种理论反哺现象发生的可能性。如果说过去对东、西方世界理论旅行现象的研究仅止于由西方传向东方,或由东方传向西方的层面,那么本文所列举的案例则反映出在"西方—东方"或"东方—西方"的单向旅行之外,尚有一条潜在的反馈回路,将这一反馈回路添加到理论旅行过程中,便形成了"理论旅行-理论反哺"传播模式的两种具体形式:"西方—东方—西方"或"东方—西方—东方"。在本文列举的案例中,印度后殖民学者在接受西方理论的基础上,结合印度历史情境对理论本身进行变异式发展,进而再将(新)理论反哺给西方学界,由此形成了一个比较完整的"理论旅行-理论反哺"传播过程。霍米·巴巴的理论学说离不开拉康等西方学者的影响,他立足印度本土经验对拉康的"镜像"等西方经典理论进行发展,最终形成具有说服力的(新)理论体系,反哺西方学界——他既成为西方文化理论教科书中的常客,亦被西方学者誉为后殖民主义研究"神圣三剑客"之一。

---

① 爱德华·W. 萨义德:《世界·文本·批评家》,李自修译,生活·读书·新知三联书店,2009年,第431页。

在当前的学术研究领域，媒介技术、通信能力的迅猛发展已使不同文化传统之间的理论传播速度大幅提升，不同文明、不同国家的学者之间的联系日益频繁、紧密。在此背景下，理论反哺已经成为一种常见的理论传播现象，过去长期位于世界学术场中心的西方学界如今已越来越多地从当代他国理论中汲取养分，而这些当代他国理论的源头则大多又可追溯至西方经典。因此，理论反哺已经成为我们探讨理论旅行问题时不容忽视的一环，它既推动着我们像萨义德所强调的那样以批判意识看待理论权威，亦促使我们自觉地重视理论源头与接受者之间的相互影响、相互构成关系。唯其如此，我们方可更为全面地理解当代学术研究领域纷繁的理论传播现象，进而积极、主动地介入其中。

作者简介：
郭旭东，四川大学文学与新闻学院博士研究生。
蒋晓丽，四川大学文学与新闻学院教授，博士生导师。

文学的认识功能：中西诗学发轫期的比较阐释*

王汝良

摘　要：中西诗学两大体系之间存在诸多差异，对文学认识功能的不同理解是其中重要的一个方面。这种差异早在中西诗学的发轫期已有明显体现，原因主要有：各自文化传统中文史关系的不同侧重，集中体现文学认识功能之诗学观念的不同地位，不同思维方式所孕育的基础文类的不同。这些发轫期诸因素的共同作用，对两大诗学体系中文学认识功能的特征和走向产生了深远的影响。

关键词：认识功能　文史关系　诗言志　模仿说　文类

文学的认识功能，是诗学理论关注的一个核心问题。在此问题上，中西诗学两大体系间存在较大的差异，这一点已有共识。但对何以出现如此大的差异，还存在探讨的空间。上古时期是中西诗学的发轫期，在此期间，中西文化传统中对文史关系的理解和把握已出现不同侧重，集中于文学认识功能的"诗可以观"和"模仿说"两大诗学观念也已成型并发挥影响，抒情诗和戏剧这两大文类的基础地位也已经奠定。中西诗学在发轫期即表现出的这些差异，制约和决定了文学认识功能的走向，成为两大诗学体系呈现较大不同的一个重要因素。[①]

一

按照传统学术分科的视野，对于社会现实和人生经验的认识和

---

* 本文为国家社科基金重大项目"东方古代文艺理论重要范畴、话语体系研究与资料整理"（项目编号：19ZDA289）阶段性成果。

① 严格来看，"诗学"与"文论"并非尽可通约。本文着意点不在于二者区别，统一使用前者。

再现，这一任务首先应由历史学来承担，因为"历史即记录"①，是对社会以往事件的讲述和传授；"历史便即是'人生'"②，是对人生过往经验的记载和认识。只有当历史学没有很好地承担这一职责、完成这一使命时，包括文学在内的其他学科，才会站到前台，发挥其对社会、人生的认识作用。所以，文学的认识功能，势必受到特定时代文学、历史学各自发展状况的影响和制约。中西诗学体系中对文学认识功能的不同理解，也与此密切相关。

文学与历史有着天然的亲缘关系，它们主要以语言文字为共同的书写和传承载体，有着对社会和人生相近的价值关怀，又由于上古期人类思维的局限性，文史同源、相融，这在早期的中西方是一致的。《诗经》《左传》《国语》和《战国策》同为文学和史学名篇，《史记》更是文史融合的典范，被誉为"史家之绝唱，无韵之《离骚》"③。古希腊也是如此，荷马史诗、赫西俄德叙事诗文史价值兼具，希罗多德《历史》、修昔底德《伯罗奔尼撒战争史》、普鲁塔克《希腊罗马名人传》，也因其较强的可读性而对后世文学产生一定影响。特别是希罗多德的《历史》，"成了后世把历史真实性与文学艺术性相结合的最早的一个范例"④。然而此后，中西对文史关系的不同侧重却导致了各自不同的诗学走向：中国较早地实现了文史分途，西方却并未明显实现，这成为两大诗学体系对文学认识功能有不同理解和实现的一个重要因素。

早期农耕文明对时间、季节、历法等的需要和重视，是中国人的历史意识过早成熟的地理环境因素。此外，从文化心理上看，"中国人'回头看'的性质很强，常以过去经验做个人行为的标准，这是无疑的。所以史部的书特别多"⑤。在以上因素的综合作用下，中国史学传统尤为发达：古史传说中的黄帝时期就有了史官仓颉、沮诵，夏朝有孔甲，殷商时有尹逸，都是专门的史官。至周代更有了"五史"的具体分工，史官职务受到尊重，被视为神圣，并开始实行世袭，这种情况一直延续到司马迁时代。史籍编撰方面，西周初年就产生了内容珍贵、编纂明晰的经典史籍《尚书》，《春秋》《左传》所开创的编年体，《史记》《汉书》所开创的纪传体，成为中国史籍编撰的两大体裁。此后，经过历代史家的持续努力，史学成为中国传统学术中最为发达的学术门类，在历代传承、卷帙浩繁的官修史书之外，还有大量的私人修史，或者

---

① 内藤湖南：《中国史学史》，上海古籍出版社，2008年，第1页。原文表述为："关于中国的历史即记录的起源，是可以将记录的起源与记录者即史官的起源同时予以考虑的。"
② 钱穆：《中国历史精神》，九州出版社，2012年，第5页。
③ 鲁迅：《汉文学史纲要》，见《鲁迅全集》第九卷，人民文学出版社，2005年，第435页。
④ 张广智：《西方史学史》，高等教育出版社，2000年，第17页。
⑤ 梁启超：《中国历史研究法》，上海古籍出版社，1998年，第297页。

说，正史之外，还有大量的别史、杂史、野史、稗史等。所以，"中国于各种学问中，惟史学为最发达。史学在世界各国中，惟中国为最发达（二百年前，可云如此）"①，"中国可说是世界上一个史学最发达的国家"②。面对如此发达的史学传统，文学在实现其认识功能方面不免弱势和落寞：神话，本承载远古先人的历史观，却零散、不成系统，又经儒家群体之手而历史化；史诗，是文学自觉之前最珍贵的历史叙事文体，汉民族史诗仅存《诗经》中的有限几篇，规模短小，历史信息量有限，少数民族史诗在传统文学史书写中又不受重视，以致被认为"中国人却没有民族史诗"③。《左传》《国语》《史记》《汉书》等虽在文学史上占有重要地位，其被人熟知却因更为显要的史学价值。南朝梁萧统开始反思文史不分，提倡文史分途；唐刘知几强调文史有别，反对以文入史；清章学诚虽认为"良史莫不工文"，但着重指出，"文人之文，与著述之文，不可同日语也"④，这里的"著述之文"，即以史著为大宗。金圣叹也指出，历史作品是"以文运事"，文学作品是"因文生事"⑤，前者重点在还原历史真实，文辞仅为实现这一目的的手段，后者则尽可以生发、虚构。所以，综合来看，史学传统的发达、文与史的分途，抑制和遮蔽了中国文学对社会、人生的认识，虽然也有"饥者歌其食，劳者歌其事"⑥"文章合为时而著，歌诗合为事而作"⑦等诗学呼吁，也有杜甫等留下不少关注现实和人生的"诗史"佳作，但其本质上仍属对社会背景起到一定揭示作用的"另类历史"⑧。当然，如此强大的史学传统，是否对中国社会起到了真正的、最为重要的认识作用，则是另外一个问题了。

不同于中国，西方并未较早地出现文史分途。古希腊神话中的历史女神克莱奥就是一位缪斯，九位文艺女神之一；后期史学意识的自觉也并未带来文史的分离，公元前2世纪历史学家波利比乌斯对于分清二者界限的告诫并

---

① 梁启超：《中国历史研究法》，上海古籍出版社，1998年，第10页。
② 钱穆：《中国历史精神》，九州出版社，2012年，第12页。
③ 黑格尔：《美学》第三卷（下），朱光潜译，商务印书馆，1981年，第170页。黑格尔的论断基于两点：中国人的散文叙事和宗教观点，这些均不适于史诗的形成和发展。显然，他是按自己的史诗标准来推断的，且对中国文化了解不够。
④ 章学诚：《文史通义》第一册，上海书店，1988年，第64页；第二册，第54页。
⑤ 金人瑞：《读第五才子书法》，见郭绍虞主编《中国历代文论选》第三册，上海古籍出版社，2001年，第245页。
⑥ 《春秋公羊传·宣公十五年解诂》，见郭绍虞主编《中国历代文论选》第一册，上海古籍出版社，2001年，第5页。
⑦ 《与元九书》，见郭绍虞主编《中国历代文论选》第二册，上海古籍出版社，2001年，第98页。
⑧ 葛剑雄：《历史学是什么》，北京大学出版社，2015年，第133页。

未引起重视,诸多历史著述仍受文学传统的强大影响,甚至在新史学观念出现之前,历史"一直被人们看成一般文学的一个分支"[1]。长期以来,西方史学的认识范畴也主要集中在政治和军事领域,对社会文化史的撰述则相对欠缺。例如,作为西方最早的一部历史著作,希罗多德的《历史》对公元前6—前5世纪希腊城邦和波斯帝国之间的战争进行了记述,虽夹杂大量社会文化事件描述,但基本框架是战争,后半部分也将笔墨集中于战争,所以又名《希腊波斯战争史》。修昔底德的《伯罗奔尼撒战争史》则是一部典型的政治军事史,影响也颇为深远,"修昔底德的史学标志着西方政治军事史传统的确立,而这种史学范型的奠立对后世的西方史学发生了至为深刻的影响"[2]。此后西方史学撰述的主要聚焦点在政治军事史,其间的基督教史学书写中也不乏对战争的可怕描述(因为那是上帝惩罚人类罪行的历史)。18世纪伏尔泰文化史学的出现开启了对这一范型的反思和批判,然而并未改变整个史学领域对政治军事史的兴趣,兰克、德罗伊森、毛伦布雷歇尔、弗里曼等史家在为这一传统进行辩护的同时将其继续了下去。与此相对的是,"文化史的写作者是孤单的,而且往往被人鄙视"[3]。此情况下,对于另一广阔领域——社会文化的认识和记述,由文学来履职是再合适不过了,这体现为,不论在西方史学独立之前,还是在西方史学作为一门独立学科获得长足发展之后,文学始终在对社会现实的再现方面起着至关重要的作用:古希腊神话是上古时期希腊人特定历史意识的反映,是认识当时希腊自然状况和社会生活的一面凹凸镜。荷马史诗则被古希腊人当作历史来看待,"就它所包含的社会和文化方面的资料而言,无论在范围和内容方面,古希腊的许多历史著作甚至都不能与之相比"[4]。中世纪基督教文学对其时的社会意识、政治与宗教的关系有着或显或隐的反映,世俗文学中的英雄史诗也都以特定的历史事件为依托。文艺复兴时期文学则是那个时代蓬勃精神的反映,莎士比亚的剧作现实性更强,恩格斯曾这样评价:"单是《风流娘儿们》的第一幕就比全部德国文学包含着更多的生活气息和现实性。"[5] 此后,古典主义崇尚理性的创作原则,坚信文

---

[1] 詹姆斯·哈威·鲁滨孙:《新史学》,齐思和等译,商务印书馆,1964年,第22页。

[2] 张广智:《西方史学史》,高等教育出版社,2000年,第31页。在该著中,作者将希罗多德的《历史》和修昔底德《伯罗奔尼撒战争史》分别视为社会文化史和政治军事史的滥觞,但后者的影响更为深远。

[3] 巴恩斯:《论新史学》,陈芳芝译,见鲁滨孙《新史学》,商务印书馆,1964年,第206页。

[4] 张广智:《西方史学史》,高等教育出版社,2000年,第8页。

[5] 《马克思恩格斯全集》,人民出版社,1979年,第108页。

艺模仿自然,"你们惟一钻研的就应该是自然人性"①,经验主义理论家则进一步追求文艺的逼真,"正如真实对历史的自由是应有的约束,逼真对诗的自由也是应有的约束"②,启蒙主义文学鲜明地揭露和批判教会腐朽和封建专制,自然主义文学倡导作家要做自然和社会的照相机,现实主义文学则以艺术之真再现社会和人生之真,将文学的认识功能发挥到了极致:司汤达的作品深刻反映了16世纪意大利社会的方方面面,司各特的历史小说展现了从中世纪到资产阶级革命时期欧洲社会的重大转折,托尔斯泰是"俄国革命的一面镜子"③,巴尔扎克则欲做"法国社会的历史书记员"④……可以说,对社会、人生的认识和再现,始终是西方文学的主流。实际上,其后的现代主义与后现代主义文学也并非异类,它们只是换了不同的艺术形式,本质上仍是对现代社会的光怪陆离、现代人类的生存境遇的持续书写。在此意义上,一部西方文学史,就是一部西方社会文化史;文学的认识功能,在西方得到了充分的实现。

二

上古时期,中西诗学的代表人物孔子和亚里士多德各自对文学认识功能所持的"诗可以观"和"模仿说"均孕育形成,但二者的影响有着较大差别。

孔子推崇《诗经》,主要出于对其教化作用的重视。但同时,他也重视文学的社会作用,以"兴、观、群、怨"说为代表,"诗可以兴,可以观,可以群,可以怨。迩之事父,远之事君,多识于鸟兽草木之名"⑤。这其中,"诗可以观"也是一个重要命题,郑玄注作"观风俗之盛衰"⑥,朱熹解为"考见得失"⑦,其意皆在表明:当时的诗经,亦即广义的文学,同样可以实现对社会现实的观照和认识作用。的确,《诗经》至今仍是研究西周史和春秋史的重要

---

① 布瓦洛:《诗的艺术》,任典译,见伍蠡甫、胡经之主编《西方文艺理论名著选编》上卷,北京大学出版社,1985年,第203页。这里的"自然"指人性之本真。
② 朱光潜:《西方美学史》,人民文学出版社,1979年,第203页。这是霍布斯的话。
③ 《列宁选集》第二卷,人民出版社,1972年,第369页。
④ 巴尔扎克:《〈人间喜剧〉前言》,陈占元译,见伍蠡甫、胡经之主编《西方文艺理论名著选编》中卷,北京大学出版社,1985年,第111页。原文为:"法国社会将写它的历史,我只能当它的书记。"
⑤ 《论语》,见郭绍虞主编《中国历代文论选》第一册,上海古籍出版社,2001年,第17页。
⑥ 《论语集解》引郑玄注,见郭绍虞主编《中国历代文论选》第一册,上海古籍出版社,2001年,第18页。
⑦ 《四书章句集注》,见郭绍虞主编《中国历代文论选》第一册,上海古籍出版社,2001年,第18页。

文献，对战争、农事、徭役、婚姻等的记载和描述，丰富而珍贵。在一定意义上，《诗经》开创了中国文学的现实主义传统。此后，在中国诗学的发展历程中，此传统回音不绝：汉乐府"感于哀乐，缘事而发"①，唐新乐府"文章合为时而著，歌诗合为事而作"，明清小说"文字逼真，化工肖物"②，等等。但应该看到，作为集中体现文学认识功能的诗学观念，"诗可以观"在指向性、独立性和产生影响等方面，仍受较大制约。一者，"诗可以观"的提出有着显明的政教用意，这同《礼记·王制》所言"命大师陈诗以观民风"和《汉书·艺文志》所载"古有采诗之官，王者所以观风俗，知得失，自考正也"③，是一致的，都是为统治者服务的，所以，才有"迩之事父，远之事君"之说。在此意义上，前述郑玄和朱熹对"诗可以观"的解释，也侧重于为政治服务这一功利性目的。二者，"诗可以观"并未在孔子的诗学思想体系中单独提出，并不具有独立性和主体性。兴、观、群、怨四者之间相互联系、转化，如清王夫之就曾将"兴"与"观"予以联系阐发，"于所兴而可观，其兴也深；于所观而可兴，其观也审……故《关雎》，兴也，康王晏朝而即为冰鉴；'訏谟定命，远猷辰告'，观也，谢安欣赏而增其遐心"④。四者之间又以"兴"最为关键。陈良运指出，孔子"把'兴'置于四'可'之首……'可以兴'，即是说《诗》可以激起读者心中之情，如果心中之情不起，便不能'观'（观《诗》中所表现的世态人心），也无以'群'（读《诗》人经过相互切磋而后发生情感的共鸣），更无从'怨'（有了情感认同，借相应的篇章发抒自己心中不平之意）"⑤，如此，"诗可以观"是附属于"诗可以兴"的，没有独立性。三者，在中国诗学的大传统中，"诗可以观"同"言志""载道"等主流观念相比较，影响并不大；在强大的抒情性、功利性话语传统面前，"诗可以观"的价值属性并未得到充分认识和肯定，客观再现社会和人生现实的力量显得过于微弱。这种状况一直持续到五四时期，新文学接受西方影响，以人道主义和写实主义作为精神内核与写作范式，开始了对传统文学观念的

---

① 《汉书·艺文志》，见郭绍虞主编《中国历代文论选》第一册，上海古籍出版社，2001年，第141页。
② 叶昼评点《水浒传》，见胡经之主编《中国古典文艺学丛编（二）》，北京大学出版社，2001年，第248页。
③ 《汉书·艺文志》，见郭绍虞主编《中国历代文论选》第一册，上海古籍出版社，2001年，第5页。
④ 《诗绎》，见郭绍虞主编《中国历代文论选》第一册，上海古籍出版社，2001年，第24页。
⑤ 陈良运：《中国诗学体系论》，中国社会科学出版社，1992年，第119—120页。李泽厚、刘纲纪《中国美学史——先秦两汉编》（安徽文艺出版社，1999年，第126—127页）也指出这一问题，引文从略。

全面革新。

"模仿说"在西方具有久远的传统。赫拉克利特、德谟克利特已经提出艺术是对自然的模仿,可视为"模仿说"之嚆矢;但作为一种系统的文艺理论,它的真正确立还应归功于柏拉图和亚里士多德,特别是后者。柏拉图在其《理想国》中以床为喻,指出现实世界是对理念世界的模仿,文艺世界又是对现实世界的模仿,这是"模仿说"的初次理论奠基。但柏拉图看低甚至否认文艺的认识作用,认为文艺作品是模仿的模仿、影子的影子,与最高的真实相距太远,"模仿者对于自己模仿的东西没有什么值得一提的知识。模仿只是一种游戏,是不能当真的","模仿术乃是低贱的父母所生的低贱的孩子"。[1]然而,尽管对诗人极尽嘲讽和批评,但其立论基础首先承认文艺是对现实的模仿和再现;他处心积虑要将诗人逐出理想国,正是因为诗人对社会现实的认识和描述已经起到了重要的社会作用和影响。他更不会想到,多年之后西方人还在依靠荷马史诗和赫西俄德叙事诗来重建和研究希腊史。作为柏拉图的学生,亚里士多德对柏拉图的文艺观有继承,更有超越。他在《诗学》中从文艺的起源出发,论证史诗、戏剧、抒情诗等文类无不起源于模仿,并着重指出,"诗人的职责不在于描述已发生的事,而在于描述可能发生的事,即按照可然律或必然律可能发生的事。……写诗这种活动比写历史更富于哲学意味,更被严肃地对待;因为诗所描述的事带有普遍性,历史则叙述个别的事",历史只能再现社会现实的特殊性,而文艺对社会现实的再现更为普遍和深刻,意即"诗比历史更真实",将文艺对于社会认识作用的重要性提到新的高度。他进一步指出,"既然悲剧是对于比一般人好的人的摹仿,诗人就应该向优秀的肖像画家学习;他们画出一个人的特殊面貌,求其相似而又比原来的人更美;诗人摹仿易怒的或不易怒的或具有诸如此类的气质的人,也必须求其相似而又善良"[2],意即,诗应该按照人应当有的样子来描写,应该予以理想化的创造。简言之,亚里士多德接受了"文艺是对现实世界的模仿"这一观点,但拒绝承认在现实世界之上还有一个超验的理念世界,继而认为"诗比历史更真实",认为文艺源于现实,但高于现实。[3] 如此,西方诗学"模仿说"进一步成熟,西方文学对社会现实的认识功能得到了前所未有的凸显。

---

[1] 柏拉图:《理想国》,郭斌和、张竹明译,商务印书馆,2009年,第399、401页。柏拉图鄙视文艺还有一个原因:文艺不表现真理,反而歪曲真理,伤风败俗(悲剧性的文艺容易引起人的感伤癖和哀怜癖,喜剧性的文艺则培育人的粗俗的欲望)。

[2] 亚里士多德:《诗学》,罗念生译,上海人民出版社,2016年,第45、65页。

[3] 并且这种模仿会令人产生快感,是有益的社会功用;较之于柏拉图认为诗伤风败俗,又是一个进步。

柏拉图的观念在西方始终有着重要的影响,亚里士多德的著作虽直到文艺复兴时期才被发现,但至今在西方诗学史和文学史上影响深远。在德国学者奥尔巴赫的文学评论著作《摹仿论:西方文学中现实的再现》中,可以见到对塔西佗、圣奥古斯丁、但丁、薄伽丘、拉伯雷、莎士比亚、蒙田、歌德、席勒、福楼拜、左拉等巨匠之创作特征的精辟分析,可以领悟到历代西方文学对反映现实的不同理解。自然,这都是"模仿"这棵理论之树结出的果实。①诚然,西方后世也不乏对"模仿说"的质疑和反拨,特别是在思想多元的现代,但在一定意义上,各种冠以"反模仿"名义出现的理论学说"只不过是根植于它所攻击的对象之内的摹仿说的变体而已"②。

三

在上古诗学的发轫期,一种文学的代表性文类(基础文类)对该民族文学传统和诗学传统的形成起着至为关键的作用。美国学者厄尔·迈纳在刘若愚、陈世骧等学者研究的基础上,在其著作《比较诗学》中鲜明指出:一种诗学体系的建立,必须以其占优势地位的文类为基础;戏剧和抒情诗分别是西方和东方的基础文类,相应地,西方和东方的原创诗学分别为"情感-表现"型和"模仿"型(或"模仿-情感"型)。③ 这个观点产生了广泛影响,从文类这一独特视角出发所得出的结论也较有说服力。按此,文学的认识功能,在"情感-表现"型的中国诗学和"模仿"型的西方诗学之间,自然会有较为明显的不同体现,这不难理解。然而,抒情诗和戏剧何以分别成为中国文学和西方文学的基础文类,相应地,史诗、小说等叙事性文类何以在各自文化传统中发展有异,从而影响了各自体系中文学认识功能的实现?这一问题,还存在探讨的空间。④

在文学史上,不管中国还是西方,最早出现的文类都是诗。维柯认为,人类的原始思维均为"诗性思维"。诗性思维,是一种同感觉力和想象力密不可分的诗性创造力。在人类的童年时期,心智尚未脱离感官,自我意识与对象意识混沌不分,推理能力较弱而长于感觉和想象。这成就了诗的产生,"诗

---

① 参阅埃里希·奥尔巴赫:《摹仿论:西方文学中现实的再现》,吴麟绶等译,商务印书馆,2018年。
② 厄尔·迈纳:《比较诗学》,王宇根、宋伟杰等译,中央编译出版社,2004年,第36页。
③ 厄尔·迈纳:《比较诗学》,王宇根、宋伟杰等译,中央编译出版社,2004年,第二、三章。
④ 除前述刘若愚、陈世骧、迈纳等海外学者外,曹顺庆、陈良运、黄药眠、童庆炳等国内学者也都在其撰著或主编的成果中对此问题有所关注和阐发,角度各有不同。本文尝试借助维柯的理论对此进行相对集中的探讨。

的最崇高的工作就是赋予感觉和情欲于本无感觉的事物","在世界的童年时期，人们按本性就是些崇高的诗人"。① 这就从原始心理和早期思维入手，解释了为什么人类最早出现的文类是诗，特别是抒情诗。在东方，人们在走出原始时代之后，由于生产方式的长期作用，仍较多地留存和积淀了诗性思维的主要特质，长于以感觉和想象的方式来表达对于超验存在、自然、社会和人生的认识和理解。东亚、南亚和西亚北非三大文化圈，在哲学基础上分别表现为"天人合一""梵我同一"和"人神合一"，在文学表现上则统一体现为将个体的情感诉诸与自身合一的本体，这也就是抒情传统。具体到中国，从诗经、楚辞、汉赋、魏晋南北朝歌诗，到唐诗、宋词、元曲，脉络清晰且完整。即使在小说这一叙事性文类中，也常见诗词抒情和写意表现，四大名著莫不如此，以《红楼梦》最为典型。在如此强大的抒情传统面前，叙事性文类显得边缘化：史诗，前已述及，史学传统的发达是这一文类不够显明的一个主要因素②；按照西方史诗的标准，规模和长度又是一个要素，而大规模史诗的流传需要相应的载体，龟甲、兽骨并不易得且不易刻写，竹简显得笨重，绢帛珍贵，这又成为一个限制因素。小说作为文类成熟较晚，至唐"始有意为小说"③，在传统文类中一直地位不高，"致远恐泥，是以君子弗为"④，不受正统文人重视。即使在小说的鼎盛期时期——明清，小说家们对于自己的作品仍羞于署名，至今四大名著的作者仍有争议。经近现代转型之后，小说才真正取代诗，特别是抒情诗的地位，成为代表性文类。诚然，抒情诗并非全然起不到对社会和人生的认识作用，只是相对于叙事性文类而言，它着重于主体情感的表达，忽略了对客观物象的认识；倾向于诗教的和谐，淡化了审美的崇高；满足于个体情趣的抒发，缺失了社会道义的关怀。戏剧作为西方文类"三分法"⑤之一，在中国起源于上古时期的巫觋歌舞和春秋时期的古优笑谑，经汉角抵戏、北齐谣曲、唐歌舞剧和滑稽剧、宋金古剧，至元杂剧才算正式成熟。⑥ 作为一种独立文类，它确立和成熟的时间比较晚，难以发挥基础文类的影响；相对于西方，其非宗教起源和主要用于娱人的性质⑦，

---

① 维柯：《新科学》，朱光潜译，人民文学出版社，1986年，第97页。
② 这是指汉族而言，少数民族几乎都有各自的民族史诗。
③ 鲁迅：《中国小说史略》，上海古籍出版社，1998年，第2页。
④ 《汉书·艺文志》，中华书局，1962年，第1745页。
⑤ 即戏剧、抒情诗和叙事文学，其中叙事文学常被史诗代替。现代文类三分法通常为戏剧、诗歌和小说。
⑥ 参阅王国维：《宋元戏曲史》，上海古籍出版社，1998年。
⑦ 这是针对汉族戏剧而言。对于少数民族来说，戏剧大多有宗教起源和娱神性质，戏台经常与神庙建在一起。

"团圆之趣"①的审美追求,受抒情大传统的影响而重视伦理教化,等等,都不利于认识功能的实现。

然而,在西方,古希腊和小亚细亚沿岸地区多山的地形特点限制了农耕生产方式的发展,海洋文明的开拓意识和商业文明的竞争精神使希腊人较早地走出了诗性思维而发展出抽象思维和逻辑推理能力,以主客二分的世界观和思维方式来看待他们身边的一切。神人同形同性的神话特征和"人是万物的尺度"②的哲学宣言,是人文主义传统开始奠定的标志;阿基米德的名言"给我一个支点,我可以撬起地球"③,是对科学的信心,更是对掌握科学规律用以改造世界的人类自身的信心,是对科学精神和人文主义的双重肯定。总之,长于抽象思维和逻辑推理,崇尚科学精神和人文主义,成为上古西方文化的主要特征。相应地,他们在对文学艺术的理解上,将其视为对自然和社会的模仿,是作为主体的人对客观存在的自然现象和社会现象的客观、理性的认识和理解。所以,尽管西方最早出现的文类也是抒情诗,它却没有发展成基础文类。不同于中国,西方戏剧起源于早期的颂神仪式,是对人类行为的严肃模仿,是作为认识主体的人类对神、自然、他人和自身关系的一种冷静观察和艺术再现。亚里士多德《诗学》将悲剧视为价值最高的文类,对其模仿起源、再现特征、媒介方式、展现技巧、净化功能和审美效果等进行了细致研究,对喜剧也有所分析,自此,戏剧作为西方文学基础文类的地位得以确立,在理论思考和创作实践上代有传承。史诗,在亚里士多德《诗学》中同样得到细致分析和较高评价,只是在文类地位上总体不如悲剧;黑格尔将其视为表现各伟大民族原始精神的"圣经",但对东方史诗怀有偏见,在他看来,中国人没有产生这一伟大文类,印度和波斯史诗也都是"很粗枝大叶的"④。小说,起源于民间故事叙述的散文体,特别利于再现社会现实生活,在文类三分中虽属晚起,但仍较早发展出自觉意识,西方一般将古罗马阿普列尤斯《金驴记》视为最早的长篇小说;自文艺复兴至今,小说在西方文学发展史上一直占有重要位置,也是文学认识功能得以实现的主要文类之一。

作者简介:

王汝良,青岛大学文学院教授,主要教学与研究方向为东方文学与文化、中外文化关系。

---

① 《闲情偶寄》,见郭绍虞主编《中国历代文论选》第三册,上海古籍出版社,2001年,第280页。
② 罗素:《西方哲学史》,何兆武、李约瑟译,商务印书馆,2004年,第111页。
③ 徐新主编:《西方文化史》,北京大学出版社,2007年,第79页。
④ 黑格尔:《美学》第三卷(下),朱光潜译,商务印书馆,1981年,第170页。

从技术异化看"灵肉双美"的现代价值
——论《老子》与《摩诃婆罗多》中生命哲学思想的缘域交集*

田克萍

摘　要：技术在全人类的文明发展历程中扮演着基础而重要的角色，对人类的精神、身体与生命产生了巨大的影响。然而，现代人类对技术的过度依赖使生命产生了异化，让身体与心灵同时陷入困境，让人对尚未被技术主导的古代世界产生向往。在浩繁的古代典籍中，中华典籍《老子》与印度史诗《摩诃婆罗多》具有强烈的生命意识，它们在生命哲学的范畴内存在着诸多缘域交集。在这两部经典中，世界的运转法则是难以解析的"道"和"正法"，与现代技术的条分缕析形成了对抗；人生的行动哲学是微妙的"无为而为"与"无欲行动"，比工业社会单向度的效率至上更加浑厚、复杂、多面；万事万物的终点同时也是新的起点，肉体与精神都处于无限循环之中，预示了现代科学家发现的"循环宇宙"模型。这些思想既充满形而上的灵性，又处处维护形而下肉体的合法性，闪耀着"灵肉双美"的光芒。"灵肉双美"或许能成为全球化语境中反技术异化的一个药方。

关键词：老子　摩诃婆罗多　技术　灵肉　生命

技术，是人类对自己身体先天不足之处的补充，是对天然能力的人为延伸与扩展，例如，望远镜、电话、扬声器、汽车分别是对人类的视力、听力、发声力和行动力的补充与延伸。技术大大提高了人类生存的舒适感，也给人们带来了巨大的精神愉悦。然而，"五色令人目盲，五音令人耳聋，五味令人口爽，驰骋畋猎，令人心发狂……"（《老子》第十二章），技术的迅猛发展已经超出了其诞生的

---

* 本文为教育部人文社会科学研究青年基金项目"《摩诃婆罗多》的'灵肉双美'意识研究"（项目编号：17YJC752031）、广东外语外贸大学外国文学文化研究中心 2017 年度创新研究项目"比较视阈中的《摩诃婆罗多》与《老子》"（项目编号：17QNCX07）阶段性成果。

最初目的，人类已经走到了被自己所发明的技术吞噬与异化的边缘。技术南辕北辙式的运动轨迹霸占而不是解放人类的肉体，干扰而不是升华人类的灵魂，使灵肉间的分裂愈加明显。当西方的灵肉二元论不能解除现代和后现代人的精神饥渴时，我们自然把目光投向了古老的东方，试图从古代中国与印度的经典中去寻找生命的智慧。

中华典籍《老子》与印度史诗《摩诃婆罗多》[1]是具有文化源头意义的远古经典，它们都具有强烈的生命意识与敏锐的终极识度。表面看来，《老子》与《摩诃婆罗多》在篇幅、叙述方式、核心主张等方面都截然不同，但在深刻的生命哲学内涵方面，却存在着诸多缘域交集。它们用圆融、微妙、抗解析的"道"和"正法"来解释世界的起源与运转法则，与条分缕析的现代思维方式有天壤之别；它们用"无为而为"与"无欲行动"来阐释人生的行动哲学，与效率至上的现代成功策略对比鲜明；它们认为时空万物都处于无限循环之中，淡化了时间概念，让被钟表驱赶忙碌得无法停止的现代人如同一个黑色幽默。对于生命的两个维度——"灵"与"肉"，它们寻求的是平衡与双美。"灵肉双美"[2]或许能成为现代全球化语境中反技术异化的一个药方，对现代精神困境有所启发。

一、灵的张扬："道"与"正法"的抗解析性

"道"与"正法"分别是中印文化体系的精髓，或者说，林林总总的中印文化现象在某种程度上就是道与正法的注解。道与正法，在含义、功能、性质等方面都存在可比性，它们不仅分别是《老子》与《摩诃婆罗多》的核心概念，更是其思想最集中的载体。它们远远溢出了各自的文本限制，成为整个中印文化的核心表述。然而，对道与正法的准确把握极具难度，千百年来众说纷纭。这是因为它们具有一个共同而鲜明的特征——抗解析性。任何试图定义它们的努力都显出以偏概全的尴尬与困难。它们在可言与不可言之间自有深意。这种抽象的难以言说的性质，体现了古代中印文化对形而上的纯精神的灵性美的追求。

"道"遍及一切，没有边界。作为世界运转法则的"道"的首要特征便是不可言说与不可认知。"古之善为士者，微妙玄通，深不可识。"（《老子》第

---

[1] 毗耶娑：《摩诃婆罗多（六卷本）》，金克木、黄宝生、赵国华、席必庄、郭良鋆、葛维钧、段晴、李南译，中国社会科学出版社，2005年。本文所引均为此版本，后仅随文注篇、章、节，如6.26.7—8代表第6篇第26章第7至8节。

[2] 武田丰四郎：《古代印度文化》，杨炼译，商务印书馆，1936年，第40页。

十五章)。道的抗解析性主要表现在三个方面。首先,道既是有,也是无。《老子》开篇便写道:"道可道,非常道;名可名,非常名。无,名天地之始;有,名万物之母。"(第一章)道是万物的起源,万物借着道而生成,但道本身却是无形无状的。它不是任何一个具体的事物,却左右着任何一个具体事物的生成和运转。"本体之道同时兼有'无'与'有'这两种基本属性,'无'是指道作为本体的无限的、超越的形而上性,'有'是指道不离实有的实存性,道就是无与有这两种基本属性的同一体。"① 其次,道既是正,也是反。老子经常重复的一句话就是"正言若反"。所谓"反者道之动"(第四十章),老子对事物的认知往往是从正反两个方面同时进行的,并且尤其重视容易被人忽视的反面。"曲则全,枉则直,洼则盈,敝则新,少则得,多则惑。"(第二十二章)"大音希声,大象无形……"(第四十一章)老子非常注重事物发展过程中的度,十分警惕一旦超过一定的限度事物就立即走向它的反面,即"物壮则老"(第三十章)。在正与反之间,老子是"道中庸"的极高明者,他反对任何过分的情形,主张"去甚、去奢、去泰"。最后,道既是肯定,也是否定。日本哲学家西田几多郎曾说:"在生命的深处有着既是作为肯定的否定,又是作为否定的肯定的某种东西。"② 所以,为了极力地肯定作为世界运转法则的"道",老子反而要先否定它:"道之出口,淡乎其无味,视之不足见,听之不足闻,用之不足既。"(第三十五章)道的这种模糊性与习惯于条理分明、清晰界定概念的现代思维方式格格不入。但是,"从世界、宇宙的整全性、有机性的角度来看,从避免碎片化、机械化认知模式的角度来看,道的这个特性很有可能是一个优势或长处"③。

在《摩诃婆罗多》中,神界、人界、魔界均被"正法"束缚,过去、现在、未来均是"正法"发挥效力的时间。"正法"说不清、道不明,很难被定义,无法被解析,却无处不在、无时不有。《摩诃婆罗多》在反复强调正法的至高无上地位与约束范围之广的同时也反复提醒人们"正法微妙"。"正法微妙"体现了正法的难以界定性与模糊性。"'法'既是永恒的,又是可变的;'非法'并不是'法'的否定,而是它的补充。"④《摩诃婆罗多》中因正法的不确定性与不唯一性而产生的争议、冲突不胜枚举,以至于学术界产生了

---

① 朱晓鹏:《老子哲学研究》,商务印书馆,2009年,第117页。
② Chang Chung-yuan:《人的本性是道》,转引自朱晓鹏《老子哲学研究》,商务印书馆,2009年,第131页。
③ 刘笑敢:《老子哲学的思想体系:一种模拟性重构》,《南京大学学报(哲学·人文科学·社会科学)》,2018年第2期。
④ 金克木:《东方文化八题》,北京大学出版社,2008年,第26页。

"倒置说",使正面人物与反面人物的界限都不再清晰。俱卢之野的大战被称作"正法之战",正义的般度族战胜了邪恶的俱卢族。然而,根据印度古时作战的法则,般度族的几次关键性胜利都是以牺牲正法为代价换取的。老族长毗湿摩的死,是阿周那躲在束发后面射箭造成的,违背了在战场上一对一这条正法。王子之师德罗纳的死,是正法的化身坚战有生以来首次说谎的结果,违背了诚实的正法。难敌的死,是怖军击打他的大腿根部造成的,违背了单人作战的正法。可见"'达磨'(正法的音译)本身是相对的,是会随着时代和周围的客观条件转变的"[①]。因此,"正法"与"非法"之间出现了一个模糊地带——"正法微妙"。当善与恶走到极限时,它们之间的界限就模糊了。正如老子所言,"善之与恶,相去若何"(第二十章)。"正法微妙"是黑与白之间的一条灰色地带,是善与恶之间的一层窗户纸,也是大史诗至今仍余音绕梁的魅力所在。

　　道与正法之所以具有抗解析性,和中印文化传统息息相关。中印文化传统中都具有一种反对二分法(dichotomy)的认知倾向。正法在《摩诃婆罗多》中原本就具有神性。史诗中的主要两个主要人物坚战和维杜罗本身就是正法的化身。正法的至高地位与不可妥协性是不容置疑的,否则就等同于亵渎神灵。然而,在每一个具体的情境和事件中,在不同群体的人的不同视角下,正法变得相当微妙。微妙的正法常常在似是而非的某种狭长的边缘地带勉强地生存,稍一挪动便成了"非法",所以像五人同娶一妻这样的"正法危机"才会常常出现。而老子始终处于某种不可言说而又不得不说的困境之中,他无法用下定义和逻辑推理的方法来说明道,而是用"反言的方法、遮蔽的方法和比喻的方法来揭示'道'"[②]。因为中国传统思维方式认为,"对认识对象的人为切割,意味着对混成圆融的内在生命秩序的一种摧残与毁灭"[③]。道是一个整体,它是无法分解的,它超越了真假、善恶、美丑之间的界限,任何一种具体的界定都是对它的误解和偏见。

　　道与正法的抗解析性还与《老子》和《摩诃婆罗多》的生命哲学特性相关。两部经典都非常关注人类的生存困境与生命状态,具有强烈的生命意识。生命体与非生命体之间最主要的区别是前者灵活而不可预测,后者死板而无变化。道与正法往往被认为是试图对人欲进行控制的道德准则或构建和谐美好人间的社会理想。这种认知虽然与其内涵有所重合,却忽视了它们最想要言说的生命的本质与自由。虽然在通往"从心所欲不逾矩"的自由的途中,

---

[①] 贾瓦哈拉尔·尼赫鲁:《印度的发现》,齐文译,世界知识出版社,2018年,第127页。
[②] 林光华:《〈老子〉之道及其当代诠释》,中国人民大学出版社,2019年,第2页。
[③] 乐黛云:《比较文学原理新编》,北京大学出版社,2014年,第116页。

难免显出禁欲倾向，但不能因此而使其与道德相混淆。它们已经远远超越了道德，进入了生命的范畴。

除了在性质上抗解析的强烈共鸣，道与正法也有各自的特性。道具有起源性（"道生一，一生二……"），但并没有神性；正法具有神性，但无创世的起源性。道更关注人类社会和大自然，并不谈神论鬼；正法的约束范围包括神、人、魔三界。道"更具有形而上的意义"①，理论建构非常丰富，然而在实践层面却不那么广泛，并未深深流入人们日常生活的血液之中；正法深入日常生活，实践性与可操作性相当强，但在理论层面的建构并不如道丰富。无论有神还是无神，道与正法对精神美的高度追求，都体现了对灵性的崇拜与张扬。

二、灵肉双美："无为而为"与"无欲行动"之微妙

道与正法解决的是生命起源与运作规律的根本性问题，而人生在世，需要具体行动哲学的指导。对生命的强烈关注让《老子》与《摩诃婆罗多》都难以回避这个问题。巧合的是，它们试图回答这个问题的角度都不是从肯定的"有"入手，而是更倾向于从否定的"无"切入。"三十辐共一毂，当其无，有车之用。埏埴以为器，当其无，有器之用。凿户牖以为室，当其无，有室之用。"（《老子》第十一章）由此可见老子对"无"之重视，以至于提出了"无为而为"的行动哲学。而古代印度文化对"无""空"等概念也具有某种特殊的感受力：数字"0"的发明者就是印度人。在《摩诃婆罗多》中，"无欲行动"是最提倡的行动哲学。"无为而为"与"无欲行动"背后是寻求"灵肉双美"的努力与挣扎。

有学者认为，"儒家在指导人们争先向上的同时，没有为人们留下足够而必要的回旋余地，只提供了争先向上的动力，没有提供与之相配套的缓冲装置"②。而老子"无为而为"的思想，正是起到了这种"缓冲装置"的作用。他智慧地观察到社会及人生发展的复杂性与曲折性，用柔韧性来弥补刚强之"易折"。无为绝不等于无所作为。老子欣赏的是"功成而弗居"（第二章），提倡"功遂身退"（第九章），即某种顺其自然的不带任何功利目的的行动方式。老子反对妄为、多为、任意而为，因而用"无为"这个醒目的字眼来启

---

① 侯传文：《从〈摩诃婆罗多〉看印度以"正法"为核心的价值观——兼与中国天道观比较》，《中国高校社会科学》，2018年第3期。
② 白奚：《孔老异路与儒道互补》，《南京大学学报（哲学·人文科学·社会科学）》，2000年第5期。

发人们要遵循客观规律，善为、巧为。巧为的极致是"庖丁解牛"。"解牛"的场面大都血光飞溅、不堪入目，然而在庖丁手中却产生了艺术的美感，没有歇斯底里、精疲力竭，反而让解牛者与观众都怡然自得。若说他"为"，却很轻松，似乎没做什么；若说他"不为"，整头牛却"謋然已解，如土委地"。这与《摩诃婆罗多》中"行若未行"①的"无欲行动"十分相仿。

"无欲行动"实际上讨论的是执着与否的问题。"执着"可被译成"attachment"，也就是"黏着"，具体而言就是"将心思封限在一个特定的方向上"②。史诗的灵魂人物毗湿奴的化身黑天十分反对人们把心思黏在某样事物上。他认为，财产、荣誉、地位、亲人乃至生命等世间万物都不值得人们去过度依恋。不过，"不执着"的行动哲学仅仅是一种表象。若非真正领悟黑天不执着背后的执着，便无法理解《薄伽梵歌》开头黑天对阿周那的指责。在黑天的教导下，阿周那终于达到了"无欲行动"的境界。若非千万次地强迫自己无欲，舍弃自我，阿周那也无法在战场上亲手杀死自己亲爱的祖父毗湿摩和老师德罗纳。③

黑天所真正倡导的行动哲学的境界，是马克斯·韦伯口中的"行若未行"。"行若未行"的基本内涵是防止把心思黏在对行动结果的期待或恐惧上，而是举重若轻，以轻松的心态专注于行动的过程。泰戈尔《流萤集》中的诗句是对这种行动哲学的最好诠释："我不曾在天空留下羽翼的痕迹，却为曾经的飞翔欢喜。"④也只有经历了这种"不执着"哲学的洗礼，也才能真正达到"执着"的地步，否则便是"企者不行，跨者不立"，欲速而不达了。换言之，任何"执着"，其之所以能够长久，皆因"不执着"的精神在背后支撑。这种貌似不执着而又执着的古印度的智慧光芒，穿越时空照耀当今。甘地倡导的"坚持真理"运动，尼赫鲁的出世与入世"两条河流并行"的印度文化特色，泰戈尔的"只有放松，你才能占有"⑤的文学风格，乃至艾略特所写下的"不是要过得好，而是要向前进，水手们"⑥，都是对这种行动哲学的继承。

不过，"无为而为"与"无欲行动"看起来极其相似，却是从两个完全相

---

① 马克斯·韦伯：《印度的宗教——印度教与佛教》，康乐、简惠美译，广西师范大学出版社，2010 年，第 249 页。
② 牟宗三：《道家玄理之性格》，见《道家二十讲》，华夏出版社，2008 年，第 129 页。
③ Swami Vivekananda, *Bhagavad Gita as Viewed by Swami Vivekananda*. Kolkata：Advaita Ashrama，2016，p. 23.
④ 原文为"I leave no trace of wings in the air, but I am glad I have had my flight."泰戈尔：《流萤集》，李家真译，外语教学与研究出版社，2010 年，第 54 页。
⑤ 泰戈尔：《泰戈尔全集》（第 17 卷），刘安武等主编，河北教育出版社，2000 年，第 467 页。
⑥ 阿马蒂亚·森：《惯于争鸣的印度人》，刘建译，上海三联书店，2007 年，第 4 页。

反的起点出发的。老子所处的春秋战国时期，统治者们野心勃勃，过分相信"人定胜天"，争相建功立业，导致社会动荡，民不聊生。而大史诗时代的古印度人刚刚经历了神力远胜于人力的吠陀时代，他们依然信奉吠陀天启、祭祀万能、万物有灵，把人生的福祸都归因于不可操纵的命运，轻看了人为的努力。于是，《老子》从多为、过为、急为、盲目为的主观能动论出发，走到了"无为而无不为"；《摩诃婆罗多》从行动无用的宿命论起点出发，走到了"无欲行动"。两者产生了缘域交集，这个交集于印度而言，有助于摆脱宿命论对人主观能动性的限制；于中国而言，有利于从陌生化的印度语境中扩大"强梁者不得其死"的外延意义，获得新的启发。至此，在形而上的"灵"到形而下的"肉"之间，出现了一个过渡和平衡状态——"灵肉双美"。现代及后现代世界常是要么飞速旋转，要么几乎停摆，而"灵肉双美"就像给近乎机械化的现代人身上安了两个按钮——暂停和启动。当他们在被技术改造得眼花缭乱的世界中耗尽所有精力而工作至死、娱乐至死时，可以按下暂停键；当他们被后现代的虚空与无意义的幻灭感折磨得无法挪动时，可以按下启动键。

三、肉体不灭：朝向生命本真的循环

"没有宇宙论就无法呈现广阔的人生论"①，《老子》与《摩诃婆罗多》中强烈的生命意识背后，也必然有某种宇宙论的支撑。对于宇宙以及时空万物的终结，它们不像儒家哲学那样去刻意回避，也不像圣经那样设计出完美的天堂和恐怖的地狱，而是不约而同地提出了"循环论"思想。

"中国哲学向来把宇宙万物的运动视为一个周而复始、循环往复的过程，把体现这种运动的'复'和'反'视为宇宙运动的基本规律。"② "反者道之动。"（《老子》第四十章）"反"与"返"相通，有两个基本含义：一是"相反对立"，二是"循环往复"。③ 这两个含义都和循环有关。老子认为事物的发展过程是进两步退一步式的螺旋上升，既非直线后退，也非无阻碍地前进。老子在提出"反者道之动"后，紧接着具体解释了"反"的运作方式："明道若昧，进道若退，夷道若类。上德若谷，大白若辱……大方无隅，大器晚成，大音希声，大象无形，道隐无名。"（第四十一章）类似的表述还有："大成若

---

① 金克木：《闲话天文》，见西蒙·纽康《通俗天文学》，金克木译，北京联合出版公司，2016年，第2页。
② 乐黛云：《比较文学原理新编》，北京大学出版社，2014年，第116页。
③ 陈鼓应：《老子注译及评介》，中华书局，2015年，第210页。

缺……大盈若冲……大直若屈，大巧若拙，大辩若讷。"（第四十五章）《老子》的独特之处在于看到了每一项进步中所蕴含的危机，并对事物本身所蕴含的自我否定的因素充满警惕。所以，他虽然并不真的以为世界和人类会退化，但看出了人类历史有返本归源的趋势。老子一再强调，当一个事物发展到极限时就会自然而然地回归到它的本初状态，所以圣人才会"皆孩之"（第四十九章），含德深厚的人才会"比于赤子"（第五十五章）。

除了初始与结局的循环，老子还发现了善与恶的循环："正复为奇，善复为妖。"（第五十八章）"复"证明善与恶之间的转换并非一次性的，而是频繁地往复，以至于善恶之间的界限都不再清晰："善之与恶，相去若何？"（第二十章）这种善恶循环论，非常适于解释大史诗中具有争议的黑天的思想与作为。在黑天降生之前，人们对正法的理解已经歪曲变形，沦落为繁复的宗教仪式，背离了正法的根本精神，仅纠结于其外在形式，出现了很多正法名义下的"非法"。重建正法，是黑天化身为人的使命。老族长毗湿摩为不打破遵守誓言的正法，一再让自己陷于纵容罪恶的泥沼之中，这在黑天看来是一种相当骄傲的"正法情结"，是痴迷于遵循表面僵化的条文所带来的自我满足的表现，它的消极后果并不亚于非法。黑天的所作所为，尤其是战争后期说谎、投机取巧等赢得胜利的手段，被俱卢族严厉地指责为非法，黑天及其族人因持国百子的母亲甘陀利的诅咒而遭受灭顶之灾甚至被认为是罪有应得。然而，从更宽广的视野来看，正法与非法、善与恶，在史诗中一直处于循环状态，无法固定在某些人或某些事上，正如老子所试图表达的善恶间复杂而立体的关系那样，并非简单的黑白分明、一清二白。

老子的循环论曾受到学界的批判，被认为是"不敢迎接新事物"[①]。在汗牛充栋的老学研究著作中，关注老子循环论的寥寥可数，可见它在中国文化中的地位。然而，我们坚持认为，老子的循环论隐藏着巨大的生存智慧。它的可贵之处在于认识到了生命周而复始的特性。"生命，乃是一种不断地变迁，交互兴盛和腐败的现象，当一个人的生命力达到巅峰时，也正象征着开始走下坡了，犹如潮水的消失，潮水退尽，接着开始涨潮。"[②] 无论一个人的能力有多强，地位有多高，他都逃不出如此的人生循环。"有人讲，老子之道是为弱者设计的生存之术。此言有一定道理，如果我们能看到人从根本上都

[①] 任继愈：《中国哲学发展史（先秦）》，人民出版社，1983年，第272页。转引自张松辉：《老子研究》，人民出版社，2006年，第143页。

[②] 林语堂：《老子的智慧·中国的神仙哲学》，时代文艺出版社，1988年，第14页。

是弱者的话。"[1] 现代技术无止境的发展暗示人们的出路只有更高、更快、更强这条单行道，忽视了"复归于婴儿"（《老子》第二十八章）的自然规律与人生圆融循环的本真状态。

在印度，历史学、方志学等"经验性的学问受到忽视"[2]，"古印度人对外界事物的认识并不注意其存在的时空条件"[3]，这在某种程度上都同大史诗中的循环式思维有关。《摩诃婆罗多》中的循环论具体呈现于三个层面：时间的循环、化身的循环和肉体的循环。

大史诗中的原始初民对时间的感悟是以循环论为基调的：大神梵天的一昼一夜的循环（即大时代的循环）中分别套着四个小时代——圆满时代、三分时代、二分时代、争斗时代的循环，周而复始，永不停息。时间的循环囊括神、人、魔三界，在其总框架之下，化身的循环与肉体的循环才成为可能。化身的循环主要由史诗的灵魂人物、毗湿奴大神的化身黑天表现出来。黑天曾这样向阿周那解释自己降生于人世间的原因："一旦正法衰落，非法滋生蔓延，婆罗多子孙啊！我就重新创造我自己。为了保护善人，为了铲除恶人，为了维持正法，我一次次降生。"（6.26.7-8）

同柏拉图所言"神不会有变成人的愿望"[4]恰恰相反，《摩诃婆罗多》中的毗湿奴大神曾数次化为肉身之人甚至肉身之兽降临世间，比如他曾分别以罗摩、黑天的身份以及野猪、侏儒和人狮的形体行走于世。需要注意的是，化身的循环对象仅限于神，它并不同于人及动物的轮回转世。化身的方式也可分为主动的化身与被动的化身。除了像黑天这样为了匡扶失落的正法而主动化身的方式之外，史诗中还记载了许多神仙由于犯错而被诅咒、不得不化身为人的故事。总之，化身是永恒的神灵与短暂的肉身之间的一种状态；化身的循环是神界干预人界的一个有效手段，也是为平息灵肉冲突而做出的一种努力。

肉体的循环也可被称作轮回转世，主要限于人和动物。前文所述《摩诃婆罗多》中安芭公主的故事是轮回转世的典型。除此之外，史诗也用肉体循环论来解决了黑公主一女嫁五夫这一正法危机。在印度史诗时代，一个女子同时侍奉五位丈夫被看作极大的非法。然而，为了使史诗的正面形象黑公主与般度五子的婚姻免除非法的指责，史诗做出了这样的处理：黑公主的前世

---

[1] 张祥龙：《海德格尔思想与中国天道——终极视域的开启与交融》，中国人民大学出版社，2010年，第233页。
[2] 尚会鹏：《印度文化史》，浙江大学出版社，2016年，第23页。
[3] 金克木：《印度文化论集》，中国社会科学出版社，1983年，第3页。
[4] 陈中梅：《荷马的启示》，北京大学出版社，2009年，第6页。

是一位苦行女,它曾向天神祈祷赐给她天下最完美的丈夫。然而她连续祷告了五次,于是黑公主便有了五个丈夫。肉体循环的方向既可以向上,也可以向下,其根据乃是此生此世所作的"业"。即在肉体循环中一个人既可以走向神界,也可以走向魔界,或再次成为人或动物。"行善者在善的子宫再生,作恶者在恶的子宫再生。善者可以成为天神,善恶兼有,可以成为人,痴迷者成为牲畜,犯罪者堕入地狱。"(3.200.32-33)

古代中印智者凭着直觉所提出的循环论已经在现代天文学中找到了科学依据。2002年,英美科学家提出"循环宇宙"模型:宇宙将永远不会结束,而是处于从生长到消亡的循环过程中。大爆炸既不是宇宙的起点,也非终点,而只是宇宙不同阶段间的"过渡"[①]。可见东方古人的智慧不可小觑。《老子》与《摩诃婆罗多》都以循环论否认了世界和人类的终结,认为终点同时就是起点。

实际上,老子与印度的因缘关系早已得到中外学者的关注。马克斯·韦伯推测过老子有"印度蓝本"。薛克翘考证了《老子》翻汉为梵的公案。郁龙余分析了老子与佛陀千年难解的恩怨。叶舒宪、萧冰对"老子化胡"的传说很有兴趣。朱大可认为老子学说有印度原型,并述说了古中国与古印度文化间的互渗现象,这种互渗可以看作维科在《新科学》中所说的"诗性智慧"间的碰撞,于今仍有启发。两部经典有着不同的文化背景,但都直面人类所共同关心的问题,跨越地域与时空形成对话。中印古代智者对生命的圆融通透、灵肉不可分割之特性的审察,与今天被各种技术分解成碎片的现代生活形成了鲜明的对比。技术甚至决定人类未来的命运,正因如此,我们更须警惕技术崇拜所带来的危险,甚如海德格尔所言"科技的白昼就是人类无尽的冬夜"[②]。为了防止在现代技术潮流的裹挟中丧失人性本真,我们依然需要从《老子》与《摩诃婆罗多》这样的经典中汲取"灵肉双美"的生命养分。

作者简介:
田克萍,广东外语外贸大学日语语言文化学院、亚非语言文化学院(筹)印地语专业副教授。

---

① 卢新文:《关于"循环宇宙"模型的哲学新思考》,《东岳论丛》,2012年第5期。
② 栾栋:《感性学发微——美学与丑学的合题》,商务印书馆,1999年,第163页。

中国古代文论在德语世界的研究与变异初探

唐 雪

摘 要：东西方文论有各自的话语体系，因此跨异质文明语境下的文论研究强调异质性和变异性，研究中国文论的域外传播不仅可以印证中西文论的异质互补，还能以"他者"角度反思自我，探索如何让中国文论"走出去"，从而实现中西文论的平等双向交流。鉴于此，本文以德语世界为例，通过梳理中国古代文论的接受现状和考察其变异现象，发现首先中国古代文论在德语区传播的困难主要为译介难度大和接受范围小，其次德语区学者们的文论"他国化"实践可为推动中国文论真正走入德语世界提供重要参考。

关键词：中国古代文论 德语世界 研究 变异
文论"他国化"

西方文论自五四时期大规模传入以来，对中国文化的发展产生深远影响，尤其从20世纪80年代开始大量相关论著引入中国，对本土文论形成话语冲击，造成当代中国文论的"失语症"。文学理论有"其典型的话语生成和言说规律"，其"发展背后都隐藏着围绕话语权的争夺和相应的话语体系的不断更新"[1]，因此中国文论话语建设是解决"失语症"的关键。与此同时与西方文论在中国本土的强势表现不同的是，中国文论的域外传播进程却不尽如人意，其传播途径主要依靠汉学家们的译介和研究，目前来看并未获得西方主流学界的太多关注。中国文论若要真正走向世界，需要推上"他国化"道路[2]，以实现中西文论平等对话和促进中国文论话语建设。古代文论是中国文化的重要思想来源，"在现当代仍有生命力，可以为中国

---

[1] 曹顺庆：《当代西方文论话语反思与中国文论话语建设》，《学术前沿》，2017年第22期，第92页。
[2] 曹顺庆、刘衍群：《改革开放40年中国文论话语研究之我见》，《湖南科技大学学报（社会科学版）》，2018年第6期。

文论话语建设提供有力的支撑"①，因此本文将以中国古代文论在德语世界的研究为切入点，首先历时梳理其在德语区的主要研究成果，在此基础上从跨异质文明的角度出发初步考察其变异现象，并反思传播的难点和总结德语区学者们文论"他国化"实践的可借鉴之处。

一、中国古代文论在德语世界的研究现状

德语世界是海外汉学研究的重要地区，整体而言中国古代文论在德语区的译介起步并不算晚。"两汉以前，文学与其他学术著作的界线还不明显，文学理论大都包含在哲学、政治及文学创作之中"②，而德语世界是欧洲较早开始翻译中国儒道典籍的地区，典籍中的文论思想虽随着相关译介开始传播，却未成为德语区汉学界的关注重点。如德国著名诗人吕克特（Friedrich Rückert）早在1833年已将法国耶稣会士孙璋（Alxander de la Charme）的《诗经》拉丁语译本转译为德语出版，之后出现了多部《诗经》的德语全译本，其中德国神学家和翻译家史陶斯（Victor von Strauss）在1880年出版的译本是第一部由中文直接翻译成德语的《诗经》全译本，然而对《诗经》研究极具价值的《毛诗序》却直至今日未有德语全译文。史陶斯虽在译作前言追溯《诗经》流传史时强调了《毛诗序》的重要性，提出它是最古老的《诗经》评论，对解释《诗经》中一些难以理解的表达极具价值③，却并未具体翻译和阐释《毛诗序》。因此理雅各（James Legge）的《毛诗序》英译文在相当长的时间里都是德语区学者们的重要参考资料，就连当代汉学家卜松山（Karl-Heinz Pohl）于2007年出版的专著《中国美学和文学理论：从传统到现代》中引用的《毛诗序》片段也源自理雅各的译本④。

尽管中国古代文论在德语世界获得的关注度和接受度较低，但是该研究领域并非一片空白。奥地利翻译家、汉学家赞克（Erwin von Zach）于1927年在《通报》上发表的《关于马古礼〈文赋〉翻译》（Zu G. Margouliès' *Übersetzung des* Wen-fu）是德语区首篇讨论《文赋》翻译的文章。法国汉学家马古礼（Georges Margouliès）出于对赋体文学的研究兴趣，于1926年出

---

① 曹顺庆、刘衍群：《改革开放40年中国文论话语研究之我见》，《湖南科技大学学报（社会科学版）》，2018年第6期，第60页。
② 郭绍虞：《中国历代文论选第一册》，上海古籍出版社，2001年，第1页。
③ Victor von Strauss, *Schi-King-Das kanonische Liederbuch der Chinesen*. Berlin: Verlag der Contumax GmbH & Co. KG, 2013, p.57.
④ Karl-Heinz Pohl, *Ästhetik und Literaturtheorie in China. Von der Tradition bis zur Moderne (Geschichte der chinesischen Literatur.* Bd. 5). München: Saur, 2007, p.25.

版了《〈文选〉辞赋译注》（Le "Fou" dans le wen-siuan），该译本仅翻译了班固的《两都赋》、陆机的《文赋》和江淹的《别赋》，但引起了同在翻译《昭明文选》的赞克的关注，因此赞克在同一期的《通报》中连续发表三篇文章分别对马古礼的三篇赋的翻译错误进行纠正。在《关于马古礼〈文赋〉翻译》一文中，他详细分析了马古礼译本的12处错误，其中不乏对《文赋》文论思想的解释。赞克在生前完成了《文选》翻译的九成工作，其译本在1958年以《中国文选：赞克的〈文选〉翻译》（Die chinesische Anthologie：Übersetzungen aus dem Wen hsüan von Erwin von Zach）为名出版，遗憾的是他最终没有完整翻译《文赋》。①

1962年，德国汉学家、翻译家德博（Günther Debon）出版的《沧浪诗话》（Ts'ang-Langs Gespräche über die Dichtung）是第一部中国古代文论专著的德语全译本。译者在前言中梳理了中国古代文论的发展脉络，强调中国古代诗学思想的连贯性；提出中国很早就有关于诗歌创作的思想，涉及诗歌的意识和目的的讨论没有中断过；宋朝是中国文学评论的顶峰，严羽的《沧浪诗话》是其中最具影响力的作品。德博指出严羽的诗学重点主要集中于《诗辨》，"以禅喻诗"是其基本观点。除翻译之外，德博还期望向德语区读者介绍中国文学基本知识，他于1989年出版的《中国诗歌：历史、结构、理论》（Chinesische Dichtung：Geschichte，Struktur，Theorie）是一部普及性书籍。这部作品由三份部分组成：对中国文学发展和成果的历时介绍，按字母排序的370个关键词，上百首诗歌。德博在第一部分中简要评述了相应历史时段的文学理论，比如提到建安时期曹丕的《典论·论文》是最早的诗学，刘勰的《文心雕龙》是基本的诗学，钟嵘的《诗品》是第一次对诗人和作品分级。在第二部分的关键词中有许多文论概念的阐释，特别是与诗歌相关的文论概念。

汉学家赫尔曼－约瑟夫·胡里克（Hermann-Josef Röllicke）于1992年出版的《心灵的踪迹：〈诗大序〉中的"志"之学说》（Die Fährte des Herzens：die Lehre vom Herzensbestreben [zhi] im Grossen Vorwort zum Shijing）是德语世界首部以《毛诗序》为研究对象的专著，整本书主要围绕"诗者志之所之也。在心为志，发言为诗"展开，聚焦于《诗大序》对诗歌的阐释，期望指出中国诗歌哲学研究的不同观点，即《诗大序》的篇幅虽短，却在"志"的观照下与诗学联系紧密。

---

① Hartmut Walravens, *Zur klassischen poetischen Literatur Chinas. Leitfaden zu den Übersetzungen und Rezensionen von Erwin von Zach（1872—1942）*. Norderstedt：BoD, 2019, pp. 217-218.

伦敦大学亚非学院教授、奥地利汉学家傅熊（Bernhard Führer）于 1995 年出版的《中国第一部诗学：钟嵘的〈诗品〉》(Chinas erste Poetik：Das Shipin [Kriterion Poietikon] des Zhong Hong) 根据其博士论文修改而成。傅熊将这部重要的中国古代文论著作首次完整呈现给德语国家读者们，该译作是《诗品》的首部西方语言全译本，因此其出版对于《诗品》的域外传播具有重要意义。译者认为钟嵘力图通过《诗品》建立一种普遍适用的诗歌衡量标准，因此他将《诗品序》作为翻译重点，并在译作中加入自己的阐释，引用其他相关论述以引导读者理解《诗品序》、钟嵘所使用的术语及其理论背景。

德籍华人学者李肇础是德语世界中为数不多的专注于研究和翻译《文心雕龙》的学者。1997 年他以《中国传统文论：〈文心雕龙〉》(Traditionelle chinesische Literaturtheorie：Wenxin Diaolong) 为名出版了《文心雕龙》的第 26 至 50 章，是《文心雕龙》的第一部德语选译本。十年之后，李肇础出版了首部《文心雕龙》德语全译本：《〈文心雕龙〉：文学创作如雕刻巨龙》(Wenxin Diaolong：das literarische Schaffen ist wie das Schnitzen eines Drachens)，推动了《文心雕龙》在欧洲的传播，也为德语区的学者们提供了重要参考。

研究中国文学史和介绍中国作家的相关论著也成为向德语世界介绍中国古代文论的重要领域，以艾默里（Reinhard Emmerich）主编的《中国文学史》(Chinesische Literaturgeschichte)、卜松山著《中国美学和文学理论：从传统到现代》(Ästhetik und Literaturtheorie in China：Von der Tradition bis zur Moderne) 和中德学者合作完成的《中国作家传记手册：作品与生平》(Biographisches Handbuch chinesischer Schriftsteller：Leben und Werke) 为代表。艾默里主编的《中国文学史》于 2004 年出版，该书聚焦于对中国文学史的发展脉络、重要作品和代表作家的梳理和论述，包括中国古代文论作家作品的介绍和评述。卜松山是德语区汉学家中少有的将中国文论作为研究重点的学者，他撰写的《中国美学和文学理论：从传统到现代》于 2007 年出版，是首部研究中国美学和文学理论的德语专著，因此这部作品在广度和深度上都是德语区中国古代文论研究的重要成果。此外，他于 2009 年发表论文《对一个中国文学术语的探讨》(Annäherungen an einen Literaturbegriff in China)，对产生于汉唐之间的多部文论作品展开研究，包括《典论·论文》《文赋》《文心雕龙》和《昭明文选》。卜松山对前两部作品的关注出发点为文学体裁的分类和排序；对《文心雕龙》的研究则将《原道》置于宇宙论背景下探讨术语"文"的不同意义层次；关于《昭明文选》则介绍了其收录原则及意义，提出《文选》共计收录赋、诗、骚等30个不同文学体裁，其收录顺序表明了诗歌体裁的重要性。2010年出版的《中国作家传记手册：作品与生平》(*Biographisches Handbuch chinesischer Schriftsteller: Leben und Werke*)是一部向德语世界读者介绍中国作家作品的普及读物，除了介绍不同时期的文论作家的生平、评述其作品之外，还论述了他们的主要文论思想和核心概念。

二、变异现象考察

跨异质文明语境下的文论研究将异质性和变异性作为研究支点。由于东西方文论有各自特殊的话语体系，中国古代文论在德语世界的传播会先产生译者或研究者的文化过滤，再发生跨语际的译介变异和接受者的接受变异，其中文化过滤融于译介变异和接受变异中。"从同出发，进而辨别，是异质文论对话的基本出发点"①，中国古代文论在德语世界的变异现象能集中体现东西方文论不同的思维方式和言说规则，因此下面以译介变异和接受变异为例，初步探究中国文论在德语世界传播的变异过程。

（一）译介变异

以德博在《沧浪诗话》德译本中对核心概念"妙悟"的翻译为例。德博在前言中提出"禅"是严羽论诗的基石，"禅"的目的是"悟"（Erleuchtung），"悟"是"神秘的领悟"（das mystische Innewerden），严羽要求一首完美的诗歌能够见证这种"神秘的领悟"。《沧浪诗话》揭示了诗歌创作不仅在禅学意义上需要领悟，就本质而言也与"悟"接近。② 首先，德博所选"悟"的对应译词"Erleuchtung"表示"突然理解/醒悟（plötzliche Erkenntnis）"③，可见他将"悟"理解为"das mystische Innewerden"，而"Innewerden"表示"认识、了解和理解（erkennen, sich bewusstmachen, begreifen）"④。单从词义来看，"Erleuchtung"与"Innewerden"基本相同，都是指"领悟和理解"，

---

① 曹顺庆：《比较文学与文论话语——迈向新阶段的比较文学与文学理论》，北京师范大学出版社，2011年，第247页。

② Günther Debon, *Ts'ang-Langs Gespräche über die Dichtung*. Wiesbaden: Otto Harrassowitz, 1962, pp. 11—12.

③ Renate Wahrig-Burfeind, *Wahrig Deutsches Wörterbuch*. Gütersloh/München: wissenmedia in der inmedis ONE GmbH, 2011, p. 469.

④ Renate Wahrig-Burfeind, *Wahrig Deutsches Wörterbuch*. Gütersloh/München: wissenmedia in der inmedis ONE GmbH, 2011, p. 772.

区别在于"Erleuchtung"含有"突然（plötzlich）"之意，因此德博加入形容词"mystisch（神秘主义的、神秘的）"修饰"Innewerden"以补充"Erleuchtung"的这层含义。其次，他将"大抵禅道惟在妙悟，诗道亦在妙悟"一句的"妙悟"译为"die mystische Erleuchtung"①。从译词来看，德博并未特别区分"悟"和"妙悟"，两者都含有"神秘的领悟"之意。严羽在《沧浪诗话》中并未清晰和具体地阐述"妙悟"的内涵，国内学界对"妙悟"也存在不同理解，整体而言分为以下几种看法：形象思维、灵感、艺术想象力与移情作用的发挥、审美意识和艺术感受能力、熟参从而达到最佳审美境界、艺术直觉②。此外还有人将"悟"理解为"一种学诗、写诗的思维方法"③，认为"妙悟说"讲的是"学诗的方法"④。上述对"妙悟"的解释虽各有千秋，但取得共识的是严羽的"妙悟"不同于"禅悟"⑤，即使与德博的理解有共通点的"灵感说"也认为妙悟具有灵感的成分，但其内涵比灵感要丰富得多。德博在译本中强调"禅"是严羽诗学的出发点，因此他将大量禅学术语作为阐释和理解的重点，在此前提下，德博并未纯粹从诗歌创作角度出发去理解"悟"，而加入了神秘主义因素，这也就不足为奇了。

（二）接受变异

"虚实相生"是中国文论话语的基本言说规则，即"强调文字表达并不是最终目的，而语言背后深层的意义却更深远、玄妙"⑥，但启蒙运动以来以理性主义为基础建立的西方文论话语则注重逻辑推导，因此西方文论话语的思维会造成"以西释中"的接受变异。胡里克对"在心为志，发言为诗"的阐释就是基于西方文论的主客体二元对立展开的。他提出这句话很明显存在着二分：前半段"在心为志"是讨论"未说的"（Nicht-ausgesprochenen），后半段则是讲"已说的"（Ausgesprochenen）。"未说的"就还不是诗，"已说的"只有在包含"志"的情况下才可能是诗。胡里克指出，理解此句必须注意两个概念关系：一是"志"与还未成诗歌的"心"的关系，二是情感位于中间位置，后来成为语言，即"情动于中而形于言"。"志"在"心"中产生

---

① Günther Debon, *Ts'ang-Langs Gespräche über die Dichtung*. Wiesbaden: Otto Harrassowitz, p. 57.
② 程国赋：《二十世纪严羽及其〈沧浪诗话〉研究》，《文献》，1999年第1期，第81—82页。
③ 洪树华：《〈沧浪诗话〉诗学体系及批评旨趣》，安徽大学出版社，2010年，第113页。
④ 郭晋稀：《诗辨新探》，巴蜀书社，2004年，第94页。
⑤ 程国赋：《二十世纪严羽及其〈沧浪诗话〉研究》，《文献》，1999年第1期，第81页。
⑥ 曹顺庆、刘衍群：《改革开放40年中国文论话语研究之我见》，《湖南科技大学学报（社会科学版）》，2018年第6期，第59页。

效果的方式就如"言"在诗歌中一样。"心"里那些"未说的""志"才会渴望获得语言。① 在此，胡里克将"心""志"与"言""诗"视为二元对立。但是《诗大序》不单涉及"诗"与"志"的关系，还探讨了志与乐、舞的关系，认为诗歌、音乐和舞蹈是情感的自然表现。可见胡里克将中国古代文论的表达特色"对仗"等同于西方文论二元对立的思维方式，并且将"在心为志，发言为诗"剥离《诗大序》整体进行讨论，从而产生接受变异。

再如有些学者将《文心雕龙》的文论思想来源归因于宇宙论。《中国作家传记手册：作品与生平》一书提出刘勰的文学概念建立在宇宙学上：文学通过模仿自然之"纹"而与自然本身一样具有多样性和全面性。② 卜松山在《中国美学和文学理论：从传统到现代》中将研究刘勰和《文心雕龙》的章节命名为"Kosmische Ordnung und literarische Muster（宇宙的规律和文学的样式）"，提出刘勰在《原道》中将文学的起源置于宇宙学下进行论述，他在论文《对一个中国文学术语的探讨》中重申了上述观点：首先，文是自然的形态；其次，作为文学的"文"是人之"心"，"文"是人心之"纹"（Muster），其中介是语言，即"心生而言立，言立而文明"。③ 造成这一接受变异的主要原因在于，两位学者将"与天地并生者"中的"天地"与"宇宙"等同，而古汉语中的"天地"表示："1. 天与地。指自然界。2. 天下。"④ 可见在中国文论话语体系中的"天地"可泛指自然界，也可表示天下，这两层意义都与西方哲学和自然科学中的"宇宙"不完全等同。《原道》中的"文"与"天地并生"，强调的是自然界中的"文"，即天地、日月、山川是"大自然的文章"⑤，"并生"意味着"文"与"天地"的产生不分先后。而卜松山将刘勰的"文"归因于宇宙论，这意味着宇宙是"文"的来源，"文"被置于"天地"之下，这样的解读显然与《原道》的本意差别甚大。

---

① Hermann-Josef Röllicke, *Die Fährte des Herzens: die Lehre vom Herzensbestreben (zhi) im Grossen Vorwort zum Shijing*. Berlin: Dietrich Reimer, 1992, p. 46.
② Marc Hermann, Huang Weiping, Henriette Pleiger, Thomas Zimme, *Biographisches Handbuch chinesischer Schriftsteller. Leben und Werke*. München: Saur, 2010, p. 165.
③ Karl-Heinz Pohl, *Annäherungen an einen Literaturbegriff in China*. In *Grenzen der Literatur. Zu Begriff und Phänomen des Literarischen*. Berlin: Walter de Gruyter GmbH & Co. KG, 2009, p. 595.
④ 《古代汉语词典》编写组：《古代汉语词典》，商务印书馆，2006年，第1540页。
⑤ 周振甫：《文心雕龙今译》，中华书局，2013年，第10页。

三、反思与总结

由前文可见，中国古代文论在德语区的传播主要存在译介和接受两方面的困难。首先为译介难度大，体现在德语区学者们的相关评述中，如赞克针对《文选》在德语世界未引起太多关注的现象，提出原因在于中国的诗歌艺术（Dichtkunst）因为难度太大而被大多数的汉学家拒绝，阐释都寥寥无几。① 德博指出现代读者需要面临的阅读障碍是：《沧浪诗话》中的术语几乎没有评论，即使原文有少许评论之处，读者从中所得到的解释也是不尽如人意。② 傅熊也论及不同的原著流传版本、特定术语和与涉及的历史背景等为他阅读《诗品》带来许多困扰。③ 其次，接受范围小。译评结合是中国古代文论在德语世界传播的重要特点，即译著中包含了译者们的阐释而论著中也有研究者的相关翻译片段。这直接反映出中国古代文论在德语区的传播和接受的力度不够，在译本和文献都稀缺的情况下译者需要阐释作品而研究者需要翻译原文。图书出版信息也能佐证这一困难：《沧浪诗话》德译本仅有1962年的初版，而比其早一年出版的德博《道德经》德译本却共计重印15次，其中1979年的重印本是再次修订版。李肇础的两部《文心雕龙》译本和傅熊的《诗品》译本也同样仅出版过一次且没有重印。中国古代文论相关论著也面临着同样的问题，胡里克的《心灵的踪迹：〈诗大序〉中的"志"之学说》和卜松山的《中国美学和文学理论：从传统到现代》同样仅有初版。

东西方文论有各自的思维方式和言说规则，造成上述两大传播困难的主要原因在于：其一对德语区学者们而言，中国古代文论的研究比西方文论话语系统下的其他语言文论研究难度要大得多；其二与在德语区获得关注和声望的中国诗作相比，中国文论滞留在中国哲学中不受重视的领域里。④ 因此为促进中国文论在德语世界的传播，实现东西方文论的平等双向交流，中国文论需要经"他国化"道路真正走进德语世界。"他国化"是指文学在接受国经

---

① Hartmut Walravens, *Erwin Ritter von Zach（1872—1942）, Gesammelte Rezensionen*. Wisbaden: Harrasowitz Verlag, 2006, p. 44.

② Günther Debon, *Ts'ang-Langs Gespräche über die Dichtung*. Wiesbaden: Otto Harrassowitz, pp. 51—52.

③ Michael Schimmelpfennig, Reviewed Work: *Chinas erste Poetik: Das Shipin（Kriterion Poietikon）des Zhong Hong（467?—518）*, in *China Review International*, Spring, 1999, Vol. 6, No. 1, p. 112.

④ Volker Klöpsch, Reviewed Work: *Chinas erste Poetik. Das Shipin（Kriterion Poietikon）des Zhong Hong（Edition Cathay, 10）*, in *Oriens Extremus*, 1996, Vol. 39, No. 2, p. 259.

历了文化过滤、译介和接受变异之后发生的一种更深层的变异。① 从前述变异现象考察可见，中国古代文论在德语世界的传播过程中已产生了文化过滤、译介和接受的变异，但尚未出现"他国化"这一深层变异，而总结和借鉴德语区学者们的文论"他国化"实践经验，有助于从他者立场进一步认识和发展自我。

首先，正视以西方文论为中心的弊端，将东西方文论置于平等的观察角度。德博在《沧浪诗话》译本前言中质疑德语世界忽视中国文论的现象，提出"我们的耳朵尚未针对中国诗歌的节奏形态及其声音、每种文学风格和等级的评价尺度进行校准"，而诗学作为文学研究的系统性基础部分，在考察和评估外语文学时显得尤为重要，特别是面对"如中国诗歌这般在语言上我们尤其陌生的文学时"，诗学必不可少。② 卜松山在《对一个中国文学术语的探讨》中更直接地批评了以欧美为标准的文学学科发展，他提出在现代化进程中几乎全世界都依靠欧美标准并且对其全盘接受，近代欧美科学的发展导致对普遍性和适用性的强调、对特殊性和差异性的忽视，由此文学作为科学的一个领域以"功能性"作为全部特征成为盛行于现代欧洲的文学理解。但是从中国文学角度来看，将"功能性"作为文学的本质显然是不够的。中国最重要的术语"文"与欧洲现代之前的文学概念存在共同之处，因此卜松山重点探讨中国文学术语"文"，期望从他者的视角反思欧洲的文学观念。③

其次，正确理解"求同"和"存异"的关系。德语世界学者们的研究方法可为如何在跨异质文明语境下遵循中国文论的话语规则提供范例。其一为"以典释典"的研究方法。如赞克在评述马古礼对"伫中区以玄览"一句的翻译时提出对"玄"的理解应参照《老子》第十章（"是谓玄德"），而马古礼将"玄览"译为"de regarder loin（转移视线）"显然与原文的意义相去甚远，赞克修正为"tiefe Einsicht（深刻的认识）"④。其次，对中国文论特有术语的阐释方法。胡里克对通假字的解释为此提供了参考，他认为"诗者志之所之也"一句中的汉字"之"通"至"，而德语没有通假字的概念，因此他在西方话语言说规则下通过分层次论述来进行解释：首先，汉字"之"和"志"最初是

---

① 曹顺庆：《比较文学教程》，高等教育出版社，2006年，第147页。
② Günther Debon, *Ts'ang-Langs Gespräche über die Dichtung*. Wiesbaden: Otto Harrassowitz, 1962, p. 1.
③ Karl-Heinz Pohl, *Annäherungen an einen Literaturbegriff in China*, in *Grenzen der Literatur. Zu Begriff und Phänomen des Literarischen*. Berlin: Walter de Gruyter GmbH&Co. KG, 2009, pp. 584—585.
④ Erwin von Zach, *Zu G. Margouliès' Übersetzung des Wen-fu*, in *T'oung Pao*, 1927, Vol. 25, p. 360.

可以互释的；其次，在某种情况下"之"和"至"在语义学和语用学的层面可以被相同对待，即在"到达"（hingehend）的意义层面上"之"和"至"是一致的；最后，两者区别在于"之"原本是指"在路上"（Unterwegssein），而"至"则表示"到达目的地"（Ans-Ziel-Gelangen）。①"存异"强调异质性，并不等于排斥"求同"。探求中西方文论相通之处是德语世界诸多学者们的研究目的，德博在《沧浪诗话》德译本的前言中就提出他期望探索中国诗歌规则在多大程度上"与我们自己的价值观相对应，我们是否可以在中国诗歌中找到灵魂共鸣"②，因此恰当类比可以让德语区读者更易理解中国文论思想，如卜松山在解释《文选》为何未提及汉朝之前的哲学和历史作家时，就以早期《圣经》也不被视为文学作品为类比。

　　跨异质文明下的中西文论对话需要遵循"话语独立""平等对话""双向阐释"和"求同存异、异质互补"③ 的基本原则，这一方面要求我们需要反思和克服西方文论对本土文论的话语冲击导致的"失语症"，建设中国文论话语体系，实现"话语独立"和"平等对话"；另一方面，中国文论还需扩大和增强域外的传播力和影响力，真正实现"走出去"，达到中西方文论的"双向阐释"和"异质互补"。本文通过梳理中国古代文论在德语世界的研究现状和考察其变异现象，反思了中国古代文论在德语区传播的主要困难，发现中国文论若要真正走入德语世界，需要通过文论"他国化"而在德语区的异质土壤上生根发芽，成为德语世界文化的一部分，德语世界学者们已有的研究成果可为文论"他国化"实践提供参考。上述目标的实现还需中德学者们共同努力，虽道阻且长，但随着中国文论话语的建设和中西交流的深入，跨异质文明下的东西文论会在互补、互识和互证中实现共同发展。

作者简介：
唐雪，文学博士，西南大学外国语学院讲师。

---

① Hermann-Josef Röllicke, *Die Fährte des Herzens: die Lehre vom Herzensbestreben (zhi) im Grossen Vorwort zum Shijing*. Berlin: Dietrich Reimer, 1992, p.47.
② Günther Debon, *Ts'ang-Langs Gespräche über die Dichtung*. Wiesbaden: Otto Harrassowitz, 1962, p.1.
③ 曹顺庆：《比较文学与文论话语——迈向新阶段的比较文学与文学理论》，北京师范大学出版社，2011年，第238—241页。

东西诗学的回返影响：朱熹、叔本华与王国维

杨 清

摘 要：朱熹的"人欲"观与叔本华的"意志"论具有一致性。然而，王国维在借叔本华的"意志"论阐释中国古典文学与文论之时，却以此批判朱熹理学。朱熹、叔本华、王国维诗学之间呈现出一条"从东方到西方再到东方"的回返影响关系链：东西诗学均就人类面临的共同命题展开讨论，其传播与影响模式并不仅仅是单向的，还呈现出更为复杂的回返影响模式。

关键词：朱熹 叔本华 王国维 东西诗学 回返影响 影响研究

一、朱熹的"人欲"观与叔本华的"意志"论

叔本华的"意志"论与朱熹的"人欲"观如出一辙，正如有学者所指出的那样，"这一'生命意志'实是朱熹的'人欲'翻版"[①]。但遗憾的是，学界并未详细分析两者究竟在哪些方面具有一致性。

朱熹讲"人欲"的起源："有个天理便有个人欲。盖缘这个天理须有个安顿处，才安顿得不恰好，便有人欲出来。"抑或是"人生都是天理，人欲却是后来没巴鼻生底"[②]。在朱熹看来，"人欲"产生于"天理"安顿得不恰当之处。朱熹又指出："天地之间，有理有气。理也者，形而上之道也，生物之本也；气也者，形而下之器也，生物之具也，是以人物之生，必禀此理，然后有性，必禀此气，然后

---

[*] 本文为国家社科基金重大项目"东方古代文艺理论重要范畴、话语体系研究与资料整理"（项目编号：19ZDA289）阶段性成果。

[①] 郭泉：《叔本华的汉学研究及其对中国哲学思想的认识》，《南京师范大学学报（社会科学版）》，2000年第5期，第14页。

[②] 《朱子语类》，中华书局，1986年，第223页。

有形。"① 朱熹的"理"实为客观之物,乃形而上之道,是万物之本源,先于性、气、形而存在。然而,朱熹又在《孟子集注·尽心上》中讲:"心者,人之神明,所以具众理而应万事者也;性则心之具理;而天又理之所从以出者也。"可见,朱熹所谓客观存在的"天理"实则还是源于主宰人之"神明"的"心",即王国维所说的"动机"②或叔本华所说的"意志"。

尽管朱熹将"天理"上升至"形而上之道"的客观存在,但朱熹的天理人欲观实质是对先秦以降诸家理欲之争的总结与发扬。因此,朱熹的"天理"强调的是客观存在的社会伦理道德。③ 朱熹就直言天理何为:"所谓天理复是何物?仁义礼智岂不是天理?君臣、父子、兄弟、夫妇、朋友岂不是天理?"④显然,天理是儒家思想的又一次呈现。在儒家思想中,"仁义根于人心之固有",强调仁义的天然而为。包括儒家思想在内的诸家伦理道德体系归根结底还是将之视为先于万事万物而存在的客观存在,以此来约束人的行为,从而建立起牢不可摧的礼教。当伦理道德的位置错放或者在践行的过程中出现了偏差,则会产生人欲。由此可见,朱熹所言之"人欲"实际上是客观存在的动机产物。

朱熹讲"人欲"源自客观"天理",叔本华讲"欲念"源自主观"意志"。叔本华在《作为意志和表象的世界》中指出,意志是一种"作为和行动的意义和内在动力"⑤。因为有了意志,人作为主体才可能意识到自己作为主体所意识到的事物,才能在主体身体活动发生的那一刻意识到这一行动。世界作为表象是人意识到的表象,归根结底是意志在发挥作用。那么意志如何与身体活动相互作用?意志又与欲望有何关系?叔本华认为:

> 每一真正的、无伪的、直接的意志活动都立即而直接的也就是身体的外现活动。在另一方面与此相应的是对于身体的每一作用也立即而直接的就是对于意志的作用。这种作用,如果和意志相违,就叫作痛苦;如果相契合,则叫作适意,快感。⑥

按叔本华的观点,意志与身体本为同一物,亦可"作为人自己的身体的

---

① 郭齐、尹波点校:《朱熹集》(五),四川教育出版社,1996年,第2947页。
② 参见姚金铭、王燕编:《王国维文集》第三卷,中国文史出版社,1997年,第264-265页。
③ 吴长庚:《朱熹"存天理灭人欲"理论的重新认识》,《江西社会科学》,2009年第12期,第8页。
④ 张文治编:《国学治要·集部·子部》,见《答吴斗南书》,北京理工大学出版社,2014年,第1067页。
⑤ 叔本华:《作为意志和表象的世界》,石冲白译,商务印书馆,1982年,第151页。
⑥ 叔本华:《作为意志和表象的世界》,石冲白译,商务印书馆,1982年,第152页。

本质自身"。如此一来，身体活动实际上就是意志活动的"可见性"①。既然意志是行动的内在动力，也是身体活动的外在显现，那么，欲望实际上也产生于意志。于是，当外界对意志的作用与意志相违背，则会产生痛苦。这是叔本华悲观主义思想的典型体现。

按叔本华的观点，人与世界的关系可表述为：世界是人意志的表象。意志与欲望之间的关系表现为：意志产生意欲，意欲产生动机，动机产生活动②。意志与欲望的增减呈正相关，也即叔本华所说的"随着认识的愈益明确，意识愈益加强，痛苦也就增加了，这是一个正比例"③。而在叔本华看来，人的本质"不过是活脱脱的一团欲望和需要，是各种需要的凝聚体"④。但欲望得不到满足就会产生痛苦，于是，人的本质其实就是痛苦。叔本华曾不止一次指出欲望是人痛苦的源头，"举不胜举的痛苦渗透进世界的每一处角落，它们发源于与生命本身不可分离的需要和欲念"⑤。这是因为，当欲望得不到满足，人就会感到痛苦。为了满足欲望而感受到快乐后，欲望便会随之增长。当欲望得到满足过后又会产生新的欲望，再一次进入欲望与痛苦的循环之中。于是，叔本华才得出了"一切生命，在其本质上皆为痛苦"⑥的结论。

叔本华认为，要想摆脱痛苦首先要摆脱产生痛苦的欲望，消灭意志与意志主体。与此同时，叔本华又肯定欲望的存在，"如果人生不是痛苦（灾难），我们存在的目的就必然完全失败"⑦。前后看似矛盾，实则不然。正如有学者所言："对于痛苦，一会儿唱哀歌，一会儿又唱赞歌，叔本华何以如此地自相矛盾？……站在世俗的立场上，他看似与欲望横流的芸芸众生一道诅咒痛苦即诅咒欲望的不得实现，后者的主观意愿是渴望其欲望之实现，是对生命意志及其客体化的肯定，而他则是通过对痛苦的诅咒、渲染最终劝导人们放弃生命和欲望，如此而言，他又是站在圣者的立场上了。"⑧ 同朱熹一样，叔本华对欲望持悲观态度，要求摆脱欲望。不同的是，叔本华并未否定欲望，更未像朱熹那样提出一套控制、压抑欲望的理论体系，反而认为人倘若没有欲望或者欲望得到满足，就会陷入空虚与无聊之中，从而丧失存在的目的。

---

① 叔本华：《作为意志和表象的世界》，石冲白译，商务印书馆，1982年，第159页。
② 叔本华：《爱与生的苦恼》，金铃译，华龄出版社，1996年，第1页。
③ 叔本华：《作为意志和表象的世界》，石冲白译，商务印书馆，1982年，第425页。
④ 叔本华：《爱与生的苦恼》，金铃译，华龄出版社，1996年，第8页。
⑤ 叔本华：《叔本华文集：悲情人生》，任立、潘宇译，华龄出版社，1997年，第1页。
⑥ 叔本华：《爱与生的苦恼》，金铃译，华龄出版社，1996年，第8页。
⑦ 叔本华：《爱与生的苦恼》，金铃译，华龄出版社，1996年，第1页。
⑧ 金惠敏：《生命意志：痛苦与超越——论叔本华伦理学和美学的预设前提》，《海南师范学院学报（人文社会科学版）》，2000年第4期，第16页。

由此可见，叔本华的"意志"论与朱熹的"人欲"观在发生、内涵与伦理价值三方面达到高度一致。从发生学的角度来看，朱熹的"人欲"产生于天理，而天理又是千百年来封建礼教社会的一套伦理道德体系，用以规约、统治，归根结底仍然是人意志的产物。只不过，朱熹将这由人的意志动机构建的"理"视为客观存在，叔本华则直接指出欲望产生于意志，是主观存在之物。因此，朱熹之"人欲"与叔本华之"欲望"均产生于"意志"。就内涵来看，朱熹的"人欲"包含了合理的一部分，可看作"天理"，同时也包含了物质私欲，理应去除；叔本华从本质上讲对"欲望"以及"生命意志"持悲观态度。此外，在伦理价值方面，叔本华思想中的最高境界即如王国维所说的"存于灭绝自己生活之欲，且使一切生物皆灭绝此欲，而同入于涅槃之境。此叔氏伦理学上最高之理想也。此绝对的博爱主义与克己主义"①，而朱熹的"天理人欲"观强调的恰恰是克己，两者在这一点上高度相似。

二、叔本华思想中的中国渊源

既然朱熹与叔本华有关欲望的观点如此相似，两者是否存在影响关系？叔本华在《自然界中的意志》中的专列"汉学"一章，阐述了他对中国哲学、信仰、文化的理解。其中，叔本华在论述西方的"上帝"与中国的"天"概念之间的异同时，便直接引用了朱熹的观点：

> 尽管如此，欧洲人首先总是希望在这个词身上能找到他们如此孜孜以求的一些痕迹来，以说明中国的形而上学和他们自己的信仰有着相似的地方。毫无疑问，题为《中国的创世理论》一文就是这种研究的结果，这篇文章发表在1826年第22卷的《亚洲杂志》上。这篇文章提到了朱子，即朱熹，我认为，按我们的算法，他生活在12世纪。他是中国学者中最有名望的人，这是因为他是一个集大成者。他的著作是当今中国教育的基础，他有着至高无上的权威。……
>
> "朱子说：无论如何也不应该说，天有一个人（一个聪明人），由他来判定罪恶；但另一方面也不可以说，根本就没有什么东西来对这些事情进行最高的监督。"
>
> "同一名作者被问到天的心是否可知时，答复是：人们不可以说，自然的精神是非理智的，但它和人的思维是不一样的"……
>
> "按照中国的一个权威的说法，天，由于最高的权力这一概念，被称

---

① 姚金铭、王燕编：《王国维文集》第三卷，中国文史出版社，1997年，第323页。

作主宰或统治者,另一个权威则这样说:'如果天没有意愿,那末也许牛就会生出马来,桃树就会开出梨花来',另一方面又说:天的精神也许可以从人类的意志为何物中推知!"(英译者用这个惊叹号来表达他的诧异。)①

叔本华清晰地意识到,朱熹有关天的精神与人的意志之间的关系同自己的学说有着惊人的相似,以至于他赶紧澄清自己学说的独创性:"这最后一句话和我的学说的一致性是如此的明显和惊人,以至于如果这些话不是在我的著作出版了整整八年之后才印出来的话,人们很可能会错误地认为,我的基本思想就是从它们那儿得来的。"②叔本华本人否定了其意志学说受朱熹观点的直接影响,其理由便是这篇涉及朱熹理学的文章公开发表的时间晚于叔本华相关著作八年之久。

尽管叔本华极力证明自己的思想源头并非朱熹学说,但叔本华在朱熹处得到声援与呼应——"他所接触到的那些断章残语却可能使他隐约听到来自遥远而神秘的东方古国的哲学同道的声援"③,并从中国哲学中汲取养分。中国哲学并非未对叔本华产生丝毫影响。反之,两者之间存在曲线或称间接渊源关系,即朱熹对欧洲哲学产生影响,而欧洲哲学又对叔本华思想产生直接影响。实际上,正如有学者指出的那样,"正是在朱熹的系统的儒家学说中,叔本华相信可以找到与他自己的学说在意义上(in its import)相符合的一个亚洲哲学的视角——关于人类意愿(willing)和自然的奠基性原则的有机统一视角——的意义深远的确证"④。

朱熹理学传入欧洲后,首先对莱布尼茨、康德等人产生深远影响。朱熹理学自明代万历年间起就由在中国传教的耶稣会教士与留欧中国学生介绍、传播到欧洲,并成为启蒙思想家所汲取的理论养料和精神力量的源泉。⑤据有关学者梳理,"康德还从中国哲学尤其是从朱熹理学那里积极地吸取理性思想……认为:人既有理性,又有种种欲望,因此,人的自由不是人欲横流,而是只服从理性制定的规律,视遵奉道德律为责任,良心应战胜欲望;人类

---

① 叔本华:《自然界中的意志》,任立、刘林译,商务印书馆,1997年,第144页。
② 叔本华:《自然界中的意志》,任立、刘林译,商务印书馆,1997年,第144页。
③ 金惠敏:《叔本华的自然意志伦与中国哲学》,《燕山大学学报(哲学社会科学版)》,2000年第3期,第7页。
④ 道格拉斯·L. 别尔格:《合一:叔本华与中国哲学的相遇》,赵炎译,《云南大学学报(社会科学版)》,2009年第1期,第23页。
⑤ 程利田:《朱熹理学对欧洲启蒙思想家的影响——兼论中国文明对西方文明的作用》,《学术论坛》,1996年第2期,第36页。

理性的最后目的是至善。这与朱熹'存天理，去私欲'的主张相同"①。康德十分强调"意志"，可以说，"'意志'是康德伦理学的核心概念和逻辑起点，由此引发出一系列的'善良意志'、'意志自由'、'意志自律'等观点的探讨"②。

康德的"意志"观与世界二分构成了叔本华"生命意志"理论的基石，甚至"叔本华自认康德为他的先驱，认为康德区分现象和物自身是哲学史上最伟大的功绩；在此基础上，他把现象发挥成更加主观化的表象，把物自身发展成为意志"③。叔本华在《作为意志和表象的世界》一书中就不止一次借用康德观点，比如叔本华讲"'唯有意志是自在之物'……这个'自在之物'（我们将保留康德这一术语作为一个固定的公式）既已作为自在之物，便决不再是客体，因为一切客体已经又是它的现象而不是它自己了"④。

叔本华将康德有关世界的二分关系论说发挥至极，从而提出"作为意志与表象的世界"这一命题，难怪尼采称康德为"歌尼斯堡的伟大的中国人"⑤。叔本华在扬弃康德思想的基础之上，进一步推进主观唯心主义的构建，形成了独具特色的叔本华哲学思想。从这一点来看，朱熹理学首先对莱布尼茨、康德等德国哲学家产生影响，而叔本华直接吸收了康德哲学思想，以致叔本华哲学思想体系中蕴含着丰富的中国哲学因素。

三、王国维对叔本华思想的吸收与对朱熹理学的批判

当饱含中国哲学思想的叔本华"生命意志"理论传入中国后，一代国学大师王国维对其进行了充分吸收与挪用。王国维《〈红楼梦〉评论》融贯中西，以叔本华"意志"论与"欲念"观为理论视角，重新阐释《红楼梦》，成为我国中西比较诗学前进道路上的里程碑。尽管王国维以西方话语体系阐释中国文学与文化造成一定的误读，遭到学者的批判，但不可否认的是，王国维借助西方理论阐释中国传统文学，为我国传统学术话语的现代转型奠定了坚实的基础。

---

① 程利田：《朱熹理学对德国哲学的影响》，《福建学刊》，1998年第2期，第38页。
② 谷明书、王士良：《论叔本华哲学思想的理论来源与基本特质》，《江西教育学院学报（社会科学版）》，2013年第4期，第9页。
③ 赵卫国：《叔本华悲观主义的形而上学根源和时间根源》，《哲学研究》，2010年第6期，第79页。
④ 叔本华：《自然界中的意志》，任立、刘林译，商务印书馆，1997年，第165页。
⑤ 程利田：《朱熹理学对欧洲启蒙思想家的影响——兼论中国文明对西方文明的作用》，《学术论坛》，1996年第2期，第40页。

王国维在《〈红楼梦〉评论》的开篇第一章"人生及美术之概观"就直言:"生活之本质何?'欲'而已矣。"① 这实则是对叔本华"生命意志"的一次中国挪移。此外,王国维还在《人间嗜好之研究》中借用叔本华的相关学说进行论述,认为"人心之根柢实为一生活之欲"②,因此"食色之欲,所以保存个人及其种姓之生活者,实存于人心之根柢,而时时要求其满足"③。

王国维基于叔本华"生命意志"理论,从生活之欲与苦痛延伸至文学艺术的审美目的。王国维认为,"美术之务,在描写人生之苦痛与其解脱之道,而使吾侪冯生之徒,于此桎梏之世界中,离此生活之欲之争斗,而得其暂时之平和,此一切美术之目的也"④。在王国维看来,《红楼梦》通过描写人物的不同命运与苦痛解脱之道来达到"暂时之平和"之境。介于中国传统精神"世间的也,乐天的也,故代表其精神之戏曲、小说,无往而不著此乐天之色彩"⑤,而从叔本华的"意志"观来看,《红楼梦》乃"哲学的也,宇宙的也,文学的也",并且"与一切喜剧相反,彻头彻尾之悲剧也"⑥。

然而,王国维在吸收、借用叔本华"意志"观来阐释中国古典文学之时,却对与叔本华"生命意志"相似的朱熹理学持批判态度。王国维在《释理》一文中批判朱熹将"理"视为形而上的客观性观点,并认为:"广义之理是为理由,狭义之理则理性也。充足理由之原则为吾人知力之普遍之形式,理性则知力作用之一种,故二者皆主观的,而非客观的也。"⑦ 换言之,"理"之释义,从广义来讲是"理由",是人类知识的普遍形式,实则是主观意识的产物;从狭义来讲是"理性",是"概念之知识……惟人类所独有……吾人惟有概念的知识,故将有为也,将有行也,必先使一切远近之动机,表之以概念,而悉现于意识……"⑧ 更是主观意识作用之果。可见,"理"之释义无论从广义还是从狭义上来讲,都是主观意识的结果。而程朱理学却将"理"贯之以客观意义。比如,朱子讲"盖人心之灵,莫不有知,而天下之物,莫不有理。惟于理有未穷,故其知有不尽"⑨。可见,"人心之灵"的"知"与"天下之

---

① 姚金铭、王燕编:《王国维文集》第一卷,中国文史出版社,1997年,第2页。
② 姚金铭、王燕编:《王国维文集》第三卷,中国文史出版社,1997年,第30页。
③ 姚金铭、王燕编:《王国维文集》第三卷,中国文史出版社,1997年,第27页。
④ 姚金铭、王燕编:《王国维文集》第一卷,中国文史出版社,1997年,第9页。
⑤ 姚金铭、王燕编:《王国维文集》第一卷,中国文史出版社,1997年,第10页。
⑥ 姚金铭、王燕编:《王国维文集》第一卷,中国文史出版社,1997年,第10页。
⑦ 姚金铭、王燕编:《王国维文集》第三卷,中国文史出版社,1997年,第257-258页。
⑧ 姚金铭、王燕编:《王国维文集》第三卷,中国文史出版社,1997年,第256页。
⑨ 樊东译注:《中国古典文化大系》第2辑《大学·中庸译注》,上海三联书店,2013年,第18页。

物"的"理"是相对立的,因此才会有"理未穷"而"知有尽"的结论。但正如王国维所评价的那样,朱熹完全没有意识到,所谓"理"实则还是出于"人心":"至万物之有理,存于人心之有知,此种思想,固朱子所未尝梦见也。"① 朱熹正因为没有意识到这一关系,所以将"理"进一步从客观存在上升至"形而上之道",统摄天地万物。在王国维看来,朱熹所谓的客观形而上的"理","与希腊斯多葛派之所谓之理,皆预想一客观的理,存于生天、生地、生人之前,而吾心之理,不过其一部分而已。于是理之概念,自物理学上之意义出,至宋以后,而遂得形而上学之意义"②。因此,王国维赞同孟子以"理"为"心之所同然"以及王文成的"物理不外于吾心,外吾心而求物理,无物理矣。遗物理而求吾心,吾心又何物?"直接否定孟、王之后有关"理"的阐述,认为"我国人之说'理'者,未有深切著明如此者也"③。由此,王国维认为那些将"理"视为形而上学的观点,在今天看来,"不过一幻影而已"④。王国维甚至直接将朱子诸如"太极"观,即"理"作为形而上的抽象概念先于世界万物而存在的实在的"有",作为"真理"的对立面"谬误"来看待:"人而不求真理则已,人而唯真理之是求,则此等谬误,不可不深察而明辨之也。理之概念,亦岂异于此? 其在中国语中,初不过自物之可分析而有系统者抽象而得此概念,辗转相借,而遂成朱子之理即太极说。"⑤

王国维正是一边借用叔本华的"生命意志"来阐释中国古典文学,一边以叔本华的唯意志论作为武器来批判朱熹关于"理"的客观唯心主义观点,认为所谓"理"乃主观意志的产物,并非先于世界的客观实在。正如王攸欣所言:"对理的狭义的解释即'理性',则根据叔本华关于悟性和理性界限的论述,认为悟性使人感知直观的世界,而理性则创造概念的世界,具有分析综合的功能,也只是人脑的一种心理能力,所以具有主观性。他以此来否定朱熹'天理'的客观性……这是王国维以叔本华观念来阐释、评价中国哲学观念的典型例子。"⑥

基于此,王国维进一步批判朱子学说中的"善恶二元论"与"理欲二元论"。王国维认为,理性发挥作用是获取知识的一种形式,只有真伪之说,无关善恶。但是,在王国维看来,"然在古代,真与善之二概念之不相区别,故

---

① 姚金铭、王燕编:《王国维文集》第三卷,中国文史出版社,1997年,第258页。
② 姚金铭、王燕编:《王国维文集》第三卷,中国文史出版社,1997年,第259页。
③ 姚金铭、王燕编:《王国维文集》第三卷,中国文史出版社,1997年,第259页。
④ 姚金铭、王燕编:《王国维文集》第三卷,中国文史出版社,1997年,第260页。
⑤ 姚金铭、王燕编:《王国维文集》第三卷,中国文史出版社,1997年,第261页。
⑥ 王攸欣:《选择、接受与疏离:王国维接受叔本华、朱光潜接受克罗齐》,生活·读书·新知三联书店,1999年,第38页。

无足怪也。至宋以降,而理欲二者,遂为伦理学上反对之二大概念"①。又如,王国维在《论性》中指出,朱子学说是典型的"理欲二元论":"朱子继伊川之说,而主张理气二元论。……故由朱子之说,理无不善,而气则有善有不善。故朱子之性论与伊川同,不得不谓之二元论也。朱子又自其理气二元论,而演绎其理欲二元论曰:'有个天理,便有个人欲。盖缘这个天理,须有个安顿处。才安顿得不恰好,便有人欲出来。'"② 然而,在王国维看来,人类的一切行动都有一定的"动机"或其所称"机括",而"由动机之正否而行为有善恶,故动机,虚位也,非定名也。善亦一动机,恶亦一动机。理性亦然。理性者,推理之能力也"。因此,"为善由理性,为恶亦由理性,则理性之但为行为之形式,而不足为行为之标准,昭昭然矣"③。简言之,王国维并不认为"理"是一种判断行为善恶、正邪的标准,所谓善出于理,恶也出于理,理只是行为的某种形式,并非行为的标准。这就直接质疑了朱熹理学"存天理,灭人欲"一说的核心内涵。尽管朱熹也认为正常的人欲出乎天理,理应去除的私欲也出乎天理,但只要符合天理的人欲是不用灭除的,所谓"虽是人欲,人欲中自有天理"。可见,朱熹将"天理"视为判断人欲好坏、善恶的标准,正如王国维所言:"朱子所谓'安顿得好',与戴氏所谓'絜人之情而无不得其平'者,则其视理也,殆以'义'字、'正'字、'恕'字解之。于是'理'之一语,又有伦理学上之价值。"④ 可以说,王国维从根本上否定了朱熹理学。

四、"从东方到西方再到东方":东西诗学的回返影响

在全球化语境下的今天,不同文化语境中的文学与诗学交流愈加频繁,伴随而来的东西诗学跨文化传播与对话也愈演愈烈,早已打破韦斯坦因所断定的"只有在一个单一的文明中,人们才能在思想、感觉和想象中有意识地或无意识地发现传统的共同元素"⑤。就朱熹、叔本华、王国维诗学这一组关系来看,三者之间的影响关系呈现出一条回返影响关系链:朱熹理学是叔本华思想的曲线渊源,叔本华唯意志论直接影响王国维;而王国维一边借用叔本华的"意志"论对中国古典文学与传统文论进行阐释,促进中国传统文论

---

① 姚金铭、王燕编:《王国维文集》第三卷,中国文史出版社,1997年,第262页。
② 姚金铭、王燕编:《王国维文集》第三卷,中国文史出版社,1997年,第250页。
③ 姚金铭、王燕编:《王国维文集》第三卷,中国文史出版社,1997年,第250页。
④ 姚金铭、王燕编:《王国维文集》第三卷,中国文史出版社,1997年,第263页。
⑤ Ulrich Weisstein, *Comparative Literature and Literary Theory: Survey and Introduction*. Bloomington & London: Indiana University Press, 1973, p. 7.

的现代转型，一边又以叔本华的唯意志论批判朱熹理学。尽管叔本华自身否定了其思想源自朱熹思想，但朱熹理学对莱布尼茨、康德等人的哲学的影响不容忽视，而康德哲学又是叔本华"意志"论的直接来源，很难说叔本华完全不受朱熹理学的影响，况且两者在有关欲望与意志的观念上不谋而合。叔本华思想传入中国后，王国维对其充分吸收与发扬。但王国维在运用叔本华"欲望"观阐释中国古典文学的同时，却借助叔本华的唯意志论来批判朱熹理学观，甚至有学者认为"像王国维先生这样的大学者竟然也忽视了朱子的天理与人欲思想与叔本华的生命悲剧意识之间的关联"[①]。这看似矛盾，实则不然。王国维否定的是朱熹"天理"观背后的客观实在性与形而上的意义以及"理欲二元论"。

跨国影响关系中的回返影响关系体现为一种文化或诗学从源文化流传至异质文化，影响异质文化后，又回返至源文化产生影响。这有助于形成新的比较诗学视野，以观察全球化时代的异质文化交流与影响的复杂性。这种"从东方到西方再到东方"的回返影响并非个案。中国作曲家郝维亚创作的《图兰朵》在东西诗学流传与渊源关系就可描述为一条从东方到西方再到东方的传播与影响关系链：从该故事的原型出自16世纪波斯故事集《一千零一夜》，18世纪初阿拉伯语版《一千零一夜》译成法文，到1762年意大利文版寓言剧《图兰朵》出现，1802年德国席勒版诗剧《图兰朵》诞生，1920年意大利歌剧《图兰朵》上演，最后到2008年出现了中国版的《图兰朵》[②]。这是一条清晰而曲折的从东方到西方再回到东方的回返影响关系链。

值得注意的是，无论是朱熹的"人欲"观，还是叔本华的"意志"论，还是王国维在《〈红楼梦〉评论》中的悲剧观，三者均触及同一个问题：人与世界的关系。朱熹对人与世界的讨论主要集中在其有关"天人"与"理欲"的讨论之上。正如前文所述，人生本就是天理，而人欲出于天理，是"天理具体现实化派生出来的，它本身不是独立的存有"[③]。"人欲"与"天理"尽管"同体异用，同行异情"，但处于一种此消彼长的关系之中。"天理"是客观存在物，更是形而上之道，先于世界万物而存，同时又具备伦理学意义。因此，朱熹通过先于世界万物而存在的"理"构建起一套礼教伦理体系。朱熹的天人关系，强调的是"不一而又不离之关系"[④]。叔本华的"意志"论原本就是

[①] 曹顺庆、刘衍群：《比较诗学新路径：西方文论的中国元素》，《浙江社会科学》，2019年第1期，第128页。

[②] 曹顺庆主编：《比较文学概论》，高等教育出版社，2018年，第75页。

[③] 刘述先：《朱子哲学思想的发展与完成》，吉林出版集团有限责任公司，2015年，第325页。

[④] 刘述先：《朱子哲学思想的发展与完成》，吉林出版集团有限责任公司，2015年，第318页。

在探讨人存在于世界的命题。叔本华认为，意志构成了这个世界，因此，世界是意志的表象。也就是说，世界并非客观存在，而是人所感知、认识的世界。王国维基本上是借用叔本华的唯意志论对《红楼梦》进行阐释，认为生活的本质即为"欲"，而人生就在欲无法满足的痛苦与满足之后的空虚中摇摆。可见，在王国维看来，世界也是意志所呈现的世界。因此，当王国维接触到叔本华的"生命意志"理论之后，反观朱熹理学对"理"的客观实在性的强调，便不以为然。王国维对朱熹理学的批判同样基于他有关人与世界的论述，即以叔本华的唯意志论来批判朱子理学中的"理"之客观实在性。

东西诗学均就人类共同关注的命题展开讨论，并形成了复杂的影响关系链，其传播与影响并非单线条、单方向地进行，而是呈现出双向、多向、曲线甚至回返传播与影响模式。这不仅揭示了东西诗学之间的双向互动关系以及东西诗学的相通性，更显现了东方诗学对于构建世界诗学不可或缺的重要性，以及构建人类命运共同体的可能性。

作者简介：
杨清，四川大学文学与新闻学院专职博士后。

刘守华比较故事学思想探微

梅进文

摘　要：比较文学中的中国学派影响相对较小，这一局面的扭转需要我们不断地探索新路。刘守华先生在这个方面的努力或可成为学界的标杆。他一直致力于构建比较故事学学科，提出了一套完善的理论体系，影响深远。他的比较故事学思想融会贯通了民间文艺学、比较文学、宗教、历史、人类学等诸多学科，方法多元，不拘成见，同时将根基深植进中国民间故事的土壤中。

关键词：刘守华　比较故事学　比较文学　民间故事

在世界比较文学的发展历程之中，法国学派和美国学派是公认的两大阵营，与之相对的中国学派影响似乎弱些，除了少数学者在这个方面有理论建树，如曹顺庆先生的"比较文学变异学"、聂珍钊先生的"文学伦理学"等。从整体上看"中国声音"还是缺乏，这不是因为中国学者的努力不够，而可能是因为中国学派的研究路径相对较为狭窄，实践性、示范性经典相对缺乏。中国学人想要在比较文学领域发出自己强有力的声音，展示自我姿态，不能不重新思考一些其他的方向和可能性。在这个方面刘守华先生的成功尝试也许能给广大从事比较文学研究的同仁带来一些启示。

刘守华先生是我国民间文学研究领域最著名的学者之一，也是比较故事学理论体系的开拓者。关于比较文学和民间文学的关系，季羡林先生早就说过："在国与国之间，洲与洲之间，最早流传的而且始终流传的几乎都是来源于民间的寓言、童话和小故事。我们甚至可以说，没有民间文学，就不会有比较文学的概念。"[①] 刘先生能建构庞大的比较故事学体系，可以说和他六十多年来兢兢业业耕耘于民间文学这片土壤有着密不可分的关系，或者说是他从事民间文

---

① 季羡林：《比较文学与民间文学》，北京大学出版社，1991年，第1页。

学和比较文学研究的必然结果。不同学科的交流、碰撞往往能产生新的思想，甚至能形成一门新兴学科。比较故事学从"广义来说……就是以比较方法研究民间故事的学科……对民间故事进行跨国跨民族以及跨学科比较研究的学科"①。刘先生的比较故事学思想散布在他前后花费了几十年的力作《民间文学概论十讲》《中国民间故事史》《中国民间故事类型研究》《汉译佛经故事与中国民间故事演变》中，特别是《比较故事学》《比较故事学论考》这两部著作，后者是前者的更进一步的完善和提高。学界对他的著作给予了很高的评价。谭达先认为《比较故事学》"是当代中国比较故事学园地上首次开放的灿烂鲜花，具有时代性、民族性与前瞻性，蕴含着丰富的学术魅力，迸发出浓郁的文化清香，必将引起国内外读者和学人细读的强烈欲望"②。刘介民评价《比较故事学》"是作者多年积累潜心研究的一部有分量的专著，它体现了作者试图将季羡林先生所倡导的'比较文学与民间文学'拓展光大，展示了作者在比较故事学方面的可喜成果，填补了在这方面的空白，具有重要学术价值"③。

刘守华先生一直致力于构建比较故事学的学科体系，并为之做了不懈的努力。他建设比较故事学学科的思想大致上可以分为三大板块。

一、立足本体，贯通各门学科

"比较故事学以民间故事作为自己的研究对象，这是用不着多作解说的。民间故事是遍及全世界的一种文化娱乐活动，一种口头叙事文学。"④刘守华先生认为民间故事的内涵很多，各种分类标准不一，而比较故事学里研究的民间故事本体是"幻想故事（民间童话）、生活故事、笑话、寓言等样式"⑤。并不包括神话和传说，因为神话体现的是原始思维，有自身特点，且其研究已经形成了一门较为成熟的神话学，而"传说是对历史的追忆"⑥，当然有部分传说已经转化成故事，或者接近于故事，则另当别论。我们认为这种界定是认真而严谨的，体现了一种务实的学风。有了对象之后，怎么进行研究就成了关键问题。刘先生认为，民间故事研究绝对不能局限在以往民间文艺学固有的范畴之内，而要根据它本身的特征，实行"拿来主义"，从各个层次、

---

① 刘守华：《比较故事学论考》，黑龙江人民出版社，2003年，前言，第5页。
② 谭达先：《赞刘守华著〈比较故事学〉的重大成果》，《中国比较文学》，1997年第2期。
③ 刘介民：《揭开世界民间故事的奥秘——评刘守华的〈比较故事学〉》，《民族文学研究》，1997年第2期。
④ 刘守华：《比较故事学论考》，黑龙江人民出版社，2003年，第82页。
⑤ 刘守华：《比较故事学论考》，黑龙江人民出版社，2003年，第82页。
⑥ 刘守华：《比较故事学论考》，黑龙江人民出版社，2003年，第82页。

各种角度去考察和研究。贯通各门学科正是刘守华先生比较故事学研究思想的核心,其中他尤为推崇比较文学的一些方法:"民间故事的比较研究一开始就是着眼于国与国之间的故事的异同的比较及论析。"[1] 刘守华教授在这个方面的成功实践也进一步佐证了他的思想。比如他在研究田海燕根据藏族民间故事整理的《金玉凤凰》时就发现,其中《猴子拔楔子》《理发匠和他的妻子》与印度的寓言童话集《五卷书》里的《拔楔子的猴子》《两个女人》非常类似。经过分析挖掘,他发现上述两个中国民间故事直接来源于印度的《五卷书》。类似的情况在中国民间故事中还有二十多例。反之,在中国的民间故事也有一些流传到印度,对《五卷书》的形成有一定的帮助。例如:"《五卷书》第一卷第八个故事《金翅鸟》和中国唐代即已记录成文的《鲁班作木鸢》,以及至今尚在民间口头流传的傣族的《小木匠》、藏族的《金翅鸟》、汉族的《木鸟》等故事,情节结构惊人地相似,我以为《金翅鸟》系源于中国的鲁班故事,在隋唐时期中印两国僧人的频繁交往中,传至印度,演变成印度故事。后来又随着印度的佛教文化反向再到我国藏族、傣族人民中间。"[2] 在整个钻研过程中,刘守华先生充分使用了比较文学法国学派的影响研究的方法,得出了令人信服的结论。季羡林先生在谈到《五卷书》和中国文化关系的时候曾说:"我们中国同印度有着极为悠久的文化交流的历史。在其他方面,我们两国学者都已经做了一些工作。独独在比较文学史方面,要做的工作还很多,这几乎是一个空白点……"[3] 刘守华先生以自己开阔的学术视野和扎实的工作填补了这个空白,没有不同学科的融会,大概就不会有这种成功。刘教授认为,从某种意义上说,比较故事学主要以民间文艺学和比较文学这两门学科为基础,兼及其他学科,如历史、宗教、人类学、社会学等,研究者可在其中找到交集,融会贯通,进而提出学科建设的基本理念。从事民间故事研究的人天然就应该有比较的视野,这是因为讲故事是人类共有的一种基本文化活动,故事承载了人类的许多情感和认知,这些故事的确有许多可比性。忽略这点,仅仅局限于某个国家、地区或者学科,就无法看到人类精神结构的共相和差异,这样的研究是一种不完全的、缺乏科学性的研究。比较故事学尤其需要打通各门学科。关于结合民间文艺学和比较文学进行具体研究的实例,刘守华先生认为前人如阿尔奈和汤普林的《民间故事索引》、汤普森的《民间故事概论》、普罗普的《民间故事形态学》、关敬吾的《日本昔话——比较研究序说》是一批典范之作,它们是"在广阔背景上从宏观角度

---

[1] 刘守华:《比较故事学论考》,黑龙江人民出版社,2003年,第83页。
[2] 刘守华:《比较故事学论考》,黑龙江人民出版社,2003年,第200页。
[3] 季羡林:《漫谈比较文学史》,《书林》,1980年第1期。

对民间故事进行比较研究的重要成果,影响已远远超出本学科范围"①。

除了对比较文学特别感兴趣之外,刘守华先生在比较故事学的理论构建中对文学与宗教文化的关系也表现出极大的热情,特别是民间故事与佛教、道教的关系,这大概和中国民间故事自身的内涵有莫大的关联。在《佛经故事传译与中国民间故事演变》的这本著作里,刘守华教授认为:"由印度传入中国的佛教,其文化积累更为丰厚,对中国各族民间文学的浸染同样十分深邃,而且印度作为世界民间故事的大蓄水池,佛教还是传播印度故事的一个大通道。"②为此,他花费了大量的时间,做了十分细致的工作,对印度佛教中的上千个的故事进行了梳理,同时对流传在中国的相关的上万个民间故事也进行了归纳,然后进行比较研究,"全面揭示佛经故事、佛教文化对中国民间文化的深远影响,以及中印文化交融的积极意义"③。这种为研究一个问题甘心坐十几年冷板凳的精神是真正值得学界学习的,具有前辈大师的风范!也就无怪乎有人评价刘守华教授的著作"可为绕不开的里程碑式高标"④。

刘教授一直认为鲁迅先生说的"中国文化的根柢全在道教"无疑是正确的,主要从事中国民间故事研究的学者尤其不能忽视这点,否则就很难搞清楚中国文化的精髓。为此,刘守华教授又花了近十年的功夫来研究民间故事和道教的关系,终于写成《道教与中国民间文学》一书。在这本书里,刘守华教授重点研究了民间故事与我国本土宗教——道教的密切关系,认为正是因为受到道教的影响,中国的民间故事才更加奇幻,有雄健幽深之美,且能够将宗教性和世俗性完美融合。谭达先评价该著"给中国道教与民间文学研究打开了一条新的道路"⑤。刘守华教授的比较故事学体系可谓以各门学科为基础,不拘俗套,融会贯通,独辟蹊径。

二、博采众长,方法多元

刘守华先生在充分考察各种故事学研究的流派和方法的基础上,形成了

---

① 刘守华:《比较故事学论考》,黑龙江人民出版社,2003年,第75页。
② 刘守华:《比较故事学求索之旅——〈佛经故事传译与中国民间故事演变·自序〉》,《民间文化论坛》,2012年第12期。
③ 刘守华:《比较故事学求索之旅——〈佛经故事传译与中国民间故事演变·自序〉》,《民间文化论坛》,2012年第12期。
④ 王立:《佛经翻译文学与跨文化追寻的努力——评刘守华先生的〈佛经故事与中国民间故事演变〉》,《外国文学研究》,2013年第1期。
⑤ 谭达先:《喜读刘守华著〈道教与中国民间文学〉——兼谈道教对谚语、谜语的影响》,《江汉论坛》,1995年第6期。

自己的比较故事学方法论。他认为已有的流派中，神话学派的故事研究是"民间文艺学的第一个流派"①，其在对大量民间文学资料的挖掘以及世界性的眼光方面是值得肯定的。但是该学派将所有的民间故事特别是原始社会之后甚至现代的民间故事都看成是古代神话的变形，就有点牵强附会了。

人类学派是比较故事学的另一个重要流派，关于这一派，刘守华教授比较认同钟敬文先生的观点："这派理论在学术史上的主要功绩，是它从进化论的观点去观察和说明人类不同时期神话的历史关系……给人文史现象以接近科学的解释……其次，那些学者在建立自己的理论和具体论证上，是以当时所能看到的人类学资料为根据和凭证的。这是一种实证主义的方法，跟那些只凭思辨的方法是很不相同的。"②而这一流派的缺点"是它的心理主义。在对原始神话和民间故事等的解释上，它虽然也注意到作为社会现象的风俗等因素，但看重的却是原始心理（思想、信仰等）。对于原始人的生产活动、社会关系等在形成原始神话思维上的基础作用，那些学者并不怎样重视"③。当然刘教授也注意到，钟敬文先生在接受人类学派的基础上也充分吸收了历史唯物主义的观点，使得研究更加具有合理性。

还有一个不能不提的是流传学派。刘守华先生认为这个学派"集中研究故事，占有丰富材料，进行精细比较，在广大范围内考察故事流传的情况，因而大大增强了民间故事的比较研究的科学性，如同季羡林先生所说的奠定了比较故事学的基础"④。但该学派的缺陷也比较明显，一些观点走向绝对化和片面化，没有看到世界民间故事平行发展的事实，生搬硬套地认为这些故事都来源于印度，这显然是站不住脚的。

关于心理学派，刘先生以为其以弗洛伊德理论为基础的研究中有失偏颇，容易陷入"泛性论"的囹圄，但是"比较而言，建立在'集体无意识'学说基础上的'原型'理论，对神话和民间故事的研究更有价值"⑤。在这里，他肯定了在民间故事研究应该更广泛地总结一些原型，这些原型对于反思民族心理文化有很大的帮助。

结构主义流派中，刘守华教授认为其代表人物列维－斯特劳斯偏重神话，而普罗普则将重点放在民间故事上，似乎更值得提倡。当然，结构主义流派往往有重视形式、轻内容的倾向，后来的邓迪斯则针对这一点做了完善。

---

① 刘守华：《比较故事学论考》，黑龙江人民出版社，2003年，第3页。
② 钟敬文：《钟敬文民间文学论集》（下册），上海文艺出版社，1985年，第526页。
③ 钟敬文：《钟敬文民间文学论集》（下册），上海文艺出版社，1985年，第526页。
④ 刘守华：《比较故事学论考》，黑龙江人民出版社，2003年，第26页。
⑤ 刘守华：《比较故事学论考》，黑龙江人民出版社，2003年，第34页。

最受刘守华先生称赞的是芬兰学派，即历史地理学派。这一流派主要是在世界范围内尽可能多地收集同一故事的异文，然后进行故事原型的构拟，再反观这个故事的流布情况，"从而勾勒出它完整的生活史"①。历史地理学派最重要的两个代表人物是芬兰学者安蒂·阿尔奈和美国学者斯蒂斯·汤普森。前者收集了大量民间故事并按照类型编纂了《民间故事类型索引》；后者则在这个基础上继续努力，用新的材料不断进行充实和完善，"各国民间文艺学家把这一成果称为'阿尔奈－汤普森体系'或简称'AT分类法'"②。这一分类法影响深远，美籍华人丁乃通根据此种方法编成《中国民间故事类型索引》，"对中国比较故事学建设具有宝贵借鉴意义"③。刘先生以为芬兰学派最大的优点在于他们严谨而扎实的作风，其对资料的广泛的收集整理是研究的基础。但是他们对于异文数量的严格要求反而限制了其发展，有时导致很难达到构拟原型的目的，"因而我们在借鉴这一方法时，应从实际需要出发，加以改造，为我所用"④。对于世界上流行的比较故事学的流派，刘先生的心态是开放和灵活的。相对而言，他更加倾向于那些具有唯实品格的学风，这大概和比较故事学的研究对象相关。对民间故事没有细致深入的收集整理（而这项工作又是艰苦和烦琐的），后面的研究工作便无法展开，只有建立在扎实的收集整理根基上的论析才有可能成功。

就比较故事学本身而言，刘守华教授认为应该特别重视母题、类型比较，因为民间故事是口头流传的，所以它更加注重情节对人的吸引力。"母题是纯粹的情节和行动"⑤，而类型是一系列母题按照某种规则研究组合的产物。有的民间故事由单一母题构成，有的则由多个母题构成。民间故事研究"由母题类型入手，既可以触及作品的主题，也可以触及作品的艺术形式风格，既可以由此考察文化传播和途径，也可以由此探寻人类文化平行演进的轨迹"⑥。

此外，刘守华教授认为，民间故事口耳相传的存在形式决定了它与作家文学不同的特质。它在纵向和横向散布的过程中会出现很多的异文，这些异文往往能够展现不同时空人民群众情感和历史文化形态的差别。不注意民间故事的传承及其功能，将会是一大缺陷，所以"对故事传承方式及其社会功能作跨文化体系和跨学科比较，则是比较故事学内容的另一个重要组成部

---

① 刘守华：《比较故事学论考》，黑龙江人民出版社，2003年，第56页。
② 刘守华：《比较故事学论考》，黑龙江人民出版社，2003年，第56页。
③ 刘守华：《比较故事学论考》，黑龙江人民出版社，2003年，第67页。
④ 刘守华：《比较故事学论考》，黑龙江人民出版社，2003年，第71页。
⑤ 刘守华：《谈比较故事学的方法》，《民族文学研究》，1995年第3期。
⑥ 刘守华：《谈比较故事学的方法》，《民族文学研究》，1995年第3期。

分"①。刘先生力荐俄罗斯学派的传承人理论,即对故事讲述人做深入而系统的分析。

总之,刘先生在研究民间故事的时候,对历史上已有的方法有非常充分的了解,也有自己的判断,在实践的过程中则是兼而有之,具体问题具体分析。正如有人评价的那样,他是"有选择地以某一种方法为主,又杂以其他方法,显示了……学术路子的宽广"②。

三、对中国比较故事学的展望及其他

刘守华教授对于中国比较故事学未来的发展有自己的预测和希望。他认为有两点非常重要。其一是更加系统、深入地进行研究。刘先生认为我们已有的研究表明,我国的学者在进行比较故事学研究的时候充分把握了宏观和微观的结合、国内和国外的结合,这本身是很好的。不足的是我们往往关注微观较多,视野还不够开阔,缺乏一些从宏观或者说整体上进行的比较研究。在这点上应该多向丁乃通、钟敬文先生看齐,前者在做《中国民间故事类型索引》的时候已经注意到了中印两国近五十多个相近的民间故事,对这些故事进行了宏观的研究,得出结论:"印度的传统对中国故事的影响远不如中国学者一度想象的那样大。"③ 他还将二十多个东欧的民间故事和中国的民间故事进行比较,认为这些故事充分说明,在古代,中国和东欧的文化交流走的是双行道,两者是互通的,相互影响。刘守华教授尽管对丁先生的某些结论持保留意见,但从整体上是积极肯定其研究民间故事的宏观视野的。钟敬文先生在《中日民间故事比较泛说》一文中对中日类似的53个故事进行了对比分析,认为中日两国的民间文化交流是非常频繁和丰富的,这和日本学者关敬吾的发现差不多。对此,刘先生以为钟敬文先生的研究值得我们学习,可以视为典范。在国内和国外结合方面,刘先生觉得我们的学者较多关注国内和国外的比较,却容易忽略我国各民族内部的民间故事的比较,相关工作做得还比较少。这种情况和比较文学学科的发展有一定关系。比较文学在很长一段时间内做的是国与国的文学比较,因为欧美很多国家提倡的是跨国比较研究,一些西方学者"不承认在多民族国家中不同民族间的文学比较也属于

---

① 刘守华:《谈比较故事学的方法》,《民族文学研究》,1995年第3期。
② 王立:《在故事学、主题学与文学人类学的接壤处——从刘守华教授〈比较故事学〉谈起学风与方法》,《学术交流》,2002年第1期。
③ 丁乃通:《中国民间故事类型索引》,华中师范大学出版社,2008年,导言,第6页。

比较文学研究"①。但是中国的情况不一样，中国是一个多民族国家，各民族文学都十分丰富发达，季羡林先生认为我们完全可以将对各民族文学进行比较的研究纳入比较文学的范畴。刘守华先生非常认同这一点，且认为在笔记故事学领域"国内各民族民间文学的比较当前更为迫切"②。

其二是凸显比较故事学的中国特色。刘教授认为这里所谓的特色就是马克思主义的文化观，是历史唯物主义和辩证唯物主义的结合，这对于民间故事的研究具有重大的指导意义。中国民间故事具有很多自己特点，比如象征性，中国的语言极富象征意味，"除了日常用语之外，在民间故事以及其他民间艺术中，充满这种令西方人感到新奇的象征性"③。这也会带来整个故事结构的象征意味。刘教授同时还认为中国民间故事有深刻的历史性和复杂性，类似母题的故事在中国可能有不同的寓意，这和日本等国的民间故事不同，日本的民间故事情节较简单，含义较单一。刘教授还以《白蛇传》故事为例，认为白蛇形象在民间历史的传承中从负面到正面，经历了很大的变化，故事情节也渐趋复杂，但是日本民间的白蛇故事却一直相对简单、固定。

结　语

刘守华先生从事民间文学和比较故事学研究长达六十余年，其间一直勤恳诚勉。他不但重视比较故事学学科体系的建设，提出了一套影响甚大的完备的理论，而且在实践方面更是笔耕不辍、著述颇丰，与他的学科建设思想相得益彰。这些努力也受到了季羡林先生、钟敬文先生、乐黛云先生的高度肯定和赞赏。正是因为他的努力，比较故事学在中国作为一门学科已经建立起来，不断有后学投入其中，这对于比较文学中国学派而言不能不说是一个令人振奋和欣慰的事情。刘先生已经是耄耋之年，是我们甚为敬重的学术前辈，他仍在为文民间文学和比较故事学笔耕不辍，时有新作问世，今谨以此文向先生致敬！

作者简介：

梅进文，南京大学文学院2016级博士研究生，湖北科技学院副教授，主要从事比较故事学、欧美文学研究。

---

① 刘守华：《比较故事学论考》，黑龙江人民出版社，2003年，第84页。
② 刘守华：《比较故事学论考》，黑龙江人民出版社，2003年，第84页。
③ 刘守华：《比较故事学论考》，黑龙江人民出版社，2003年，第140页。

佛禅、诗歌与历史：论华兹生的白居易诗歌译介及影响*

杜 萍 林嘉新

摘 要：华兹生的《白居易诗选》是汉诗西传史上的重要个案，具有独特的学术价值与经典地位。本文从译本选目、翻译方法、译诗笺注，以及译文的接受与评价四个方面出发，对其译本展开全面分析，认为其译本融佛禅、诗歌与历史于一炉，兼顾译诗作为翻译文学的文学性与作为教材的学术性，译本基本再现了诗人及其名下诗文的面貌，丰富了白居易诗在英语世界的译介谱系与维度。对其成功译介经验的考察，有助于启迪我们对中国古诗译介策略的思考，对中美文学关系研究也具有一定参考价值。

关键词：白居易 诗歌译介 华兹生 文学性 学术性

在汉诗西传史上，白居易是较早走进西方视野的诗人，英语世界对其诗歌的译介已有近百年历史，译介成果丰硕，也对英语世界产生了重要文学影响。白诗的主要英语译者包括韦利（Arthur Waley）、雷斐氏（Howard S. Levy）、艾黎（Rewi Alley）、欣顿（David Hinton）、华兹生（Burton Watson）等，宇文所安（Stephen Owen）、白芝（Cyril Birch）、西顿（J. P. Seaton）等人也对白诗有零星译介。通过英美译家的不断译介，"白居易及其诗歌成功进入英诗体系，实现了汉英诗歌之间的交流与融合，推动了世界文学的发展，缔结了一段中外文学关系史上令人瞩目的'诗歌因缘'"①。

华兹生译介的白居易诗兼具流传性与经典性，在白居易诗英译史上具有重要地位。他的译诗不仅被收入美国大学的中国文学通用教材，

---

* 本文为国家社科基金项目"华兹生汉语古籍译介模式、传播与影响研究"（项目编号：19CYY025）、广东省哲学社会科学规划项目"《西游记》英译本中女性形象的建构"（项目编号：GD20XWY21）阶段性成果。

① 葛文峰：《"诗魔"远游：英国汉学家阿瑟·韦利的白居易诗歌译介及影响》，《华文文学》，2016年第6期，第32页。

如《中国抒情诗风：从2世纪到12世纪》(*Chinese Lyricism: Shih Poetry from the Second to the Twelfth Century*)、《哥伦比亚中国诗选：从早期到13世纪》(*The Columbia Book of Chinese Poetry: from Early Times to the Thirteenth Century*)①，而且其译诗单行本《白居易诗选》(*Po Chü-I: Selected Poem*)还被列入"东方经典著作译丛"，广泛流传。据WorldCat的统计数据（截至2017年3月），美国共有291个图书馆收藏有《白居易诗选》，且分布于美国的绝大多数地区，是美国馆藏率最高的白居易译诗单行本。② 从流通与接受的角度看，华兹生的译诗对白居易及其名下诗文在英语世界的传播有重要促进作用；同时，华滋生的译诗在大学课堂广泛使用，也逐步确立了其作为翻译文学的经典地位。

一、代表性篇目与译诗选目

华兹生与白居易文学因缘肇始于其早年与日本佛学组织交流的学术经历。20世纪50年代，受当时美国社会运动的形势与左翼思潮影响，许多美国青年钟情于东方文化，尤其是禅宗信仰。当时，有不少美国青年在日本学禅、坐禅，华兹生也是其中的一员。在日本，他结识了著名禅宗大师鲁斯·佐佐木女士（Ruth Fuller Sasaki）③，并接受了佛禅思想的精神洗礼。1975年起，华兹生接受日本创价学会（Soka Gakkai）的邀请，从美国远赴日本为学会承担翻译任务，主要是将日本僧人的佛教著作翻译成英语。其翻译的第一本佛学著作就是池田大作先生的《我的佛教观》（『私の釈尊観』）一书。该书于1976年由纽约的John Weather Hill出版社以 *Living Buddha* 为名出版。此后，华兹生陆续翻译了《维摩经》(*The Vimalakirti Sutra*, 1993)、《莲花经》(*The Lotus Sutra*, 1997) 与《临济录》(*The Zen Teachings of Master Lin-chi: a Translation of the Lin-chi Lu*, 1999) 等佛学著作（均译自汉语）。因白居易与中国佛学的深厚因缘，华兹生对白居易诗歌中的佛教因素与渊源进

---

① Burton Watson, *The Columbia Book of Chinese Poetry: from Early Times to the Thirteenth Century*. New York: Columbia University Press, 1984.
② 欣顿所译的《白居易诗选》(*The Selected Poems of Po Chu-I*)也是在这一时期有较大影响力的白居易诗歌单行本，共计有229家美国图书馆收藏有该译本。
③ 鲁斯·佐佐木（1892—1967），美国著名禅学大师，日本禅宗大师佐佐木指月（Sokei-an Shigetsu Sasaki）（亦名曹溪庵）的第二任妻子，生于芝加哥市，后移居日本，对禅宗进入美国起了很关键的作用。

行探究①，并写作了颇具学术价值的论文《白居易诗歌中的佛教因素》（Buddhism in the Poetry of Po Chu-I，1988）②，他也在文中翻译了部分白居易诗，如《新昌新居书事四十韵因寄之郎中张博士》《睡起晏坐》与《白发》等。

《白居易诗选》的选目强调诗歌的代表性与经典性，"反映白诗主题和风格"③。译诗译自汉语，以1988年上海古籍出版社发行的朱金城编纂的《白居易集笺校》④为选诗依据与译诗底本，选译诗128首，散文1篇。主题上，讽喻诗和闲适诗是白居易诗歌最重要的两个类别，也符合白居易践行的"奉而始终之"的兼济、独善之道，因此倍受重视。对此，他在《与元九书》中曾明言："仆志在兼济，行在独善。奉而始终之则为道，言而发明之则为诗。谓之讽喻诗，兼济之志也；谓之闲适诗，独善之义也。"其讽喻诗主题多为"补察时政"，反映民生疾苦，目的是引起当政者对社会问题的警觉。他提出了"文章合为时而著，歌诗合为事而作"的现实主义创作原则。其闲适诗意在"独善"，"知足保和，吟玩性情"，体现了远离庙堂、回避政治、知足常乐的人生理念，融儒、释、道三教于一炉，兼法陶渊明等人的闲适生活态度，对后代文人有深刻的影响。

华兹生对白居易诗歌的文本选择基本契合诗人在中国文学史的历史定位。对白居易的诗歌，华兹生如是说：

> 白居易诗歌中最重要的，尤其是对后世中国诗歌的发展而言，是那些描写自我、家庭、友人，以及日常生活中简单而安静的喜悲之篇目。在主旨与处理手法上，此类诗歌平淡朴实，运用了其闻名于世的平淡自然的方法……诗歌兼有佛家的"超脱"与儒家的"藐视名利"之理念，多描述简单闲适的生活乐趣。⑤

> （白居易的）诗歌广泛批判了当时的社会问题。虽有部分褒奖类篇目，但其本旨在于讽刺；谴责是诗人的最终目标，他对此也热切追

---

① 除白居易外，华兹生还注意到了王维诗歌创作的佛教思维的问题，这个观点"对后来的学者影响很大"。参见洪越：《七个译本，两种形象：王维诗在美国》，《文学评论》，2020年第1期，第161页。

② Burton Watson, "Buddhism in the Poetry of Po Chü-I", *Eastern Buddhist New*, 1988, Vol. 21, pp. 1–22.

③ 陈梅：《白居易诗歌英译及研究述评》，《外语教育研究》，2016年第1期。

④ 朱金城：《白居易·白居易集笺校》，上海古籍出版社，1988年。

⑤ Burton Watson, *Chinese Lyricism: Shih Poetry from the Second to the Twelfth Century*. New York: Columbia University Press, 1971, pp. 186–187.

寻……与杜甫类似，白居易厉声斥责了帝王官僚的穷奢极欲、给民众带来困苦的苛捐杂税与遣将征兵，深刻描绘了前线士兵、农民、纺织女工或卖炭翁的穷途困境。①

或许因为有了这种结论，华兹生选译的白居易诗歌表现出明显的倾向："白居易的部分诗歌对后世诗人产生了巨大影响，我也在译本里给予了这些诗歌最多的篇幅"②。选译篇目涵盖白居易创作的重要主题与篇目，包括早期批判社会积弊的讽刺诗与晚期淡泊平和与闲逸悠然的闲适诗。此外，书信也是白居易诗歌创作的重要内容。白居易与元稹交称莫逆，相互多有书信往来，世人将其并称"元白"，书信承载着二人的离愁别绪和真挚友谊。对此，华兹生也有一定认识，因此选译了白居易写给元稹的六封书信。事实上，译者的选择用意十分明显，所选的绝大多数诗歌为白居易的代表性篇目，如《琵琶行》《卖炭翁》《舟中读元九诗》《不如来饮酒》等。译本以编年体排序，意在凸显白居易人生轨迹与诗歌创作理念与主题之流变，力求客观呈现白居易诗歌创作之神髓。华兹生对此也做出了解释："我的选译本极力展现白居易诗歌创作主题与风格维度，同时专注于其描写日常生活、娴静自足之个人的诗歌。这种印象不论是事实还是假象，（我想）这必然是白居易想让我们铭记他的方式。"③

体裁上，华兹生选译的白诗多为古体诗与近体诗（包括七言律诗、七言绝句、五言律诗、五言绝句），这些体裁是白居易诗歌创作的主体，代表了白居易在诗歌体裁上的创新与独到之处；同时也收录了诗人鲜为人知的创作体裁，如排律与赋文，较为客观地再现了诗人创作的体裁维度。译本以编年体顺序编排，目的在于全面展示白居易人生不同阶段的社会政治变故、仕宦沉浮、羁旅行记与生活百态，以及由此带来的诗歌主题与思想的嬗变，从而反映诗人真实丰满的人物形象及其诗歌的本来面貌。

二、诗性规律与译诗方法

众所周知，"译诗为诗"是评价诗歌翻译的重要尺度，也是衡量译诗文学性的重要尺度。因中英诗歌在格律、韵式和体式等方面存在很大差异，译诗

---

① Burton Watson, *Chinese Lyricism: Shih Poetry from the Second to the Twelfth Century*. New York: Columbia University Press, 1971, pp.184-185.
② Burton Watson, *Po Chü-I: Selected Poem*. New York: Columbia University Press, 2000, p.x.
③ Burton Watson, *Po Chü-I: Selected Poem*. New York: Columbia University Press, 2000, p.x.

的文学性主要以译文杂合的形式表现出来,"当西方形式与本土现实(原文)相遇,必然会带来结构性的妥协……同样,妥协的表现形式也具有多样性"①。译文杂合具备新奇的特点,易于使译诗获得陌生化文学效果,因为"翻译文学的新奇性使目的语受众不断有新的阅读发现,激发他们对文化'他者'的审美兴趣,激活阅读欣赏过程"②。所谓"译文杂合"是指"译文不可避免地会包含一些来自原文的语言、文化或文学的成分,而且这些成分都是译入语文化中所没有的,如一些新异的词汇和句法、具有异国情调的文化意象和观念以及译入语文学中所缺乏的文体和叙事手法等等"③。华兹生译诗也表现出译文杂合的特点,具体方法是使用英语自由体对中国古典诗的部分形式特点进行折射式翻译展现,尤其是节奏、叠词与对仗。译诗表现为汉语文言格律诗与英语白话自由诗杂合,尤其体现在译诗韵律、修辞与用语上。

(一)译诗格律

华兹生体察了文言格律诗创作的韵律规则,译诗较好地顾及了原诗的声韵特点,尤其表现在叠词的翻译上。如在翻译《别元九后咏所怀》时,为加强诗歌节奏,华兹生对原诗进行了"形式改造",创译出了叠词,以便与其后诗文形成对仗,显得浑然一体,气势非凡。见例1:

例1

零落桐叶雨,	Drip drip, rain on paulownia leaves;
萧条槿花风。	Softly sighing, wind in the mallow flowers.
悠悠早秋意,	Sad sad the early autumn thoughts;
生此幽闲中。	That comes to me in my dark solitude.

原诗中,"零落"与"悠悠"并没有形成对仗,也并没有特定的音韵效果;译诗中,华兹生却有意使用了"Drip drip"和"Sad sad"两对叠词,使译诗获得了押韵与对仗效果,凸显了汉语原诗的视觉与声韵特点。

但华兹生并非将所有的汉语原诗韵律技法全部呈现,其原则是既不损害译诗的诗性④,又能在一定程度上体现汉语原诗的形式特点。比如在翻译白居易的《海漫漫·戒求仙也》时,华兹生为了顾及原诗诗性,并未保留原诗中的叠词。见例2:

---

① Franco Moretti, "Conjectures on World Literature", *New Left Review*, 2000, Vol. 1, p. 62.
② 陈琳:《论陌生化翻译》,《中国翻译》,2010年第1期。
③ 韩子满:《文学翻译与杂合》,《中国翻译》,2002年第2期,第56页。
④ 因为叠词并非英语诗歌的所倡导的诗歌技法,重复言说有损英诗诗性。

例 2

海漫漫·戒求仙也	Sea <u>Stretching Endlessly</u>—Censuring the Search for Immortality
海漫漫，	Sea <u>stretching endlessly</u>,
……	……
蓬莱今古但闻名，	But P'eng-lai, then as now, nothing but a name,
烟水茫茫无觅处。	<u>In a wilderness of</u> haze water nowhere to be found!
海漫漫，风浩浩，	Sea <u>stretching endlessly</u>, Wind <u>vast</u>, <u>unbounded</u>—
……	……

原诗用了"漫漫""茫茫""浩浩"三组叠词，其中"漫漫"使用频次最高，共出现了三次。译诗并没有将以上叠词翻译出来，而是将"漫漫"译作"Stretching endlessly"，"茫茫"译作"in a wilderness of"，"浩浩"译作"vast, unbounded"，将原诗叠词的音韵效果完全省略，这是因为在英诗中频繁的叠词几乎是不可能制造出诗学效果的，相反会大大减弱译诗诗性。

（二）译诗修辞

华兹生译诗的杂合特点还体现在译诗对原诗修辞技巧的观照，试图译出原诗最为重要的修辞技巧——对仗，具体方法是使用英语的平行结构替代原诗的对仗句。

对仗[①]是汉语格律诗的典型特点，汉语格律诗大量使用对仗，近体诗尤其强调对仗，对仗是汉语律诗"入律"的关键。对仗在白居易创作中较为常见，白诗对仗艺术手法极为高超，也是诗人创作之精妙所在。但英语中并无"对仗"的说法，与之比较接近的文学修辞形式是"平行"（parallelism）。英诗中，平行结构却使用甚少，因为频繁使用平行结构会产生重复之感，平行结构也常被用于散文等篇幅较长的文体[②]；加之，平行结构较为正式严谨，与自由诗的创作理念与语言风格等相去甚远，因此此类结构使用甚少，里奇称"在当今我们所身处的时代，（诗歌中）使用平行结构所需要的理由比其他时代都更为强烈"[③]。

华兹生对白居易诗作中常使用的诗体形式有细致入微的体察，他将白诗分为三大类——绝句、律诗与排律，并分析了三者在韵式、对仗、诗体上的

---

① 汉语文言诗中的"对仗"与"对偶"还略有区别，但并非本文研究的对象，且二者与英语中相对应的概念均为平行结构（parallelism），故本文对二者不做区别。
② H. Sopher, "Parallelism in Modern English Prose", *English Studies*, 1982, Vol. 1, pp. 37–48.
③ G. N. Leech, *A Linguistic Guide to English Poetry*. London: Longmans, 1969, p. 86.

区别，声称其译诗旨在展现白诗的"主题与风格维度"①。华兹生译诗在翻译对仗结构方面，也在力求展现原诗的创作技法，在自由体中以英语平行结构折射出原诗的对仗句，具有译文杂合的新奇特点。在翻译《送王十八归山寄题仙游寺》时，华兹生也因地制宜地采用了这种方法，见例3。

例 3

送王十八归山寄题仙游寺	Seeing Wang Eighteenth off on His Return to the Mountains, a Copy Sent to Hsien-yu Temple
曾于太白峰前住，	Once when we were living in this side of T'ai-P'o Peak
数到仙游寺里来。	We went several times to Hsien-yu Temple.
黑水澄时潭底出，	When Black River deeps were clear we could see right to the bottom,
白云破处洞门开。	Where white clouds parted, the grotto's gaping mouth!
林间暖酒烧红叶，	We heated wine among the trees, burning fall leaves,
石上题诗扫绿苔。	Brushed away green moss to inscribe poems on rocks.
惆怅旧游无复到，	How I regret that those outings will never come again,
菊花时节羡君回。	Envy your return in this chrysanthemum time!

《送王十八归山寄题仙游寺》是白居易所做的一首七律，诗中的颔联、颈联对仗工整。译诗中，华兹生以"when"与"where"引导的两个状语从句开头，"black river"与"white clouds"形成对应，具有极强的视觉效果，语序也与原诗保持一致，使颔联的译文形成平行句。同时，华兹生使用平行结构，绝不是词与词、句与句的生硬对应，而是在保证译诗语法性的基础上，用平行结构折射出原诗对仗的修辞技巧，但不至于频繁平行而有损译诗诗性，以求译诗出符合现代英语规范，又能适度彰显汉语诗歌的形式特点。他对于如何使用平行结构进行译诗，把握得相当出色。著名汉学家白芝曾指出，"翻译中国古典文学中的对仗句时，有时需要颠倒词序才能符合英语的习惯"②。因此，在翻译颈联时，华兹生译诗虽然也采用了平行结构，但将原诗中的次序颠倒，以适应英语句式的需要。原诗中的"扫绿苔"被译成"brush away green moss"，并置于句首，"石上题诗"被译成"to inscribe poems on rocks"，并被移至句尾。这种灵活的方法使得译诗丝毫不显得生硬牵强，同时也再现了原诗平衡艺术手法的要旨。

（三）译诗用语

华兹生译白居易，启用了口语体，如使用简单措辞、会话建构、插入语、

---

① Burton Watson, *Po Chü-I: Selected Poem*. New York: Columbia University Press, 2000, p. X.
② Cyril Birch, "Translating and Transmuting Yuan and Ming Plays: Problems and Possibilities", *Literature: East and West*, 1970, Vol. 14, No. 4, p. 495.

命令式与碎片化等，制造译诗用语的日常会话感，使得译诗明晰晓白、质朴流畅、生动凝练，具有极强的可读性。这种译诗用语策略之产生是由当代美国创作诗学的用语导向所决定的。

在历经两次诗歌"本土化"运动后，美国传统的学院派诗歌创作体系已被日益勃兴的"新传统"① 逐渐消解，"学院派所珍视的反讽、悖论、丰厚的肌质、缜密而复杂的节奏结构和疏离的情愫等美学要素"② 虽残存"百足之虫，死而不僵"的生命韧性，但其势力仍不可与以往一统文坛之盛况同日而语。由于"快消文化"的效率驱使与"碎片化"阅读时代的信息爆炸，美国社会也疲于复杂而深刻的文学书写，也倦于晦涩的学究式用语，传统的文字古雅、语言艰涩、形式保守的诗作已很难获得当代美国读者的青睐③，相反，清新朴实、通俗简约的非学院派诗歌却在美国大行其道，成为美国文坛新宠。

作为美国文学系统中的子系统，翻译文学也在一定程度上承继了这种新的语言文本风气。从"逆向文化"运动至21世纪初，美国近半个世纪的中国古典诗英译实践使非学院派的译诗用语逐渐固化为主要形态，成了译诗语言文本规范。正如霍克斯所言："切记勿用矫揉造作的书面语来翻译。"④

华兹生敏锐地察觉到当代诗学的用语倾向，在译诗中采用了当代美国译诗传统的用语主张，即用非正式语体，尤其是口语体进行译诗，译诗具有较强的可读性。他对使用地道的美式英语表达十分推崇，主张尽量贴近当代美国诗歌的用语习惯。这种非正式的用语表达集中地体现在译诗的措辞、句式与句法方面。在此，以白居易的《春江》为例（例4）做一个说明：

例 4

春　江　　Spring River

炎凉昏晓苦推迁，Heat and cold, twilight and dawn succeed each other swiftly,
不觉忠州已二年。Before I know it, already my second year in Chung-chou!
闭阁只听朝暮鼓，Shut up in my room, all I listen for are morning and evening drums;
上楼空望往来船。Climbing the tower, I gaze absently down on boats that come and go.
莺声诱引来花下，Enticed by oriole voice, I've come here under the blossoms;
草色勾留坐水边。Spellbound by the color of the grasses, I sit by the water's edge.
唯有春江看未厌，Nothing but spring river, I never tire of watching it—

---

① 这里的"新传统"指的是当代美国非学院派的诗歌创作理念，如黑山派、自白派、垮掉派、后垮掉派等。
② 张子清：《美国学院派诗人及其劲敌》，《求是学刊》，1992年第5期，第88页。
③ 从美国一系列反学院派的新诗流派层出不穷的盛况可以推断。
④ David Hawkes, *Ch'u Tz'u: The Songs of the South*, *An Ancient Chinese Anthology*. Oxford: Clarendon Press, 1959, p. vii.

萦砂绕石渌溁溁。Rounding sand spits, circling rocks, a rippling, murmuring green.

白居易所做的《春江》是一首七言律诗，诗歌语言清新隽永，意象丰富，勾勒出一幅春日江河秀丽的景致，具有极强的视觉感染力。华兹生译诗遵从了当代非学院派诗歌的用语习惯，使用英语日常词汇，并无古雅学究的措辞；句式单一，仅采用了简单句、主从复合句等几种基本句型；句法则较为疏散，句式运用自由灵活，常省略冠词、量词、动词等，如第2句"Before I know it, already my second year in Chung-chou"省略主语和谓语，句式口语化、碎片化；如第8句"Rounding sand spits, circling rocks, a rippling, murmuring green"直接用动名词并置，对应原文的意象并置；又如第3、4句（"Shut up in my room""Climbing the tower"）与第5、6句（"Enticed by oriole voice""Spellbound by the color of the grasses"）使用了两个句法不完整平行结构，也恰好呼应了原诗颔联与颈联的对仗，增添了译诗的文学性。

正是由于这种直接晓白的措辞，原诗中的某些比喻性语言特质在译诗中几乎全然丧失，如第5、6句所使用的拟人手法"诱引""勾留"被译成"enticed"（吸引）、"spellbound"（入迷）两个晓白词汇，且译诗中出现了主语"I"，大大消解了原诗中的含蓄色彩，近乎直陈。由于华兹生采取了这种近乎日常口语的用语进行翻译，原诗中的文学手法几乎完全被省略了，充满隐喻性的修辞变得明晰直白，学院派诗歌的复杂韵律、古雅措辞、诙谐幽默也未被采用。这种译诗所彰显的恰是美国当代非学院派诗歌简单、直接、清晰、易懂的风格特点，正合乎当代美国译诗传统的语言文本规范。

三、汉学浸润与语义忠实

《白居易诗选》属于"东方经典著作译丛"系列，其作为大学教材使用的翻译目的决定了译诗对语义忠实性有较高要求。多年的汉学浸润与学术研究，造就了华兹生出色的汉语能力（主要是古代汉语），他能对中国古典诗的语义与内容有深刻、到位的理解与把握，这也为华兹生译诗的语义忠实性提供了必要条件。在此以《编集拙诗成一十五卷因题卷末戏赠元九李二十》为例（例5）：

例5

编集拙诗成一十五卷因题卷末戏赠元九李二十	I've Collected and Arranged My Poems is a Work in Fifteen Chapters. I'm Inscribing this at the end of the Work, and as a Joke Sending Copies to Yuan Ninth and Li Twentieth.
一篇长恨有风情，	That "*Song of Everlasting Regret*" has a romantic ring;

十首秦吟近正声。	the ten *Ch'in-chung-yin* works are close to what poetry ought to be.
每被老元偷格律，	Old Yuan goes on stealing my old-poetry style,
苦教短李伏歌行。	but I've got "Little Li" completely dazzled by my songs.
世间富贵应无分，	Wealth and eminence will never be my lot in life,
身后文章合有名。	but when I'm gone these writings will surely bring fame.
莫怪气粗言语大，	Don't be startled at the big words and boastful tone—
新排十五卷诗成。	I've just finished putting together fifteen chapters of my poems!

《编集拙诗成一十五卷因题卷末戏赠元九李二十》是白居易所作的一首七律。唐宪宗元和十年（815 年），诗人白居易因在朝中直言不阿，作讽喻诗针砭时弊，触怒了权贵，从而遭谗被贬江州（今江西九江）。贬谪期间，诗人在政治上无所作为，内心极为苦闷，故对自身文学创作加以回顾，并"检讨囊帙"，将八百余首诗分为讽喻、闲适、感伤、杂律四类，编成十五卷，此诗即为自己诗集题记，兼戏赠友人元稹、李绅。这首七律首联是作者对自己不同风格诗作的评价；颔联用戏谑、幽默的语言，表现了与老友元稹、李绅的深厚友情；颈联是由编集而引发出的对人生的慨叹；尾联表现了诗人创作的甘苦与自信，以及诗集编成后的轻松与喜悦。此诗表面上是对自己文章的夸耀和对友人的戏谑，而实质上充满了不平、辛酸和自嘲。全诗对仗工整，一气呵成，寓深意于轻松调侃之中，风格亦庄亦谐。

华兹生的译诗几乎逐字译出原诗内容，可回译为：

> 我收集并整理了我的诗作，将其收录在一部有十五章节的著作里。在结束这工作时，我将其作为一个笑话寄给元九与李二十。《长恨歌》有浪漫爱情特点，十首《秦中吟》则接近诗歌应有的面貌。老元时常"偷走"我以往诗作的式样，小李也不得不佩服我的诗歌。财富与显赫的身份从未出现在我的生活中，我身后文章才会给我带来声名。别对大话与自夸语气感到吃惊，我刚才把新编的十五卷诗集完成。

华兹生译诗在内容与语义上与原诗保持一致。原诗的"长恨"与"秦吟"指的是白居易所做的《长恨歌》与《秦中吟》，华兹生对原诗本意非常熟悉，将其准确译为"Song of Everlasting Regret"与"Ch'in-chung-yin"。"身后"被译为"when I'm gone"（当我离世），"言语大"被译为"the big words"（大话），也反映了华兹生对原诗语义的准确把握。

四、学术性使用目的与译本的文献性特点

学术性使用目的使得《白居易诗选》具有文献性译诗的特点。所谓文献

性译诗是指翻译以文献功能为导向，译文使用详尽、细致、周全的注释、说明或解释文字，译本广泛参考和征引其他学者的研究成果，本身即是一项严肃的学术活动，而非单纯的翻译文学，可为学术研究与考证提供史料或文献依据，如宇文所安的《盛唐诗》与韩禄伯的《寒山诗注译全本》等。

具体而言，在结构上，《白居易诗选》呈现出"史学化"的倾向，不仅所有译诗均按照编年体的体例编排，而且还在译诗正文之前编排了诗人的年谱（chronology of the life）；同时，通过32个标志性历史事件总结了白居易的人生，并从历史发展的脉络对这些事件进行了介绍与评述。有了人物年谱，整部诗集的历史感增强，加之译者前言与译诗正文也是以历史的脉络展开，因而译本具有一定的文学史与人物史意味，与其他的专题性单行本或选读产生了明显的差距。

翻译注释被视为译者的"脚印"和"第二种声音"[1]，其本身是译本的一部分，对译文理解与阐释有重要导向作用，"可以保证译者既对作者负责，最大限度地保留原诗的语言文化特色，同时对这些因素进行必要注释，使读者尽量全面、深入地理解原诗的主旨和意境"[2]。在华兹生译本中，每首译诗均配有大量的文献类信息以描述诗人的人生经历与重要事件，如解释原诗的诗体、背景、典故等信息。相对于其早期译诗而言，译诗集笺注的数量与频率大幅增加：全书共译诗128首，作注186次，作注较多的译诗有《新丰折臂翁——戒边功也》《上阳白发人——愍怨旷也》《初入峡有感》等，均为3处以上，作注最多的是《访陶公旧宅》，总计6处。且注释往往比较繁复，相较于前期译诗明显更复杂，笺注文献丰富，引经据典，有的笺注用词数甚至远超译诗正文，颇有文献考证的史学意味，而非对原诗难点或背景信息的泛泛之谈。这种介绍极尽丰富地叙述了原诗诗体、创作背景、相关人物等信息，原诗经过翻译后所损失的信息，也通过注释得到了一定程度的弥补。加之，注释编列的史料意味浓厚，材料考证权威明确，更加凸显了译文作为文献使用的学术功能。

五、接受效果与专业评价

《白居易诗选》进一步扩展了白居易诗在美国的流传性与接受性，也将其在美国的世界文学地位提升到了新层次。

---

[1] Outi Paloposki, "The Translator's Footprints", Tuija Kinnunen and Kaisa Koskinen, eds., Translators' Agency. Tampere: Tampere University Press, 2010, p. 91.

[2] 张广法、文军：《汉语古诗英译注释策略研究》，《外国语文》，2018年第6期，第5页。

这首先得益于译本良好的市场反应，即使是在有诸多平行译本竞争的情况下，该译本也获得了极佳的销量，被许多图书馆收藏，并作为教科书或参考读本在美国大学课堂流通；同时，译本具有较高的认可度，得到了汉学家、文学推介机构与普通读者的广泛关注与赞赏，不同媒介发表了许多针对该译本的书评与评论。这些情况的出现使华兹生的译诗具备了较强的流传性，极大地拓展了白诗的流通空间，也提升了中国古诗在美国的流通情况。根据"好读物"的数据（截至 2019 年 3 月），《白居易诗选》的推荐指数高达 4.0，与欣顿的译本（推荐指数为 4.38）同属于读者极为青睐的译本；在亚马逊（Amazon）上（截至 2019 年 3 月），华兹生的译本也表现不俗，属 4 星级推荐译本。由此可见，华兹生的译本在美国具有较好的市场反应，得到了美国图书馆和读者的关注与推荐。

此外，专业界对其译本的关注及评价也可为译本的流传性提供佐证。美国著名诗人瑞丁（Peter Reading）对《白居易诗选》大加赞赏，称其"对这位唐代诗人（白居易）作品的翻译令人感到愉悦，译诗恰到好处地再现了原诗刻意为之的简洁语言，还原了原诗中日常生活经历的喜悲，这些正是诗人作品特点的表现"[1]；美国著名翻译家、威斯康星大学东亚系教授倪豪士（William Nienhauser）也对其大加推介："华兹生是位极其出色的翻译家，也是继韦利之后，将中国文学翻译给英语读者最多的译者……毫无疑问，华兹生的译诗（指《白居易诗选》，笔者注）极有可能引起 21 世纪美国读者的强烈兴趣。"[2] 这些专业评论充分说明华兹生的译本得到了美国读者的青睐，是白居易诗英译史上难得的佳译，译诗使得诗人及其名下诗文得以进一步进入美国的流通领域，获得了更广阔的读者群体，并不断地被阅读、欣赏与评论，这为其译诗成为翻译文学经典提供了重要条件。

六、结语

综上所述，译诗作为教材使用的翻译目的，使华兹生对白居易诗歌进行了深入探究，以代表性与经典性为依据进行了译诗选目；译诗奉行诗性原则，巧妙地在自由体中展现了汉语格律诗的诗艺技巧，产生了译文杂合的现象，启用口语体，应和美国当下诗学规范；同时，注重笺注的文献性与历史性，

---

[1] Peter Reading, "Book Review: Po Chü-I: *Selected Poems by Burton Watson*", *Times Literary Supplement*, 2000, July 7, p. 33.

[2] W. H. Nienhauser, "Book Review: Po Chü-i, *Selected Poems by Burton Watson*", *Chinese Literature: Essays, Articles, Reviews*, 2000, Vol. 22, p. 189.

使译诗成为具有文学史价值的读物。这种兼顾文学性与学术性的翻译原则"传递出具备跨文化性和世界性的主题"[①]，使译诗"虽不乏新诗运动以来对传统的大胆突破，但总体上显得比较克制，迥异于一些诗人译者借翻译活动所进行的诗歌创作实验"[②]。"这些'改写'和'偏差'并未使译诗偏离其翻译目的，即为一般读者而译，也恰恰是这些针对接受语境所做的翻译调适，使其译诗成功地获得了流通与接受"[③]，成为广为流传、颇受称许的翻译文学经典。作为翻译文学，《白居易诗选》融佛禅、诗歌与历史于一炉，使得白诗在美国世界文学场域得以丰富、延续与流传。译诗释放了原诗的话语张力与艺术活力，再次表现了原诗的意义不确定性、文本开放性与阐释多元性，使原诗文本在新语境架构下得到拓展转换、重获新生，引起阅读、讨论与赏评，激发美国诗人创作灵感，让诗文的异域"来世生命"依然绚丽多彩。

作者简介：

杜萍，博士，广东财经大学外国语学院副教授，硕士生导师，主要从事比较文学、英美文学、译介学研究。

林嘉新，博士（后），广东财经大学外国语学院讲师，硕士生导师，广东外语外贸大学翻译学研究中心特聘研究员，主要从事翻译学、中外文学关系研究。

---

① 陈婷婷：《中国古典诗歌英译的探索者》，《中国翻译》，2020年第3期，第98页。

② 袁丽梅：《美国诗歌语境中的 Burton Watson 中国古诗英译》，《西安外国语大学学报》，2017年第3期，第102页。

③ 林嘉新：《诗性原则与文献意识：美国汉学家华兹生英译杜甫诗歌研究》，《中南大学学报（社会科学版）》，2020年第4期，第187页。

理论与批评

信仰骑士
—— 克尔凯郭尔论悲剧

丁尔苏

摘　要：克尔凯郭尔是近代西方悲剧理论史上一位"孤僻的怪才"（伊格尔顿语）。与黑格尔一样，他认为古典悲剧之最大特征是关注伦理力量之间的冲突，现代悲剧则把目光投向戏剧人物复杂多变的个人感受。克尔凯郭尔企图融古今悲剧为一体，以使现代悲剧人物同样具有英雄本色。遗憾的是，他所钟情的悲剧主角过于依赖非理性的信仰，脱离日常生活的伦理话语，悲剧艺术也因此失去其应有的道德批判力。

关键词：克尔凯郭尔　伦理力量　审美过失　伦理过失　信仰骑士

索伦·克尔凯郭尔（Soren Kierkegaard）是一位生活于19世纪上半叶"孤僻的怪才"（伊格尔顿语），他性格内向，勤于思考，在42年的短暂人生中产出了数量可观的美学、宗教和哲学著作。从悲剧理论系谱看，他主要受惠于以黑格尔为代表的德国古典美学，但又对其理性主义立场深感不满，转而强调个人在广袤无垠的宇宙中的具体感受。这一角度转换对海德格尔、萨特、加缪等其他理论家产生了巨大影响，形成存在主义思想流派。克尔凯郭尔反对任何形式的整体论，与当代西方解构主义精神十分合拍，却没有得到足够重视，这"的确是一件令人惊讶的事情"①。

---

① 特里·伊格尔顿：《美学意识形态》，王杰等译，广西师范大学出版社，1997年，第163页。

克尔凯郭尔著有一篇专论悲剧的长文，英文题目为"The Tragic in Ancient Drama Reflected in the Tragic in Modern Drama"，收入《非此即彼》上册。该文的中文翻译至少有三个版本。其中之一（《古典悲剧元素在现代悲剧内容中的反映》）由冯骏（笔名京不特［Jimbut］）直接从丹麦文译成，中国社会科学出版社 2009 年出版。或许因为译者长期旅居海外，其文笔显得生硬，而且基本摒弃国内学界长期沿用的悲剧理论术语。另一个版本（《古老的悲剧主题在现代的反映》）由傅正明从英文转译，是文集《悲剧：秋天的神话》第一篇，于 1992 年由中国戏剧出版社出版。傅译不仅流畅，而且相对达意，仅有少部分字句需要调整。第三个版本（《现代戏剧的悲剧因素中反映出来的古代戏剧的悲剧因素》）为阎嘉所译，由华夏出版社于 2007 年出版。阎译虽然通顺，但对术语的翻译似乎讲究不够，好在译者不辞辛劳，添加了不少详细注解，这对全面把握克尔凯郭尔的悲剧思想不无裨益。

总的来说，克尔凯郭尔以非理性的思维方式著称于世，但他关于悲剧的讨论却不乏历史和辩证的眼光。一方面，他认为我们不应该割断历史，而是要"将古代与现代联在一起"。当今学者在讨论悲剧时免不了回顾亚里士多德，就是一个提醒。虽然亚氏的《诗学》写于两千多年之前，但其中不少判断和规定至今仍然有效。穷其原因，人类的身体构造至今变化不大，我们对疼痛及死亡的生理感受几乎古今如一。另一方面，人类语言所凝固的概念具有很大弹性，它们不断被延伸，以囊括无数后续发生的生活经验和思想成果。也就是说，古代人和现代人虽然有时使用同样的词语或概念，但他们头脑中的指称对象未必相等，这就需要研究者从历史的角度看问题。

在大多数人的理解中，"悲剧"或"悲剧性"（the tragic）具有某种跨越时空的本质特征，但克尔凯郭尔不这么看。他在《古老的悲剧主题在现代的反映》第一段里开门见山地指出："古典悲剧与现代悲剧有着本质的区别。"[①] 这一观点不是凭空臆造，而是"专家们的研究成果"。我们从阎嘉为译文添加的多个注解中可以看出，克尔凯郭尔所说的"专家"包括德国理性主义大师黑格尔。直接指出这两位理论家之间继承关系的学者也大有人在，乔恩·斯图华特（Jon Stewart）在《克尔凯郭尔与黑格尔之关系再思考》中断定"克尔凯郭尔精通黑格尔的分析"[②]，乔治·斯泰纳（George Steiner）走得更远，

---

① 索伦·克尔凯郭尔：《古老的悲剧主题在现代的反映》，傅正明译，见《悲剧：秋天的神话》，中国戏剧出版社，1992 年，第 3—31 页。

② Jon Stewart, *Kierkegaard's Relations to Hegel Reconsidered*. Cambridge: Cambridge University Press, 2003, p. 220.

认为"克尔凯郭尔切入问题的方式与黑格尔如出一辙"①。

既然如此,我们不妨先考察黑格尔在《美学》最后一章里对古今悲剧之差异所做出的论述。按照他的解释,古代悲剧的特征之一在于它十分关注主导社会风尚的"伦理力量"(ethical powers)。这里的伦理力量应该被看成复数,是无所不包的"伦理实体"(ethical substance)在不同社会领域的具体表现。作为道德理想之总和,伦理实体无论出现在什么场合,都对身处其中的社会成员具有强大束缚力。换句话说,个人行为在很大程度上受控于其所在生活领域的道德理想。这种控制之所以有效,是因为生活在一起的社会成员经过长期的家庭、学校、法庭等机构的教育已经将相关道德准则内化,将其变成主体的自我要求,用以指导日常活动。由于生活背景的差异,各位社会成员所内化的道德力量不尽相同,其中之一有可能成为主导个人行为的性格特征,黑格尔称之为"情致"。古希腊悲剧呈现的人物大多如此,他们"只代表主宰其特殊性格的某一种力量"(they are simply the *one* power dominating their own specific character)②,如对家庭成员的挚爱,对国家或城邦的忠诚,对宗教信仰的坚定,等等。这样的悲剧人物

> 把自己和真纯的生活内容的某一方面紧密结合为一体,而且负责维护它。在这样高度上,直接的(原始自然的)个性中纯粹的偶然性都已消失,戏剧艺术中的英雄才仿佛提高到雕刻作品的地位,无论是把他们作为实体性生活领域的活的代表来看,还是把他们作为凭自由信任而显得伟大和坚定的人物来看。所以本身抽象的雕刻中的人像和神像,比起任何其他方式的阐明和解释,都更好地说明希腊悲剧的人物性格。③

黑格尔把古典悲剧人物比作雕刻,可以说非常贴切,因为静态艺术作品一般只能够表现其对象的某个方面,而且一成不变,古希腊悲剧也是这样,它忽略人物的偶然性特征,着重刻画对应于某种伦理力量的单一情致。《安提戈涅》里两个主要人物正是单一情致的最佳代表,安提戈涅只讲亲情,克瑞昂只认国法,双方固执己见,最终两败俱伤。

近代悲剧的情形与之不同,它不再专注悲剧人物背后的那些伦理原则,而是看重他们自身性格的复杂性。黑格尔在总结这一特征时指出,"近代悲剧却一开始就在自己的领域里采用主体性原则。所以它用作对象和内容的是人

---

① George Steiner, *Antigones*: *How the Antigone Legend Has Endured in Western Literature, Art, and Thought*. New Heaven: Yale University Press, 1984, p. 55.
② 黑格尔:《美学》第三卷(下册),朱光潜译,商务印书馆,1981年,第285页。
③ 黑格尔:《美学》第三卷(下册),朱光潜译,商务印书馆,1981年,第285页。

物的主体方面的内心生活，不象古典艺术那样体现一些伦理力量。在近代悲剧里，动作情节也通过环境的偶然因素而导致冲突并且决定（或是像在决定）结果"①。这就是说，现代悲剧人物不再是单一道德原则的化身，而是极其复杂的偶然因素之产物，莎士比亚创作的哈姆莱特就是一例。我们知道，古希腊悲剧大师埃斯库罗斯写过一部题为《奠酒人》（The Libation Bearers）的作品，讲述主人公奥瑞斯忒斯如何替父报仇，杀死母亲及其情人。《哈姆雷特》的题材与之相似，但着眼点大相径庭。埃斯库罗斯很少聚焦悲剧人物的内心世界，呈现其左右为难的矛盾心理。他笔下的奥瑞斯忒斯只有一个念头："对凶杀回报以凶杀（blood stroke for the stroke of blood）。"②哈姆莱特虽然也想替父报仇，但他的心路历程非常曲折。他先装疯卖傻，切断与奥菲利亚的感情，然后寻找最佳时机下手，不让克劳狄斯灵魂升天，而且还在戏中排戏，以弄清谋杀真相。与此同时，他忧国忧民，惋惜自己身处礼崩乐坏的时代，甚至流露轻生的念头，反复掂量"生存还是毁灭"的问题。③通过这些细节，莎士比亚向观众展现的是一个与众不同的痛苦灵魂。

克尔凯郭尔对此深有同感，他从亚里士多德关于悲剧情节与人物性格之关系的论述入手，进一步论证了黑格尔的观点。亚氏在《诗学》里曾经将悲剧要素分成六类，即戏景、性格、情节、言语、唱段和思想，并将情节的重要性置于性格之上，因为"人物不是为了表现性格才行动，而是为了行动才需要性格的配合"（Dramatic action is not with a view to the representation of character: character comes in as subsidiary to the actions）④。在克尔凯郭尔看来，亚氏认为人物性格在古希腊悲剧中不如戏剧情节重要是有道理的。他在《古老的悲剧主题在现代的反映》里这样解释：

> 古代世界并没有那种体现在其中的主观性。即使个人能够得到自由发展，他仍然要依赖国家、家庭和命运的坚实的基础。这坚实的基础在希腊悲剧中是成败攸关的因素，是希腊悲剧的独具特征。因此，主人公的毁灭，不仅是他自己的行动的结果，而且也是一种受难。⑤

---

① 黑格尔：《美学》第三卷（下册），朱光潜译，商务印书馆，1981年，第319页。
② 埃斯库罗斯：《奠酒人》，王焕生译，见《古希腊悲剧喜剧全集》第一卷，译林出版社，2007年，第398页。
③ 莎士比亚：《哈姆莱特》，朱生豪等译，《莎士比亚全集》（五），人民文学出版社，1994年，第341页。
④ 亚里士多德：《诗学》，陈中梅译注，商务印书馆，1996年，第64页。
⑤ 索伦·克尔凯郭尔：《古老的悲剧主题在现代的反映》，傅正明译，见《悲剧：秋天的神话》，中国戏剧出版社，1992年，第8页。

这段引文选自傅正明先生由英文转译的中文译本。与第一句里"主观性"对应的英语表达是"subjectivity",朱光潜在黑格尔《美学》中将其译成"主体性",显然更加贴近原意。第二句末尾"坚实的基础"对应于英语的"substantial determinants",指的是前面讨论过的伦理实体决定因素,即伦理力量。引文最后的"受难"(suffering)一词也很难翻译。按照艾瑟克·温克尔(Isak Winkel)的解释,"At lide"在丹麦语里具有双重含义,它不仅传达忍受痛苦的意思,而且表明这是一项被动的行为,"就跟'suffering'在古英语里含有被动意思一样"[①]。总之,克尔凯郭尔强调古希腊悲剧人物的毁灭在很大程度上归咎于外部因素,因为他们只表现单一道德情致,所以没有真正的主体性可言。近代悲剧的情形与之相反,在那里,主人公的自我意识十分强烈,"这使他不仅割断了与国家、民族、命运的各种直接联系,而且还割断了他同自己先前生活的联系"[②]。也就是说,近代悲剧的关注点转向了悲剧人物本身,着重展现他们如何因性格缺陷而步入困境,如奥赛罗的妒忌、麦克白的野心、哈姆莱特的优柔寡断、李尔王的愚昧冲动。

克尔凯郭尔还围绕"悲剧过失"这个关键美学概念,对古代与现代悲剧之差异做了进一步阐释。按照他的说法,古代悲剧人物的过失具有歧义性,因而是"审美的"(aesthetic)。以索福克勒斯笔下的安提戈涅为例,一方面,她坚持片面道德立场,无视克瑞昂所代表的城邦利益,是有罪之人。另一方面,指引她为兄弟下葬的道德原则是"正面的力量"(affirmative powers)[③],在这个意义上,她的行为可歌可泣。由于伦理力量具有神圣性,悲剧人物在为之受难乃至献身时会感到某种精神上的宽慰。克尔凯郭尔于是说,"一个人只有当他具有悲剧性时,才有可能是幸福的。悲剧性带有无比温柔的特色;从美学意义上来说,它对于人生无异于神圣的爱和仁慈;它甚至比这更温柔多情"[④]。这种幸福感在现代悲剧里很难找到。究其原因,现代人质疑所有前置道德范畴的合法性。他们是裴拉鸠斯(Pelagius)式的人物,只对自己的行动负责。克尔凯郭尔由此得出现代悲剧的特征:

> 我们的时代已经使得家庭、国家和民族的坚实的基础土崩瓦解。带

[①] Shoni Rancher, "Suffering Tragedy: Hegel, Kierkegaard, and Butler on the Tragedy of Antigone", Mosaic: An Interdisciplinary Critical Journal, 2008, Vol.41, No.3, p.71.

[②] Shoni Rancher, "Suffering Tragedy: Hegel, Kierkegaard, and Butler on the Tragedy of Antigone", Mosaic: An Interdisciplinary Critical Journal, 2008, Vol.41, No.3, p.71.

[③] 黑格尔:《美学》第一卷,朱光潜译,商务印书馆,1981年,第281页。

[④] 索伦·克尔凯郭尔:《古老的悲剧主题在现代的反映》,傅正明译,见《悲剧:秋天的神话》,中国戏剧出版社,1992年,第10页。

来的必然结果是个人完全属于他自己,因此在最严格的意义上,他成了他自己的创造者,他的罪过也就是罪孽,他的痛苦也就是懊悔,但这样一来,也就取消了悲剧。同样地,也是在最严格的意义上,受难的悲剧已失去了它的悲剧趣味,因为造成苦难的力量已经丧失了其重要性;对于那正在受难的悲剧主人公,观众会这样喊道:"先自救吧,然后才能得到上天的救助!"①

类似于先前讨论的那则引文,此处"坚实的基础"对应于英文表达"substantial categories",译成"伦理范畴"更加合理。作者的原意是,维系民族、国家和家庭的伦理力量不再是现代悲剧人物的行动指引,是他们自身的罪孽造成了苦难和懊悔。从这个意义上讲,他们成了"自己的创造者"。有趣的是,克尔凯郭尔把缺乏伦理实体支撑的悲剧人物之失足称为"伦理过失"(ethical guilt),对应于能够给受难者带来宽慰的"审美过失"(aesthetic guilt)。

这两种不同的悲剧过失产生不同的悲剧情感,导致古代悲剧和现代悲剧之间又一重要差异。前面提到,审美过失源于正面的道德力量,悲剧人物为之受难是苦中有乐,克尔凯郭尔把这种复杂的情感称为"悲哀"(sorrow)。现代悲剧人物不为崇高理想而抗争,他们遭受苦难大多是罪有应得,克尔凯郭尔把这种由普通甚至负面的伦理过失所引发的心理感受称为"痛苦"(pain)。需要提醒的是,这两种悲剧情感可以同时存在,只不过在特定历史时期内其中之一会占据主导地位。以下是克尔凯郭尔的相关阐释:

> 在古典悲剧中,悲哀较深,在与此相应的意识中,悲哀也较深。……在现代社会,痛苦更大。落到活生生的上帝手中任其拨弄是一桩可怕的事情——对希腊悲剧可以说这种话。天神的愤怒固然令人感到畏惧,但痛苦并没有像在现代悲剧中那么巨大,在现代悲剧中背负着全部罪过的悲剧主人公,在他的罪过的受难中是无所不晓的。……显而易见,懊悔是最辛酸的一种痛苦,但懊悔只有伦理的现实性,没有审美的现实性。②

古典悲剧人物坚持道德理想,义无反顾,他们觉得为正义受难或牺牲是

---

① 索伦·克尔凯郭尔:《古老的悲剧主题在现代的反映》,傅正明译,见《悲剧:秋天的神话》,中国戏剧出版社,1992年,第14页。
② 索伦·克尔凯郭尔:《古老的悲剧主题在现代的反映》,傅正明译,见《悲剧:秋天的神话》,中国戏剧出版社,1992年,第13页。

一种光荣。现代悲剧人物则不然，他们缺乏道德指引，时常因为不知所措而陷入苦恼。

更重要的是，丧失了普遍道德理想的现代人同时丧失了由这些理想维系的人类社团，他只能"随着痛苦而产生孤独感，然后在痛苦的孤独感中寻求新的痛苦"[1]。这也是现代悲剧的重要特征之一。在《古老的悲剧主题在现代的反映》后半部分中，克尔凯郭尔对索福克勒斯的《安提戈涅》做了改写，用实例展示现代悲剧人物之特殊心理感受。我们知道，古希腊的安提戈涅因卷入家庭与城邦利益之冲突而献出生命。这位女主人公由于所坚持的是一项具有普遍意义的道德原则，所以在抗争中并不孤单，不仅未婚夫海蒙（Haemon）和盲人先知特瑞西阿斯（Teiresias）站在她一边，就连象征社团共识的歌队也对其遭遇深表同情。安提戈涅就义之前，合唱队这样称赞她：

> 不，你这样出发去死人的国土，
> 是光荣的，受人称赞的；
> 你没受到那使人消瘦的疾病侵袭，
> 也没有受到那刀斧杀戮之苦。
> 不，你将自己主宰自己的命运，
> 或者去到哈德斯的王国——这
> 没有任何凡人曾经做到过。[2]

这些文本细节表明，索福克勒斯的安提戈涅虽然献出年轻的生命，却赢得其所在社团的认可。她的生命意义在于体现大部分社团成员十分看重的家庭亲情。在这个意义上，她的行动是个人的，也是集体的，两种成分相辅相成。与之相反，克尔凯郭尔笔下的安提戈涅不再是单一情致的化身，她的人生经历错综复杂，而且无处倾诉。具体地说，她出身于一个乱伦家庭，父亲的罪孽像阴影一样始终跟随着她。与索福克勒斯的俄狄浦斯不同，她父亲弑父娶母的历史没有被公众得知，他至死都被视为廉洁奉公的明君。安提戈涅生性敏感，很早就察觉出父亲的异常身世，但她必须保住这个秘密，不仅为了维护家族声誉，而且不想让父亲知道她的发现，以避免尴尬。订婚以后的她更加痛苦，对海蒙的爱要求她如实告知父亲不光彩的历史，然而，她一旦这样做，必将失去海蒙的爱。这里的安提戈涅十分孤独，全世界没有第二个

---

[1] 索伦·克尔凯郭尔：《古老的悲剧主题在现代的反映》，傅正明译，见《悲剧：秋天的神话》，中国戏剧出版社，1992年，第16页。

[2] 索福克勒斯：《安提戈涅》，张竹明、王焕生译，见《古希腊悲剧戏剧全集》第二卷，译林出版社，2007年，第297页。

人知道她的痛苦,她也无法与其他人交流。长此以往,她被推向不可自拔的焦虑之中,"在此,我们有了一个现代悲剧的范畴"①。

没有道德理想指引,悲剧人物面临人生困境时何去何从?这是克尔凯郭尔在《恐惧与颤栗》里所关注的核心内容。该书的话题是亚伯拉罕和艾萨克的故事,借此讨论宗教与伦理之关系。按照圣经里的叙述,上帝考验亚伯拉罕是否忠诚,吩咐他在指定时间和地点把独子艾萨克祭献出来,亚伯拉罕毫不犹豫,不折不扣地执行上帝旨意。就在他下手之际,上帝传令不要伤害艾萨克,换以公羊作为祭品。这里的悲剧困境是,亚伯拉罕既想保全爱子,又希望向上帝证明自己忠诚,两者不可兼得。他凭借对上帝的信任,最终走出困境。在论述中,克尔凯郭尔多次将亚伯拉罕与欧里庇德斯笔下的阿伽门农做比较,认为他们是截然不同的悲剧人物,前者是信仰者(a man of faith),后者是英雄。相比之下,克尔凯郭尔更加钦佩亚伯拉罕,他在《恐惧与颤栗》里这样说:

> 亚伯拉罕代表了信仰,而信仰在他身上找到了恰当的表达方式。……他依靠荒谬之力重新得到了以撒。因此,亚伯拉罕绝不是个悲剧英雄,而是与英雄截然不同的人:他或者是个杀人者,或者是个具有信仰者。在亚伯拉罕的行为里,并没有能够使人联想到悲剧英雄的因素。因此,我虽然能够理解悲剧英雄,却不能理解亚伯拉罕,即使从某种疯狂的意义上说,我对他的赞美胜过所有人。②

这段引文里"悲剧英雄"指的是阿伽门农式的戏剧人物。熟悉古希腊神话的人知道,阿伽门农是希腊军队首领,率兵攻打特洛伊城,出征之前,猎神阿尔忒弥斯(Artemis)要求他献出爱女伊菲格涅亚(Iphigenia),否则他的船队得不到可以起航的风。经过一番内心挣扎,阿伽门农忍痛割爱,用女儿的生命换取希腊军队的胜利。克尔凯郭尔告诉我们,虽然阿伽门农和亚伯拉罕都被要求献出儿女,但他们的行为动机却不可同日而语。

在欧里庇德斯的作品中,阿伽门农面对两项都值得拥护的道德选择:保全女儿以维护亲情,牺牲女儿以为国建功。阿伽门农克服巨大的内心痛苦,最终选择了后者。这一决定虽然无奈,但依然可取。作为自然和社会存在的结合物,人在任何时候都处于复杂的关系之中。他们来自某一家庭,居住在某一城市,归属某一国家,构成某一人种,此类社会实体都会对其所属成员

---

① 索伦·克尔凯郭尔:《古老的悲剧主题在现代的反映》,傅正明译,见《悲剧:秋天的神话》,中国戏剧出版社,1992年,第20页。

② 日兰·克尔凯郭尔:《恐惧与颤栗》,一谌等译,华夏出版社,1998,第51页。

提出这样或那样的道德要求。从各自角度看，这些要求具有合理性，但它们来自不同方面，因而道德冲突在所难免。一般来说，道德要求的来源层次越高，其普适性越强。家庭情义与国家利益的关系正是如此，前者代表黑格尔所谓"自然伦理生活"（natural ethical life），后者体现"带有精神方面普遍意义的伦理生活"（ethical life in its spiritual universality）。① 两者发生冲突时，更具普遍意义的伦理原则经常胜出。需要强调的是，低层道德要求有时具有很大合理性，这意味着当事人在选择高层道德义务时必须蒙受重大损失。正是在这个意义上，阿伽门农被广泛誉为"悲剧英雄"。

亚伯拉罕的情形与之大相径庭。作为父亲，他有义务保护艾萨克，况且后者是完全无辜的。他所面临的选择不牵涉更高层面的道德要求，以至于迫使他放弃保护儿女的道德责任。从这个角度看，亚伯拉罕是一个杀人犯。有人当然可以提出辩护，说上帝在最后一刻制止了他，艾萨克终究没有被祭献，但这一奇妙结局并不能改变亚伯拉罕准备杀人的事实。在克尔凯郭尔看来，亚伯拉罕依然无罪，因为他是在遵从上帝的指令。克尔凯郭尔这样解释：

> 悲剧英雄与亚伯拉罕之间的区别十分明显。悲剧英雄仍然停留在伦理范围之内。他允许伦理的表达在更高层面上达到其目的。……亚伯拉罕的情况就不同了。他的行为完全超出了伦理范围，具有伦理以外的目的，伦理也因此被他悬置起来。……亚伯拉罕的行为与普遍性毫无关联，纯属私事。②

也就是说，从社会伦理角度看，亚伯拉罕企图杀人应当受到谴责，但在宗教层面上，他是一个非常虔诚的教徒。他把上帝的指令视为高于一切，不惜牺牲父子亲情。这虽然是纯粹私事，但亚伯拉罕仍不失其伟大（Abraham is great because of a purely personal virtue）③。

如此为宗教信仰而悬置伦理思考显然是一种极具争议的人生态度，且不说有数量庞大的人群不信宗教，即便是虔诚教徒，也未必应该放弃日常伦理原则。康德在《单纯理性限度内的宗教》一书中曾对此深表怀疑，因为圣旨也好，神令也好，它们都必须经由人的解读。亚伯拉罕的情形也不例外，要求他杀戮爱子有可能是他对上帝旨意的误解。可见亚伯拉罕这位"信仰骑士"

---

① 黑格尔：《美学》第三卷（下册），朱光潜译，商务印书馆，1996年，第307页。
② Soren Kierkegaard, *Fear and Trembling*, Howard V. Hong and Edna H. Hong, eds. and trans. New Jersey: Princeton University Press, 1983, p.59.
③ Soren Kierkegaard, *Fear and Trembling*, Howard V. Hong and Edna H. Hong, eds. and trans. New Jersey: Princeton University Press, 1983, p.59.

并不像克尔凯郭尔想象的那样伟大。当代英国学者詹妮弗·华莱士（Jennifer Wallace）说得好，克尔凯郭尔"依赖于一个不可撼动的宗教信仰，以上帝之名誉'悬置伦理范畴'。然而，正如康德所暗示，假如亚伯拉罕完全错了，后果会如何？克尔凯郭尔理论的危险在于，我们无法保证信仰的正确，无法通过社团普遍认可的实证、理智或道德去测试信仰，从而为唯我论、异化和非理性铺平了道路"①。

总而言之，克尔凯郭尔清晰地看到悲剧艺术的传承与发展。与黑格尔一样，他认为古典悲剧的最大特征是关注伦理力量之间的冲突，现代悲剧则把目光投向戏剧人物复杂多变的个人感受。克尔凯郭尔还企图融古今悲剧为一体，以使现代悲剧人物同样具有英雄本色。遗憾的是，他所钟情的悲剧主角过于依赖非理性的信仰，脱离日常生活的伦理讨论，悲剧艺术也因此失去其应有的道德批判力。

作者简介：

丁尔苏，美国明尼苏达大学博士，香港岭南大学英文系教授，曾执教于苏州大学和北京大学。

---

① Jennifer Wallace, *The Cambridge Introduction to Tragedy*. Cambridge：Cambridge University Press，2007，p. 130.

马识途《夜谭十记》的超叙述结构分析
——以《亲仇记》为核心*

刘力萍　周　毅

摘　要：本文以《亲仇记》为核心，兼及其他篇章，详细分析了《夜谭十记》复杂精巧的超叙述结构。《亲仇记》至少有六个叙述层次：主叙述层、次叙述层、超叙述层、超超叙述层、超超超叙述层、顶层叙述。《亲仇记》之超超叙述层实际上是与《夜谭十记》其他篇章共享的一个超叙述框架，即隐指作者不第秀才对"冷板凳会"十个穷科员的"扯乱谭"的记录。这一层至少有三个重要作用：一是使冷板凳会成员们更加人物化；二是给读者一个类似于隔着电视屏幕观看说书现场的接受感觉；三是拉近了隐指作者与潜在读者之间的心理距离。《亲仇记》之顶层叙述因其有真有假、亦真亦假、真假难辨而形成了扑朔迷离的审美效果，这也是《夜谭十记》掀起穿越时代之接受热潮的重要原因之一。

关键词：马识途　《夜谭十记》　叙述策略　超叙述结构　审美效果

马识途《夜谭十记》的超叙述结构与清朝初年艾衲居士编的白话短篇小说集《豆棚闲话》和域外的阿拉伯《一千零一夜》、意大利《十日谈》、英国《坎特伯雷故事》等故事集类似。《豆棚闲话》以豆棚下村民轮流说故事的框架统驭各篇；《一千零一夜》以国王山鲁亚尔记录山鲁佐德的讲述为框架，统摄各种故事；《十日谈》用故事会的形式把散乱的故事组织进一个大的叙述框架。表面上，《夜谭十记》也是以故事会的形式让十个穷科员轮流讲故事。每晚一个人对其他会员主讲一个故事，偶有例外，如《观花记》部分，一晚上两

---

* 本文为四川大学文学与新闻学院 2020 年本科教学改革项目"创意写作理论与实践"课题阶段性成果。

个人分别讲一个同类的故事。再如《亲仇记》部分，不擅长讲述的无是楼主拿着文稿来，由别人代念文稿。但是，如果深入探析，就会发现《夜谭十记》的超叙述结构更为复杂，叙述分层也更为考究。从某种意义上讲，正是这种精巧设置的超叙述结构成就了这部独特的长篇小说，使它没有沦为中短篇小说的简单汇编。

一、超叙述结构中的叙述层次

赵毅衡在《苦恼的叙述者》中将叙述层次分为超叙述、主叙述、次叙述等多个层次，并指出，虽然在汉赋、文言小说中超叙述结构比较常见，但是除了短篇集《豆棚闲话》外，"中国传统白话小说中，很奇怪，有意设置的超叙述几乎不存在"。事实上，中国传统的白话长篇小说"无一不有程式化的拟书场格局作为超叙述"，只是因为"这种格局无所不在每篇皆有"，所以我们"甚至感觉不到这是有意安排的"。① 笔者以为，是"有意安排"还是无意中习惯性地模仿和套作，恰恰能够反映出写作者是否独具匠心。

下面，我们试着以《夜谭十记》中叙述层次特别繁复的《亲仇记》为主要例子，兼及其他篇章，进行细致分析。

从叙述技巧的探索方面讲，《亲仇记》在《夜谭十记》中是最为突出的一个部分。可能本书的真实作者马老本人也隐约意识到了，只不过他表达得比较谦虚。他借隐指作者不第秀才的口吻，只从字数不少、重量不轻、够念好多次来强调其独特价值，"恐怕归根到底，还是无是楼主对我们这个冷板凳会的贡献最大哩"。其实，之所以贡献最大，笔者以为主要还在于其炉火纯青的复杂分层叙述策略。概而言之，《亲仇记》至少有六个叙述层次。

一是主叙述层。《亲仇记》的主叙述层是无是楼主的故交在旧作中自述革命经历。在这一层中，这位故交奉党的宁远工委之命，寻找失联已久的游击队，途中遇到了一个拉二胡卖唱的老年流浪艺人铁柱，被这个穷而无告的老人的曲子和故事打动，并拜托他帮忙找到了游击队。后来，这位故交还发展铁柱当了交通员，铁柱也改名为王国柱。这一层叙述的接收者是无是楼主，或其他可能直接看到这个旧作的潜在读者。

二是次叙述层。主叙述层之下有一个次叙述层。在此叙述层，主叙述层中的流浪艺人铁柱转变成了叙述者。铁柱含泪回顾自己艰难曲折的爱情、婚姻，追忆自己如何与穷苦辛酸的命运、黑暗不公的社会进行抗争搏击，最后

---

① 赵毅衡：《苦恼的叙述者》，四川文艺出版社，2013年，第102—103页。

不得不隐忍地、无奈地、苟且地流浪。当然，次叙述层的故事最为跌宕起伏，最为感奋人心。这一层的叙述接收者是与流浪艺人铁柱一样穷苦艰辛的马帮脚子。他们乐于一遍又一遍地沉浸在铁柱的演唱中，一起悲伤，一起流泪，饮铁柱的苦楚以浇自己心中的块垒，宣泄因社会黑暗和阶级落差而郁积的怨恨。

三是超叙述层。在主叙述层之上有一个超叙述层，即署名无是楼主的《题记》这一层。在这个超叙述层中，无是楼主是叙述者。他讲述了自己接受朋友嘱托，保存、阅读、编辑、装订、题名其文稿为《亲仇记》的故事。这一层叙述的接收者是冷板凳会中除无是楼主之外的会员，以及可能读到这个《题记》的潜在读者。

四是超超叙述层。超超叙述层是指在超叙述层之上的一个叙述层次，这一层为超叙述层提供讲述者。《夜谭十记》隐指作者常常对冷板凳会"扯乱谭"现场进行生动描述。比如在《亲仇记》中，超超叙述层呈现为隐指作者不第秀才对因为无是楼主是"夹舌头"讲不清故事，不得不由几个人轮流照着抄本念其作品的交代、描述和对无是楼主这个作品的评价，等等。在《亲仇记》里，这一层为下一个层次提供的叙事者，是一个叙事者群体，包括讲不清楚故事却勉为其难的无是楼主，以及代他念《题记》和故事（即无是楼主故交的《亲仇记》）的"我们几个人"。

五是超超超叙述层。对《亲仇记》而言，在超超叙述层——隐指作者不第秀才描摹因为无是楼主夹舌头而难以清楚讲述故事，大家不得不帮他念文稿——之上，还有一个层次。按照前面对叙述层次的命名思路，我们不妨把它叫作超超超叙述层。这一层就是在《前记·不第秀才：冷板凳会缘起》中，小说《夜谭十记》之隐指作者对自己的回顾：身为中文系高才生，毕业后却找不到安身立命之所，后来只得容身偏远县城做一个无所事事的穷科员，并担任了未注册的民间社团"冷板凳会"的干事。这一层中，隐指作者其实想让读者相信，不第秀才就是隐指作者，他们是同一个人，以此增加故事的可信度。

六是顶层叙述。看到前面的分析，有些读者似乎已经恍然大悟了，但是，请不要着急，《亲仇记》的叙述分层还没有结束。且看《后记》中真实作者对创作缘起、创作过程、创作体会的介绍，是不是又在上述如此复杂的叙述层之上，再造了一个叙述层级？我们根据《亲仇记》的实际情况，姑且把它称为顶层叙述。当然，对这个顶层叙述，《夜谭十记》的其他篇章可能要降级分析。这一层的叙事者就是革命家、文学家马识途先生本人，他以其真实身份讲述亲身经历或见闻。这一层叙述的接收者就是《夜谭十记》的真实读者们。

《亲仇记》的叙述分层如此复杂，不是为了卖弄叙述手段有多么高明，而是作者觉得故事过于离奇，不但把故事讲清楚、让读者弄明白很有难度，而且即便讲清楚了，读者也未必相信。

下面，笔者试以《亲仇记》之超超叙述层和顶层叙述为例，分析这种复杂分层的作用与效果。

二、超叙述结构的重要作用

《亲仇记》的超超叙述层实际上是与《夜谭十记》其他篇章共享的一个超叙述框架，即《夜谭十记》隐指作者不第秀才对冷板凳会十个穷科员的扯乱谭的记录，这一层的叙述者是不第秀才或隐指作者。

这个超超叙述层至少有三个重要作用。一是使冷板凳会成员们更加人物化，不再只是像某些类似的故事集中单个故事的讲述者，而是变得有血有肉，更加生动，更加立体。二是隐指作者不第秀才对无是楼主"颈子都憋红了""拳头捏得死死的"的描述，给读者一个类似于隔着电视屏幕观看说书现场的接受感觉。其实，无是楼主撰写并由念稿者精彩演绎的故事已经令读者沉醉其中了，但在隐指作者从超叙述层跳出来描述冷板凳会现场的逗乐、争辩、调侃或者对故事做补充说明之时，这个超超叙述层能使读者在获得类似于书场听书的体验之外，感觉自己似乎又与隐指作者在另一个层面对话，并对拟书场格局的冷板凳会现场及其成员有了一定距离的打量和审视。三是因为隐指作者从下一个叙述层中跳出来，读者也自然跟着跳出来，这瞬间拉近了不第秀才或隐指作者与读者之间的心理距离。这样就给读者一种与隐指作者处于同一战壕的身份认同感。这种相同或相近的身份认同，大大增强了文本的可信度和真实感。尽管冷板凳会这个社团、冷板凳会成员这些人、他们讲述的这些事原本可能是作者道听途说或者刻意编造的。

需要注意的是，《亲仇记》这个描摹冷板凳会现场的超超叙述层，在《夜谭十记》中其他的叙事没这么复杂的篇章里，可能降格为超叙述层，但是所起的作用大致是一样的。

在有些篇章，超叙述层或主叙述层讲述者故意撇清与故事中相应人物的关系，也因为这个超超叙述层的暗示和诱指，反而进一步确证了故事的真实感，把本来就不可靠、不可信的事情变得似乎真有其事，不得不信。

例如《沉河记》部分，羌江钓徒的超常发挥使听友后来怀疑他就是主人公"姓吴的青年"，但是他懂装不懂的巧妙回答并没有终止听友的好奇心，甚至有好事之徒以迂回战术去打听其老婆姓名来印证人物和讲述者的真实关系。

但是，答案到底是什么？更高一层的叙述者虽然说"这个办法果然灵"，却并不直接告诉读者最终结果，因为他就是要让读者不断去猜测。

再如《盗官记》中，关于陈师爷是不是巴陵野老本人，听友们也争论不已，然而，"我们只是这么瞎猜猜，没有谁敢去问"。把故事中的人物与讲述者的关系故意悬置起来，其实也是把真实性故意悬置起来，但是这种做法反而进一步激发了讲《盗官记》那晚的冷板凳会听友、《夜谭十记》的读者的几乎是不可能有定论的猜想。这种叙事努力，似乎可以使读者不再过度深陷其中，避免"不识庐山真面目，只缘身在此山中"的局限，进入"不畏浮云遮望眼，只缘身在最高层"的阅读境界。像《夜谭十记》之《亲仇记》《沉河记》《盗官记》这样，能够给读者带来自由出入虚拟世界而浑然不觉其假的阅读体验的叙事文本，在当代文坛实在不多。

简而言之，这个超超叙述层的作用，就是诱导读者认为似乎识破了伪装的虚假，从而感到故事和人物都确定是真实的。这种叙述的技法因为作者用得很纯熟，完全不着痕迹，所以很难被发现。这在一定程度上折射出真实作者本人作为职业革命家、地下党工作人员的智慧之光。

三、扑朔迷离的审美效果

如前所述，《亲仇记》的顶层叙述指的是真实作者马识途对《夜谭十记》创作缘起、创作过程、创作体会的介绍。这一层因有真有假、亦真亦假、真假难辨而形成了扑朔迷离的审美效果，很值得玩味，这也是《夜谭十记》形成穿越时代之接受热潮的重要原因之一。

一方面，本层叙述者，即真实作者马识途，故意消解读者对故事本身的过度信任和痴迷。他告诉你，这不过是因为马识途先生人生经历的丰富和职业身份的独特，接触的三教九流的人都非常多。《夜谭十记》里面这些"牛皮醉""扯乱谭"，大都是他从各处获得的之前"闻所未闻、千奇百怪的龙门阵"。

另一方面，他又告诉你，他是真正"在小衙门和机关里结识过一些科员之类的小人物"，对其兴趣爱好颇为了解并"被他们引为一流，在他们结成的冷板凳会上，听到了我难以想象的奇闻异事"，发现了可以用作文学创作素材的"琳琅满目的宝石矿"；他回顾了自己如何与文学结缘，学会加工整理文学素材，开始"摆龙门阵"的叙述训练，并从1942年开始酝酿，"把我摆的龙门阵挑选出十个故事来"，"我决定以在一个冷衙门里十个科员组成冷板凳会，轮流各摆一个龙门阵的形式来进行创作"，后来因为工作和其他原因断断续续、几易其稿，直到1982年才终于修成正果。40年间，作者本人和小说文本都"几经劫难"。

概而言之，就是顶层叙述者告诉读者，这些人、这些事、这部文稿都是不能全信的，不是真人真事，只是他听来的或讲过的故事，是"扯乱谭，摆龙门阵，自寻其乐"①。与此同时，这些事又都是他亲耳听过、亲口讲过的，讲给他听的人也都是真有其人的。至于他们讲的事情是否有根有据，作者也有些拿不准、靠不实。但是，作者又觉得有所指，很有趣，所以40年不断尝试完整讲述，尽管难遂其愿也不能放弃，难以忘怀。

也就是说，这些故事里的事，要说是，那就是，要说不是，也就不是。为此，无数读者并未亲见马老，但是不知不觉已经陷入了对这些人、这些事的真实性的"相信—怀疑—半信半疑—爱信不信—不得不信—还是不信……"的永无休止的揣度和挂念。

所以，《夜谭十记》值得马老花40年时间去不断重写，始终坚持。截至2020年8月31日，这本书豆瓣评分7.5分。其中《盗官记》部分被改编成电影《让子弹飞》，票房高达6.61亿，仅次于当年的票房冠军《唐山大地震》。《让子弹飞》票房和口碑双丰收，腾讯评分9.2分，豆瓣评分8.8。《让子弹飞》一出，1800万观影人次也被诱导，开始自觉或不自觉地陷入对故事地点到底在哪里，故事中的人物到底是真是假又是谁，故事中那些情节到底在隐喻什么等问题的无休无止的讨论、争辩、猜想之中。

结　语

《夜谭十记》超叙述结构中讲述的故事到底是真是假，有几分真几分假，恐怕只有马老本人才知道。但是，令人尴尬的是，有时候由于现实原因故事的真假程度并不由真实作者说了算。对马老来说，对这部奇书来讲，关于故事真假的艺术探索、关于事实真假的勇敢言说、关于人性真假的执着追问，是幸是悲，一切留给岁月，一切留给读者，慢慢会有答案。

值得欣慰的是，《夜谭十记》出版后，读者反响极好。当年推动该书创作和出版的人民文学出版社原总编韦君宜也抑制不住内心的喜悦，再次鼓动马老："你不如把你脑子里还存有的那些千奇百怪的故事拿出来，就用意大利著名作家薄伽丘的《十日谈》那样的格式，搞一个'夜谭文学系列'。"② 受此启

---

① 马识途：《夜谭十记》，人民文学出版社，1983年，第438页。
② 马识途：《夜谭续记》，人民文学出版社，2020年，第349页。

发，作者激动不已，当即决定创作《夜谭续记》，开始写故事提纲。又是几十年星移斗转，人世沧桑，两度与癌魔激战，直至 2018 年，马老已经 104 岁了，才终于在女儿马万梅和《四川文学》原主编高虹的协助下写完书稿。在《夜谭续记》中，作者更加主动、更加明确地采用了《夜谭十记》已经实验成功的超叙述结构。至于《夜谭续记》的叙述策略和艺术价值，笔者将另文详述。

作者简介：
刘力萍，四川大学文学与新闻学院硕士研究生。
周毅，四川大学文学与新闻学院副教授。

消费主义意识形态对女性的建构策略

曹峻冰

摘　要：消费社会的发展史其实也是一部女性消费精神的驯化史。在全球化、"互联网＋"与新媒体时代语境下，由消费主义支配的大众传媒，先是通过广告制造出一个个具有象征意义的符号，诱惑女性走进物质消费的神话中——在消费意识形态的统治与支配下，许多女性消费者成了被操控的"自由选择"下的无意识的奴役。然后消费主义针对女性消费心理软肋，利用商品的符号意义和品牌价值，生成商品与商品之间欲望暗示的诱惑链。最后，在享乐主义与商品拜物教的消费仪式中，个人的道德约束被消解，不少女性被成功驯化成受欲望支配的无意识的"乌合之众"。清醒地意识到中国当下女性在消费社会中的生存现状，探索跳出消费异化的路径，是当下亟待完成的任务。本文结合传媒文化语境，援引意识形态与女性主义批评理论，以消费社会的普遍视角对女性消费观念的消解与建构进行审视、慎思，对纠正认知与文化偏误大有裨益。

关键词：消费社会　女性　符号　无意识　驯化

一、语义与语境

　　20世纪90年代以来，随着数字技术的突飞猛进，尤其在21世纪"互联网＋"与新媒体时代语境下，世界愈加全球化，地球愈加像一个村落。不同社会领域、文化圈层的意识形态日渐突破时空和人为壁垒而相互交融渗透。关于意识形态的本质，路易·阿尔都塞（Louis Althusser）认为："意识形态是一种'表象'。在这种表象中，个体与其实际生存状况的关系是一种想象关系。"[①] 这就是说，

---

① 路易·阿尔都塞：《意识形态和意识形态国家机器》，见李恒基、杨远婴主编《外国电影理论文选》，上海文艺出版社，1995年，第645页。

可以不断复制再生产的意识形态所描述的世界也是一种"镜像",明文了想象性的畸变虽与现实有某种相似关系,但也只是主流意识形态对现实的承载了主观意图的构形和对个体的不断"询唤"(interpellation)罢了。特里·伊格尔顿(Terry Eagleton)把西方较为普遍的散漫的意识形态(有别于军队、监狱、法院、警察等强制性意识形态)归纳为16种:

(1)社会生活的意义、符号和价值的生产过程;(2)显现某一特定社会群体或阶级特征的一套理论体系;(3)有助于主流政治权力合法化的思想;(4)有助于主流政治权力合法化的虚假思想;(5)体系化的歪曲主流;(6)为主体提供位置的东西;(7)由社会利益引发的思想方式;(8)同一性思想;(9)必要的社会幻觉;(10)权力与话语的结合;(11)具有自觉意识的行动者在其中理解他们周围世界的媒介;(12)有行动指向的一套信念;(13)语言事实与现象事实的混淆;(14)语言符号的圈套;(15)主体通过其与社会结构发生关系的不可或缺的媒介;(16)社会生活转化为自然现实的过程。①

显然,在现代大众消费领域,"社会生活的意义、符号和价值的生产过程""必要的社会幻觉""具有自觉意识的行动者在其中理解他们周围世界的媒介"及"主体通过其与社会结构发生关系的不可或缺的媒介"综合发力,共同左右着消费社会的话语场域;一旦被文化、传媒建构的人进入这一领域,浸润消费主义意识形态的消费文化便借助不断复制口号和传播伪装来实现对消费主体的询唤。在这种前提下,诱惑、典型、象征与欲望、幻想、戏仿相互交织的群体游戏接踵而至。一如让·鲍德里亚(Jean Baudrillard)所说:"消费是用某种编码及某种与此编码相适应的竞争性合作的无意识纪律来驯化人们;这不是通过取消便利,而是相反让人们进入游戏规则。"②

"所有意识形态的结构"都是"一种双重映照:这种镜像复制由意识形态所构成,而它又确保了意识形态的功能作用"③,路易·阿尔都塞对此非常肯定。当物质极大丰富及凸显快感追求的大众文化成为主流(至少在规模上),生产社会便自然步入消费社会,这种转变自然对人们的消费观念产生巨大影响。在某种意义上,女性作为"消费/被消费"的对象(显然也有女性作为"看/被看"者的意味),在物质的丰富多彩与某种程度的精神匮乏的矛盾之

---

① Terry Eagleton, Ideology: An introduction. London, New York: Verso, 1991, pp.1-2.
② 鲍德里亚:《消费社会》,刘成富、全志钢译,南京大学出版社,2014年,第2页。
③ 路易·阿尔都塞:《意识形态和意识形态国家机器》,见李恒基、杨远婴主编《外国电影理论文选》,上海文艺出版社,1995年,第661页。

下，往往陷于消费文化和大众传媒合谋制造的幻想中无法自拔。置身消费世界，不少女性渐被消费意识形态询唤进而被驯化为受一个又一个欲望（有时是非理性的）支配的"乌合之众"："大众传媒文化进行着欲望的制造、欲望的复制、欲望的批发、欲望的消费、欲望的诱导、欲望的催生，在满足欲望的同时，又在制造人们的欲望。甚至于人们不再按照自己的需要生活，而是把因传媒文化所诱导的欲望当作自己的欲望，去展示欲望、表达欲望、刺激欲望。"① 在消费主义影响的大众传媒文化作用下，女性消费群体的集体无意识被激活且持久活跃并表现突出。

毋庸置疑，随着改革开放和市场经济体制的逐步深化，21世纪以来中国大陆不少大中城市的消费话语也进入似于西方现代消费社会的语境。加之数字技术、互联网、移动终端的飞速发展，大众文化、精英文化与主导文化的多元并存态势也越来越复杂化：现代性精英文化因理性退守而日渐边缘化，而后现代大众文化则飞速成长，并以缺乏美学意识和哲学深度的当下实践及实利性、凡俗性的自我选择渐成日常社会消费文化的主导。受可谓泛滥的大众文化的裹挟，一些让人大跌眼镜的文化现象甚嚣尘上。例如近来，关于女大学生"裸贷"的新闻屡见不鲜。不少媒体揭露，有不法分子利用民间网络借贷平台，凭"裸条"（即以借款人手持身份证的裸体照片作为借条）提供贷款服务。当借款者不能如约还款时，放款人就以公开裸照、与借款人父母联系或"肉偿"为威胁，逼迫贷款人还款。② 2016年12月，凤凰视频爆出一则新闻《10G"裸贷"视频流出 画面不堪入目》，再次把这一现象推向舆论的风口浪尖。当人们在议论借贷平台的黑心与某些女性的拜金、虚荣之时，另一篇载于《南方都市报》（2016年10月17日）的新闻《一次取卵21颗，广州17岁女生卖卵险丧命》也同样令人大跌眼镜。17岁在校学生在地下卖卵交易场所一次性取出20余颗卵子，以此获取2.5万元的报酬；整个过程没有麻醉，该女生被取卵后几乎虚脱。更令人感到荒唐、无奈的是，据说该女生在获得足额报酬后，其QQ显示的设备状态便变成了"iPhone 7 Plus在线"。

上述新闻显然体现出两个不应回避的问题：膨胀的物欲到底因何而来？为何这类新闻的主角多为女性？无疑，结合传媒文化语境，借助意识形态理论和女性主义批评的有关论述，以消费社会的普遍视角对女性消费观念的消解与建构进行审视、慎思，对纠正其中的认知误区与文化偏颇大有裨益。

---

① 潘知常、林玮：《大众传媒与大众文化》，上海人民出版社，2002年，第176页。
② 笔者以"裸贷"为题材写出微电影剧本《裸露的青春》，载于《中国作家》2019年第9期。

二、奴役：消费主义对女性深层消费观念的统治与支配

消费主义（Consumerism）是西方发达国家普遍流行的一种不无道德意味的社会现象，其主要价值观是追求能带来片刻欢愉的享乐消费，往往伴有对无节制的物质享受和消遣的渴求，并视之为生活的目的和人生的价值。有学者甚至这样说：消费主义"把物欲的满足、感官的享受作为人生追求的主要目标和最高价值，个人的自我满足和快乐的第一位的要求是占有和消费物质产品"[①]。按鲍德里亚的说法，人因"受到物的包围"而越来越成为一种"官能性的人"，"我们生活在物的时代：我是说，我们根据它们的节奏和不断替代的现实而生活着。在以往的所有文明中，能够在一代一代人之后存在下来的是物，是经久不衰的工具或建筑物，而今天，看到物的产生、完善与消亡的却是我们自己"[②]。在西方消费主义的影响下，中国当下女性消费者对于商品的消费从物的使用价值能否满足自身需求转向商品所凸显的符号价值——这种符号价值往往在二元的镜像误认中被放大、伪装、重置。与社会传统通过对物的占有方式来体现身份和地位不同，消费社会借对物的符号意义编码来建构社会整体的符码交流体系，并在此过程中通过区分物的符号意义来完成社会分层。因此，"变成消费对象的是能指本身，而非产品；消费对象因为被结构化成一种代码而获得了权力"[③]。

广告对于消费社会的形成影响巨大，不少女性在消费社会中同时扮演消费者与被消费者。当下在平面纸媒、视听传媒、网络流媒、全域融媒等不同媒体的广告中，女性消费者经常能够看到相似的女性形象：纤细高挑的身材、白皙的皮肤、修长的双腿、大眼睛、双眼皮、长睫毛、高鼻梁、尖下巴等；她们或美丽知性，或性感妩媚，或清纯动人，或活泼阳光。被趋利原则促动的大众传媒塑造的女性形象（多为影视、歌舞、体育、综艺等文体演艺女明星）潜移默化地影响着现代女性的消费观念与审美取向。女性消费群体通过消费行为向媒体塑造的理想女性形象表示认同（购买其代言的某一时尚品牌的正品；有的受限于消费水平，便购买高仿产品）。这样，女性消费欲望便被层出不穷的商品广告统治和支配，一些女性成了时尚或时尚产品的追随者。同时，不可否认的是：女性这一群体也为男性视角下的消费行为所消费，女性作为"看"的对象潜移默化地被男性视角影响，其外貌体型、穿着打扮乃

---

① 厉以宁：《消费经济学》，人民出版社，1984年，第116—117页。
② 鲍德里亚：《消费社会》，刘成富、全志钢译，南京大学出版社，2014年，第78页。
③ 马克·波斯特：《第二媒介时代》，范静哗译，南京大学出版社，2000年，第144页。

至行为方式、思维习惯均由受男性视角左右的消费社会塑造。在某种意义上，一如劳拉·穆尔维（Laura Mulvey）批评好莱坞经典电影时所指出的那样："起决定性作用的男人的眼光把他的幻想投射到照此风格化的女人形体上。女人在她们那传统的裸露癖角色中同时被人看和被展示，她们的外貌被编码成强烈的视觉和色情感染力，从而能够把她们说成是具有被看性的内涵。"① 由此可见，上述广告中的女性形象实为男性审美消费视角下的单一化、理想化形象——求得男性的青睐、认可乃至迷恋渐成女性形象的程式化习常。

正是在这被男性主导、被父权规约的语境里，女性被消费包围、支配。"无意识和幻象之间的循环论证，与从前意识层次中主体与客体之间的循环论证，是同样的。两者互为索引、互相规定，无意识被规定为个体功能，而幻象则是广告公司的成品。"② 也就是说：广告的本质是象征和幻象。光怪陆离的商品通过广告制造出一个个具有象征意义的符码，诱惑女性走进带有想象意味的物质消费神话。"如果说古代的神话是关于神和英雄的神话，那么现代神话则是一种建立在对物质的信仰之上，以普通人为叙事对象的神话"③；"像原始社会的神话和中世纪中的宗教叙事一样，彼岸的神性幻象承担了筑模现世生活本身的'一体化'意识形态的整合功能，而今天的消费神话同样成为我们生活一体化的意识形态驾手"④。因而，表面看来，当下女性面对琳琅满目的商品时的"无意识"自主选择，实则被消费意识形态"有意识"地统治与掌控着；在一次又一次的解码、想象、联想进而做出消费行为的过程中，女性消费者不自觉地受着消费主义的"奴役"。"我们成了人为虚假的俘虏：成了让人看、让人相信、让有价值、让人愿意的俘虏。我们不再是我们行为和思想的直接主使。这只是一些异形运动的载体，还因为这些载体的关键功能已经置于自动驾驶状态，所以他们对自己本身并不关心。"⑤ 当女性打开电视、手机、电脑，面对海量的信息，她们极易产生身份焦虑和危机感。在大众传媒的杠杆作用下，不同女性个体之间的差距被放大，女性与时尚之间的差距被凸显。绝大多数广告都好像在告诉女性：要有美丽的外表，要买高价的化妆品、护肤品，要买名牌服饰、箱包，要买舒适的轿车，要住体面的新

---

① 劳拉·穆尔维：《视觉快感和叙事性电影》，见李恒基、杨远婴主编《外国电影理论文选》，上海文艺出版社，1995年，第567—568页。
② 鲍德里亚：《消费社会》，刘成富、全志钢译，南京大学出版社，2014年，第141页。
③ 蒋晓丽、石磊：《传媒与文化——文化视角下的传媒研究》，华夏出版社，2008年，第272页。
④ 张一兵：《消费意识形态：符码操控中的真实之死——鲍德里亚的〈消费社会〉解读》，见鲍德里亚《消费社会》，刘成富、全志钢译，南京大学出版社，2014年，第9页。
⑤ 让·鲍德里亚：《冷记忆4》，张新木等译，南京大学出版社，2009年，第44页。

房……要想方设法过上一种所谓"高雅"的上层生活。正因如此,一些女性不自觉地通过购买具有象征意义的符号化了的商品,让自己摆脱现有的社会圈层;通过分享较高圈层的共享符号进入较高圈层,进而消除危机感并重新确认自己的身份。显然,在广告和大众传媒的共谋之下,有的女性已然成为商品的俘虏而浑然不知。在反省与批判的意义上,把女性塑造为无头脑的、拜金的、虚荣的、物质的、受商品控制的"奴隶"乃是消费社会的一大目的——当不少男性走向办公室、健身房的时候,更多的女性则走向商场和美容院。女性精神在消费社会中被不同程度地腐蚀、摧毁,所谓时尚的审美标准及消费神话统治、支配着不少现代女性的头脑和内心。

三、引诱：商品之间欲望暗示的诱惑链

"橱窗、广告、生产的商号和商标在这里起着主要作用,并强加了一种一致的集体观念,好似一条链子、一个几乎无法分离的整体,它们不再是一串简单的商品,而是一串意义,因为它们相互暗示着更复杂的高档商品,并使消费者产生一系列更为复杂的动机。"[①] 显而易见,商家提供的商品并不像它本身所呈现的那样杂乱无章,而总是以"全套的或整套的形式"组成。服装和化妆品行业的表现尤其如此——这两个行业最大的消费群体正是女性。服装、化妆品具有高度符号化的特征,为其代言的艺体明星常常主导着流行文化,这些明星的地位与财富在大众文化场域中往往引人注目,他们可被视为"上流社会"的宠儿。受潜意识的影响,一些女性消费者不自觉地渴望像明星一样,仿佛穿上香奈儿的裙子就能够拥有贵族的气质,背着路易·威登最新款的包就可以成为名媛,蹬起爱马仕的高跟鞋就能迈进"上流社会"的大门,同时,包里最好还放着迪奥的口红和巴宝莉的香水,必要时拿出来体现典雅品味……概言之,那些被物质奴役的女性消费群体常常以为靠着一整套符号化的具有象征意义的商品的伪装,就可跻身上流社会,轻松步入梦寐以求的精英殿堂。在她们所建构的消费文化泛本文里,商品已经不再简单地体现使用价值本身,而是形成一串相互暗示的意义链条:购买 A+购买 B→购买 C→购买 D→购买 E……=一个具有高雅、时尚气质的理想化形象(这当然发生了想象性畸变,是被误认的)。"当你购买一种高档商品的时候,这一商品与其他同档次的商品将会形成一个紧密的筑模性欲望诱惑链,它们是凸状性的

---

① 鲍德里亚:《消费社会》,刘成富、全志钢译,南京大学出版社,2014 年,第 3 页。

'一串意义',相互暗示以生成对人的欲望的控制和支配。"①

由上文提及的"17 岁女生卖卵险丧命"的新闻所点明的——当记者再次联系卖卵女生时,其 QQ 显示的设备状态变成"iPhone 7 Plus 在线"——来看,卖卵女生不顾生命危险而将自己身体的某些部分商品化,以满足虚荣的物欲。在一定程度上,这体现出商品拜物教的悲哀和大众传媒的虚妄促动。毋庸置疑,卖卵女生自愿牺牲健康去追求物质快感的行为模式在一定程度上隐藏着消费社会对女性的精神暴力。

为数不少的女性之所以那么容易就陷入购物的"阴谋"之中,身份焦虑是一个重要原因。消费主义社会文化对女性身体"美"的极度推崇使女性随着年龄的增长逐渐对自身的衰老、身材的发胖及平庸的生活变得恐惧,于是想消除皱纹、甩掉脂肪、使生活更加高档时尚。杰梅茵·格里尔(Germaine Greer)说:"女性有大量时间花费在规训自己的身体上,以弥补其不够格的体形、高矮胖瘦、重量、肤色、发型、肌肉、化妆效果和情欲,挽回她不可挽回的衰老。一些女人为了防止衰老,到了不顾一切的地步,她们不惜接受肉毒杆菌毒素注射,以便冻结她们面部的肌肉,防止皱纹产生。当母亲节上每位母亲所想要的就是'看上去年轻的皮肤'时,这个世界一定是可怜的。但她永远也别想得到这个,即使她忍受整容所有的痛苦,她也不可能得到。"②消费社会形成一套无形的规约和标准,生存于其中的人如符合游戏规则,便可以如鱼得水;倘若恰好某处不符合规则,便会陷入焦虑,主动自我审视,以便照着那些规则来进行所谓的自我修正、完善,意欲弥补"缺陷"——在不同程度上,女性不自觉地掉进了消费社会的大众传媒所掘的陷阱。

事实上,消费社会中暗示欲望的意义链无处不在,小到化妆品、手机、电脑、服饰、箱包,大到车子和房子,等等。可以说,几乎所有的商品在终极意义的指涉上都达成了诱导消费的共谋。在各城市的大型购物场所中,琳琅满目的商品所彰显的诱惑被一再夸大,让女性消费群体蠢蠢欲动。结果,华丽的服饰掩盖了空虚的灵魂,奢侈的化妆品填补了匮乏的自信。这让甚至不少收入不菲的女性消费者也成了"月光"族,那些具有极高知名度的新兴"消费节日"(如 618 购物狂欢节、双十一购物狂欢节、双十二网络购物狂欢节、阿里年货节等)也成了生活的新宠。令人忧虑和警惕的是,消费社会所造就的这种对女性欲望的诱惑是不断复制、不断升级并不断循环的——它大大限制了女性的知性追求、伦理道德建构和灵魂救赎。

---

① 张一兵:《消费意识形态:符码操控中的真实之死——鲍德里亚的〈消费社会〉解读》,见鲍德里亚《消费社会》,刘成富、全志钢译,南京大学出版社,2014 年,第 6 页。

② 杰梅茵·格里尔:《完整的女人》,欧阳昱译,上海文艺出版社,2011 年,第 29 页。

四、驯化：无意识的"乌合之众"

究其本质，消费社会的最终目的是把消费者在双向交流中（消费意识形态主动的询唤与消费者被动的误认）驯化为一群受物质欲望支配的"乌合之众"。古斯塔夫·勒庞（Gustave le Bon）在《乌合之众：大众心理研究》一书中曾指出：个人一旦进入群体，他的个性便湮没了，群体的思想占据统治地位，而群体的行为表现为无异议、情绪化和低智商。[1] 后现代"无深度"的消费主义培养了一群以享乐和过度消费为追求的女性消费群体，"把服装和消费商品当作沟通工具，当作'阶级身份的象征'来看待……当代消费文化，似乎就是要扩大这样的行为被确定无疑地接受、得体地表现的语境与情境之范围"[2]。消费社会通过不断重复广告来制造幻象，麻痹女性消费者的意识，并驯化其在深层次的思想中将欲望合理化。"不断重复的说法会进入我们无意识的自我的深层区域，而我们的行为动机正是在这里形成的。到了一定的时候，我们会忘记谁是那个不断被重复的主张的作者，我们最终会对它深信不疑。广告之所以有令人吃惊的威力，原因就在这里。"[3] 广告将不少女性驯化为消费主体并在消解其既有认识的过程中又重建了这些女性的受欲望支配的消费观念。这种观念一旦确立，往往是不易变更的——它受到由有形的商品结成的意义链和对商品的潜在认同的双重制约。

事实上，女性消费群体正置于追求享乐的商品拜物教中。知性追求的缺失与精神的匮乏让某些女性的消费观念被轻而易举地"奴役"——她们成为受欲望支配的无意识的"乌合之众"。"群体是个无名氏，因此也不必承担责任。这样一来，总是约束着个人的责任感便彻底消失了。"[4] 女性一旦对符号化的商品起心动念，就参与了消费的集体仪式。对物质虚无缥缈的符号意义的追逐成了至高无上的行为准则，正是这种令女性难以抗拒的消费欲望让众多女性被驯化为受物欲支配的"奴隶"。一如西蒙娜·德·波伏娃（Simone de Beauvoir）在《第二性》中所言："女人的不幸则在于被几乎不可能抗拒的

---

[1] 古斯塔夫·勒庞：《乌合之众：大众心理研究》，冯克利译，中央编译出版社，2015年，导言。

[2] 迈克·费瑟斯通：《消费文化与后现代主义》，刘精明译，译林出版社，2000年，第39页。

[3] 古斯塔夫·勒庞：《乌合之众：大众心理研究》，冯克利译，中央编译出版社，2015年，第88页。

[4] 古斯塔夫·勒庞：《乌合之众：大众心理研究》，冯克利译，中央编译出版社，2015年，第8页。

诱惑包围着；每一种事物都在诱惑使她走容易走的道路。"① 她们不被要求奋发向上，只被鼓励"滑下去"实现享乐。即使在将来的某一时候，女性意识到那所谓的欲望追求实为海市蜃楼般虚无，视听的诱惑、思维的惯性、虚荣的攀比与消费主义的暗示或制约也往往使女性难以作罢——"走出来"往往比"沉下去"困难。

其实，消费社会对男性和女性的驯化在本质上是一样的，只是这种驯化在较为注重外表的女性身上体现得尤其明显，程度更深。而且，消费主义和大众传媒一直不断地鼓励消费，鼓吹在消费中获得"理想女性"的形象，好像唯有消费才能让女性有存在感并找到在社会中的恰当位置，同时又能提高自身在劳动力市场和择偶市场上的"议价"能力。"广告对人们产生影响的原则是：像水滴石穿一样，在不知不觉中进行。"② 正是在这样的被大众传媒裹挟的消费主义"洗脑"的过程中，不少女性主动或被动地释放一个又一个欲望，跌入消费社会所设置的一个又一个陷阱。可以说，这样的女性在不同程度上努力向生产"理想女性"的商业链靠拢；她们越是努力，就越是被驯化，越是臣服于被无限夸大或扭曲变形的、被自我想象认同的消费意识形态。"意识形态存在于物质的意识形态机器之中，而意识形态机器规定了由物质的仪式所支配的物质的实践，实践则是存在于全心全意按照其信仰行事的主体的物质行动之中。"③ 路易·阿尔都塞如是说。

五、余论

米兰·昆德拉（Milan Kundera）有句名言："世人受到乌托邦声音的迷惑，他们拼命挤进天堂的大门，但当大门在身后砰然关上之时，他们却发现自己是在地狱里。"④ 所谓的消费，只是被有意制造出来的"天堂"，不少女性不仅浑然不知，还乐此不疲。消费社会深谙女性消费心理，不断制造幻象与消费神话来刺激女性的消费欲望，尽可能地释放女性消费心理中的欲望"猛兽"，以达至驯化目的。女性购物的所谓"自由选择"是被消费意识形态统治和支配的，带有显明的二元想象的误认本质（它混淆了想象与现实），彻头彻

---

① 西蒙娜·德·波伏瓦：《第二性》，郑克鲁译，上海译文出版社，2011年，第589页。
② 克拉克：《欲望制造家——揭开世界广告制作的奥秘》，刘国明译，河南人民出版社，1991年，第54页。
③ 路易·阿尔都塞：《意识形态和意识形态国家机器》，见李恒基、杨远婴主编《外国电影理论文选》，上海文艺出版社，1995年，第652页。
④ 米兰·昆德拉：《玩笑》，蔡若明译，中国社会科学出版社，1993年，封底。

尾是一场被策划好的"骗局"——"月光"族靠透支多个信用卡来维持被消费意识形态左右的时尚化、理想化生存。这种涂抹上被动色彩的消费现象极大地将女性在这一媒介游戏中的地位边缘化。基于此，重新审视女性在消费社会中的生存状态，探索跳出消费异化的有效路径，抵御消费主义，寻找重塑女性消费地位和购物形象的新方法，就是必需也极为必要的——这显然契合中国特色社会主义新时代的核心价值观。

我们认为，对女性消费者来说，有三点值得慎思。一是要有自我觉醒的意识。"被动"不是女性的标签，"不自觉"便像一只提线木偶；只有清醒地认识到在消费社会中的人格素养、自我地位和知性价值追求，才能有意识地抵制消费"阴谋"所预设的种种陷阱，且通过对消费现象的反思、总结来形成客观分析、理性批判的能力。二是跳出"被动"，解剖大众传媒文化肌理，主动参与媒介游戏。女性群体在惯常媒介环境中总是作为消费的对象而存在，她们在塑造媒介环境的过程中是缺位和失语的——这也是女性消费异化的一个重要原因。女性要积极介入游戏，争取自己的话语权。三是树立正确的消费观念，自觉抵制消费主义对女性精神的诱惑、腐蚀。女性消费异化问题并非"一日之寒"，跳出消费异化的怪圈也非"如汤沃雪"。消费异化的本质在某种意义上实是内心空虚、精神匮乏、理想缺失之表征。"消费主义者们试图用物质的东西，来满足实质上是社会的心理的和精神的需要的行为只能是可悲的挣扎，最终将会因陷入对商品不断变换的符号价值的无尽追逐中而疲惫不堪，不知幸福为何物。"[①] 实事求是地说，消除享乐主义的人生观、价值观、世界观，清醒地认识到消费主义对女性精神已经造成的诱惑与腐蚀，继而建立健全以中国特色社会主义核心价值体系为指导的健康、合理、知性、共享、乐观、节约的消费观念，无疑是亟须的，也是极为必要的。只有这样，每一个女性生命个体才会步入更为成熟、更为宽阔的大道通衢，我们的国家、民族才会更加强大。

作者简介：

曹峻冰，四川大学文学与新闻学院教授，四川省电影家协会副主席，泰国皇家理工大学曼谷分校特聘教授、博士生导师，主要从事影视传播学、比较电影学、艺术学理论、应用语言学研究。

[①] 路日亮：《消费社会的悖论及其危机》，《北京师范大学学报（社会科学版）》，2009年第1期，第105页。

变异学:百年山水画的突围之径

李嘉璐

摘　要:20世纪以来中西方的文化之争日渐凸显,山水画领域呈现出学理空疏、话语失落的困境,这正是现代性建构中的失语症的表征。从纵向的现代与传统、横向的自我与他者以及作为核心的中国现代性三方面辨析失语症内涵,可发现其核心是话语规则的混杂与学术逻辑的旁落。正视山水语汇的变异和文化碰撞后所产生的新质,以变异学观点重建山水画,坚持独立性与异质性,乃是百年山水的突围之径。

关键词:20世纪山水画　失语症　变异学

百年前,中国处在向现代国家转型的深刻变革时期,政治领域,知识分子以启蒙思想改造国家体系;文化领域,艺术家们力图通过西方模式来重写国家文化。这场来自西方的现代化思潮冲击着中国美术中传统的文人话语体系,促使艺术创作与艺术叙述重新组建本土知识。山水画作为沾溉于中国文人诗画传统的重要画类,集中而典型地反映了中国艺术的生存发展境遇。这百年中,来自表现方式、概念范畴、品评规则等方面的挑战,让中国艺术陷入"失语"状态,产生了固守传统抑或追逐现代两种极端的误读。而基于变异学视角的研究,则为厘清百年山水发展之迹、思辨中西双方张力之姿、重建当代艺术话语提供又一条突围之径。

一、山水画的话语喧哗与范式失落

20世纪的中国史可谓是一部动荡史、沧桑史、奋斗史,艺术界折射出当时社会气候的转变。山水画以传统的山水形象理解、认识、表现着一波三折的历史。山水评论则在中西碰撞与探索中不断尝试、急切表达,在不同历史阶段呈现出不同的矛盾,各种矛盾与探索又在中国现代化进程之中不断累加，不断复杂化。

20世纪初，吕澂以"呜乎！我国美术之弊，盖莫甚于今日，诚不可不极加革命也"①为感叹，主张"美术革命"，即革"四王"（清初王时敏、王鉴、王翚、王原祁）之命，举"科学"大旗。陈独秀《美术革命——答吕澂》称"改良中国画断不能不采用洋画的写实精神"②，康有为在《万木草堂藏画目》序言中说"中国画学至国朝而衰敝极矣"，徐悲鸿《中国画改良之方法》称"西方之物质尽术尽艺，中国之物质不能尽术尽艺，以此之故略逊"③。种种论断，将西方写实风格树立为中国美术发展目标。几乎同时，丰子恺撰写《中国美术的优胜》，称"千余年来偏安于亚东的中国美术忽一跃而雄飞于欧洲的艺术界，为近代艺术的导师"④。郑午昌则认为"（西方近现代绘画）纯求精神的表现自我者，不过是十九世纪事，较我国画，约后一千四百余年"⑤。丰、郑二人为中国传统尚意绘画正名。山水画领域的争论更为集中。1935年，全国最大的国画家组织——中国画会所办刊物《国画月刊》发起了"中西山水画思想"研讨会，并于第4期、第5期刊登了贺天健主编的"中西山水画思想专号"及其续篇。其中，《中西山水画的古典主义与自然主义》（李宝泉）、《中国山水画的今夕之变》（黄宾虹）、《中国山水画今日之病态及其救济方法》（贺天健）等文，以宏观比较的方式阐释差异，改良山水。一时间，西画革命、中西合璧、"师夷长技以制夷"等理论、口号、主张纷起，但均以二元对立的"革命"模式为底色，对山水画发展的理解仍十分懵懂，直接导致传统文人画体系崩溃。传统成为守旧、僵化、故步自封的隐喻，山水画不再是"卧游"之后内省式的心理图景，而成为写实性视觉经验下社会革命的产物。

20世纪中叶，左翼文艺、文艺通俗化、文艺大众化以及街头文学运动促成文艺大众化的高潮。1942年毛泽东《在延安文艺座谈会上的讲话》肯定"文化下乡"，倡导文化为大众服务、为政治服务。到20世纪50年代，《在延安文艺座谈会上的讲话》成为文艺发展的基本策略，延安模式成为全国文艺的总模式。在这一时期，"改造"成为时代热词，画家群体到工厂、农场、部队去体验生活，改造思想，遵从政治形态要求进行艺术创作，山水画也依照革命现实主义题材要求得到改造。李桦就曾说："绘画应该是表现'人'的集体生活及其思想感情，因此它必须写实。表现现实的真实性、思想性、教育

---

① 吕澂：《美术革命》，《新青年》，第6卷第1号，1919年1月15日。
② 陈独秀：《美术革命——答吕澂》，《新青年》，第6卷第1号，1919年1月15日。
③ 徐悲鸿：《中国画改良之方法》，《北京大学日刊》，1918年5月23日。
④ 丰子恺：《中国美术的优胜》，《东方杂志》，第27卷第1号，1930年10月。
⑤ 郑午昌：《中国画之认识》，《东方杂志》，第28卷第1号，1931年1月。

性才是绘画境界,因此山水、花鸟、'四君子'便再没有发展的余地。"① 徐悲鸿也论道:"在艺术需要现实主义的今天,闲情逸致的山水画,尽管它在历史上有极高的成就,但它不可能对人民起教育作用,也并无其他积极作用。"② 回顾当时情景,李松曾描述说:"在巨大的社会变革面前,不少中国画家感到彷徨,无所适从。"③ 由此,批判以山水画为代表的文人画寡淡消极,号召艺术家创作大众喜闻乐见的艺术作品、宣传新时代精神成为主流声音。在整体文艺风气除旧布新的趋势下,学界对传统山水画的研究几乎停滞。此时的矛盾不单单是中西方碰撞的话语问题,更是艺术大众化下艺术雅俗的冲突与融合以及现代化进程中政治与艺术、功利与审美等问题的杂糅。

20世纪80年代,中西交流增多,对外国美术的系统化研究开始了,西方艺术思潮冲击着中国美术,使中国山水画开始重新审视自身,寻找在世界舞台上的独立价值。1985年李小山提出"中国画到了穷途末日"的观点,这正是在新的文化结构中对传统艺术的反思。他站在现代主义的立场说:"中国画的历史实际上是一部在技术处理上追求'意境'所采用的形式化的艺术手段不断完善、在绘画观念审美经验上不断缩小的历史。"④《江苏画刊》先后发表了卢辅圣《"现代中国画"形式刍议》、陈传席《"反"传统是对传统的最好继承》、王大根《中国画的过去与未来》、陈履生《中国画勿需"创新"》、伍蠡甫《关于国画前景》、李向伟《画种的存亡》等文。山水画作为画科门类之一受到了空前的讨论,一时间热度激增,各种"主义"大行其道,各种新名词大张声势,而冷静思考却并不多见。黄专就说:"在这种使命感(文化改造)所支配的亢奋的精神状态背后,我们发现的更多的是各种形而上学的孤傲情绪和脱离艺术自身命题的务虚态度。这种风习至少与艺术'多元化'这个虽极含混但显然是进步的现代目标格格不入,它使中国现代美术的实验在很大程度上丧失了'现代的'品质和意义。"⑤ 山水画作为理想景致的图像化表达,受20世纪80年代西方与现代文化冲击而逐渐式微,山水画的新尝试则是基于现代主义流派的中国式模仿。在艺术批评上,词语转换成为最直观的难题,形象化、抽象化的传统诗学语言难与重逻辑、讲因果的西方语言衔接,一时中国山水画陷入失语状态。深究失语原因,则是近代以来学科建设对传统与

---

① 李桦:《改造中国画的基本问题——从思想的改造开始进而创造新的内容与形式》,转引自邹跃进:《新中国美术史1949—2000》,湖南美术出版社,2002年,第48页。
② 徐悲鸿:《漫谈山水画》,转引自邹跃进:《新中国美术史1949—2000》,湖南美术出版社,2002年,第48页。
③ 李松:《万山层林李可染》,山东画报出版社,1998年,第73页。
④ 李小山:《当代中国画之我见》,《江苏画刊》,1985年第7期。
⑤ 严善、黄专:《当代艺术问题》,四川美术出版社,1992年,第89页。

现代的割裂，这导致艺术批评，特别是山水画品评无法学科化，甚至难以界定，逻辑结构松散。并且，画论领域缺少学理基础，仅凭西方流行的方法论对中国山水画进行解读，理论源头、方法以及适用对象都有所不同，导致山水画削足适履。

经过百年现代化进程，传统山水画研究空疏，那现代山水画是否得以创立？苏立文（Micheal Sullivan）、柯恩（Joan Lebold Cohen）、安雅兰（Julia Andrews）、文以诚（Richard Vinograd）、保罗·格拉兹屯（Paul Gladston）、杜柏贞（Jane DeBevoise）、招颖思（Melissa Chiu）、姜苦乐（John Clark）、理查德·维恩（Richard Vine）等学者以"百年山水"为题，研究中国山水画的现代性品质，做出了代表性论述。他们的论述围绕民族与当代两大主题展开。苏立文专文《中国山水画的"象外之象"与西方艺术的影响》（*Xiang wai zhi Xiang* in Chinese Landscape Painting, and the Impact of Western Art）、安雅兰和沈揆著作《中国现代艺术》（*The Art of Modern China*）、文以诚专文《战略山水画》（Strategic Landscapes）等持西方视角，对运用现代主义方法创作的作品更加青睐，并且认为这些创新的视觉因素源于西方。这些西方理论家的论述重点在于西方如何影响中国，并未涉及中国艺术内部分析。而姚嘉善（Pauline J. Yao）的《扩大的美学：山水与中国当代美术》（The Expanded Aesthetics: Landscape and Contemporary Art in China）、石慢（Peter C. Sturman）的《网格、地平面、碎片与断裂：现代性与中国山水画》（Grids, Ground Planes, Fragments and Fractures: Modernism and the Chinese Landscape）、柯恩（Joan Lebold Cohen）的《这是后现代山水吗？从1979到2005》（Is This Postmodern Shanshui? From 1979 to 2005）等文则更是以西方的现代性去"囊括"中国的现代性，并试图以跨学科的比较实现对山水画内涵的再定义。综观其研究对象及研究成果，海外山水画研究过多地运用西方研究方法"规约"中国美术，通过建构"他者"来确认自身学术体系的合理性。这也说明我们百年以来一直以西方"科学""先进"的研究方法进行的山水画研究仍是隔靴搔痒，西方仅仅提供了"他者"视角，这样的研究对于中国山水画而言是失效的。

百年山水画中隐伏着的自我与他者、保守与先进、断裂与延续、传统与现代的争论从未停息，却也从未得到解决，因为近代以来的批评找不到切实的方式去解决具体的现实问题，喧嚣之后便陷入了对批评范式的"失语"焦虑。

二、现代性下的失语症

百年山水画的"失语",是"近代以来中国历史的产物,实际上它是一种中国现代性变异,是为了追赶西方,努力追寻现代性的一个症状"①。它不代表山水传统本身的危机,而是现代性建构的危机,中国的现代性则更是糅杂中西、古今矛盾,极具复合性与混杂性,需从纵向的传统与现代、横向的自我与他者以及作为核心的现代性三方面来分析。

从山水画自身发展看,百年间其并未断裂,不能以五四之前的传统为正统,而无视或轻视五四以后的传统。《画山水序》作为山水画理论的初始,把儒、道、释、玄多重思想资源与文化理念集中概括为山水画的美学原则——"含道映物""澄怀味象""以形媚道",奠定了中国山水画论的理论格局。五四以来,虽"革命""改造"争论不断,也未形成一以贯之的美学目标,但对写实的讨论、对笔墨的改造以及对绘画对象的生活化表达在促使山水画悄然变化。京派画风的坚守韵味、岭南画派的西洋风貌、海上画派的摩登景象、革命山河的壮丽景观等为以传统文人画为单一评判标准的山水画坛注入新鲜活力。从今天回望过去,这些画作亦是历史沉淀下的一种传统。正如学者所言:"从时间形态上讲,传统并非只是停留在古代的固定不变的文化遗产,而是一个既包括古代又涵盖现代,同时又吸纳外来文化并将其同化或与之结合不断产生新质的生生不已的生成过程。从空间形态上讲,传统也是多声部、多色彩的系统,而不是经过提纯的纯粹。从生成的意义上讲,处于当前状态的我们,也在建构着传统。传统即是在开放和交往中生成的。"② 因此,对待传统,我们需要辩证的视角。伽达默尔从阐释学的角度认为,一方面传统相对稳定,"传统按其本质就是保存","即使在生活受到猛烈改变的地方,如在革命的时代,远比任何人所知道的多得多的古老东西在所谓改革一切的浪潮中仍保存了下来,并且与新的东西一起构成新的价值"。另一方面,传统处于不断变化之中,"实际上,传统经常是自由和历史本身的一个要素。甚至最真实最坚固的传统也并不因为以前存在的东西的惰性就自然而然地实现自身……在历史的一切变迁中它一直是积极活动的"③。百年山水画的发展也正如此,看似境外之境,但仍处在不断变动的文化、艺术之中,其表现手法不断变化、调整、更新。近百年,山水画的审美结构已不同于中国古代传统文

---

① 曹顺庆、邱明丰:《失语症与现代性变异》,《社会科学战线》,2009年第4期。
② 王建疆:《反思全球化背景下的"传统"和"话语霸权"》,《学术月刊》,2005年第5期。
③ 伽达默尔:《真理与方法》,上海译文出版社,2004年,第362—363页。

人的品评，在变化中形成了一种现代风格，并且在新形式之中保存着传统，诸如笔墨、意境等要旨仍在传统与现代间涌动。所以，对失语症的辨析，不是片面认为传统消失，而是在两个传统，即中国古代传统与五四以来的传统间，辨析审美结构及文化意义构建的法则是否有效。

从20世纪之初的中西碰撞来看，对待西方文化的误区之一是认为西方文化是"洪水猛兽"，是致使中国文艺失语的罪魁祸首；误区之二则是一味"求新声于异邦"，使中国文化现代化进程滞后，引来西方或他者文化的冲击，导致中国现当代艺术衰微。实际上，文化交流与碰撞所带来的火花是极具价值的，我们的视角应从"西方化"转变为将西方文化"中国化"。我们必须正视一种文化理论在跨文明传播之后必然的不同程度的"他国化"。以史为例，华夏曾多次经历多种文化的"交融""转化"以及"重建"。汉代之前山水形象只作为人物画的背景出现，而在佛教故事中山水妙境是佛的苦行之处、得道之处，也是圆寂之处，由此佛教要义则与山水紧密相连。顾恺之、王维等山水画开拓者从佛释人物画入手，将山水逐步剥离出来。可见，山水画自诞生之时就与外来文化密不可分。自唐以降，山水分为青绿山水与水墨山水。所谓"青绿"也是域外而来。虽然"丹青"一词自汉就泛指绘画，但"青"实则为近乎黑的颜色[①]，汉民族绘画以红、黑为正统。随着佛教传入，从敦煌、克孜尔等佛教壁画来看，其山水色泽鲜艳，这些矿物颜料通过佛教美术的传播走入山水画，发展为唐代的青绿山水。画论方面，宗炳信仰佛教，作《明佛论》，其《画山水序》从佛学角度以"澄怀味象""神超理得""闲居理气"言说山水画，奠定了山水画发展及评论的基调。可以说，传统山水画是伴随着佛教中国化之路而发展的，佛教话语规则逐步与中国文化话语规则相融汇，山水艺术才有了变异之美。20世纪以来的山水画和魏晋时代佛教中国化一样：一则受域外文化影响，二则引发本土危机，三则产生变异。而当前百年山水画中对西方的理解与突破则在于是否能实现西方理论的中国化。

传统与当代、域外与本土所凝结的核心在于中国的现代性。虽然现代性伴随着西方现代化而来，但我们不能将寻求现代性等同于全盘西化，也不能把现代性当作资本主义文化构造的全球化幻想。中国的现代性应具有自身特点。西方学者以"西方中心论"为基础，宣扬通过现代性来实现全球化。西方学者曾坦言："随着殖民主义的崩溃，世界所需要的似乎是用一种建立在仿效美国的技术合理性基础之上的现代文化快速地取代各种传统文化。"[②] 此论

[①] 由《荀子·劝学》"青出于蓝而胜于蓝"可知，青是蓝色中尤为浓重的颜色。《尚书·禹贡》："厥土青黎，厥田唯下土。"孔颖达疏："王肃曰：'青，黑色。'"

[②] 安德鲁·芬博格：《可选择的现代性》，中国社会科学出版社，2003年，第2页。

错误地将全球化的过程窄化为向西方看齐的过程。事实上，现代性是超越国家的，绝不能以西方为中心，它应该是多向度的。特别是在中国，自20世纪以来，现代国家的建构过程就呈现出混杂性，它不是如西方一般将传统与现代割裂，而是既要与传统分道，又无法逃离其制约，既要接受现代性，又需维护民族性和独立性。正如邹跃进所言："（中国现代性）是现代与反现代同存一体的，即在现代性的建构和想象中就充满反现代性的因素。"① 潘公凯曾从四个方面概括百年美术图强的策略——"传统主义""融合主义""西方主义""大众主义"② 在中国现代美术变革中交织、变异，促生中国美术现代性，既向往科学与理性的力量，又怀疑其是否对传统艺术有所助益。百年山水画经历了陈独秀、潘天寿、林风眠等在文化层面的改造，蔡若虹、徐悲鸿、艾青等在意识形态层面的改造以及吴冠中、李小山、黄专等的现代主义的改造，成为具有复合性的当代语汇，是中国文化现代性中不可缺少的一部分，也是世界美术界独特的瑰宝。全球的现代性谱系是多层次的，由原发型、继发型、再发型共同构成，不可以西方现代性为圭臬而忽视中国现代性的价值。

百年山水画的失语不仅是审美标准的"众说纷纭"、评判语汇的"词不达意"，更是一种内在事件，以文人生活为基准的文化模式与诗性表达被切换，以致在20世纪现代化进程中，文化建构思路和学术言说方式走向西化，其中有着更深刻的现代性危机，如曹顺庆所言："一方面，中国现代知识体系秉承了西方现代知识建构的固有危机；另一方面植入的现代性又极为深重地导致了移植知识系统与本土生活世界的紧张和疏离。"③ 这就要求我们正视古今，明确自身话语规则和文化身份；正视中西，以变异视角理性看待文化交流，建构新话语，以实现山水画的突围。

三、变异学视角下的山水画重建

变异学是比较文学研究的前沿，其对艺术领域也同样适用。艺术领域的变异学的核心是不同文明中的异质性因素，力图解决百年以来发生在艺术领域的本土与域外、传统与现代中差异性问题。文学领域的失语即中国传统文

---

① 邹跃进：《现代性的起源、性质及其混杂性：从现代民族国家建构与中国美术的现代性谈起》，《湖北美术学院学报》，2007年第3期。

② 潘公凯：《中国现代美术之路："自觉"与"四大主义"——一个基于现代性反思的美术史叙述》，《文艺研究》，2007年第4期。

③ 曹顺庆、谭佳：《重建中国文论的又一有效途径：西方文论的中国化》，《外国文学研究》，2004年第5期。

论话语的失落有两个层面的变异：一是在知识谱系上，西方文论几乎整个地取代了中国文论；二是西方理论自身也产生了变异，即西方文论的中国化。[①]同样，在百年山水画的失语困境之下以变异视角重塑山水理论，需从两个基本点出发：一是山水画语言的变革以及山水理论言说方式的变异，二是百年山水在与西方理论碰撞被激活的新质。可以此两点完成现代性重建，实现百年山水画的现代转型。

中国山水画的言说在于"山水以形媚道"，而"道"则是"言不尽意"的话语言说方式，追求"大象无形"的表达模式。传统文人画在造就了山水话语景致的同时，更孕育着士大夫阶层对山水体验的敏感，以及山水与文人间的话语方式和亲密语境。近现代以来，人对山水的体验发生变化，传统的山水言说陷入语境消失和词语匮乏的尴尬境地。山水画家们以变换使用材料作为转换话语的契机，以材料为变异的肇始。20世纪初，在西方油画、现代版画等外来画种的冲击下，中国画以不能反映现实而被判为"必然淘汰"（江丰语）。20世纪50年代，美术院校将绘画系分为彩墨画、油画、版画三科，以"彩墨画"取代"中国画"概念，以表明现代化之意。80年代，"中国画穷途末路"（李小山语），其突破在于采用西方观念和形式，引入西方理性图式，以解构传统笔墨，于是有了"水墨画"这一淡化民族价值、突出现代性的称呼。由于本土文化在现代化进程中处于劣势，故"中国画"这一称谓体现了对民族文化的捍卫，但也容易陷入"自甘落后"的误区。山水画作为传统绘画的代表，在写实思维引导下丧失原语境，但独辟蹊径，挖掘水墨特征，探索水墨的现代语言，重新挖掘传统材料价值，突出再生能力。从"中国画"到"水墨画"，这一称谓的转变吹响了百年山水画语言变异中最响亮的号角。

与此同时，艺术批评中本土话语的回归与建构势在必行。首先，应注意中国传统文艺评判体系的独特方式，如自然派"夫画道之中，水墨最为上。肇自然之性，成造化之功"[②]；伦理性派"圣人含道应物，贤者澄怀味象。至于山水，质有而趋灵"[③]；缘情派"凡画山水，最要得山水性情"[④]；喻物派

[①] 曹顺庆：《变异学：比较文学学科理论研究的重大突破》，《中山大学学报（社会科学版）》，2008年第4期。

[②] 王维：《山水诀》，见周积寅、陈世宁《中国古典艺术理论辑注》，东南大学出版社，2010年，第15页。

[③] 宗炳：《画山水序》，见周积寅、陈世宁《中国古典艺术理论辑注》，东南大学出版社，2010年，第10页。

[④] 唐志契：《绘事微言》，见周积寅、陈世宁《中国古典艺术理论辑注》，东南大学出版社，2010年，第51页。

"笔意如春云浮空，流水行地，皆处自然"①。其次，对山水画及其背后思维模式的继承，伦理意义上应"明劝诫、著升沉"，深入社会，表达社会批判之意；悟道意义上应"含道映物"，以山水自然构成"道－圣－文"逻辑关系，追寻精神家园；审美意义上应"平淡天真"，反映内心的质朴美好、恬淡沉静。最后，肯定民族文化因子。山水笔墨表达、山水品评语汇、山水精神传承构成了特殊的文化语境。当今虽然现代化发展提升了我们的生活品质，但我们对传统文化语境仍应给予尊重与传承。

面对中西碰撞所产生的变异，则需以承认"他国化"为始端。借用比较文学的观点，"（他国化）是变异学的重要观点，它是由不同的语言、不同的文明、不同的文化个案与接受造成的变异。这种变异会最后形成别的国家的文学，我们称之为他国化"②。从中国艺术交流史看，接受国根据自身需要消化外国的文化，并把它内化为自身的文化，就是中国化，如"菩萨如宫娃"就是佛教美术中国化的典型案例。立足于不同文明的差异性，他国化的根本在于学术规则的转化。所谓学术规则，指的是"在特定文化传统、社会历史和民族文化心理下所形成的思辨、阐述和表达等方面的基本法则，它直接作用于理论的运思方式和意义生成，并集中鲜明地体现在哲学、美学、文学理论等话语规则和言说方式上。不同文明中的民族有着自己的学术规则，学术规则的差异从根本上规定了不同文化之间文本、理论、范畴的异质性，并影响和制约着不同文化之间的表达、交流和解读"③。以中国的学术规则为主，创造性地吸收西方文论，才能形成真正有意义的中国化。以海外的山水画研究为例，在20世纪初期，翟理斯、韦利、比尼恩等以西方汉学家研究中国山水画，秉承法国传统，侧重古代历史与典籍的翻译。20世纪中叶，罗樾以沃尔夫林的风格分析作为方法论研究中国山水画，开创了对山水画风格序列的归纳与整理，进入山水画笔墨鉴定的范畴。20世纪晚期，伴随着东西学派之争，西方对中国山水画的研究不仅深耕于理论化，而且极力还原历史语境。21世纪以来，巫鸿、包华石、魏玛莎、柯律格等拓展研究范围，将山水画置于更多维的历史空间之中。方闻、傅申、周汝式、汪跃进等中国学者以传统理论为基础，不断将西方理念中国化，进一步拓展出新的研究成果，实现杂语共生。

---

① 汤垕：《画鉴》，见周积寅、陈世宁《中国古典艺术理论辑注》，东南大学出版社，2010年，第44页。
② 曹顺庆：《他国化与中国文论研究》，《中外文化与文论》，2013年第1期。
③ 曹顺庆、谭佳：《重建中国文论的又一有效途径：西方文论的中国化》，《外国文学研究》，2004年第5期。

正视他国文化带来的新质有两层含义。一是坚持文化独立性与异质性。中国山水画具有自身规则,与西方"唯科学主义"体系并不相同,不能被统摄进西方的体系。中国山水画虽有西方风景画为对应,但内涵与表现截然不同,以西方观点研究必谬以千里。只有坚定自身独立性,将西方方法论中国化,其新质才是独立的、具有合法性的、有价值的。二是变异而来的新质又将构成中国的新传统。百年山水画之变来自社会之变、文人传统之变,这些变化又有更广阔的、丰富的文化背景。山水表达消解了笔法规约,山水内涵杂糅了现代社会人与自然的疏离,山水象征成为表达社会关切的隐喻符号。传统与现代的隔阂被打破,拆解了传统文化的固有边界,东方媒材承载的现代视觉体验、心理图式、文化寓意为世界美术开拓了多民族、多文化、多理念的审美空间。

百年山水画以文人审美为标准的传统被现代社会消解,萌生出新的现代性品质,并以价值重构的姿态推动着中国美术的现代化转型。正如本雅明所言,现代是一个结构性的时间和历史概念,是一种空间上的并置,进而形成一个结构化的历史星座。[①] 在现代山水画这一星座之中,有争论,也有失语,传统内涵的转化促生着文化碰撞之后的变异。在此极具复杂性的当下,以变异学作为百年山水画话语重建的突围之径,是十分必要的。承认文化异质性,正视交流碰撞带来的变异,确立自己的艺术言说方式,不仅有助于中国独立艺术精神的彰显,也有助于为世界美术提供新的意义。

作者简介:

李嘉璐,四川大学艺术学院讲师,艺术学博士,主要研究方向为中国美术史、比较艺术学。

[①] 汉娜·阿伦特编:《启迪:本雅明文选》,张旭东、王斑译,生活·读书·新知三联书店,2008年,第276页。

视觉艺术异时同图问题研究

佘国秀

摘　要：异时同图现象在中西艺术中均由来已久，这种构图模式激活了相异时间位置上的形式元素，在历史与反历史两个维度体现了艺术对世界的想象。异时同图的实质不是时间的"异"，而是空间的"同"。虚构文本世界的共可能性空间、同一阐释框架中创作者与观者的精神交汇空间、主体性叠置空间和游戏空间使异时同图构图模式消解了不同时间片段上形式元素的拼贴凑合，使不同时间处于统一的空间新秩序中。形式手段与思想观念、视觉图像与隐喻联想、表层构图与深层心理在这一"别具灵奇"的构图模式中呈现出独特的融通效果。

关键词：异时同图　空间　共可能性　主体性叠置　阐释框架　游戏

美国艺术史学者孟久丽（Julia K. Murry）在研究东亚艺术中的叙述性图画时，提出了叙述性绘画的时间性问题，关注艺术产生的文化语境，并将其与特定文化的元语言即意识形态相关联，孟久丽在《道德镜鉴：中国叙述性图画与儒家意识形态》（*Mirror of Morality: Chinese Narrative Illustration and Confucian Ideology*，2007）一书中指出，一幅画可以描绘故事的多个瞬间，叙述性绘画有两种构图形式：合并构图与异时同图。合并构图（conflated）指的是在一个统一的图画空间中没有同一个人物反复出现，即画面的形式元素处于相同的时间；异时同图（synoptic）指在一个统一的图画空间中，相同的人物多次出现而没有明确的时间顺序。[1] 异时同图的构图模式实际上体现了绘画时间结构深层潜藏的空间结构，并以

---

[1]　孟久丽：《道德镜鉴：中国叙述性图画与儒家意识形态》，何前译，生活·读书·新知三联书店，2014年，第28页。

想象的方式传达那些即使不"真实",却具有"真实性"的感受。孟久丽在研究中国叙述性绘画的构图模式时提出的"异时同图",实际上是中西视觉艺术共有的一种普遍现象,并不仅仅局限于中国的叙述性图画。这一构图现象体现了作为传达人类情感和观念的媒介的视觉艺术在时间结构中对世界的想象,而想象的达成则以绘画表层时间结构之下的深层无时结构为基础。正是这一基础使不同时间上的形式元素在艺术家与观者主体意识的意向性压力下,趋向了同一的意义追求,从而实现了空间的共可能性。在此,笔者将"异时同图"界定为:与经验世界特定时间构成对应关系的形式因素、手段、媒介在相对统一的虚构空间中和谐共存。基于此定义,本文把异时同图作为中西视觉艺术的普遍形式来讨论。

一、异时同图与共可能性的虚构空间

王维《袁安卧雪图》中"雪里芭蕉"是中国古代绘画史中的一桩公案,这桩公案恰好是一个异时同图的典型案例。宋代沈括在《梦溪笔谈》卷十七《书画》中论及"书画之妙"时指出:"书画之妙,当以神会,难以形器求也。世之观画者,多能只摘其间形象、位置、彩色瑕疵而已,至于奥理冥造者,罕见其人。"[①] 他以张彦远《画评》对王维画物"不问四时"的批评为例,用家藏的《袁安卧雪图》说明凡俗之人难以参透的画理。沈括对王维的这种异时同图的构图方式甚为赞赏,他认为指摘此类构图者非"真识画者"。由于今存《历代名画记》各版本中均已无《画评》,再加上《袁安卧雪图》早已失传,沈括《梦溪笔谈》中的记录则成为"雪里芭蕉"的最早出处。但巧合的是,张彦远《历代名画记》卷二《叙师资传授南北时代》从观画者的角度专门论及绘画中的异时同图现象,并将其归结为对历史、风俗等绘画知识的欠缺:"若论衣服车舆,土风人物,年代各异,南北有殊,观画之宜,在乎详审。只如吴道子画仲由,便戴木剑;阎令公画昭君,已着帷帽。殊不知木剑创于晋代,帷帽兴于国朝。举此凡例,亦画之一病也。……胡服靴衫,岂可辄施于古象?衣冠组绶,不宜常用于今人。芒屦非塞北所宜,牛车非岭南所有。详辨古今之物,商较土风之宜,指事绘形,可验时代。"[②] 张彦远对绘画与经验世界确证关系的理解应当属于沈括所认为的不识"奥理冥造"之列,但二者对画理的理解差异恰好证实了中国绘画艺术从唐代至宋代由重形似向

---

① 沈括:《梦溪笔谈》,张富祥译注,中华书局,2009年,第179页。
② 俞剑华编:《中国历代画论大观》第一编《先秦至五代画论》,江苏凤凰美术出版社,2015年,第131—133页。

重神似的转变。北宋郭若虚则在《图画见闻志》卷一《叙论》的"论衣冠异制"部分说:"凡在经营,所宜详辨。至如阎立本图《昭君妃(音配)虏》,戴帷帽以据鞍;王之慎画《梁武南郊》,有衣冠而跨马,殊不知帷帽创从隋代,轩车废自唐朝,虽弗害为名踪,亦丹青之病耳(帷帽如今之席帽,周回垂网也)。"① 因为郭若虚生卒年不详,所以无法判断他与沈括是否共时过,但他将异时同图现象归结为"丹青之病",则与张彦远的见解基本一致。明代谢肇淛在《五杂俎论画》中棒喝文人画末流的"笔墨游戏",将古今绘画进行对比,指出:"宦官、妇女每见人画,辄问甚么故事?谈者往往笑之,不知自唐以前,名画未有无故事者。盖有故事,便须立意结构,事事考订,人物衣冠制度,宫室规模大略,城郭山川形势向背,皆不得草草下笔;非若今人任意师心,卤莽灭裂,动辄托之写意而止也。"② 他还在《文海披沙》卷三中将绘画比作诗文,认为异时同图现象为"白璧之瑕"。这说明在艺术与现实的关系上,中国古代画论家的看法是不一致的。尽管从宋代开始,中国绘画不拘于形似而追求画外之意的创作主张蔚然成风,但创作和鉴赏标准并不是整齐划一的。张彦远、郭若虚、谢肇淛主张艺术与经验世界直接对应,并且艺术应在经验世界中求得确证;沈括则主张艺术的不证自明以及与经验世界的二度区隔,强调艺术的"得心应手""意到便成"。当然,持此种观点的不止沈括一人,《袁安卧雪图》的作者、文人画之祖——王维应当是首倡者和践行者。钱锺书在《谈艺录》的"附说二十四"中,对张彦远和沈括这两派的观点进行了梳理,提到南朝梁徐摛的《冬蕉卷心赋》、宋代朱翌的《猗觉寮杂记》、王肯堂的《郁冈斋笔麈》卷二、清代尤侗的《艮斋杂说》、俞正燮的《癸巳存稿》对"雪里芭蕉"的各种观点③。总体看来,可分为两种情况:第一种是从常识、生理、经验事实的角度认可"雪里芭蕉"与经验世界的一致性,如朱翌、俞弁、王肯堂、俞正燮,此类观点的持有者仍以艺术与现实的严格对应和确认关系来看待异时同图现象的合理性,与张彦远、郭若虚、谢肇淛的出发点完全一致,只是他们的视野更加开阔,注意到了凡例中的特例与必然中的偶然;第二种则与沈括趋于一致,即从绘画艺术自主和自律的角度认可"雪里芭蕉"在艺术中的真实性,都穆的"不拘形似"、尤侗的"画之不为真"与沈括的"奥理冥造""难可以形器求"相同,即认可艺术的不证自明、与经验世界二度区隔的不透明性以及艺术文本自身的真实性。

---

① 郭若虚:《图画见闻志》,王其祎校点,辽宁教育出版社,2001年,第7页。
② 俞剑华编:《中国历代画论大观》第五编《明代画论(二)》,江苏凤凰美术出版社,2017年,第144页。
③ 钱锺书:《谈艺录》,生活·读书·新知三联书店,2007年,第719页。

由此可见，中国绘画构图中的异时同图现象不是一个简单的时序错置或常识匮乏的问题，它体现了对艺术与现实关系的不同理解。吴道子、王维、阎立本、王之慎等人的绘画中都出现了这种违背常识的异时同图模式，这实际上也体现了中国古代画家与画论家对艺术与现实关系的深入探索和追问。特别是尤侗在《艮斋杂记》中提出"画之不为真"的观点，可谓透彻地表达了中国文人阶层对绘画艺术虚构本质的理解。"不为真"即不与经验世界构成确认关系，而是保持自身的真实性。"雪中芭蕉""炎天梅蕊"等现实中不可能出现的事物在偶然性的作用下可以达成共可能性。当绘画成为文人阶层必备的修养时，这种异时同图的共可能性便得到充分表现。作为虚构文本，绘画具有自主的虚构空间，在这个虚构的空间中时间被取消，画家个人的主体性精神得到充分张扬，异时同图呈现出艺术家心理的无限可能性。

与中国绘画类似的是，西方绘画中这种异时同图的构图模式同样由来已久。艺术史家潘诺夫斯基在讨论古典原型与改编作品之间的一种纯粹构图关系时，就指出："……如果一位哥特风格的插图作者要为拉奥孔的故事插图，那么拉奥孔就会变成一位穿着当代服装的、狂暴的、秃头老人，也许用一把斧子与献祭的公牛在拼杀，而在画面的底部则可以看到他那两个儿子在不知所措地团团转，那条海蛇则从水池中猛窜出来。埃涅阿斯和迪多被表现为一对穿着讲究的中世纪夫妇，正在下棋，或者被表现为大卫面前的先知那撒（Nathan）那样的人物，而不是被表现为一位古代的英雄正在和情人在一起。一块哥特墓碑表现了蒂埃斯伯等待普律穆斯的情节，墓碑上刻有这样的铭文：'这里躺着少年国王'（Hic situs cst Ninus rex），而它的前面是常见的十字架。"[①] 英国艺术史家贡布里希（E. H. Gombrich）也曾提到，在波提切利的《春》（Primavera）中维纳斯的装束略带中世纪特点，和早期文艺复兴其他绘画作品中星相人物的服装一样，都不是古典式的[②]，这种现象与吴道子、阎立本、王之慎等人的创作模式是一致的。以16世纪拉斐尔为梵蒂冈宫所作的著名壁画《雅典学院》为例，在这幅大型湿壁画中拉斐尔打破了时空界限，将东西方的五十多位名人分成十一个组群，分布在拱形圆屋顶建筑内部拱门的背景之上，亚里士多德、柏拉图、苏格拉底、毕达哥拉斯、伊壁鸠鲁、阿基米德、托勒密、索罗亚斯德、亚历山大大帝、伊本·鲁西德（阿威罗伊）等古代圣贤集聚一堂，图中最右边还有拉斐尔本人与他的老师（一说是朋友），这是画家有意而为之。在这幅跨越时空、拥有一个相对和谐统一的空间秩序

---

① E. 潘诺夫斯基：《视觉艺术的含义》，傅志强译，辽宁人民出版社，1987年，第51页。
② E. H. 贡布里希：《敬献集——西方文化传统的解释者》，杨思梁、徐一维译，广西美术出版社，2016年，第133页。

的画面中,人物的时间性被雅典学院这一高大建筑物的内部空间消解,画面上 57 个古今人物共处一室,他们来自人类知识体系的各个分支,代表了人类历史上光辉的文明成果与理性精神,表现出对智慧、知识的赞扬与崇尚,以及对人类美好未来的瞻望。这种构图方式使绘画传达的思想、情感和观念以更加开放和兼容的形式呈现出来。从叙述学的角度看,图像文本呈现的虚构空间是艺术家心智想象的产物,"几乎任何一个虚构世界(也就是虚构文本的指称世界),都是不同世界的因素(逻辑上所谓'子集')混杂构成的,从实在世界,到各种可能世界,到不可能世界,都可能出现"①。不能仅仅以简单的常识与经验事实来考量艺术的思维模式,艺术家"精骛八极,心游万仞"的心智想象将不同时间位置、不同空间坐标的图像"纳构"到一个相对统一的空间无时结构中。

贡布里希在《艺术的多样性》一文中说:"法国正统观念的确捍卫了三一律的权威性,并且参照了古典绘画的法则。伏尔泰提醒想摆脱他们的德拉谟特说,'在同一幅画上看到两个事件会令我们大为吃惊……难道勒布伦先生在同一幅油画上画了亚历山大在阿贝拉以及亚历山大在东印度群岛?'难道有人宁愿把各种事件杂集在一起,而舍弃这种'高贵的单纯'?"② 这正说明异时同图的构图模式在西方艺术的发展中也同样受到传统绘画范式的诘责。有意思的是,直到 19 世纪初期,法国新古典主义画家安格尔的《大宫女》还遭到以实在世界为参照的指摘和诟责,有艺术评论家认为此画中的人物结构失当,人体背部过长,比常人至少多出三块脊椎骨。安格尔的学生撰文说:"可能真的是这样,但这又能说明什么呢?须知,正是这拉长的腰身造就的柔美,能立即抓住观众,假如比例绝对正确,能否像现在这样吸引人,就很难说了。"③ 安格尔学生的反驳正说明了艺术的虚构世界与实在世界的关系是不透明的,艺术在保有与现实最低像似度(非"相似度"),使认知成为可能的前提下,是自足与自律的。正如美国艺术哲学家苏珊·朗格(Susanne K. Langer)所说:"每一种艺术都以不同程度的纯粹性和精巧性表现了艺术家所认识到的情感和情绪,而不是表现了艺术家本人所具有的情感和情绪;它表现的是艺术家对感觉到的事物的本质的洞察,是艺术家为自己认识到的机体的、情感的

---

① 赵毅衡:《广义叙述学》,四川大学出版社,2013 年,第 182 页。
② E. H. 贡布里希:《敬献集——西方文化传统的解释者》,杨思梁、徐一维译,广西美术出版社,2016 年,第 46 页。
③ 袁宝林、远小近、廖旸:《欧洲美术:从罗可可到浪漫主义》,中国人民大学出版社,2010 年,第 217-218 页。

和想象的生命经验画出的图画。"① 此图画是无数个时间角度和时间位置重构、沉淀后的空间无时结构,是画家通过艺术对世界的想象,它不必与实在世界构成严格的对应关系。

因此,从虚构文本对世界的想象性表达方面来看,异时同图的共可能性文本都具有一个相对统一的空间,此空间不仅表现在绘画的构图上,还存在于艺术家的心智中,构成了图像艺术内在的召唤结构。当观者超越图像媒介在精神上与艺术家遇合、对话的那一刻,时间被消解,二者的主体性空间叠置在一起,并共在于这一共可能性的虚构空间中。

二、异时同图与阐释框架

美国艺术史家大卫·卡里尔(David Carrier)在《视觉艺术写作》(*Writing about Visual Art*,2003)一书中指出:"不同的评论者阐释同一幅画时,我们可能会问谁的说明是最真实的。但我们明白,那个问题很难回答,因为每一种阐释都植根于不同的上下文。"② 这里的"上下文"既指特定时代的价值标准、知识体系、潮流时尚共同作用形成的宏观阐释语境,也指由阐释者个人的先见、知识、学养、阅历等因素构成的微观阐释语境。需要指出的是,从时间角度看,无论是宏观还是微观阐释语境都无法与艺术原境完全一致。如贡布里希所言:"在人类的情境中我们必须依赖我们所具有的手段,这就是我们个人的感受能力。通过大量阅读,你对一个时期有了感觉。虽然你不知道过去所发生的每一件事,但你却培养了自己的敏感性,知道在那个时期不会或不可能出现的东西。"③ 可见,绘画的阐释活动本身充满相对性,多样的阐释是艺术潜在价值的有效补偿机制。

中国古代绘画中的"雪里芭蕉""炎天梅蕊""汉衣唐服""北人着履"等关乎物候、时代、地域的异时同图的表达,在持艺术真实不同于生活真实的观点的画论家特定的阐释框架中形成统一的秩序,构成了一个与经验世界区隔开来的阐释空间。这一阐释空间使绘画具有了相对稳定的观念或意义指向,使图像阐释的边界得以确定,因而画面本身消解了常识所造成的时间错置,处在了相对统一的秩序中。也正是因为将异时的图像纳入同一阐释框架,经验世界与超验世界才得以沟通。钱锺书在《楚辞洪兴祖补注五九歌(三)》中

---

① 苏珊·朗格:《艺术问题》,滕守尧译,南京出版社,2006年,第107—108页。
② David Carrier, *Writing about Visual Art*. New York: Allworth Press, 2003, p.111.
③ E. H. 贡布里希:《艺术与科学——贡布里希谈话录和回忆录》,杨思梁等译,浙江摄影出版社,1998年,第190页。

的"增订四"部分曾就此种"'世界颠倒'诸怪状（Figure di un mondo rovesciato）"进行讨论。他以"当世有写中世纪疑案一侦探名著"为例，叙述了其中两名基督教僧侣对此问题的争论，赞同者认为"图绘或谈说尔许不经异常之事"，其作用在于"资嬉笑""助教诫""讽世砭俗""诱人弃邪归善"；反对者则认为此类构想"汙衊造物主之神功天运""背反正道""异端侮圣"①。值得注意的是，赞同方所说"图绘""谈说"允许此类不经异常之事，实际上已经与形式主义理论中艺术自律、自足观产生了视野融合。笔者以为钱锺书说两种看法"各明一义"是建立在他对实在世界与可能世界关系的充分体认之上的。赞同者是就绘画、文学等艺术而言，反对者则就经验世界的常识而言，两者的前提各不相同，无所谓对错，的确是仁智各见。"图绘"和"谈说"中的此类"方正倒植"的共可能性现象对谈艺者而言是熟知的，这其中包含三个要点：第一，异时同图是艺术的独特构图方式；第二，艺术世界与经验世界并非合一或对应的关系，二者存在区隔；第三，阐释者以阐释为媒介，与艺术共享同一阐释框架，或二者隶属于同一解释社群，即享有文化规约按体裁规定的接受准则。也就是说，在将异时同图现象纳入艺术视野后，阐释者便要运用艺术世界的解释惯例和接受准则来"观看"它，并将图像中的各个具有独立含义的元素纳入阐释者当下的阐释框架，消解其历史意义，突出强调其在当下空间秩序和结构中的位置与意义。

《福利－贝热尔的吧台》（A Bar at the Folies-Bergère）是19世纪印象主义绘画奠基人马奈（Édouard Manet）的一幅名作，美国艺术史家大卫·卡里尔在其《艺术写作》（Artwriting，1987）一书中多次提及这件作品，或以此作为例讨论在格林伯格和贡布里希的艺术写作中马奈分属现代主义和自然主义这两种传统的原因。他指出，克拉克、沃尔海姆与其他人对这幅画构图的意义（the meaning of the composition）理解不一致，克拉克、沃尔海姆认为这幅画中的镜子里包含的空间与女侍者所在的空间不一致。② 的确，从构图来看，作为背景的镜中之景与吧台后的女侍者所处的环境确实不一致，其中女侍者在镜中呈现的影像与头戴高礼帽的绅士的模糊表情，以及镜中图景的印象式表现手法与吧台后女侍者、酒水、食物的清晰图像形成了现实与印象、清晰与模糊、清冷与喧闹的对照，而女侍者若有所思的垂视目光体现出人物与环境的疏离和隔阂。在这幅画中，马奈从观念和技术两个层面将处于不同时空维度的场景与元素整合在了一起，背景以印象主义手法呈现出的欢饮场

---

① 钱锺书：《管锥编》（二），生活·读书·新知三联书店，2007年，第918页。
② David Carrier, *Artwriting*. Amherst：The University of Massachusetts Press，1987，p. 37.

景是虚幻空间中的记忆复现和想象重构，马奈以相对模糊的表现技巧使其与女侍者和吧台现实场景形成区隔，正是这一时空区隔深刻呈现出画中女侍者的落寞与孤独。克拉克、沃尔海姆等人的分析阐释并非指摘镜中图像与现实不符，而是敏锐地发现马奈运用不同的技术手段将异时图像整合在一个相对统一的空间中。马奈在19世纪末面对照相术的挑战时，正是这样运用与模仿再现截然不同的印象式表现技法，实现了艺术现代性的自我确证，解构了图像的历史和时间意义，通过异时空并置的方式呈现出画面深层的空间结构。因此，异时并置的构图模式处于作者与观者共同享有的解释惯例与接受准则的统摄下，便获得意义与价值，成为所处时代的合理存在。

异时同图的构图模式在中西方艺术中均由来已久，需要强调的是，中国传统文人阶层往往以禅家譬喻来解读这种构图模式。文人阶层对艺术"非真"的理解和思想无限圆转的认识足以为此提供解释。中国传统文人艺术本身就是精英艺术，艺术的创作者、欣赏者，乃至艺术史的书写者都是隶属于同一解释社群的文人，创作者与接受者共在于同一个解释框架中，因此，对"方圆倒植"的接受与理解，在以诗书画即兴、传情、达意的中国传统绘画中不足为奇，往往富有禅机或禅理。但就西方而言，从瓦萨里、温克尔曼、黑格尔直至贡布里希，一直将再现图式当作绘画的通用语言，贡布里希因此赞同瑞恰兹（I. A. Richards）对语言功能的论述，认为阐释的有效性源于"普通常识的传统、艺术史的惯例和解释学的以意图为目的的假说"[①]，并提出了图示与修正、制作与匹配的理论范畴。20世纪，在形式主义理论对艺术自律特征的积极倡导下，异时同图的构图模式在形式论者的阐释中得到通达的解释；再加上面对科学技术的挑战，艺术以反传统的方式实现现代性的自我确证，使艺术的自足性以及与现实不透明的关系成为对现代艺术持开放、包容态度的接受群体共有的解释惯例与接受准则。这也使中国传统写意绘画与西方现代绘画有了互相阐释可能性。从这方面看，创作者与观者共处同一解释社群的约束，使得异时同图的构图模式在以艺术自足为前提的解释空间中别具灵奇。

三、异时同图与主体性叠置空间

南朝宋时的王微在《叙画》中写道："夫言绘画者，竟求容势而已。且古人之作画也，非以案城域，辨方州，标镇阜，划浸流。本乎形者融，灵而动

---

① 穆宝清：《贡布里希艺术美学思想研究》，浙江大学出版社，2015年，第152页。

变者心也。灵亡所见，故所讬不动，目有所及，故所见不同。于是乎以一管之笔，拟太虚之体，以判躯之状，画寸眸之明。"① 这充分说明中国绘画早在南朝之前就已呈现出鲜明的表现性特质，主宰绘画的不是"形似"和对现实的逼真模仿，而是"心"的动变和对主体精神的传达。唐代张彦远《在历代名画记》的"论画六法"中也指出："古之画或能够移其形似而尚其骨气，以形似之外求其画，此难可与俗人道也。"② 宋代郭熙在《画诀》中也指出"使笔"与"笔使"、"用墨"与"墨用"两种截然不同的创作态度。明代唐志契则在《绘事微言》中概括了中国画的传统："画人是传神，画山水是留影，画花鸟是写生。"③ 可见，中国古代绘画崇尚不为外物所役的主体性精神的张扬，画家或书家在自然与艺术之间实现了以自身为目的的存在。对传统中国画家而言，学习绘画必然经历三个循序渐进的阶段：临摹—写生—记忆画，先师古人，再师造化，积累丰富的素材，掌握笔墨之法，最后以记忆性复现和想象性重构的方式绘胸中丘壑。因此，中国传统绘画从本质上说就是画家将多个时间位置上的自我主体性叠置的结果。这一结果消解了时间，呈现出相对统一的空间中的新秩序。英国艺术史家迈克尔·苏立文（Michael Sullivan）将中国传统绘画的基本特质概括为"自由的书法式表达方式和出自经验感性的直观概括方式"④，可以说非常准确地抓住了中国绘画的精髓。由此观之，美国学者孟久丽所言中国叙述性绘画的异时同图现象仅仅局限于画面本身的图像含义，并没有超越图像表层的时间结构而深入图像深层的空间无时结构。这样的分析是以艺术的目的性存在为前提的，这一前提预设已经与中国传统绘画中艺术的工具性存在事实相悖。艺术的目的性存在自然抑制了画家主体性叠置空间的呈现，因此，现代西方艺术理论家为了证实现代艺术的合理性，便以中国传统绘画为参照，在说明中国传统艺术与生俱来的现代性品质的同时确证西方现代艺术的合理性。美国历史学家房龙（H. W. van Loon）对东西方审美眼光差异的比较则充分证实了这一点。他说："欧洲人（除了现代派）坚持逼真地再现物体的原貌，古代中国和日本的画家主张以写意的笔法揭示内涵，他们不在乎西方人看得那么重的细节，这并不等于说他们无视我们通常所说的'细节'，有时他们的观察细致入微。当一个英国人画了珠穆朗玛

---

① 俞剑华编：《中国历代画论大观》第一编《先秦至五代画论》，江苏凤凰美术出版社，2015年，第48页。
② 俞剑华编：《中国历代画论大观》第一编《先秦至五代画论》，江苏凤凰美术出版社，2015年，第125页。
③ 俞剑华编：《中国历代画论大观》第四编《明代画论（一）》，江苏凤凰美术出版社，2017年，第10页。
④ 迈克尔·苏立文：《东西方艺术的交会》，赵萧译，上海人民出版社，2014年，第189页。

峰,所有见过珠峰的英国人都会来横挑鼻子竖挑眼,指责这儿少画道沟,那儿少画座峰,画家没有完全再现原貌是责备的焦点。"①

英国杰出的艺术批评家约翰·凯里(John Carey)就曾对艾丽丝·默多克(Iris Murdoch)在《好之主权》(*The Sovereignty of Good*)中将"好艺术"界定为"用客观的眼光看待世界"表达过质疑,并追问"客观"对艺术的适用性。他追问:"艾尔·格列柯、鲁本斯或是透纳的绘画是客观的吗?弥尔顿、蒲柏、布莱克的诗是客观的吗?斯威夫特、狄更斯、卡夫卡的小说是客观的吗?如果艺术家的作品都是客观的,岂不是他们的作品都雷同了?实际上,岂不是完全一样了吗?岂不都如同化学公式,仅仅是代表了这个世界的一种客观呈现吗?"②进而,他又直指艺术再现论的根源——模仿说:"如果艺术家们的确画的不是某个物体而是柏拉图的物之理念,他们的作品可能看上去会完全一样,因为柏拉图的物之理念肯定只有一个。要画视觉系统的柏拉图的物之理念是绝对不可能的。要画视觉系统就需要给它确定一个形状,而柏拉图的理念是抽象的,悬置了各种各样可能有的形状,描绘出任何一种形状都必定会排除所有别的形状。"③他取消了"客观"与"再现"之间的等同关系,指出了艺术的表现性本质。这一本质就是他所概括的与艺术家主体性密切关联的"个体想象的图景",这也是文化学者、艺术史家贡布里希在"纯真之眼"与"知识之眼"的讨论中否定"纯真之眼"的立论基础。

西方现代艺术的主体性精神解放自然无须多言,但这并不是说崇尚模仿再现的传统艺术中没有任何表现性因素,没有主体性叠置的空间。在当代观看机制下以温克尔曼盛赞的古典艺术中最著名的雕塑《眺望楼的阿波罗》(或译《观景楼的阿波罗》)为例,可以更好地理解不同时空主体性叠置的问题,从而在哲学层面审视视觉艺术中普遍存在的异时同图现象。此雕塑是1496年左右在罗马被发现的,是罗马人对公元前5世纪希腊原作的复制品。这尊雕塑表现了男性身体的完美,体现了古希腊时代人们的文明与理性。但有三个问题值得注意。第一,这尊雕像复制品中的阿波罗是断臂与裸体,尽管身后披着带褶皱的披肩,但披肩仅绕颈一周,以S形披挂在身体的左后位,搭挂在左臂的肘部,披风的长度只到左膝关节之上,并且仅仅呈现于身体的左侧,裸露的私处覆盖着一片无花果叶,这片无花果叶证实了这尊雕塑的复制品身份。正如英国艺术史家达娜·阿诺德(Dana Annold)指出的那样:"希腊原作上不可能有这片小叶,只是后世对裸体和人体、性征的表现态度发生改变,

---

① 亨德里克·威廉·房龙:《艺术》,赵茜、赵栩译,北京出版社,2001年,第366页。
② 约翰·凯里:《艺术有什么用?》,刘洪涛、谢江南译,译林出版社,2007年,第40页。
③ 约翰·凯里:《艺术有什么用?》,刘洪涛、谢江南译,译林出版社,2007年,第76页。

要求增加无花果叶,从此雕像上便多了这一片无花果叶。"① 第二,罗马复制品中紧挨着阿波罗右腿的木桩,并非构图的原初要素,也是罗马雕刻家后来添加上去的,为了保持断臂雕像的稳定和平衡。第三,罗马艺术家用白色大理石复制了青铜原作,改变了艺术品的媒介与质感,造成了人们对古典艺术的误读,也致使依据罗马复制品研究古希腊艺术的德国艺术史家温克尔曼对古典艺术做出了"高贵的单纯与静穆的伟大"的判定,并影响了之后艺术史的书写与价值判断。这三个问题源自达娜·阿诺德的分析,也呈现出了在现代观看机制中艺术的根本性品格,即不同时间片段上的主体性空间叠置。这件古典雕塑作品的原件与复制品、原初构图元素与后期添加元素、艺术媒材的前后置换都关涉时间问题。温克尔曼据以研究的雕塑以及其对古典艺术的价值判定,正是建立在对这种主体性叠置的空间新秩序的观看之上的。由于经验世界参照系的缺席,古希腊艺术家对没有能指的所指,即希腊神话中的主神之一阿波罗的再现,完全出于对神祇的想象,与其说再现,不如说是对理念的表现,是用艺术的方式呈现出主体想象的具象化成果。古希腊艺术家已经赋予了这件作品特定的空间秩序。处于不同时间位置上的罗马艺术家在复制原作时置换了媒材,保留了雕塑的残缺形象,添加了维持稳定与平衡的支撑物并使其成为构图要素之一,同时由于不同时代观念的变换而为雕塑平添一片无花果叶,使整件作品的风格发生了变化,从对人体健美的大胆呈现到含蓄表达,这其中包含了不同时期艺术家构建统一空间秩序的文化规则,预示了宗教禁欲主义时代的来临。15 世纪末 16 世纪初,德国画家丢勒通过一幅意大利的素描了解了这件雕像,又通过对雕像复制品的研究而在绘画中初步尝试了完美的男性身体比例和动作。18 世纪,温克尔曼则以此类罗马复制品为依据研究古代艺术史,他的研究对象没有与经验世界构成严格的对应关系,结论又包含了艺术史家对艺术的想象,这一想象是建立在处于两个不同时间位置的具象成果的融合叠加之上的,是对古希腊、罗马艺术家想象的再想象。而他的《古代艺术》一书则直接影响了后世典范艺术标准的确立,为后世提供了一套艺术史书写的新秩序。到了 19 世纪,据贡布里希《"艺术史之父"——读 G. W. F. 黑格尔(1770—1831)的〈美学讲演录〉》一文所载,黑格尔是最早轻视这件作品的人之一,他曾"用英国杂志上的玩笑把这座雕像描绘成'装模作样的花花公子'"②。

贡布里希在《马尔罗与表现主义的危机》一文中说:"无论变形虫或蚯蚓

---

① 达娜·阿诺德:《走近艺术》,万木春译,外语教育与研究出版社,2015 年,第 32 页。
② E. H. 贡布里希:《敬献集——西方文化传统的解释者》,杨思梁、徐一维译,广西美术出版社,2016 年,第 65 页。

的世界究竟是什么样子，它肯定不会是混乱的，而是井井有条的。有生命的地方就有秩序。"[①] 有生命就有主体意识，呈现在当代观者眼前的《眺望楼的阿波罗》则是消解了时间性而叠置了艺术家主体性的空间化产物。如果在当代观看机制下讨论这个问题，势必要将观者的因素考虑在内。观者通过直觉观赏或阅读艺术史来接近艺术品时，既对这一主体性叠置的空间呈现进行直观欣赏与阅读想象，又将自身的主体性叠加在与作品共在的空间中，这一空间可以是博物馆展厅、私人收藏室，也可以是阅读时的心像空间。至此，主体性层层叠置的空间取消了5世纪古希腊原作、罗马复制品、温克尔曼艺术史误读之间的时间性距离，展现出了作为文化建构产物——艺术的深层无时结构。这种无时结构不仅使我们关注历史，还使我们关注自身观看历史的方式。伦勃朗的《夜巡》是一个典型的例子。据房龙记载，此画本是17世纪伦勃朗为斑宁·柯克中尉率领的民兵连军官所作的中午值日场景的画像，画家巧妙地处理了光线和阴影，画上高悬太阳下的一部分人处在明亮的光线下，另一部分人受到军械库门洞的遮挡，则处在暗影中。画作画幅很大，大厅挂不下，军官们在未和画家商量的情况下自作主张，将画的部分背景剪掉烧毁。画面完整性遭到严重破坏后的画作又经年累月受到大厅中壁炉里的炭火灰的层层覆盖而变得昏暗阴沉。18世纪的人们在观看这幅画时，误认为其描绘的是夜间的情形，于是伦勃朗的这幅描绘正午场景的画便得到了一个滑稽的名字——《夜巡》。这幅体现荷兰画派精湛画技的名作叠加了赞助人、画家、毁坏者、误读者、讹传者、观者的多重主体性，观者当下所见的《夜巡》是诸多的时间片段中相异主体性叠加的结果。

事实上，无论东西方，任何艺术都具有表现性，因为经验世界的细节是无限丰富的，任何再现都是对无限细节的有限表达，这一表达过程包含了模仿、变形、综合、分解、想象等多种心智活动。艺术品一旦生成，就意味着它将在文化构造的过程中接受时间的考验，如南宋以来中国传统文人艺术家倾向于在画面题写诗词跋文，到了元代形成了诗书画印四大全的创作模式。与西方艺术不同，在中国，诗书印都作为绘画的形式因素而与图画构成整一的关系。当画家将作品题赠某人后，某人便在画面题诗词文赋以表酬谢之意，或加盖钤印以示主权。此画作在文人圈中长久流传或几易其主，其所有权的流转便会以诗文或钤印的方式显示出来。还有一种情况，就像英国艺术史家柯律格提到的那样，假使遇到作伪的书画商，他们会更加关注这些钤印和题

---

① E. H. 贡布里希：《木马沉思录——艺术理论文集》，曾四凯、徐一维等译，广西美术出版社，2014年，第104页。

跋，可能会把这些身份标识从画面上移去，以突出另一幅更具商品潜质的伪作。① 最终留存下来的绘画，单从画面的形式因素看，则是多重主体性在时间上叠置后的空间化产物。观看此作，既要考察画家的交游圈、题赠诗文的接续关系、钤印的真伪等外部问题，还要对其进行时间阅读，深入画面的深层结构，与作者、受赠者、转赠者、收藏者、品鉴者等的主体精神展开对话。

四、异时同图与游戏空间

康德在其《判断力批判》的"纯粹审美判断的演绎"部分以比较的方式区分了艺术与自然、科学、手艺。在与手工艺活动的比较中，他以创作主体的自由和符合人的自由本质并使人快适的无目的的合目的性揭示了艺术的本质，并将艺术比作游戏。他对艺术本质的揭示为理解异时同图现象提供了一种新的视角。

异时同图的构图模式体现了艺术家主体性的彰显与释放，东西方古往今来的艺术家都生存在特定文化的规约中，人的自由的要求在现实中无法得到充分满足，因此为了解除人的精神束缚，主体便通过想象力建构起一个精神世界。在这个主体心灵空间中，无不可，无不能。中国道家的"心斋"与"坐忘"，禅宗的冥想，西方文化中的第二视野、第二宇宙，都与人的精神自由驰骋有关。在这种精神构建中，主体获得了心灵的纾解、愉悦与平和，对自由的渴望在心灵空间中得到满足。从这个意义上说，艺术的确如康德所言是无目的的合目的性。但在西方文化中，与游戏所追求的主体性解放一致的艺术应当指19世纪以来的现代主义与后现代主义艺术。因为对19世纪中期以前的西方人而言，艺术的表现性特征是不可思议的，艺术家的主体精神还处在再现传统的束缚中，这便是哈贝马斯从人的主体性问题出发写成的《现代性的哲学话语》所主要解决的问题。当然，这里的"艺术"有很明确的限定性，即以艺术为娱情媒介而非谋生手段的艺术家的创作。在艺术的虚构世界中，思想自由得以实现，艺术家将不同时空的形式元素整合在一个有无限可能的精神空间中，再以媒介化的方式将在实在世界中无对应的所谓"无能者的所指"呈现出来。此种呈现已取消了组成元素间的时间和空间差异，是对主体情感、思想、观念的符号化呈现，并指向同一的意义中心。其中关键的一点是艺术家拥有现实与虚构两重身份，既沉浸在虚构世界中，任凭心智自由驰骋，获得了精神的充实，又清醒地意识到现实与理想的差距，能随时

---

① 柯律格：《长物》，高昕丹译，洪再新校，生活·读书·新知三联书店，2015年，第102页。

从虚构世界中跳脱。这一遵循游戏规则的虚构世界是对现实世界的补偿，现实中无共可能性的事物在此拥有了共在的无限可能性。如在中国艺术史中屡屡因人品遭到诟责的赵孟頫画有多幅陶潜像，尤其在后半生画陶不辍，有肖像画、归去来图、故事图、漉洒图等。可以见出，他将艺术作为现实的补偿，以缓和自我与世界的紧张关系。八大山人为西方现代艺术史家所激赏的"翻眼鸟""瞪眼鱼"也是此类情况。与此类似的，如前文所提拉斐尔的壁画《雅典学院》，画家将不同时空的东西方伟人共置一处，并在最右边画上了自己与老师（一说是朋友），预示了自己与老师（朋友）作为画家也将成为人类文明的共同创造者，但在那个时代，艺术家以工匠的身份还无法跻身文人学者的行列。这种由想象构建的虚构世界正是一个游戏空间，没有功利目标，绝对遵循自由原则，还带有一定的隐秘色彩，与真实生活区隔开来，艺术家一边表演，一边欣赏自己和他人的表演，从而获得精神的释放，调节了自身与世界、心内与身外的紧张关系。

异时同图这种构图模式增加了审美难度，延长了审美时间，以一种陌生化的效果抵制了审美自动化和审美疲软，增强了视觉图像的寓指含义，"就像语言隐喻扩大了语言交流的容量一样，视觉隐喻也扩大了图像的能力"[1]，异时同图的共可能性消解了图像局部构成元素的历史性，将其从时间的因果链条上解放出来，安放在虚构空间的特定位置。我们对图像整体的理解取决于在历史基础上对这一特定视觉图像空间性的反历史把握。异时同图模式所显现的艺术与艺术家的自由精神是对现实的纾解和叛逆性创造，它使艺术家从哲学层面将实在世界、可能世界、不可能世界的通达关系以图像的方式呈现出来，也使得艺术家在虚构世界通过对时间的想象性变异呈现出视觉艺术的空间性特质。这种构图模式使艺术与自然的区分更加明确，体现了艺术的独立品格。与异时同图相关的诸问题都与艺术作为意义的载体或媒介有关，在此必须承认这一预设："艺术是表达观念和知识的视觉形式"[2]，正如贡布里希所言："……在辨明空间某一物体是什么并估计出它的大小之前，我们无法判断它的距离。没有译解出一幅画所再现的世界，我们就估计不出画中的时间流逝了多久。也正是这个原因，再现艺术一开始就指明意义而不是表现自然，而且如果艺术不想放弃表现时间和空间，它决不可能离开那种原则（意义第

---

[1] David Carrier, *A World Art History and Its Objects*. Pennsylvania: The Pennsylvania State University Press, 2008, p.71.

[2] 奥托·帕希特：《美术史的实践和方法问题》，薛墨译，商务印书馆，2017年，第75页。

一的原则）太远。"①

作者简介：

佘国秀，博士，成都大学中国－东盟艺术学院美术与设计学院讲师，研究方向为比较艺术学、文学与视觉艺术跨学科研究。

---

① E. H. 贡布里希：《图像与眼睛——图画再现心理学的再研究》，范景中等译，浙江摄影出版社，1988年，第54—55页。

作为虚构叙述的"人设"：对明星文化现象的一个观察

程 娟

摘 要："人设"指明星特定的公众形象设定。人设是虚构叙述的产物。从叙述类型看，人设是演示类叙述，其叙述者是一个"人格－框架"。人设是明星自身、明星作品、经纪公司、粉丝群体和大众媒体共同叙述出来的。明星被设定的公众形象的破坏即"人设崩塌"，是明星从二度区隔的虚构叙述回到一度区隔的纪实叙述的表现。一旦回到纪实叙述，明星就必须遵循现实世界的"真实性"原则，而明星文本的接收者也会发生情感变化。

关键词：人设 明星文化现象 虚构叙述 演示类叙述 纪实叙述

近三年，明星们常被爆出"人设崩塌"，如"深情歌手"薛之谦被爆欺骗前女友感情，直爽明媚的"夫仔"蒋劲夫家暴日本女友；"博士""学霸"翟天临不知"知网是什么"，"乖孩子"王源在禁止吸烟的场所抽烟……不仅是娱乐圈，其他群体的名人们也接二连三爆出"人设崩塌"的新闻。"人设"作为明星文化现象是如何形成的？为什么明星们频频"人设崩塌"？如何认识这类现象？本文运用符号叙述理论，分析明星"人设"和"人设崩塌"，借此深入理解大众文化的某些实质。

一、人设：一个叙述文本

"人设"是"人物设定"的缩写，原指漫画、动画、游戏中的人物角色设定，包括外貌、造型、性格等。[①] 作为娱乐圈的流行语，"人设"主要指明星特定的公众形象设定。"人设"是一个叙述文本，

---

① 刘东怿：《新词"人设"》，《语文学习》，2017年第2期。

而且是一个演示类叙述文本。人设具有"展示""不可预测与即兴""观众参与"和"非特有媒介"的特点。人设的叙述者是一个"人格-框架",明星自身、明星作品、经纪公司、粉丝群体和大众媒体都是人设的次叙述者。

(一) 演示类叙述文本

明星和明星形象都是被塑造出来的文本。[①] 无论是明星本人,还是作为明星特定形象的人设都是叙述出来的。普林斯的《叙述学词典》将"叙述"定义为:"由一个、两个或数个(或多或少显性的)叙述者向一个、两个或数个(或多或少显性的)受述者传达一个或更多真实或虚构事件(作为产品和过程、对象和行为、结构和结构化)的表述。"[②] 广义叙述学将"叙述文本"定义为"某个叙述主体把人物和事件放进一个符号组成的文本,让接受主体能够把这些有人物参与的事件理解成有内在时间和意义向度的文本"[③]。明星和明星人设都由一个制作集团将人物卷入很多真实或虚构事件,如明星本人的经历、演绎的作品、制造的绯闻和宣传报道,作为明星叙述文本接收者的粉丝会把这些事件理解成有内在时间和意义向度的文本。

演示类叙述是用身体、言语、图像等作为媒介讲故事的符号文本,包括戏剧、影视、电子游戏等,具有"展示""不可预测与即兴""观众参与"和"非特有媒介"的特点。[④] 演示类叙述是日常生活中最普遍、范围最广的叙述,小孩"过家家"、行为艺术、魔术表演、宗教仪式等都是演示类叙述。[⑤] 人设是明星表演出来的,也属于演示类叙述。人设的"展示"特点体现为:粉丝在场是人设叙述展开的本质条件。粉丝是人设的观众,人设是以明星的身体、语言等为媒介给粉丝讲故事的符号文本。比如迪丽热巴喜欢在综艺节目中吃东西,以此树立"吃货"人设。人设具有"不可预测和即兴"特点是因为虽然人设是经过预先设定的,但明星本人也有很多临场发挥,明星不可能完全戴着人设这个面具示人。人设的不可预测和即兴的特点导致明星本人的真实人格有时会显露,继而会引发人设崩塌。比如,靳东发的微博经常出现错别

[①] 杰里米·G.巴特勒:《明星学研究的演绎与方法》,朱与墨、李二仕译,《电影艺术》,2011年第1期。

[②] 杰拉德·普林斯:《叙述学词典》,乔国强、李孝弟译,上海译文出版社,2011年,第136页。

[③] 赵毅衡:《广义叙述学》,四川大学出版社,2013年,第8页。

[④] 赵毅衡:《广义叙述学》,四川大学出版社,2013年,第37—46页。

[⑤] 唐小林:《演述与讲述:符号叙述的两种基本类型》,《社会科学辑刊》,2016年第3期。

字,使其"文化人"的人设遭网友吐槽。① 此外,作为观众的粉丝也会参与明星人设的叙述。一方面,给明星树立的人设是以满足粉丝的想象和需求为出发点的;另一方面,有一类人设是粉丝从明星作品中推导出来的明星形象,这类人设是粉丝自己从符号文本中归纳出来的明星的"拟人格"。如薛之谦因为擅长创作和演唱情歌,形成了"深情歌手"人设。这一形象树立后,薛之谦也极力维持。由此,粉丝们从薛之谦的作品和他经营的"深情歌手"人设中推导出他是一个痴情的人。然而,2017年9月,他在微博上高调宣布与前妻复合,正在二人秀恩爱、接受祝福之时,一个叫李雨桐的女模特爆料薛之谦婚内出轨。一时之间,"深情歌手"薛之谦人设崩塌,沦为渣男。② 此外,有的粉丝(如"站姐"③)会直接参与树立和维护明星人设。雷佳音的"站姐"就通过在微博上发布与雷佳音的有趣对话,帮助雷佳音经营"宠粉"人设。④ 而演示类叙述"非特有媒介"特点的最主要体现是以身体媒介为中心展开以及由此要求的"框架隔断"。人设文本的叙述是以明星的身体、言语、装扮等为媒介展开的,明星开始"营业"⑤,即意味着其进入了人设叙述。

(二)人格-框架:人设文本的叙述者

明星人设是明星自身、明星作品、经纪公司、粉丝群体和大众媒体共同叙述出来的。因此,人设的叙述者是一个"人格-框架",明星本人只是人设文本的一个次叙述者,而非源头叙述者。

叙述者是故事讲述声音的源头,是叙述的发出者。从信息传达角度说,叙述者是叙述信息的源头;从叙述形成的角度说,任何叙述都是叙述主体选择经验材料加以安排后形成的。叙述者有时是真实的人物,有时则呈现为叙述框架。叙述者分为作者-叙述者人格合一、分裂式叙述者、框架叙述者、受述者主导这几个类型。叙述者永远处于"框架-人格"两象,因叙述体裁不同,有时"框象"更明显,有时"人象"更明显。⑥ 人设是演示类叙述文

---

① 《靳东为何会"人设"崩塌? 在此之前,他也曾是翩翩公子的代表》,腾讯网,https://new.qq.com/omn/20200807/20200807A0603500.html.
② 《薛之谦车祸竟然造假? ——深扒薛之谦人设崩塌事件!》,搜狐网,http://www.sohu.com/a/192076526_99986398.
③ 站姐,又称大炮女生,指拿着大炮般高级相机拍摄偶像的粉丝,多是女性。她们是偶像应援站的经营管理者,负责追踪明星行程,在前线给明星拍照,为明星应援。她们会通过网络向其他粉丝发布明星的信息、照片等。有的站姐会将自己拍摄的照片制作成周边、写真书,向其他粉丝出售。
④ 《雷佳音和站姐的爱恨情仇怎么回事? 雷佳音和站姐背后故事曝光网友笑了》,海峡网综合,http://m.hxnews.com/news/yl/ylxw/201902/15/1707631.shtml.
⑤ 营业,在粉丝圈中指偶像开始按人设面对公众。
⑥ 赵毅衡:《广义叙述学》,四川大学出版社,2013年,第91-105页。

本，其叙述者不是明星本人，而是一个"人格-框架"。明星是人设的表演者，是演示框架中的角色即次叙述者，不是源头叙述者。同样的，明星作品中的角色、经纪公司、粉丝群体和大众媒体都是明星人设的次叙述者。

明星人设的主导因素是明星作品中的角色形象。作品中的角色将作为叙述文本的明星与实在世界隔开，在此框架内，任何成分都是替代性符号。英国学者理查德·戴尔在他用符号学方法研究明星的著作《明星》中写道，明星形象是由媒体文本通过促销、宣传、影片、批评和评论的方式制造出来的，影片在建构明星形象时起主要作用。[①] 例如，演员周冬雨刚出道时的清纯人设，来自她饰演的《山楂树之恋》中静秋这一人物形象；再如，林心如因饰演《还珠格格》中的紫薇，形成了温柔贤淑这一人设。这两位演员之后接拍的很多作品中的角色，都具有一贯的气质。粉丝们也因此认为周冬雨是清纯的，林心如是温柔贤淑的。通常，作品中角色的形象，要尽量与明星本人的形象相契合，才有利于作品的成功和明星的成名。但通过作品角色形象树立人设，也会使粉丝对明星产生刻板印象，明星一旦想要转变演艺风格，就会引发某些粉丝的不满。

明星人设是经纪公司为粉丝设计的意图定点。经纪公司推出的人设是为吸引粉丝眼球而为明星设定的暂时形象。例如，张柏芝刚出道时被经纪公司包装成玉女；再如，为拉近与粉丝的距离，经纪公司给脸小人瘦的演员迪丽热巴，树立了"吃货"这一人设。这些特定的形象都是为满足粉丝的幻想而设计的符号文本。"幻想得以'被塑造'的一个方法便是利用明星形象，这一点已不再是一个秘密。这些明星形象经常与幻想者的个人生活纠缠在一起，并成为被压抑的、需求完满的欲望的重要符号。"[②] 明星是给粉丝提供幻想的想象性资源。明星人设的符号发出者往往将明星塑造为理想的真善美的化身，或满足特定粉丝群某种欲望的客体，这些形象再现的正是粉丝们日常生活中向往的性格、气质、魅力，以及未能满足的欲望。

人设也靠明星自己经营。演员靳东用繁体字发微博，在微博上推广二十四节气，号召粉丝多读书，以此塑造出了"文化人"的人设。戈夫曼在《日常生活中的自我呈现》中说，"表演"是个体持续面对一组特定观察者所表现的对观察者产生某些影响的全部行为。他将个体表演中以一般和固定的方式有规律地为观察者定义情境的那部分称为"前台"，将表达性装备中能使观众与表演者产生内在认同的那部分定义为"个人前台"，将衣着服饰、身材外

---

① 理查德·戴尔：《明星》，严敏译，北京大学出版社，2010年，第96—99页。
② 陶东风主编：《粉丝文化读本》，北京大学出版社，2009年，第156页。

貌、言谈举止、面部表情等视作"个人前台"的组成部分。① 明星人设的外貌、举止、言谈等,实际上是明星为获得粉丝的内在认同,以一般和固定的方式有规律地为粉丝们展示的"个人前台"。戈夫曼说:"当某个行动者扮演一种已被制定的社会角色时,他通常都会发现,一种特定的前台已经为他设置好了。"② 明星所经营的人设,其实往往早已设计好了,这个设计者就是明星的经纪公司。

明星人设是根据粉丝期望设计出来供粉丝消费的,这种消费是一种情感消费。人设是通过明星形象的塑造来精准"圈粉",以便粉丝找到自己喜爱的偶像,形成一个因崇拜共同偶像而组成的共同体。粉丝群体既是明星人设的消费者,也是明星人设的建构者。粉丝会参与明星人设的叙述进程。以"养成系"偶像为例,其成长和成名,依靠粉丝的陪伴和后援。类似《创造101》和《偶像练习生》中的"养成系"偶像的出道主要依靠粉丝投票,粉丝由此参与偶像形象的塑造。

大众传媒则负责报道、宣传、推广、维护甚至拆穿明星的人设。粉丝与明星建立的是一种"准社会互动"(para-social relationship)关系。"准社会互动"是观众与表演者通过大众传媒建立的非直接的、类似日常生活的面对面关系,是大众传媒给观众制造的幻觉。③ 虽然粉丝与明星的直接接触已经比较普遍,但明星人设更多是通过大众传媒传达给粉丝的。明星人设是由媒介再现的携带意义的叙述文本,明星通过各类电视节目、新闻报道、访谈等经营人设,而一旦明星做出违反其人设的行为,大众传媒又成为明星人设面具的揭穿者。

二、人设:虚构叙述文本

人设是虚构叙述文本,其出发世界是明星所在的可能世界,但又寄生于实在世界,还不可避免地卷入不可能世界。人设虽然是虚构的,但粉丝会将人设当作纪实文本接收。

(一)人设的虚构叙述属性

无论是将普通人打造成明星,还是给明星塑造某种特定形象,都是在叙述;此时的叙述者通常是一个制作集团,受述者是粉丝。但将普通人打造成

---

① 戈夫曼:《日常生活中的自我呈现》,冯钢译,北京大学出版社,2008年,第19—20页。
② 戈夫曼:《日常生活中的自我呈现》,冯钢译,北京大学出版社,2008年,第23页。
③ 杨玲、陶东风主编:《名人文化研究读本》,北京大学出版社,2013年,第114—115页。

明星是纪实叙述，给明星树立人设则是虚构叙述。"纪实型叙述，体裁规定的基础语义域是实在世界，却并不避免进入可能世界。虚构型叙述，其体裁规定的基础语义域必然是可能世界，而且必然需要寄生于实在世界，却可以卷入不可能世界。这种跨界通达，是纪实与虚构叙述的本质区分。"[1] 关晓彤以专业课和文化课双第一的成绩考入北京电影学院，因而被当作学霸。此时，明星关晓彤文本的塑造是一种纪实叙述，因为实在世界中的关晓彤的确学习成绩优异。但后来关晓彤形成了"学霸"人设，比如在《奔跑吧》节目中解出了其他明星解不出的数学题，并时常因"学霸"相关信息登上微博热搜。[2] 然而关晓彤缺考期末考试，忙着拍戏没时间上学等，导致"学霸"人设崩塌。[3] 此时关晓彤的"学霸"人设是虚构叙述，其基础语义域是明星关晓彤所在的可能世界，虽然也一定程度上符合实在世界中关晓彤的形象。

"可能世界"理论源自莱布尼茨的《神正论》。刘易斯和克里普克是哲学领域研究可能世界理论的代表。艾柯、瑞恩、帕维尔等人用可能世界理论来解决文学艺术虚构品格的问题。[4] 刘易斯认为，可能世界和现实世界一样真实存在。他认为，除了我们碰巧栖居的这个世界外，还存在可能世界，可能世界是事情本可能的样子。克里普克则只承认存在一个现实世界，他认为，我们是依据现实世界的模态去解释可能世界的；可能世界是一种我们的世界可能如此的状态，是我们思维抽象的结果但又独立于我们的思维，是客观的。[5] 总之，可能世界是可以代替但未能代替真实世界的其他世界，其思维源头在于"我们能够想象另外一个世界，作为真实世界的替代版本，只是在某些方面背离历史事实或生活现实"[6]。

将普通人打造成明星是纪实叙述，因为其基础语义域处于实在世界。实在世界指我们居住的现实世界，普通人生活的世界就是实在世界。戴尔认为，明星就像故事中的人物，是民众的代表，明星涉及民众是或应该是什么样的人。但明星又不同于故事中的人物，因为明星也是现实中的民众。[7] 明星首先是人，其基础语义域处于普通人的实在世界；明星同时也是粉丝们寄托理想

---

[1] 赵毅衡：《广义叙述学》，四川大学出版社，2013年，第196页。
[2] 《关晓彤强行卖学霸人设尴尬癌都犯了！败光路人好感真的好吗？》，搜狐网，https://www.sohu.com/a/137599286_492964.
[3] 《学霸人设崩塌！关晓彤忙着拍戏，才是最好的选择》，搜狐网，https://www.sohu.com/a/192600969_178945.
[4] 赵毅衡：《广义叙述学》，四川大学出版社，2013年，第178页。
[5] 张新军：《可能世界叙事学》，苏州大学出版社，2011年，第21—22页。
[6] 张新军：《可能世界叙事学》，苏州大学出版社，2011年，第18页。
[7] 理查德·戴尔：《明星》，严敏译，北京大学出版社，2010年，第31页。

和幻想的对象,成为再现某种道德价值观的典型,从而进入了可能世界。

而虚构叙述的基础语义域是可能世界,或者说其所从出的世界是可能世界,但必然寄生于实在世界。给明星树立"人设"是虚构叙述,因为其出发的世界是明星所处的可能世界。可能世界是符号构筑的世界,"是我们能够谈论或想象、假设、相信或欲求的事物"[①]。粉丝们看到的明星的世界,实际上是一种被建构的可能世界,因为明星就是为满足粉丝的想象、寄托粉丝的希冀而叙述出的符号文本。但人设也会具有普通人的特点,也就是说,人设部分地通达普通人生活的实在世界。因此,人设是虚构叙述的产物。

(二)人设被当作纪实文本接收

有的粉丝会误将虚构的人设等同于明星本人在实在世界里的形象。第一,演示类叙述文本的特征导致其容易煽动人们的情感,让受述者浸没其中,从而忽视区隔框架,将虚构当成经验事实。[②] 人设属于演示类叙述文本,因而会产生使粉丝将虚构当成纪实的效果。第二,人设是区隔标志不明显的虚构叙述文本,区分这类叙述文本是虚构还是纪实,需要依靠接受者的解释。"只要对'我'的叙述让接收者觉得不是针对实在世界中的'我',而是可能的'我',就是虚构。"[③] 也就是说,如果接受者将叙述主体理解为实在世界的主体,那么该叙述就是纪实叙述;如果接受者将叙述主体理解为非实在世界的可能的"我",那么该叙述就是虚构叙述。如果粉丝将人设等同于明星在实在世界里的真实人格,那么对于粉丝而言人设就是纪实叙述。第三,人设是虚构叙述,并不意味着叙述都是虚假的。任何叙述的底线都是"纪实",否则受述者不会接受它。虚构叙述在双层区隔的框架内是纪实的。作者会分裂出一个人格做叙述者,读者也会分裂出一个人格做受述者,将文本作为纪实叙述接受,此时,即便叙述是假的,两个分裂出来的人格却将其作为纪实叙述。[④] 因此,明星会分裂出一个人格作为人设的叙述者,有的粉丝也会主动分裂出一个可能的人格,将明星人设作为纪实叙述接受;对于这两个分裂出的人格而言,人设是纪实叙述。

[①] M. J. Cresswell, *Semantical Essays: Possible Worlds and Their Rivals*. Dordrecht: Kluwer Academic Publishers, 1988, p.4.
[②] 胡一伟:《论演示类叙述的"真实"与虚构》,《学习与探索》,2015年第1期。
[③] 谭光辉:《论虚构叙述的"双层区隔"原则》,《河北学刊》,2015年第1期。
[④] 赵毅衡:《广义叙述学》,四川大学出版社,2013年,第96页。

三、人设崩塌：从虚构叙述回到纪实叙述

"人设崩塌"指明星被设定的公众形象的破坏，是明星从二度区隔中的虚构叙述回到一度区隔中的纪实叙述。人设崩塌后有些粉丝对明星的情感会从喜欢转变为厌恶。人设崩塌后，明星会通过"赎罪"的方式请求公众原谅，因而"人设崩塌"有时也是明星与粉丝经"协商"重新树立公众形象的契机。

（一）"人设崩塌"的叙述学实质

"人设崩塌"概念类似于克里斯·罗杰克分析名人现象时提出的"身份剥离"。罗杰克指出，名人会因为公众形象与真我的疏离而经历身份剥离的过程。身份剥离是名人荣誉和地位的降级，是名人公众形象和真实自我长期分裂后，名人真我的还原。这种身份剥离有可能是明星自己主导的，也有可能是大众传媒等外界力量推动的，但更多时候是二者共同促成的。[①] 明星树立和维持人设，是其真实人格与粉丝群体需求的人格之间达成的一种妥协，如果这个"人格面具"厚到让人无法察觉面具后的人的真实性格特征，变成"摘不下来的面具"，那么戴面具的人真正的个性就会萎缩，甚至患上严重的心理疾病。[②] 美国歌手布兰妮因有着天使般的外表、甜美的歌声而被称作"小甜甜"，树立了"纯真玉女"人设。然而她却被爆出吸毒、滥交、闪婚，甚至被送入精神病院。在勒戒中心，她还不停地说自己是骗子、冒牌货。[③] 布兰妮的人设崩塌是她冲破人格面具，寻求自我救赎的一种极端手段。

从符号叙述学角度分析，人设崩塌实际上是明星从二度区隔中的虚构叙述，回到一度区隔中的纪实叙述。一度区隔是再现区隔，把符号再现与经验世界区隔开来；一度再现区隔是"透明的"，直指经验事实，其中的符号文本是纪实型的。二度区隔则是在再现的基础上再设置第二层区隔，它与经验事实隔开了两个层，是二度媒介化；虚构叙述是在纪实叙述的一度区隔之中建立二度区隔，虚构叙述的文本不指向外部的经验事实。[④] 明星王源以阳光积极和充满正能量的形象赢得粉丝喜爱。他担任联合国儿童基金会大使，创立源

[①] 杨玲、陶东风主编：《名人文化研究读本》，北京大学出版社，2013年，第127—128页。
[②] 约兰德·雅各比：《荣格心理学》，陈瑛译，生活·读书·新知三联书店，2018年，第37—39页。
[③] 闫文君：《名人：传播符号学研究》，四川大学出版社，2018年，第103页。
[④] 赵毅衡：《广义叙述学》，四川大学出版社，2013年，第72—77页。

基金，甚至被写进了初三道德与法治课教科书。① 明星王源是纪实叙述的产物，因为从王源所取得的成就来看，实在世界中的他的确是优秀的、积极向上的。王源以自己所取得的成绩树立了"乖孩子"人设。将王源打造成明星是一度区隔的纪实叙述，直指经验事实。给王源树立"乖孩子"人设则是二度区隔，是虚构叙述。后来王源在公共场合吸烟、翻越栏杆横穿马路、记错国难日，导致"乖孩子"人设崩塌，② 这说明树立了"乖孩子"人设后的王源是虚构叙述文本。王源的人设崩塌实则是他从二度区隔中的虚构叙述回到了一度区隔中的纪实叙述。

将普通人打造成明星是纪实叙述，此时，作为符号再现的明星是透明的，直指经验事实，明星的人格与其本人人格仍有不少相似之处。对明星进行人物形象设定，是在明星这个符号再现的基础上设立第二个区隔层，是再现的再现。拥有某种人设后的明星，类似于虚构世界中的人物。此时的明星形象，由于与经验世界隔开两个层，不能在经验世界求证，所以与明星现实生活中的形象已相去甚远。从普通人到明星，再到成为再现某种特定形象的人物，艺人的身份变化了三次：经验事实中的人—再现世界的明星—虚构世界的人物。人设崩塌表示艺人从虚构世界中的人物退回到再现世界中的明星。

明星人设是片面化的、暂时的明星形象。当下的娱乐工业往往通过将明星形象片面化，达到快速吸引粉丝、获取经济利益的目的。一旦明星的人设形成，在一段时间内，粉丝在大众传媒上看到的明星形象就只是设计好的片面的形象。明星形象虽然具有暂时性、片面性，但仍是一个复合、整体、多元的概念，会随着时间推移而变化发展。③ 有的明星为了转变演艺风格，会主动打破之前的人设。明星的事业发展不是按照最初设定的形象线性向前的。"很多艺人从出道作品到后期作品，经过了数次形象转变，每次转型不是铲除以往形象废墟之后的重建，而是一个修正、扬弃的动态过程。"④ 演员周冬雨在饰演《山楂树之恋》中静秋一角色后，树立了清纯、文静的人设，之后她饰演的很多角色都是这一类型，这限制了她的"戏路"。在一期《极限挑战》节目中，周冬雨因为拒绝与前辈王迅合影、用力敲黄磊头部等不礼貌行为，而被网友攻击。此后，周冬雨"放飞自我"，展现出鬼马精灵的"冬叔"形

---

① 《TFBOYS的联合国之路之王源篇，总结王源近年来的辉煌成就！》，腾讯网，https://new.qq.com/omn/20190413/20190413A0L3FL.html.
② 《王源半年三次道歉，吸烟翻栏杆记错国难日，乖孩子人设崩塌》，搜狐网，https://www.sohu.com/a/315783970_120030460.
③ 理查德·戴尔：《明星》，严敏译，北京大学出版社，2010年，第102—103页。
④ 徐海龙：《明星形象的价值再探讨与进化阶段划分》，《现代传播（中国传媒大学学报）》，2014年第2期。

象。打破"静秋式"人设的周冬雨，在电影《七月与安生》中扮演了一个大大咧咧、有点痞气、敢爱敢恨的角色，一举夺得金马影后。所谓不破不立，人设崩塌有时是明星的主动选择。

（二）人设崩塌后接收者的情感变化

有一些粉丝在明星人设崩塌后，会"粉转路""路转黑"，极端的甚至会做出伤害偶像的事。由于先前人设所属的二度区隔中的虚构叙述是不透明的，并且，粉丝并不是被卷入虚构世界，而是这种虚构世界的建构者，[①] 所以粉丝其实无权要求明星的人设符合其真实性格。粉丝可以要求没有人设形象的明星表里如一，但无权要求明星的人设形象符合其真实形象。因为明星人设崩塌而做出极端行为的粉丝混淆了虚构世界与现实世界。"披头士"成员约翰·列侬被疯狂的粉丝枪杀，一个重要原因就是粉丝将约翰·列侬作品所传达的价值观视为约翰·列侬本人的价值观。刺杀约翰·列侬的粉丝发现他的偶像拥有别墅、游艇，与其歌词"请抛开一切，放开归零"的淡泊形象不符，觉得约翰·列侬是个虚伪的人。于是他拿着一本《麦田里的守望者》，枪杀了自己的偶像，甚至还用《麦田里的守望者》为自己枪杀偶像一事辩护。[②] 实际上，约翰·列侬并没有刻意经营"淡泊"人设，这桩悲剧发生的原因是粉丝将他自己从明星作品中推导出来的人格当成了明星本人的人格。这类人设实际是体现文本价值观的隐含作者，是粉丝从符号文本中归纳出来的明星的"拟人格"，而不是明星的真实人格。但粉丝时常将这种隐含作者的形象等同于明星本人的真实形象，一旦发现明星的真实形象与他们从文本中推导出来的"拟人格"有较大差别时，便觉得偶像的人设崩塌了。

人设崩塌后，明星从虚构叙述回到纪实叙述。回到纪实叙述中的明星往往会通过"赎罪"的方式寻求粉丝的原谅。"赎罪是堕落的名人通过告解和请求公众赦罪而重新获得正面的名人身份的仪式化企图。"[③] 此时，明星们会主动承认自己所犯的错，并通过诉诸粉丝同情心的方式，重新与粉丝协商，形成新的公众形象。演员蒋劲夫的日本女友在网上发布疑似遭家暴的照片后，蒋劲夫发微博承认了家暴行为，并向女友和公众道歉。蒋劲夫的公开认错为他赢得了一部分网民的同情，娱乐圈与他合作过的一些艺人也发微博为其发声。这使得人们开始追问，阳光明媚的"夫仔"家暴女友是否有隐情？虽然

[①] 亨利·詹金斯：《文本盗猎者：电视粉丝与参与式文化》，郑熙青译，北京大学出版社，2017年，第60页。
[②] 《圆桌派》第三季第一集《明星人设坍塌，形同红牌罚下》。
[③] 杨玲，陶东风主编：《名人文化研究读本》，北京大学出版社，2013年，第131页。

对待家暴的态度应该是"零容忍",但蒋劲夫通过"赎罪"的方式也获得了一些谅解。实际上,很多人设崩塌事件并不是明星形象的彻底崩坏,而是明星在向外界暴露自己真实的一面时,其作为艺人的专业性、作为社会典型的符号意义与其私生活发生了冲突,引发了粉丝们的评论和质疑,这并不一定意味着明星被粉丝彻底厌恶和抛弃。人设崩塌有时是明星在尝试与粉丝重新协商,树立更符合本人真实人格的公众形象。但明星"赎罪"后能否再被粉丝接受,取决于明星能否避免再次出现类似的人设崩塌。尽管如此,一些明星在人设崩塌后很难再挽回自己的形象,其事业也会遭受毁灭性打击,因为即使是冲破世俗枷锁的艺术家,也不能享有道德和法律的豁免权。[1] 影星高云翔涉嫌性侵,如被定罪,其参演的影视作品将无法播出,其本人也将面临影视公司的巨额索赔。[2] 吴秀波被曝婚内出轨后翻脸将女方送进监狱,遭到舆论谴责,其参演的不少综艺节目、电影、电视剧均受影响,他的许多代言及"中澳旅游形象大使"身份也被取消。[3] 2014年发布的《国家新闻出版广播电视总局办公厅关于加强有关广播电视节目、影视剧和网络视听节目制作传播管理的通知》规定:"暂停播出有吸毒、嫖娼等违法犯罪行为者作为主创人员参与制作的电影、电视剧、各类广播电视节目以及代言的广告节目。"[4] 这一规定意味着封杀有违法犯罪行为的"劣迹艺人"。

此外,人设崩塌后回归纪实叙述的明星,即使向粉丝展示出了自己真实的一面,其人格仍然不同于其本人在实在世界中的人格,因为纪实叙述是"有关事实"的叙述,围绕事实展开,但不是必定讲述事实。纪实叙述的"'透明性'是假象,是再现制造的幻象"[5]。粉丝对明星的了解大部分都是通过大众传媒的描述和报道获得的,这种经媒体呈现的人格其实早已建构好了。[6] 在明星人设频繁崩塌的当下,粉丝应该接受偶像也会犯错这一事实,离偶像的作品近一点,离偶像的生活远一点,理性"追星",不要混淆虚构与现实。

---

[1] 《83岁的伍迪·艾伦因丑闻息影,我们该为此惋惜吗?》,搜狐网,https://www.sohu.com/a/279002021_206804?_f=index_pagerecom_19。
[2] 《性侵案或影响新剧播出,唐德影视将向高云翔追偿损失》,腾讯网,https://xw.qq.com/cmsid/20180330A1X71Y00。
[3] 《风波后澳旅游局与吴秀波撇清关系:现在未来都不会合作》,腾讯网,https://www.sohu.com/a/291072456_100191056。
[4] 《相关部门全面"封杀劣迹"艺人,吸毒、嫖娼在列》,搜狐传媒,http://media.sohu.com/20141008/n404917344.shtml。
[5] 赵毅衡:《广义叙述学》,四川大学出版社,2013年,第75页。
[6] 理查德·戴尔:《明星》,严敏译,北京大学出版社,2010年,第32页。

总　结

　　人设是明星、粉丝、经纪公司、大众传媒、娱乐工业为满足各自的利益和需求共谋的产物，是演示类叙述文本。人设的叙述者是一个"人格－框架"，明星本人只是次叙述者。人设是虚构叙述文本，因为其出发世界是明星所处的可能世界。人设崩塌表示明星从虚构世界回到再现世界。明星人设崩塌后往往会通过"赎罪"的方式寻求粉丝原谅，有的粉丝不会再接受这个明星，有的粉丝则能接受明星人设崩塌后接受更加真实的形象。对明星进行人物形象设定本没有错，但明星的公众形象应更多地由其演绎的作品来建构，而不是人为设置。不恰当的人设不仅会限制明星的长远发展，对明星造成身心伤害，还会使粉丝感到受欺骗，甚至会损害整个娱乐产业的生态——不恰当的人设最终伤害的是参与人设叙述的各方。明星要避免在竞争激烈的演艺圈被快速淘汰，逃离其作为"快销"商品的命运，就必须拿出受粉丝喜爱、经得住推敲和考验的作品。一个只靠人设吸引粉丝却没有实力的明星，在人设崩塌后，很难再被公众接受。而明星如果能用优秀的作品赢得粉丝，只要不违背法律和道德，即使遭遇人设崩塌，也可能东山再起。对于粉丝来说，不以人设作为选择偶像的依据，而是更关注偶像的作品，在自己所选偶像转变"戏路"时，也能更理智地接受。

作者简介：
程娟，四川大学符号学与传媒学研究所研究人员。

西方汉学界的中国传媒文化研究：现状、价值与反思
——基于报刊和广告文化的考察视角*

李金正

摘 要：作为海外汉学的重要组成部分，中国传媒文化研究在西方学界备受瞩目，成果斐然，形成了一套独立于中国本土的自足自治的学术系统，但国内研究者对该系统缺乏研究。这不仅无益于中西学术的对话和交往，使本土研究失去"以他观我"的宽广视角，而且无力深入西方学界内部，廓清"他者"在该领域不可避免的东方主义、学术民族主义甚至妖魔化中国等偏见和误解。本文在深入考察报刊和广告文化研究现状的基础上指出，海外中国传媒文化研究亟待国内研究者的关注和正视，是国内传媒文化和跨文化研究领域的一个新的学术视点。

关键词：海外汉学　他者/自我　中国传媒文化　东方主义

近些年来，海外汉学（Sinology）或称国际中国学（Chinese Studies）[①]在学术界颇受瞩目，正如研究者所说，"对海外汉学的研究，正日益成为国内学界的一门'显学'"[②]，有些研究者甚至认为，"现代中国学"已成为"当代美国的'显学'"[③]。成为"显学"固然

---

* 本文为重庆市社科规划青年项目"英语学界的中国广告文化研究（1911—2011）"（项目编号：2017QNCB22）、中央高校基本科研业务费专项项目"他者镜像与接受变异：英美汉学界的中国近现代广告文化研究（1905—1949）"（项目编号：2017CDJSK07XK10）阶段性成果。

[①] 严格来说，海外"汉学"与"中国学"之间存在一定差异，前者多关注传统经学、哲学、语言、历史和宗教问题，是一种发端于欧洲的以人文学科为主的学术研究；后者是欧洲汉学重心迁移到美国之后发生在地化变迁的结果，它更为宽泛地关注中国的政治、经济、人口、外交、社会等现实问题，因此也被命名为"中国问题研究"。对于传媒文化研究领域来说，关于历史部分尤其晚清民国史的研究可归为海外汉学，而当代部分则较多地带有中国问题研究的特点，包括采用问卷、实地调查等社会科学的方法。以任继愈、李学勤等为代表的学者认为，可以沿用传统的"汉学"称谓涵盖后起的"中国学"，本文为表达统一，采用这种说法。

[②] 孟庆波、刘彩艳：《海外汉学研究的三点反思》，《社会科学论坛》，2013年第6期。

[③] 侯且岸：《当代美国的显学》，人民出版社，1995年，第1页。

可喜，但在本土学界，尽管海外中国文学研究、历史研究、哲学研究、社会学研究甚至自然科学研究都不乏关注者和探索者，但交叉学科或跨学科研究少有人问津，其中涉及传播学、新闻学、社会学、文化研究等相关学科的传媒文化研究即为一例。对于国内的新闻传播学界来说，这一研究向度的缺失不仅意味着该领域错失了一面不可多得的"他者之镜"，以致长期囿于"揽镜自照"的狭隘视界，而且对于其中存在的他者化、二元论、学术民族主义等所谓的"东方学"问题更是难以触及和抗辩。本文尝试探讨被本土学界长期忽视的海外中国传媒文化研究的现状及价值，借以初步呈现该领域的基本轮廓。

一、海外中国传媒文化研究现状

首先需要指出的是，所谓"海外中国传媒文化研究"，不同于以程曼丽、彭伟步等为代表的"海外华文传媒研究"，两者虽然存在着一定程度上的交叉，但仅从字面意义上来看就有所不同：前者是指海外学者关于中国本土传媒文化的研究，它聚焦中国问题，属意本土现象；后者的研究对象则是"使用华文和华语，在海外编辑、印刷、出版、发行和播放的各类新闻媒体的总称"[①]。这里显然包含有三个重要区分：其一，在研究对象上，前者主要针对海外汉学界关于中国传媒文化研究的学术成果，而后者，根据上述定义，则聚焦有关海外华人华侨的新闻传媒现象，着力点分属于"学界"和"业界"两个不同的领域[②]；其二，在语言上，前者以英语、法语、德语等西方语言为主，后者以汉语为主，存在语种上的差异；其三，在考察视角和学科归属上，前者"以他观我"或"以西窥中"，属于"西学"（Western Learning）或赛义德（Edward W. Said）意义上的"东方学"（Oriental Studies），后者则"以我观他"或"以中窥西"，实际上是本土研究的域外拓展，属于中国学术体系的一部分，因此二者又有"西学"和"中学"之别。

基于这样的区分，"海外中国传媒文化研究"就是以某种或多种西方语言为学术用语，并在西方学界发表、出版和交流的研究成果，其成员多为外国人和华裔学者，也有少数长期旅居海外的中国学者，比如李欧梵（Leo Ou-Fan Lee）、林语堂（Lin Yutang）等。不难看出，这一几乎被遗忘的领地实

---

① 程曼丽：《海外华文传媒研究》，新华出版社，2001年，第1页。
② 海外中国传媒文化研究并不回避业界，只是比较强调"透过学界看业界"，而不是直面业界，这一点正是它与海外华文传媒研究的一个重要区别。它本质上是一种文献－学术研究，而不是事实－经验研究。

质上是本土学界的"他者",它构成了海外汉学/中国学或东方学/西学的一个重要组成部分。反过来,对于本土研究者来说,所谓"海外中国传媒文化研究"就是一种对他者研究成果的"再研究"(内容梳理)和"反研究"(反思批判),也即一种纯粹的学术对话和交往。

历史地看,西方学界关于中国传媒文化的研究源远流长。据笔者之陋见,自欧洲汉学19世纪初在法国创立以来,便已有涉及中国古代传媒现象的零星论述,但其真正意义上的学术自觉则要到1920年。是年,上海圣约翰大学校长卜惠廉(W. A. S. Pott)"提议设立报学系,附于普通文科",并延聘毕业于美国密苏里大学、时任《密勒氏评论》主笔的柏德逊(Don. D. Patterson)担任系主任①,自此以后,海外学者便以报刊为契机,开始从学理上关注中国的新闻和传媒文化。两年以后,由柏德逊撰写的《中国新闻事业》(The Journalism of China)一书在美国出版,根据新闻学者彭家发的说法,该书是"外人以英文著述之有关我国新闻学相关著作"的"第一本"②。如果说这便为海外学者探究中国传媒文化事业之肇端的话,那么接下来很快就是"他者"审视中国的密集期:1924年,留学哥伦比亚大学的汪英宾在美国出版了他的硕士论文《中国本土报刊的兴起》(The Rise of the Native Press in China);1933年,曾担任燕京大学新闻系主任的著名汉学家白瑞华(Roswell S. Britton)以英文出版《中国报刊(1800—1912)》(The Chinese Periodical Press, 1800 - 1912);1936年,林语堂在美国出版《中国新闻舆论史》(A History of the Press and Public Opinion in China),该书"在50年代前后还是美国大学中关于中国近现代史的指定参考书之一",并"对美国汉学研究发生过影响";③ 1940年,德国犹太裔汉学家罗文达(Rudolf Lowenthal)出版以实证调查为主的《在华天主教报刊》(The Catholic Press in China);等等。此外还有大量的期刊论文、调查报告等,蔚为大观。

当然,海外关于中国传媒文化的研究远未止步于此。仅就报刊文化研究来说,如果我们依然将视野锁定于晚清至民国这一特定的历史区间,继起的研究者明显在数量和深度上不断拓展。

其一是研究数量。著名汉学家魏定熙(Timothy Weston)在一篇特意向中国学界撰写的综述性长文中对此做了比较系统的介绍。该文将海外学者的研究分为知识分子报刊活动、报刊史、报刊与民族主义、报刊与中国革命、报刊审查、报刊舆论与公共领域等几个主要方面,并在参考文献中专门对相

---

① 戈公振:《中国报学史》,中国新闻出版社,1985年,第210-211页。
② 彭家发:《基础新闻学》,三民书局,1992年,第277页。
③ 余英时:《中国知识分子论》,河南人民出版社,1997年,第210页。

关专著和论文集（不包括期刊论文）做了不完全列举，其数目令人咋舌：迄于该文完成的 2009 年，已多达 65 部。① 此外，以魏定熙为首的汉学家还在俄勒冈大学（2002 年）专门组织召开过一次国际学术会议，名为"跨国视角下的中文报刊（1850—1949）"（Transnational Dimension of the Chinese Press，1850—1949），其后又在哈佛大学（2005 年）和台湾世新大学（2006 年）举办过两次类似主题的研讨会。这样的研究成果和热情相较于本土研究者可谓不遑多让。

其二是研究深度。随着研究成果数量的不断增加，海外学者的关注视角必然向纵深方向拓展，其中犹以海德堡大学汉学系为典范。该系受哈贝马斯（Jürgen Habermas）"公共领域"理论的感召，在 20 世纪 90 年代由著名汉学家瓦格纳（Rudolf Wagner）牵头成立了"中国公共领域的结构与发展"（Structure and Development of Chinese Public Sphere）研究小组，名家云集，鼎盛时期包括梅嘉乐（Barbara Mittler）、燕安黛（Andrea Janku）、费南山（Natascha Vittinghoff）、叶凯蒂（Catherine Yeh）等。迄于 2007 年，这个小组已出版三部专著、两部论文集，并发表多篇具有国际影响的长篇论文。这些著述主要围绕晚清、民国的报刊与市民社会、公共舆论与政治议程之间的关系展开，比较系统地探讨了近代中国公共领域的可能性及限度。比如，燕安黛以德文出版的《只是空言：晚清中国的政治话语和上海小报》追溯了"论说"这一政论形式的起源、发展和公共职能，并以其主要阵地《申报》为依托，深入探讨了这种论辩形式的改良话语对中国政治进程的影响。② 该小组集中优势力量单点突击的做法不仅为国内学界所罕见，而且以"他者"视角为本土研究者提供了大量具有参考价值的文献。

诸如这样的研究在海外中国学界仅仅是冰山一角。依然就"公共领域"这一论题来说，美国汉学家萧邦奇（Robert Keith Schoppa）以浙江省为个案研究指出，20 世纪早期的浙江士绅阶层通过商会、同业工会、媒体等组织介入地方政治，一些私人力量逐渐获得公共表达的权力③；罗威廉（William T. Rowe）瞩目汉口，认为该城市在 19 世纪晚期曾获得"事实自治"，出现了国

---

① 魏定熙：《民国时期中文报纸的英文学术研究——对一个新兴领域的初步观察》，《国际新闻界》，2009 年第 4 期。
② 周婷婷等：《海德堡大学汉学系早期中文报刊研究概况》，《新闻大学》，2007 年第 3 期。
③ Robert K. Schoppa, *Chinese Elites and Political Change: Zhejiang Provence in the Early Twentieth Century*. Cambridge, Massachusetts: The MIT Press, 1982.

家与公共领域和私人领域的分化①。此外，兰金（Mary Backus Rankin）、杜赞奇（Prasenjit Druara）等汉学家也提出了类似的观点。但是，以孔飞力（Phlip A. Kuhn）、黄宗智（Huang Zongzhi）、魏斐德（Frederic Wakeman）、周策纵（Zhou Cezong）等为代表的汉学家则与此观念相左，他们认为，近代中国尽管由于商人、媒体和私人力量的勃兴，曾经出现过类似于公共空间的所谓"第三空间"，但严格说来，这并不是哈贝马斯意义上的"公共领域"。

然而，国内学界面对如此丰赡的学术矿藏，反应如何呢？答案是几乎没有，至少是几无可观。国内的研究凤毛麟角，即使偶见只言片语，也只是作为引证出现，远未抵近"他者"的核心论域，更少有系统深入的反思批判。也就是说，所谓对"他者"的研究，不过是填补研究者视野和文献丰度的一个方面罢了，远称不上系统性的"再研究"或"反研究"。

如果将视野放宽，面向整个本土学界的海外中国近代报刊文化研究，笔者搜集到的资料如下：仅见 CSSCI 论文 6 篇②，没有相关专著，也未见省部级以上立项课题。而且，这 6 篇论文，除了前述关于海德堡大学"公共领域小组"的一篇文献综述外，其余 5 篇都停留在"以我观我"的狭隘视域内，未从汉学研究的宽广视角进行探讨分析。

再反观海外汉学界，前述近代中国报刊文化研究仅仅是传媒文化研究谱系中的一个并不特殊的组成部分，它属于汉学研究的一个细分单位，其他的同级议题还包括新闻文化、视听文化、影视文化、广告文化、网络文化、新媒体文化、青年亚文化等。由此看来，海外汉学界的中国传媒文化研究类型繁多，结构完备，体量巨大，足以为本土学界勾勒出清晰而完整的"他者镜像"。

当然，我们并不是说"他者镜像"的每个部分都像前述近代报刊文化研究一样几乎无人问津。根据笔者目前搜集到的资料，南京大学张志强教授的海外中国出版史研究、华南师范大学刘兢副教授的海外中国传媒政治史研究

---

① William T. Rowe, *Hankou: Conflict and Community in a Chinese City, 1976－1895*. Stanford: Stanford University Press, 1989. 在另一篇题为 "The Public Sphere in Modern China" 的论文中，罗威廉探讨了官僚机构之外的"公"的观念，认为它较之于西方获得了更为充分的认知和发展。见 *Modern China* 1990 年第 16 卷第 3 期，第 326 页。

② 除前引周婷婷的综述性文章外，还包括邓绍根的《民国新闻教育先行者伯德逊和〈中国新闻业〉探析》(《国际新闻界》2011 年第 11 期)、宁树藩的《怀念汪英宾教授——兼论他的〈中国报刊的兴起〉》(《新闻大学》1997 年第 1 期)、王海的《中国新闻事业首次对外译介——从〈中国本土报刊的兴起〉看汪英宾的比较新闻观》(《暨南学报》2015 年第 12 期)、侯东阳的《林语堂的新闻舆论观——评林语堂的〈中国新闻舆论史〉》(《新闻与传播研究》2001 年第 2 期)、刘兰珍《罗文达的近代中国新闻事业研究》(《新闻与传播评论》2012 年第 1 期)。此外，李金铨教授的专访文章《海外中国传媒研究的知识地图》(《开放时代》2012 年第 3 期)也部分涉及海外汉学界关于近代中国报刊的研究。

以及中央民族大学石嵩副教授的海外中国电影研究都有不同程度的进展和收获。① 遗憾的是，这样的研究在各自领域可以说是孤例，研究者凭借一人之力探究单一语种的异域书写，难以穷究海外文献。更为重要的是，即便是上述研究，依然没有做到学术自觉，比如刘兢撰文探讨 SSCI 和 A&HCI 期刊上中国传媒研究相关论文，就没有意识到要区分作者的学术身份②，进而区分开在海外发表学术成果的中国本土学者和海外中国学学者这两个不同的学术群体，而这一点至关重要，因为前者不过是学术"自我"的海外延伸，后者才是真正的"他者"研究。而且，上述研究出现了"业界"和"学界"的混淆，而掺入了对"他者"（业界）的研究，而不纯粹是对"他者研究"（学界）的"再研究"，与海外汉学研究还是具有一定的距离。

综上所述，目前国内的海外中国传媒文化研究有三个基本特点。

第一，外热内冷。海外汉学界关于中国的传媒文化研究已经积累了十分丰厚的历史文献（包括国内已经遗失的珍贵史料），成为一个独立于本土学界之外的自足的学术系统，但国内研究者对此几乎视而不见，以至于这个专门的研究领地在当代中国异乎寻常地冷僻，其程度不亚于 19 世纪在法国发轫的汉学。相关研究难以成风，致使研究者往往孤军奋战，既不利于对海外学术资源的深度开掘，也不利于本土学界的学术再生产，对于海外汉学界所流行的"他者化"和"东方学"偏见，自然也无力抗辩。

第二，关注业界多于学界。国内学界追随海外中国文化和中国形象的研究蔚然成风，仅就传媒文化现象来说，有密切关注《纽约时报》《时代周刊》等媒体的中国报道者，也有深度开掘中国形象在英语世界的传播者。但深究起来，这些研究主要聚焦于媒体即"业界"，与真正的汉学或中国学失之交臂。

第三，翻译先于研究。尽管真正致力于海外传媒文化研究的学者并不多见，但该领域的翻译工作进展得有声有色。比如前述柏德逊、白瑞华、林语堂等人的著作，在 2011 年前后就已经由暨南大学出版社结集为"经典新闻学

---

① 三位研究者详情如下：张志强聚焦于西方学者关于中国出版史的研究，尤其对日本汉学家樽本照雄有关商务印书馆史的研究做了专门介绍，主持有教育部项目"海外中国出版史研究之研究"（2005）；刘兢的着力点在海外中国传媒研究，迄今已有多篇论文发表于 CSSCI 期刊，并主持有教育部项目"海外中国新闻传播研究的范式变迁（1951—2010）"；石嵩以《英语世界的中国电影研究》为博士论文题目，其后出版专著《中国电影在西方的想象性接受和变异性研究》（江西人民出版社，2013），并在 CSSCI 期刊发表十余篇相关论文。这些研究均未获得国家级课题立项，而且至今均有不同程度的中断。

② 刘兢：《1990 年代以来 SSCI 和 A&HCI 中国研究期刊里的中国传媒镜像》，《国际新闻界》，2012 年第 11 期。

译丛"出版。再比如，由刘东教授主编的"海外中国研究丛书"中有相当一部分涉及新闻传播和传媒文化问题。此外，阎纯德主编的"中国文化研究汉学研究书系""列国汉学史书系"，中华书局引进出版的"海外汉学丛书"，以及各种海外中国文学、历史学、社会学等学科门类的专门译丛中都有不少与传媒文化相关的译作。惜乎这些译作在国内传播学和文化研究界反响冷淡，并没有改变外热内冷的总体格局。

二、海外中国传媒文化研究的本土价值

对这个问题的回答，可以分为两个层面。首先是普遍－宏观层面的回答，即通过考察海外汉学或中国学的一般价值来回答作为其组成部分的海外中国传媒文化研究的价值。毋庸讳言，这种自上而下的解答的应然性，正在于该领域目前在本土学术谱系中实然性的严重缺位。

可以参照国内著名的汉学研究专家张西平教授的整体性论述来理解这个层面。包括海外中国传媒文化研究在内的海外汉学能够：第一，"奠定……中国本土学术界许多领域展开的基础"，比如有些文献"藏在国外，西方汉学家在文献的使用上有先天的便利"，因此往往成果丰硕，从而"给我们国内的研究一个较高的出发点"；第二，"推进中国文化在世界传播的研究"，"因为西方的汉学家是中国文化走向世界的桥梁，离开了对汉学家和汉学史的认真研究和梳理，是根本做不好中国文化外传（包括其历史、模式、途径、影响等）……研究的"，中国文化的对外传播因此也将失去学理性的支撑；第三，推动"全球化状态下的学术互动"，"学术必须是一个开放性的事业，只有在多种学术系统的相互交融过程中，学术才能健康地发展"，而且，既然"西方汉学的存在标志着中国自身的学问已经成为一种世界性的学问"，那么以此为基础展开中外学术对话和交往，促进国际学术的融合发展，便是不容错过的良机。[①] 既然海外汉学在促进本土学术发展、推动中国文化的海外传播以及加强中西学术的对话交往等方面都举足轻重，那么作为其重要组成部分的海外中国传媒文化研究自然需要找准自己的位置，发出自己的声音。

其次是在具体－微观层面，通过对海外中国传媒文化研究领域中某一具体样本的探讨，呈现该领域的一般价值。在此，笔者尝试以英美汉学界的中国广告文化研究为例进行个案分析。

据笔者目前的涉猎范围，即从 1905 年到 2019 年的时间范围内，英美汉

---

① 张西平主编：《西方汉学十六讲》，外语教学与研究出版社，2011 年，第 22－26 页。

学界共计出版学术专著 19 种（部分被译介到国内），撰写博士论文 20 余篇，发表高水平期刊（SSCI 和 A&HCI）论文近 80 篇，其中对 1979 年以来的当代广告文化研究是关注重点。对如此浩繁的文献，笔者难以面面俱到，只能择取其中几个具有代表性的议题及其结论进行举例说明。

近代以来的海外中国广告文化研究是从考察国货广告开始的。英美汉学界认为，国货广告是中国近代国货运动的重要组成部分，后者是一场奠基于近人郑观应"商战"思想的经济自强运动。在理论逻辑上，这场运动还不自觉地运用了现代商品人类学（commodity anthropology）思想，即通过排他性的"传记化"书写，将"民族"和"国籍"身份铭刻进超越价格、质量、外观等商品固有属性的所谓"根本特质"中，从而确保"国货"（national goods）之名的合法性和正当性。① 这种"商品的文化传记"饱含民族大义，很快便渗透到商业广告领域，并被国货广告商提炼为各种宣传话语和营销创意。

另外一些研究者通过安德森（Benedict Anderson）的理论将近代中国的商业广告锚定为类似于报纸和小说一样的"印刷资本主义"的新形式，进而在"想象中国的方法"（王德威）之外，开辟出了新的方法论的可能性。根据这种构想，以月份牌和报刊为主要媒介物的商业广告，借由其广泛传播的西式时间模型，在不经意间终结了传统地缘时间，并同时促成了一种现代性时间的发生。换言之，近代印刷广告的广泛流传使得本雅明所谓的主要表现为人与神之间垂直关系的"弥撒亚时间"让位于一种"同质的、空洞的时间"，并由此使人与人之间"水平－世俗"的共时性连接成为可能。② 这一点对于"民族共同体"的形成至关重要。正如李欧梵所说："一个'民族'在成为一个政治现实前，首先是一个'被想象的社区'（community，即共同体）。这个新'社区'本身即基于'同时'这个概念。"③ 在这样的时空框架下，经各类商业广告而大量传播的流行想象和现代性图景便共同缔造出一个"现代中国"。

除了上述经济民族主义理论框架下对近代中国的消极被动理解，海外中

---

① David Embrey Fraser, *Smoking out the Enemy: the National Goods and the Advertising of Nationalism in China, 1880—1937*. Berkeley: University of California, 1999, pp. 36－37, pp. 71－72. 卡尔·葛凯：《制造中国——消费文化与民族国家的创建》，黄振萍译，北京大学出版社，2007 年，第 7－8 页。

② 安德森：《想象的共同体：民族主义的起源与散布》，吴叡人译，上海人民出版社，2011 年，第 23 页。

③ 李欧梵：《上海摩登——一种新都市文化在中国（1930—1945）》，毛尖译，北京大学出版社，2001 年，第 55 页。

国广告研究还呈现出相当积极的一面。比如，美国汉学家高家龙（Sherman Cochran）通过对近代中国医药行业及其广告宣传的研究，指出"乐达仁引介的连锁店，黄楚九创建的广告部，项茂松招募当地连号店实行分销代理，徐冠群创建的研发实验室，胡文虎开办的用于广告宣传的报纸，等等"既与西方企业家一样"采用了资本主义的机构形式"，但又"更倾向于依赖家族纽带、同乡关系和客家人抱团观念等为基础的社会网络，在创业之初尤其如此"。这意味着，"必须对构成通常所见的那种西方中心式的自上而下的解释"进行重新理解，因为"种种机构已经在世界不止一个区域的'中心'形成了消费文化，并将之不止从一个'顶端'通过一种层级结构由上而下地加以传播，这些顶端包括……香港、天津，尤其是上海"[1]。也就是说，近代中国的消费文化非但没有仰赖于西方中心，反而在本土发展壮大的过程中，因根植于儒家传统的人伦血亲关系而获得了一种有别于西方模式但同样成功的新的"中心"身份，并且发挥出巨大的影响力。这种研究思路显然不同于前述研究框架下"冲击—回应"式的消极片面理解，而是在实质上借助了以柯文（Paul A. Cohen）为代表的新一代汉学家在中国学问题上的方法论转向，因此其价值立场更加合理公允。而且，如上强调儒家人伦关系在中国经济现代化进程中的积极作用的思想观念，实际上从一个不同于马克斯·韦伯（Max Weber）的考察向度回应了余英时所说的"韦伯式问题"[2]，即曾引起西方中国学界广泛瞩目的"儒家资本主义"（Confucian Capitalism）学说。在当代中国的广告文化研究中，这一议题又被海外研究者进一步延伸为中国现代化模式的特殊路径，也就是所谓的"另一种现代性"（alternative modernity）[3]问题。可见，西方汉学界对中国消费文化和广告宣传的研究既呈现出多元化特点，也具有某种内在一致性。

这些特点在中国广告的女权主义研究上同样得到了显著体现。研究者认为，中国当代广告中的女性"身体修辞术"（body rhetoric）的追求是一种"去种族美学"，它实质上体现为对"他者"的追慕和认同，这表明"中国妇女已经陷入了全球文化的逻辑，并且被塑造为消费文化的客体，就像西方妇女过去所经历的一样"[4]。甚至"现代妇女这个概念本身就是某种程度的悖论

---

[1] 高家龙：《中华药商——中共和东南亚的消费文化》，褚艳红译，上海辞书出版社，2013年，第173-174页。
[2] 余英时：《士与中国文化》，上海人民出版社，1987年，第458页。
[3] Hongmei Li, *Advertising and Consumer Culture in China*. Oxford：Polity Books，2016.
[4] Jie G. Fowler, *Female Appeals across Culture：Analyzing the U. S. versus Chinese Fashion Magazine Advertisements*. Lincoln：University of Nebraska，2012，p.35.

(oxymoron),因为'现代'经常与外国/全球之物联系在一起,而不是中国的事物;'妇女'则倾向于成为传统的携带者"①。传统与现代、落后与进步、丑陋与美貌,这一系列二元对立的类型学分析已经将英美汉学界的欧洲中心主义面目暴露无遗。但是,这并不是"他者"的全部表达。另一些汉学家则敏锐地捕捉到,"当代中国美女产品广告的符号学揭示了一种持续性的象征运用,这就是将中国妇女平滑无毛的皮肤变成一个昭示着中国性(Chineseness)的能指符号,同时也作为她们健康、自然的女性曲线的一个证据"②。中国妇女皮肤的天然特点在此被指认为女性美的"中国性"的一个重要指标,从而与作为"他者"的西方女性拉开了种族距离,这种观念无疑十分巧妙地实现了前述"中国中心论"的翻版。

如果说上述研究或多或少有失公允,那么以麻省理工学院比较媒体研究所的王瑾教授为代表的汉学家则着意于如其所是、客观公正地描述和探究中国广告。为此,王瑾自觉放弃了人文科学的"阐述式研究方法",因为她发现,"尽管我们熟悉结构语言学和社会理论,但没有权力独断解释一则为年龄、心态、文化实践、专业偏见、消费习惯、情感结构和经历都与我们不同的目标消费者创作的广告",比如舒尔美卫生巾广告,"我们不是目标群体中的年轻妇女,这意味着分析广告(我们)没有优势"③。基于这种认识,王瑾采用了民族志的研究方法,以本土的"他者"和"局外人"身份,在奥美国际广告公司的北京分部做了两个长夏的田野调查,其研究结果自然达到了尽可能的客观公允。正如陈刚的评议,"本书的每一个观点背后,都有充分的数据和资料进行支持……这种介入行业本体的学术姿态是值得提倡的",他甚至强调"应该由我们中国广告领域的学者自己来撰写这样的一部专著"④。

当然,海外中国广告研究远不止以上几个要点,还包括广告媒介和技术的历史性梳理、各个历史时段的广告受众分析、广告伦理与法规研究、国际广告在中国的本土化进程,等等。这些著述无不是新见迭出,引人瞩目。

上述文献梳理虽未面面俱到,但是依然可以供我们一窥海外中国传媒文化研究的全貌:一种不同于本土学术体系的体型庞大的"他性"学术成果。

---

① Kineta H. Hung, Stella Yiyan Li & Russell W. Belk, "Glocal Understanding: Female Reader's Perception of the New Women in Chinese Advertising", *Journal of International Business Studies*, 2007, Vol. 38, No. 6, p. 1036.

② Perry Johansson, "White Skin, Large Breasts: Chinese Beauty Product Advertising as Cultural Discourse", *China Information*, 1998, Vol. 13, No. 2/3, 1998, p. 60.

③ 王瑾:《品牌新中国:广告、媒介与商业文化》,何朝阳、韦琳译,北京大学出版社,2012年,第74页。

④ 陈刚:《品牌新中国》,《广告大观(理论版)》,2010年第6期。

这样一种学术成果虽在海外,却对中国本土的学术研究有不容忽视的意义。该领域的学术和应用价值可以总结为以下几点:

第一,海外中国传媒文化研究的有些结论过于极端和负面,时常流露出西方中心主义、学术民族主义甚至"妖魔化中国"的"观点主义"(conceptualism)倾向。对此,国内学者必须中立足本土立场和现实语境进行必要的反思批判,而不能放任自流、置若罔闻。当其他相关领域纷纷进行汉学或中国学的批判性"再研究"时,传播学和文化研究界也要积极参与。

第二,作为异质性的"他者",海外中国传媒文化研究资料丰富,往往视角新颖,研究方法别具一格,如能引以为本土学界的"他者镜像",则可以拓宽视野、反观内省、取长补短,对于提升国内的学术生产力大有补益。

第三,以王瑾为代表的很多汉学家执意走出书斋,深入业界,通过实证的方法探究中国的传媒文化现象,这种研究取向显然有利于得出客观合理且实用的成果。如能将其整理发掘,洋为中用,则对我国传媒产业也将具有一定的参考价值。虽然我们一再强调关注学界,但这并不妨碍"透过学界看业界",选择有价值的海外研究成果用于中国本土。

结　语

本文初步梳理了海外中国传媒文化研究在本土学界的现状,并深入探讨了努力发掘这一领域的重要价值,包括搜集海外文献、抗辩西方中心主义偏见、助力业界发展等。系统梳理、呈现并深度考辨作为"他者镜像"的海外中国传媒文化研究,不仅有利于本土的学术生产和传媒业务实践,而且有利于打通中国传媒文化究领域长期以来的学术壁垒。这样的学术之旅必将为国内的新闻传播研究带来充满东西双方学术智慧的丰盛飨宴。

作者简介:

李金正,重庆大学新闻学院副教授,重庆大学新闻传播与区域发展研究院副研究员,硕士生导师,主要研究海外中国传媒文化和媒介哲学。

中国神话的价值综述

刘怡净

摘　要：中华民族文化源远流长，而中国古代神话更是一笔宝贵的财富，它凝聚着古人的想象和智慧，是他们解释世界、认识世界的成果。自1903年"神话"一词西学东渐在中国崭露头角以来，我国学术界逐渐在古代神话研究中开辟新的天地，试图从源头着手，再一次认识中华民族的成长路径，找到救国救民的良方，让古老的神话在当代生发新的活力。本文选取了近120年在中国古代神话研究领域具有代表性的专家学者，收集他们所认识的神话及神话研究意义，试图展示中国神话学的初心以及中国神话在不同历史阶段的价值。

关键词：中国神话　价值　综述

作为西学东渐的产物，中国神话学在我国已走过120多年，中国学者从借鉴、套用西方理论开始，逐渐阐发出具有中国特色的神话学观点，使中国古代神话愈发迸发出不一样的生机和活力。值得注意的是，中国神话学发展壮大的120年同样也是中华民族进步成长的120年，这样的默契绝非偶然，毕竟人文学科时时刻刻都受到了社会人生的刺激和诱惑，学者独特的社会经验、人生阅历甚至是政治倾向，都直接影响了他们的研究方向和研究方法。[1] 章太炎在《国故论衡》中所言"立学术者无所因。各因地齐、政俗、材性发舒，各名一家……古者有三因，而今之为术者，多观省社会，因其政俗而明一指"[2]，更加说明由地理环境因素、个人才能因素决定学术方向的时代已经过去，在当代社会，社会因素指引着人文学科学术研究方向。那么，历史社会环境为中国神话学的发展提供了怎样

---

[1] 陈平原：《学者的人间情怀》，《教师》，2014年第11期，第1页。
[2] 章太炎：《国故论衡》，商务印书馆，2017年。

的养分，中国神话学又是如何反哺推动中华文化的壮大呢？本文参照马昌仪学者在《中国神话发展的一个轮廓》一文中对中国神话学发展阶段的划分方式，通过列举不同时期前沿人物对神话研究的认识，来呈现中国神话学在不同历史阶段的社会关注及研究价值。

一、1903—1919：中国神话学的萌芽阶段

20世纪中国国家政权建设的过程"是在民族主义以及'现代化'的招牌下进行的"[①]，章炳麟认为自己的民族主义精神是"如稼穑然"，需要有史籍所载人物、制度、地理、风俗等文化因素助力，因为文化在一个民族中具有重要意义，如果文化消失了，人们便会陷入"徒知主义之可贵，而不知民族之可爱"的危险境地，造成民族主义精神"渐就萎黄"的局面，这会使我们无力抵御外族的侵犯，从而失去民族的独立性。在20世纪初，中国正处于水深火热的世界大环境中，清朝闭关锁国被打破，中国知识分子从沾沾自喜中清醒过来，在西方学术传入的文化环境下正视世界和自己。作为中国传统文化中一笔宝贵的财富，中国古代神话引起了中国学者的注意。台湾地区著名神话学家王孝廉曾对神话学落地我国的原因做了如下精辟的总结：

中国古代神话传说研究兴起的原因和背景有五个：一是受了鸦片战争以来动荡不安的时代环境的影响，在现实和传统的冲突中刺激知识分子对于传统的古史观念产生了再思考和再批判的动机；二是受清代中叶到民初的疑古学风的影响，在这种不信任古史和典籍的疑经风气的传承下，产生了"古史辨"的古史研究，由此而导致了当时和以后的神话传说研究；三是受了西方科学治学方法和新史观输入的影响，由这些使当时的学者知道了神话学研究上的各种学说与研究方法；四是受了当时考古学的影响，出土的遗物和甲骨金文等使得古书典籍中的神话记载得到了真实的物证；五是受"古史辨"的影响，由"古史辨"对古史所做的推翻和破坏的工作产生了神话传说的还原。[②]

1903年，蒋观云在《新民丛报》第36号上发表《神话历史养成之人物》，这是"神话"一词第一次被引入中国。在当时，世界文明多认为神话是荒谬至极、没有价值的，但蒋观云在文章中指出，近世欧洲文学思潮便是受到北欧神话和歌谣而迸发出新的活力，达成了"风靡于保尔亨利马来氏"的状况，

---

① 杜赞奇：《文化、权利与国家：1900—1942年的华北农村》，江苏人民出版社，1994年，第2页。

② 王孝廉：《中国的神话世界》，作家出版社，1991年，第726页。

所以古老的神话与传说对当代文化的复活有着不可忽视的作用。神话是人类智慧的结晶，是"一国人天才所发显之处"，对"人心有莫大之影响"，能"造成一国之人才"。蒋观云还把神话研究与启发民智联系在一起，认为在社会动乱之时，若想唤醒麻木的人心，"必先改进其能教导一国人心之书始"，而神话便是能改进人心、"鼓荡之有力者"之一。①

夏曾佑则从进化论考究神话故事，他在1905年出版的《中国历史教科书》中作有《传疑时代》一文，主张神话是记载种族之古事，不论是文明的种族还是野蛮的种族，其神话都能体现出其独特的性情、风俗、法律、政治等，"当为其俗之所尊信"②。从神话之中，我们可以窥见某一族群自古以来的风土人情，这为研究民族的社会文化提供了强有力的依据。神话虽然不是信史，但其中所记载的历史之事有可取之处，能为考证民族信史提供一定的铁证。夏曾佑通过神话考据出中国信史的开端，认为"中国自黄帝以上，包牺女娲、神农诸帝，其人之形貌、事业年寿，皆在半人半神之间，皆神话也"，三王、五帝和九皇等是"纯乎宗教家言，不可援以考实"，由此得出了"言中国信史者，必自炎黄之际始"③的观点。

1906年，王国维《屈子文学之精神》一文着眼于神话与文学的联系，通过探讨南北文学，研究其中想象力、情感与文学的关系。他在文中所列举的具有想象力的南方文学，便是神话。他认为文学艺术创作的首要心理动力就是丰富的想象力，神话是处于国民文化初期的想象，就像是人类处于发展初期状态——儿童时期的想象一样，活泼有趣。古代印度与希腊文化生发出的壮丽的神话故事④，就是因为极具想象力而拥有震撼人心的效果。王国维十分看重在文学艺术创造过程中的想象力的发挥，这是他对中国传统"诗缘情"观点的补充和发展，开启了从美学价值角度研究神话的新视角，在中国神话研究史上具有首创之功。⑤

鲁迅在1908年发表于《河南》月刊的《破恶声论》中，批评了在西学东渐的社会环境下，人们凭部分零散科学知识而对神话抱有嗤之以鼻态度的现象。在他看来，神话是原始时代"向上之民"主动创造的结果，展现了他们追问物质世界、回归心灵世界的思维突破，"夫神话之作，本于古民，睹天地

---

① 马昌仪：《中国神话学百年文论选萃（上编）》，中国广播电视出版社，1994年，第18—20页。
② 马昌仪：《中国神话学百年文论选萃（上编）》，中国广播电视出版社，1994年，第21—27页。
③ 孙庆伟：《疑古还是信古：民国史家对于古史的基本态度》，《古代文明》，2016年第10期，第283—300页。
④ 马昌仪：《中国神话学百年文论选萃（上编）》，中国广播电视出版社，1994年，第28—32页。
⑤ 王怀义：《百年来中国神话美学研究的基本问题》，《文艺理论研究》，2012年第5期，第29—34页。

之奇觚,则逞神思而施以人化,想到古异,淑诡可观",神话是古人用奇思妙想来解释天地万物的成果,这些神话意象满含着他们的精神理想和生命情感,所以作为后人的我们,不能对这些神异之思进行科学性的思辨。"矧欧西艺文,多蒙其泽,思想、文术,赖是而庄严美妙者,不知几何"①,神话为西方文化、文明和文学艺术提供了生生不息的活力,它的现实意义不容小觑,并且神话是宗教发生和科学发展的一个重要因素,有此种种都说明神话与民族性有关,我们不能对其价值全盘否定,在国势衰微的特殊时期,这些古老的东西可以为中华民族带来"神思美富,益可自扬"的自信。

梁启超在1921年发表的《神话史、宗教史及其他》演讲中认为,神话是"民间无意识"发表思想的重要载体,展现着古人对世界感知的思考,对古代社会风俗、思维方式的研究和考证具有重大意义,是进行文化研究的重要资料。"语言文字之后,发表思想的工具,最重要的是神话……我们研究古人的宇宙观、人生观和古代社会心理,与其靠《易经》,还不如靠纬书和古代说部如《山海经》……用科学的分类,做出一部神话同风俗史来,可以有很大价值。"② 同时,根据神话故事的叙述细节,梁启超还持有神话地理环境论,从神话中考据地理环境的变迁,从而探讨受地理环境影响的文化与社会,《洪水》一文便是以此学术思想进行的,它揭示出中华民族"自始即为多元的结合之事实"。神话除了具有地理层面的研究价值,还能为风俗研究提供美的渲染,与节日相关的神话故事会为节日本身晕染上或荡气回肠或情意绵绵的色彩基调,为中国的节日增添充分的美术性。

在兴起之初,中国神话的研究价值得到了许多学者的肯定,使得载于古书之上神奇的神话故事拥有了确切的现实意义,而这一具有神秘气息的神话也确实遭到了一些质疑。刘师培"尝考中国古籍,其溯人类之肇生也,立说多近于西教,有所谓创世之类说者,又有所谓造人之说者,咸荒诞不足信"③,因"上古之史多渺茫"且"记事互相歧",刘师培对中国古代神话的真实性持否定态度,认为其荒诞不经,不足为信,而极力挖掘中国神话与西教的联系,主张"汉族西来说"。但之后,刘师培在《攘书·溯姓》中又把感生神话与母系制度联系起来,在《中国历史教科书》中依据文献记载来讲述"五帝之事迹""夏代之兴亡"和"商代之兴亡"等,他似乎又是认同中国古代神话存在的合理性的。前后不一的学术主张,并非其治学不严谨,而是有着背后深层

---

① 马昌仪:《中国神话学百年文论选萃(上编)》,中国广播电视出版社,1994年,第33—36页。
② 马昌仪:《中国神话学百年文论选萃(上编)》,中国广播电视出版社,1994年,第92—101页。
③ 刘师培:《古政原始论·氏族原始论》,见《刘师培全集》,中共中央党校出版社,1997年。

的情感意图——矛盾的做法是为了让国人相信汉族和西方同种,以此来激发中国人自强保种的自信心。①

二、1919—1937：中国神话学的奠基阶段

1919—1937 年,中国神话学在新思潮中得到了扎实、稳健的发展。这一阶段,学者们自觉地学习西方学术思维方式以及人类学、民俗学等相关新兴学科,构建了中国现代神话学的理论体系,开启了神话学研究的新方向,使得神话学脱离出人文学科的依附地位,拥有了独立的学科品格,成了一门独立的学科②。

鲁迅是中国小说史的奠基人,他在《中国小说史略》一书中将神话与传说视作小说史的源头:"昔者初民,见天地万物变异不常,其诸现象必出于人力所能以上,则自选众说以解释之,凡所解释今谓之神话,神话大抵以一'神格'为中枢,又推演为叙说,而于所叙说之神之事,又从而信仰敬畏之,于是歌颂其威灵,致美于坛庙,久而愈进,文物遂繁。故神话不特为宗教之萌芽,美术所由起,且实为文章之渊源。"③鲁迅认为,古人遇到超出自己生活经验之外的现象时,便用"神"的说法来阐释,以让每一件事都事出有因。在神话演进过程中,神话人物从具有通天之力的神性向与百姓无异的人性进化,这样的转变让神话在"书写人的文学"等五四运动思想的影响下,为"创造者由'无意为小说'向'有意为之'的演进论断"④提供了理论依据。神话在一个民族文化发展史上意义重大,是该民族历史与文化的积淀,鲁迅先生尽管批评了神话传说部分阻碍现代化进程的负面现象,但同样意识到神话本身的价值,它可以成为研究中国传统的突破口,从神话中可以窥探国民千百年以来的精神文化风貌。例如,在《关于中国的两三件事》一文中,鲁迅抓住了中西方神话中"火种"意象的不同渊源和表达,得出"中国神话为人民造福"⑤的精神内涵。这些从神话中挖掘出的文化意蕴,为国民性改造等问题提供着强有力的支撑。鲁迅先生通过对古老神话的审视,形成了独特的思想主张——"立人""改造国民性"的启蒙之路。神话对于鲁迅启蒙思想的

---

① 曹靖国:《刘师培史学思想述评》,《东北师大学报（哲学社会科学版）》,1991 年第 6 期。
② 黄震云、杨胜朋:《20 世纪神话研究综述（上）》,《徐州师范大学学报》,2003 年第 1 期,第 22—27 页。
③ 鲁迅:《中国小说史略》,广西人民出版社,2017 年。
④ 温庆新:《"中国小说起源于"神话与传说"辨正——以鲁迅〈中国小说史略〉为中心》,《南京大学学报》,2014 年第 5 期,第 134—141 页。
⑤ 徐景林:《你应该阅读的中国名家杂文》,百花洲文艺出版社,2018 年,第 27 页。

形成具有不可忽视的作用,他关于神话和启蒙的思考在思想性与艺术性两方面是相辅相成的。

主张"为人生"的文学研究会主力茅盾先生认为,"文学家所负荷的使命,就他本国而言,便是发展本国的国民文学,民族的文学;就世界而言,便是要联合促进世界的文学"①。站在五四新文学战线上,如何学习西方文化精髓、乘西方文学研究先进之风发展,是中国那代文学家们所冥思苦想的问题。茅盾曾如此描述他研究西方神话的初心:"既要借鉴于西洋,就必须穷本溯源,不能尝一脔而辄止……那时,20世纪才过了20年,欧洲最新的文艺思潮还传不到中国,因而也给我一个机会对19世纪以前的欧洲文学作一番系统的研究。这就是我当时从事于希腊神话、北欧神话之研究的原因。"② 从神话开始追本溯源,便可从远古出发看不同民族在人类发展长河中的思想形态的变化。茅盾认为,不只是先进、文明的民族才有自己的思想,即便是野蛮、原始的民族也有着自己独特的宇宙观,他们以自己的生活状况、伦理观念和宗教思想等为主干,辅之以丰富多彩的想象力,创造出独属于他们的神话和传说。③ 相比鲁迅仅着眼于中国神话研究,茅盾则具有更广阔的视野,他从世界神话的高度审阅中国神话,试图建立起一个独立的中国神话体系。④

周作人在希腊神话研究方面是开风气之先的理论家和翻译家,为中国异域神话的研究做出了突出贡献。他穷尽一生对神话的研究,源自他对神话独特的兴趣,"但是有一样东西,我总是喜欢,没有厌弃过,而且似乎足以统一我的凌乱的趣味的,那便是神话"⑤。周作人认为,神话体现着远古先民的文学、宗教和科学,是当时的人民信仰的表现,他以"人本"为主线,以思想信仰为核心,以古典进化论、心理学和文学等为主要理论,以了解人的思想、文化以及心理的结构和发展为目标,最终在神话研究过程中求得人的全面发展,所以,周作人不是为神话而研究神话,而是为人而研究神话。他试图从文学的角度欣赏神话中所蕴含的丰富想象力,用科学的眼光审视其中描摹的先人的思想和民俗。周作人这一"为人"的文学理念也是他研究希腊神话的初心,他希望能将从希腊神话中看到的自由精神、人格尊严以及他们对美的无限追求毫无保留地呈现在中国人面前,使处于水深火热之中的中华民族获得新的民族精神与信仰,以此来寻找改造国民劣根性的治病良方,为国人带

---

① 茅盾:《茅盾评论文集》,人民文学出版社,1982年。
② 茅盾:《茅盾全集》,人民文学出版社,1985年。
③ 叶舒宪选编:《神话:原型批评》,陕西师范大学出版社,1987年。
④ 杨茜:《茅盾神话思想初论》,山东师范大学硕士学位论文,2007年。
⑤ 刘锡诚:《二十世纪中国民间文学学术史》(上卷),中国文联出版社,2014年,第57页。

来精神的新生。"因为这种希腊精神即使不能起死回生,也有返老还童的力量,在欧洲文化史上显然可见,对于现今的中国,因了多年的专制与科举的重压,人心里充满着丑恶与恐怖而日渐萎靡,这种一阵清风似的被除力是不可少,也是大有益的。"[①]

五四运动的领导者多是腹有诗书、眼界开阔的知识分子,他们极力反对帝国主义,尝试建立科学的、民主的新文化。"新一代中国知识分子,已明显从对传统价值观核心之点的怀疑,转向对其的彻底否定"[②],顾颉刚便是这群知识分子之一,他对中国历史的可信度持否定和怀疑态度,认为中国古代神话被历史化了,有着"古史即神话"的主张,这也是其之后中国神话学"古史辨"派的研究法则和方向。因此,他研究神话的目的不是建立中国的神话学,而是为了把中国古代文献上古史中的神话部分剔除出去。作为"古史辨"的领军人物,顾颉刚在《古史辨》第一册自序中表明,他的研究目的是古史方面,一切其他研究最终都要归结于古史,古代神话在千年的流变中已经与历史不可分割,此二者早在前人的叙述和整理中盘根错节。顾颉刚认为我们若想要了解古代神话的去向和现代神话的来源,应当将古今的神话一以贯之地进行研究。

神话学者黄石在《神话研究》中专作一篇《神话的价值》,较为全面地分析总结了自中国神话学开创以来学者所认识的神话的价值。其一,神话是人类思想的原料,是真切表现自我的手段,人们通过神话可以体会古人的奇思妙想与生活智慧;其二,每一个民族的思想在发展历程中都逃不过神话时代,这是人类思想史的第一页,也是反映原人心灵的一面镜子;其三,神话反映着古代社会生活,史前时代的文物礼制和政教风俗是人类文化史的重要研究资料;其四,虽然神话研究的"古史辨"派对神话与历史的关系持强烈的怀疑态度,但神话即使非全然是信史也不尽是无稽之谈,部分神话如"洪水神话"的确有其历史价值;其五,神话的存在并不是为了宣传宗教,但能在一定程度上反应宗教精神,因各民族宗教精神不同,其神话也各具特色,这亦是神话时代的各个民族神话与宗教不尽相同的原因;其六,神话传述的是人的行为,具有道德学层面价值,但不在于道德教训,而在于表现道德观念,并让后人认识到原始时代的道德和现代的道德大不相同;其七,神话具有极高艺术价值,神话故事中的奇妙设想和离奇情节富有浪漫主义色彩,神话中慷慨壮烈的英雄故事、缠绵悱恻的男女之爱,则可以帮助读者养成同情心,

---

① 刘锡诚:《二十世纪中国民间文学学术史》(上卷),中国文联出版社,2014年,第57页。
② 李波:《吕思勉与二十世纪前半期的新史学》,华东师范大学博士学位论文,2012年。

神话还与近代童话有同等价值。①

冯承钧在1929年发表的《中国古代神话之研究》中指出，中国古代史料的记载，在很大程度上取决于治史者，他们不能很好地分辨混杂的人事与神话，"采其成立已久之故事，衍绎而成史文，其尚未流行者，则屏弃不录，迨后其说流行，史家复又收之"，由此观之，在史者主观条件的筛选下，神话对古史有着很大的影响。而不同时代的史者对神话故事的选择侧重有所不同，同时要对神话中神性之事物进行重新描述以使其符合社会认知，这多重因素造成了中国古史"所见不可解之事甚多"的现象。虽然历史本来的发展过程受到了一定的伪造和修饰，但"造伪书者，必选用若干典故以实篇章"，所以伪书中不免有真实可信之事，"研究社会历史者，不能不取材于其中，其价值或与叙帝德臣功家谱式之正史相等，未可轻视也"。②

20世纪30年代初，德国"支那学者"爱伯哈特博士在给钟敬文的信中认为，中国神话是极端贫乏的。中国神话分散式、简略化地存在于不同的古老文献中，不同于古希腊、古罗马的具有体系完整、情节丰富的神话作品，因而在当时这种观点较为普遍。钟敬文在1933年《与爱伯哈特博士谈中国神话》中写道："就足下所举例的对于敝国的神话和传说的贵国的（乃至欧洲别的国家的）学者那种不正确的观念看来，我们更觉得自己对于本国这类学问（神话学、传说学以及童话学等），是有格外努力向前的必要的。"外国学者对于我国神话认识不当，激励着学界的神话学科发展壮大，正如清朝末期有志之士奋起反抗抵御外敌以获得主权自由一样，这一时期的学界也经历着相似的局面，"中国人，今日已临到学术自觉的时期了！"为了重造中华民族的文化体系而获得精神自由，学者们在这样的自觉中苏醒，尽全力在先进的世界学术广场上竖起一面特色鲜明的中国旗帜。

江绍原在《以法术和宗教的眼光看古代世界》一文中，从法术与宗教入手研究神话。他认为，中国学者用近代的学术眼光和方法重读古书和研究古物，纠正了以往被学界忽略、误解的文化，使得他们对古思想、古生活、古制度等事实有了新的认识。在古代生活里，宗教性质尤其是法术性质的观念和举动有着很显著的地位。③

---

① 马昌仪：《中国神话学百年文论选萃（上编）》，中国广播电视出版社，1994年，第102—108页。
② 马昌仪：《中国神话学百年文论选萃（上编）》，中国广播电视出版社，1994年，第143—152页。
③ 马昌仪：《中国神话学百年文论选萃（上编）》，中国广播电视出版社，1994年，第264—281页。

三、1937—20世纪40年代末：中国神话学的拓展阶段

1937年，抗日战争全面爆发，国民党系统的文人纷纷南迁，到西南躲避战乱。这一时期，当其他学科的研究受战乱影响而停滞不前时，边疆研究却"呈现一种空前的热烈与紧张"，成为一门"显学"。① 顾颉刚曾坦言，他从阁楼里的高文典册转向边疆民族问题的研究，是源于时代的压迫和环境的引导，国难当头，知识分子们深觉应转变研究态度，"我们的工作再不可对现时代不负责任了"②。在外敌肆意侵占中国资源的情况下，中国知识分子逐渐从"只求船坚炮利的自强运动"中醒了过来，他们发现他国民众因拥有民族观念而能团结一致，而中国人却不能。③ 为了能在全球各国争夺土地与自然资源的背景下维护主权完整，当时的中国政界与学界领袖们达成了一个共识——"民族大同论"，即此国家内的民族包括清政府统治下所有的汉族与非汉族人群。④ 因此，在20世纪30年代，不论是出于现实的政治因素考虑还是文化需要，边疆民族的考察研究工作都是具有重要价值和意义的。

楚图南于1938—1939年写成约两万多字的《中国西南民族神话的研究》，对四川南部、贵州和云南等地进行了研究。西南地区在汉唐时期已东通中国、南接南越，因四通八达而成为文化荟萃之地，其文化之甚可与唐人相媲美，如此兴盛繁华之地在之前却并未成为文化研究的对象，是因为"大多数过去的学者不是陷于无意的讹误模糊，即是流于有益的附会或夸张"，让此地的真实样貌未能显扬于世。西南地区有不同于中原地区的独特文化传统，通过搜集成文和未成文的史实并做分科专题研究来对西南地区进行研究和理解，这不论是对于纠正讹误、化解种族间的成见和误解，还是对于厘清中国文化的血脉传承⑤，都是十分有必要的。楚图南在《中国西南民族神话的研究》的绪言中指出这项研究有三方面意义。其一，西南民族的史料大部分还是神话和传说，极具文学价值，将成为历史学、考古学和民俗学等学科研究的珍贵材料；其二，他通过搜集、分类和整理西南民族的神话传说，努力把被误用的史实还原为神话，以推论西南民族可靠的信史；其三，以其和别种民族的神

---

① 马长寿：《十年来边疆研究的回顾与展望》，《边疆通讯》，1947年第4期。
② 顾颉刚：《我为什么写"中华民族是一个"？》，《西北通讯》，1947年第2期。
③ 姬广绪：《凌纯声的赫哲族研究及其影响》，《文化学刊》，2012年第1期，第106—110页。
④ 王明珂：《历史变迁的微观过程——一个近代边疆民族考察的例子》，《南方都市报》，2011年6月26日。
⑤ 孙喆、许会娟：《全面抗战时期中国民族问题研究的焦点与困境——以对中国民族学会的考察为中心》，《云南师范大学学报（哲学社会科学版）》，2020年第4期，第138—146页。

话和传说互相对证和比较，可探究出各个民族之间的关系。①

凌纯声从20世纪30年代起便开始了田野调查，研究东北赫哲族、湘西苗族等民族文化，对民族学和人类学都有极大意义。他所整理呈现的民族神话故事，对溯源民族和展现文化都起到了重要作用，不同民族的神话同源对佐证"民族大同论"也具有重大意义。

马学良在《云南土民的神话》里谈道，神话是信仰的产物，信仰又是经验的产物，所以神话是研究一个民族社会和思想最直接的材料。但需要指出的是，因为时代的变迁，社会发生了巨大的变化，加之文字记载经文人修改藻饰已经失去了神话的本质，神话故事与生活信仰的关联早已被斩断，所以通过现如今残留的神话，我们已经无法全面地认识与它同时的组织道德行为。正如马林诺斯基所说，人类学家要把民间故事、传说和神话抬到平面的纸面生活以上，研究者若想从中探得当时期社会生活的真相，必须深入该民族的生活进行田野调查，去了解古老神话影响下的社会风俗习惯、道德规则和社会组织，从现有神话中去探寻丰富的文献材料。特别是在"不曾开化"的民族中，"土人"认为遵守传统行为是神圣不可侵犯的，在畏惧的情绪和不成文的特律约束下，"神话在强有力地支配着他们生活中的道德与社会行为"，所以在这些地方很容易找到最本真而又非常珍贵的资料。② 通过对民族神话及民族现代生活方式的多重研究，研究者可以更好地了解该民族人民对传统的看法，并梳理考证，悬拟出他们的历史，事半功倍地根据该族人民的心理状态、社会情形进行民族发展的对策书写。正如研究湘西苗族的石启贵在《湘西苗族实地调查报告》一书的编辑说明中写道："本书编辑，是为沟通苗汉、化除隔阂……""编材侧重发扬民族、启迪民智、扶植民力，提振民气、以养成苗族良好习惯"③。

闻一多从神话入手探寻民族与文化的源头，并将学术研究与现实需要结合起来，通过对神话尤其是"龙"图腾的研究，寻找中华民族"集体的力"④。闻一多先生认为神话、宗教、科学是历史上存在过的三大思想体系，而其中的神话体系最具统一性，因为它不仅包罗万象，还能解释宇宙。人类创造神话这个思想系统并非单纯为了求知欲，更重要的是为"支配宇宙"打好基

---

① 马昌仪：《中国神话学百年文论选萃（上编）》，中国广播电视出版社，1994年，第446—460页。
② 马昌仪：《中国神话学百年文论选萃（上编）》，中国广播电视出版社，1994年，第554—568页。
③ 石启贵：《湘西苗族实地调查报告》，湖南人民出版社，1986年。
④ 储冬爱：《茅盾、闻一多神话研究的比较》，《广西民族研究》，2004年第4期，第35—38页。

础——"人必须要对人、动物,以及一切物体及其精灵有控制权"①。在《神话与诗》中,闻一多把神话视作一切文化特别是文学的源头,因为神话的记述性使它有文学的一方面,是史诗、传奇、悲剧等种种文学形式取之不竭的源泉。他认为,研究神话和研究诗的过程是一致的,首先要梳理中华民族自上古至今的心路历程,这要求我们要纵览史实,只有进行了宏观的把握,才能发现真相以还原迷失的中华神话。②

孙作云在《读鲁迅先生"论神话"的一封信》中认为,上古人民为了认识自然、解释自然而流传出神话,其中有着他们的风俗习惯和图腾信仰。在时代更易、人文进步、地域阻隔、民族歧异的影响下,古代社会距离我们越来越远,这些神话所体现的社会观念看似在淡化,但其实转变为了绘画、文学、雕刻、俗语等形态。"吾人拥有如此悠久神圣之文化传统,诚可谓得天独厚,虽运值蹇屯,终必有否极泰来之一日,言念及此,能不奋然兴起者乎。"③孙作云指出,如今仍然存在的民俗现象"多植基于古代图腾氏族社会",我们可以从神话中探得它们的来源。作为有着数千年历史的古老民族,中华民族能不断生发出新的活力的原因肯定有很多,"而我们的民间风俗不断地传承,却实在是使我们中华立国与民族团聚的一个最有力的因素"④。自晚清以来,不论是近代建构论还是历史延续论,都共识般地把"黄帝"作为中华民族共同的祖源。而孙作云却在抗战时期的神话研究中另立异说,把"蚩尤"视作中国历史的开端,并为其打造了中国历史上"第一位战神"的形象。他的一些观点和推论虽然在学术界已被质疑,但其对蚩尤身份的重造有着别样的情怀。蚩尤在神话中因凶暴而被北方的黄帝联合其他部落打败,但值得注意的是,无论怎样他都是夏禹的祖先,也即整个中华民族的根脉。蚩尤"战神"身份的论定,对命途多舛的近现代中国有着非同寻常的意义,这与晚清时期积极响应"华夏人种西来说"的知识分子们有着相似的情感诉求:章太炎等通过塑造"黄帝"这位外来殖民者的祖先形象,试图让当时赢弱的政府与西方列强攀附上关系,以证明我们也曾有着光鲜的历史;孙作云则对蚩尤进行追溯,打磨出华夏共祖的战神形象以表达无限的信心。尽管中华民族饱受日

---

① 闻黎明:《闻一多年谱》,群言出版社,2014年,第244页。
② 付雨鑫:《寻找失去的中华神话——评闻一多〈神话与诗〉》,《江西社会科学》,2017年第1期,第262—263页。
③ 孙作云:《饕餮考——中国铜器花纹中图腾遗痕之研究》,《中和月刊》,1944年第1期。
④ 孙作云:《中国古代神话传说研究(上、下)》,见《孙作云文集》(第3卷),河南大学出版社,2003年。

军欺凌，但作为战神子孙的我们拥有着战神的血脉，我们必将获得最终的胜利。①

四、1949 年—20 世纪 70 年代末

毛泽东同志在延安文艺座谈会上的讲话指出，"人民生活中本来存在着文学艺术原料的矿藏，这是自然形态的东西，是粗糙的东西，但也是最生动、最丰富、最基本的东西；在这点上说，它们使一切文学艺术相形见绌，它们是一切文学艺术取之不尽、用之不竭的唯一的源泉"②。于是，"民间文学是一切文学形式的源头"成为 20 世纪 50 至 70 年代重要的文艺政策。在这样的思想引领下，学者们深入全国各地少数民族地区进行文化普查，搜集到了许多在学界鲜为人知，却在人民群众中广为流传的神话，并且一些以神话为题材的考古文物的面世，也为中国神话的研究工作提供了更加丰富的资料。③

丁山在《古代神话与民族》一书的自序中认为，尚未开化的人类将神祇视作和人一样的性灵，于是有了"天神地祇、山川之怪、草木之妖"的神话故事。神话可以反映一个民族的宗教信仰和原始生活状态，因此，我们可以借助神话故事记载来追寻民族文化的来源，"保存若干古来传说的故闻轶事，供吾人追寻吾民族文化的渊源"④。

五、20 世纪 80 年代至 2000 年

作为民族文化之根，神话成为中华儿女的文化认同，他们即使分散于世界各地，仍因文化认同感而具有牢固的民族凝聚力。台湾地区神话学家在研究过程中，以中国上古神话为主体，通过文化寻根，指出"在民族的分割与苦难之中，依然有着重建的再生力量"⑤。在《中国的神话世界——各民族的创世神话与信仰》中，王孝廉在破译和整合各个民族神话故事的同时，尽力吸

---

① 苏永前：《孙作云抗战时期神话研究的心路探寻》，《民族文学研究》，2017 年第 5 期，第 125－131 页。
② 毛泽东：《在延安文艺座谈会上的讲话》，见《毛泽东选集》（第 3 卷），人民出版社，1991 年，第 860 页。
③ 马昌仪：《中国神话发展的一个轮廓》，《中国神话学文论选萃（序言）》，中国广播电视出版社，1994 年。
④ 丁山：《古代神话与民族》，商务印书馆，2005 年。
⑤ 潜明兹：《台湾神话学暨两岸文化的同源一体》，《北京师范大学学报（社会科学版）》，1994 年第 4 期，第 92－103 页。

收着多种人文科学的成就,以剖析神话作为文学艺术母胎的历史地位,"神话作为文学中的艺术性冲击力量活跃起来"。在其构建的中国神话世界里,他反对用西方的理论硬套中国的神话,而是主张从上古神话中回溯民族的史前史,从人类原始的思维中挖掘出自己民族的文化之根。① 而且,他并不将视野局限于汉族神话和台湾地区神话,而是投向中国全域的几十个民族,"具有先导性地建立其中国各民族之间比较神话学",他对神话学的这种整体建构,为民族大团结做出了很大的贡献。②

袁珂在《中国古代神话》中认为,神话及神话研究的价值有四点:其一,神话是人类社会儿童时期的产物,我们可以通过神话了解古代劳动人民的思想观念,了解他们如何认识世界的组构、如何展望美好的未来生活、如何歌颂人民的英雄、如何赞美劳动和斗争等,研究神话能让我们从古人质朴单纯的思想里获得热爱生活和热爱人民的感悟;其二,神话为文学和艺术增添了光彩,不论是屈原所作诗歌中的意象,还是殷周时期用奇禽异兽的铸像作为装饰的鼎彝,都展示出神话的作用,研究神话可以让我们更加深刻地认识优美的文学艺术遗产;其三,神话中可能存在历史的真相,我们虽不能把神话中的角色视作历史上曾经存在的人物,但也不能对神话事迹所暗示的历史内容进行全盘否定,我们能从神话的暗示中发现历史的真相;其四,神话反映了民族性,各国民族的特性都在他们独特的神话故事中体现出来,如从夸父逐日、女娲补天、鲧禹治水等神话事迹中,我们可以坦然且自信地认为中华民族自古便是一个自强不息、不畏艰险的民族,我们要学习并发扬神话里祖先们伟大的立人立己精神,研究神话能让我们追寻民族性的根脉,有利于我们当下的社会主义伟大事业的建设。③

张振犁在 1986 年 4 月"中芬民间文学搜集保管学术研讨会"上发表了题为《中原神话考察述评》的演讲,指出"神话的性质、思维特点、社会功能以及它在原始社会中的地位都比较复杂",加之它产生的时间很早、形成的时间跨度很长,神话学研究者需要根据其特殊性能进行综合考察。同时,在对古代神话进行采风的过程中,学者如果只注重文学作品中的神话成分,就会让视野变得狭窄,所以需要从多学科、多层次、多角度进行,这也成为张振

---

① 王孝廉:《中国的神话世界》,作家出版社,1991 年。
② 潜明兹:《台湾神话学暨两岸文化的同源一体》,《北京师范大学学报(社会科学版)》,1994 年第 4 期,第 92—103 页。
③ 袁珂:《中国古代神话》,华东师范大学出版社,2017 年。

犁带领团队进行中原神话田野调查的自觉行动。①

叶舒宪在1988年出版的《结构主义神话学》一书中谈道，在学者们的共同努力下，神话学已经成为一门横跨众多领域的综合学科，与宗教学、社会学、人类学、民族学等相互作用，共同发展。叶舒宪提倡用结构主义方法研究神话，他认为神话可以有跨文化的人类普遍模式，可以从单个神话本文的普遍结构规则和意指模式来探索人类神话思维的普遍逻辑。② 在结构主义方法的核心——列维-斯特劳斯的二元对模式的指导下，学者们发现神话是一种理性调节，其基本功能是化解矛盾，消除由此造成的困惑和精神焦虑，恢复人类心理世界的和谐与平衡。③ 虽然叶舒宪先生的解析被其他研究者认为存在许多经不起验证的失误，但他的主张说明了神话有其自身的逻辑和结构原理，而神话以密码传达的信息还有待解读。

（六）2000年至今

自21世纪始，在神话学研究前辈的努力下，中国神话学研究打破了传统神话研究依附于史学、经学、文学等人文科学学科的局面，成为一门独立的学科，完成了在新文化事业中启迪民智的尝试，构造了科学的神话理论体系，拥有累累硕果。这些成果指引着新人前行，越来越多的新生力量投入神话学的研究中，吕微就指出："在关于民间文学的诸种体裁的研究论文之中，每年的神话研究都要占据半壁江山。"④ 在21世纪，中国神话学正在蓬勃发展，各种相关专业出版物、会议以及机构建设促使神话学学科化推进，以"反思"为要核的相关会议及文章扬发神话学的补漏与革新。2017年，中共中央办公厅、国务院办公厅印发《关于实施中华优秀传统文化传承发展工程的意见》，为中国神话学的发展提供了政策指引和国家平台，使神话学在新时期与各个学科进行更深入的交融，为民众呈现更加通俗的神话传播形式。

潜明兹认为，越是文化发达的国家和民族，越会对自身"幼年期"的实践活动和心理活动表现出强烈的兴趣，这是为了找到现代文明与远古文明之间的关联，以及一个民族自古以来潜在的动力和惰性。而为本民族文化找到在整个人类文化起源中的正确定位，可以增强民族自信心，促进该民族在现

---

① 马昌仪：《中国神话学百年文论选萃（下编）》，中国广播电视出版社，1994年，第350-264页。
② 叶舒宪编选：《结构主义神话学》，陕西师范大学出版社，1988年。
③ 向柏松：《中国创世神话深层结构分析》，《中南民族大学学报（人文社会科学版）》，2011年第4期，第149-154页。
④ 杨义主编：《中国文学年鉴（2009）》，中国文学年鉴社，2009年。

代文明背景下的反思,从而以客观、科学的思维规划民族发展的未来。[①]

户晓辉认为中国神话学在 21 世纪最大的突破是重新认识了"理性"。他指出,研究者如果继续忽视神话的理性价值和普遍的存在论意义,就会丢失人与神话的理性关联,仅仅停留在神话的"非理性"层面,神话的"理性"便会被"非理性"分解。如此一来,神话为中国社会促进理性和建构理性的进程将会放缓,甚至可能对中国社会的理性化和现代化道路造成阻碍。[②]

"神话历史丛书"旨在深入研究"中国文化人类学破译"所提出的新国学,其中收录的相关文章探索了神话在不同历史阶段的政治功能,并从巫史传统的角度研究神话的起源,认为神话是中国文化发展的基因,具有教化功能,其所构建的在不同文化情境下的神圣诉求突破了"信史-神话"二元对立观念的束缚。由叶舒宪主编的"神话学文库"的面世,标志着中国神话学不再进行 20 世纪 80 年代宏观的国民性和美学精神探索,而开始注重与神话相关的文化情境性。21 世纪,国家启动了中华文明探源工程,中华文明探源的"神话学系列研究丛书"于 2016 年出版,该书梳理了中国神话学在当下与考古学等现代学术建构的关系,阐释了器物、文献中蕴含的先民信仰与生活,从文化观念上进行中华文明起源的特征解释。[③]

在未来,学者们要继续构建当前神话主义研究的新领域。杨利慧针对在现代社会对神话的使用和重新建构提出了神话主义,即面向不同的接受者,神话会被移入新的语境,并被赋予新的功用和意义。值得注意的是,在新媒体迅速发展的时期,神话主义不能只是因媒介技术变迁而产生的结果,而应当构建出适应当下的新型文化再生产模式——鲜活的当下生活不再是与神话学无关的事件,当代文化现象要借助神话的神圣性特质,重新成为表达自我认同、重振力量的手段。

作者简介:
刘怡诤,四川大学文学与新闻学院。

---

① 潜明兹:《中国神话学》,宁夏人民出版社,2010 年。
② 户晓辉:《返回爱与自由的生活世界 纯粹民间文学关键词的哲学阐释》,江苏人民出版社,2010 年。
③ 谭佳:《整合与创新:中国文学人类学研究七十年》,《中国文学批评》,2019 年第 3 期,第 23—29 页。

非自然叙事视域下的赘叙与跨层[*]

赵莉华 李晓云

摘 要：热奈特的赘叙和跨层讨论的都是偏离叙事常规的独特叙事现象，因而专注建立叙事常规模型的热氏对两者讨论都非常不足，不仅如此，热氏赘叙概念还存在含混不清之处，导致论界相去甚远的阐释。新世纪非自然叙事学的诞生和发展将赘叙和跨层相关讨论推至理论前沿，跨层理论得到体系化发展，但赘叙由于其定义的缺陷而发展不足。在厘清和梳理热氏赘叙概念问题及相关讨论基础之上，本文提出：（局部）赘叙一般属于修辞跨层，前者描述人物叙事认知违规表象，后者揭示其本质。两个概念不仅紧密关联，而且可以用来整合相当一部分驳杂不一的非自然叙述讨论，热氏理论在后经典叙事学中仍然具有强劲的生命力。

关键词：非自然叙事 赘叙 跨层

赘叙（paralepsis）和跨层（metalepsis，也译为转喻、跨喻、错层等）是热拉尔·热奈特（Gérard Genette）在其经典叙事学专著《叙事话语·新叙事话语》中提出的两个术语，所讨论的都是偏离叙事常规的独特叙事现象，前者描述叙述者的认知违规，后者描述叙事层次跨越或坍塌，从非自然叙事学视角来看，二者都属于不可能的现象，因而两个概念及其类似概念经常出现在近年来的叙事学研究热点——非自然叙事讨论之中。问题在于，热奈特的赘叙理论存在含混不清之处，导致学界不同甚至矛盾的阐释，也导致学界忽略赘叙和跨层的关联。本文在梳理这两个概念及其阐释基础之上，结合非自然叙事相关探讨，揭示两者的关联及其阐释潜力。

---

[*] 本文系教育部社科项目"路易斯·厄德里克小说的非自然叙事研究"（项目编号：19XJA752002）、四川省哲社办项目"托尼·莫里森小说的非自然叙述行为研究"（项目编号：SC18WY032）阶段性成果。

一、赘叙

热奈特在讨论聚焦变化时提出了"赘叙"这一术语,他把聚焦变化称为"变音"(alterations,王文融译为"变音",申丹译为"视角越界",赵毅衡译为"跳角")。变音是指"利用 mode 一词在语法和音乐上的双重含义,把总体和谐一致,主导语式依然成立时的那些孤立的违规现象统称为变音"①。这一定义包含两种含义的变化:局部与总体相比的变化以及违规变化。热奈特接下来的讨论也可以整理成这两种含义:一方面,"变音"是指"在前后连贯的上下文中",出现聚焦所展现的信息比上文所展现的信息变少或变多了的情况,"正如在古典音乐中,调性的暂时变化……而总调性不受影响"(第 133 页)。热氏此处的"变音"强调的是聚焦信息量在上下文中的变化。逻辑上推演出的变音的一种类型——省叙(paralipsis)是指信息量比前面叙事所展现的信息变少,而赘叙就是信息量变多。省和赘相对于上下文信息量变化而言,从这个角度来说,赘叙当然就包括"一般以外聚焦处理的叙述过程中闯入人物的意识"以及内聚焦叙述中出现"非焦点人物的思想或焦点人物不可能看到的景象"(第 135 页)。也就是说,赘叙强调的是信息量比前文或者上下文增多。

同时,热奈特的"变音"又强调叙事所展现的信息量与所采纳的聚焦模式所允许提供的信息量之间的差异,也就是违规现象。"有两种可以设想的变音类型,一是提供的信息量比原则上需要的要少,一是提供的信息量比原则上许可的要多。"(第 133 页)前者是省叙,后者是赘叙。这里的原则是指聚焦模式所规定的信息量原则,如外聚焦模式不涉及人物意识,内聚焦模式不涉及非焦点人物的意识。从这一角度来说,热奈特的省叙是指叙述者"扣留由采纳的(聚焦)类型从逻辑上引出的信息"(第 229 页),如"在内聚焦规范内省略焦点主人公的某个重要行动或思想,无论是主人公或叙述者都不可能不知道这一行动或思想,但叙述者决意对读者隐瞒"(第 134 页)。与前面不一样的是,这里的省叙强调的不是与上文相比的变化(虽然有变化),而是与聚焦模式所许可的信息量的差异。同样,热奈特把赘叙解释为"超出采纳(聚焦)类型逻辑的信息"(第 229 页),也即信息超出了叙事所采纳的聚焦类型所许可的信息。这里的赘叙强调的不是与上文相比变多,而是与叙事所采

---

① 热拉尔·热奈特:《叙事话语·新叙事话语》,王文融译,中国社会科学出版社,1990 年,第 133 页。本文引用的热奈特理论出自其著作中译本,同时参考其英译本辅以精确理解。后文仅随文标页码,不再赘注。

纳的聚焦模式所许可的信息量相比增多，是一种违规的增多现象。如果这样理解，上述外聚焦叙事中出现的人物意识就不是赘叙，当叙述者处于故事之外的时候，信息量增多应该是聚焦自限的全知叙述者变成了聚焦不自限，全知叙述者自始至终拥有全知能力，从自限到不自限（全知）没有认知违规，没有超出所采纳的聚焦类型逻辑上引出的信息，也就不是赘叙，与前述根据上下文信息量变化判断的赘叙定位相反，这样一来，就出现同一种叙事现象，用热奈特同一个概念的不同侧面进行理解，出现了完全相反的结论。

不难看出，上述矛盾的根源在于：热氏的"变音"同时指向两种变化：上下文变化和违规变化。两种本质不一样的叙事现象被糅合到一个术语里面，自然会导致混淆不清。

国内两大叙事学家对"alteration"的翻译和阐释进一步凸显了热奈特这一概念的矛盾特质。申丹老师翻译的"视角越界"表明她对该概念违规侧面的强调。同时，申丹老师也注意到热奈特"变音"的问题，她认为热氏"要么把视角变化与视角越界等同起来，要么将视角变化的长短作为区分的唯一标准"[①]。申丹老师敏锐地注意到热氏理论中变化与违规的含混问题，只不过热奈特的变音跟视角变化长短其实没有关系，其视角变化和视角越界也不是等同关系，而是变音指向的两种情况，即上下文变化和视角越界（违规）。而赵毅衡老师则把"alteration"译为"跳角"，是"人物视角叙述中出现的不规则变异，对人物视角整齐性的违反"[②]。赵老这一定义及其分析中所使用的"整一性""坚守""跳入""跳出""视角转换"等词充分说明他强调的是热氏"变音"概念的上下文变化这一侧面。此外，申丹老师认为热奈特的省叙中视角没有变化，更没有违规，因而不属于"视角越界"。也就是说，如果从违规这一侧面来理解的话，"alteration"就只剩下赘叙一种情况，申丹老师翻译的"视角越界"其实就是赘叙，本质上与下文讨论的曼弗雷德·贾恩（Manfred Jahn）的"赘叙"概念一致。赵老的论文所举的例子都是视角变化情况，也没有讨论省叙。此外，热氏的讨论也更多偏向违规现象，在具体文本分析中，其他学者如詹姆斯·费伦（James Phelan）等都使用"paralepsis"（赘叙），很少有学者使用"alteration"和省叙。也就是说，从学者们的阐释和术语使用来看，赘叙才是学者们更关注的话题，在当今的非自然叙事学相关讨论中尤其如此。

曼弗雷德·贾恩的"paralepsis"涵盖了信息多和违规两种特征。赘叙是

---

① 申丹：《叙述学与小说文体学》，北京大学出版社，2001年，第266页。
② 赵毅衡：《论述叙中的跳脚》，《重庆广播电视大学报》，2014年第3期，第3—9页。

指"因讲述太多而违规,叙述者假装拥有他/她所不应该拥有的能力,尤其是第一人称叙述者(或者史学家)讲述他人所思所想,或者其不在现场发生的事情"①。需要指出的是,第三人称作为故事外视角叙事的叙述者,有透视任何人物意识的权利,只不过选择了权利自限,因而贾恩的赘叙定义主要限定于第一人称(人物)认知逾越。学者们常常交互使用这几个术语:人物叙事、同故事叙事、第一人称叙事,前两个术语基本等同,都指称叙述者是人物的叙事,第一人称叙事通常也用于指称人物叙事,但实际上除了指称人物叙事之外,第一人称叙事还包括作者声音出现在叙述层但不出现在故事层的元小说和人格化异故事叙事,如托尼·莫里森(Toni Morrison)的《爵士乐》(*Jazz*)。

海因策(Ruediger Heinze)从非自然叙事角度来理解和定义赘叙。非自然叙事学从故事和话语两个层面研究在物理法则、公认逻辑以及人类属性上不可能的人物、事件、场景和行为等,而赘叙打破了现实交流行为中人的认知局限,是在人类属性上不可能的现象,属于非自然叙述。基于非自然叙事视角,海因策强调赘叙需要以真实生活中人的认知框架作为比较标准,如果叙述者不是人,就不需要根据人的认知框架进行判断,"叙述者非人特征越明显,经验与赘叙之间的逻辑不一致就越少"②,正因为如此,"赘叙往往出现在人的叙事当中,动物叙述者的赘叙就没那么令人惊讶"。所以,他主张用赘叙来表示"人物叙述者的认知和感知超越人的认知和感知情况"③。对于海因策来说,人的意识是决定出现赘叙与否的基础,因此,赘叙不会出现在叙述者非人(或者非人物)的异故事叙述事中。也就是说,赘叙一般指人物(同故事)叙事中的认知违规现象,这也是当下非自然叙事学家们热衷于讨论人物叙事(同故事叙事或者第一人称叙事)的主要原因。

由于非自然状态的人物叙述者也存在其认知超越人的认知的情况,海因策还对赘叙进行了类型学探讨,进一步区分赘叙类型。他把赘叙分为整体赘叙(global paralepsis)和局部赘叙(local paralepsis)两类。整体赘叙是指叙述框架非自然,叙述者要么已经死去,或者还未出生,或者穿梭到时空未来,经验自我和叙述自我差距很大,其叙述场景超自然,但故事世界不是超自然。

---

① Ruediger Heinze, "Violations of Mimetic Epistemology in First-Person Narrative Fiction", *Narrative*, 2008 (3), pp. 279—297.
② Ruediger Heinze, "Violations of Mimetic Epistemology in First-Person Narrative Fiction", *Narrative*, 2008 (3), p. 283.
③ Ruediger Heinze, "Violations of Mimetic Epistemology in First-Person Narrative Fiction", *Narrative*, 2008 (3), p. 283.

局部赘叙则出现在自然叙事框架之中，故事世界既不是不可能，也不是幻觉，也不是不可靠。叙述者非同寻常的认知也不引人注目。整体赘叙中，非自然框架中包含自然；局部赘叙中，自然框架中包含非自然。①

综上所述，我们可以把人物叙事中的认知违规统称为局部赘叙。反过来，局部赘叙就是人物叙述中的认知违规吗？从上文看，贾恩和海因策的（局部）赘叙概念限定于人物叙述中的认知违规，但申丹老师还讨论了另外两种赘叙（视角越界）：第三人称外视角侵入全知视角以及全知视角侵入内视角模式。申丹老师以海明威（Ernest Hemingway）《白象似的群山》（Hills like White Elephants）作为例子阐释第一种情况，在外视角下，读者只能看到人物的外部言行，无法知晓他们的思想和情感，但"他们都在通情达理地等火车"这句话以自由间接引语方式表达了男主人公的想法，申丹老师认为此处发生了外视角到全知视角的越界。我们认为，此处视角有变化，但不存在越界，从观察位置上讲，"上帝般的全知叙述者没有固定的观察角度"②，内、外视角都没问题，从透视人物意识能力来讲，全知叙述者也能自由选择，不存在违规。另外，申丹老师认为《汤姆·琼斯》（Tom Jones）以及《黛西·米勒》（Daisy Miller）的全知叙述者在小说开头声称自己不知情或不清楚，是全知视角侵入内视角。我们认为，没有证据表明其为故事世界人物的"我"虽然处于故事世界之外，但不一定就是全知叙述者，根据下文会讨论的热奈特的跨层概念，可以理解为作者（隐含作者）跨层进入叙述世界暂时取代全知叙述者，作者（隐含作者）作为故事世界的创造者，可以什么都知道，也可能对某些人和事没有考虑清楚，或者没必要考虑清楚，所以声称不知道或者不清楚。申丹老师敏锐地注意到其违规本质，但违规的不是视角，而是叙述世界与现实世界之间被打破的疆界。按照基于模仿逻辑的经典叙事理论，这是一种违规，一种非自然叙事。

二、赘叙的理论整合效力

传统叙事学以模仿理念为基石，根据模仿逻辑，人物叙述者视角受到人的认知和感知限制，"但是大量作家很明显不在乎内聚焦受限问题"③。不少学

---

① Ruediger Heinze, "Violations of Mimetic Epistemology in First-Person Narrative Fiction", *Narrative*, 2008 (3), p. 289.

② 申丹：《叙述学与小说文体学》，北京大学出版社，2001年，第201页。

③ Ruediger Heinze, "Violations of Mimetic Epistemology in First-Person Narrative Fiction", *Narrative*, 2008 (3), p. 280.

者都注意到人物叙事认知违规（局部赘叙）现象，"人物叙事是非自然或者反模仿叙事的温床，对以模仿规则为主的叙事中的反模仿来说尤其如此"[①]。"人物叙事作为间接艺术，限制作者或者隐含作者跟读者的交流自由，有时候作者需要打破这些限制。因为作者需要通过文本实现作者和叙述者跟受述者、理想读者及实际读者几个层面的交流。"[②] 也就是说，由于作家的信息交代需要以及作家写作时不一定能时时刻刻保持其现实的"我"与人物叙述者"我"两者的区别和距离等原因，人物叙事中认知违规现象较为普遍，当然也就成为非自然叙事学一大研究热点，除费伦外，尼尔森（Henrik Skov Nielsen）、海因策、理查森（Brian Richardson）等学者都从不同角度对其进行了讨论，学者们用非人格声音（impersonal voice）、赘叙、信息多到难以置信（implausibilities）、欺骗型叙述者（fraudulent narrator）以及逾越（crossover）等术语来指称该现象，导致该领域术语驳杂不一。本文认为，海因策的局部赘叙这一术语既沿用了经典叙事学家热奈特的术语，又对其进行了分类修饰，是较为理想的整合术语。

根据学者们的讨论，我们可以把局部赘叙分为两种情况，一是人物叙述者知道在场其他人物的心理活动或者直接讲述其不在场的事件及人物心理。经典例子有：《白鲸》（*Moby Dick*）第 37 章至 39 章中主人公叙述者以实玛利（Ishmael）讲述其他人物的心理活动，《追忆似水年华》（*Remembrance of Things Past*）中主人公叙述者马塞尔（Marcel）讲述贝戈特（Bergotte）的临终心理活动，《了不起的盖茨比》（*The Great Gatsby*）中的旁观者叙述者尼克（Nick）讲述威尔逊（Wilson）的内心活动等。二是人物叙述者经验自我知道其后来才知道的事。例如，《了不起的盖茨比》中尼克在不知道盖茨比已经被枪杀的情况下急匆匆地冲上台阶，好像他那时已经知道盖茨比出事了一样。

经典叙事学家注重叙事常规研究，而对于上述违规本质大多一笔带过。热奈特对《白鲸》第 37 至 39 章的解释是一种罕见的零（或自由）聚焦同故事叙事，虽然热奈特没有明确指出这是叙述者认知违规现象，但"罕见"一词说明热氏认识到零聚焦与同故事叙事的本质矛盾，而对于马塞尔透视贝戈特临终内心活动的能力，热氏把它称为赘叙，至于其信息来源，只提了一句"只能算到无所不知的小说家头上"（第 143 页），但对于如何算，没有做进一步阐释。弗朗茨·斯坦泽尔（Franz Stanzel）的解释是：《白鲸》"是第一人称

[①] Alice Bell, Jan Alber, "Ontological Metalepsis and Unnatural Narratology", *Journal of Narrative Theory*, 2012（2）, p.167.

[②] James Phelan, "Redundant Telling, Preserving the Mimetic, and the Functions of Character Narration", *Narrative*, 2001（2）, pp.210－216.

叙事，偶有作者型叙述情境，也即大部分时间叙述者所知所见仅限于其自身，偶有全知情况"①。他似乎认为这一部分叙述者转换成了立场接近作者的全知叙述者，问题是没有其他话语特征标记叙述者进行了转换，而对于作为人物的叙述者突破人的认知局限这一违规现象，也未做进一步探讨。实际上，斯坦泽尔并没有对话语特征进行细致分析，热奈特就批评斯坦泽尔的叙述情境是对复杂现象的总体直觉总结。

后经典叙事学家深感现有叙事理论不足以阐释诸如人物叙事认知违规这类非模仿叙事现象，纷纷开始探索新的理论模式，阐释非模仿叙事现象，以补充和完善叙事理论。尼尔森在《第一人称叙事小说中的非人格声音》（The Impersonal Voice in First-Person Narrative Fiction）中讨论了第一人称认知违规叙事。在简单回顾当代叙事学界关于声音的讨论基础之上，尼尔森提出用非人格声音概念来解释以模仿理论无法阐释的第一人称叙事认知违规现象。他的非人格声音"既不属于叙述自我，也不属于被述自我……非人格声音可以从一个人物转移到另一个人物，限制其洞察、词汇及视角于一个人物，另一段又限制于另一人物，非人格声音可以讲述叙述自我无法讲述的内容，生产（produce）无人能记住的细节，提供其他人物的内心活动，讲出永远沉默的人物的话语"②也就是说，尼尔森认为没必要保持人物和叙述者的关联，非人格声音有时通过主人公进行聚焦，局限于其洞察、知识和可靠性，有时又离开这种聚焦，通过其他人物聚焦。但是，尼尔森自己都承认学者们对其非人格声音概念提出的两个问题：第一，第一人称叙事一直被称为人格化叙事，所以称其为非人格声音有反直觉（counterintuitive）之嫌；第二，第一人称叙述声音指涉另一个人这一观念暗示这种情况的文学违反了文学以外的语言规则。海因策也批评尼尔森的非人格声音实质上是叙事意义上的人格分裂。

费伦从修辞叙事的角度来阐释人物叙述者认知超越现象，他主张关注叙述常规和读者反应。费伦在《作为修辞的叙事：技巧、读者、伦理、意识形态》（Narrative as Rhetoric）中提出人物叙事中叙述者功能与人物功能可以分离，并基于这一分离提出了"面具叙述"观点，"人物也可能用作一个面

---

① Henrik Skov Nielson, "The Impersonal Voice in First-Person Narrative Fiction", *Narrative*, 2004 (2), pp. 133-150.

② Henrik Skov Nielson, "The Impersonal Voice in First-Person Narrative Fiction", *Narrative*, 2004 (2), pp. 139-140.

具,隐含作者就是通过这个面具说话的"①。他认为尼克充当了隐含作者的替身,隐含作者通过尼克说话。面具叙述体现了费伦深受叙事层次之间不可打破的本体疆界影响,他准确地将赘叙来源与隐含作者关联,却又无法接受隐含作者出现在叙述世界,因而以面具来连接两个世界,调和这一矛盾。他对尼克的赘叙是否违规的阐释也体现他的调和努力,"这里的多叙法(赘叙)并没有破坏模仿的常规,这些常规似乎是有弹性的……模仿并不是忠实地模仿现实的问题(不管现实是什么),而是一套常规……多叙法破坏了狭义的模仿标准,即仅以模仿现实为基础的标准"②。"尼克的多叙法(赘叙)却与广义的模仿标准一致,既关注现实又关注模仿现实之常规的一个标准"③,也就是说,费伦通过扩展叙事常规将赘叙合法化。而问题在于,虽然同故事叙事认知逾越现象比较普遍,但其能不能称作叙事常规还值得商榷,毕竟与全知叙事这种违背现实原则的叙事常规不一样,一般情况下,同故事叙述者是人,具有人类的认知局限,认知逾越不论多么常见,都是违规,在非自然叙事框架下尤其如此。而且这种现象即便较为普遍,但在几乎所有同故事叙事中都只是局部现象,在很多叙事中只有小小几个段落,甚至只是一个单词,从篇幅来讲,小到常常被读者忽略,因此很难算作常规。

在《冗叙、模仿保护及人物叙事中的功能问题》(Redundant Telling, Preserving the Mimetic, and the Functions of Character Narration)中,费伦进一步发展了人物叙述者功能和人物功能分离的观点。他指出,人物叙述者有人物功能(character functions)和讲述功能(telling functions),而讲述功能又分为两种:与受述者交流的叙述者功能(narrator functions)和与作者的读者(authorial audience)交流的交代功能(disclosure functions)。④ 费伦再一次强调叙述功能和人物功能的分离,为他的隐含作者的交代功能提供了理论基础。他认为隐含作者和叙述者需要对读者和被述者在两个层面分别进行交流,隐含作者需要向读者交流某些人物叙述者不应该知道的信息,行使其交代(disclosure)功能。不难看出,隐含作者的交代功能其实就是先前的"面具叙述"的修改版,都旨在说明赘叙与作者的关联,只是还没能跨过隐含作者,无法进入叙述世界。

---

① 詹姆斯·费伦:《作为修辞的叙事:技巧、读者、伦理、意识》,陈永国译,北京大学出版社,2002年,第84页。
② 詹姆斯·费伦:《作为修辞的叙事:技巧、读者、伦理、意识》,陈永国译,北京大学出版社,2002年,第81页。
③ 詹姆斯·费伦:《作为修辞的叙事:技巧、读者、伦理、意识》,陈永国译,北京大学出版社,2002年,第82页。
④ James Phelan, "Redundant Telling, Preserving the Mimetic and the Functions of Character Narration", *Narrative*, 2001(2), p.210.

费伦发表于 2013 年的论文《多到难以置信、逾越、不可能：从修辞视角看被破坏的模仿人物叙事原则》（Implausibilities, Crossovers, and Impossibilities: A Rhetorical Approach to Breaks in the Code of Mimetic Character Narration）题目中的"Implausibilities""Crossovers""Impossibilities""Breaks""Mimetic"是非自然叙事学讨论的常用词语，充分体现赘叙的非自然本质。此文中，费伦把尼克的认知逾越称为信息多到难以置信的叙事（implausibilities），继续将其阐释为叙述功能独立于人物功能，同时根据其场面可靠且权威这一特征，得出叙述者可能在完全不可靠、可靠且有一些特权以及完全可靠及权威等几种情况之间摇摆的结论。这一论断被海因策批评为医学意义上的人格分裂。而尼克所谓经验自我知道其后来才知道的事情，费伦称其作逾越（crossover）。他认为作者需要更有效地让叙述进程前进，因而剥夺了尼克的自主性，直接给尼克分配了担忧。这里，费伦再次强调作者（隐含作者）在赘叙中的角色，但限于叙事层次不可逾越的疆界，还是没有明确提出层次跨越问题。而他使用的"crossover"，其实已经暗含热奈特的跨层的意思，只可惜费伦没有使用热奈特的现成术语"metalepsis"，也没给"crossover"下定义，更没有点明层次跨越这一关键本质，只是用故事优于话语元规则（Story-over-Discourse Meta-rule）来阐释为什么读者大多忽略这一违规现象，再一次试图合法化赘叙。

作为非自然叙事学的领军人物之一，理查森主要从反模仿这一角度来讨论非自然叙述行为，他讨论的五种后现代不可靠叙述中的第一种——欺骗型叙述者（fraudulent narrator）是指叙述者所使用的语言或者所透露的信息超出了自己可能掌握的程度，比如时代或年代错误，经验自我讲述自己当时不可能知道的内容，还有人物叙述者直接讲述其他人物的内心活动等。[①] 后两种情况本质上是人物叙事认知违规，也就是海因策意义的局部赘叙。而理查森的命名体现他对该现象的不可靠性的判断，与费伦和尼尔森的可靠判断完全相反，有一叶障目之嫌。此外，由于强调叙述行为的反模仿特质，理查森对所讨论的极端叙述行为没有进行严格的定义和分类，大都只是举例，而且各情况有交叉。

几位非自然叙事学家从不同角度讨论了人物（第一人称）叙事中的认知违规现象，对其赋以不同名词，造成比较混乱的局面。我们认为，从本质上来说，这些现象都属于因讲述太多而违规，可以统称为局部赘叙。

---

① Brian Richardson, *Unnatural Voices: Extreme Narration in Modern and Contemporary Fiction*. Columbus: The Ohio State University Press, 2006, p. 103.

三、赘叙与跨层

局部赘叙虽然能描述人物叙事认知违规表象,但不能阐释其违规信息的来源,无法揭示其本质。关于其违规信息来源,上述研究者大都直接或间接提到作者(隐含作者),充分显示该现象与作者(隐含作者)的紧密联系。热奈特将赘叙信息归于作者,费伦先后用面具叙述、作者的交代功能和作者需要等将赘叙信息来源归于作者(隐含作者),理查森也把异于人物的声音归为作者的声音。尼尔森也间接讨论了赘叙与作者的关联。他提到"非人格声音生产(produce)了其所指称的世界"[1]。尼尔森为了避免非人格声音与作者等同,用了"生产"一词,但不可否认,虚构世界的生产其实就是虚构世界的创造,没有必要再人为设立另一个创造主体。同时,尼尔森又提出第一人称小说的话语创造了虚构世界。[2] 看来,要绕过作者寻找虚构世界的创造者实在让人困惑。无可争辩的是,话语和故事世界的创作者归根结底都是作者(隐含作者),那么为什么尼尔森不能把他的创造虚构世界且具有全知能力的非人格声音直接认定为作者(隐含作者)的声音呢?主要还是因为经典叙事学故事与话语区分的限制,根据经典叙事学,故事层、话语层和现实层是边界明确且不可逾越的不同层次,现实世界中的作者不可能出现在叙事世界或故事世界当中。所以,尼尔森创造了非人格声音来剥离那个能透视其他人物意识的"我"的认知限制。不难看出,上述学者们都认识到局部赘叙中的"我"不再是人物叙述者,而是故事外的作者(隐含作者),但囿于故事、话语和现实世界的疆界问题,都无法明确肯定那个"我"就是作者,因此出现了上述各种间接关联阐释。

其实,热奈特的"metalepsis"早就解决了边界逾越这一问题。"Metalepsis"本是修辞学术语,译作"转喻",表示词语置换,至于置换词语之间的关系则有争议,因而转喻与隐喻和换喻有时难以区分,但这不是本文需要解决的问题。叙事学意义上的"metalepsis"(跨层,也译作转叙,换层叙述、错层)始于热奈特。热奈特通过考据,从古典修辞学中发掘出"赋予

---

[1] Henrik Skov Nielson, "The Impersonal Voice in First-Person Narrative Fiction", *Narrative*, 2004 (2), p.146.

[2] Henrik Skov Nielson, "The Impersonal Voice in First-Person Narrative Fiction", *Narrative*, 2004 (2), p.145.

作者进入其所虚构的世界的权力"①的作者跨层（author's metalepsis），并将此虚构内涵发展到叙述跨层（narrative metalepsis），用以命名"故事外叙述者或受述者任何擅入故事领域的行动（故事人物任何擅入元故事领域的行动）"（第164页），以阐释虚构世界或者叙事层的边界逾越。结合作者跨层和叙述跨层可以看出，作者（准确地说是隐含作者）、叙述者和人物的边界逾越都可以称为跨层。

热奈特的跨层概念打破了现实层、故事层及话语层的边界，具有极大的阐释潜力，但由于人物叙事中"我"的指涉多重性，学者们（包括热奈特本人）都还没注意到跨层与赘叙的关系。热奈特的作者跨层经典例子是：狄德罗（Diderrot）的"谁能阻止我让主人婚并给他戴上绿帽子呢？"由于这里的"我"的明确而权威的创作者角色及其与全知叙述者的距离，将其理解为进入了虚构世界的作者没有困难。而在人物叙事中，违规进入虚构世界的作者"我"与人物叙述者"我"都混合于"我"的指称之下，因此，要分清作为作者的"我"和作为人物的"我"就没那么容易，甚至有可能这种混淆就是因为作者写作时一时疏忽，混淆了两个"我"，兰瑟（Susan Lanser）就曾提出"读者可能忽略虚构声音的技术界限，叠加叙述者'我'，叙述者的话语有时候既属于作者，又属于人物叙述者"②，因此，就连热奈特也没能意识到他的跨层其实包含局部赘叙。任何主体在自我指涉时，都可以自称"我"，局部赘叙中的能透视其他人物意识的"我"，不是人物，而是跨层的作者（隐含作者），同理，另一种局部赘叙——经验自我的赘叙可以理解为叙述自我跨层，原因可能是作者需要交代信息，也可能是作者混淆了人物的经验自我和叙述自我。

不可否认，学者们或多或少提到了该现象的跨越本质，申丹的"越界"和费伦的"逾越"（crossover）在字面含义上都包含其对跨越的认识，只是需要强调的是：越界的有时候不仅仅是视角，还包括主体的本体跨越。理查森在讨论非自然叙述行为时也谈道："后现代作品中包含叙述者不可能说出或者写下的话语的跨越性（metaleptic）文本，可能涉及本体性框架（ontological framebreaking）被打破。"③他其实注意到该现象的跨越性质和本体框架被打

---

① 吴康茹：《热奈特诗学研究中转喻术语内涵的变异与扩展》，《首都师范大学学报》，2012年第4期，第80—87页。
② Henrik Skov Nielson, "The Impersonal Voice in First-Person Narrative Fiction", *Narrative*, 2004（2），p.293.
③ Brian Richardson, *Unnatural Voices: Extreme Narration in Modern and Contemporary Fiction*. Columbus: The Ohio State University Press, 2006, p.76.

破的特征，与热奈特跨层概念很是接近，只是他的关注点在反模仿，所以没能强调这一跨层本质。

跨层概念虽然产生于几十年前，但其影响力一直不大，直到20世纪初非自然叙事学兴起，它的非自然特性才引起相关学者的关注，相关研究才逐渐增多。关于跨层，国内有几篇比较好的译介和综述，此处没必要再进行综述，仅在简述其定义及其发展基础之上，进一步讨论局部赘叙与跨层的关系。玛丽-劳尔·瑞恩（Marie-Laure Ryan）的可能世界理论赋予虚构世界以本体性，拓宽了跨层研究范围，除了表示层次之间的疆界逾越之外，跨层还表示不同虚构世界之间的疆界逾越。跨层类型学研究也趋于更系统、全面。科恩（Dorrit Cohn）区分了故事层的跨层和话语层的跨层，这一分类只在文字媒介叙事中适用。瑞恩根据边界逾越的程度，区分了本体跨层和修辞跨层，但瑞恩的定义不太严谨，她分别以两个隐喻"通道"（passage）和"小窗"（small window）[1] 来定义本体跨层和修辞跨层，以强调两种跨层的区别在于本体层面的异质世界侵入程度，而程度和隐喻作为区分标准在实践上很难操作。威廉姆·内尔斯（William Nelles）的跨层分类比较有代表意义，内尔斯把跨层分为本体跨层、修辞跨层和认知跨层。修辞跨层只是暗示叙述者受到其所述故事影响，比如故事讲述中插入冗长的叙述评论是言语上的跨层，认知跨层的边界逾越只发生在人物或者其他虚构主体的头脑之中；本体跨层则再现人物或者物件的明显矛盾性边界逾越[2]，也就是指叙述者或人物实实在在的边界逾越。一般情况下，两类局部赘叙都只是声音（隐含作者或叙述自我）逾越，没有发生主体的本体边界逾越，因而局部赘叙一般属于修辞跨层，而如果作者实实在在进入了故事世界，比如《法国中尉的女人》，这种情况就是本体跨层，但不是（局部）赘叙。

结　语

以模仿逻辑来看，（局部）赘叙是一种违规现象，其本质是跨层，更准确地说是修辞跨层。（局部）赘叙这一术语描述了人物叙事认知违规表象，而修辞跨层则能揭示其本质。当然，修辞跨层外延更宽，除了局部赘叙，还包括异故事叙事中出现作者声音这类现象。而跨层的外延则更宽，包括修辞跨层、

---

[1] Marie-Laure Ryan, *Avatars of Story*. Mineapolis: University of Minnesota Press, 2006, p. 207.

[2] William Nelles, "Stories within Stories: Narrative Lavels and Embedded Narrative", *Studies in the Literary Imagination*, 1992 (1), pp. 93–95.

本体跨层和认知跨层等。（局部）赘叙和跨层这两个术语不仅紧密关联，而且可以用来整合相当一部分驳杂不一的非自然叙述行为讨论，如尼尔森的非人格声音、费伦的人物叙事中的不可能现象及逾越、理查森的欺骗型叙述者及框架逾越叙述者等。非自然叙事学的发展促进了赘叙和跨层研究的复兴，赘叙和跨层的理论拓展也能促进非自然叙事学的纵深发展。热奈特叙事理论在后经典叙事学中继续绽放。

作者简介：

赵莉华，博士，西华师范大学外国语学院教授，主要研究方向为美国族裔文学和叙事学。

李晓云，硕士，西华师范大学公共外国语学院副教授，主要研究方向为美国族裔文学和叙事学。

皮尔斯符号学视域下视觉艺术的再现与传播

王延晖

摘 要：视觉艺术符号的再现和传播可以从创作主体和接受者的角度去分析。本文以皮尔斯符号学的像似理论探讨了视觉艺术的符号再现，将艺术文本视为创作主体的解释项，指出了符号表意中的主体性分析是解释视觉艺术的关键。并用皮尔斯普遍修辞与探究社群理论探讨了视觉符号的传播路径和方式，认为创作者在符号系统中通过作品探究符号的意义，而接受者将符号解释后再次传播到社群中，因此视觉符号的传播应更多关注创作者和接受者在探究社群中的作用。

关键词：皮尔斯 符号学 视觉艺术 艺术再现 视觉传播

随着时代的发展，视觉艺术逐步形成了符号化建构，不仅涵盖了绘画、雕塑、建筑、设计和影视等直观的视觉形式，还涉及文学和语言中依托视觉感观的描写。就视觉艺术的研究而言，皮尔斯（C. S. Peirce）的符号三元论是被广泛应用的方法之一，米歇尔（W. J. T. Mitchell）就曾借助皮尔斯符号学理论切入再现与符号、再现与语境等关系的探讨。视觉图像的外在形式可以看作一种视觉符号，所以视觉艺术研究也可以转向对视觉符号的诠释。诺曼·布列逊（Norman Bryson）认为视觉的研究要脱离简单的表象视觉，"'视觉性'的诸种结构——它是一个大于'视觉'的术语，而且人们也总是倾向于把处于社会和话语条件下的视觉构造再现为视觉性，就像它在人的主体上所呈现的那样"[1]。人目之所见具有一定的社会性，而影响主体的社会文化又编织在符号系统之中，艺术创作者在其社会文化的语境中将艺术符号创作出来，接受者在解释艺术时也需要

---

[1] 诺曼·布列逊：《传统与欲望：从大卫到德拉克罗瓦》，丁宁译，浙江摄影出版社，2003年，第60页。

相应的"前文本"和自主性,所以视觉艺术研究也可以从主体性角度展开对符号再现与传播的讨论。

一、视觉艺术符号再现的像似性延伸

视觉艺术符号再现的是符号和再现客体之间的关系,皮尔斯在符号语法学中阐明了决定符号之所以为符号的形式条件,他依据符号与再现对象的关系将符号主要分为像似符(icon)、指示符(index)和规约符(symbol)三种类型。这也是基于符号再现对象的呈现品格进行的分类:与再现对象相类似的呈现品格是像似符,与再现对象相邻接(contiguous)的呈现品格是指示符,与再现对象通过规约性、自然性或者法则性来建构相互联系的呈现品格是规约符。① 视觉符号主要以像似符为主而兼指示符和规约符,由于很多指示符和规约符具有一定的像似性,所以胡易容认为符号的像似性可以延伸至符号全域,三种符号之间具有普遍的渗透性,都能依据像似性关系建立衍义。② 因此基于视觉艺术符号像似再现关系的渗透性,视觉艺术一方面有对客观事物的再现,另一方面还有创作主体复杂表意的再现。

像似符再现依据的是与指称对象所建立的像似关系,皮尔斯依据抽象程度又将像似类型分为形象(image)、图表(diagram)与比喻(metaphor)。"形象像似"指通过形与原物各成分之间同构的像似关系来"替代"原物,视觉符号的形象像似是依据直接的视觉感知再现,比文学形象再现的像似更具直接性,例如肖像画就是对某人的形象再现。"图表像似"是一个事物中的关系与另一事物中的关系所建立的类比性像似,如安迪·沃霍尔(Andy Warhol)将商品的视觉符号直接复制到作品中去,表面上看是形象像似,其深层表意却是用重复的商品结构类比了消费社会的机械重复,这种像似再现的是图像中形象关系与社会中消费关系之间的类比像似。所以在"图表像似"中图像往往具有一定的指示性,因为指示性的主要特征是依据邻接性(contiguity)关系将解释者引向符号对象,视觉符号的像似再现也常常不是指涉表象对象,而是依据类比关系指示其深层表意。"比喻像似"如同语言中的比喻修辞,这类符号与对象之间具有平行再现的象征关系。"比喻不是类比(类比是图表),因为它的目的并不在于展示两种事物之中的关系的相似性,而在于借助另一种与其在某个方面具有像似之处的某种东西,从而去再现它

---

① 皮尔斯:《皮尔斯:论符号 李斯卡:皮尔斯符号学导论》,赵星植译,四川大学出版社,2014年,第159—177页。

② 胡易容:《图像符号学:传媒景观世界的图式把握》,四川大学出版社,2014年,第51—52页。

的再现品格。"① 比喻像似符号再现的对象是其表象下的规约意义,例如中国传统绘画中松鹤形象往往是长寿的象征。视觉艺术中比喻像似符与对象的关系具有社会性约定,其再现品质直接地或间接地指称一定的规约。

由此,视觉艺术符号的像似再现是具有延伸性的,三类像似符可以分别对应像似、指示与规约,并延伸至各符号类型中,如通过类比和象征关系延伸到指示符和规约符,有的视觉作品甚至同时具有三类符号的再现关系,这种像似符再现符合艺术创作主体表意的特点。让-弗朗索瓦·博尔德龙(Jean-Francois Bordron)在区分符号与对象间的再现、相像、模仿关系时,认为再现是一种不对称关系,具有规约本质。② 从这一角度看,视觉艺术的再现是经过主体心灵处理的,即使是摄影镜头的视角也是主观表意的选择,所以视觉艺术作品的符号表意依赖于主体对其像似关系的指示和规约,使视觉艺术的表意突破单一的直接再现对象;一个艺术符号可能同时指向多个对象,给予艺术创作者很大的表意空间,并且让接受者面对艺术作品时也有了主观自由解释的余地。

另外,像似符号与对象之间还存在着一种"退化的"(degenerate)关系,依据皮尔斯的逻辑学范畴论,第一范畴上单位的显现是独立的,第二范畴上单位的显现是相异的二元相辅的,"如果符号与其对象的关系被设想为是第一层的或被重新带回到了第一显现范畴的,那么,两个构成成分就只构成一个成分"③。这种退化显示出其符号品质上的同一性,在视觉艺术符号中非常明显,例如艺术创造出的形象符号逐渐成为形象本身,也就是说像似符号反过来成为对象。像似符号"只不过是说它用以再现的那个对象可以传达信息"④,如今摄影、复制品等视觉符号的传播媒介会使更多的符号被带回对象之中。

以上分析显示,视觉艺术的像似关系是不对称的,是不以像似为目的的直接再现,它们可以通过间接的像似关系指示和规约对象。同时,视觉符号创作主体的艺术表意也使像似符的再现具有复杂的延伸关系,其表意的像似关系大部分是多元化的,同时兼有形象像似、图表像似与比喻像似,甚至是退化关系的。由此视觉艺术符号中文本与意义的复杂关联在传播时也使接受

---

① 皮尔斯:《皮尔斯:论符号 李斯卡:皮尔斯符号学导论》,赵星植译,四川大学出版社,2014年,第178页。

② 安娜·埃诺、安娜·贝雅埃编:《视觉艺术符号学》,怀宇译,四川大学出版社,2014年,第119页。

③ 安娜·埃诺、安娜·贝雅埃编:《视觉艺术符号学》,怀宇译,四川大学出版社,2014年,第95页。

④ 皮尔斯:《皮尔斯:论符号 李斯卡:皮尔斯符号学导论》,赵星植译,四川大学出版社,2014年,第52页。

者心灵产生了不同的解释和意义。

二、艺术再现行为与符号三元结构的关系

视觉艺术再现也是一种创作者的符号表意，而创作行为就是符号表意的过程，因此研究艺术再现中创作主体是如何表意的，就需要从符号再现的三元结构入手。皮尔斯认为符号是由再现体（representamen）、对象（object）以及解释项（interpretant）三元构成的，他说："再现（representation）是这样一种东西，它代替（stand for）或被再现出来代替另一个东西，这样一来，其他东西就可以被某种可以代替再现的东西所替代。"① 由此就可以看出符号再现体是对"对象"的某种理据性再现，正如赵奎英所言"皮尔斯符号学实质上就是一种再现论的符号学，而再现符号的本质就是'替代'"②，视觉艺术符号替代的是视觉上的直观再现，并且符号意义的获取往往还需要符号在场，那么创作者的艺术再现行为在三元结构关系中是如何运作的呢？

"再现"既是一个名词也是一个动词，作为名词的再现是指艺术作品中的视觉呈现，就如我们所见的再现体；作为动词的再现是指艺术创作本身的再现行为，"再现的过程，涉及被再现的客观物象，和再现者对这一物象的感知，以及画家在画布上对这一感知的视觉呈现"③。客观物象、创作者和艺术作品三者联系的关键是创作主体的行为，其都是由主体去观察、感知和表现的。艺术再现不是对客观现实世界的直接模仿，例如不同人画同一棵树也会产生不一样的作品，可见艺术与现实之间并不存在明晰的界限，甚至"制作和模仿之间、现实和虚像之间存在着一系列的过渡，甚至相互转化的情形"④。艺术再现也不是完全对自我思想意识或者感情的再现，人的心灵变化由外力作用而成，心灵"流动性"的感知能力不能完全独立于客观世界，艺术的感知也是随着时间变化编织在主体的心灵之中，皮尔斯认为"每当我们思考时，我们就将一些感觉、印象、概念或其它表象呈现给我们的意识，这些感觉、印象、概念或其它表象是作为符号而起作用的"⑤。所以创作主体的心灵与行

---

① 皮尔斯：《皮尔斯：论符号　李斯卡：皮尔斯符号学导论》，赵星植译，四川大学出版社，2014年，第31页。
② 赵奎英：《试论艺术作为出场符号》，《文学评论》，2018年第4期。
③ 段炼：《视觉文化与视觉艺术符号学》，四川大学出版社，2015年，第167页。
④ 牟春：《贡布里希对柏拉图模仿说的诠释与批评》，《中南大学学报（社会科学版）》，2019年第2期。
⑤ 皮尔斯文献CP5.169，转引自潘磊、杨家友：《皮尔士的符号心灵观》，《武汉大学学报（人文科学版）》，2009年第4期。

为也都在符号系统中编织而成,就如贡布里希(E. H. Gombrich)所言:"人的世界不仅仅是一个事物的世界;人的世界也是一个象征符号的世界。"①

艺术作品的视觉再现亦是一种行为语言,具有表意和解释的功能;艺术再现的过程就如"文本"创作一般是主体对内在感知符号的解释。皮尔斯认为:"每一个符号与它的对象都存在着这样一种物理联系。以手绘肖像画为例……肖像画的产生是因为它借助了画家思想这一媒介。"②潘磊、杨家友也认为"所有的思想都既是符号又是解释项"③,思想媒介更像是创作主体在现实与主观之间创造的综合体,是艺术主体内心对客观事物的感知符号,视觉作品的呈现行为就是创作者对感知符号的解释,"特别是对于艺术符号来说,行为语言往往是更为重要的解释项"④。从创作主体来说艺术符号是客观世界与心灵交感后形成的,又以符号化的物质媒介呈现和表达出来,如郑板桥提出的眼中竹、胸中竹与手中竹的关系,手中所画的作品是创作主体对心灵符号的行为解释。即使说外在事物与人的眼睛(生理性)都是客观存在的,但外在事物映入视网膜被大脑识别后,或多或少会受到文化意识的影响,形成综合主、客观因素的心灵符号,创作主体再通过身体和物质媒介将符号"解释"为一个视觉图像,由此产生的艺术作品携带上了创作主体对"前文本"符号的解释意义,主体和作品就同时与文化语境联系了起来。

创作主体往往通过处理符号与对象间的关系去表达艺术作品的意义。传统具象艺术再现的对象比较明确,可能是对生活中某一事物的再现;进入现代艺术的很多作品没有具体的像似形象,也没有明确的指示和规约,对象看似缺失。赵毅衡先生认为艺术再现或多或少都会跳过对象而直接进入解释项⑤,那么艺术符号的对象是否还存在?皮尔斯认为符号的对象分为直接对象和动力对象,直接对象是符号所再现的对象,而动力对象则是实际上具有一定的效力,但并非直接再现的对象,比如幻想或被音乐激起的情感等。⑥ 所以艺术对象可以是人的知觉经验接触事物后获得的直接感知,也可以是创作者在内心对这一感知赋予的某种意义,也就是说某些作品表意的关键在于主体对动力对象的把握。那么,主体在艺术再现时就需要努力"跳过"直接对象,

---

① 贡布里希:《艺术与错觉》,林夕、李本正、范景中译,湖南科学技术出版社,2011年,第71页。
② 皮尔斯:《皮尔斯:论符号 李斯卡:皮尔斯符号学导论》,赵星植译,四川大学出版社,2014年,第35页。
③ 潘磊,杨家友:《皮尔士的符号心灵观》,《武汉大学学报(人文科学版)》,2009年第4期。
④ 马大康:《符号、艺术及其解释》,《浙江社会科学》,2018年第11期。
⑤ 赵毅衡:《论艺术中的"准不可能"世界》,《文艺研究》,2018年第9期。
⑥ 皮尔斯:《皮尔斯:论符号 李斯卡:皮尔斯符号学导论》,赵星植译,四川大学出版社,2014年,第40页。

以避免庸常化的视觉再现。

视觉艺术表意时往往要绕过再现的直接对象，正如文学中的陌生化理论。在视觉艺术中，亦需要突破固定的符号认知，打破原有的能指与所指的关系，从中加入主体的艺术解释。例如电影镜头往往表达的是影像背后的意义，而抽象作品更是对具象表意叙事性的隔绝和对原有符号系统的打破，当抽象表意形式泛滥时，超写实作品又成为一种视觉反叛。超写实作品也是对人们日常视觉观察的"解构"，其表现目的不是那个写实的直接对象，而是人们日常"忽视"的细节，如人物身上的每一丝头发或者静物上的一点锈迹，等等，这些都是"放大"了的人的正常视觉感知几未关注的精微局部，所以超写实作品给观者带来的"惊奇"不是画中具象的某人或某物，而是不曾见过的细节。艺术依靠视觉，只有处理好符号与对象关系，才能表达出创作者的"不俗"解释，也才能使接受者获取新的感知以满足审美心理需求。

视觉艺术再现的主体创作过程中也存在着不同的行为解释取向。皮尔斯将解释项又分为直接解释项、动态解释项和最终解释项，可以尝试用这三种解释项分析艺术再现行为的取向。直接解释项是解释者由符号产生的那种最初的感觉和直接印象，是一种"存在于其中不能拆分的原始整体中的、与直接性相关的可能效力"[1]，例如波洛克（Jackson Pollock）的抽象作品就是对其主体"行动"的直接解释；动态解释项是由一个符号所产生，并且施用于解释行为者的一种直接效力或实际效力，《格尔尼卡》是毕加索（Pablo Picasso）为战争赋予的一种视觉上的效力解释；"最终解释项是符号对任一解释者所产生的一种规则式效力，或者说法则式的效力"[2]，例如敦煌壁画中某种题材就有某个固定的绘画样式。由此就可以区分出创作主体再现过程中行为解释的不同。

另外，当作品作为视觉艺术符号面对接受者时，符号的解释项是获取意义后产生于接受者心灵中的"新"解释，其意义来自符号的直接对象和动力对象，还需有一定的"间接观察"。皮尔斯对此有过明确的论述："解释心灵利用间接观察来理解符号的所有部分，都是外在于解释项的。……间接观察则是对符号所指称事物的先前了解。"[3] 间接观察不属于解释项的某个部分，

---

[1] 皮尔斯：《皮尔斯：论符号 李斯卡：皮尔斯符号学导论》，赵星植译，四川大学出版社，2014年，第166页。

[2] 皮尔斯：《皮尔斯：论符号 李斯卡：皮尔斯符号学导论》，赵星植译，四川大学出版社，2014年，第167页。

[3] 皮尔斯：《皮尔斯：论符号 李斯卡：皮尔斯符号学导论》，赵星植译，四川大学出版社，2014年，第43页。

但是"把这些再现为相互关联的主题组合在一起,就是解释项的主要形成方式"①,所说的主题也应当不是解释项,只有"某种你在之前绝对没有意识到的东西——就是符号的解释项"②。按照皮尔斯的说法,解释项也会成为新的符号而无限衍义,如此,每一位接受者面对艺术作品时获得的"新"解释又将成为新的符号,体现出艺术传播中接受者主体行为的作用。

可以发现,运用皮尔斯的三元理论解释视觉艺术符号,能够凸显创作主体对符号意义的影响,虽然解释者很难把握每一位创作者的真实意图,但是由主体建立起的符号再现关系还是有一定规律可循。不过从创作主体取向分析符号三元关系是一个复杂的过程,由主体意识、媒介或者技术等综合而成,其中亦有不可控的因素(意外效果),这更表明了创作主体的行为表意在分析艺术符号时的重要性。

三、视觉艺术符号的社群传播与探究

视觉艺术符号关乎于人的视觉感知,接受者也是通过视觉媒介的传播获取符号的意义,进而在符号解释项的交流中相互确认符号意义和扩展传播的。关于传播过程中的解释项,皮尔斯还将其分为了三类:意向解释项、效力解释项和共同解释项。视觉交流的条件就是"能在发送者与解释者之间建立起来某些共同解释项"③,这表明传播中的某物通过交流成为发送者与解释者之间的共有感知和观念。

符号的意义在理想状态下可以毫无障碍地传播,但在实际传播过程中,发送者传递符号时已经带有了意向解释,接受者感知到的是携带意向解释的符号,并会对其产生属于自己的效力解释,而发送者与接受者的解释相互交际融合则会产生共同解释项。"传播就是传播发送者与解释者之间通过符号探寻共同解释项的动态互动过程,而传播双方都在符号传播过程中增加了对符号意义的理解范围以及信息量"④,将传播逻辑关系放在解释项中,就形成了传播过程的互动模式。在传统视觉艺术的单向传播模式中,解释者与发送者之间的互动关系难以获得有效的共同解释项;如果将艺术作品放入社群中,

---

① 皮尔斯:《皮尔斯:论符号　李斯卡:皮尔斯符号学导论》,赵星植译,四川大学出版社,2014年,第43页。
② 皮尔斯:《皮尔斯:论符号　李斯卡:皮尔斯符号学导论》,赵星植译,四川大学出版社,2014年,第44页。
③ 皮尔斯:《皮尔斯:论符号　李斯卡:皮尔斯符号学导论》,赵星植译,四川大学出版社,2014年,第249页。
④ 赵星植:《皮尔斯与传播符号学》,四川大学出版社,2017年,第84页。

就会使发送者与解释者之间产生相互交流的可能，进而推进艺术作品意义的深入阐释。

如此看来，社群是视觉艺术传播的关键。皮尔斯普遍修辞学理论中蕴含着传播学观点，他认为这是一门"研究意义通过符号从一个心灵到另一个心灵，从一种心灵状态到另一种心灵状态所需之必要条件的科学"①，关注到符号意义在人与人之间的传播。在此基础上，他又提出了"探究社群"理论，"该学科最直接的任务就是去确立社群、交流以及探究的形式条件"②。探究是为了确定稳定的信念，即接近和获取"真相"，共同意见需要通过社群合作、交流、讨论才能获得，如此，符号在一定社群范围内形成了一种传播模式。皮尔斯认为传播社群形成有三个条件："首先，社群成员必须具备理解符号且能利用符号进行交流的能力，使得我们可以把事物和事件转化为可交流的意义。其次，社群成员之间必然具备某种传播与交流的关系，从而社群成员可以分享或共享符号意义。最后，社群成员会因为上一条中所述的那种传播关系，认同自己为该探究社群的一部分。"③ 社群的形成主要依靠社群成员及其相互关系，以上条件也符合对艺术社群的要求，只是艺术社群的范围伸缩性比较大。有的艺术交流群体很小，甚至有些当代艺术作品直接"拒绝"观众的解读；有时艺术交流群体却非常庞大，任何人都可以参与其中，如博伊斯（Joseph Beuys）曾提出"人人都是艺术家"的观念，而城市公共艺术更是以大众为目标，期望艺术可以进入更大的社群之中。

皮尔斯的社群理论或许可以与艺术研究领域的"艺术世界"观念相结合，从而探究视觉艺术的社群特点。美学家迪基继承了丹托"艺术世界"观念，指出了展览馆、艺术院校等机构是艺术作品存在的庞大社会制度，并指出艺术家、记者、批评家、艺术史家、文艺理论家、美学家等在"艺术世界"中的作用。④ 这种广义的艺术社群包含了与艺术相关的人员、机构与制度等，也包括艺术作品从创作、传播到接受的完整过程。皮尔斯理论更多关注成员在社群中是如何交流与探究的，艺术社群关注传播机构或载体的"中介"机制，不过传播"中介"也需要依靠社员去探究符号的意义。艺术社群成员主要分为创作者与接收者，接受者又有不同解释层次，在艺术"中介"机制的运行

---

① 皮尔斯文献 CP1. 444，转自赵星植：《皮尔斯与符号传播学》，四川大学出版社，2017年，第40页。
② 皮尔斯：《皮尔斯：论符号　李斯卡：皮尔斯符号学导论》，赵星植译，四川大学出版社，2014年，第242页。
③ 李斯卡论皮尔斯符号学，转自赵星植：《皮尔斯与传播符号学》，四川大学出版社，2017年，第134页。
④ 王宏建主编：《艺术概论》，文化艺术出版社，2010年，第329页。

下形成了多层次的艺术社群。

视觉艺术符号在传播的社群中应当如何探究呢？皮尔斯认为探究的目的在于意见的确立、信念的固定以及真正共识的达成。他还提出了确立意见的科学协商方法，探究者在社群中应用科学的方法以实现获取"真相"的目的。探究社群还具有怀疑性、批判性和反思性，"探究或者逻辑的目的在于确定：在有关符号的诸种可能的解释中，哪一种解释是真正地适用该符号的合理发展的"[①]。视觉艺术创作主体的符号解释取向，也同样具有在社群中探究的可能，并且社群的批判和怀疑的方式也可以是视觉的，比如动画电影中哪吒形象有俊秀、可爱或丑萌等不断颠覆"前形象"的视觉探究，使其视觉符号的意义在社群探究中得到讨论和更广泛的认同，顺利成为视觉上一种"普遍的合理性"。所以，探究社群可以用视觉的方式对其修辞进行探究，以求达到视觉上的"合理性"。

对创作主体而言，视觉艺术探究可以是对视觉修辞方式多样化的尝试，"为了使传播效果最大化，而对传播中运用的各种视觉成分进行巧妙选择与配置的技巧和方法"[②]。社群中艺术创作者会通过视觉修辞探究符号的传播意义，正如德尼西（Marcel Danesi）指出："视觉修辞的意义并不是存在于图像符号的表层指涉体系中，而是驻扎在图像符号深层的'修辞结构'之中。"[③] 且视觉艺术符号的意义具有不确定性，同一艺术图像的解读可能会有很大差异，视觉符号在社群中不断传播，其意义会随之逐渐明确并获得共同解释项。在探究社群中创作者可以对一个视觉符号形象及其传播形式采取多样化的视觉修辞，例如对视觉空间的再现形式就有线性透视、浅空间、视觉错觉、蒙太奇等，多样化的视觉形象探究会使创作主体之间广泛交流并获得共同解释项。

对于接受者而言，接受主体的效力解释项也会参与视觉艺术的探究，并会影响符号的传播意义。王朝闻先生认为艺术接受就是一种"再创造"，其言："对于欣赏者自己来说，当他受形象所感动的同时，要给形象作无形的'补充'以至'改造'。"[④] 这种"再创造"就是接受者对符号的主动探究，特别是具有一定解释能力的接受者对视觉艺术作品的品评、批评、归纳，这些信息会再次被作品携带进符号的传播，如董其昌"南北宗论"成为后人对山

---

① 皮尔斯：《皮尔斯：论符号　李斯卡：皮尔斯符号学导论》，赵星植译，四川大学出版社，2014年，第266页。

② 冯丙奇：《视觉修辞理论的开创——巴特与都兰德广告视觉修辞研究初探》，《北京理工大学学报（社会科学版）》，2003年第6期。

③ 转自刘涛：《何为视觉修辞——图像议题研究的视觉修辞学范式》，《湖南师范大学社会科学学报》，2018年第6期。

④ 王朝闻：《以一当十》，复旦大学出版社，2005年，第88页。

水画风格认知的一部分。所以说接受者的解释也是艺术社群探究的重要面向，并且会成为符号意义的一部分，正如米克·巴尔所言，是"文本和读者之间的相互作用"，而"不是文本独自决定一个文化对象的效果"[①]，视觉符号的文本意义也包含着解释者的意义。

视觉艺术符号的修辞方式可以在社群传播中不断地交流并获得相互认同，如赵星植所言："无论是古典修辞学还是新修辞学，从本质上来看，其最终目的都是探究各种最有效的交流方式——无论是语言、文字还是视觉——从而建构社群的整合性和一致性，进而社群成员可以进行相对统一的行动。"[②] 由此，艺术探究社群中所有成员都将参与视觉探究的交流。随着视觉符号不断传播和社群探究，其符号和意义将会得到社群的广泛认同，符号形象就可以出现在各种视觉媒介中，以至于不需要"语言翻译"就可以直接通过视觉形象传递意义，成为米歇尔所说的具备了文化生态性的视觉"形象文本"。另外，艺术的视觉符号会在传播和解释中不断扩大其意义，甚至会被过度解释而偏离意义，这也可以看作通往"真相"的探究过程。

四、结语

综上所述，视觉艺术的符号再现不仅是像似性的，还具有一定的指示性与规约性，三者互相延伸，为视觉艺术的主体表意提供了发挥的空间。艺术符号的三元结构也不一定是固化的，艺术作品既可以是符号的再现体，同时又可以是符号的解释项，区别在于是从艺术的创作者还是接受者的角度来分析，对创作者而言心灵符号也是一种携带着作者意图的感知，再现行为就是对这一符号的个性化解释。当艺术作品进入公共领域的社群，其符号形象在公共传播时由创作者和接受者进行探究，最终获得共同解释和认同。但是，当下数字媒体使视觉艺术传播具有更大的开放性和广泛性，在艺术方面的网络直播中，接受群体会以"弹幕"形式形成交流社群，加快了传播交流的速度，这类新的视觉艺术传播模式也值得进一步的探讨。

作者简介：
王延晖，西南民族大学艺术学院博士研究生。

---

① 转引自刘晋晋：《图像与符号》，中央美术学院博士学位论文，2014年，第88页。
② 赵星植：《皮尔斯与符号传播学》，四川大学出版社，2017年，第42页。